Adolf Bastian

Die Völcker des östlichen Asien

Studien und Reisen von Adolf Bastian

Adolf Bastian

Die Völcker des östlichen Asien
Studien und Reisen von Adolf Bastian

ISBN/EAN: 9783741158520

Hergestellt in Europa, USA, Kanada, Australien, Japan

Cover: Foto ©Lupo / pixelio.de

Manufactured and distributed by brebook publishing software
(www.brebook.com)

Adolf Bastian

Die Völcker des östlichen Asien

REISEN

IM

INDISCHEN ARCHIPEL.

SINGAPORE, BATAVIA, MANILLA UND JAPAN.

VON

Dr. ADOLF BASTIAN.

JENA,
HERMANN COSTENOBLE.
1869.

Vorwort zur Einleitung.

Als vom Menschen getragen, wurzelt alles Wissen im Menschen und kann nur aus der Kenntniss von Menschen die Erklärung seiner genetischen Entstehung schöpfen. Erst im Werden enthüllt sich das Sein, nur dasjenige Wissen, das wir durch einen behutsamen Fortschritt von den ersten Anfängen an als ein Bewusstgewordenes kennen gelernt haben, vermag in unser Bewusstsein einzutreten und unser Eigenthum zu werden. In seiner doppelten Beziehung zur Natur und zur Geschichte ist der Mensch zunächst, wie jedes andere Naturproduct, einer descriptiven Behandlung zu unterwerfen, um ihn in seiner relativen Werthstellung zum Ganzen zu bestimmen, und die daraus gewonnene Formel seines Begriffes erscheint dann auf den von der Geschichte entrollten Gemälden im Flusse der Entwicklung, wie sie mit unbegrenzter Kraftentfaltung innerhalb der historischen Weltbewegung aufsteigt.

Von Stufe zu Stufe fortschreitend, hat sich das Gebiet der Naturwissenschaft schrankenlos erweitert. Nachdem das Thatsächliche in der anorganischen Natur festgestellt war, mussten die verwickelteren Processe des Organischen in Angriff genommen werden, und innerhalb dieses dienten wieder die Zellbildungen im Pflanzenreich zur Aufklärung derjenigen, die im Thierreiche herrschen.

Die Naturwissenschaften sind jetzt an die Grenze des Körperlichen gelangt, es ist ihnen gelungen, die Methode ihrer exact-empirischen Untersuchungen auch in der Lehre von den Lebensprocessen zur Geltung zu bringen, sie haben nicht nur das vegetative, sondern auch das animalische Leben von willkürlichen Erklärungsweisen gereinigt und auf sichere Gesetze zurückgeführt, sie haben selbst die Nervenvorgänge in den Sinnesorganen forschend zersetzt und in die Fesseln fester Gesetzlichkeit gelegt, sie haben die Vorgänge im Auge und Ohr nach ihren neurologischen Beziehungen sowohl, wie nach ihren acustischen und optischen zu Tage gefördert, bis zu dem Moment, wann die physikalische Schwingung im Nervenzittern verklingt. Dort stehen sie jetzt, das ist ihre Markscheide. Eine fast unmerkliche Linie scheidet Naturwissenschaft und Geisteswissenschaft auf ihren Berührungspunkten, aber je weiter sie nach auseinander laufenden Linien sich davon entfernen, desto mehr gewinnen sie den Charakter unvereinbarer Gegensätze. Die Versuche, vom Lager des Materialismus aus die hinüberführende Brücke zu schlagen, werden vergeblich bleiben, denn die vereinigende Wölbung kann nur dann hergestellt werden, wenn man sich von beiden Seiten entgegen- und in die Hände arbeitet. Dafür ist zunächst die Psychologie als naturwissenschaftliches System inductiv aufzubauen, hat sie die Grundthatsachen des Bewusstseins festzustellen, die psychologischen Elementarstoffe in ihren specifischen Gewichtsverhältnissen und relativen Aequivalenten zusammen zu ordnen und die unter ihnen herrschenden Gesetze der Neubildung und Fortentwicklung im organischen Wachsthumsprocesse zu untersuchen. Die inductive Forschungsmethode setzt als selbstverständliche Vorbedingung das Vorhandensein von Thatsachen voraus; so lange die Objecte nicht angesammelt sind, ist es nutzlos, mit einer Methode zu spielen, die sie anordnen soll, und ferner: so lange die Ansammlung eine unvollständige bleibt, ist es gefährlich, allgemeine Gesetze ableiten zu wollen. So überreich das Geistesreich an Objecten ist, so wenige finden sich darunter, die für die inductive Forschungsmethode zu verwerthen sind, da diese für ihren langsamen und behutsamen Fortschritt vom Einfacheren zum Zusammengesetzteren zunächst die Rohmaterialien verlangt, wie sie rein und ursprünglich aus der Hand der Natur hervorgegangen sind.

Solche Grundstoffe des Denkens mangeln in der Psychologie, soweit sie ihre Thätigkeit auf die individuelle Seelenlehre beschränkt, sie können nur in einer den geistigen Horizont der Gesellschaftskreise durchforschenden Psychologie beschafft werden, indem sie vergleichend die Gedanken zusammenträgt, wie sie von Stämmen, von Völkern, von Nationen gedacht sind und sich organisch aus einander weiter entwickelt haben. Die vergleichende Psychologie hat ihre primitiven Grundstoffe nicht in der Selbstbeschauung der Persönlichkeit zu suchen, wodurch sich nur Producte secundärer oder tertiärer Bildungen gewinnen lassen, sondern in denjenigen Thatsachen, die uns die Ethnologie in dem Studium der verschiedenen Volksstämme liefert und die sie besonders auf dem Gebiete der socialen und religiösen Ideen in einer für comparative Behandlung genügenden Fülle zu gewähren vermag. Haben wir allmälig die Geisteswissenschaft auf ihrem eigenen Gebiete und ihrer eigenen Eigenthümlichkeit gemäss in das System einer naturwissenschaftlichen Disciplin zusammengefasst, dann mögen wir ohne Furcht vor Irrungen ihre selbstgebotenen Berührungspunkte mit den anderen Zweigen der Naturwissenschaft festhalten und den psychologischen Kern des auf historisch-ethnologischem Wege gewonnenen Gedankens, wie er aus dem Sprachaustausch im primären Gesellschaftskreise entsprang, direct an jene Nervenschwingungen anknüpfen, die den Händen der physiologischen Anthropologie entschlüpften, als sie das im Auge gesehene Object der Aussenwelt längs des Optikus zur Brücke verfolgen wollte.

Wir haben die Grundgedanken aufzusuchen, wie sie in allen Gedankenkreisen, unter allen Zonen und Ländern, in allen Zeiten mit zwingender Nothwendigkeit aus der mikrokosmischen Anlage der Menschennatur hervorgewachsen sind, durch die Besonderheiten der Umgebungsverhältnisse zwar an ihrer Oberfläche verschiedentlich gefärbt, aber dem centralen Achsenkreuze nach unverändert dieselben; wir haben sie ihren einfachsten Formen nach unter den Naturvölkern festzustellen, und dann in der Physiologie des Geschichtsorganismus die psychologischen Gesetze zu erforschen, unter welchen sie sich zu den chinesischen, japanischen, indischen, mexicanischen, peruanischen und anderen Civilisationen entfaltet haben. Die aus denselben gewonnenen Vergleichungspunkte werden dem Studium unserer eigenen Civilisation des Westens bedeutungsvolle Aufklärungen gewähren und werden es auch der Culturgeschichte ermöglichen, aus Comparationen, die sich gegenseitig controliren, ähnliche Vortheile zu ziehen, wie sie die übrigen Naturwissenschaften so mächtig gefördert haben, seit ihnen die Reform der Geographie eine ausreichend genügende Basis für ihre Operationen vorbereitet hat. Ferner müssen die ethnologischen Wurzeln der Geschichtsvölker aufgegraben werden, soweit sie sich in der Archäologie nach ihren historischen Werthen fixiren lassen. Hiezu werden die schätzbarsten Anhalte durch die Monumente des ägyptischen und assyrischen Alterthums geboten, durch die Entzifferung ihrer Räthselschrift, die uns Aussichten in neue Vergangenheiten von noch unbegrenzter Tragweite geöffnet haben. Zugleich sind die aus dem Studium des fossilen Menschen, für die Vorgeschichte Europas besonders, gewonnenen Forschungsresultate zu verwerthen, und schliesslich ist das schlüpfrige Feld der Traditionen zu betreten, deren verführerische Phantasieschöpfungen aus allen Continenten dem Alterthumsforscher entgegenwinken, aber freilich leicht durch ihre trügerischen Masken verwirren und den Unbedachtsamen, der keinen sicheren Fusstritt, keinen schwindelfreien Kopf für seine Entdeckungsreisen mitbringt, mit gefährlichem Falle bedrohen. Durch behutsame und umsichtige Behandlung der phantasiereichen Mythen mag dagegen manche schwankende Schattengestalt mit Fleisch und Blut durchgossen werden und einen festen Kern gewinnen, um den Reflex des Geschichts-Lichtes zu vertragen, das sie sonst nur um so mehr verflüchtigen würde.

Die letzten Decennien haben deshalb die Ethnologie in's Dasein gerufen, und ihr Panier trägt jenes delphische Orakelwort, das vom Menschen zunächst seine Selbsterkenntniss fordert, ein Wort, das Goethe*) bei uns, das Pope**) und Hume***) in England durch ihren Beifall geadelt, ein Wort, das v. Baer,†) der Veteran auf dem Felde der Anthropologie, in der ganzen Weite seines Begriffes umschrieb, das Linné zu seinen Charakterisirungen benutzte und das jüngst wieder Paul Broca, der Begründer der anthropologischen Gesellschaft in Paris, an die Spitze seiner Ansprache stellte.

Erst wenn es uns gelungen ist, in den einfacheren Erscheinungsformen, wie sie durchsichtig und klar in den Denkverhältnissen der Naturvölker vorliegen, einen zuverlässigen Anhalt zu ge-

*) Das eigentliche Studium der Menschheit ist der Mensch.

**) The proper study of mankind is man.

***) Human science is the only science of man and has been hitherto the most neglected.

†) Das Studium vom Menschen ist Ausgangspunkt und Ziel aller Forschung. So sagt Sebastian Frank: Erkenntniss seiner Selbst schliesst Gottes-Erkenntniss in sich, und Justin: Qui se ipsum novit, cognoscet deum.

winnen, werden wir uns an complicirtere Wachsthumsvorgänge wagen dürfen, um die Parabolen und Epicyclen excentrischer Genieschöpfungen zu berechnen. Für jene erste Grundsteinlegung durch primitiv gebrochene Quadern ist jetzt der günstigste Moment geboten, aber ein rasch vorüberfluthender, der, wenn nicht eben jetzt im sicheren Griffe von der Ethnologie erfasst und benutzt, erst nach unberechenbar späten Zeitumläufen dem Menschengeschlecht eine gleich geeignete Gelegenheit zur Disposition stellen wird, sich sein eigenes Geistesleben zum bewussten Verständniss zu bringen. Wir können jetzt noch mit Leichtigkeit überall Volksstämme antreffen, die allerdings, so wenig wie sonst Etwas im Werden, die Prüfung eines absoluten Anfanges nicht bestehen werden, die aber aus einer Jahrhunderte oder Jahrtausende hindurch fortgedauerten Abgeschlossenheit den Typus selbstständiger Eigenheit erworben haben und so den Stempel eines leicht erfassbaren Symboles zur Schau tragen. Wir treffen sie noch in diesem charakteristischen Gepräge, wir treffen sie indess im letzten Nachzittern desselben, indem das bis dahin Constante in Folge der neuen Einflüsse überall zu changiren beginnt. Es ist nun eben dieser Moment des Contactes, der am besten, und der zugleich allein eine Beobachtung ermöglicht. Er ist der für diese nothwendige, er ist ausserdem der Erste, der sich bietet und zugleich der Letzte bis auf andere Jahrhunderte und Jahrtausende, wenn diesmal unbenutzt vorübergehend. So lange fremde Völker ausserhalb unseres Geschichtshorizontes stehen bleiben, sind sie für uns, als unbekannt, auch unvorhanden und nicht existirend. Während der Sturmperiode politischer Wechselfälle aber, die den neuentdeckten Küsten die Pioniere der Civilisation entgegentreibt, wirkt, in plötzlicher Mischung heterogener Substanzen, die Berührung gleich einer fressenden Säure, die in einen Krystall eindringt und ihn zerlegt. Schliesst dieser Krystall Substanzen genügender Sättigungscapacität ein, so mag sich unter dem Einfluss jenes Zünders ein noch schönerer und edler geformter Krystall herausbilden, obwohl freilich auch in einem solchen Falle der ursprüngliche unwiederbringlich verloren gehen würde. Im Augenblicke dagegen, wo Säure mit Basis, oder mit einem bis dahin indifferenten Salze zusammentrifft, mögen wir aus den hervorgelockten Reactionen dieses eine Menge seiner Eigenschaften verstehen lernen, wir mögen durch den bunten Farbenschiller, der momentan über den Transformationen schimmert, Einblicke in ihr eigentliches Wesen thun, aus der Färbung einer aufleuchtenden Flamme das Element erkennen, das nach eingetretener Oxydation dann nicht ein zweites Mal verbrennen wird, das uns die Gelegenheit seines Verständnisses nur für einen kurzen, aber desto wichtigeren und bedeutungsvolleren Moment gewährt. Unsere Gegenwart hat deshalb die Pflicht und Aufgabe, das gerade jetzt überall zu Tage gelegte Rohmaterial zu sammeln und aufzuspeichern, denn wenn die Ethnologie die augenblicklich gebotene Gelegenheit unbenutzt vorübergehen lassen sollte, so wird uns, so lange die jetzige Periode des Menschengeschlechtes fortdauern wird, nie*) wieder die Möglichkeit gegeben sein, reine Beobachtungsobjecte über die primitive Gestaltungsform des Psychischen zu gewinnen.

Wollen wir den Menschen, und in ihm uns selbst, verstehen lernen, so liegt nach der anerkannten Forschungsmethode unserer Zeit die unerlässlichste conditio sine qua non darin, dass

---

*) Bientôt peut-être il ne sera plus temps de recueillir ces restes d'un passé, qui disparaît et s'évanouit sans retour. Il faut se hâter de rassembler, ce qui subsiste encore, so sprach schon vor 30 Jahren Jomard, der hochverdiente Veteran, der unermüdliche Fürsprecher der damals kaum geborenen Ethnologie. Und weiter: Peut-être un jour, quand on voudra tracer le tableau historique des progrès des peuplades sauvages, on sera réduit à de vagues renseignements, à d'obscures traditions.

wir uns einen vergleichenden Ueberblick über die die Erde bewohnenden Menschenstämme verschaffen. Niemand wird heutzutage eine einzelne Thiergattung studiren wollen, ohne die Grundlage einer descriptiven Zoologie, Niemand über eine einzelne Pflanze etwas aussagen wollen, wenn man ihm Rückblicke auf die allgemein beschreibende Botanik verböte, und wie könnte der Mineralog einen einzelnen Stein bestimmen, wenn er nicht das ganze System vor sich hat, aus dessen Zusammenhang sich erst die richtige Stelle der Einordnung ergiebt? Beim Menschen haben wir bisher geglaubt, aller Hülfsmittel, die die vergleichenden Wissenschaften bieten und versprechen, entbehren zu können. Mit unserer einheimischen Flora und Fauna haben wir uns nicht begnügt, aber es schien uns hinlänglich, den Menschen zu kennen, wie er unter unserem eigenen Volke oder unseren nächsten Nachbarn lebt, als ob es möglich wäre, einen herausgerissenen Theil zu verstehen, ehe wir das Ganze kennen, innerhalb welches der Theil erst aus relativen Verhältnissen seine selbstständige Gültigkeit gewinnt. Als Vorbedingung einer Lehre vom Menschen bedarf es zunächst einer beschreibenden Menschenlehre, eben so gut wie die beschreibende Lehre von Steinen, Pflanzen und Thieren allen übrigen Verwendungen der aus ihrer Kenntniss gezogenen Resultate vorhergehen muss. Da der Schwerpunkt des Menschen vorzugsweise in das geistige Gebiet fällt, so muss die Eintheilung die psychische und culturhistorische Seite besonders in's Auge fassen, darf aber, bei dem in den Naturwissenschaften jetzt unauflöslich feststehenden Zusammenhang zwischen Geist und Körper, eben so wenig die physischen Merkmale vergessen. Die Berücksichtigung der in der Culturgeschichte abgelaufenen Phasen würde unsere Sammlungen mit den Kunsterzeugnissen fremder Völker versehen, mit den Zeugen einer bald überschwänglich wuchernden, bald ärmlich verkümmerten Phantasie, mit Producten, die, für sich allein betrachtet, der in unserer Subjectivität als orthodox geltenden Kritik werthlose Scharteken zu sein scheinen mögen, die aber, in ihren richtigen Zusammenhang gestellt, den Entwicklungsgang des Menschengeistes dem Verständniss eröffnen werden und Architekten oder Maler zu neuen Motiven anregen könnten. Das vergleichende Studium politischer und socialer Institutionen bei den unter verschiedenen Umgebungen lebenden Völkern würde aufklärende Lichtblicke auf die Entwicklung unserer eigenen werfen, das vergleichende Studium der Rechtsideen dem Juristen von Interesse sein, das traditionell geheiligter und mythologischer Vorstellungen dem Philosophen. Der für ausser-europäische Consulate bestimmte Diplomat bedarf der Ethnologie, um die historischen Ueberlieferungen, die Staatsgebräuche, das Ceremoniel, die Geschichte derjenigen Völker zu kennen, mit denen er internationale Verträge abzuschliessen hat, und wie für die Leitung diplomatischer Verhandlungen, ist das Studium der Ethnologie unerlässlich für die Entscheidung des Politikers, wenn es gilt das Interesse der eigenen Nation zu wahren. Die unermesslichen Capitalien, die von unseren Hafenstädten aus im überseeischen Handel flüssig werden, involviren das Wohl und Wehe ausgedehnter Klassen von Industriellen im Oberlande, auf deren Wohlstand sie durch Förderung der Gewerbe zurückwirken. Der Kaufmann bedarf der Ethnologie, um die natürlichen Handelswege althergebrachter Verbindungen zu kennen, und sich demgemäss seine eigenen zu öffnen, der Fabrikant hat aus der Ethnologie den Geschmack fremder Völker kennen zu lernen, um der bei ihnen herrschenden Mode gemäss seine Musterzeichnungen zu entwerfen. Die von Missions- und anderen Gesellschaften in die Ferne gesandten Apostel europäischer Aufklärung müssen sich aus der Ethnologie mit den religiösen Anschauungen, den philosophischen Systemen derjenigen Völker bekannt machen, auf deren moralischen und geistigen Zustand sie einzuwirken wünschen. Die vergleichende Sprachwissenschaft kann nur auf der breiten Grundlage der Ethnologie ihre philosophischen Formeln in natürlichen Classificationen zusammenordnen. Dem Historiker ist die Ethnologie eine unentbehrliche Hülfswissenschaft, die Psychologie muss auf der Ethnologie ihren Boden finden, und mit der Psychologie jede Geisteswissenschaft, deren Träger sie ist.

Auf der Basis einer beschreibenden Anthropologie würde die Ethnologie es wagen können, die Embryologie des Menschengedankens ihrem Studium zu unterwerfen und die organischen Wachsthumsgesetze zu erforschen, unter denen die schon im Naturmenschen keimende Idee zu den erhabenen Anschauungen der Culturvölker emporsteigt. Aus der Methode einer vergleichenden Psychologie wird die Ethnologie zur Aufklärung des staatlichen Organismus dieselben Hülfen ziehen, wie die Medicin der Physiologie entnahm und erst durch sie in das Innere des individuellen Organismus eingedrungen ist. Früher glaubte man, wie Droysen bemerkt, dass die Geschichte wesentlich politische Geschichte sei, jetzt aber ist die Einsicht erwacht, „dass man auch die Künste, die Rechtsbildungen, jedes menschlichen Schaffen, alle Gestaltungen der sittlichen Welt historisch erforschen kann und erforschen muss, um das, was ist, zu verstehen aus dem, wie es geworden ist.“ Der genetische Schlüssel hat schon manches Wissensfeld dem Verständniss geöffnet, und die Ethnologie wird den ihrigen gebrauchen lernen, wenn sie streng inductiv aus den Anfängen einfachster Rassenstämme, die ärmlich und niedrig am heimathlichen Boden kleben, zu den im Schmuck ihrer Culturen strahlenden Geschichtsvölkern emporsteigt.

So oft Völker in ähnliche Conjuncturen ihrer politischen Umgebung eintreten, werden aus der zur Existenzwahrung nöthigen Beantwortung gleicher Anforderungen auch gleiche oder doch unter localen Nüancirungen ähnliche Institutionen folgen, um einen geordneten Zustand herzustellen. Während wir nun im römischen und griechischen Alterthum die Grundsätze der Staatsverfassungen schon als fixirte überliefert erhalten und als solche anzunehmen haben, während wieder bei den unstäten Wandlungen der Völkerwanderungen in der geringen Zahl der Quellenschriftsteller die nöthige Fülle der Details fehlt, um die complicirten Processe richtig zu verstehen, können wir in einer Menge afrikanischer oder asiatischer Umwälzungen, durch welche noch heute (oder doch zu Zeiten, wo europäische Augen schon darauf gerichtet waren) Völker zu Grunde gehen und neue Staaten angewachsen, den ganzen Verlauf auf das Genaueste und unter Abwägung aller einwirkenden Neben-Ursachen in seinen Einzelnheiten verfolgen und weitere, durch Thatsachen controlirbare Schlüsse ziehen, da hier, wie überall, das Gewordene sich neu im Werdenden versteht und das als Seiende schon fest Gewordene erst in der Analyse wieder aufgelöst werden muss, um Denkresultate zu gewähren.

In unseren fertig dastehenden Staatenbildungen kann der genetische Process der Völkerbildung nicht länger verfolgt werden, und die geschichtlichen Ueberlieferungen, aus denen wir ihn kennen zu lernen haben, sind oft nur unvollständig und bruchstückweise erhalten. Die Ethnologie dagegen zeigt uns dieselben Schauspiele sich in hundertfach verschiedenen Wandlungen noch direct vor unseren Augen entrollen, sie liefert uns alle die wünschenswerthen Specialitäten, um die einzelnen Phasen in den mannigfaltigsten Combinationen zu studiren. Die Verhältnisse der Wanderungen und Völkerverschiebungen, neue Staatengründungen, Stammesmischungen wiederholen sich noch heute beständig in Afrika, in Polynesien, in Asien, und wie Bannister bemerkt, zeigen z. B. die Rohillas in Indien eine getreue Copie der Gothen unter dem Kaiser Valens, oder das

Vasallenthum der Bambaras (nach Raffenel) der Feudalverhältnisse des Mittelalters. Das Zurücktreten des Keltenthums in Europa, die Germanisirung slavischer Landstriche, die Durchdringung Italiens und Griechenlands mit fremden Elementen findet in vielfachen Wiederholungen seine erklärende Deutung in den Beziehungen, die sich gegenwärtig noch zwischen europäischen Colonisten und den Eingeborenen herstellen.

Der Brauch bildet sich bei einem Volke aus als die Gesammtheit der aus der Wurzel seiner ethnologischen Eigenthümlichkeit hervorwachsenden und deshalb unbewusst gültigen Beobachtungen. Je nach den Besonderheiten seiner geschichtlichen Verhältnisse können Einrichtungen zu bestimmten Zwecken gegeben werden, die die Form eines Gesetzes annehmen und (wenn nicht die natürliche Fortbildung einheimischer Gebräuche) aus Nachahmungen der Fremde oder aus von dorther aufgezwungenen Vorschriften entstehen mögen, wobei es von der relativen Stärke der Wechselwirkung abhängt, ob der nationale Charakter durch die aufgenommenen Institutionen ummodellirt wird, oder ob umgekehrt diese nach jenem verändert werden. Die die Gesellschaft praktisch regierenden Observanzen, die sich in Ausgleichung der künstlich zugefügten Gesetze mit den vorhandenen Ueberlieferungen allgemeine Anerkennung verschaffen, constituiren die Sitte. Der Brauch selbst in allgemeiner Gültigkeit würde das jus bilden, dem (im Sinne des neueren römischen Rechts) die leges gegenüberständen.

Man hat gesagt, dass die Ethnologie eine Grundlage der künftigen Staatswissenschaften zu bilden bestimmt sei. In solcher Fassung ist der Ausdruck zu weit und überhaupt unrichtig gewählt. In Staaten, die uns fertig überkommen sind, mag es gleichfalls von wissenschaftlichem Interesse sein, auf ihre ethnologischen Elemente zurückzugehen und sie aufs Neue darein zu zerlegen, praktische Bedeutung aber haben diese Untersuchungen nicht. Für bestehende Staaten ist ihre Völkerkunde die Geschichte, in der sie als Ganzes handelnd auftreten. Anders dagegen bei den Völkern, die noch im Werden begriffen sind, im flüssigen Zustande der Umbildung, wo alle die in der Mutterlauge aufgelösten Grundstoffe ethnologischer Werthe in gegenseitige Wechselwirkung treten, damit nach den Proportionen der Mischungsverhältnisse das einheitlich Ganze daraus hervorgehe. Hier ist es die Ethnologie, die die Geschichte bildet und die allein die nöthigen Aufklärungen und Anleitungen geben kann. Während deshalb die Ethnologie in Europa nur geringe und vereinzelte Bedeutung besitzt und ausser bei theoretischen Fragen keine Berücksichtigung beanspruchen kann, findet sie desto umfassendere Arbeiten vor, wenn es sich um die Kenntniss aussereuropäischer Länder handelt, überall da, wo nicht Staat mit Staat, sondern Volk mit Volk verkehrt, oder wo es vielleicht noch gar kein Volk giebt, sondern erst die ethnologischen Elementarstoffe, aus denen später ein Volk zu werden verspricht. In dieser Hinsicht ist der Lehrwerth der Ethnologie lange verkannt worden. Obwohl eine in alle Lebensverhältnisse eingreifende Wissenschaft, wurde sie höchstens hie und da durch die Neugierde des Publikums eines kurzen Blickes gewürdigt und musste sich begnügen, wenn man ihren profanen Kunstproducten ein bescheidenes Winkelchen in Raritäten-Cabinetten zwischen den übrigen Sammlungen der Museen einräumte. Seitdem indessen die Dampferlinien und Telegraphen begonnen haben alle Theile des Erdballs zu umspannen, uns mit den fernsten Winkeln desselben in unmittelbare und ununterbrochene Verbindung zu setzen, ist die Ethnologie aus dem bisherigen Dunkel hervorgetreten und versucht allmälig das allzu lange entzogene Territorium ihrer eigenen Domäne zurück zu erkämpfen. In allen durch Seeverkehr und Colonialbesitz mächtigen Nationen beginnt die Ethnologie ihrem vollem Gewichte nach gewürdigt zu werden, in

England, Frankreich und Holland sowohl, wie in Nordamerika und Russland. Dass sie in Binnenländern wenig Berücksichtigung fand, ist erklärlich und entschuldbar, aber bei Ausdehnung des weltgeschichtlichen Horizontes muss auch die Ethnologie mit ihrem bunten Völkerleben in denselben eintreten. Sie verlangt laut und unabweisbar ihre Anerkennung seit der neuen Einigung Deutschlands, seit sich so weitaussehende Interessen mit überseeischen Ländern zu verknüpfen beginnen, mit Ländern, welche bisher in unseren Lehrgegenständen kaum vertreten und deshalb fast gar nicht, oder unrichtig bekannt sind, welche aber unter den jetzigen Zeitanforderungen genau und gründlich bekannt sein müssen, damit nicht unsere Unkenntniss derselben durch theuer bezahlte Missgriffe gebüsst werde.

Es wird sich unzweifelhaft schon bald für unsere socialen Interessen wünschenswerth und nothwendig zeigen, den Gesichtskreis der Geschichte*) um ein Ansehnliches zu erweitern. Sie hat sich allzu lange mit dem aus dem Alterthum überlieferten Horizont begnügt, denn wenn auch allmälig die europäische Colonialgeschichte hinzutrat, mit Ende vorigen Jahrhunderts die Geschichte der Vereinigten Staaten, mit Anfang dieses die der übrigen Republiken Amerikas, so blieb der Osten doch innerhalb seiner engen Marken, wie sie von Herodot gezogen waren, höchstens mit der von Ptolemäos zugefügten Ausdehnung. Erst eins der neuesten Geschichtswerke hat auch Indien in den historischen Kreis hineingezogen und damit einen Schritt weiter gethan, um das zu erreichen, was in dem Namen der Weltgeschichte ausgedrückt liegt. Warum aber bleibt China noch immer ausgeschlossen? China, das fast die Hälfte der die Erde bewohnen-

*) Ethnology is in fact more nearly allied to history, than to natural science (Prichard). Die Anknüpfung der Anthropologie und Ethnologie an die Geschichte datirt gewissermassen seit W. Edwards' Brief an Thierry 1829.

den Menschenmenge schon seit den frühesten Zeiten mit seinen civilisatorischen Einflüssen durchströmt hat, China, das in den folgenreichsten Wendepunkten unserer alten und mittelalterlichen Geschichte Rückwirkungen ausgeübt hat, die, wenn in ihrer vollen Tragweite anerkannt, ungeahnte Lichtquellen eröffnen würden, China vor Allem, das jetzt, wo die Enden der Hemisphären näher zusammen gerückt sind, auf das Bedeutsamste in den Wechselbeziehungen unseres Westens mitzusprechen beginnt, das zugleich durch seine uralte Civilisation origineller Gestaltung das würdigste Beobachtungsobject der Geschichtsphilosophie bildet! Weshalb es im Alterthum keine Ethnologie gab und nicht geben konnte, ist nicht schwer zu verstehen. Was aus fremden Völkern interessirte, wurde in die Geschichte von denselben hineingezogen, und es fehlte noch das unsere Zeit edelnde Verständniss einer nur ihrer selbst wegen angebauten Wissenschaft. Erst mit den die Oberfläche unseres Planeten unvermuthet erweiternden und umziehenden Entdeckungsreisen, als plötzlich eine Menge Völker in den Gesichtskreis eintraten, die in den Tagesfragen noch nicht eine solche Rolle spielten, um schon ihre geschichtliche Würdigung verlangen zu können, die aber doch, in Voraussicht einer späteren Bedeutung, Beachtung verdienten und zugleich durch culturhistorische Vergleichung zur Lösung wissenschaftlicher Aufgaben auf anderen Gebieten beizutragen versprachen, erst damals constituirte sich die Ethnologie als fest umschriebene Wissenschaft, und erst seit den Weltumsegelungen Cook's, denen Buffon's L'Histoire de l'Homme folgte, kann von ihr, als einer solchen, geredet werden.

Nur durch Verwechslung verwandter Disciplinen mit der Anthropologie hat man sich veranlasst sehen können, ihre Anfänge auf Thales, auf Anaximander und Anaximenes, auf Heraklit, Empedokles und die Eleaten zurückzuführen, denn auf diesen für den philosophischen Geschichtsschreiber leitenden

Wegestäulen wird der Anthropolog nur Weniges geschrieben finden, was ihn speciell anginge. Beachtenswerther sind dagegen manche Abhandlungen des Aristoteles, seine Physiognomik, über Alter und Jugend, über Kürze und Länge des Lebens, sowie auf dem medicinischen Grenzgebiete die Arbeiten des Celsus und Galen. Die scharfsinnigen Beobachtungen des Hippokrates streifen schon direct in die Ethnologie hinüber und bilden neben zerstreuten Nachrichten bei Herodot, Strabo, Tacitus, Ammianus, Procopius u. A. m. die wenigen, aber desto werthvolleren Goldkörner, die die Ethnologie auf dem Felde des classischen Alterthums zu sammeln vermöchte. Reichlicher, freilich auch weniger lauter, fliessen ihr (in Avitus, Ennodius, Paulus Diaconus, Jornandes u. s. w.) vielfache Quellen aus dem bei dem Getobe der Völkerwanderung überall durchbrochenen Boden hervor, aber auch hier noch bleibt es schwer, einen geordneten Ueberblick zu gewinnen, weil eben die Ethnologie nie ihr wissenschaftliches Fach zuertheilt erhielt, sondern immer nur nebenher gelegentliche Behandlung fand, bis zum Zeitalter der Entdeckungen. Nachdem später Wolff die Psychologie in ihre seit Aristoteles verlorenen Rechte wieder eingesetzt, Haller die somatische Anthropologie begründet, Vicq d'Azyr die Physiologie zur vergleichenden Experimentalphysiologie (und vergleichenden Anatomie) erweitert, Bell die Vorgänge in der Nervenphysiologie erforscht, Kant den Anschluss an das Ich zur Geltung gebracht, begann mit Bichat's Entwickelung der Gewebelehre der Einblick in die Genesis des Dinges, als auf dem von Berzelius in der Chemie gelegten Fundamente die Zellentheorie factisch gesichert wurde. Bei den Culturvölkern verliert die Craniologie den grössten Theil ihres Werthes, und als Ersatz muss die Philologie eintreten. Diese aber würde uns bei einer Menge in ihren Namen erhaltener Völkern im Stich lassen, bei allen schriftlosen sowohl, wie bei denjenigen, deren Literatur in politischen Katastrophen zu Grunde gegangen ist. Bei ihnen bieten sich als werthvollstes und oft genug einziges Hülfsmittel die Ueberreste ihrer Händewerke, ihre Monumente, ihre Kunsterzeugnisse, ihre Instrumente und Werkzeuge, die ihres dauerhaften Materials wegen den Verwüstungen der Zeit oder denen zerstörender Kriege widerstanden. Die Fülle des ganzen reichen Geisteslebens, das über lange Geschichtsepochen geschwebt haben mag, kann oft genug nur aus diesen steinernen und metallenen Zeugen einer fernen Vergangenheit herausgelesen werden, und ohne sie würden höchst bedeutungsvolle Stücke aus der Menschengeschichte ausfallen und für immer verloren sein. Diese Reste reden klar und deutlich von den Geschicken einst beglückter Völker, die sonst nur als haltlose Schemen in unserer Anschauung schwanken würden; sie erzählen von all' den Wechselfällen, unter denen sich der Menschengeist die Freiheit erkämpft und je nach der meteorologisch-geologischen Umgebung sowie seinen politischen Beziehungen, die Gedankenschöpfungen mit typischer Färbung tingirte. In dem Stil*) der Bauwerke stehen die architektonischen Gedanken in versteinerten Photographien vor unseren Augen; aus den Musikinstrumenten, aus dem Schmuck der Tänzer, aus den theatralischen Masken schallt uns ein freudiger Jubel entgegen, der längst schon verhallt ist; in den Thränenkrügen, den Verzierungen der Sarcophage lesen wir die Gefühle des Leids und Wehes, die einst, wie heute, die Menschenbrust bewegten. In den ethnologischen

*) In den wirr verschlungenen Sculpturen der Mexicaner spiegelt sich der amerikanische Volksgeist, in den wir uns erst hineinzudenken haben, um ihn aus seinen Mythen zu verstehen. L'esprit analytique est étranger aux cerveaux du nouveau monde. Au lieu de chercher à dégager leur pensée de la conception confuse, sous laquelle elle s'était d'abord produite, les Indiens n'ont fait que renchérir sur une première tendance. Les mots se sont non seulement agglutinés, mais ils ont subi en vue de cette agglutination des changements, qui les ont complètement défigurés (Maury).

Sammlungen schlägt die Geschichte ihr in bunten Bildern illustrirtes Panorama auf, hat sie sich selbst geschrieben in leicht verständlichen Hieroglyphen, deren rasche Entzifferung dem logischen Denker doppelte Befriedigung gewährt. Die Geistesthätigkeit, die moralische Stimmung, die Kunstfähigkeit, der religiöse Sinn, jede nach aussen getretene Denkregung liegt in der ethnologischen Thatsache verwirklicht vor uns und kann in den Sammlungen, allen ihren Beziehungen nach comparativ studirt werden.

So lange man in den Kunstschöpfungen des Schönen unbegreifliche Urformen vor sich zu haben glaubte, mochte man sie feiern und preisen, musste aber auf jedes eingehende Verständniss verzichten. Auch jetzt erkennen wir in ihnen ewige und unveränderliche Gesetze; wir wissen jedoch, dass auch einem für unsere Auffassung in der Zeit ewig und unveränderlich fortdauerndem Typus Processe des Werdens vorangegangen sein müssen, die dem methodischen Forschungsgange nicht verschlossen bleiben können. Den musikalischen Theoretikern und Historikern gegenüber, meint Helmholtz, „dass das System der Tonleiter, der Tonarten und deren Harmoniegewebe nicht auf unveränderlichen Naturgesetzen beruht, sondern dass es die Consequenz ästhetischer Principien ist, die mit fortschreitender Entwicklung der Menschheit einem Wechsel unterworfen sind und ferner noch sein werden.“ Den gleichen Zusammenhang der architektonischen Constructionsregeln mit dem Volksgeist weist er in den Stilprincipien der geraden Horizontallinie, des Rundbogens und des Spitzbogens nach. Das liesse sich weiter über Indier, Mexicaner, Peruaner ausdehnen, und überall würde ein organisch in einander greifendes Ganze hervortreten, in dem sich Mythologie, Aesthetik, Poesie und der gesammte Musen-Chor zum harmonischen Reigen durchschlingen. Wenn uns solche Totalbilder überall auf dem Globus die Culturbedingungen der ethnologischen Kreise spiegelten, dann würde sich in desto deutlicherem Reflex das unsere eigene Nationalität durchwaltende Gesetz daraus hervorheben.

In den ethnologischen Thatsachen sehen wir die Incarnationen des Menschengedankens vor uns in der ganzen Fülle seiner Phänomenologie, in allen seinen mannigfaltigen Phasen und Wandlungen, in stummen Zeugen, die nicht trügerisch überreden, die noch weniger lügen können, die dagegen in unwiderleglichen Thatsachen zu den Augen sprechen und wenn, diese gesund sind, nicht missverstanden werden können. Nicht jedes Volkes Architektur klingt in den harmonischen Accorden, die die steinerne Musik der Classiker durchwebt, und oft genug mag den Geistesproducten armer und verkümmerter Indianerstämme der poetische Hauch ermangeln, der die Kunstdichtungen griechischer Sculptur umduftet; aber wie in der Botanik die künstlich gezüchteten Culturpflanzen, die in blendender Farbenpracht den Schmuck der Gärten bilden, nicht den Anfang, sondern nur das Ende methodischen Studiums bilden können, wie erst die Untersuchung einfachster*) Zellbildung, die in den Kryptogamen durchsichtiger vorliegt, dem Pflanzen-Physiologen diejenigen Aufschlüsse gegeben hat, wodurch die Grundlagen eines wissenschaftlichen Systems gelegt sind, so wird auch der Ethnologe seine Aufmerksamkeit zunächst den Repräsentanten ursprünglicher Menschenrassen zuwenden müssen, um die psychologischen Elemente zu sichten und zu ordnen, um aus ihnen dann die Gesetze zu verstehen, unter denen der Geistesorganismus in der Geschichte emporgewachsen.

*) Dem Philologen dient die Sprache zunächst als Mittel, um die historischen Monumente aufzuschliessen, aber: „in comparative philology the case is totally different (language itself becoming the sole object of scientific inquiry). Dialects, which have never produced any literature at all, the jargons of savage tribes, the clicks of the Hottentotts, and the vocal modulations of the Indo-Chinese are as important, nay, for the solution of some problems more important, than the poetry of Homer or the prose of Cicero (Max Müller).

Die höchsten und bedeutsamsten Fragen, die sich dem Menschen je gestellt haben, die sich ihm überhaupt stellen können und deren Erforschung die Aufgabe seiner auf Bereicherung des Gedankenreiches hingewiesenen Existenz bilden, die Fragen über die Stellung des Menschen zu der Natur, über die ursächlichen Momente des Denkens und über jene Zukunft, der dasselbe entgegenstrebt, sie können in der Ethnologie allein ihre einstige Deutung erhalten. Bis jetzt gelten diese Probleme für unlösbar, sie werden es bis zu einem gewissen Grade immer bleiben; aber ehe wir jede Hoffnung zurücklassen, sei wenigstens derjenige Weg versucht, der einzig und allein zur Lösung führen kann und der sonderbarerweise dennoch der einzig und allein unversuchte geblieben ist, der Weg der vergleichenden Psychologie auf der Basis ethnologischer Thatsachen. Keine naturwissenschaftliche Frage wird sich durch Raisonnement,*) so geistreich, so scharfsinnig, so vielseitig und umfassend dasselbe auch angestellt sei, zur endgültigen Entscheidung bringen lassen. Dahin können nur auf strenge Beweise basirte Folgerungen leiten, wenn dieselben neue Beweisführungen erzwingen und das Schlussresultat als nothwendigen Wirkungseffect aus vorangangenen Ursachen in die Erscheinung bringen.

---

*) On s'occupe maintenant de la recherche des faits, on a levé peu à peu le voile des illusions, que l'ignorance a enfantées, et on se prépare à des découvertes positives, qu'une logique sévère saura extraire des faits qu'on aura accumulés. Mais le temps des inductions positives n'est pas encore arrivé (1838), à mesure que les facts se découvrent, ils se pressent autour de nous et semblent nous inviter à former des hypothèses (sur l'origine et la formation successive du langage humain). Cependant on a déjà trop abusé des théories et des hypothèses, il faut s'arrêter pour quelque temps et continuer à rassembler des faits et surtout de les biens constater (Du Ponceau). Mit dem System einmal fertig, ist jeder weitere Fortschritt gelähmt. Neu hinzutretende Facta werden eins nach dem andern verworfen, denn da man jedesmal das vorhergehende annullirt hat, so ist es immer nur eins, das nicht passen will, und mit einem einzelnen wird man schon fertig, bis dann vielleicht ein zufälliges Wühlen in dem Papierkorbe der Ausnahmen zeigt, dass gerade die bisherige Regel die Ausnahme ist.

Die inductive Forschungsmethode verlangt ihre Vergleichungen, um die Grundlage des thatsächlich Gegebenen zu gewinnen, und zu fester Umschreibung desselben bedarf es der descriptiven Wissenschaften, die nicht nur durch das Ohr oder aus Büchern, sondern auch mit den Augen und in den Sammlungen der Museen gelehrt werden. An die durch Maass bestimmten Krystallisationssysteme der Mineralogie, an descriptive Botanik und Zoologie schliesst sich die Anthropologie als descriptive Menschenkunde, die in Schädeln und Skeletten Auskunft über die Morphologie der existirenden Menschenrassen giebt und in den fossilen Funden der Archäologie auch Rückschlüsse erlaubt auf früher vorhandene, während die Ethnologie die psychologischen Grundgedanken zusammenordnet. Herodot lacht über Solche, die den Umfang der Erde beschreiben wollen (γῆς περιόδους γράψαντας) ohne genügenden Einblick, und eben so müssig dürfte der Versuch einer Beschreibung des Menschengeschlechts sein, ehe ein Ueberblick über die constituirenden Elemente gewonnen ist. Zuerst tritt scheinbare Verworrenheit an die Stelle vermeintlicher Einfachheit; wäre man aber stets bei dem Grenzfluss des Oceanus stehen geblieben, so hätten wir uns nie durch die Masse angehäufter Thatsachen zu unserer jetzigen Kenntniss vom Erdenrund durcharbeiten können.

In der Reihe der übrigen Naturwesen, die in der körperlichen Erscheinung den Ausdruck ihrer charakteristischen Wesenheit gewinnen, spricht sich die exceptionelle Stellung des Menschen in seinen geistigen Schöpfungen aus, die in der Gedankenwelt leben und weben. Wir vermögen subjectiv in sie einzudringen auf dem Wege der individuellen Psychologie, die als integrirender Theil emporwächst innerhalb der nationalen Denkgebäude, wie sie sich im Sprachaustausch der Gesellschaftskreise entwickeln; wir können sie aber auch von einem objectiven Standpunkte aus überschauen in den ethnologischen Sammlangen, in denen sich die religiösen und socialen Denkprincipien der verschiedenen Völker wieder auf dem Gebiete des sichtbar Körperlichen in ihrem Händewerk reflectiren, und darin liegt die Bedeutung jener für die Culturgeschichte, dass sie uns Gedanken-Einkörperungen bieten, Schöpfungen der psychischen Thätigkeit, die als in und an materiellen Substraten wirkend, so auch zu materieller Manifestation gelangen, um mit den deutlichen Hülfsmitteln der Sinnesauffassung verstanden werden zu können. Unsere Museen der schönen Künste waren aus gleichem Streben hervorgegangen, und sie bieten in ihren ästhetischen Kunstproducten die höchste Blüthe genialer Geistesthätigkeit, die die meiste Anziehung besitzt und deshalb auch die meiste Berücksichtigung erhielt. Nach den Grundsätzen genetischer Erkenntnissweise aber genügt für das Verständniss nicht die Bewunderung des höchst Vollendeten, sondern muss die Untersuchung von dem Einfachen zu dem Zusammengesetzten fortschreiten, damit das Bewundernswürdige in diesem nicht ein unverstandenes Wunder, ein Ideal der Gefühlswallungen bleibe, sondern in seiner allmäligen Entstehung vom Verstande begriffen werde. Kein ethnologisches Product darf uns deshalb ärmlich und klein, oder gar verächtlich scheinen, da je primitiver der Gedanke ist, der in ihm nach einem Ausdrucke ringt, desto grössere Aussicht sich zugleich dem Forscher bietet, den leitenden Gesetzesgang bei einfacher Klarheit auch am einfachsten und klarsten zu durchschauen.

Nur im sorgfältigsten Detailstudium, in der Ansammlung von Facta*) liegt das Heil der naturwissenschaftlichen Psychologie, und bedarf es der Betonung dem Anachronismus gegenüber einer früheren Richtung, als man (nach Schelling's Weise)

*) Cousin verlangt nichts weiter als Beobachtung, „aber man soll Alles beobachten."

über die Natur philosophirte, um die Natur zu schaffen. Was damit geschaffen wurde, konnte nichts Anderes sein, als das Partialbild der in einem Einzel-Gehirne gespiegelten Bruchstücke aus dem Naturganzen, das vielleicht in einem harmonisch organisirten und reichbegabten Genie eine anmuthige Form annehmen mochte, aber stets nur ein subjectives Denkproduct liefern konnte, nie den objectiven Thatbestand. Die Proportionen der entworfenen Verhältnisse mussten immer durchaus verzerrte sein, denn aufgebaut hatte sich das scheinbar durch freie Willensthätigkeit hervorgerufene System aus denjenigen Kenntnissen der Aussenwelt, die im Laufe des bisherigen Lebens allmälig aufgenommen waren und, wenn auch in das Unbewusste gefallen, doch bei den meditativ eindringenden Denkoperationen mitgewirkt hatten. Bei der zufälligen Erwerbung der meisten dieser Materialien konnte in ihrem Nebeneinander kein geordneter Plan vorliegen, und mussten deshalb die Lücken durch dialektische Fechterkunststücke verdeckt werden. Nur aus demjenigen, der die Gesammtmasse der Facta in allen ihren Details beherrschte, (nur aus einem den Zusammenhang des Alls in klarem Zusammenhang durchschauenden Buddha, nach indischer Auffassung), nur aus einem solchen im Mittelpunkte der Welt stehendem Geist könnte die richtige Conception jener als freies Spiel der Phantasie hervortreten, in den Spielen einer gnostischen Sophia. Wir anderen armen Erdenwürmer haben keine Erlaubniss zum Spielen, sondern müssen ängstlich und mühselig darauf bedacht sein, die verwickelten Exempel, die man uns aufgegeben hat, auszurechnen, um Hegel's Mensch, als Moment im Werdeprocess des Absoluten, zu begreifen.

Die sichere Geschichte beginnt mit dem Erwachen des Volksbewusstseins, mit dem Loslösen aus dem unmittelbaren Naturzusammenhange, in dessen Banne die Vorzeit des Kindesalters verträumt wurde und unter dessen Einflusse die Keimkraft zu schwellen begann. Das durch den Glanz einer Cultur-Epoche geblendete Auge glaubt in der Civilisation eine hauptgeborene Athene Koryphasia zu erblicken und übersieht leicht die langen Vorstadien, die vor Erreichung des Sieges zu durchlaufen waren. Hier findet die Ethnologie ein weites Brachfeld, das des Anbaues wartet. Die Materialien sind roh und vernachlässigt, aber desto mehr sind sie einer Bearbeitung bedürftig, desto dringender heischen sie kritische Sichtung und Scheidung durch die Hülfsmittel der Ethnologie. Bei ungewissem Dämmerlichte, auf schlüpfrigem Boden hat sie ihre Entdeckungen zu machen, und auch bei allseitigster Vorsicht werden ihr Fehltritte kaum erspart bleiben. Doch je härter der Kampf, desto reicher der Lohn. In jenen Tiefen, wo mit schwachen Fäden und Fäserchen die primitiven Wurzeln der Geschichte zusammentreten, hat die Ethnologie die psychologischen Gesetze zu erklären und sie in ihrer Entwicklung bis an die Schwelle des Bewusstseins zu verfolgen, wo die historischen Wissenschaften sie in die Hand nehmen. Wenn sie dann zu jenem mächtigen Stamme der Civilisation emporwachsen, der die Humanität in seinem Blüthenschmucke trägt, so vergesse man nicht, dass die Ethnologie ihre in der Erde begrabenen Wurzeln gepflegt und begossen hat, dass der Baum nur durch seine Wurzeln lebt. Diese hochstrebenden Culturpflanzen, die Pracht der Weltgeschichte, sind aber nur eine vereinzelte Erscheinung auf dem Erdenrunde. Die grössere Menge der Völkerstämme verbleibt für immer auf den Stadien des Naturzustandes (d. h. dem vorgeschichtlichen Stadium), in denen die Geschicke des Mikrokosmos noch von dem überwiegenden Einflusse des Makrokosmos beherrscht werden, und bei diesen Naturstämmen fällt demnach ihre Gesammtgeschichte, so weit sie überhaupt eine Entwicklung durchlaufen hat, in das Bereich der Ethnologie. Begabtere Zöglinge pflegt sie ihrer Aufsicht zu entlassen und den eigentlich historischen Disciplinen, der höheren Akademie der Weltgeschichte zu übergeben, aber immer leitet sie die früheste Erziehung auch bei solchen Völkern, die berufen sind, in den Jahren ihres Mannesalters auf der Bühne nationaler Weltkämpfe eine weltgeschichtliche Rolle zu spielen.

Die frühere Etymologie traf mit Recht der Vorwurf, dass sie in willkürlichen Tändeleien Alles aus Allem zu machen verstehe, und die neuere Philologie hat deshalb dankenswerthe Bemühungen angestellt, die Grenzen erlaubter Veränderungen enger zu ziehen, obwohl im Princip immer noch eine unbedingte Möglichkeit zuzugeben ist, wie sich schon aus dem nächstliegenden Beispiel, der Bildung der romanischen Sprachen, genugsam durch Beweise belegen liesse. Il n'y a aucun fonds à faire, soit pour affirmer soit pour nier une étymologie, sur la simple apparence, sur des rapprochements fortuits, sur des comparaisons superficielles (Ampère). Ce qui aide surtout à connaître l'origine d'un mot, c'est de connaître son histoire. Die linguistischen Elemente gleichen nicht den anorganischen Ursubstanzen, über welche die Chemie und ihre Reagentien weiter keine Macht besitzen, und die eben, weil sie sich beständig unverändert zeigen, als Elemente angenommen werden; sondern den organischen Alkaloiden, die unter einem bestimmten Cyclus von Operationen gleichfalls fest und unwandelbar dieselben bleiben, bei weitergehenden Eingriffen aber ihren Typus verlieren und durch Zersetzung wieder in die vier Grundstoffe aufgelöst werden. Diese Annahme raubt den glänzenden Resultaten, die die Linguistik seit Kurzem errungen und festgestellt hat, nichts von ihrem Werthe, warnt jedoch, die Entwicklung der Forschung schon jetzt als beschlossen anzusehen. So lange die nachgewiesenen Gesetze des grammatischen Baues sich verfolgen lassen, so lange dürfen historische Folgerungen abgeleitet und zu weiteren Schlüssen benutzt werden; aber das negative Resultat, dass jene nicht mehr in charakteristischer Eigenthümlichkeit erkannt werden können, giebt darum noch kein Recht, Beziehungen zwischen Völkern zu leugnen, die aus anderen Beweisen hervorgehen möchten. Dem Chemiker ist es wohlbekannt, dass in dem Körper eines Vergifteten sich ein Narcoticum finden möchte, obwohl er es nicht mehr herzustellen vermag, und in vielen Fällen kann er auch aus Gegenwart anderer Körper ableiten, weshalb es sich nicht mehr nachweisen lässt. Wenn ein organisches Salz durch allmälige Ersetzung gleichwerthiger Aequivalente seines kennzeichnenden Typus verlustig gegangen ist, so hat es für den Chemiker seine praktische Bedeutung als solches verloren, und so bestimmt er vorher die nothwendigen Säuren oder Basen für seine Fixirung angeben konnte, so wenig wird er sich dann weiter bemühen, noch etwas zu suchen, das nicht mehr existirt, obwohl dies negative Resultat keinen genügenden Grund abgeben würde, das früher mögliche Vorhandensein zu verneinen, wenn andere Folgerungen auf die Annahme desselben hinführen sollten. Ebenso darf eine wissenschaftliche Verwendung der Linguistik nicht die Grenze derjenigen Gesetze überschreiten, die in der vergleichenden Sprachwissenschaft als für sie allgemein gültig niedergelegt sind; bleiben diese nicht mehr anwendbar, so ist das Resultat einfach ein negatives, das weder für noch gegen entscheidet, das aber allerdings von demjenigen, der, obwohl dieser Beihülfe ermangelnd, dennoch eine Hypothese aufbauen wollte, verlangt, dass er für sein positives Urtheil desto sicherere Stützen auf anderen Wegen der Beweisführung herbeibringe. In der Wissenschaft lassen sich nur Verhältnisswerthe verstehen, und nur die aus diesen abgeleiteten Gesetze unendlicher Progressionen werden diejenigen Fragen zu lösen im Stande sein, die man bisher an einen Anfang und an ein Ende teleologisch anzuknüpfen dachte.

Entwicklung ist ein subjectiver Begriff, indem der zur Vollheit gereifte Mensch, wenn die Vorstellungen sich fest zusammenordnen und am entschiedensten in das Bewusstsein eintreten, auf die durchlaufenen Stadien des Lebens als unvollkommene zurückblickt, und den bis dahin ununterbrochenen Fortschritt als eine Entwicklung auffasst. Tritt später die Epoche der Rückbildung ein, so kann die Stärke der erschlaffenden Vorstellungen sich nicht an Lebhaftigkeit mit den zur Periode der Mannheit dominirenden messen, die letzteren bewahren die Herrschaft in dem, den Culminationspunkt der einen Generation mit dem der nächsten verbindenden, Gedankenkreis, und als Entwicklung wird fortan ein Hinaufsteigen zu höherer Vollendung aufgefasst, indem der im irdischen Stoffwechsel nothwendig damit verbundene Anhang des welkenden Sinkens übersehen wird. Eine Entwicklung im eigentlichen Sinne, als Fortschritt ohne späteren Fall, lässt sich nur denken, wenn der irdische Kreislauf durchbrochen ist und das Geistige in seine Domäne des Ewigen und Unendlichen eingetreten, wie es Plato poetisch beschreibt, und wie es den philosophischen Grundgedanken des Buddhismus bildet.

In der Ethnologie sind es die Grundgedanken der Gesellschaftskreise, die psychologischen oder, wenn man will, die völkerpsychologischen Elemente, die die Basis für das Eintheilungsprincip *) abgeben müssen, und zwar nach zwei Richtungen hin, einmal, indem man sie, nach Art der Embryologie, in ihrem Wachsthumsprocesse aus einfachster Zellbildung im ahnenden Träumen zum complicirten Organismus geistiger Schöpfungen verfolgt, und dann, indem man ihre analogen Formen vergleichend neben einander stellt, wie die comparative Anatomie ihre aus

*) Appliquons aux sciences politiques et morales la méthode, *fondée sur l'observation et sur le calcul*, méthode qui nous a si bien servi dans les sciences naturelles (Laplace).

verschiedenen Thierklassen entnommenen Erklärungen in der Osteologie, Neurologie, Angiologie zusammen abhandelt. Da der Mensch auf dem tiefst denkbaren Zustande bereits mit Sprachen und Regungen geistigen Bewusstseins gesetzt werden muss, um überhaupt seine Menschennatur*) zu wahren, so löst sich die Ethnologie, durch ihre Analysirungen, in die anthropologischen Vorbereitungswissenschaften eben so nothwendig auf, wie schon die individuelle Psychologie ohne ihre physiologische Grundlage sich keine exact-empirische Gültigkeit sichern könnte. Die Ethnologie begreift also die Kenntniss sämmtlicher Menschenrassen von ihrem ersten und frühesten Erscheinen an; sie hat nach unten hin, durch den unmittelbaren Uebergang in die anderen Naturwissenschaften, keine Grenze, wohl aber nach oben, indem sie dort aufhört, wo die Geschichte beginnt, und dieser Wendepunkt kennzeichnet sich durch das Hervortreten historischer Persönlichkeiten, durch das mehr oder weniger erfolgreiche Eingreifen des Menschen in die Natur und durch den, wenn auch nur oberflächlichen Abdruck seines Willens auf die planetarische Erde. Wenn das Volk, die Nation geboren ist, so tritt die Ethnologie vor der Geschichte zurück, aber sie pflegt die in der Erde verborgenen Bildungsorgane, die die Nahrungsäfte für den an's Licht getretenen Spross herbeiziehen. Jene Propyläen, die nur spärlich vom historischen Lichte erhellt sind, jene äussersten Vorhallen, die die Geschichte rasch zu durchwandern pflegt und die dann der Tummelplatz der Mythen und Traditionen bleiben,

*) „Die Natur des Menschen ist," wie v. Baer bemerkt, „der Gipfelpunkt oder der Ausgangspunkt, je nachdem man seine Richtung nimmt, sehr verschiedener Wissenschaften, der Zoologie, der vergleichenden Anatomie und Physiologie, der Weltgeschichte, der Philologie, der Staatswissenschaft und der Rechtsphilosophie; sie enthält die Psychologie ganz, da wir von den Seelen der Thiere nur so viel wissen, als wir anthropomorphisch in sie hineingedacht haben, und die Philosophie ist ja nur ein Ausdruck der verschiedenen Weisen, wie der Mensch die Welt zu begreifen gestrebt hat."

sie gehören als erb und eigen der Ethnologie an, die dieses ihr zukommende Gebiet von den Verkäufern falscher Fabelwaare zu reinigen hat, um die ersten Regungen psychologischen Schaffens, das früheste Ahnen des Menschengeistes zu belauschen. Streng lässt sich allerdings bis jetzt diese Scheidung zwischen Ethnologie und Geschichte nicht durchführen. Der von hervorragenden Heroen dem Geschichtsgange mitgetheilte Impuls kann in der für nutzbringendes Verständniss nöthigen Causalität bis jetzt meistens nur bei denjenigen Völkern lohnend verfolgt werden, die mit uns oder doch mit unseren Vorfahren durch Bande eines engeren Zusammenhangs verknüpft wurden. Manche Völker, die schon an der Schwelle der Geschichte stehen, andere selbst, die sie bereits überschritten haben, bleiben bei der Unvollständigkeit ihrer Documente oder bei der noch nicht genügenden Sichtung derselben durch die Kritik vorläufig von dem historischen Gesichtspunkt ausgeschlossen und fallen bis dahin der Ethnologie anheim, die sie bis an das Feld der Specialisten führt und dort der Hut der Sanscritaner, Chinologen u. s. w. übergiebt. Die schwierigste Aufgabe der Ethnologie liegt in der Behandlung unserer eigenen Culturstaaten vor, bei denen sie die in dem Nebel fernster Vorzeit verschwimmenden Spuren zusammensuchen muss, um mit empfindlichen Apparaten die schwachen Schwingungen aufzufassen, in denen die ersten Lebenskeime jener Völker gährten, die mit dem Glanze einer göttlichen Weihe umstrahlt, die dunkeln Fragen nach ihrem Ursprung in die Schatten der Vergessenheit stellten. Auch mit dem ganzen Rüstzeug der classischen Alterthumskunde würden hierüber nur unsichere Resultate zu erlangen sein, wenn nicht die seit Kurzem rüstig von Jahr zu Jahr in neuen Entdeckungen fortschreitende Archäologie Aussicht auf unerwartete Hülfsmittel gewährte, wenn nicht das entziffernde Studium der Monumente eine Fernsicht nach der andern eröffnete, weite Perspectiven, vor denen wir jetzt noch staunend stehen, die wir aber einst im vollen Verständniss durchwandern zu können gerechte Erwartungen hegen dürfen. Nach allen Seiten hin ist der durch alte Traditionen geheiligte Horizont durchbrochen, die räumliche Ausdehnung wird durch die Dampfkraft vermindert, die auch in fiebrischer Hast die Geistesarbeit treibt, und unsere rasch bewegte Zeit löst in Jahren und Monaten Probleme, die Jahrhunderte und -tausende undurchdringliches Geheimniss geblieben wären. Trotz dieser rührigen Thätigkeit, die auf allen Gebieten herrscht, häuft sich die Fülle des Materials und beginnt durch Ueberschwänglichkeit zu erdrücken. Schon mancher Wissenszweig ist jedes leitenden Fadens verlustig gegangen und man schwankt über die Wiederanknüpfung, da der Plan des Gewebes noch nicht klar genug vorliegt. Der Einschlag wird auf breitester Basis zu machen sein, für manche der aus den Angeln gehobenen Disciplinen auf der Stütze der Ethnologie, die sich über die Gesammtpunkte der Erdoberfläche ausdehnt, als Vermittlung der Geographie und Geschichte, den Entwicklungsgang dieser auf der von jener gebotenen Grundlage erforschend.

In der Flora und Fauna prägt die Morphologie den botanischen oder zoologischen Charakter der geographischen Provinz aus und ebenso im Körpergerüste des Menschen denjenigen des Homo, der die klimatisch-geologischen Eigenthümlichkeiten derselben ausspricht. Indem nun aber der in die Welt getretene Mensch mit Ausbildung seines psychischen Lebens sich als Glied einem Gesellschaftskreise einfügt, innerhalb welches, durch die Fäden der Sprache gezogenen, Gewebes er als selbstthätiger Mitarbeiter eingeschlossen wird, so geht die Fortentwicklung seines eine materielle und geistige Hälfte verbindenden Gesammttypus noch über die Entfaltung derjenigen Keime hinaus, die er als potentielle Anlage seiner körperlichen Existenz mit sich in's Leben gebracht hat und die sich in den fest geschlossenem Cyclus des

Emporblühens, Reifens und Verwelkens zu erfüllen haben, wie jedes vegetabilische oder animalische Dasein. Auf dieser physiologisch gebotenen Basis, der Frucht präexistirender Keime, keimt als secundäres Product das geistige Leben, nicht (wie es indolenter Beschaulichkeit ergebene Metaphysiker aufzufassen liebten) als seine Mutterpflanze zerstörender Parasit, sondern als das Ergebniss in die regen Umwandlungsprocesse animalischer Mauserung einfallender Reize, die in den wechselwirkenden Reactionen des Nervensystems überall in statu nascenti ihre Verbindungen anknüpfen und so die Resultate ihrer psychischen Schöpfungen mit dem materiellen Träger zu einem einheitlichen Ganzen completiren. Indem also die geistigen Thätigkeiten auf und innerhalb materieller Getriebe wirken, so müssen sie an den ihnen besonders zur Handhabe dienenden Theilen desselben die Spuren ihre Eingriffe zurücklassen, und es folgt als natürliche Analogie zu den übrigen Zweckeinrichtungen einer sich selbst ergänzenden Maschinerie (wie sie jeder Organismus darstellt), wenn das Denken seine Regungen an der eindrucksfähigen Masse des Gehirns zur Erscheinung bringt, und somit bis zu einem gewissen Grade auch an den lange weich verbleibenden Schädeldecken, die mit dem von ihnen geschützten Inhalt in einer nothwendigen Correlation des Wachsthums stehen (obwohl der speciellere Einblick einer Erklärung noch fehlt und die phrenologischen Localisirungen bei dem unlogischen Ausgangspunkte ihres Principes dazu nichts beitragen können). Da nun die physikalischen Verhältnisse des Tellurismus, soweit wir die terrestrische Geschichte der Menschheit überblicken können, in der Hauptsache unverändert geblieben sind, da also immer dieselben Reize makrokosmischer Umgebung auf den Resonanzboden des Mikrokosmos eingefallen und von diesem in derselben Weise beantwortet sind, so müssen, wie überall, aus gleichen Ursachen gleiche Wirkungen erzeugt und die Typen des Menschen im

Grossen und Ganzen dieselben geblieben sein. So viele Mannigfaltigkeiten der Globus in seinen Zonen, nach der Vertheilung seiner isothermischen, isochimenischen, isotherischen und sonst gleichartig gebeugten Linien zeigt, eben so viele müssen sich auch in den von äusseren Bedingungen abhängigen Producten, nämlich denen der organischen Natur, spiegeln, wie bei Pflanzen und Thieren, folglich auch im Menschen, und wie in allen übrigen Gliedern des Menschen, auch im Kopfe und seinen Formen. Dass die Gestalt desselben nicht potentiell fest präformirt, wie die der übrigen Glieder, mit auf die Welt gebracht wird, bedingt nur einen gradweisen Unterschied für jenen, und könnte um so weniger als ein radicaler betrachtet werden, da ebenso die dem Willen unterworfenen Glieder wieder in zweiter Instanz Geschicklichkeiten erwerben können, die obwohl sie nachher actuell auftreten mögen, in ihrer Präformirung bei der Geburt nicht nothwendig involvirt lagen und auch bei einem ungetrübten Zustand der Gesundheit hätten fehlen können. Wie weit bis zu einer bestimmten Grenze auch bei den Thieren dieser Factor des Psychischen in der äusseren Darstellung sichtbar wird, zeigt sich bei den Hausthieren, die indess vorläufig ausser Acht zu lassen sind, da bei ihnen die Anregung keine primäre ist, sondern erst vom Menschen reagirt. Aber auch bei den Thieren der freien Natur wirkt das mit dem Körper emporwachsende Psychische auf die empfänglichen Organe ein, und obwohl der Schädel einer jeden Thiergattung in den diese constituirenden Zügen derselbe sein muss, so wird er doch eben so wohl in den unter verschiedenen Umgebungsverhältnissen zerstreuten Species überall die solchen entsprechenden Modificationen aufweisen. Gleiches gilt von Menschen, und der unter unveränderten Einflüssen lebende Afrikaner wird den Negertypus zeigen, der Indianer den amerikanischen, der Mongole den seinen. Mit der Entstehung fest präformirt, wie die Morphologie der ganzen Pflanzen, ist bei Thieren und Menschen nur die der körperlichen Hälfte; wenn sie jedoch, wie es bei den Naturvölkern gewöhnlich ist, immer in derselben psychischen Atmosphäre aufwachsen, wird auch der Ausdruck des psychischen Lebens ein stereotyper werden, das Schädelgerüst also eben so gut wie jeder andere Theil des Körpers. Die makrokosmischen Agentien der Umgebung bleiben die früheren, und aus gleichen Ursachen können nur gleiche Wirkungen folgen. Jeder Wilde hat dieselbe Schule der Erfahrung zu durchlaufen, die nur in Mühe und Noth praktisch zu erlernen ist, und nur selten das Aufspeichern kurzer Grundregeln erlaubt, die den Nachkommen die drohendsten Gefahren ersparen mögen; jeder hat also die ganze Reihe geistiger Phasen zu durchleben, dieselben Gedanken thatsächlich zu verwirklichen, und dieser von Jedem activ und beschwerlich verarbeitete Denkgewinn drückt sich deshalb auch bei Jedem in denselben starren und schroffen Zügen seines knöchernen Schädelgerüstes ab. Ganz anders jedoch bei den Culturvölkern, wo bereits ein geistiges Capital in der Literatur angesammelt und durch die Schrift gesichert liegt, wo der neue Weltbürger in psychischen Regionen emporwächst, die ihm von allen Seiten schon verarbeitetes Material zuführen, so dass er nur das Einströmende zu assimiliren braucht und unablässig damit beschäftigt bleibt. Hier, wo die schon erworbenen Resultate des Denkens auf die möglichst fassliche Weise gelehrt werden, kann die in unendlichem Reichthum wechselnde Denkthätigkeit nicht mehr (wie bei den aus dem Innern emporstrebenden Gedankenentstehungen eines für Wahrung der Existenz Erlernenden) ihren Ausdruck in dem körperlichen Träger finden, über den sie sich weit hinausgehoben hat, und es wird stets vergeblich bleiben, gleichwerthig durchgehende Maasse für den Schädel*)

---

*) Est-il logique de choisir pour base principale d'une classification des races, une partie de squelette susceptible de se modifier plus que toute autre

der Culturvölker zu finden, wenn auch auf den Gesichtern aller der durch Gleichartigkeit der Interessen und Staatseinrichtungen Zusammengehörigen dieselbe Nüancirung einer Nationalphysiognomie erkennbar sein mag und sich durch die in jedem Stande homogenen Objecte der Aufmerksamkeit wieder in bestimmten Richtungen zu fixiren zeigt.

Je mehr der Mensch noch von den Umgebungsverhältnissen (dem Milieu ambiante) abhängt, desto fester und markirter wird im Areal seiner geographischen Provinz ein bestimmt physikalischer Typus fixirt werden, und wie in allen Theilen seines Körpers, so auch in der Schädelform abgeprägt bleiben. Wenn er dagegen unabhängig und frei mit der Erkenntniss und dem Bewusstwerden eigener Geisteskraft sich von den zwängenden Fesseln der äusseren Natur losringt, so hört bald die Möglichkeit auf, aus der Körperform das Wirken des Geistes und somit die Wesenheit des ethnologischen Charakters herauszulesen. Desto natürlicher tritt hier nun die Sprache ein, um aus ihrer lebendigen Wortfülle alles dasjenige zu suppliren, was die Craniologie in ihrer ärmeren Zeichensprache sich ausser Stande sehen würde genügend auszudrücken. Andererseits verlangt das beinerne Gerüst des Körpers wieder vorwaltende Berücksichtigung, wenn es sich um archäologische Reste handelt, die der Zahn der Zeit noch nicht zu zerstören vermochte. Die Anthropologie geht in die frühesten Vorzeiten zurück, sie wagt selbst mitunter

selon les âges, les sexes, les lieux, les coutumes, le degré de civilisation, les alliances et les mélanges de toute sorte? frägt Joly und tadelt la promptitude, la légèreté déplorable avec laquelle les anthropologistes de cabinet ou les néophytes trop ardents se prononcent sur l'origine et les caractères de tel ou tel crâne, antique ou non, que le hasard a fait tomber entre leurs mains. Der Vorschlag, die Sprache zum Princip ethnologischer Eintheilung zu wählen, muss nicht nur an dieser organischen Umwandlungsfähigkeit scheitern, sondern vor Allem an der Klippe eines directen Sprachumtausches, während die Craniologie doch jedenfalls gegen völlige Kopflosigkeit gesichert bleibt.

den bedenklichen Schritt, aus der geologischen Epoche unserer Gegenwart in eine schon untergegangene hinüberzutreten, und oftmals bringt sie aus ihren Entdeckungsreisen werthvolle Gräberfunde zurück, welche längst verschwundene Völker zu neuem Leben erwecken und die als haltlose Schemen im antediluvianischen Mythennebel spielenden Namen mit Fleisch und Blut einer wirklichen Existenz bekleiden.

Eine jede geographische Provinz, die einen in sich bestimmt ausgeprägten Charakter trägt, um aus ihren meteorologischen, klimatologischen, geologischen und alimentologischen Factoren eine durch diese erhaltungsfähige Menschenexistenz hervorzurufen (wenn nämlich die gegenseitigen Beziehungen aller jener Factoren an dem gegebenen Orte in solchen Verhältnissen zusammenwirken, um unter den der Möglichkeit einer Menschenexistenz nothwendig vorausgehenden Grundbedingungen im Gleichgewicht eines selbstständigen Centrums bleiben zu können), eine jede solche geographisch umschriebene Provinz wird einen selbstständigen Rassentypus erzeugen, während die auf nicht in sich ausgleichungsfähigem Grenzgebiete der Mittelstufen entstandenen Mischformen früher oder später als lebensunfähig zu Grunde gehen müssen. Wird nun der auf natürlicher Grundlage erwachsene Rassentypus mit ähnlichen oder fremdartigen in Kreuzungen zusammengeführt, so wird es von dem Gesetze der Wahlverwandtschaften abhängen, ob das erzeugte Product ein höheres oder niederes sei, ob es überhaupt die Existenzfähigkeit selbstständiger Fortpflanzung besitzt.

Uebergänge und ihre Werthe lassen sich als relative Verhältnisszahlen immer nur von zwei festen Ansatzpunkten aus bestimmen, ohne solche verbietet die Logik von Uebergängen überhaupt zu reden, denn innerhalb des allgemeinen Zusammenhanges (den eine mit den Unvollkommenheiten des Organes unbekannte Kurzsichtigkeit aus dem optischen Horizont zum Firmament verdichtet) kann für unser Denken ein durch Uebergänge gebildeter Zusammenhang eben nur da bestehen, wo wir diesen Zusammenhang, als einen durch Uebergänge gebildeten, deutlich in dem Bogen der Brücke und den beiden Stützen, worauf sie hüben und drüben ruht, verstehen. Aus weiter Ferne, undeutlich gesehen, liesse sich die Verwandlung des Hirsches in eine Giraffe oder des Eisbär in ein Walross vermuthen, wenn nicht gar Schmitz's Uebergang der Tulpe in den Schwan oder des Löwenschwanzes durch Schlangen in die Palme. Ein genaueres Hinblicken macht es bald rathsam, vor wissenschaftlichen Ohren solche Phantastereien zu verschweigen, aber im Nebel paläontologischer Vorzeit, als die Natur (nach Burdach) noch nicht an Altersschwäche litt, schadet es weniger, von Ganoiden als embryonalen Vorfahren der Fische zu reden, von Ganocephalen als Mittelglied der Fische und Amphibien, oder durch gepanzerte Ganoiden die Fische und Schalthiere zu verbinden. Haben wir das Holderness-Rind und das von Durham (selbst eine Mischung seit 1801) und zwischen ihnen die Yorkshire-Rasse, so können wir ihre Bildung und ebenso die anderer möglicher Mittelstufen*) verstehen, desgleichen bei den Viertel- und Achtelkreuzungen der Hasen-Kaninchen ihre Proportionswerthe, und weiter bei Menschen die Mischrassen, wenn sie sich zwischen zwei ethnologisch fest bestimmten Typen (etwa dem des Negers und des brasilianischen Indianers) gebildet haben, in verschiedener, aber jedenfalls durch organische Gesetzlichkeit geregelter Mannigfaltigkeit der Variationen. Reden wir jedoch innerhalb einer unübersehbaren langen Reihe, zu deren Ende oder Anfang uns selbst keine metaphysische Speculation zu führen vermag, von Uebergängen oder Zwischengliedern, so ist das eine populär lose

---

*) Mit Auffindung der Mittelglieder führte Darwin die vier Gruppen der Tauben auf Columbia livia zurück.

Ausdrucksweise, die sich auf wissenschaftlich undefinirbaren Aehnlichkeiten basirt und die schliesslich auch demjenigen Recht geben müsste, der nun einmal darauf bestehen bleibt, dass seiner subjectiven Ansicht nach der schlanke Tulpenstengel sich ganz wohl in einen Schwanenhals umgestalten möchte. Wir hätten dann die ganze Phantasiewelt ovidischer Metamorphosen, von tyrrhenischen Schiffern, denen im Wasser die Flossen der Delphine wachsen (während Duhamel in den Menschenarmen modificirte Brustflossen sieht), von Daphnen, die als Blume in der Erde wurzeln, und andere Dichterausmalungen, die in der Studirstube des Gelehrten als naturphilosophische Phantasmagorien spielen würden. Es sollte an sich klar sein, dass der Werth eines Bruchtheils, eines Theilganzen, nur dann bestimmbar ist, wenn vorher ein Ueberblick über das Ganze gewonnen ist, und solch eine Totalanschauung muss dem Menschen seiner excentrischen Stellung in der Welt nach nun einmal für immer verschlossen bleiben. Wer Silbergroschen, Fünf- und Zehngroschenstücke auf dem Tische vor sich hat, muss sie, wenn die Legende in einer für ihn unverständlichen oder noch unentzifferten Sprache geschrieben sein sollte, vorläufig als individuelle Isolirtheiten betrachten, denn auch durch scharfsinniges Rathen wäre es unmöglich herauszubringen, dass der Thaler aus 30 Silbergroschen bestehe, da selbst eine glückliche Vermuthung der Zahl 30 vorausgesetzt, schliesslich doch immer die beweisende Controle fehlen würde, um sie zu einer der Wissenschaft genügenden Sicherheit zu erheben. Lägen nun neben den Groschen noch Kreuzer und halbe Gulden, so würde ein sorgsamer Beobachter, auch ohne etwas von dem reellen Werthe eines Gulden oder Thalers zu wissen, doch leicht entscheiden, dass es sich hier um zwei Klassen specifisch getrennter Objecte handele. Die numismatischen Forschungen müssen dann für systematische Anordnung ihren durch mikroskopische Detailuntersuchung angezeigten Weg weiter geben und dürfen sich nicht durch das Einsprechen von Laien stören lassen, die meinen sollten, dass im Grunde diese Dinge doch alle ein und dasselbe seien, weil sie sämmtlich aus gleichartigen Metall-Legirungen beständen. Diese Gleichartigkeit besteht für oberflächliche Betrachtung (so lange nicht die Chemie ihrerseits wieder Differencirungen darin aufgedeckt hat), berührt aber die Arbeiten der Numismatik nur indirect, da es dieser nicht darauf ankommt, vorhandene Differenzen in werthlosen Generalisationen zu verwischen, sondern im Gegentheil die Unterschiede zu präcisiren und aus dem Allgemeinen das Besondere hervortreten zu lassen. Gesetzt, der Numismatiker hätte verstanden, durch geschickte Combinationen den Werth des Thalers herauszubringen, und es wäre ihm nun weiter gelungen, die Schätzung der Theilstücke zu bestimmen, so würde seine erste Aufgabe damit vorläufig zu Ende sein, und er wird sich lieber an eine zweite machen, als in wüster Träumerei nach einem Eozoon suchen, einem Dämmerungswesen der Vorzeit, aus dem alle Münzen seines Cabinettes nach einander hervorgewachsen und sich aus einander entwickelt hätten.

Die Vorstellung des Raumes findet ihre Begründung in dem Nebeneinandersein der Objecte, und das Nebeneinandersein ergiebt sich aus der freien Bewegung zwischen ihnen, wodurch die relative Lage in ihren gegenseitigen Verhältnissen folgt. Die Bewegung besteht in den Veränderungen, die das Individuum in seinen Beziehungen zum Mittelpunkt der Erde herstellt, indem es sich temporär von der Schwere losreisst, um ein neues Gleichgewicht zu gewinnen. Indem dann das die Relationen der Objecte darstellende Nebeneinandersein durch den optischen Gesichtskreis in jedesmaliger Ausdehnung umgrenzt wird, fasst sich die Vorstellung im Raum zusammen, der zunächst an das Terrestrische anknüpft, und auch im Kosmischen durch die Täuschung des Horizontes gestützt sein kann, aber in der Unendlichkeit von selbst negirt wird. Während das nach einander in der Pflanze Geschehende in dieser nur als materiell statthabende Veränderungen sich manifestirt, erkennt die animalische Wesenheit den Zwischenraum zwischen dem Empfundenen und seiner selbstständigen Reaction gegen dasselbe, in dem zusammenhängenden Nacheinander, als Zeit, und alle Eindrücke der Aussenwelt deshalb, die nicht als Phasen des organischen Wachsthums verkörpert werden, müssen die Vorstellung der Zeit unterhalten, so weit sie alle in eine empfängliche Receptivität fallen. Der abstrahirte Zeitbegriff wird dann auf die Vorgänge der Umgebung gleichfalls übertragen und findet seine Regulirung in dem Jahresumlauf. Die Zeit ist deshalb das subjective Verständniss der Bewegung, der Raum die objective Projection.

Die Erkenntniss der kosmischen Einflüsse nicht nur als Wärme (wie schon im Pflanzenreich), sondern als Licht bildet die Anregung zur harmonischen Gestaltung der Geistesthätigkeit, und die Sonne tritt organisirend in die terrestrischen Kraftentfaltungen ein, wie in Tyndall's Versuchen über die chemische Einwirkung des Lichtes auf empfängliche Gasarten angedeutet.

Dass eine vergleichende Psychologie der Ethnologie als nothwendiger Vorbedingung bedarf, dass sie nur auf der von dieser gelegten Basis zu erwachsen vermag, ist ein unumgängliches Postulat der naturwissenschaftlichen Inductionsmethode. Der im Selbstbewusstsein freie Gedanke kann sich zu diesem eigenen Bewusstwerden nur innerhalb der Gesellschaft emporschwingen, nur wenn er seine dunkeln Gefühlsregungen im Verständniss der Sprache abgeklärt hat, wenn er aus dem Munde des Hörers als festbestimmtes Wort dem Ohre zurückkehrt. Wie der akustische Nerv den Klang in einfache Tonschwingungen zerlegt, so mögen auch die Combinationstöne ethnologischer Vorstellungskreise in die Differenzen verschiedener Ordnung aufgelöst werden und der Psychologie den geeigneten

Stoff bieten, den individuellen Ideengang zu durchforschen, aber diese wissenschaftlich gleich bedeutungsvollen Studien bleiben der Gegenstand eines physikalischen Experimentes, während in jenen die Musikaccorde erklingen, die die Völker und Nationen zu weltgeschichtlichen Thaten begeisterten, oder die schon in rohen Stämmen die elegischen Klagen um das Leid des Erdenlebens aushauchten. Die Ethnologie hat die psychologischen Grundideen *) besonders in der Sphäre mythologischer, kosmogenischer, traditionell-geschichtlicher, rechtlicher Anschauungen zu suchen, da sie bei ihnen am sichersten geht, ein durch ununterbrochen gegenseitiges Zusammenwirken rectificirtes Gesammtresultat auf der ganzen Breite des Gesellschaftskreises zu gewinnen. Wenn ein Volk in eine klar und fest vorgezeichnete Geschichtslaufbahn eingetreten ist, wird diese unmittelbare Garantie undeutlicher und weniger sicher. Dann sind es hervorragende Talente, die durch den elastischen Schwung des Geistes weit über das durchschnittliche Niveau ihrer Zeit hinaustreten und den Keim zu Umgestaltungen säen, die vielleicht erst nach Jahrhunderten zur Reife gedeihen können, so dass sich dann die Masse in einem entwicklungsschwangern Gährungsprocesse aufbläht. Erst wenn es uns gelungen ist, einen sicheren Anhalt in den ihren Atomvolumen nach ersetzbaren Aequivalenten zu gewinnen, dürfen wir uns in die Labyrinthe der zusammengesetzten Radicale und ihrer Veränderungen hineinwagen.

Ein psychologisches Studium der Naturvölker wird uns deshalb einführen in die Genesis unserer Ideen, die es leicht ist auf diesen primitiven Stadien zu durchblicken, schwer und verwirrend dagegen, wenn nur in ihren höchsten Culturschöpfungen

---

*) Die erste Stufe der inductiven Forschung ist die geistige Zerlegung der Naturerscheinungen in ihre Elemente, und die nächste die wirkliche Trennung dieser Elemente (Stuart Mill).

angeschaut. An welch' schwankender Unbestimmtheit leidet schon der wichtigste unserer Begriffe, der der Religiosität, die Auffassung des Göttlichen oder Uebersinnlichen, das sich Jeder seiner subjectiven Eigenthümlichkeit gemäss zurecht legt. Wenn Theologen pantheistischen Systemen ihren Atheismus vorwerfen, nehmen diese gerade die reinste und erhabenste Construction der Gottheit für sich in Anspruch, und während der Ablasskäufer den gezogenen Wechsel im himmlischen Jerusalem zu discontiren hofft, bestrebt sich der Yankee religiös zu erscheinen, weil es seinen Credit an der Börse befestigt. Die polemischen Discussionen über das Wesen der Gottheit mögen bis an's Ende der Welt fruchtlos fortgeführt werden, so lange wir uns nicht die Mühe nehmen wollen, auf die früheren Entwicklungsstadien des Denkens zurückzugehen und zu untersuchen, unter welch einfachsten Formen sich die Religion für nothwendige Deckung ethischer Bedürfnisse zuerst in dem Geiste der Naturmenschen dargestellt, und wie sie sich dann unter organischen Wachsthumsprocessen zu den geläuterten Schöpfungen der Culturvölker entfaltet. Nur in der ethnischen Psychologie wird sich Schleiermacher's Ausspruch von dem Ursprünglichen der Religion im Menschengeiste richtig präcisiren lassen. Nicht anders verhält es sich mit der Seele. All' der traurige Scandal des Seelenstreites, der vor einigen Jahren mit klappernden Holzwaffen geführt wurde und durch oberflächlichste Definitionen des Edelsten im Menschen unsere Literatur entwürdigte, all' dieses hohle Geschwätz wäre zu vermeiden gewesen, wenn wir durch Eingehen in die „Vorstellungszustände, die (nach Herbert) zum Ich zusammenschmelzen", vorher den Gedankengang der Naturvölker analysirt hätten, dort das Entstehen der Wortbezeichnungen für Seele und die verschiedenen Geisteskräfte geprüft und dann erst nach Anknüpfung eines leitenden Ariadnefadens in das Labyrinth der Speculation eingetreten wären, um nachzuweisen, wie diese Namen sich mit den Wandlungen der Civilisation verändern mussten, und welcher Inhalt ihnen heute beizulegen sei, um auf die Fragen der Gegenwart die richtige Antwort zu geben. Die socialen Verhältnisse der Wilden mit ihren durch die Natur der Sache gegebenen Rechtsbestimmungen enthalten in nuce alle diejenigen Keime, die in den Gesetzsammlungen der Geschichtsvölker zur Vollheit ausgewachsen sind. Wenn die Philosophen von aprioristischen Begriffen und Grundsätzen des Verstandes sprechen, von dem Gebrauch der Kategorien, als der nothwendigen Bedingung für die Möglichkeit und Wirklichkeit der Erfahrung, so muss es uns stutzig machen, wenn wir auf tieferen Stufen Stämme antreffen, denen diese Kategorien oder doch einige derselben noch fehlen, und den inductiv Geschulten wird es anwehen, wie mit der Brise aus einem neuen Hoffnungslande, das eine Fluth von Licht auf die Denkoperationen zu werfen verspricht, wenn wir an der Hand der Erfahrung auf vor-aprioristische Nervenschwingungen in der psychischen Sphäre zurückzugehen vermöchten, auf ein embryologisches Stadium, in welchem das erst wird und seine Entstehung vorbereitet, was, wenn in's Leben getreten, als aprioristisch fertiger Begriff erscheint. Die Sprache selbst ist in ihrem Bildungsprocess*) zu belauschen, man kann in ihr das Gras wachsen hören. Die Tasmanier hatten (nach Milligan) kein Wort für rund, für Härte oder Höhe. Sie sprachen vergleichungsweise und nannten das Harte ein Ding wie ein Stein, das Hohe ein Ding mit langen Beinen, das Runde ein Ding wie ein Ball oder wie der Mond. Mit Kraino-joune (Kopf-Zähne) bezeichnen

*) Renault konnte die Botocuden mit Leichtigkeit bestimmen, neue Worte für einen Gegenstand zu erfinden. In Bildung der Namen war mehr der Witz, als die Urtheilskraft leitend (nach Locke). Bates beobachtete Erfindung neuer Ausdrucksweisen und Wortverdrehungen in den indianischen Unterhaltungen am Amazonas.

die Botocuden das Pferd,*) mit Po-kekri (fussgespalten) den Ochsen. In Tahiti ward der Begriff der Kuh nach dem des Schweines gebildet, bei den Amerikanern der des Pferdes nach dem Ochsen, oder in Westafrika nach der Kuh.**) Sieht der Australier einen neuen Gegenstand, so benennt er ihn nach der Aehnlichkeit eines bekannten (s. Eyre). Wie asiatische Stämme kein Wort für den Baum hatten, sondern nur Namen für jede einzelne Species, afrikanische keinen Gesammtausdruck für Waschen, sondern das Waschen jedes Körpertheils besonders bezeichneten (und ähnliche Berechnungen, die das Ganze mühsam aus seinen Theilen***) zusammenzählen mussten, ehe die Logik erleichternde Methoden erfunden hatte), ist schon häufig nachgewiesen worden.

---

*) Im Chippewäischen heisst Pferd: Pabaarbigogauzhemum (das Thier mit festen Hufen), im Wyandotischen: Hossenar-Yosheta (das Sklaven-Thier, das auf dem Rücken trägt). Die chinesischen Klassenwörter zählen Hausthiere als ue (Kuh).

**) In Koech, Bodo and Dhimal there is not a single vernacular word to express matter, spirit, space, instinct, reason, consciousness quantity, degrée or the like (Hodgson). In Bodo and Dhimal, cause and effect cannot be expressed at all and in Koech only by a word, borrowed direct from Sanscrit. Wenn die Rothhäute wenige Begriffe haben, so haben sie (bemerkt du Ponceau) eine unzählige Menge Wörter sie auszudrücken, oder (nach Colden) die Gewalt, sie bis in's Unendliche aus zusammengesetzten zu vermehren. L'aboiement est une voix artificielle, que les chiens acquièrent, peut-être en essayant d'imiter la voix humaine (Quatrefages).

***) Die Indianer sind mehr gewohnt, besondere oder specifische, als generische Benennungen zu brauchen. Mit dem Mangel an Abstracten fehlt dem Indianer auch das Hülfsverbum sein, so dass Heckewelder Jehovahs Gottesnamen (ich bin, der ich bin) durch Mein Wesen immer mein Wesen übersetzte. Die Neger verwenden „leben“ statt „sein“. The poverty of the (Grebo) language, in point of words, is a striking feature. The people themselves, as their intercourse with civilised nations increases, and their own powers of thought and reflexion are more extensively developed, feel cramped in the use of their own language and are forced to adopt a large number of foreign words, which they readily do, by giving them a vowel termination. They have no words to correspond with „think“, „forget“, „angry“, „happy“, „remember“, „consent“, „scold“, „agree“, „watch“, „husband“, „wife“ etc.

Die Frage, in wiefern Einstimmigkeit mythologischer Ideen bei verschiedenen Völkern auf gleichzeitiger Schöpfung beruhen mag, oder durch Uebertragung zu erklären ist, kann nur nach statistischen Grundsätzen gelöst werden. In dem beschränkten Umkreis der primitiven Vorstellung ist der Spielkreis nur eng und muss sich deshalb überall Aehnliches zeigen, aus natürlicher Wurzel neben einander aufgewachsen, und die Aehnlichkeit ist um so auffälliger, als man bei der Rohheit des ganzen Gebildes nur die Umrisse im Grossen und Ganzen auffasst, ohne auf eine Detailzersetzung eingehen zu können. Nach höherem Aufwachsen des weiter und weiter verzweigten Gedankenbaums dagegen wird bei der unbeschränkt möglichen Vielheit der Gebilde, bei der mehr und mehr zunehmenden Seltenheit zweier gleicher Zweige oder zweier gleicher Blätter auf demselben Zweige, wird es immer seltener und auffälliger werden, wenn sich auch dann noch völlige Gleichheit zeigte, besonders wenn sie sich bei dem hier möglichen Eingehen in die Detail-Verhältnisse noch bestätigte, und würde in solchem Falle das scheinbar Zufällige aufhören Zufall zu sein. Bei der empfänglichen Reizbarkeit des Denkorganismus findet aber Mittheilung der Ideen nicht als Uebertragung einer todten Masse statt, sondern ist mit dem Ausstreuen von Gährungsstoffen zu vergleichen, mit keimfähigen Samen, die auf dem fremden Boden unter besonders gestalteter Eigenthümlichkeit aufwachsen mögen und dann gewöhnlich noch bis zuletzt die Rudera gewisser Namensformen bewahren, die obwohl sie ihren Inhalt verloren oder verändert haben, doch noch als die Schale des einst Heiligen (jetzt vielleicht eines Neuen) übrig sind.

In mythologischen Vergleichungen für ethnologische Zwecke hat man nicht die secundären Begriffe auszuverfolgen, da philosophische Begriffe überall leicht als entsprechende gedeutet werden können. Ist die Physiologie des Gedankenwachsthums einmal in der Gleichartigkeit ihrer Gesetze erkannt, so verliert es das Interesse, Uebereinstimmungen aufzusuchen, weil sie a priori schon anzunehmen sind. Um ethnologische Gruppirungen zu gewinnen, bleibt es nutzlos, in ein unbestimmtes Meer von Identitäten zu verschwimmen, da gerade im Gegentheil durch zersetzende Analyse die Differenzen herauszusuchen sind, um die Typen specifisch zu charakterisiren. Wenn sich auf den untersten Stufen eine Entwickelung besonderer Wortformen zeigt, die (weil auf keiner psychologischen Nothwendigkeit basirend) aus der Gemeinsamkeit einer historischen Wurzel hervorgewachsen scheinen, so müssen solche hie und da hervorbrechende Lichtblicke sorgsam beobachtet und für weitere Aufhellung bewahrt werden, aber die in complicirteren Denkoperationen als gleichartig hervortretenden Ideen sind eben nur die nach dem organischen Wachsthumsgesetze aus vorangegangenen Causalitäten hervortretenden Effecte auf psychologischem Gebiete.

Die Ethnologie wird die Psychologie mit dem Apparat des thatsächlich Gegebenen ausrüsten, damit sie ungescheut sich der naturwissenschaftlichen Behandlung hingeben darf und gegen jene traurigen Verstümmelungen des Materialismus gesichert bleibt, wodurch die Geistesschöpfungen nach dem Procrustesbette des Anorganischen zurechtgeschnitten werden sollten. Durch den Glanz ihrer grossartigen Entdeckungen geblendet, haben die Naturwissenschaften, oder doch allzu eifrige Freunde derselben, schwere Verstösse begangen, aber ihre exacte Forschungsmethode steht nichtsdestoweniger auf einer unerschütterlich festen Basis und muss sich auf dem Gebiete des Geistigen eben so haltbar beweisen, wie auf dem des Körperlichen. Der Fehler bisheriger Systeme lag darin, dass sie diese richtige Methode auf unrichtiges Material anwendeten und dem Geistigen die selbstständige Existenz absprachen, um es nur als Anhang des Körperlichen zu behandeln. Obwohl die elektrisch-polaren Processe krystallisationsfähiger Mineralien viel Analoges mit den organischen des Pflanzenwachsthums haben, so würde ein directer Erklärungsversuch dieser aus jenen doch nur zu den Missverständnissen überwundener Phantastereien führen. Erst nachdem man die Pflanzenphysiologie als selbstständigen Studiengegenstand erforscht und ihre Gesetze festgestellt hat, darf man die daraus gewonnenen Resultate in Vergleichung mit den anorganischen zusammenstellen und sich berechtigt fühlen, weitere Folgerungen zu ziehen. So müssen auch im Gebiete des Geistigen die psychologischen Manifestationen als unabhängiges Naturobject durchstudirt und geordnet sein, ehe man es wagen könnte, sie den physiologischen Processen anzunähern und an den vorhandenen Berührungspunkten zu verknüpfen, und diese objective Betrachtung *) des Geisteslebens muss von der Ethnologie ausgehen, da sie allein den geeigneten Ansatzpunkt dafür zu liefern vermag.

Weit entfernt, einen secundären Anhang des Leiblichen zu bilden, eine unmittelbare Fortsetzung aus gegebenen Ursachen folgender Wirkungen, stellt das Geistige eine unabhängig selbstständige Wesenheit dar, auf deren Seite der wahre Schwerpunkt des Menschen liegt. Den organischen Zusammenhang zwischen Geistigem und Leiblichem wird kein Naturforscher leugnen wollen, der individuelle Geist kann eben so wenig ohne die körperliche Grundlage existirend gedacht werden, wie die Pflanze ohne das mineralogische Substrat, auf dem sie steht, aber die Pflanze ist trotz dieses Zusammenhanges ein unabhängig selbstständiges Naturproduct, und so ist es der Geist dem Körper gegenüber. Wir können in der Botanik die Pflanze für sich allein, abgelöst von jedem andern Zusammenhange,

*) Die Psychologie „findet ihren eigenen vorwärts eilenden Schritt gerade da gehemmt, wo das eigenthümliche Feld der Culturgeschichte beginnt," meint Th. Waitz, aber sie hat sich dann, um auch jenes zu beherrschen, in der Ethnologie zur vergleichenden Psychologie zu erweitern.

zum abgeschlossenen Gegenstande der Studien machen, wir können die in ihr regierenden Gesetze als solche untersuchen, und können die chemischen Bodenanalysen meistentheils ausser Acht lassen, ausser eben in dem für sie bestimmten Hülfsgebiete der Pflanzenkunde, wo sie dann ergänzend und erläuternd hinzutreten müssen. Ebenso bietet die Physiologie für gewisse Zweige des psychologischen Studiums ergänzende Erläuterungen, Erläuterungen, die für Aufhellung dieser besonderen Zweige ganz und gar unerlässlich sind, die im Verhältniss zum Gesammtbegriff der Psychologie aber nur nebensächliche Ergänzungen bilden. Wie der Kunstgärtner nichts (oder doch nur sehr wenig) von geologischen Schichtungen zu wissen braucht, um die Blume ihrem ästhetischen Werthe nach zu cultiviren, wie der Technologe oder Mediciner die für ihn wichtigen Erzeugnisse des Pflanzenreichs gründlich erörtern kann, ohne auf das Gebiet der Geologie zurückzugreifen, so kann das Studium der Physiologie zwar nicht dem Psychologen erlassen werden, der den genetischen Wachsthumsprocess des Geistes zu durchdringen wünscht, wohl aber dem Dichter, der im Schwunge der Poesie emporsteigt, oder dem Moralisten, der die sittliche Schönheit herstellenden Regeln zusammenordnet.

So reich die Hülfe ist, die die Ethnologie verspricht, so wenig vermag sie freilich für den Augenblick zu leisten, da die Kürze der Zeit, seit welcher sie ihre factisch gesicherte Begründung erlangte, für den Aufbau eines naturwissenschaftlichen Systems noch nicht ausreichte. Die Stärke der Naturwissenschaften liegt darin, ihre Schwächen zu kennen.

Erst seit den letzten Jahren ist es uns möglich geworden, einen vollständigeren Ueberblick über den Globus und die ihn bewohnenden Völkerschaften zu gewinnen, erst seitdem haben also unsere Anschauungen diejenige Totalität erhalten, die als erste Vorbedingung in der Naturwissenschaft vorausgesetzt wird.

Am gewöhnlichsten, wie Stanley bemerkt, ist in der Statistik der Irrthum, der aus der Annahme einer zu engen Berechnungs- oder Vergleichungsbasis entspringt, und da die Statistik niemals täuschen kann, muss eine unvollkommene eben so nothwendig verkehrte Resultate geben, wie eine vollkommene richtige. Erst wenn der Chemiker aller Reactionen eines neuen Körpers gewiss ist, kann er ihn mit Sicherheit in sein System einordnen, und bis dahin lässt er, als ächter Jünger der Naturwissenschaft, seine Entscheidung in suspenso.

Die früheren Versuche, mit Hülfe der exacten Forschungsmethode in die Psychologie einzudringen, mussten auch deshalb fehlschlagen, weil die Vorbereitungsstudien noch nicht hinlänglich gereift waren, um zur abschliessenden Spitze aufzusteigen. In den Reichen der Naturwissenschaft treibt stets ein sprossender Zweig aus dem andern hervor, und wie die Physiologie der Thiere kaum ohne die der Pflanzen verstanden werden könnte, und diese nicht ohne die chemisch-physikalischen Processe, so auch nicht die Psychologie ohne Physiologie. In der Physiologie selbst aber scheint man gerade jetzt die äusserste Grenze erreicht zu haben, bis wohin dieselbe fortzuschreiten fähig sein wird, da sie bereits das Grenzgebiet der Psychologie erreicht hat. Die grossartigen Entdeckungen über die Natur des Lichtes, in Verbindung mit den physiologischen Experimenten über das Sehen, haben das optische Gesichtsbild bis dicht an den Gedanken hinangeführt, bis an die schon unsichtbare Stelle, wo das Gesehene in das Gedachte verschwindet, und die Physiologie wird uns hierüber hinaus keine weiteren Aufschlüsse gewähren können, da ihre Domäne dort abschliesst. Den hier abgerissenen Faden haben wir nun wieder aufzunehmen in einer andern Wissenschaft, in der Ethnologie, wo wir den psychisch schon verwirklichten Gedanken deutlich reflectirt sehen in den Ideenschöpfungen, die den Horizont der verschiedenen Gesellschaftskreise auf Erden umschweben. Allerdings werden wir diesen Gedanken, auch wenn wir auf die rohesten und primitivsten Anfänge in den Naturvölkern zurückgehen, immer erst in einem verhältnissmässig schon weit vorgeschrittenen Stadium erkennen, in einer Entwicklungsphase, die bereits durch eine breite Kluft von demjenigen Momente getrennt ist, wo das Gesichtsbild der Retina unseren physikalischen Instrumenten sich entzog, aber immer ist es ein Gewinn, zwei feste Punkte markirt zu haben, und vielleicht wird es beim Entgegenarbeiten von beiden Seiten gelingen, den Zwischenraum mehr und mehr zu vermindern oder in der Mitte zusammen zu treffen.

Diese ergänzende Fortsetzung zu den physiologisch-psychologischen Studien kann nur die Ethnologie bieten, die Psychologie in ihrer ethnologischen Gewandung, nicht etwa die individuelle Psychologie. Wenn wir in dieser an die Physiologie anschliessen wollen und über die, Physiologie und Psychologie scheidende, Linie hinausdenken, so denken wir im Denken und kommen bald, trotz aller Abstraction, zu einem Stillstand, da der Begreifer ohne ein zu Begreifendes nichts begreifen kann (wie für Kant „die verlangte Aufgabe von dem Sitz der Seele, die der Metaphysik zugemuthet wird, auf eine unmögliche Grösse führt"). Um das Unbekannte in Functionen bekannter Grössen zu bestimmen, muss der Stoff für die Denkarbeit aufs Neue von aussen herbeigetragen, in den Thatsachen der Ethnologie gesucht werden, die uns die subjectiven Gedanken in ihrer objectiven Spiegelung als Völkergedanken zeigt, und für diese Betrachtungen werden sich am besten die mythologischen und socialen Vorstellungen eignen, da sie uns in grössten Mengen, und also in vielseitigster Vergleichung, zu Gebote stehen. Wenn wir dann, die fünf Continente überschauend, überall die gleichen und durchaus identischen Gedanken hervorwachsen, unter ihren Localfärbungen hindurchblicken sehen, so sind uns damit die geeigneten Objecte geboten, um die abgeleiteten Gesetze an ihnen zu prüfen und die Vorgänge zu verstehen, die unser eigenes Geistesleben regieren.

Erklären heisst die Verhältnisse innerhalb von Raum und Zeit durch einen methodischen Untersuchungsgang nachweisen, warum und wie diese Verhältnisse solche geworden sind. Was über Raum und Zeit hinausliegt, also Alles auf einen ersten Ursprung Bezügliche, ist keiner directen Erklärung fähig, sondern nur objectiv auf das Ich zurückführender Gedankencombinationen, die erst nach Abschluss mit allen objectiven Thatsachen, selbst objectiv projicirt werden könnten.

Die aus den verschiedenen Stellungen der Erde zur Sonne, während ihres Umschwunges um dieselbe, resultirenden Verschiedenheiten der Insolation werden in ihrer gleichmässig ab- und zunehmenden Verbreitung über die Oberfläche der Erde wieder durch eine Gegenwirkung aus derselben, je nach den geologischen Stratificationen in der maritim-continentalen Lagerung der Localitäten modificirt, und in solcher Weise bilden sich die (durch eine, die Oscillationen der Schwankungen begrenzende Peripherieweite der zur Lebensexistenz nöthigen Erlaubnissfähigkeit umzogenen) Schöpfungscentren, in welchen die Individuen gleicher Art unter den, veränderten Bedingungen jedesmal angepassten, Varietäten erscheinen. Die Pflanze oder das Thier, als Ausdruck seiner geographischen Provinz, repräsentirt einen unter den Phasen des organischen Cyclus unveränderlichen Typus der Existenz, indem beim Gleichbleiben der äusseren Bedingungen in der Umgebungswelt auch der aus diesen Causalitäten hervorgehende Effect im Mikrokomos ein unveränderlich gleicher sein muss. Beim Menschen dagegen lässt sich kein Bild eines fixirten Typus entwerfen, da die Phasen des organisch entwickelten Cyclus eben noch nicht in der Curve ihres Umlaufes überschaut wurden, da (wenn auch manche Seitenzweige schon erschöpft und abgewelkt sind) der Hauptstamm der Menschheit doch, nach wie vor, im Fortbildungsstadium begriffen ist, dessen Endziel wir weder erblicken, noch (beim Mangel jeder Vergleichung) irgend vorahnen können. Mit solchem Abschluss mangelt deshalb auch jede directe Werthabschätzung der Theile, die sich erst im Ganzen gegenseitig bestimmen. Bei dieser flüssigen Umbildung, in der sich der Mensch, und mit ihm also alle seine in Correlation des Wachsthums stehenden Organe finden, hat keins derselben diejenige Stabilität erreicht, wie sie erfordert wird, um als gleichbleibender Maassstab zur Eintheilung eines künstlichen Systems zu dienen. Bei der Pflanze liessen sich die in jeder individuellen Entwickelung gleichartig wiederkehrenden Blüthenorgane (die eben, als letzte, den Wechsel in den ihnen vorangehenden Gebilden beschliessen) zur Classification verwenden, beim Menschen ist dagegen der Schädel durchaus ungeeignet, da er bei der veränderten Culturweite mit jeder neuen Generation selbst noch verändert werden wird. Die im Schädel vorgehenden und auf ihn zurückwirkenden Processe bilden ihrer psychischen Seite nach die Sprachforschungen, die ebenfalls im genetischen Entwickelungstriebe bestimmungslos fortwuchern und nach allen Seiten Schossen hervortreiben, wenn nicht durch die Fesseln der Grammatik in ihrer ungebundenen Freiheit beschränkt und oft durch sie eingeengt. Als elementare Einheit kann nur der Keim betrachtet werden, aus dem sie emporquellen, also die elementaren Grundideen, die aus den reizenden Einflüssen der Aussenwelt in der gährenden Nervenaction des Gemeingefühls anschiessen und so die ersten Denkregungen an's Licht fördern. Auf der körperlichen Sphäre des Nervensystems entspricht jedem Reiz eine nach aussen wirkende Bewegung in Muskelcontraction, sei es reflexiv auf dem Gebiete des Sympathicus, sei es durch Volition im cerebro-spinalen. Indem nun bei den höher organisirten Thieren die, Molekularkräfte der Aussenwelt (in Licht und Schall) auflassenden, Sinnesorgane, deren jene zu ihrer Existenzerhaltung bedürfen, ihre Effectreize accumuliren, so treten, indem diese wieder als Causalitäten auf das Allgemeingefühl agiren, ihre eigenen Effecte als Laut aus dem Innern des Individuums hervor, schon beim Thiere im directen Ausdruck der Gefühlswallungen. Beim Menschen klären sich diese zu bestimmten Wortbegriffen, und indem sich dann die bisherigen Effecte auf's Neue in Causalitäten verwandeln, so springt die selbstständig fortwachsende Denkthätigkeit hervor, in der das durch Steigerung des Seelischen gezeugte Geistige sich in freien Schöpfungen bewegt, die, unabhängig vom Körperlichen, aus sich weiterzeugen, so dass fortan nicht nur die Affecte tönen, sondern in der Rede gesprochen wird, und das meditative Denken zur Abstraction emporstrebt. Statt den Anfang auf einen Uranfang weiter und weiter zurück zu schieben, bis der undeutlich auseinander schwimmende Horizont die Fragen verwischt, müssen wir ihn rundläufig in der Formel zusammenfassen, die die Causalitäten der Umgebungsverhältnisse ihren mikrokosmischen Effecten gegenüberstellt, um den unbekannten Rest derselben zu berechnen. Die Welt wird für den Menschen ein unendliches All bleiben, wohinein er freilich gleichfalls seine Kenntnisse zu erweitern vermag, worüber er aber vorläufig nur wenig Hoffnung hat zu endlichem Abschluss der Anschauung zu kommen, und dessen Zusammenhang er ebenso wenig zu verstehen vermag, wie die auf der Fensterbank kriechende Ameise die Einrichtung des Gartens, in den sie hineinblickt, oder gar der Stadt, worin der Garten liegt, den die Stadt enthaltenden District, die Provinz, das Land u. s. w. Die Erde dagegen bietet in ihrem Rund eine übersichtliche Umgrenzung des vorhandenen Materials, und für die auf terrestrische Verhältnisse beschränkten oder doch von ihnen ausgehenden Forschungszweige giebt es keine Entschuldigung, wenn sie den theoretischen Aufbau des Wissens früher beginnen, ehe die Grundlagen des Thatsächlichen in genügender Vollständigkeit gelegt sind.

Die ethnologischen Eintheilungen sind nach den Culturkreisen vorzunehmen, indem sich in diesen der jedesmalige Culminationspunkt höchster Entwickelung zeigt, und die Classification im natürlichen System muss die Auffassung der wesentlichen Merkmale sowohl, wie ihre Herleitung in genetischer Entwickelung begreifen. Die Weltgeschichte gleicht einem Garten, in welchem an günstiger Oertlichkeit eine beschränkte Zahl Luxuspflanzen cultivirt sind, während zwischen ihnen allerlei Gräser und theilweis selbst Unkraut in fast bestimmungsloser Zahl der Arten wuchert. Der Gärtner verwendet seine besondere Sorgfalt auf prächtige Lieblingsblumen oder Fruchtbäume, die ihm Nutzen bringen, und er wird an jeder dieser Pflanzen, die vielleicht mehrfach hintereinander durch neu zugefügte Pfropfungen veredelt und schliesslich ganz umgewandelt sind, ihre vergangene Geschichte an dem jedesmaligen Cyclus markirender Phasen kennen, wie wir diejenigen früherer Civilisationen, die nacheinander und übereinander emporgestiegen sind. Handelt es sich um eine übersichtliche Anordnung der vorhandenen Pflanzen, so hat diese eine descriptive Beschreibung des jedesmaligen Typus zu liefern und zugleich das Warum seiner Sogestaltung aus der Genesis derselben zu erklären. Um indess die dabei mitwirkenden Gesetze physiologischen Werdens zu verstehen, wird sich der Botaniker auf die niederen Kräuter und Kryptogamen hingewiesen sehen, um bei ihnen im engeren Rahmen und leicht überschaulich die Processe gleichsam experimentell zu studiren. Erst wenn er dort durch prüfende Controle das Sicherheitsgefühl erhält, zu festen Regeln gekommen zu sein, darf er es wagen, dieselben auf die complicirten Vorgänge der durch die Cultur schon veränderten Pflanzengebilde anzuwenden, und ebenso werden ethnologische Analysen den Durchblick erleichtern, um die Bedeutung der Geschichtsvölker zu verstehen.

Um die reichen Felder ethnologischer Beobachtung, die in diesem Bande betreten werden, irgendwie erschöpfend zu behandeln, hätte sich mindestens Jedes Capitel zu einem Bande erweitern müssen. Zu wiederholen, was schon genugsam früher gesagt und in jedem für Unterhaltung oder Belehrung bestimmten Buche sich reproducirt findet, scheint zwecklose Papierverschwendung; oberflächliches Raisonnement dagegen über Gegenstände, die erst in ihrem Detail festgestellt sein müssen, ehe sie überhaupt zum Gegenstand eines Raisonnements werden können, dürfte nicht nur keine Förderung, sondern geradezu ein Verderb und der gefährlichste Feind des Wissens sein. Ich konnte deshalb nur in möglichster Kürze auf alle die, oder doch die hauptsächlichsten der Punkte hindeuten, die bei einer späteren Specialbehandlung einzelner Parthien Berücksichtigung verdienen und für Herstellung des richtigen Sachverhaltes im Auge zu behalten sind. Dies gesammte Detail würde erst gründlich durchstudirt werden müssen, ehe Jemand auf diesem Areal als Lehrer auftreten dürfte, obwohl es immer nur ein beschränktes ist im Verhältniss zur ganzen Ausdehnung der Ethnologie. In der Ethnologie können wir erst wenig lehren, weil wir im gewissenhaften Sinne der Naturforschung so ziemlich noch nichts in ihr wissen. Es handelt sich zunächst nur darum, Anregung zu weiteren Detailstudien zu geben.

Die Art und Weise, wie in den ethnologischen Lehrbüchern gewirthschaftet wird, das unbedenkliche Selbstvertrauen und die Gemüthsruhe, mit der man Stämme und Völker in Rassen zusammenpackt oder mit grammatischen Sprechzungen versieht, zeugt eben so sehr von bewundernswerther Kühnheit, wie von verwunderlicher Unkenntniss. Das lesende Publikum hört freundlich zu und lässt sich die bequem eingefassten Erzählungen, die ohne grosse Denkarbeit übersichtlich erlernt werden können, recht gern gefallen. Den Naturforscher aber packt ein Grausen in dieser gespenstischen Welt ethnologischer Missschöpfungen, die eine mit unvollkommen und grossentheils entstelltem Material operirende und also nothwendig auf verworrenen Irrwegen wandelnde Syllogistik je nach der subjectiven Laune des Augenblicks um sich heraufbeschwört.

Neben der Herbeischaffung und Vervollständigung des auf allen Punkten bedürftigen Materials, seiner Sichtung und Klärung, muss das Streben der Ethnologie für's Erste besonders darauf gerichtet sein, die Berechtigung der inductiven Forschungsmethode in der Psychologie zur Anerkennung zu bringen, und damit die unserer Gegenwart adäquate Weltanschauung.

Inhalt.

Singapore.

Nach Ankunft des französischen Postdampfschiffes gab mir am 3. März 1864 mein freundlicher Wirth, Herr Kaffke, das Geleit an Bord, wo wir Abschied nahmen. Bald war Alles zur Abfahrt fertig und dampften wir zwischen den niedrigen Ufern des Donnai hin, der von dem Mekhong ausmündet. In der Ferne zieht sich eine Hügelreihe hin, die sich im Bogen herumschwingt, um an der kahlen und steil abfallenden Spitze des Kap St. James auszulaufen. Ein kleines Dörfchen lag an der Bucht, und Fischerböte belebten das Wasser, bis wir die offene See gewonnen hatten. Wir hatten in der ersten Cajüte unter den Mitpassagieren die japanische Gesandtschaft, die sich auf ihrer Mission nach Europa befand. Die einförmige Fahrt gab Gelegenheit zu mancher interessanten Unterhaltung, da mehrere der Mitglieder ein ziemlich fertiges Englisch sprachen. Die beigegebenen Techniker hatten auf dem Schiff vollauf zu thun, da es ihnen oblag, alles Neue und Wissenswerthe zu beobachten. Freilich kamen schon seit mehreren Jahren Dampfschiffe nach Japan, doch hatte der Zeitraum noch nicht genügt, Alles anszulernen, und brachte noch jedes Schiff das Eine oder Andere, was vorher nicht gesehen war. Zu Zeiten, wo das Deck weniger gefüllt war, bemerkte ich einen der Zeichner halbe Stunden lang neben einem Rohrstuhl sitzen, ihn von allen Seiten betrachten und ausmessen, die Art der Zusammenfügung genau untersuchen und Alles zu Papier bringen, als ob er einer der Abgesandten Montezuma's gewesen, der seinem Herrn Bericht über die aus dem Osten angelangten Fremden zu senden hatte.

Während der Nacht passirten wir die rundgestreckten Hügel der Insel Pulo-Kondor und kamen am 5. März spät Abends in Singapore an, in New-Harbour landend, wo ich die Freude hatte, von meinem Bruder empfangen zu werden, und ihn nach dem Landsitze des Handlungshauses Büsing, Schroeder et Co. begleitete. Alle Europäer nehmen ihre Wohnung auf einer der überall die Insel durchziehenden Hügelkuppen, ausserhalb der Stadt und in solcher Entfernung, dass sich diese leicht jeden Morgen mit einer Equipage erreichen lässt, um die Comptoirstunden dort zu verbringen. Gegen Sonnenuntergang fährt man dann wieder nach den Gärten hinaus, um dort zu diniren und die Abende im Genusse der kühlen Brisen zu verbringen. Der der erwähnten Firma, die damals von Herrn Wagner geleitet wurde, gehörige Hügel ging unter dem Namen Sweet Briar's hill und war geschmackvoll mit Gartenanlagen umgeben, sowie mit Fruchtbäumen, die Herr Büsing bei seinem früheren Aufenthalte dort angepflanzt hatte. In der Nähe wohnten mehrere der anderen Deutschen, die den angesehensten Theil der Kaufmannschaft in Singapore ausmachen, und unserem Hause gegenüber lag der deutsche Club, mit Lese- und Spielzimmer, sowie mit Concerträumen.

Auf Singapores Bedeutung als Handelsplatz oder eine ausführliche Beschreibung dieser Stadt brauche ich nicht weiter einzugehen. Singapore ist oft genug dem Publikum vorgeführt worden, und Touristen sprechen meist mit Entzücken von dem romantischen Einblick in den Osten, den das Nationalitäten-Gewimmel seines Hafens gewähre. Auf den Reisenden jedoch, der die Völker in ihrer Heimath gesehen hat, kann das verzerrte Conterfei derselben in Singapore nur einen widerwärtigen Eindruck machen, oder doch jedenfalls einen unbefriedigenden, wie wenn er die unter dem blauen Himmel des Südens wogende Palme in der Verkrüppelung einer nordischen Treibhauspflanze wiederfindet. In Singapore sieht man Chinesen, Hindus, Birmanen, Siamesen, Araber, Perser, Javaner und andere Insulaner, aber keiner trägt sein echtes und charakteristisches Gepräge. Der Sohn aus dem Reiche der Mitte bleibt durch sein Clanverhältniss stets mit diesein verknüpft. Und obwohl er jetzt nicht mehr zur Rückkehr verbunden ist, obwohl er, wie in Batavia und Manilla, auch in Singapore anfängt ansässig zu werden, so schlägt er doch auf fremdem Boden keine feste Wurzel, er verheirathet sich vielleicht mit den Töchtern des Landes, aber er bildet keine Familie, und ein Chinese ohne Familie ist ein Fisch ohne Wasser. Dann die armen Birmanen und Siamesen, die durch die Strassen Singapores dahinschleichen, ohne ihre himmelaufstrebenden Pagoden, ohne ihre Bonzen, die sie füttern dürfen! Die bengalischen Lascars, die Kling aus dem Deccan, man sieht sie vor kleinen Zeltchen beten, mit bunten Fähnlein geschmückt, aber man denkt an ihre prachtgeschmückten Tempel, die daheim auf Indiens Erde stehen. Und der Araber, der seinen Gebetteppich breitet, der heimlich und verstohlen den Kiblah Mekkas sucht! Dort von deinen Moscheen schlägt laut und kühn an's Ohr der Ruf, die Stunden des Tages: Allah Akbar, durchtönt es die Stille der Nacht: Allah Akbar; hier, im Lande der Ungläubigen, suchst du dich furchtsam ihren Blicken zu entziehen, da man deiner spotten möchte und hier nicht mit Steinen geworfen werden darf, wie im heilig römisch-mekkaischen Reich. In Singapore findet man nur kümmerliche Schattenbilder der glänzenden Gemälde, die im Osten an den Augen vorübergezogen sind, und man wendet bald den Blick ab, um die Illusion der Erinnerung nicht zu verderben. Einigermassen begründetes Anrecht auf Beachtung hat in Singapore nur der Malaye, und ich engagirte deshalb für den unvermeidlichen Aufenthalt einiger Wochen einen malayischen Lehrer, theils um das Malayische meiner früheren Reise wieder aufzufrischen, theils um einige Punkte aus der malayischen Literatur mit ihm zu erörtern.

Ihre niedlichen Pantun sind vielfach übersetzt. Man kennt die Erzählungen, die Geschichten der Malayen und ihre Genealogien, aber was die Malayen selbst eigentlich sind, davon weiss man im Grunde nichts, obwohl Andere so viel davon zu wissen glauben, dass gewöhnlich die javanischen Niederlassungen auf Singapore als malayische bezeichnet und dann diese Namen in weiterer Rückwirkung auch für Menangkabow zur Geltung gebracht werden sollen.

Den alten Alphabeten der Philippinen (Ylocano, Batangas,

Pampango. (Cabalao, Bulacan) auf chinesischem Papier (in Bulacan 1652) oder unter den Igorrotes (auf einer Platte) 1837 wurde die damals unentzifferte Inschrift Singapores verglichen (als aus derselben hinterindischen Quelle).

Singapore wiederholt die Lage Constantinopels auf der grossen Durchfahrstrasse von Indien nach China, und es hat sein rasches Aufblühen den verständigen Massregeln der Engländer zu verdanken, die es als Freihafen im vollsten Sinne allen Schiffen öffneten und weder Hafengelder erhoben, noch Angabe der eingeführten Waaren verlangten. Dadurch zog sich der Handel aller umliegenden Inseln, der sich unter den Holländern Batavias sowohl, wie in Siam und Cochinchina durch eine Menge Plackereien gedrückt fühlte, nach Singapore. Gleichzeitig wurde das Land auf der Insel jedem Anbauer unentgeltlich zugetheilt, und so wurden bald von den Chinesen im Jungle Gambier-Plantagen angelegt, sowie Pfeffer- und Muskatanpflanzungen auf den Hügeln. Nur in der Stadt ist vom Grund und Boden eine Abgabe zu zahlen. Von den 100,000 Einwohnern der Insel kommen etwa 81,000–82,000 auf die Stadt.

Durch Raffle's verständige Leitung wurde Englands Verlust in Wiederabtretung Javas zum Theil ersetzt, und der Tumangong (Statthalter oder Sultan von Johore) überliess 1819 den Küstenstrich, auf den er 1824 seine Hoheitsrechte cedirte. England und Holland theilten dann, wie einst Spanien und Portugal durch Papst Alexander's II. Meridian, ihre asiatische Welt; Holland gab seine Besitzungen auf dem Festlande auf, und England zog sich dafür aus dem Archipelago zurück. Da Singapore als unbedingter Freihafen geöffnet wurde, ohne Gütermonopol und ohne Hafengelder, zog es rasch einen bedeutenden Küstenhandel herbei. Nur in der Stadt war das Land mit Abgaben belegt, ausserhalb derselben wurde es frei überlassen. Die Bewohnerschaft besteht aus Chinesen (meist aus Hainan), Malayen, Kling, Javanen, Bengalen, Arabern, Bugis, Parsis, Europäern.

Bei dem numerischen Ueberwiegen der Chinesen hätte manchmal von ihnen Gefahr drohen können, besonders seit sich der Geheimbund der Triaden-Gesellschaft unter ihnen verbreitete, wenn nicht bei der Nähe der englischen Besitzungen in

Indien leicht Truppen nach Singapore geworfen werden könnten. Kurz nach der Gründung der Stadt wurde von den Tan-Tae-Hoey, die neu Aufgenommene durch Bluttrinken zuschwören liessen, ein Versuch gemacht, die noch junge Colonie zu zerstören.

Nachdem die im Anfang des XIX. Jahrhunderts gebildete Gesellschaft Thien-Hauw-Hoih (Familie der Königin des Himmels), die, den Himmelssohn verfluchend, in Herbeiführung des goldenen Zeitalters das neue Weltreich anbahnen wollte, durch die einander folgenden Edicte des Kaisers Kia-king unterdrückt war, entstand unter der, trotz der Verbote des Kaisers Tao-Kwang zunehmenden Opiumschmuggelei der Geheimbund der Thien-Ti-Hoih (des Himmels und der Erde Brüderschaft, der Himmel, Erde Familie), dessen Verbrüderte es (nach Röttinger) als ihr Princip aussprechen: sie seien vom höchsten Wesen dazu berufen, den Contrast zwischen vernichtendem Elend und üppigstem Reichthum aufzuheben; die Eidesformel wird unter gezückten Schwertern gesprochen, wobei das neue Mitglied der Hoih einem weissen Hahn den Kopf abhaut. Die Gesellschaft ist besonders auf den Handelsplätzen des Archipelago ausgebreitet, nach Süd-china verzweigt, und wird von einem geheimen Centralcomité geleitet, dessen Präsident (Koh, der Aelteste) zwei Beisitzer (Hiong, Thi, oder Brüder) hat. Alle Griffe müssen zum Erkennungszeichen mit drei Fingern geschehen, und auf Ansprache wird ein Reim des Siegels (fünfeckiger Form) geantwortet. Geschwätzige oder des Verraths verdächtige Personen müssen sofort durch Gift unschädlich gemacht werden, heisst es in den Gesetzen, die Verschweigung der Namen und unbedingten Gehorsam fordern. Nach Schlegel geht der Hung-Orden zurück auf den Bund der Gelb-Mützen-Rebellen, der zwischen Liupi und Changfi in Kwanyü (des westlichen China) geschlossen wurde 168—265 p. d.). Die Geheimsecten der Chinchi-Hoei und Kwanie-Hoei in Amoy, Canton und dem Rhio-Archipel handelten bei der Revolution 1847 gemeinsam (nach de Bruyn-Kops).

Mein Aufenthalt in dem mir schon aus einem früheren Besuche im Jahre 1850 bekannten Singapore wurde mir dadurch nutzbar, dass mir mehrere Lesezimmer offen standen, und wer für einige Jahre vergeblich nach literarischen Hülfsquellen gelechzt hat, fühlt ein trunkenes Wonnegefühl, wenn er zuerst wieder die Schwelle einer Bibliothek betritt. Durch die Güte des Herrn Logan (Bruder des früheren Herausgebers des bekannten Journals) war mir zu denen der Townhall Zutritt gegeben, und obwohl die Büchersammlung nur beschränkt war, so schloss sie doch manche Specialitäten gerade über die mich zunächst beschäftigenden Gegenden ein. Von den Missionären lernte ich Herrn Keasbury kennen, den Leiter der malayischen Druckerei, aus der schon viele Schul- und andere Unterrichtsbücher hervorgegangen sind. Auch eine katholische Mission ist in Singapore sowohl, wie auf dem Festlande thätig, in Verbindung mit dem alt-etablirten Seminar in Malacca.

In ihrer Herleitung der malayischen Fürsten von Alexander Magnus erzählen die Seyara Malayu oder Annalen der Malayen, dass Rajah Sekunder, Sohn des Rajah Darab von Rum, aus dem Stamme Muckaduniah, über das Reich Zulkarneini herrschend, in Folge seines Wunsches, die aufgehende Sonne zu sehen, nach den Grenzen des Landes Hind*) kam und Sjahar el Bariah (Tochter des besiegten Kayd (Kideh) Hindi (Rajah von Kanouj) heirathete, deren Sohn (Aristan) Arsjathun Shah auf Kayd Hindie's Thron folgte und sich mit der Tochter des Fürsten von Turkestan vermählte.

Aus dem Geschlechte Alexander's zeugte Rajah Narsa mit der Tochter des Tarsia Burdaras (Schwiegersohn des Rajah Sulan von Amden Nagara) drei Söhne:

Rajah Herian, der über das Land Hindostan herrschte,

---

*) Kayd Hind regierte 48 Jahre (3272 a. d.), Arsjathoru Shah 355 J., Agthiocuas 120 J., Asjkelmata 3 J., Kasadasa 12 J., Anthalives 13 J., Zamanjors 7 J., Charoe Asjkaunata 30 J. (Khuras Kaluat), Archad Asjkaunata 9 J. (Ajat Sahajinat), Koedar Zakochan 70 J., Nithajusar (Nichabus) 40 J., Ardasjir Mikana 100 J. (heirathete die Tochter des über den Westen herrschenden Nushirwan Adel). Deria Nusa (Dermanur) 90 J., Kasirch 1 J., Rambi 20 J., Shah Termasu 80 J., Tidja 70 J., Adjakar 10 J., Urmazad 120 J., Jardakar 60 J., Kuft Kuda 63 J., Tarsi Bardarasa 50 J. (heirathete die Tochter des Rajah Sulan von Amden Nagara, des mächtigsten der Fürsten im Lande Hind und aller Rajah unter dem Winde), Tsurana Fada Shah 20 J., Taulana (König von Rankja Nagara) 55 J. (1159 p. d.).

Rajah Suren, der von Rajah Sulan zum Nachfolger ernannt wurde, und

Rajah Panden, der in Turkestan herrschte.

Auf dem Marsche gegen China (das allein von den Ländern im Osten und Westen seine Oberhoheit nicht anerkannte) kam Rajah Suren nach Gangga Nagara, wo er den Rajah Gangi Shah Juana besiegte und seine Tochter Putri Gangga heirathete. Dann besiegte er den über alle Rajahs unter dem Winde herrschenden Rajah Chulen vom schwarzen Steinschloss am Flusse Johore (im Lande der Klang Kins) und vermählte sich mit seiner Tochter. Nach Tamasak kommend, wurde er über die Entfernung durch ein mit Greisen bemanntes Schiff getäuscht (Bäume tragend, die während der Reise gewachsen seien). In einem Glaskasten das Meer befahrend, kehrte er auf dem Seepferde Sambrani von dem Volke Barsam im Lande Zeya zurück nach dem Lande der Kling, wo er seine Abenteuer auf ein Monument in der Hindostani-Sprache schrieb und die befestigte Stadt Bisnagor oder Bijnagor erbaute. Das zur Zeit Mohamed Toghlak's von den Carnata Rajah wieder hergestellte Bijayanagara*) herrschte über den ganzen Süden Indiens, bis sein heidnischer Rajah Ram Raja der Liga der vier mohamedanischen Fürsten bei Talicot an der Kistna erlag (1565 p. d.).

Von der Tochter des Rajah Chulen wurde eine Tochter (Chandu Wani Wasias) dem Rajah Suren geboren, und mit Putri Gangga zeugte er drei Söhne, von denen Palidutani in der Herrschaft Amden Nagaras folgte und Nilumanam in die Regierung von Chandukani eingesetzt wurde, während der Aelteste (Bichitram Sah**), mit der Kleinheit des ihm gegebenen Landes nicht zu-

*) Ein eigentlicher Commentar zur Riksamhitâ ist erst aus dem XIV. Jahrhdt. bekannt (als der Sâyanâcârya), während aus den zwischen Yaska und Sâyana liegenden Jahrhunderten nur wenige Reste einer Erstlingsliteratur zur Riksamhitâ geblieben sind (s. Weber). Wie sein Bruder Mâdhava war Sâyana Minister am Hofe des Königs Bukka in Vijayanagara, dem vedischen Studium neuen Aufschwung gebend.

**) Unter den Nachkommen des Rajah Narsi Barderas (der durch seine Vorfahren Ardasir Babegan und Gindurz Zuguhan von Secander Zulkarnaini stammte) erschien nach seinem Schiffbruch Bichitram Shah (Sohn des Rajah Suran) auf dem

frieden, sich zu Eroberungen auf die See begab und, in Palembang die Tochter des Häuptlings Demang Lebar Daon, des Urenkels des Rajah Chulen, heirathend wie Lacedämon die Sparta, Dardanus die Batea, Xuthus die Tochter des Erechtheus, Protos, Führer der Phocäer, die des Nannos in Massilia) und Schutz dem Adat versprechend, dort unter dem Titel Sang Sapurba Trimurti Tribuana herrschte.

Nach einer andern Version hatte Chulana, König von Dantja Nagara (an der Coromandelküste) drei Söhne, die an der Küste Sumatras Schiffbruch litten, worauf Batjiram Shah die Herrschaft in Menangkabow, Palidutani in Tanjungpura erlangte, und Manilam Manam in Palembang, wo er nach Abdankung seines Schwiegervaters Demang Lebar Daon (des Königs von Palembang) unter dem Titel Sri Tri Buwana herrschte (der Glanz der drei Welten).

Mit dem Wunsche, das Weltmeer kennen zu lernen, übergab Sang Sapurba die Regierung Palembangs dem jüngeren Bruder des Demang Lebar Daon und segelte vom Flusse Palembang nach Tanjunpura, wo er, ehrenvoll durch den dortigen Fürsten empfangen, vom Rajah von Majapahit besucht wurde und dessen Tochter Chandra Dewi heirathete, während sein Sohn Sang Matiaga sich mit der Tochter des Rajah von Tarjunpura vermählte. Nach Ankunft in der Strasse von Samber vermählte Sang Sapurba seinen Sohn Sang Nila Utama mit Sri Bini (Tochter des

---

Berge Sangantang Maha Meru in der Nähe der Quelle des Flusses Sungey Malayu im Lande der von Rajah Damang Lebardaon beherrschten Andalas oder Palembang, und das ganze Reich erglänzte wie Gold. Der aus dem von des Stieres Erbrochenen aufgestandene Bath oder Barde sang im Sanscrit den Ruhm des als Sangsapurba Trimurti Tribhuvana gekrönten Bichitram Shah, mit Sundaria, Tochter des Damang Lebardaon (Häuptling Breitblatt) vermählt und in dem Pancha Prasadha genannten Badehause, das in sieben Terrassen mit fünf Thürmen endete, geweiht. Nach Vermählung mit Putri Tunjong-bui (der Prinzessin Schaumglocke) wurde um eine Tochter von dem Rajah China angehalten, da die ganze Welt des tierächtes voll war, dass ein Nachkomme des Zulkarneiu) auf dem Maha Meru seine Erscheinung gemacht. D'après le Babad Djava (chronique de Java) Baron Iskander était le fils d'un capitaine européen et de la fille desheritée et exilée d'un roi de Padjadjarran.

Paramiswari Sekander Shah), Königin von Bantam, und fuhr dann den Fluss Buantan aufwärts, wo er feierlich von den Häuptlingen von Menangkabow eingeholt und als ein Nachkomme des Sultan Sekander Zulkarneini zum Rajah des Volkes Buantan erwählt wurde. Von ihm stammen die Geschlechter der Rajahs von Pagaruyang. Sang Nila Utama unternahm dann von Bantam aus die Gründung Singapuras (1160 p. d.). Anderswo heisst es, dass Sri Tri Buwana auf einer Reise nach Indien von der Königin Wan Sri Bane, Tochter des Königs Asjhar Shah, nach der Insel Bentam (Bintang) eingeladen und sich dann mit Demang Lebar Dawan nach Tamasak begab, wo er unter dem Djambu Laut genannten Baume die Löwenstadt (Singhapura) gründete. Sein Sohn Katjeq Bezaar (mit Nila Pendjadi, Tochter des Königs von Coromandel, vermählt) folgte unter dem Titel Paduka Sri Prakrama Wira und schlug den Angriff Bathara's (Königs von Majapahit), der Anerkennung seiner Oberhoheit verlangt hatte, zurück.

Nachdem Sangsa-purba (aus Pembang), der Java und Bantam besucht hatte, den Indragiri (Kuantan) hinaufgestiegen und die Schlange Saktimuna*) getödtet hatte, wurde er zum Könige von Menankabou**) erwählt, an der Stelle, wo der Büffel***) den Tiger besiegt hatte, da er als Nachkomme Alexander's erkannt wurde und der Ruf davon sich überallhin verbreitete. Die beiden Frauen Wan Ampu und Wan Malin, die den glänzenden Schein auf dem Maha-Meru sahen, glaubten ihn bei Nacht durch einen grossen Naga verursacht. In Sang-Sapurba ist der javanische Titel Sang der Zusammensetzung von Sa (erster oder einer) und Purba (Ursprung) beigefügt. Nach Cicero war der edle und bei Allen berühmte Name eines römischen Bürgers selbst in unbe-

---

*) An der Stelle, wo Khai-Khosru die in Ghiav (Tschlou oder Ochse) oder ihn fobische Bildung zeigende Schlange Ghiaushid oder Sonne oder Khourshid (Gilamshid oder Shid) getödtet, wurde ein Pyreum erbaut.

**) The Menangkabows from Siak, conquering Johore (1719) were expelled by the Bugghese. (Braddell.)

***) After the victory of Bhawanee or Doorga, who (mounted on a lion) came to the assistance of Eendra, the foot of the goddess was, with its tinkling ornaments planted upon the head of Maheeshasoor.

kannten Ländern, bei Barbaren, bei den äussersten und fernsten Völkern, bei Indiern und Persern von Nutzen. Auf Reisen genügte es Römer zu sein (nach Aristides). Der hörnertragende Ammonssohn, der (bei Silius) Milichus (Moloch) heisst, erobert (nach arabischen Sagen) Nordafrika bis zu den kanarischen Inseln (als Dhul-Karnaïn). Rajah Narasinga, dem alles Volk von Indragiri bis Malacca unterwürfig war, floh von Malacca nach Indragiri. Patisi Batong und Kai Tamongon, die Anhänger des Sauria Geding, flohen nach Menangkabow und stifteten das Reich der Malayen. Sonst wird die Gründung Menangkabows auf Sklaven zurückgeführt, die als Malayen Mala-aya, der Holzträger) für ihren Häuptling in Celebes auf Sumatra Holz hauen mussten und in's Innere entflohen (St. John). Geflügelt auf die Erde herabkommend, fanden Suwanne Male und Suwanne Malai, die Töchter des Königs Sinlayon in Khao Khrailat, den König Thepha Sintong mit seiner Gemahlin unter einem Baume schlafend und entführten ihn mit sich nach Khrailat, wo ihr Vater ihnen ihn als Ehegatten anrieth. Indess gelang es Sintong bei Nacht zu entkommen und den Fuss des Hügels zu erreichen, wo er nach manchen Abenteuern sein Weib wiederfand. Die Devada kehrten jedoch zur Erde zurück und stahlen seine Frau hinweg, um sie ihrem Vater zu bringen. Der von ihr geborene Sohn stieg dann, von Devadas begleitet, zur Erde nieder, um seinen Vater zu suchen, Alles auf dem Wege erobernd.

Nach der siamesischen Legende gelangte die Dynastie des von dem Könige von Himantha Para (im nördlichen Schneegebirge besiegten Singha-Rajah von Dantapura mit Thonta-Kuman nach Lanka. Die einheimischen Chroniken setzen die Ankunft dieser von einer brahmanischen Prinzessin des nördlichen Indiens gebrachten Reliquie (310 p. d.) in die Zeit der Wirren der Wytulien-Ketzerei auf Ceylon. Die Haarreliquie (Kaisadhatu) empfing aus Jambadwipa König Mogallano, und unter seinem Nachfolger Kumaradas besingt der indische Dichter Kalidhas (Panditta) Ceylon. Der von den Portugiesen in Ceylon erbeutete Affenzahn (der Zahn des Teufels oder eines Hirsches) wurde (wie da Conto hinzusetzt) von dem Brama-Könige Pegus ebenso hochgeschätzt, als ob es der Zahn der heiligen Apollonia gewesen wäre, oder gleich dem geweihten Speer, den die Christen so lange in den Händen der Türken lassen mussten. Als Don Juan (Wimala dharma) dem Christenthum abschwor, kam der Dalada (heilige Zahn) in Kandy wieder zum Vorschein (1592).

Sang Nila Utama (von seiner Adoptivmutter Awan Benu, der Königin von Bantam, ausgerüstet) legte auf der Insel Tamasak die Stadt Singhapura dort an, wo er einen Singha gesehen hatte, eine aus Bock und Löwen zusammengesetzte Chimäre mit rothem Körper, schwarzem Kopf und weisser Brust (die Damang Lebardaon als Löwen erklärte). Sein Sohn heirathete die Tochter des Adi Berilam Rajah Mudeliar, Königs von Dijanagara im Klingland. Der Bitara von Majapahit (in Java) zerstörte die Stadt (1252), die er in Folge der Verrätherei des durch Pfählung seiner dem Könige vermählten Tochter beleidigten Bandahara (Sang Ranjuna Tapa) eingenommen hatte, indem der König Shri Iscander Shah oder (nach De Barros) der von dem Könige Siams vertriebene Paramesvara, der (nach Newhoff) bei Sangsinga Schutz gesucht, mit dem Rest seines Volkes nach Muar und dann weiter nach Malacca floh. Der Bandahara und seine Frau wurden in Steine verwandelt, die noch bei Singhapura zu sehen sind, als ein Gericht des Himmels. Nach den malayischen Sagen blieb Singhapura den malayischen Fürsten unterworfen, die nach der portugiesichen Eroberung von Malacca (1511) in Johore residirten, bis es 1819 an England in der Länge eines Küstenstriches cedirt wurde, von dem aufständischen Tumungong (des Shah von Johore), der sich (1815) in Singhapura unabhängig gemacht hatte. Die englische Regierung sanctionirte die durch Raffles eingeleitete Cession 1820, und die neu gegründete Stadt füllte sich bald mit chinesischen, malayischen und europäischen Einwanderern. Nachdem England den Besitz der ganzen Insel erkauft hatte, trat der Fürst (1824) seine Hoheitsrechte ab. Von der Gründung Malaccas wird erzählt, dass Rajah Secander Shah einst auf der Jagd am Flusse Bartam unter einem Malacca-Baume (Phyllanthus emblica) stehend, sah, wie ein Reh sich gegen den verfolgenden Hund wendete und ihn in's Wasser trieb. An solcher Stelle, wo selbst die scheuen Thiere sich tapfer zeigten, baute er seine Residenz (XIII. Jahrhdt.). Wie es heisst, fanden sich dort schon malayische Kaufleute, die unter ihren Pangulu (Häuptlingen) oder Orang Kaya (der Geldaristokratie) lebten. Bei Albuquerque's Eroberung (1511) floh Sultan Mahomed Shah II. nach Johore. Die Holländer eroberten Malacca 1641 und übergaben es (1795) an die Engländer. Nach dem Vertrage zu Wien wurde es 1818 den Holländern zurückgegeben, aber 1825 wieder den Engländern überlassen. Die malayischen Annalen erzählen viele Kriege der Fürsten Malaccas mit Siam oder Thai-nai, dessen König Shaher el-Nawi den bei seinen Siegen gefangenen Rajah von Samudra (Sumatra) zum Hühnerwärter verwendete, sowie von ihren Verschwägerungen mit den Fürsten von Champa oder von Java. Sultan Mansur von Malacca sandte den Batara nebst den Lacsaman zum Rajah von Majaphit, um seine Tochter Raden Galu Chandra Kiraua heimzuführen.

Im Svayamvara stand den Rajah-Töchtern das Privilegium freier Erwählung ihrer Gatten zu (in Indien). Die vier Brüder, die sich in Kapilapur niederliessen, erhoben Priya, die älteste ihrer fünf Schwestern, zur Königin-Mutter und heiratheten die anderen. Herakles setzte Pandaea ein. Die Frauen*) in Menangkabow galten (wie früher bei den Lokrern) als die Vertreter der Familie (da der zugewanderte Fürst in den Herrscherstamm hineingeheirathet hat) und gehen nicht in die Suku oder Abtheilung des Clan (Lara) ihrer Gatten über, sondern bewahren ihre eigene und pflanzen dieselbe erblich auf ihre Kinder fort. Indem der Gatte ein Mitglied seiner eigenen Suku verbleibt, so wird seine Familie (buaprut) durch seine Schwestern repräsentirt, die sein Haus als ihren eigentlichen Wohnsitz betrachten, wie auch ihre Kinder (und nicht seine eigenen) erben. Dies ist dasselbe Erbschaftsgesetz, das auch unter den höheren Familien in

---

*) Nach dem Mahabharata genossen Frauen früher die ungebundenste Freiheit, so dass sie ihre Ehemänner beliebig verlassen konnten, ohne in Strafe zu fallen, und dieser durch das Ansehen grosser Rishis gestützte Gebrauch wurde noch bei den nördlichen Kuru beobachtet. Mendoza erzählt Aehnliches auf den Marianen von den Jünglingen: The practice of promiscuous intercourse was abolished by Svetakheta, son of the Rishi Uddalaka (s. Muir). The Newar women may have as many husbands as they please.

Malabar gilt, als durch die malayischen Colonisten eingeführt. Die Nair betrachten die Kinder ihrer Schwestern als ihre eigenen, und ihre Frauen können jede Zahl von Gatten zulassen. Bei den Caschan*) genannten Bactriern kleiden sich die Frauen in männlichen Schmuck (nach Bardesanes) und unterhalten (wie die Liburner bei Scylax) ehebrecherische Verbindungen mit ihren Sklaven und Fremden, ohne deshalb von ihren Männern getadelt zu werden, da sie diesen als ihre Oberen gelten. Der sterbende Dara bat Skander, mit seiner Tochter Rushenk einen Nachfolger zu erzielen, der Affendiar's Namen erneuere, des Propheten Serduteb's Feuer wieder entzünde, den Zendavesta weitum auf Erden verbreite, den Feuerengel und den Glanz von Narus bewahrend (Firdusi).

Um die Tiefe des Meeres zu ergründen, bei den Inseln, wo die Perlen gefischt werden, stieg Alexander in einem eisernen Käfig hinab, der indess, durch die Fische erschüttert, zu früh wieder aufgezogen wurde. Von den weiberähnlichen Fischessern hörte Alexander von dem Denkmal des ältesten Königs Kainan (Sohn des Enos) auf einer Insel, wo seine Prophezeiungen aufgeschrieben, um sie in der noachischen Fluth zu bewahren (Gorionides). Nachdem Kyng Alisaunder auf dem Berge Celion geopfert, steigt er auf Schiffen zu der unterseeischen Insel Meopante hinab. In der Nähe der Insel Gangerides, deren Bewohner aus Mond und Sterne Kriege lesen, ist die Insel Palibote.

---

*) Neben die Edessaer und Araber stellt Bardesanes die Racamier. Nach Cureton werden die Araber in der einfachen Uebersetzung (Peschito) der Bibel als Ba-Itakam wiedergegeben. Aboulfeda erwähnt eine in den Fels gehauene Stadt Rakim bei Belka (s. Langlois). König Chalaos (bei Syncellus) gründete die Stadt Chalah (Nimrud) am Tigris. Von Charrae oder Harran, der heiligen Stadt der Sabier (bei Orfa oder Ur) wanderte Abraham aus. Selon Moïse de Khorene, le pays des Koschans était le même que la Parthie ou Bactriane. Caesarius le rend par la variante *Σούσοις τῆς Βακτρίας*. L'auteur des Recognitions dit simplement: in Susis. Les *Σούσιοι* sont mentionnés par Strabon, qui les identifie avec les *Κίσσιοι*, cités également par Hérodote. (s. Langlois.) *Παρὰ Πάρθοις καὶ Ἀρμενίοις οἱ φονεῖς ἀναιροῦνται.* (Georgius Hamartolus.) Aus der Herrschaft der Toba fortwandernd, gründeten die Shushan das von Chau Scheion beherrschte Reich (402 p. d.).

Im Lande Pandea leben nur Mädchen und daneben die Farangos, die rohes Fleisch essen. Das Volk der Orphani tödtet die Alten, die Eingeweide zu fressen. Nach Lambert li Tors lässt sich Alexander in einem gläsernen Schiff, von Lampen beleuchtet, in's Meer hinab. Nach Naschir Junim folgte Schamir Jurish (Dhul Carneim), der Schamirkand (Samarkand) eroberte.

Alexander bittet Lindimis, König der Brachimer, ihm seine Weisheit*) zu lehren, denn wenn ein Licht ein anderes anzünden könne, ohne von seiner Helligkeit zu verlieren, so könne auch ein weiser Mann ohne Verlust von seiner Weisheit mittheilen" (ein häufig im Buddhismus gebrauchtes Simile). Als Alexander einst gefragt wurde, warum er seinen Lehrer mehr ehre als seinen Vater, antwortete er: Mein Vater liess mich vom Himmel zur Erde niedersteigen, mein Lehrer aber lässt mich von der Erde zum Himmel emporsteigen (nach dem Rabi-alakiar im Sinne der indischen Auffassung des Guru). Alexander lässt sich vom Shah Kyd in Hind, der in Milid (oder Milinda Taxila's) residirt, seine vier Kleinodien aushändigen. Nach Ashrik's Gedicht (Zaffer Nameh Skendari) begab sich Alexander in Begleitung des Propheten Bolinus (Appollonius von Thyana) nach Serendib und stieg zu Adam's Fusstapfen empor, wo Ibn Batuta (1347) noch ein nach ihm benanntes Minaret fand. Auf Alexander's Frage, ob sie Gräber hätten, antworteten die Brahmanen, dass ihre Körper ihre Gräber seien, dass sie aber leben würden, wenn ihre Seelen von den Körpern getrennt wären (Josephus Gorionides). Der an der Pforte des Paradieses (Gan Eden) erhaltene Todtenkopf konnte mit keinem Gold oder Silber aufgewogen werden, bis ihn die jüdischen Weisen mit Erde bedeckten. Als Alexander**) die Bitte der nackten Höhlenbewohner im Lande

---

*) Le Brahmane Bidpai (élu roi des Indes après la retraite d'Alexandre dans les états de Dabschélim) récita aux princes, pour les instruire, des fables, qui furent traduites pour Nourchirwan. (De Sacy.)

**) Zwischen Alexandrien am Akesines und dem sogdischen Alexandrien wurde Alexandrien am Indus gegründet und die Stadt mit den Thraciern des Heeres bevölkert. Von dem gegründeten Xylenopolis an der Mündung fuhren (nach Plinius) Nearchus und Onesicritos aus. Durch Hephaestion liess Alexander

Bidraste, die für Unsterblichkeit wünschen, nicht erfüllen kann, fragen sie ihn, warum er denn umherziehe, die Welt zu zerstören, wenn er doch selbst sterblich sei. Nach Alexander's Antwort ist es so der Wille der göttlichen Vorsehung: „Wie ihr sehet, dass das Meer nur erreget wird, wenn der Wind die Wogen treibt, so vollstrecke auch ich nur den Willen Gottes und

auf der Stelle des Hauptdorfes der Oriten (Rhambakia) die Stadt Alexandria gründen. Bei Arbis oppidum wurden die arae Alexandri in promontorio auf dem Cap Monze (Irus) errichtet. Südlich von Babylon wurde Alexandrien in Babylonien am See Rumiah gegründet. Isidoros in den parthischen Stathmen nennt nicht nur Artemita eine *πόλις ἑλληνίς*, sondern ebenso Chala. Der Name Apollonia in dieser Gegend zeigt sich sofort als griechisch (s. Droysen). Plinius sagt vom östlichen Shiake: Graecorum est. Nachdem Megasthenes durch Seleucus an Chandragupta geschickt worden war, dann Deimachos durch Antiochus und Dionysios, sowie Basilis durch Ptolemais II. an Amitragha (*Ἀμιτροχάτης*), Sohn des Chandragupta, geschickt war, blühte in Folge der Handelsbeziehungen Alexandriens mit der Westküste (wo die Herrschaft des griechisch-bactrischen Reichs sich eine Zeit lang über den Penjab bis nach Guzerat erstreckte) besonders Ujjayini (*Ὀζήνη*) empor. Als Alexander hörte, dass Russen aus Alan-Wareg bei ihrem Einfalle Derbend zerstört und die Königin Nuschabeh aus Berdaa gefangen fortgeführt hatten, zog er aus zur Vertilgung der Russen oder Burtanen und liess auf dem Wege in Kiptschak (um die Frauen an Verschleierung des Gesichts zu gewöhnen) ein verschleiertes Steinbild errichten, aber es wieder fortnehmen, als die Leute der Gegend es verehrten. Damis erwähnt (bei Philostratus) die grosse Verehrung der griechischen Literatur, die Appollonius in Thyana bei den Brahmanen gefunden. Die Araber übersetzten (VIII. Jahrhdt.) die astronomischen Siddhanta (Sendhend), aber aus Alkindi (IX. Jahrhdt.) entnahmen die Indier arabische Kunstausdrücke der Astrologie. Agatharchides berichtet von den glücklichen Inseln an der Küste der Sabäer in Arabien, dass dort Stationen (*ἐμπορικὰς σχεδίας*) der Nachbarvölker seien, die meisten von dort, *οἱ κατεστήσατο παρὰ τὸν Ἰνδὸν ποταμὸν ὁ Ἀλέξανδρος ναύσταθμον*, andere von Karmanien und Persien, sowie den näheren Völkern (s. Droysen). Hinter dem Hafen Barbarike (einer der Indus-Mündungen) ist ein reiches Land, damals von Skythen bewohnt, mit der Hauptstadt Minnagara, wo sich noch das Andenken von Alexander's Zügen durch alte Tempel, Ueberbleibsel befestigter Lager und grosse gegrabene Brunnen erhält (Strabo). Urbem Barcen condidit (Alexander) arasque statuit (Justin). Die Stadt Peritas (in Indien) wurde von Alexander nach seinem Hund genannt (nach Sotion). *Παρθαύνισα πόλις Ἑλληνὶς Νισαίαν λέγουσιν* (Isidor von Charax). Stephanus erwähnt unter den Alexandrien in Indien das *ἐν τῇ Ὠπιανῇ κατὰ τὴν Ἰνδικήν*, das *πόλιν Ἰνδικῆς* und *παρὰ Σωριανοῖς, Ἰνδικῷ ἔθνει*.

ziehe umher, so gerne ich auch ausruhen möchte." Die Bewohner im Lande Occidratis erbaten sich von Alexander die Gunst: daz si imer mosten leben. Die Höhle von Elephanta (bei Bombay) bezeichnete (nach Gasparo Balbi) das Ende von Alexander's*) Eroberungen, und Oderic nennt Tana (auf Salsette) die Stadt des Porus.

Porus (Por) oder (bei Edrisi) Mour (Pour) spricht von dem früher durch die Macedonier den Indiern gezahlten Tribut, der zur Zeit des Krösus verloren gegangen. Die sich selbst Artaei oder (nach Rawlinson) Afarti (auf den Keilinschriften) nennenden Perser hiessen (bei den Griechen) Kophener oder Kephener bis zur Zeit des Perseus, der in Iconium, dem Sitze des phrygischen Königs Annacus oder Nannacus (zur Fluthzeit) das Bild der Medusa als Gorgo aufstellte, und an die Kephener als Stifter des chaldäischen Reiches (in der griechischen Tradition von Cepheus) schliessen sich die durch Nimrod (Nemrod oder Nembrad) repräsentirten Kuschiten, die als Amerelat (im Zend) oder Merdad (im Persischen) auftreten und (bei Herodot) unter der Bezeichnung *Κισσιοι* (Kossaeer oder Kuthaeer) erscheinen im Lande Susa (der Elamiten mit der Stadt Ahuaz) oder Chuzistan (Kurestan oder Kouroi). *Κηφήν*: fuscus, quantum apum genus (Kapi oder Kop). *Κηφηνια***) findet sich als Aethiopien

---

*) Hammon oder Hermes erscheint dem Alexander, dass er in seiner Kleidung in das Lager des Darius gehe. Der von Darab besuchte König von Roum (Phelekous oder Philipp) war von Ammourieh ausgezogen. Um die Hülfesuchenden, denen er Ländereien angewiesen, zu schützen, baute Alexander eine Mauer gegen die Räubervölker der Gog und Magog (Karwiul), mit Hauerzähnen (wie die Rakshasas) und Winkelohren (nach Firdusi), zu den Hörnern (quarn) der Welt ziehend. Von der Stadt Heroum (der einbrüstigen Frauen) gelangt Iskander im Westen nach den rothhaarigen Gelbgesichtern, hinter denen sich im Lande der Finsterniss (jenseits des Sees der untergehenden Sonne) die Quelle der Jugend findet. Nachdem er den Khizr getroffen, unterredet sich Iskander mit den die Roumi-Sprache verstehenden Vögeln und sieht dann Israfil. Gymnophistae Bragmanes Alexandro homini dicunt, dass sie die Philosophie, wie er den Krieg liebe (Valerius). Ils avaient des os en guise des javelots et les lancèrent sur les guerriers, sagt Firdusi (bei Mohl) von den mit Iskander kämpfenden Bewohnern von Habesch.

**) Da des Kepheus (Sohnes des Belus) Gemahlin Cassiopeia, die auf einem

bei Agatharchides) und geht in die ägyptische Bildung von Koptos, wie die indische von Gupta ein. Die in Susiane angesiedelten Kushiten verbreiteten sich über Assyrien, wo sie Babylon,

Stuhle rückwärts sitzend unter den Sternen dargestellt wird, ihre Tochter (Andromeda) den Nereiden an Schönheit vorgezogen, verwüstete der Wallfisch (Cetus) des Poseidon das Land. Kepheus (König der Aethiopier) war (nach Eratosthenes) durch Minerva unter die Sterne versetzt. Dhruva's Mutter (als Meerfisch mit dem Sterne Kasyapa's am Schwanz) war von den übrigen Frauen Kasyapa's zurückgesetzt. Die Gattin Kasya's (als Tochter Krishna's) beklagte sich bei Krishna, dass der Ocean ihre Kinder verschlungen habe, worauf Krishna dieselben von Varuna (dem Herrn des Meeres) zurückforderte, und als er hörte, dass das Seeungeheuer Sankasura dieselben verschlungen, riss er dasselbe aus seiner Muschel und besiegte es, die Kinder zurückgebend. Von seinem Frauen-Haare heisst Krishna auch Kesu oder Keravas. Agni, Mahendra, Kasyapa and Dhruva, in succession are placed in the tail of Sisumara (porpoise) which four stars in this constellation never set (nach der Vishnu Purana). Caspiae pylae, *κλῇθρες γαίης Ἀσιήτιδος* (bei Dionys.). *Κασσιωτικὸν ἄμμα*, als Sprichwort, da sich die Casioten in der Kunst Fesseln zu schmieden auszeichneten. Die wilden Gebräuche der Caspii glichen (nach Strabo) denen der Sogdianer und Bactrier. Die Könige Kasi's leiteten sich von Kschatravriddha (Enkel des Pururavas) ab. *Κασπάπυρος* ist (bei Steph. Byz.) *πόλις Γανδαρική* (oder Gandara), *Σκυθῶν ἀκτή*. Kern identificirt Kasyapa mit Kekrops. Curtius stellt *Κέκροψ* oder *Κέρκωψ* (*κέρκος* oder Schwanz) in Beziehung mit *κυρτός* oder krumm (*κυρ* W.). *Κῦρος*: Macht (*κύριος*: mächtig). Çura, als Held, Quiriten (bastati von curis), *κοῦρος*: ehelich (als dem Stande der *Κοῦροι* angehörig). *Κέκροψ*, rex Atheniensium, ex Aegypto oriundus (*ὁ διφυής* appellatus), Erechthei filius. Als Autochthon wird Kekrops mit Schlangen- oder Affenschwanz gedeutet. Zu den *Ὀφιεῖς* (in Aetolien) gehörten die *Βωμοί*. Die Cureten wollten vom Gebirge *Κούριον* (in Aetolien) benannt sein. Kourshid wurde die spätere Bezeichnung der Sonne, statt Glamschid (bei den Persern). *Κάσιον ὄρος*: Casius mons ad Euphratem. Et Casius Jupiter, cui Trajanus argenteos crateres et maximum cornu bovis inauratum, primitias victoriae de Getis reportatae dedicavit. Extat in haec donaria Hadriani Epigramma: Trajanus Aeneades Jovi Casio hoc simulacrum, rex hominum regi immortalium dedicavit. Casii Pelusiotae naturali quadam solertia nodos implicare norant, trabibus trabes nectendo (Suidas). *Κάσιος*: Quisquis Romanorum singulari certamine vicisset, graminea corona coronabatur, eratque Casius invictus, Aeliani dictio. Wenn in Chus (Khus) dem älteren Bruder Mizraim's (Sohn des Cham oder Kham in Khemi) die Verwandtschaft der asiatischen Aethiopier ausgedrückt liegt, so führt der Name der mit dem Uzil (des Uzz oder Gewaltigen, den die Araber verehrten) verbundenen Kossaeer zu den Khas und Kasya des die indische Geschichte in Kashmir einleitenden Kasyapa, dessen geistlicher Sohn (Parasu-Rama) gleichfalls ein „Gewaltiger auf Erden" war. Die Taphier bauten ihre

Niniveh und andere Städte gründeten, als Titanen der Armenier oder Daitya, die den indischen Göttern gegenüber ebenso sehr als prunkende Städtebesitzer erscheinen, wie die Divs, von deren Gefangenen pishdadische Könige die Künste der Civilisation erlernten. Die Astakener (nebst den indischen Völkerschaften im Osten des Indus) oder Assakener bei Kabul (am Kophen) waren seit alter Zeit (nachdem Assurrisili die Eroberungen im XIII. Jahrhdt. ausgedehnt hatte) den Assyriern untergeben. Varunas heisst Daitja-Dewas, als Gott der Wasserdämone, mit denen Arjunas kämpft. Kusfil Dendan oder Chus der elephantenzähnige (gleich langzähnigen Rakshasas) wird von Sam Neriman und den Rokh (Heroen) der Pehlevane bekämpft, zur Zeit des vom Schmiede Gas oder Kao gekrönten Feridun oder Afridun, der seinerseits wieder in feindlicher Version dem die Afrit oder Ifriet bezwingenden Soliman ben Daoud erliegt. Während die von Zohak's Tyrannei geflüchteten Opfer den Stämmen der Kurden ihren Ursprung gaben, zogen sich die von Feridun verschonten

Festung Nericus auf der Insel Leucos, und der Farbengegensatz tritt auch an den die Schafe durch ihr Wasser schwarz oder weiss färbenden Flüssen Neleus und Kereus auf Euboea auf (wie andererseits zwischen den Kuru und den von Arjuna oder Parthâ geführten Pandava). Wie mythologisch die Nereiden des Nereus (Söhne der Gaa und des Pontus) in ein an religiösen Ceremonien den Antheil verlierendes Alterthum zurückgeschoben werden, so vernichtet halbgeschichtlich Herakles (der Fessler des orakelnden Nereus) die Neleiden des Neleus (Sohn des Salmoneus), ausser Nestor (durch Weisheit seinen Freunden berühmt, wie Sisyphus den Gegnern durch Schlauheit). Taurus war ältester Sohn des Neleus, und die Norici hiessen früher Taurisci in Noricum Celtici cognominre Neri (Plinius). Die *Νηρεοι* galten als *γοητες* (s. Herod.). Von Nerigos schiffte man nach Thule. Unter Sal und Rustem herrschte das iranische Heldengeschlecht Neriman's über Segestan. The detached hill-forts (destroyed in Sogdiana by Alexander M.) have always been common in those countries, the term Tippa or Tuppa (Tuppah), which is the Turkish word for hill or mound, frequently recurring. Von Sthupa findet sich Tope, als Tumulus. Nach Chabas war Obe (Tubé oder Tobé) die alte Form des Namens Theben (mit dem Artikel). In der tibetischen Priesterschaft stehen die Tubba und Tuppa unter dem Lama. In der Burg Hau-Kalesi auf Berg Amanus herrschte der in Tamane getödtete Sheikh Meran, dessen Körper in eine Schlange auslief (s. Langlois). Tipo, qu'on lit pour Typhon sur les monuments, est le synonyme de Top, Tupa, Tippo des langues celtique, danoise et tartare, haut, dominant. Tob-al-kain et Tobbas (Moreau de Jonnès).

Nachkommen des Zohak (als Vorfahren des von Mahmud besiegten Mohamed ben Suri, eines alten Suryavansa) in die Berge Ghurs zurück, und wurden in späterer Auffassung als helle Kaffern rumischer Abstammung mit Iskander verknüpft. Von Nemrod (dem Unsterblichen oder Nemurd) oder Mared (von Mar oder Schlange), der durch Riesenvögel (Kerkes) in den Himmel steigen wollte oder mittelst eines hohen Thurmes (in den Ebenen die Bergspitzen der Kerketen aufpflanzend), stammten die Nemared (Rebellen) genannten Könige Babyloniens. Nach Moses Chor. begreift das Land der Kushiten die Stadt Pahl (Baktra oder Balkh) im Lande Parthien oder Bactriana; Tahmuras (Diw-Band oder Dämonen-Bändiger) baute die Citadelle in dem von Dhul-Kharneim gegründeten Meru oder Merw (Shahsidehan). Nach Vartan trifft man jenseits Persiens das Land der Kushiten und dann das von Djen (Djenastan oder China). Im Reiche Jinnistan (am Berge Kaf) wohnen die Peri in ihren Glanzstädten, die Dews dagegen in Ahermanabad (die Stadt des Bösen), während die Al-Hermani oder Pyramiden im Lande der Pharaonen (von der Wurzel Peri oder tragen, nach Brugsch) von Jan ben Jan erbaut wurden, zu dessen Zeit Abu Djafar das Reich zwischen den Divs, deren Alleinherrschaft (wie die des Abriman nach dem ihm zugewiesenen Cyclus) ihr Ende erreicht hatte und den Peri getheilt war. Nach Mar Apas Catina besiegte Aram von Armenien die Medier von Zarash unter Nionkar (mit dem Beinamen Mates) und zwang Ninus, König von Niniveh, ihn zu bestätigen, obwohl dieser gerne die Tödtung seines Vorfahren Belus durch Haig gerächt hätte (nach Langlois). Othniel befreite die Israeliten von der Herrschaft des Kushan Risehathaim, Königs von Aram-Naharajim oder (nach Josephus) von dem Assyrerkönig Chusarthes. Die bei Justin als Flüchtlinge bezeichneten Parther galten für die durch Sostris oder Sesostris (nach Suidas) in Assyrien (Athoria) angesiedelten Scythen. Mit den Medern oder früheren Areioi verknüpften sich, wie die Iremiden in Südarabien, die Elamiten Elams, das M. Müller mit Arrju-Vaedjo in Beziehung setzt. Die noachische Völkertafel lässt Mad oder Meder den Arja Stamm vertreten. Nach Steph. Byz. hiess Thracien oder (bei Gellius) Sithon (Perke) früher Ἄρία. Zu

Plinius' Zeit wohnten die Amardi (scythischen Stammes) an der Grenze zwischen Medien und Elymais. Die Mardi gehörten zu den Wanderstämmen der Perser.

Die Bewohner Nysas*) baten Alexander um Bestätigung ihrer Privilegien, da ihr Berg der Meros des Dionysos sei, das *Μηρογενής* oder *Μηροτραφής*. In Nisaia fanden sich (nach Isidor) die Basilisken taphai (Parthuene's).

Nach Pausanias hatte Dionysos die Brücke über den Euphrat bei Zeugma mit Reben von Weinranken und Epheu verbunden, die noch zu sehen waren, wie (nach Plinius) die Eisenketten, die Steph. Byz. dem Alexander M. zuschreibt. Burnes sieht in den Ruinen von Darapura und Mung die von Alexander am Hydaspes gegründeten Städte Nikaia und Bukephala (Alexandria Bucephalos). An der Spaltung des Indus-Delta in Pattala baute Alexander eine Akropolis (Arrian). Equus Alexandri regis et capite et nomine Bucephalus fuit (Gellius). Es starb nach der Schlacht mit Porus. Si chevenu avait nom Busifel et avait trois cornes, comme le tor marin. Das Asva medha oder Pferdeopfer war mit der Verehrung der Sonne verknüpft, und nach Herodot opferten die Massageten der Sonne Pferde. Das Pferd des Cortez erhielt Verehrung, indem ihm die Indier Gold in goldener Krippe vorsetzten.

Nach Durchziehen des Waldes Anaphantos kam Alexander zu wilden Menschen, die ruhig, die Reihen des Heeres mit starr gerichtetem Blick betrachtend, dasassen und dem herbeigebrachten Mädchen in den Schenkel bissen (Kallisthenes). Auf Candace's Anleitung gelangte Alexander (nach Pseudo-Kallisthenes) zu den heiligen Männern mit Feueraugen (gleich dem durch einen Ameisenhügel überbauten Büsser). Palladius lässt Alexander mit Semi-

*) Urbs Nysa sita est sub radicibus montis, quem Meron incolae appellant, inde Graeci mentiendi traxere licentiam Jovis femine Liberum patrem celatum esse (Curtius). Das von Tahmurath gegründete Nishapur wurde von Alexander zerstört. Nach Ismenias war Liber in Theben, der Nahrerin des Herakles, geboren, und von dort hatten sich die Orgien, die herrlichsten Weihen des Gottesdienstes, durch die Welt verbreitet. Die Macht Alexander's übertrifft selbst die der Götter, da der von den Indiern als Gott verehrte Liber aus Aethiopien weichen musste.

ramis zusammentreffen. Nach der Alexandersage hatten die Mohren der (mit Porus vermählten) Königin Candaciam (in der Burg Meroes) lang ausgezogene Ohren. In den Briefen des Alexander (bei Lamprecht) wird der durch Ketten erstiegene Berg (gleich dem Adams-Pik) beschrieben mit einem schlafenden oder todten Greis, als liegende Buddha-Statue. Die Blumen mit den Mädchen entsprechen dem siamesischen Märchen von Vixanthon (XII. Jahrhdt.). Im Walde bei den Garranien sieht Alexander Weiber aus der Erde wachsen. Alexander verlangte Zutritt zu Candace's Lande, weil dorthin der Gott Ammon (nach Eroberung des ammonischen Landes) gebracht sei. Dem grössten Sonnentempel in der Stadt Helios stand Aethiops als Oberpriester vor. Auf Bitten des Candulake, Sohn der Candace, schickt Alexander ein Heer gegen Hirant (Hircan), der jenes Weib Blasfameya aus Urye geraubt (wo Wishnu ruht und in der Rama-Avatare mit Hiran beibenannten Dämonen des feindlichen Iran und den städtebewohnenden Asuren kämpfte).

Nach Diodor baute der Gesetzgeber Bacchus Städte in Indien. Iris bringt (bei Nonnus) Jupiter's Befehl, dass Bacchus die gottlosen Indier zum Weintrinken zwinge und aus Asien vertreibe. Nach der Niederlage des Astrais ward das Wasser in Wein verwandelt, und die Indier fanden an dem neuen Getränke Geschmack. Von Bronchus gastlich empfangen, lehrte Bacchus den Anbau der Reben. Orontes, Schwiegervater des Deriades oder Duryadhana (König der Kurus), fiel in der Schlacht gegen Bacchus (der Krishna's Liebesspiele mit der Jungfrau Nikaea trieb), und der krauslockige Blemyes, König des glücklichen Arabiens, der nur ungern Deriades gehorcht hatte, unterwarf sich Bacchus und zog dann nach Aegypten und Aethiopien. Catull lässt Bacchus im Zuge gegen Ariana von den Silenen nysigenae begleitet sein. Im Angriff auf die Satyrn verwundet Morrheus (Maharaja) den Eurymedon, Sohn des Vulcan, der ihn in Flammen hüllt. Mit der durch den Araber Rhadamanes gebauten Flotte greift Bacchus den Deriades auf dem Hydaspes an, und wiederholt auf den Schlachtfeldern Alexander's seine Kämpfe in dichterischer Ausschmückung, wie sie auch im Mahabharatam nach indischer Auffassung erscheinen. Deriades bestraft den Fürsten

Habrathos durch Abschneiden seines Haarwuchses (Nonnus), und König Sagara liess den Yavana, die auf Vasishtha's Bitten das Leben erhielten, die Köpfe scheeren. Nach Hesychius hiessen *οἱ τῶν Ἰνδῶν βασιλεῖς* Maurier. Das indische Volk der *Μωριεῖς* baute Holzhäuser, wie Euphorbion berichtet (278 a. d.), und ebenso der Mahawanso. Die Dynastie der Maurja gehörte zum Geschlechte der Sakja. Maurus quidam *Κέκροψ* (apud Zosimus). Morrius, König von Veji, führte (nach Servius) das (von Numa adoptirte) Priesterthum der Salier ein. In *Αἴθιοψ* (der glänzenden Lebensschlange) liegt der Gegensatz zu den dunkeln*) Sterblichen, *Μέροψ*, während im Litthauischen die Negation bei mirdamas

---

*) Herodot nennt Kalatier (Kala oder schwarz) unter den Indiern. Atras gentes et quodammodo Aethiopas, charakterisirt Plinius die Indier. Bei den Persern heissen die Aethiopier schwarze Indier (Siah-Hindu). Michael (der jacobitische Patriarch von Antiochien) bezeichnet die Aethiopier als Kushiten. In der Völkertafel ziehen die Kushiten (wie Kus, Sohn des Ham) von Asien nach Afrika. Syncellus führt die Aethiopier vom Indus nach dem oberen Aegypten. Diodor schreibt die Gründung des ägyptischen Reiches den Aethiopiern zu. Nach Herodot wohnten die Kissier (Kossäer) im Lande von Susa, das Memnon erbaut, oder (nach den Arabern) Kusistan (die Heimath des Kus). Das Land der Gandariden (östlich vom Ganges) wurde wegen seiner vielen Elephanten nie erobert (nach Diodor). Die griechischen Könige von Syrien unterwarfen die Fauni und Syri. *Σωφήγεος ὁ αὐτός ἐστι τῷ Διονύσῳ* (Suidas). Hermes, als Saus oder Soko-Pingala or Pinga, living in Panchaea (the country along the Indus) emigrated with his followers beyond the western sea between India and Africa, and settled on the banks of the river Crishna, Syama or the Nile (s. Wilford). Nach Strabo folgte ganz Asien dem Dienste des Dionysos. Chares lässt die Indier den Gott des Weines *Σοραδεῖος* (Suradeva) verehren. Die Erfindung des Weines zum Getränk wird Bala Rama zugeschrieben. Neben den Aethiopiern und Susiern unter Memnon (Ismandes oder Mismun), Sohn des Tithon, schickte der assyrische König Teutames dem Priamus ein ethiopisches Hülfsheer unter dem Armenier Zarmair, den Indjidji mit Ascanios (König von Ascanien) identificirt. Tithonus (Sohn des Ilus und Bruder des Laomedon), schwand am Körper hin, als Aurora für ihn Unsterblichkeit gebeten, wie sie auf Urvaçi's Vermittlung die Gandharva dem Pururawas (Bodhas) oder Ailas, Sohn der Ida oder Ila, mit der sich nach Sudymna's (Manu's Tochter) neuer Geschlechtswandlung Buddha vermählt hatte, ertheilte (in mythologisch entstellter Auffassung der Fortdauer eines Buddha). Rhea Sylvia, die Stammmutter der Iliaden (Romulus und Remus) heisst Ilia. Den Babyloniern war Ilu (der semitische El) der geflügelte Gott, der die Fluth verursachte.

direct an die adama oder durch rothbrennendes Feuer Unsterblichen in Indien oder Intu der Iddhas angesetzt wird.

Nachdem die Malayen nach Malacca ausgewandert waren, wurde unter den Abtheilungen des Königreichs ein Häuptling in Pahang eingesetzt, von dessen Verwandten einer sich als Kaufmann nach Champa*) (in Cochinchina) begab und dort zum Herrscher erhoben wurde (wie du Chailln durch Remandji, Häuptling der Apingi, mit dem Kendo oder dem Symbol der Herrscherwürde bekleidet wurde). Er hatte seine Frau schwanger zurückgelassen, und diese berichtete dem nachgeborenen Sohne, dass sein Vater nach Champa gegangen sei. Dorthin folgend, fand er ihn hochbejahrt und verblieb bei ihm, um nach dem Tode zu succediren. So begann ein lebhafter Wechselverkehr zwischen den in Champa angesiedelten Malayen und denen Malaccas, doch wurden die Beziehungen später unterbrochen.

Wenn die Schiffer Malacca verliessen, priesen sie in Lobgesängen den Hafen der blühenden Stadt (nach den Seyara Malayu). Zum Schutze des auswärtigen Handels waren 5 Subadare angestellt für China, Kamboja, Java, Bengalen und Guzerat. Die nach Malacca handelnden Gores (Japanesen) oder Lequea wollten (nach Albuquerque) Niemanden über ihr Land Bericht geben. Da der König von China sich von dem Rajah Malaccas in Ausdrücken hatte anreden lassen, die auf untergeordneten Rang deutete, so musste er später das Wasser, worin dieser seine Hände und Füsse gewaschen, trinken, um von seiner Hautkrankheit curirt zu werden. Neben dem Bandara oder Minister und Tumagong oder Handelsaufseher, fand sich in Malacca der Sacsamana, als Titel des Admirals, der auf den Preisfechter Hang Tuah vom Sultan übertragen war, als dieser Lakaman herausgefordert hatte, sich mit ihm zu messen. Said Ahmed aus Champa gab dem von Malacca für die Werbung um die schöne Tun Tigi von Pahang ausgesandten Hang Nadim die gewünschte

*) The Champaka (Michelia champaka) is introduced by the Hindus in Java, as its Sanscrit name implies. Unverheirathete Mädchen in Java tragen eine duftende Champaka-Blume in ihrem Taschentuche. Die Frucht der Champadah ist Artocarpus polyphemus.

Ankunft. Brama Wijaya (Bromjaya) von Majapahit schickte Gesandte nach Kambodja, um seinen schiffbrüchigen Neffen aus Ciampa abholen zu lassen. Da Conto setzt die Bekehrung des Rajah von Malacca in's Jahr 1388, aber die malayischen Annalen nennen Mohamed Shah (1276) als den ersten König, der den Islam annahm. Nach De Barros war es besonders auf Anstiften der Perser und Guzerati-Mohren, dass die Nachfolger des Königs Xaquem Darscha (Sekander Shah) das Joch Siams abwarfen. Die Sellaten, mit denen sich Paramisora in Singapore festsetzte, lebten von Fischfang oder Seeraub und vermischten sich mit den halbwilden Malayen, die das Land in der fruchtbaren Ebene von Beitang anbauten. Nachdem sie dort die Stadt der Verbannten (Malakka oder Malaiya Nakkhara) gegründet, beriefen sie den Schakeng (Chao Khun) Darscha (Sohn des Paramisora) als König. Die Mandarinen oder Edelleute Malakkas (zu de Barros' Zeit) waren noch die Nachkommen der Sellaten (1532). Im Javanischen bezeichnet Malay einen Flüchtigen oder Fortgelaufenen. Valentyn lässt sich die Emigranten aus Menangkabou (unter Sri Tara Bawana) in Ujong Tanah festsetzen als Orang de bawah anghin (oder Leute unter dem Winde). Aus der von ihnen gebauten Stadt Singhapura durch den König von Majapahit vertrieben (1252), zogen sie nach Malacca, das seinen Namen von den dortigen Fruchtbäumen erhielt.

Zu dem im VIII. und IX. Jahrhdt. p. d. über die Inselgruppen südlich und westlich von Malacca ausgedehnten Reich des Maharaja von Sabed gehörte (nach Abu Zeyd) das Emporium Kalah. Der König von Zabaj heisst Alfikat, der König der Insel im östlichen Meere Maharaga (nach Ibn Khurdadba) † 912 p. d. Im Reiche des über das Meer von Sanf herrschenden Maharaga (dessen Dynastie Walkenaer mit 628 p. d. enden lässt), der die Inseln Zandy und Ramni besitzt (und den König von Comar besiegte), nennt Masudi die Insel Serireh. Die Insel Qnollan in Malabar war (nach Suleiman) von Zabeg (Java) abhängig, und die Insel Rami (nach Abu Zeid). Der Minister des Maharaga von Zabeg warf (nach Suleiman) täglich ein Stück Gold in den Palastteich. Mahan-ben-Albahr fand rothe, gelbe und blaue Rosen, die nicht fortgetragen werden konnten, in einem

Walde auf Zabeg. Nach Idrisi war Gaba, der (als König Java's, auch) über die Inseln Salahat oder die Sunda-Inseln herrschte, Verehrer des Bodd, eines aus Marmor gearbeiteten Götzenbildes. Diego Pacheco suchte die Ilhas d'Oro, von denen er in Malacca gehört hatte. Nach Conti fand sich in Java ein Baum, dessen Mark eine Goldstange bildete. Prinz Jihtze, der Sohn der Sonne, der wegen Aufruhrs von seinem Vater vertrieben worden, liess sich in Kaj in Kambodja nieder und gründete Juthia in Siam*), als Vasall Chinas dorthin Gesandte schickend (nach Gützlaff). Sein Gesetzbuch ward im Tempel Sisaput's zu Ajuthia aufbewahrt, bis zur birmanischen Eroberung. Nach Azedi's Garsharsp Namah (IX. Jahrdt. p. d.) rüstete (auf Bitten des Maharaga von Zabed) Delub, der von Persien bis Palästina herrschte, eine See-Expedition gegen den ceylonischen König Baku aus und erfocht durch Garharsp einen Sieg bei Kalah über den Shah von Serendib.**) Nach Vertomanus (1504) waren die Javanesen vor ihrer Bekanntschaft mit den Chinesen (1400) Menschenfresser.

*) The siamese Era commences with the appearance of Samut Thakudum (Buddha), who introduced (340 a. d.) the useful arts. Chaou Maharat, the legislator of Cambodja, established more firmly the rules of Samut Thakudum and added some of his own (at the time of Christ's birth). Phaya Kret, a siamese legislator, perfected the work of Chaou Maharat.

**) Die Ptolomäer schickten Timosthenes nach Taprobana und Indien. Unter den Seleuciden bereist Patroklus die indischen Meere. Das Königreich Lochac wurde (zu Marco Polo's Zeit) wegen der wilden Sitten seiner Bewohner nur wenig besucht. Siam wurde als Indara Thay-no von Cambodia oder Indara-Shau unterschieden. We und Yorok werden als alte Namen Cochinchinas gegeben. Laos heisst Varendra. Bei Gaspar de Crux wird das Königreich Cambodia (Leveck) Loech genannt. Jambu und Zeitun waren zu Polo's Zeit die Häfen an der chinesischen Küste. Nach Oderic trugen die Insulaner auf den Nicoveran (Nicobaran) das Bild des von ihnen verehrten Affen auf der Stirn. Der chinesische General Sogatu zwang den König von Ciamba (Dalampa) zur Tributzahlung an Kublai-Khan (nach Polo). Rami oder Sumatra war (nach Idrisi) mehreren Fürsten unterthänig. Die Schätze der Inselkönigin (zwischen dem Meer Lar und Herkend) bestanden in Cauris, die sich auf den in's Wasser geworfenen Kokosbüschen sammelten und an der Sonne getrocknet wurden. In Mankir wurde die Kirlah-Sprache geredet (im Lande Karah), am Meer Larewi die Sprache Lari (nach Masudi). Cochinchina heisst Kuchi bei den Malayen. Bouga siem oder bunga tongquin meint wohlriechende Blumen.

Unter Chintsu schickte Bak-la-cha, der König von Jawwa (Jaowa) oder Jawae eine Gesandtschaft nach China (860 p. d.). Batavia und Java heissen Galapa bei den Chinesen, wurde aber früher Konawa genannt. Kuda Laleau befreite die Javanesen vom Drucke der Chinesen (1086 p. d.). Die in Singapore gefundenen Münzen Chinas tragen einen Kaisernamen aus dem Jahre 967 p. d. Die Bewohner von Es-Sila und seinen Inseln lässt Masudi von Amour (Enkel Japhet's) abstammen, wie die Chinesen. Unter den Insulanern des Meeres von Kerlendj finden sich (nach Masudi) die El-Fandjab mit krausem Haar. Nach Kazwini hatten die Bewohner der Insel Darthalib buschiges Haar. In Kailasa (zu Ellora) kräuselt sich das Haar der Pisachi (Diener Siwa's). Nach dem Kanda findet sich Bayu (krauslockig) unter den fünf Schöpfungen Narada's (auf Java). Nach De Bruyns Kops überfallen die Wilden in der Bulan-Strasse mit ihren vergifteten Pfeilen alle Fremde, die nicht von einem Häuptling oder Batin begleitet sind. Die an der Malacca gegenüberliegenden Küste Sumatras wohnenden Heiden heissen Battas und essen Menschenfleisch, wogegen die südlichen Gotumas civilisirter sind (De Barros). Obwohl eine verachtete Kaste, galten die Veddah oder (bei Palladius) Besadae (nach Ambrosius) für edler Herkunft, weil von den alten Yakko herstammend. Auf Java ist Djaksa ein Priester, während in Hinterindien sich der Yaksa in einen Raksasa verkehrt hat. Nach Hiuenthsang war Ceylon*) (wohin Megasthenes die Palaeogoni setzt) oder Tapobrane von weiblichen Dämonen bewohnt, die nach Sirenenart die herangelockten Schiffer frassen. Nur der Kaufmann Wyayo entkam, während im Mahawanso Vijaja seine Gefährten, aus circeischen Verwandlungen erlöst. Wenn die Könige Ceylons bei dem Grab des von Gaimono, dem Erbauer des von Fahian gesehenen Lowa**)-Maha-Paya (Eisentempel) entthronten Malabarenhäuptlings Ela-

*) The Kings of Ceylon are descended from Basant, who placed her foot print on a mudheap. Tapobrane wurde von Hipparch nicht als Insel angesehen, sondern als der Beginn eines südöstlichen Festlandes.

**) Lawar im Malayischen bedeutet „aussen," „draussen" und Lewa „ausgestreckt" oder „offen."

la*) vorüberzogen, geschah es unter dem Schweigen der Musik und auch der Congress eilt geräuschlos am Grabe des Jaga vorüber, um den darunter schlafenden Eroberer nicht wieder zu erwecken. Sopater wurde (nach Cosmas) in seinem Charakter als Römer von dem Könige von Sielediba ehrenvoll empfangen. Auf dem Tempel glänzte das Kleinod des Hyazinthes, das, wie Marco Polo (der von einem Rubin spricht) erzählt, dem darum nachsuchenden Kublai-Khan verweigert wurde, weil ein Erbstück, doch ward es im XIV. Jahrhdt. erkauft. Aus Sindbad's Erzählungen erwähnt Masudi den Smaragd des Königs von Ceylon. Nach St. Ambrosius hatte der Thebaner Scholasticus die Küste Malabars und Ceylons (I. Jahrhdt. p. d.) besucht; der Freigelassene des Annius Plocamus wurde unter Claudius nach Ceylon getrieben. Im samaritanischen Pentateuch und in der Version des zweiten Jahrhunderts sowohl, wie in Abu Seyd's Pentateuch (1480) lag der Ararat der Arche auf Sarandib (Silandwipa oder Sinhaladwipa).

Aus den Chinesen,**) die Ceylon entdeckten, wurde ein König (als Sohn der Sonne, die nimmer stille steht) gewählt, auf den Lankauw Pati Mahadaseyn (vielgeliebter Grossherr der ganzen Insel) und dann Lankauw Singe Mahadaseyn (vielgeliebter Insel-Leu) folgte (nach Baldaeus). Alexander lässt die Schlucht mit dreisprachiger Inschrift überbrücken nach dem Lande der Sigeeln. Die Insel Tapobrane war von Makrobiern bewohnt. Die Portugiesen haben dem Berg (auf Seilan) den Namen Pico de Adam gegeben, die Selanesen nennen ihn Budo (de Barros).

*) The Elahwan or divines are (according to the Mahomedans) the philosophers, who admitted a first mover of all things and one spiritual substance detached from every kind of matter.

**) There is an ancient tradition among the Ceylonese, that after the expulsion of Adam from the island, it was first peopled by a band of Chinese adventurers, who accidentally arrived on its coasts (Percival). Nach Ribeyro war Ceylon von schiffbrüchigen Chinesen bevölkert. Nach dem Rajavali ereignete sich 306 p. d. eine Fluth in Ceylon, wie schon in den Duwapawarajaga genannten Epochen wegen Ravana's Sünden. According to the natives of India the modern Ceylon is only an island adjacent to the ancient Lanka, which now exists no longer (Tod). Rama setzte an Ravana's Stelle Webishana.

Die Hindu nennen Adam's Pik Swangarrhanam (der Anfgang zum Himmel). Nach den Kriegen Rama's fiel das verwüstete Lankapura unter die Herrschaft des Vogels Girda, Freund des Vogels (Garuda) Rajawali. Nachdem Raja Marong Wansa sich gegen den (als Gesandter des Raja Rum an den König von China) Stürme aufregenden Vogel Girda vertheidigt, wurde er Raja in Keddah. Die Chinesen nennen Ceylon (Tampolanni) das Rothe Land, Chih-too. Nach Odoardo Barbosa heisst Zeilam (bei den Indiern) Tenarisim (das Land des Entzückens). Der Priester Nantch wurde (456 p. d.) mit einer Buddha-Statue von Ceylon an den Kaiser China's*) gesandt. Eine über Land kommende Gesandtschaft (V. Jahrh.) brachte den kostbaren Jaspisstein (nach dem Leang-shu). Nach der Ming-she (Geschichte der Ming-Dynastie) wurde der General Chingho vom Kaiser Ching-tsu ausgesandt (mit 62 Schiffen), um den chinesischen Einfluss in den westlichen Königreichen wiederherzustellen, und lief in Cochinchina, Sumatra, Java, Cambodia, Siam und anderen Plätzen ein, das kaiserliche Edict verkündend und Gnadenbezeugungen gewährend (1407). Da der König von Ceylon sich widersetzlich gezeigt hatte, wurde eine neue Expedition ausgerüstet, die ihn als Gefangenen nach China brachte. Nachdem Pulo Koma Bazae Lacha (Sri Prackrama Bahu Rajah) an seiner Stelle ernannt ward, trieb ein chinesischer Beamter den Tribut ein. Von Charitrapatra oder Kalingapatana (Hauptstadt Orissas) fuhr man nach Ceylon (zur Zeit Hiuenthsang's). Um Beleidigungen, die persichen Kaufleuten zugefügt waren, (VI. Jahrhdt. p. d.) zu rächen, sandte Chosroes Nurschirwan, der sein Reich bis Baluchistan ausdehnte und (nach Firdusi) das Industhal eroberte, eine Flotte gegen Ceylon und besiegte (nach Hamza Ispahani) den König von Serendib (oder Ceylon). Die von Hadjadj, Gouverneur von Irak,**) gegen Daher von Dewal gesandte Expe-

*) Selon Sin, les ambassadeurs de Borneo (au sud-est des îles Lo-song) furent connaître à l'empereur de la Chine (1406), qu'un de leurs deux rois était un homme originaire de Min (ou Fokien) et que dans la voisinage de la ville royale il y avait des inscriptions en characteres chinois (Pauthier).

**) Nach Ammianus wurde der indische Handel der Sassaniden von dem Hafen

dition hatte zum Zweck, Piratereien zu bestrafen gegen mohamedanische Frauen verübt, die Wittwen mohamedanischer Kaufleute, die in dem Kriege der Rubinen-Insel (Djezyret-Alyacout) oder Ceylon in ihre Heimath zurückgesandt wurden, nachdem ihre für Handelszwecke dort ansässigen Verwandten verstorben. Als Mahmud Ghaznih die schismatischen Carmathier bei Moultan besiegte, flüchtete der schiitische Führer nach Ceylon (1005), und eben dort fanden die Siva-Verehrer ein Asyl, als Mahomed (1025) das Idol von Soumath zertrümmerte.

Nach Cosmas lag der König der Küste von Ceylon mit dem Könige, der den Hyacinth besass, im Krieg. Der christliche Presbyter wurde in Persien ordinirt. Edrisi bemerkt vom Könige in Serendib, dass er nicht, wie die Könige Indiens, den Weingenuss erlaubt habe. Während die brahminischen Malabaren in Ceylon*) herrschten, wurden dort (nach Kazwini) die Wittwen verbrannt (XIII. Jahrhdt.). Imaum Abu Abdallah zeigte zuerst den mohamedanischen Pilgern den Weg zu Adam's Pic. Nach Abu-Zeyd fand der Reisende Ibn Wahab viele Klöster zum Bücherabschreiben in Serendib (910 p. d.). Die Siamesen schickten (735 p. d.) nach Ceylon, um verlorene Pali-Schriften zu er-

Teredon (am Pasitigris) betrieben, nach Markianos (der an der Küste Karmaniens die Häfen Apologoi und Omana nennt) war der Hafen Charax oder Spasinu an der Mündung des Tigris. Hera (südwestlich von der Mündung des Euphrat) hatte blühenden Handel, nachdem die Fürsten von den Sassaniden abhängig geworden. Bei Cosmas heisst der äusserste Punkt, den die Perser auf der Koromandelküste besuchten, Kabir (am Kaveri) oder Kaberis). Nach Tabari kamen indische Kauffahrtheifahrer (unter den Sassaniden) nach Obollah und Apologoi. Socotora (Dioscoridis insula oder *Διοσκορίδους νῆσος*), auf der Aristoteles den Anbau der Aloe empfahl, war (nach Arrian) von Arabern, Indiern und Griechen bewohnt, die dem Könige des Weihrauchlandes zinsbar waren. Les anciennes écritures du Diocèse d'Angamala rapportent qu'on envoyait autrefois à la côte un prélat, qui portait le nom d'Archevêque des Indes. Il avait deux suffragans, l'un dans l'isle de Socotora et l'autre dans le pays de Maçin (La Croze). Nach Edrisi waren die Bewohner Socothorah's meistens Christen.

*) La coutume des Czerembses (bei denen unverheirathete Frauen ein Horn trugen) est aussi bien que des Cingalais de n'épouser jamais des filles, qui n'aient été deflorées par leurs propres pères (Struys). Sie fürchteten eine unsichtbare Nation als feindlich (wie der Neger die Qua des Innern).

setzen. Bodidharma, Sohn des Fürsten von Mawar, schiffte nach China († 465 p. d.). Nach Solyman (851 p. d.) wurde der König von Serendib beim Tode durch die Strassen geschleift, um die Vergänglichkeit irdischen Glanzes zu zeigen. Der König von Tschontscheng musste sich, nachdem er 30 Jahre regiert, (nach Kanghi) für eine Zeit nach einem Berge zurückziehen, wo er von Tigern gefressen ward, wenn er schlecht regiert hat, und sonst im Triumph zurückgeholt. Während des Interregnums regieren die Minister (wie für den grasfressenden Nebukadnezzar). Ehe er seine Regierung antritt, wird der König in Gabun von seinen Unterthanen, die sich dieses Rechtes noch einmal freuen wollen, misshandelt. Ebenso in Unyamwezi (nach Burton) und früher bei Installirung des Herzogs von Kärnthen. Am Neu-Calabar hält man den Jujukönig höher als den civilen, besonders aber wird die Macht eines im Oru-Gebiete des Binnenlandes residirenden Geistes gefürchtet. Westlich von dem Orte, wo St. Thomas begraben liege, setzt Marco Polo die Provinz Lar, und von dort seien alle Abraiamiten auf der Erde ausgegangen. Alexander singen Vögel in griechischer Sprache, dass er nicht an den Ort ziehen dürfe, den die Nachkommen des Abraham bewohnen, dass er aber den Porus tödten würde (Pseudo-Gorionides). Nachdem er Fur besiegt, zog Iskander nach Heru (Mecca), um das Haus des Berahim (Abraham) zu schauen, das der fromme Mann gebaut und wovon er soviel Uebles erduldet. Gott selbst hatte es Nesr Iliran (das Häuslein Iliran's) genannt (Firdusi). Alfred M. schickte den Bischof Svithelm oder Sighelm nach Indien, um das Grab des heiligen Thomas zu besuchen. Die Cristen dy sandt Thomas mit iren gepett do heym suchen, die nemen des roten ertrichs und tragen das mit in heym, sagt Marco Polo (bei Creussner). Andreas Goves hörte von den Christen in Malabar, dass St. Thomas von Meliapore nach China gegangen und in der Stadt Kanbalou Kirchen gebaut habe. Als Mohamed Buktyar (Gouverneur von Behar) aus Kamrup in Tibet einfiel, wurde er (1205 p. d.) durch die Christen von Karimpatan vertrieben. Auf der Westseite des Tschamalari-Peak (in der Rimola-Kette) führt ein Pass nach Tibet über Bhutan, wo neben dem Dharma-Raja (Sama-Rin-Potche) der weltliche Depa Raja herrschte. Die für Handel nach Tibet gewanderten Newar nahmen das Christenthum *) der alten katholischen Kirchen **) bei Digorcha und Lhassa an (Smith). Die Pani-Koech nennen ihre erblichen Priester, die Deosis, bald Brahmanen, bald Dalai-Lama. Die Kuttagottern genannten Priester der Khond dürfen nicht mit Laien essen (Macpherson). Nach Nikephoros entfloh ein Brahmane, dem Kaiser Justinian seinen Koch wegnehmen wollte, zu den Khazaren. Abu Zaidu-l Hassan erwähnt ausser einer jüdischen Colonie in Sarandip auch Anhänger anderer Religionen, besonders der Manichäer ***). Die

*) „On hearing the dispute of Benedictus Goëz with the priests, the son of the king (in Cascar) concluded, that the Christians were the true Mussulmans, saying that his progenitors had professed the same law." Some of the images in the temples of Thibet represent a prophet, who is still living (Khajeh Kizr or Elias), others are images of a prophet taken up to heaven and being alive there (Hazret Isa or Jesus). Many loads of Gospels have arrived in Thibet, but not one entire copy (Mir Izzet Ullah).

**) Dès le XII siècle il existait une mission au sud du Thibet, dans la tribu Shakkapira (Krick). Pinto hörte, dass die Kreuze in China durch einen heiligen Mann, Matthäus Escandel (in Ungarn), einen Einsiedler am Buda genannten Orte des Berges Sinay, aus Tenasserim in Siam gebracht seien. Los naturales de Catayo adoravan un solo dios, guardavan gran parte de la ley de Moysen, circumcidavanse, recibieron los primeros libros del Testamento viejo, tienen muchos sacerdotes, à quien llaman Lambas (Andrade) 1624.

***) Nach dem Ajaib-al-Mukhlukat haben die Tataren und Turkhomanen keine feste Religion, indem einige die Sonne verehren und andere Mani folgen. Die Religion des Manes, für welche in Turkestan und dem Lande Igur Tempel gebaut wurden, drang bis China. Nach Desguignes liessen die Chinesen die Perser zur Sassanidenzeit dem Himmel, der Erde, der Sonne, dem Monde, dem Wasser und dem Feuer opfern. Der unter Kaiser Michael Armoriensis empörte Thomas besiegte die Perser, Indier und andere dem Manes folgenden Völker (nach Theophanes). Nach Masudi entsprachen die Glaubenssätze der Sogdianer (Soghd) denen der Moghaniah (Magier) über Licht und Finsterniss, indem sie früher in religiöser Unwissenheit, wie die Türken, lebten, dann aber durch einen sie aufsuchenden Feuerverehrer in den Principien der Gegensätze unterrichtet wurden. Der Gottesstaat ist praedestinirt ewig mit Gott zu herrschen, die Gemeinschaft der irdischen Staaten, ewige Strafe zu leiden mit dem Teufel (Augustin). Hinsichtlich des Endes der Weltentwicklung hält Augustin den Dualismus zwischen Gutem und Bösem ebenso entschieden fest, wie er denselben gegenüber dem Manichäismus hinsichtlich des ewigen Principes aller Wesen bekämpft und durch

Indier schrieben die Lehren ihrer Propheten in den Unterweisungen der Gelehrten nieder (851—916 p. d.). Nach Herbert war Melec Perimaul, König von Ceylon, einer der nach Bethlehem kommenden Magier, und Bischof Dorotheus von Tyrus meint, dass Candace's Eunuch, den Philipp getauft, das Christenthum in Tapobrane gepredigt habe. Auch Kashmir, der alte Sitz des Buddhismus, gilt für die Heimath Adam's, und Abdul Kerim klagt, dass er aus diesem Paradies verbannt sei, wie Adam, der Vater der Menschen. Das Grab auf Ceylons Bergspitze wurde von den Mohamedanern für das Adam's ausgegeben (nach Marco Polo), von den Götzendienern aber dem Sergamom Bercom zugeschrieben (Sigemuni Burchan). Das grosse Grabmal (Kherezman medj), unter welchem Haig den getödteten Titan (Belus) begrub, hiess das Grab des Satan (Satanoi Kherezman). Nach Pappus von Alexandrien (bei Moses Chor.) fand der Fall Satans in Ceylon statt, während die Moslimen dort Adam, wie Eva in Djidda, herabstürzen lassen. König Prakramo, der die Priester Dharmakirti im Festlande berief, liess Brücken auf der zum Adam's Pic führenden Strasse erbauen

den Gedanken die Stufenordnung aufhebt (Ueberweg). Wenn der Herrscher Chinas seinem Glauben nach Samanäer war, so opferte er Thiere und es war Kampf zwischen ihm und dem Herrscher der Türken Ebrchan. War aber der Herrscher China's Manichäer, so hielten sie Frieden (Masudi). *Ἀναθεματίζω καὶ καταθεματίζω Ζαράδην καὶ Βούδδαν καὶ Σκυθιανὸν τοὺς πρὸ Μανιχαίου γεγονότας.* Terebinthus (eloh im Hebr.) wurde (von den Alexandrinern) mit dem chaldäischen Butema oder Butan übersetzt. *Μάγος Περσικὸν τὸ γένος.* Nauder-Khan führte den Feuerdienst in Kashmir ein. Als Zaradasht findet sich Zoroaster im Rigveda. Djanacca von Kashmir, der die Königin Hom in Persien bekämpfte, wurde durch Darab (Bahman's Sohn) besiegt (nach Bedia-eddin). Durch Rostem liess Khusru an die Stelle des entthronten Königs einen neuen Indier einsetzen. In consequence of the conversion of Ke-ye-shi (Kaye or Kasyapa) the whole of the fireworshippers returned to right reason in a mass. Als die frommen Mahabtmah (Mahatma) einen Feuertempel errichtet, wo viele sich verbrannten (6[illegible] a. d.), zerstörte ihn der König der Brahmanen auf Klagen des Stammes der Budh. Aber der angerufene Gott Dhananjaja kam mit göttlichem Antlitz und Schwert hervor, den Feuerdienst wiederherstellend und den Sitz der beschützten Religion nach Malwa verlegend (nach dem Ayeen Akberi). Buddha hatte anfangs aus Freundschaft auf den Feueraltären des Uruvilwa Kasyapa geopfert, den er später bekehrte und bewog, die Feuergefässe in den Fluss zu werfen.

(† 1301 p. d.) Schon vor der Verkündigung des Islam gelangten Gesellschaften von Juden und Christen zur See in's Land von Malabar und liessen sich dort als Kaufleute oder Pishears nieder, bemerkt Ferishta. Dort verblieben sie bis zur Ankunft der Mohamedaner. Im Periplus finden sich Araber auf Ceylon. Die ersten Apostel des Islam kamen von Cranganore nach Ceylon unter einem Sheikh (822 p. d.). Die Mohren (Marak kalaminisa oder Seeleute) flüchteten vor der Tyrannei des Khalifen Abu al Melek ben Meriwan nach Ceylon. Bei Ankunft der Portugiesen fand sich in Colombo ein Stein, der, gleich dem in Meliapore, den Eindruck des Knies von St. Thomas*) zeigte. Aehnlich dem

*) Die Jeziden, die den alten Propheten Adhi verehren, beten zur Sonne oder Dschems (Ainsworth) und bewahren das Emblem des Pfaues in ihren Kirchen. Nach Mohsan leiten die Jeziden ihre Religion auf Huschenk (den Pischdadier oder Altgläubigen) zurück. Die chinesische Bezeichnung Hoschang für buddhistische Priester kommt (nach Rémusat) von Khotan. Innerhalb des von einem Schlangenleib gebildeten Stabes an der Benedictiner-Abtei Göttweig (XI. Jahrhdt.) finden sich zwei pfauenartige Vögel (s. Lind). Ihr Symbol des Pfaues, dessen Federn den Thron Delhis schmückten, kehrt bei den Thomaschristen wieder. Lyonel erklärt Alexander die Sitte der Pfauengelübde (the nature of the avowis), als die Gäste über den von Porus erschossenen Pfau Gelübde aussprechen (nach the romaunce of Alexander). Aus der (von den Gond getragenen) Pfauenfeder in der nächtlichen Erscheinung des Yadava Rajah wurde seine künftige Herrschaft prophezeit (s. Hall). Von Togei in Malabar (sikhin im Sanscrit) ging Tuki-im (Pfaue) in's Hebräische über. Die Khond binden das Meriah-Opfer für Tada-Pennab (Gott der Erde) oder Manek Goro (der rothe Gott) an einen Pfahl, auf dem das Bild eines Elephanten oder eines Pfaues gesetzt wird. Der Pfau bildet das Wappen des Königs von Birma, des Herrn des weissen Elephanten. Der Armenier Thomas-Cana oder Mar Thomas handelte mit dem Königreiche Cranganor, und von seiner legitimen Gattin im nördlichen Hause stammten die Edlen der eingeborenen Christen, von seiner Sklavin im südlichen die verachteten Nachkommen jener (s. La Croze). Nach ihrer Unabhängigkeit erwählten die indischen Christen den Baliarte betitelten König bis zur Herrschaft des heidnischen Königs von Diamper. Als der heilige Thomas (Bischof von Amida) von der Verfolgung fortgenommen war, wurde Nonnus zum Bischof erhoben. Das Schisma der Synode von Amida wurde 1058 p. d. verhandelt. Mar Abraham (un des plus fameux Nestoriens de l'Antiquité) liess sich als Abt von Hormisdas begraben in Angamale. Als „el apostol Santo Thome" nach Coulan kam, amaneció un dio en la mar un muy grande tronco de arbol, den Niemand fortbringen konnte, bis ihn Thomas mit seinem Gürtel (wie die römische Jungfrau das Schiff) bewegte, trotz seinem durch

ceylonischen wurde vom Jäger Boon ein Fusstapfen in Siam gefunden. In der Pistis Sophia der Gnostiker berichtet der Heiland der Jungfrau Maria, dass er den Geist Kalapataraoth, als Schützer des von Jeu, dem ersten Menschen oder Adam, eingedrückten Fusstapfens (skemmut) ernannt und ihm Jeu's Bücher übergeben hat, die Enoch im Paradiese geschrieben. Buddha übergab Ceylon dem Schutze Sakko's bis zur Ankunft Wijaya's. Als der auf dem Berge der Bharanda-Vögel zurückgelassene Bhimaseua sich auf den Rath des Papageies in's Meer stürzt, wird er von dem ihn verschlingenden Fisch an der Küste Ceylons ausgespieen. Von dieser Insel schreibt man uns vill edler Dinge in den alten Historien, wie sy Alexander Magno geholffen habe, sagt Behaim von Tapropana. Als Ameida (1505) an die Küste Ceylons geworfen wurde, herrschte König Dharma Packramabahu in Cotta, während die Malabaren den Norden und die Veddah den Nordosten des Landes bewohnten. Von der Zeit an (bemerkt ein einheimischer Historiker) begannen die Frauen der Vornehmen in Cotta und auch die Frauen niederer Kasten, wie der der Barbiere, Fischer, der Humaivas und Challias, sich für portugiesisches Gold zum Christenthum zu bekehren und mit den Portugiesen zu leben, während die buddhistischen Priester sich in die Wälder von Silawak und Candy zurückzogen. Rajah Singa, als König von Ceylon, war ein Brahmane († 1592). Kanapo Bandawra, als Don Juan getauft, bestieg den Thron Ceylons als Wimala Dharma 1592. König Singha

Büssungen ausgemergelten Körpers. Später zum König Narsinga in Malalpar vertrieben, zog er sich dort in die Berge zurück. Un gentil, que andava caçando vió estar muchos pavones pintos en el suelo, y entre ellos uno mayor que todos, que estava sobre una losa, al cual el caçador hizo un tiro con una flecha, y levantándose con los otros, tornose en el ayre cuerpo de hombre. Auf gegebene Nachricht wurde dieser Körper als der des heiligen Thomas erkannt, und seine Schüler brachten la losa (con señalados dos pisadas de hombre) in die Kirche (con pavones por devisa en cruzes). Als St. Thomas Sand in Reis verwandelte, dexian que aquel hombre era Santo y llamanlo Martama. Der rechte Arm des St. Thomas war nach aussen gekehrt, hasta que fueron alli de la China en romeria, die den Arm dieses Santo abschneiden und in ihre Heimath fortführen wollten. Dann aber bog er sich nach innen und: nunca mas fue visto (s. Castañeda).

von Ceylon, der holländische Hülfe von Batavia (1636) gegen die Portugiesen erbat, schickte nach Siam*) für buddhistische Priester, und solche langten unter Sri Wejaya (1747) an. Die Lebbes oder (schiitischen) Priester der Mohren in Ceylon predigen im Persischen.

Die in die Verwaltung Singapores einbegriffene Insel Pulo Penang (Tanjong Panagar oder Pulo Ka-Satu des Piraten Rangam) wurde (1782) von dem Könige Quedah seinem Schwiegersohne Capt. Light geschenkt, der sie 1786 Prince of Wales-Island taufte und später der ostindischen Company überliess. Bei dem damaligen Kriege mit Frankreich sollte sie besonders für einen Schutzhafen der von China kommenden Schiffe dienen, gegen die französischen Kreuzer von Trincomalay. Die Insel ist von einem Granitrücken durchsetzt, der (unter kuppeligen Erhebungen) bis zu 2574 Fuss aufsteigt, und auf einer dreieckig auslaufenden Landspitze steht George-town, von Fort Cornwallis beschützt. Die Bevölkerung besteht aus Malayen, Chinesen, Indiern von der Coromandelküste (Chuliahs oder Klings oder Telingas), Caffre-Sklaven (die durch die Araber aus Abyssinien gebracht wurden), Siamesen, Burmesen, Bugis, Javanesen, Balinesen, Armenier, Juden. Die Chinesen stehen unter einem Capitän, der der Regierung verantwortlich und von ihr bezahlt ist. Ihre eigenen Verhältnisse sind von den Häuptern der Kongsis oder geheimen Verbindungen geleitet. Im Jahr 1799 widersetzten sie sich den Massregeln der Obrigkeit und mussten mit Gewalt zum Gehorsam gebracht werden. Die Provinz Wellesley, der von Quedah cedirte Küstenstrich, enthält Sawahs (nasse Reisfelder) unter Alleen von Kokosbäumen, die die Hütten der Malayen beschatten. Am Pyne-Fluss leben Chinesen als Fischer und Schiffer. In Bukkah ist der Sitz der englischen Behörde (in der Nähe des Muda-Flusses). Das Temala oder Zinnland (Tema oder Zinn) des Ptolemäos wird in den Gruben von Perak gesucht.

*) Knox beschreibt die heimliche Niederlage von Geschenken für die Priester, worauf man Steine an die Thüren wirft, um sie zu benachrichtigen, wie bei den Thot-Kathin in Siam. Nach Vertreibung der Fremden hatte Wijayabahu (1071) für Bücher nach Siam geschickt.

Die Eingeborenen der Halbinsel von Malacca zeigen verschiedene Vermischungsgrade mit malayischem Blut, haben aber doch manche ihrer charakteristischen Züge bewahrt.*) Die Malayen nennen die Orang Binua (Mann des Landes) in Johore (Orang-utang oder Mann des Waldes) entweder Orang darat bar (wilde Leute des Innern) oder Orang ulu (Leute vom oberen Fluss). Der Gott Pirman, der die Erde machte, wohnt unsichtbar im Himmel. Die Mittler zwischen ihm und den Menschen sind die Jin. Wenn Pirman den Jin Bumi ausschickt, das Leben eines Mannes zu fressen, so fällt dieser in Krankheit und muss einen Poyan rufen, der durch Gesänge die Jewajewa oder Dewadewa anruft. Haben diese den Duft des Weihrauchs empfunden, so reden sie mit dem Geiste des Poyan, der in der von seiner Frau (die den Bambus Gilondang schlägt) unterhaltenen Musik emporsteigt. Können die Dewadewa die heilende Medicin von Pirman erhalten, so theilen sie sie dem Poyan mit, sonst ist die Gottheit unerbittlich. Die Tiger sind des Poyan Diener. Jede Baumart hat ihren Jin. Die Flüsse besitzen geistiges Wesen, aber Jin Bhümi durchdringt sie mit seiner Macht. Auch die Berge sind belebt. Nachdem Pirman auf der überschwemmten Erde die Berge über einander gethürmt hatte, setzte er einen Mann und eine Frau flott auf einen aus Pulai-Holz gefertigten Floss. Als die Sonne aufging und die Bäume sichtbar wurden, waren zwei Kinder (Knabe und Mädchen) aus den Waden der Frau geboren, als die Vorfahren des Stamms der Binua (in Johore). Als sich die Menschen mehrten, sandte Pirman einen König. Eines Tages hörte man den Laut einer menschlichen Stimme aus einem Bambu ertönen, und als dieser gespalten wurde, trat

*) The Orang Benua derive their name from wilderness, as wenua (in New Zealand), fenua (in Tahiti), fonnua (in Tonga) and the woolly Negroes or Semang, as Orang udas from uta or land (in Polynesian). Lima (five in Malayo-Polynesian) means hands (rima or dima) and the word used for ten means hand in Hawaian. Lepsius leitet zehn in den indogermanischen Sprachen vom Maeso-Gothischen Tai-bun (zwei Hände) ab. The aboriginal people of the forest tribe in the Malay Peninsula eat the body of the dead (leaving the head). They lisp their words with a sound like the noise of birds (Pickering).

Rajab*) Benua daraus hervor. Wenn sie den Ladang zum Anbau urbar machen, bringen die Benua dem Jin Bumi Opfer (ebenso wie die Malayen). Wenn der Reis durch Zauber**) aus den Scheuern verschwindet, nennen es die Malayen Paddie terbang oder Samangat paddie. Während die Benua den Kamphor sammeln, enthalten sie sich bestimmter Speisen, essen etwas Erde und gebrauchen eine künstliche Sprache, die Bahasa Kapbor, (Kamphor-Sprache) genannt wird. Die Biduanda Kallang, deren Priester Bomo heisst, wohnten früher (mit den Orang Sletar) auf der Insel Singapore. Von den Benua bewohnen die Miutiras oder Mantras, die von frühen Kämpfen mit den Battas reden, das Bemnu-Gebirge. Weiter im Innern finden sich die Sakai. Unter den wilden Stämmen der von Samang-Negern, als Eingeborenen,***) bewohnten Halbinsel sind die Benua ansässig, die

*) Nach den Battas in Sumatra überliess Debata Hasi Asi die Regierung der von ihm geschaffenen Welt seinen drei Söhnen Batara Guru, Sori Pada und Mangana Bolan (als Debata Digingang, Debata Detora und Debata Dustonga). Neben der gehörnten Schlange Naga Padhoa ehrt jedes Dorf sein Boru na mora, Boru saniyang naga und Marina samboan als Schutzgötter. Jeden Mensch begleiten gute und böse Genien, als die Begus und die Saitan.

**) Eigenthümlich aussehende Stücke der Sago-Palme werden auf Amboyna in die Felder gesteckt, als Matakau oder Mata-Mata, um (durch das Auge oder mata) zu überwachen und zu schützen. Auch an Kokosnussbäume werden Blätter angebunden als Matakau. Krumineh, ihre Tochter Nijolah suchend, die beim Blumensuchen in das Unterweltsreich Pokole's gesunken, fand den von Pramzimas beschriebenen Stein (s. Hanush) und führte den Ackerbau ein (in Litthauen).

***) The basin of the Ganges and a large portion of Ultra-India were occupied by tribes akin to the Malayo-Polynesian before the mouvement of the Arian and Indo-Germanic race into India (Logan). The aboriginal stock east of the river Kali is Mongol (Smith) in Nepaul. The tribes to the north of Munneepoor are descended from the Tatar, the southern ones (the Kookees) from the Malay (Pemberton). The language of the Kol is Gangetic, modified by Dravirian. The aboriginal tribes in Western India from Goa to Guzerat (known as Koli etc.) retain the name and some of the institutions of the Kol (among the Sonthal tribes). The first recognizable formation in India and Ultra-India was the Draviro-Australian; the Vindyan and Gangetic languages retrain a strong Dravirian character, the God, Khond, Uraon and Male Rajmahali being still mainly Dravirian, while the Kol-dialects, the Dimal, Bodo and several of the languages around the valley of Asam are mainly crosses between the Dravirian and Ultra-Indian. The

Jakun wandernd. Die Semang (Quedahs) heissen Bila in Perak, an die Bila Dirmas und der Nicobaren anschliessend. Sie entziehen sich den Blicken Fremder, wie das unsichtbare Volk in den Goldminen Afrikas (nach Lyon). Nach Höst erhandeln die Marokkaner das Gold an der Grenze der Negerländer „ohne den

earliest post-dravirian formation of Ultra-India was monosyllabic and prepositional, but modified in some instances by the influence of the prior Dravirian. This formation (the Mon-Anam) was an extension of the formation of Southern China and is consequently allied to the Lau or Siamese, which originated in Yunan. The principal remnants of this formation are the Anam, the Kambojan with adjacent Kha, Chong (prior the Siamese emigration in the Menam basin) etc., the anciently conterminous and closely allied Mon or Pegnan and the Kassia. This formation was distinguished by its prefixed definitives, which are largely preserved in the Munipuri, Naga, Jil and Gangetic languages, including some of the Nepaulese. Its vocables are found in all these languages, but to a remarkable extent in the Kol dialects, proving that the Pegnan formation embraced Lower Bengal and a portion of the Vindhyan, although the Dravirian basis was preserved in the languages of the latter. The same formation embraced the languages of the Nicobar islands and the Malay peninsular (Simang and Binua) and at an early period its spread over the eastern islands from Sumatra to Polynesia, although in some islands the archaic Dravirian and in other the intermediate African and Malayan remains as the linguistik basis The next Ultra-Indian formation was the Tibeto-Ultra-Indian, which is distinguished from the Mon-Anam by its Tibetan or post-positional and inversive character. It embraces the Burman, the Karen, the Yuma dialects from Kyen to Kuki, the Manipur, Naga, Mikir. Singpho, Mishmis and Abor-Miri. It also spread westwards up the Gangetic basin and into that of the Sutledge, the Garo, Bodo, Dhimal, the Akko, Changlo and other Himalayan languages, as far westwards as the Milchanang and Tibberkad belonging to it, so far as they are not Dravirian, Tibetan or Arian and so far as they do not preserve remnants of the Mon-Anam formation. The various pre-Arian formations of India and Ultra-India have affected the populations and languages of the Indo-Pacific islands (Logan). The first migration from the northern side of the Himalayan is best represented by the Anam, Kambojan, Mon and Lau tribes. At a later period they were intimately connected with the succeeding emigration from Tibet that of the proper Tibeto-Burman tribe (Logan). In eras preceding the southern advance of the Semitic family, southern Arabia and the adjacent southern seaboard of Persia may have been occupied by tribes and languages connecting the Turanian with the Indian on the one side and the African on the other. In their non-Chinese collocation the Mon-Anam tongues accord with the nearest language to the southward, the Malayo-Polynesian, although on other respects, the latter belong radically to a wholly distinct system (Logan).

Mund zu öffnen.“ Dem eingeborenen Stamme der Pangan in Pakas schreibt man in Kemaman krauses Haar zu (nach Newboldt).

Nach den Bennas ist die bewohnte Oberfläche nur die Haut der Erde, aus der die Wasser beim Zerreissen hervorbrachen. Ein Nachen schwamm auf demselben, bis aus der Dunkelheit Licht entleuchtete. Von dem darin fahrenden Paare (Mann und Weib) gebar die Frau aus den Schenkeln rechts und links einen Knaben und ein Mädchen. Gott rief den starken und schönen Batin aus dem Himmel und gab ihm eine Gefährtin, mit der er sich in Johore niederliess, während die Eingeborenen in den Ebenen der malayischen Halbinsel durch allmälige Vervollkommnung von zwei weissen Gebirgsaffen zu stammen meinen. Es kostete den Mintiras mehrere Generationen, die grosse Insel (Pulo Besar) zu umwandern, bis sie sich ansässig niederliessen. Der Erste aller Batin und Herrscher war Batin Changei Bisi mit Eisennägeln, der am Gunong Penyarong in Menangkabau lebte und verschiedene Rajahs einsetzte. Deshalb muss bei der Inthronisation eines neuen Rajah stets ein Batin herbeigezogen werden. In seiner Regierung musste der Batin im Walde die Sila-sila oder alten Gebräuche zur Richtschnur nehmen, der Panghulu (in der Balei oder Halle) die geschriebenen Gesetze (Biromdang) und der Rajah (im Palaste oder Astana) die Gerechtigkeit. Wenn die Mintira den Batu-Tre genannten Wishing-Felsen in Klang besuchen, dürfen sie kein Feuer mitnehmen, da ein darauf fallender Funke ihn verzehren würde. Auf dem Felsen wächst die kraftgebende Wunderblume Chinkwi, die nur von Frauen gesammelt werden kann. Wer sie besitzt, wird unwiderstehliche Anziehung auf das andere Geschlecht ausüben. Man muss sie heimlich von der Frau, mit der man schläft, stehlen, und dafür einen Silberring auf ihren Finger stecken. Wenn der Mintira von einem zum Anban*) geeigneten Platze geträumt

*) Tresna Wati, von Guru zu seinem Willen gezwungen, verschied in seinen Armen, und als ihre Leiche im Walde Kentring Kendayana bei Mendang Kamulan begraben wurde, da entsprang ein Kokosnussbaum dem Kopfe, Bananenblätter schossen aus den Händen hervor, Mais aus den Zähnen, und über Alles war der Kopf Radeu Jaka gelegt. Sang-yang Pretanyala, die Gottheit des Nordostens, die

hat, so kaut er Siri und spuckt nach den vier Himmelsrichtungen, um dann, nach vollzogener Anrufung, vorläufig einen kleinen Fleck urbar zu machen. Nach einigen Tagen mit Opfergaben zurückkehrend, pflanzt er etwas Gestrüpp, um die bösen Geister und Dämone, die im Boden lauern, fortzutreiben (buang badi tanu). Vor dem Pflanzen des Reis wird über parfümirtem Paddy eine Zauberformel gesprochen. In Semau wird beim Ackerbaufest neben Thieren und Pflanzen ein Kind geopfert. Kokosnüsse wurden auf den Pelew-Inseln unter Murmeln von Weiheformeln gepflanzt. In Sungie Ujong auf der malayischen Halbinsel muss nach altem Brauch der Häuptling neben der Leiche seines Vorgängers erwählt sein, deren Begraben deshalb oft lange hinausgezogen wird, weil sonst seine Würde ungültig sein würde. Der Polong genannte Geist,*) der gegen Feinde aus-

im Wunsch, den Aufenthaltsort Wishnu's zu erschauen, in die Luft gestiegen war, sah Reis auf Erden wachsen und fuhr als Vogel hernieder, davon zu essen, wurde aber von Raden Jaka mit Steinen fortgetrieben. Als das Schwein (Kala Gamarang) zum Fressen herbeikam, verfertigte Wishnu Bambu-Stäbe, so dass es sich, darauf tretend, verwundete. Als die von Raden Jaka vertriebenen Vögel sich auf die Zweige der Bäume niedergesetzt, hieb er diese ab, und dann wurde durch den ausfliessenden Saft der Zucker zuerst entdeckt. Als Kanekaputra den hohlen Bambus, den er in Wishnu's Auftrag an Guru bringen sollte, unterwegs öffnete, trieb ihm die gährende Flüssigkeit in's Gesicht und veranlasste ihn, als er sie schmeckte, den Mund zu spitzen und mit den Lippen zu schmatzen vor Vergnügen. Als Sang-yang-Guru ihn wegen seiner Einfalt aufzog und ironischer Weise dahindeutende Bemerkungen machte, zeigten sich die Worte unwiderstehlich in ihrer Kraft, und Kanekaputra's Lippen warfen sich auf, seine Hintertheile drangen verlängert hervor, rauh wurde seine Stimme und ein Wanstbauch stülpte sich an ihm hervor.

*) The Hantu Katumbohan (the spirit of the small pox) is, so much dreaded by the Mintira, that they dont like to mention its name. The Hantu Kambong haunts the abodes of men to afflict them with pains in the belly and head. The Pinlakit Panan torments people who cannot eat the desired food. The Hantu Tinggi lives at the upper extremity of every stream. The Hantu Komang lives in the ground, causing swelling in hands and feet. The Hantu Dondong resides in caves, drinking the blood of hogs. The Hantu Penyadin (a water-demon with the head of a dog and the mouth of an alligator) sucks blood from the thumbs and big toes of men and death ensues. The Hantu Kayu (wood demons) frequent every species of tree and afflict men with diseases. Some trees are noted for

gesandt werden kann, wird von Malayen in einem Fläschchen aufbewahrt und allwöchentlich mit Blut genährt, das aus dem verwundeten Finger gezogen ist. Seyyad Arab tödtete (nach den malayischen Annalen) Chanpandan, Rajah von Siam, indem er einen Pfeil in der Richtung seines Wohnortes abschoss. Um durch den Tuyu genannten Zauber zu zerstören, nimmt der Poyang (unter den Mintiras) Wachs, das in einer abgelegenen Bienenzelle gesammelt war, und murmelt darüber seine Formeln. Sobald dann ein günstiger Wind aufgesprungen ist, in der Richtung seines Schlachtopfers, und dieses, in welcher Entfernung es auch sei, erblickt werden kann, stellt er ein Wassergefäss mit Lichtern vor sich hin, und sobald er das beabsichtigte Bild darin reflectirt sieht, wirft er das Wachs in die Luft seinem Widersacher entgegen, der sich dann in demselben Augenblick (durch einen Hexenschuss) getroffen fühlt. Krankheit folgt und dann der Tod, wenn er sich nicht schützt durch den Pendinding (Umwallung) genannten Gegenzauber, der sieben Mal beim Sonnenaufgang und sieben Mal bei Sonnenuntergang wiederholt werden muss. Plissit ist bei den Malayen der Geist einer im Kindbett gestorbenen Frau,*) kreischend umherfliegend, um zu entmannen oder Abortus zu verursachen. Pemburah ist der wilde Jäger, mit Hunden umherstreifend, wie die Riesen Hamkang und Gargazi; der Hantu Ribut heult im Sturme, der Penangalan ruft in der Besessenheit Blutgier bei den Hexen hervor. Ihr mit Kopf und Eingeweide den Körper verlassender Geist (der nach dem Vollfressen in

---

the malignity of their demons. The Hantu Dago haunts graves (in the form of a deer) calling on bypassers. When a person is wounded the Hantu Pari fastens on the wound and sucks the blood. When the Hantu Saburo (Hunter spirit, dwelling in lakes and pools or rivers, with a black body), who chases down men in the forest to drink their blood, passes a hut (with his three dogs, called Sokom or Blackmouth), a great noise is made to frighten him and the children are caught up and hold tightly by the elder people (Logan). Hong, used in the invocations of the Malays and also in Java is Om.

*) Da die in der Geburt Gestorbenen (Civapipiltl) als Teufel einfuhren und schadeten, so liessen die Mexikaner die Kinder am Tage ihrer Herabkunft auf die Erde nicht ausgehen. Mit dem Mungi oder Oberhaupt der Wakirima werden alle Knaben gleichzeitig erzogen (wie in Indien).

Essig taucht, um sich fur Wiederverkörperung zu contrahiren) gleicht dem Che-tche-gu in Tschantscheng. Durch den Jadi-Jadian-Zauber verwandeln sich die Malayen in Tiger.

Nach Vertreibung des Rajah mit Fangzähnen sandten die vier Mantiris von Quedah nach Siam, und der Kalahom kam gerade in Zeit, um die Besitznahme des Landes durch den (von einem See östlich von Pegu ausgezogenem) Kalana Hetam zu hindern, dessen Truppen allerdings, als mit schwarzen Figuren tättowirt, unverwundbar waren, aber durch die Hülfe der Girgassi-Häuptlinge besiegt wurden (nach den Quedah-Annalen). Der älteste Sohn des Rajah Podisat, dessen Vater Merong Mahawanso (der mit der Reise des Prinzen nach China beauftragte Gesandte) die Stadt Kedah unter den Girgasi gegründet hatte, wurde durch Phra Chi Sam nach dem Lande Siam Langchang geführt. In dem malayischen Reiche von Quedah und Perak ward Zinngeld gefunden mit dem Emblem einer Schlange. Auf den Arrakanesischen Münzen sind die Inschriften im Nagari (s. Marsden). Die Münzen von Tavoy und Mergui zeigen ein vierfüssiges Thier. Als Sheikh Abdullah aus Bagdad den Islam (1501) in Quedah einführte, wurden alle Götzen der Bewohner (die Buddha, Siva und andere Gottheiten verehrt hatten) umgestürzt und der Name des Rajah aus Phra Ong Mahawansa in Sultan Mutzufulshah umgewandelt. Der Sohn des Rajah von Quedah, der sich in Siam Langchang niederliess, erzwang Unterwerfung. Der früher Shahri Nawi genannte Bojanuya, König von Siam, dem alle Fürsten bawa anghin (unter dem Winde) unterwürfig waren, sandte seinen Feldherrn Awi Tschakker gegen den König von Malacca, der Tribut versagte. Am Flusse Pahang landend, zogen die Siamesen überland nach Malacca, wurden aber zurückgetrieben. Später griff Awi Ditschu, der siamesische General, zur See Sultan Malafhar (Muzaffer) Shah von Malacca an, der auf allen Bäumen Lichter anzünden liess und die Siamesen, die sie bei Nacht für bewaffnete Böte hielten, flohen in Eile, nachdem sie einen Brunnen bei Batu Pahat gegraben, und wurden von der feindlichen Flotte bis Singapore verfolgt. Sultan Mansur Shah besiegte Maha Rajah Dewa Sura bei Jarankwoi (Kwoi, Kwoi oder bedächtig, bedächtig im Siamesichen). Nach den durch Phra-Phutti-Mon-Thujan herbeigeführten Ceylonesen (die einen heiligen Pipul nach Ligor brachten), litten die von Nai-Kong-Sang-Cham Geführten Schiffbruch, wurden aber von Rajah Thammasokorat (der eine Colonie aus Awady gebracht) aufgenommen. Als Sinriha Rajah, Bruder des Hongsa (Königs von Awady) zur Errichtung eines Chetya nach Ligor kam, fand er dort schon diese Einwanderer *) aus Langka vor. Als Thao Uthong (von Siam) Ligor angriff, erkannte Thammasokha seine Oberherrlichkeit an. Rajah Chulan, dessen Siamesen **) am Flusse Panggil („rufet sie" erklärt) von den Kling unter Rajah Suren besiegt wurden, residirte in dem Glang Kni (Khlang Khiao oder Platz der Smaragden im Siamesichen) genannten Schloss aus schwarzem Stein. Dem Rajah Besurjang oder Bisigong in Quedah waren seine Fangzähne hervorgekommen, als er grüne Blätter gegessen. Nachdem er die Tochter eines malayischen Rajahs geheirathet, begann er Gelüste für Menschenherzen und Blut zu fühlen, da er es zufällig durch Verwundung seines Fingers gekostet. Seine Königin erhielt ein (wie die Dewatta oder Kinder Indra's) auf einer Wasserschaumblase herbeischwimmendes Kind. Als Rajah Marong Mahawanso eine Gesandtschaft an den Rajah von Awak (Ava), in dem an die Kalang grenzenden Lande geschickt, erhielt er als Gegengeschenk eine Vase (nach den Annalen Quedahs). Sri Mahawangso von Quedah schickte seinem Neffen, dem Könige von

*) Die kraushaarigen Samang gelten als die Eingeborenen der Halbinsel, während die Sprache der zwergartigen Mantra mit malayischen Worten gemischt ist. Als die tiefstehendsten Neger der Halbinsel nennt Crawford den Bergstamm der Jarai in Quedah (auf der siamesischen Grenze) mit einer Abzweigung in Perak. Die Mawas in Nasung sind nackte Wilde, die vor den Binua fortlaufen. From Ligor to Sonkla, the Peninsula is inhabited by Siamese, who coming from the north, following the mountains, settled there, before they founded Ayuthia.

**) The digest of Siamese law, called Bot Phra Ajakan, at Merguï (Mrit) was compiled by order of Phra Si Mat, prince of the royal line of Siam (1571) and was given to Chow Phraya Intha Wongsa, who commanded the Siamese at their invasion of Tenasserim. Die Siamesen cedirten die Küste Tenasserims (1793) an Ava. Im XIV. Jahrhdt. wurde Patani von Chau Sri Bangsa, Sohn des siamesischen Königs, unterworfen.

Siam goldene und silberne Blumen, um damit zu spielen (s. Low). Die vier Stämme der Sungie-Ujong, Rumbowe, Johole oder Johore und Soimenonti wollen auf der Halbinsel nach der Gründung Malaccas ihre malayische Bevölkerung direct aus Menangkabow erhalten haben, und dortige Ortsnamen finden sich unter den Rumbowe (nach Newbold). Auf Sumatra *) gilt den Malayen als ältester Sitz Menangkabow, wo östlich die malayisch redenden Korinschi das Gebirge bewohnen. Als die Battas sich von Tobah nach Mandaheling und Pertibie verbreiteten, wollen sie, ausser malayischen Wilden, Backsteinruinen gefunden haben.

Der Sultan von Menangkabow, der sich in dem Briefe an den Sultan von Moco-Moco als einziger Eigenthümer der Champakablume blauer (statt gelber) Farbe rühmt, besitzt ein Schwert mit 190 Scharten, die es im Kampfe mit dem Erzbösen

---

*) The distinct character of the mammalian forms existing in the countries lying on the Great Asiatic Bank, show that Borneo, Java and Sumatra, were attached to the continent of Asia by unsubmerged ranges at a period long subsequent to the separation of Australia, which would imply, that the curved band, that passes from Formosa through the Philippines, the Moluccas, Java and Sumatra, is the most recent line of volcanic action (Windsor Earle). Die südafrikanischen Repräsentanten der australischen Flora in bestimmt ausgesprochener Weise im Südwest wiederfindend, glaubt Hooker, dass geologische Forschungen eine frühere Verbindung des Südost von Australien mit dem südlichen Continente Afrikas nachweisen würden. All the islands which are not included in the submarine plateaus (or Banks of Soundings) of the Asiatic Plateau (extending from the south-eastern extremity of the continent towards Australia) and the Australian Plateaus (with a similar bottom of clayey mud, mixed with sand and shells and with the same tendency to coral reefs and other irregularities near the line, where the plateau disappears in the depths of the ocean), are of volcanic origin (with volcanoes in a state of activity on most of the larger islands), the seas which bound them being unfathomable by the ordinary apparatus (on account of the depth of the ocean and the strenght of the currents) s. Windsor Earle. Nach Camoens hat das Meer Malacca von Sumatra getrennt. Linschoten war (1583) zweifelhaft, ob Java eine Insel oder Festland sei. Von de Barros wurde Java für eine Doppelinsel erklärt in Folge des Sunda und Java scheidenden Flusses Chiamo oder Chenan. The Polynesian islands were separated from one another or from the Asiatic Continent. Ruth, Dana and Hale notice evidences of a gradual subsistence of the land even in the historic period, the ruins of temples on Banalo for instance, being found partly submerged by the sea (Brace).

Sri-Katti-muni (Shakiamuni) empfing. Als Gott Himmel und Erde, Sonne und Mond machte, hatte (noch ehe böse Geister*) geschaffen waren) Sultan Paggar-Allum seinen Wohnsitz in den Wolken, erhielt aber von Gott, als die Welt bewohnbar geworden, den der Menschensprache kundigen Vogel Hacinet, der auf die Erde gesandt auf der fruchtbaren Insel Saucapor (zwischen Palimbang und Jambih) weilte, und dies wurde der Mittelpunkt des Reiches von Menangkabow. Die höheren Wesen, die sich sichtbar oder unsichtbar machen können, heissen Orang galu (dünne oder unfassbare Menschen) und werden, wenn im Besondern angeredet, als Malaykat oder Jinn (gute oder böse Geister) bezeichnet. Das Wort Malaye ist, wie Marsden bemerkt, fast mit Moslemin identisch geworden, so dass der der Beschneidung Unterworfene zu einem Malayen gemacht wird. An der Küste wird meistens auf den Koran geschworen, aber im Innern bedient man sich alter Reliquien, die (aus rostigen Waffen, Geräthe u. s. w. bestehend) in den Häusern verwahrt werden, in Rejang „Pesakko," in Passummah „Sactean" genannt. Trotz ihrer Unabhängigkeit zeigen die Battas grosse Furcht und Ehrerbietung gegen den Sultan von Menangkabow, und sie unterwerfen sich stets dem, was seine Boten anordnen, da eine Beleidigung derselben ein Fehlschlagen der nächsten Reisernte und ein Sterben unter den Büffelheerden zur Folge haben würde. Die Priester der Battas tättowiren sich mit den Figuren von Thieren und Vögeln und essen bei der Ceremonie Büffelfleisch. Nach Pinto verehrte der König der Battas einen Kuhkopf und schwor bei seinem Gott Quiay Hocombinor, der Jedem Gerechtigkeit ausmesse. Den Batoi gehörte (bei Ptolomäus) die Landschaft im Osten der Brahmanen (mit der Stadt Brachme) bis zur Küste. Die heiligen Bücher der Batta heissen Pustaka (auf Bast geschrieben, von Magik und Astrologie handelnd), wurden aber

*) De goede geesten hebben vermogen over de boozen, hunne hulp wordt dus ingeroepen. Da es aber nicht bekannt ist, welcher der Bösen das jedesmalige Uebel gethan hat, und welcher Gute gerade über ihn Gewalt hat, so beschwört der Ere oder Dorfpriester seinen berathenden Dämon oder Bela, der ihm das Nöthige mittheilt (Nieuvenhuisen) auf den Nyas.

meistens bei dem Einfall der Mohamedaner unter Tuanku Rau zerstört. Die Nyas wurde von den Battas colonisirt. Die Betuah in Sumatra sind heilig und unverletzlich. In der Mitte der Dörfer (Campong) auf Sumatra findet sich die Halle (Bali). Die Battas lieben es, ein Stück Fleisch von einem Verbrecher zu essen, indem sie dadurch gegen den Begu oder Dämon, der in ihm incarnirt war, gesichert sind. Als bei der Leichenverbrennung seiner Tochter der König von Siam ein Stück rohes Fleisch unversehrt sah, glaubte er an Vergiftung und liess erst die Dienerinnen, dann die Frauen der Edlen (wenn die Qualen kein Geständniss erzwangen oder das Gehen auf glühenden Kohlen verletzte) hinrichten (Struys) 1650. Wer an Krankheit stirbt,*) ist (nach den Battas) vom Begu gefressen, wer aber durch plötzlichen Unfall umkommt, steigt mit dem Dondi aufwärts und lebt als Sumangot auf der Bergesspitze (im Geist des Opnu Djallak Maribna Lubu Raja). Wenn der Begu Tjimpollon Fieber erzeugt, so wird an dem Nabel des Kranken ein Stück Holz gebunden und neben ihn ein Bananenstamm gelegt, der dann in den Fluss zu werfen ist. Der Krankheiten sendende Begu fliegt durch die Luft, aber der Dämon der Zwietracht kriecht durch die Dörfer. In Folge einer Pest segelte Empoe Djamatka, (Ampu-Jatmika), Sohn des Kaufmanns Mangkun-bumi oder Soedagar Mangkoe Boemi (im Lande der Kling oder Coromandelküste) nach dem Lande duftender Erde und gründete (auf Borneo) Nagara-Dipa oder Bandjermassing, wo sein Sohn Lembu Mangkoerat sich mit einer Prinzessin aus dem Hause Madjapahit vermählte, (XII. Jahrhdt.). Nach Crawford leiten sich die Malayen auf Borneo ebenso wie die der Halbinsel von Menangkarbo her. Nur

---

*) The Battas place wooden figures with large genitals (Linga and Yoni) on the tombs, where the coffin (after the buffaloe being sacrificed) is opened again that the deseased may see the sun the last time. Das Fest wird von dem am Todestage gesäeten Reis gehalten. Nach sechs Jahren Arbeit wird die Asche im siebenten als heilig freigesetzt in Indien. Die Tasmanier stellten konische Hütten auf die Gräber ihrer Verwandten (Péron). Wirft zur Zeit der alten Fastnacht (im Solothurner-Gau) ein Kranker einen scharfen Schatten (im Mondschein), so hat man Hoffnung zur Genesung (s. Rochholz).

die Dayak bei Banjermassing besitzen Schrift. In Borneo*) wurde der Reis eingeführt durch einen Dayak, der auf einem Baum zu den Plejaden hinaufgeklettert, dort mit Körnern gespeist wurde, die er für Maden hielt (St. John). Als die Kithratlah-Indianer in British-Columbia die ankommenden Europäer Reis kochen sahen, flüsterten sie (nach Mayne) Akschahn, Akschahn (Maden. Maden). Im Moorunde-District auf Australien heisst der Reis Hili oder Maden (nach Eyre). Der Kamiak genannte Dämon hält bei den Dayak das Kind im Mutterleibe zurück, bis ihm ein Opfer auf das Balei (Platform aus Bambus) hingelegt oder in den Bäumen aufgehangen ist. Die Neugeborenen werden von dem bösen Geist Kloa erlauert, der sie am Nacken packt und entstellt, oder Missgeburten (Pehingen) bewirkt. Die Dayak beten zu dem Schöpfer (Devata oder Devatta) als ihrem Erhalter. Von den Vögeln werden besonders weisse verehrt, um aus Stimme und Flug Augurien zu ziehen. Während der Wehen wird ein Zauberer (Balian) berufen, der den Gindang schlägt und dazu singt, bis die Geburt vollendet ist. Die Idaan glauben, dass man um in das Paradies zu gelangen, eine aus einem langen Baumstamm gebildete Brücke passiren müsse, und dass dies ohne die Hülfe eines geschlachteten Sklaven unmöglich sein würde. Im Norden verlegt man das Paradies zuweilen auf den Gipfel des Kini Palu und glaubt es durch einen feurigen Hund bewacht, der sich aller Jungfrauen bemächtigt (s. Leyden). Die Kayan in Borneo erhöhen die Stein-Cairn durch Zufügungen. Die Mädchen**) werden von den Ellbogen

*) The aborigines of Borneo (Braui or courageous) or Pulu Kalamantan (Brunni) still exist in the interior (Hunt). Pontianak (in Borneo) takes its name from a witch, who had the power of emasculating all males by the force of her jaws.

**) On males arriving at the age of puberty or before marriage, the Kayan practice the Utang, passing a round pin through the gland, so that it projects about a quarter of an inch on both sides (Burns). (Den australischen Knaben wird, nach dem von Frauen entfernten Aufenthalt im Walde, ein Zahn ausgezogen.) Anders dagegen in Yucatan: Puestos en reugla se hazian sendos agujeros en los miembros viriles al soslayo por el lado y hechos passavan toda la mas

bis zu den Fingern, und von den Lenden zu den Knieen, sowie auf den Füssen tättowirt. Bei den Yucatanesen galt das Tättowiren als Probe des Schmerzertragens (Landa). Als dem neunjährigen Sinfiotli zur Probe des Muthes der Arm ganz geschunden war, sagte er: „Das ist für einen Welsung eine kleine Wunde“ (s. Weinhold). In Südamerika werden auch die Mädchen gequält. Nachdem der König von Tobah, das Batta-Land, (Pulo Percha oder Insel des Gummi-Baumes) das Land unter seine Söhne vertheilt hatte, machte die zunehmende Bevölkerung (1140 p. d.) Auswanderungen nach Silantom, Siepierok, Ankola und Nord-Mandaheling nöthig, bis (XVI. Jahrhdt.) Krieg unter den Häuptlingen angestiftet wurde durch den bösen Geist Begu Vanalain, der im Lande umherging und zum Cannibalismus verführte. Nach Barbosa wurden Menschen*) gegessen auf

cantidad de hilo que podian, quedando asi todos asidos y ensartados, tambien untavan con la sangre de todas estas partes al demonio (Landa).

*) At the erection of the largest house among the Millanaus in Borneo a deep hole was dug to receive the first post, which was then suspended over it. A slave girl was placed in the excavation, and at a signal the lashings were cut and the enormous timber descended, crushing the girl to death. When the chief of the Quop-Dayaks was about to erect a flagstaff near his house, the excavation was made and the timber secured, but a chicken only was thrown in to be crushed by the descending flagstaff (Spencer St. John). Die Normannen opferten ihrem Gott Thur (deo suo Thur) Menschenblut (841 p. d.). Cujus cruore libaminis unanimiter potati, vento flante secundo, Vermandensem aggrediuntur portum (s. Kruse). Bei Neustadt am Hessler ruft oft die Lahn in dumpfem, hohlem Tone: „Ich will einen Menschen haben, einen Menschen will ich haben“ (Wolf). Wenn die Lahn (bei Giessen) ruft, so ertrinkt Jemand. Strudel und Wasserfälle, weil durch ein hohes Wesen erregt, galten den Germanen (nach Tacitus) besonders heilig. Dem Mercur opferten die Germanen Menschen (nach Tacitus). Nach Procop schlachteten die Thuliten in Scandinavien unaufhörlich allerlei Opfer, besonders Todtenopfer, und brachten die ersten Kriegsgefangenen dem Ares dar. Der deutsche Häuptling Iwar liess sich (wie die Carthager an den philaenischen Altären) an der Landesgrenze begraben, wo Einfälle am meisten zu fürchten waren, und König Harald fiel dort (1066 p. d.). Nach Thietmar von Merseburg wurden zu Leire in Seland alle neun Jahre 99 Menschen, Pferde und Hähne geopfert. Nach Adam von Bremen wurden alle neun Jahre in Upsala Menschen und Thiere geopfert. Caecina sah an den Bäumen der Teutoburger Schlacht Pferdeköpfe befestigt.

Selches, wohin der König der Molukken verurtheilte Verbrecher zu schicken pflegte. Nach Abu Zayd erlaubte das chinesische Gesetz Menschenfleisch als Esswaare auf den Märkten zu verkaufen. Als Maru Silu, weil er von den früher aus den Fischernetzen herausgeworfenen Biche de Mer (Kalang-Kalang) gegessen, von seinem Bruder Marah Chaka vertrieben war, flüchtete er zu dem Berge Sangkung, den er, eine dort durch seinen Hund gefundene Riesen-Ameise (Semadra) essend, Sumatra (Samadra) nannte. Durch die Ankunft eines arabischen Fakirs wurde er zum Lesen des Koran angeleitet. Als die Bewohner von Perlac vor ihren Feinden nach Samudra geflohen, wurde die Stadt Pasei gebaut. Die Lampung in Sumatra haben ihr eigenes Alphabet. Pasamman (in Sumatra) wird von zwei Rajahs (dem von Sabluan und dem von Camullih) beherrscht, die Ansprüche auf uralte Abstammung machen. Der Eine derselben bewahrt als Reliquie (Pesakko) die Rinde eines Baumes, worin seine Vorfahren gewiegt wurden, als man noch keine Bildung kannte und in den Wäldern lebte. Der Andere besitzt eines hochverehrten Ahnen Bart, so buschig, dass ein grosser Vogel darin, wie in den Zweigen eines Baumes, sein Nest baut (Marsden). Sultan Juhan Shah, der von Windwärts kam, bekehrte Acheen*) zum Islam, die Tochter Balachari's heirathend (XIV. Jahrhdt.). Das malayische Königreich Brune (auf Borneo) war (XIV. Jahrhdt.) dem Kaiser von Madjapahit unterworfen. Unter Sultan Salleh Udin machte sich Achin von Pedir unabhängig (1521). Albuquerque war von den kriegenden Partheien um Hülfe angegangen worden. Die Achinesen und Pedinesen wur-

---

*) The kingdom of Achem is scarcely known, because being out of the route of travellers. It is one of the richest countries in Asia. It is to this people that the orientals attribute the invention of gunpowder. The secret passed to the Peguans and then to the Chinese (Pinkerton). Segun la comun tradicion de los de Asam y de la nacion birmana, la pólvora se inventó en el reyno de Asam, de donde pasó immediatamente à China su uso para fiestas de pólvora y no para tirar con escopetas, fusiles, canones y morteros, pues el uso de estas armas le han aprendido los orientales de los europeos (Hervas). Eine Zeit lang wurde der Thron Achins nur durch alte Jungfern aus königlichem Geschlecht besetzt, von denen sich erwarten liess, dass sie ohne Kinder sterben würden.

den von Scheeh Abdullah Arief und Scheeh Jamal Alam zum Islam bekehrt. Sequeira, der in Pedir gelandet (1509), begab sich dann nach Achin. Nach den Annalen Achins wurde (1607) Sultan Mansurshah, der Rajah von Perak, zum König Achins erhoben. König Polong kam von Champa nach Achin. Die französische Gesandschaft Beaulieu's an den König von Achin (um an dem Pfefferhandel Theil zu nehmen) schlug fehl (1621). Nach seinem Angriff auf Malacca (1615) hatte der König (1618) Quedah erobert. Patani, von Alfons de Susa zerstört (1527), wurde von Rajah Api Siams (1603) erobert. Bei Audienzen richtet der König in Achin sein Wort durch eine Frau an einen Eunuchen, der sie dem Cojoorau Goudong genannten Beamten zur Verkündigung mittheilt. Wie die Battas auf Sumatra pflegen die Binderwars genannten Ghouds am Nerbudda die Kranken und Alten zu tödten, um sie zu verspeisen (Coleman). Nach Scott glauben die Kukis*) durch das Essen ihrer Verwandten die Transmigration in niedrigere Thierklassen zu verhindern. Herodot erzählt das Essen der Alten als Sitte der Padäer. Von den kleineren Inseln (am Cap Tringanu) waren die Sindai genannten (die ein Heiligthum besassen) von Menschenfressern (Anthropophagen)**) bewohnt (nach Ptolemäos). Auf der Menschenfresser-Insel im Hafen Batavias finden sich Ueberbleibsel der von den Räubern Dajah und Lampunj errichteten Festungswerke. Den Bewohnern der Insel Floris wurde vorgeworfen, dass der Sohn den Vater nach dem Tode zum Verspeisen verkaufe. Von den Wenden wird gesagt, dass sie vorgezogen, ihre Eltern zu essen, statt sie den Würmern zu überlassen (s. Grimm). Gleiche Antworten gaben südamerikanische Indianer den Missionären. Die Irländer assen die Leichen ihrer Verwandten (nach Strabo). Zu

---

*) Lunkia, der eigene Name der Kukis, meint nackt. Die Nagas nennen sich selbst Kwaphi. Die Europäer heissen Malayu daugan gigih putih (Malayen mit weissen Zähnen) bei den Battas (Anderson).

**) According to Vertomannus, the inhabitants of the island of Gyava sold their old parents and sick relations to the Anthropophags, saying to the merchants (who reproached them): „O, Persians, no sacrifice can redeeme your sinnes, in that you give so fayre fleshe to the woormes to be eaten" (s. Hakluyt).

der verbreiteten Rasse der Niasser gehören die Bewohner von Pageh, Endano, Andamanen, Nikobaren, ein Theil der Madagassen. Die Batuer wollen von den Niassern stammen, die sich von den Pageh herleiten. Die Passumaher in Sumatra werden auf die Javanen aus Madjapahit in Palembang zurückgeführt. Die Tjumbaeer (der Insel Tjumba) zerfallen in die Stämme Lampaja und Manguas (s. Junghuhn). Das von dem malayisch redenden Stamme der Korinchi auf Sumatra gebrauchte Alphabet ist (nach Crawford) wahrscheinlich dasjenige, das die Malayen vor Annahme des Arabischen in Benutzung hatten. Die Rawa auf Sumatra besitzen die Kunst phonetischer Schrift (Crawford). Jambulos (bei Diodor) lässt die indischen Insulaner schreiben ἄνωθεν κάτω (wie noch später). Den Buchstaben des einheimischen Alphabets*) auf den Maldiven sind (nach Prinseps) die neun Zahlzeichen der Araber beigefügt, mit einem Strich oben, um sie von den Ziffern zu unterscheiden. Wathen glaubte auch die Alphabete von Marwar, Sind, Multan in ihrer cursiven Form meistens auf Ziffern oder deren Bruchtheile zurückführen zu können. Bellerophon führte σήματα λόγων statt eines Briefes. Die Sumatrenser sprechen stets mit Scheu vom Tiger und zaudern seinen gewöhnlichen Namen (Ariman oder Machang) auszusprechen, indem sie ihn achtungsvoll nenek (Ahnherr) oder sewa (das freiwilde Thier) nennen, auch setuo (der Alte). (Gewisse Bäume,**)

---

*) L'abécédaire cambogien s'appelle roblen-sec, c'est-à-dire l'art ou science des perroquets (Mesle). Die Palibuchstaben heissen (in Cambodia) Acsar satra, acsar-char, acsar-mul (lettres rondes), die Cursivbuchstaben acsar chrieng oder acsar-bomro. The Malay region in Sumatra includes the people, who use the Rejang or Renchong alphabet. For records of events, the Miautze use pieces of carved or notched wood. Some tribes have writings of wood in the seal-character.

**) Die Boloes an der Küste Serra Lyoa (während die Temini im Innern wohnen) verehren in jedem Dorfe den Manipeyro genannten Baum, als den Gott Cro. Ein solcher Baum steht gewöhnlich nahe der Wohnung des Königs. Vertrocknet er, so wächst aus seinen Wurzeln ein zweiter, so dass der Götze seit dem Gedächtniss der Vorfahren am alten Orte bleibt. Bei der Geburt eines Kindes schneidet man einen Zweig des Baumes Malep ab und pflanzt ihn, dass jenes wachse wie der Baum, dessen Namen es erhält. Kein Weib geht über den Platz, wo der Götze Pisa steht, auf dem Rathsplatze der Alten. Pere, der Götze der Weiber, hat bedeckte Kirchen, die kein Mann betritt. Berthema (mit grossen

besonders die jawi-jawi oder Banyan gelten für den Wohnsitz oder die Körper der Holzgeister. Wie Marsden bemerkt, bezeichnen die Batta das Göttliche als Daibattah oder Dewata, die Singalesen als Dewyu, die Biadjus (in Borneo) als Dewatta, die Papuas in New-Guinea als Wat, die Pampangos der Philippinen als Divata, als Bathala mei Capal den höchsten Gott der ihre Humalagar oder Ahnen (s. del Pezzo) verehrenden Tagalen bildend. Dius, deius, divinus, a deo ortus (Testus). Heilige und unverwundbare Personen werden (auf Sumatra) als Betuah bezeichnet, ebenso wie Sachen (Marsden). Die Lampung stammen von einem See an den Hügeln. Auf Gräbern werden von den Sumatranesen die Knochen der verzehrten Buffaloe-

Zähnen) ist Götze der Sonne. Für den König, der keine Abgaben erhält, wird gearbeitet (Alvaro) 1482. Die Brüder Hun-Batz und Hun-Chuwen, die auf Bäume geklettert, bei Verlängerung derselben nicht zurückkehren können, werden in Affen verwandelt (nach dem Popol Vuh). Die Reste des ausgestorbenen Affen (Protopithecus antiquus) in Brasilien geben den Indianern Anlass zu der Tradition von dem menschenähnlichen Affen Caypore. Die Caphar-Nation des Quitove (die den Teufel Musaca verehrt) behauptet, Affen wären in früherer Zeit Männer und Weiber gewesen, weshalb sie alte Leute genannt werden. Nach Berathung mit Avalokitesvara (Djian rai zighi vang tchough) nahm Dalamdiang (Mandjusri) die Form eines Affen an und zeugte mit der in eine Aeffin verwandelten Fee Khadroma die Bewohner des tibetischen Schneereiches. Unter den Jinas ist Abhinandana durch einen Affen repräsentirt. Nasnas (Nessaims) oder Pygmaeen heissen (nach Edrisi) die dem Menschen nächststehenden Affen, als Adem sonrelin Div oder menschenähnliche Dämone (im Mircat allogat). Aus den Resten des untergegangenen Menschengeschlechtes werden Kapi (Κῆπος, apan, ape) und Κερκώπ, die in ihrem Könige den weit berühmten Namen Bali bewahren und in späteren Mythen der Griechen als neckische Cobaloi im Gefolge des Dionysos spielen. Die Unholdin Kapiçâ war Mutter der Pisatscha (Kobolde) oder Kâpiçejas. Der uralte Weise Kapila tritt nachher als Eremit auf, am Sitze der Königsstadt. Rama ist Kapiprabhus (Affenherr) oder Kapirathas (der mit Affen fahrende). Agni heisst Kapilas (der Dunkle), Surjas oder Mihiras (der Sonnengott) ist Kapiladjotis. Naradas (Lehrer der Götter und Menschen) wird mit einem Affengesicht dargestellt, als Kapiwaktras. Bhawani, als Kali, ist Kapalini (Schädelträgerin), wie in den Fetischhäusern der Neger. Die alten Priester Ceylons, als Capua, bedienten sich als heiliger Sprache des Eli. Der in L verlaufenden Namensreihe der Sonne (Sol, Hel u. s. w.) geht die R-Reihe der Arier parallel in Ir (Iran's) durch Mihr (Maha-Ir) oder Mithras. Kasyapa, der Indra mit Aditi zeugte, war der personificirte Himmel und Caelus der Himmeltragende-Berg

Köpfe gelegt. Die Secte der (1805) durch Pilger,*) die in Mekka mit den Wachabiten bekannt geworden, gestifteten Padrees (meistens Malayen aus Menangkabow) hatten ihren Hauptsitz (nachdem die Holländer Bondjol erobert 1832) in Acheen (1830 aus Mandaheling, die Länder der Battas und Tjumbacer verwüstend). Unter den Lampong, als verwilderten Malayen, sollen Reste einer kraushaarigen Negerrasse gefunden sein. Das Volk der Ulu oder Bulu auf Sumatra lebt (wie die Kayan in Borneo, die Dalton Eisen verfertigen lässt) auf Bäumen in den dichten Wäldern und vermeidet Fremde, ungesehen**) die hingelegten Waaren austauschend. Nach Valentyn wohnen die Papuwas in Ceram zwischen den Zweigen***) des Waringi-Baumes. Die Orang-kubu unterscheiden sich von Malayen sowohl, wie von Battas. Die Küste Sumatras wurde (nach Logan) von den Kling-Schiffern als Maleala oder Malaya (Male oder Berg) bezeichnet. In Ankola meinen einige Häuptlinge aus dem Lande Rum zu stammen. König Sarama Perimaul von Calicut (812) ehrte die als Rumis von Westen gekommenen Araber. Die

*) Dandnagar or Bastiram (a merchant of the Khatri tribe in Behar) who obtained the title of Santa (like the followers of Sivanarayan) explained on the doctrine of an immaterial supreme being (Buchanan). Narayani, Rajput of Sesana (near Ghazipur) set up as an incarnation of God and called his followers Santas or pious. Wie Brahmas und Gangas südlich vom Aequator, finden sich Sofu als Priester in Fetu (an der afrikanischen Westküste), ebenso wie der in Tahiti geläufige Gottesname in Yoruba.

**) Aehnlich bei den Eingeborenen der Halbinsel, und auch der Abscheu vor unreinen Kasten (gleich dem in Cochin herrschenden) musste oft zu Arten des stummen Handels (wie zwischen Mugrebiner und Neger auf der marocanischen Karawanenstrasse) führen, wie auch die Negerdespoten nicht angeredet werden dürfen. Wenn ein Wallia einem Brahmanen Gaben bringt, so hat er sie auf die Erde niederzulegen und sich in die Entfernung begrüssender Verehrung zurückzuziehen, damit jener sie ohne sich zu beschmutzen aufnehmen könne. Die Mambari (auf dem Rückwege von Loanda) fragten Livingston's Makololo, wie sie den stummen Handel mit den Weissen treiben wollten und sich ihnen verständlich machen könnten, indem man Abends die Waaren an die Küste hinlegt und am nächsten Morgen die aus dem Grunde des Meeres geholten an ihrer Stelle findet.

***) The savage people among the Alforese (in the interior of Ceram) dwell upon high Warinje and other trees (according to Rumphius) 1750.

Kunst mit firnissartiger Tinte auf Baumrinde zu schreiben (wie alte Bücher Tobahs zeigen) ist verloren gegangen, und die Batta ritzen jetzt mit Spitzen die glatte Aussenseite des Bambusrohrs. Der Dämon der Zwietracht (Begu Nassaalin) veranlasste die Auswanderung 1140 p. d.

Unter den Battas und Nyas werden Krankheiten durch die Begu verursacht (sonst ein Titel weiblicher Hoheiten). Die Bhils verehren besonders Sita Maya oder Shetula, die Göttin der Blattern. Unter König Sanghabodhi durchzog ein Jaxa (rothäugig) das Land, und Leute, die einander begegnend die Augen roth sahen, starben*) und wurden von dem Jaxa gefressen, bis einer ihn durch Verbrennung eines Bali-Opfers in jedem Dorfe (Ceylons) versöhnte. Die Poggi-Insulaner opfern Schweine oder Geflügel in Krankheitsfällen. Als in Persien ein Halsübel grassirte, baten die Frauen die Mutter Anend's um Verzeihung (nach Ibn Athir), weil sie an Anend's Tod nicht gedacht hatten, und in Aegypten (nach Ben Schohnah) die Mutter Haleomi's, weil sie sich nicht erinnert, dass er gestorben sei. Unter dem Reich des Khalifen Cajem wurde in der Wüste ein schwarzes Zelt von Reitern gesehen, in welchem die Frauen der Jin den Tod ihres Königs beklagten. In Kumaon besitzen die in Zauberei bewanderten Bogsa, die mitunter die Form von Tigern**) oder anderen wilden

*) When pestilence is coming on, the Cyelonese practise parapol-geherma (throwing cocoanuts) and an-deema (horn pulling), grammadu-nateema (village-dancing), haddageeya (six day's song), pirit (exorcism). The ceremonies performed in time of danger are hooniyan-keperua (incantation), dewolmadu (ceremonies in honour of the God Dewol), Ratajakow-samayama (in honour of foreign devils), Kumara-pideuna (in honour of Kumara), metista-peraweema (incantation by clay). To remove the evils from planets Bali-ereema, pirit keema and charms are practised. In illness the yakdessa (demon priests) perform ceremonies for the Demon Huniyan with the atemaggele (magical diagram of an octogonal figure). After cutting limes over all parts of the body, all points of the patient are tied with creepers. When the cow is first milked the ceremony kiri ettireema (the offering of the milk) is performed.

**) According to an old contract made by their ancestors, the soul of a Pawan passes at death in a tiger (Newbold). Among the Garos a madness exists, which they call transformation into a tyger, from the person who is afflicted with this malady walking about like that animal, shunning all societies.

Thieren annehmen, die Gewalt, Krankheiten (Ghat) zuzufügen. Die Malayen suchen den bösen Blick *) durch Talismane abzuwenden. Aehnliche Wirkungen werden in Kumaon oft auch auf leblose Gegenstände bezogen, und dies heisst Bedh Hona (ein Ziel werden), wenn z. B. ein neues Haus, das durch seine hohe Lage als ein hervorragender Augenpunkt andere Wohnungen überschaut und diese schlägt (Bedh laga), so dass darin ausbrechende Krankheiten nur durch Entfernung des Objectes, von dem der schädliche Einfluss ausströmt, gehoben werden können. Weil eine Strasse in Singpho einige Aehnlichkeit mit einem Centiped hatte, so stellte man auf einer Steinunterlage das Bild eines Hahnes auf, als Centipeden fressend. Zauber, um Liebe zu gewinnen, heissen Pengaseh (bei den Mintiras), sich angenehm zu machen Pimani. Unterwerfung zu erhalten Passandu, zu demüthigen Chucha, sprachlos zu machen Ponata Lida, Hass zu erregen Pebinchi. **) Die Malayen glauben, dass ein Kris besonderer Form die Bewohner eines Hauses, während sie sich im Hause befinden, vor Gefahr beschützt, ein anders gestalteter macht den Krieger unbesiegbar. Ein Amulet aus Koran-Versen giebt Unverwundbarkeit. In Kraft ihrer wunderbaren Waffen, sowie ihrer Kenntniss der glücklichen und unglücklichen Tage

---

Zeigte sich den Forumsanern an Festtagen ihr Gott in der Gestalt eines Löwen, Bären oder andern wilden Thieres, so wiederholten sie die Opfer, bis er die Gestalt eines Ochsen, Kalbes oder Lammes annahm.

*) While admiring the beauty of the Jain-temple of Rikabdeo (Rishabhadeva) on Abuo (in Guzerat), Burnes observed the capital of one of the pillars to be of coarse unpolished black stone and asking about this disfiguration was told by the people, that it had been done intentionally to keep off the evil eye, as in a place like this, where all was beauty it would unevitably fall and become bewitched, if there were no foil.

**) Malay seamen whistle for the wind equally with their white brethern (Vaughan). Before the Malays (in Penang and Wellesley) start on a deer-catching expedition, coils of rattan rope are placed on a triangle formed with three rice pounders and the oldest of the company places a cocoanut shell, filled with burning incense in the centre and taking sprigs of three bushes (the Sellatang, Sabunle and Sambonn plants) he walks mysteriously round the coils beating them with the sprigs and mutters some gibberish, durch magische Schlingen das Wild zu fangen, wie anderswo die Sonne

können die Panglimas Räuber von keinen Kugeln verletzt werden (Vaughan). Durch die Kebai genannten Fetische machen sich die Malayen hieb- und stichfest. Durch einen Kris, der eine tödtliche Wunde verursacht hat, gewinnen Furchtsame Muth, oder auch indem sie am Grabe eines todtgeborenen Kindes für einen Tag verbleiben. Ausser Schutz gegen Gefahren und Waffen giebt der Asimat (Talisman) Segnungen dem Hause und Speise-Ueberfluss. Die Singpho, die die Schädel der geopferten Büffel in ihren Häusern aufhängen, richten ihre Verehrung nicht an Pandiwaru, der alle Dinge machte, sondern an seine untergeordneten Gottheiten. Fünf Nat (Madaila, Sumlup, Mumu, Ningsyi, Mbung) bewohnen die oberen Regionen, zehn Nat (Palam, Son, Lamum, Cisam, Dingnu, Dingwa, Dingsi, Phikum, Phokhon, Ngga) die Erde und Unterwelt. Jeder dieser Nat hat die Macht, eine besondere Wohlthat zu gewähren, und verlangt für jedesmalige Erfüllung des Wunsches eine neue Opfergabe. Der eine giebt und bewahrt die Kinder, der andere heilt Krankheiten, ein anderer leitet im Kriege, ein anderer wird beim Fehlschlagen der Ernten und in Hungersnoth angerufen, ein anderer behütet das Land und giebt ihm Gedeihen. Nach dem Tode verbleiben die Seelen guter Menschen mit ihren Kastengenossen. Alle müssen nach dem Tode eine aus schmalen Steg gebildete Brücke über ein siedendes Wasser passiren und sind in Gefahr*) hindurchzubrechen (Bronson). Ning deota oder Ningh-shih, als Gott der Elemente, erhält Schweine und Hühner geopfert, sowie Büffel, deren Schädel die Singpho in ihren Häusern aufhängen. Die Dayak feiern ihr Leichenfest zur Lobpreisung des Keolomagalian (des Psychagogos), der die Seelen in einem Eisenboote

*) Ein Mann aus der Gegend von Wenings (in Hessen) diente als Matrose auf einem Schiffe. Auf einer seiner Reisen kam er an einem feuerspeienden Berge vorüber, darin hörte er schreckliches Jammern und Wehklagen und zugleich eine Stimme, die in der Luft schrie: „Tapfer, tapfer, aufgemacht! der Händler von Ketsch kommt!“ Er merkte sich Tag und Stunde wohl, und als er wieder nach Hause kam, erkundigte er sich, wer unterdess gestorben sei? Da erfuhr er, dass am selben Tag und Stunde, wo er die Stimme gehört, ein berüchtigter Wildprethändler in Ketsch gestorben (Wolf). Sonst war die Hölle auf Stromboli localisirt für Engländer.

sicher durch die Hölle führt und im Paradiese absetzt. Die Berman-Stämme der Malayen schreiben die Macht des Payang den unter seinem Befehle stehenden Geistern zu, die in ihn einfahren und ihn begeistern. Die Dämone der Flüsse (bantu rungie), als bösgesinnte, schlagen mit Krankheit und zehren am Smangat oder dem substanzlosen Körper, worin das Leben des Menschen liegt. Die Dämone der Hügel (bantu gunong) sind friedfertiger Natur. Für Bezauberungen baut der Payang eine kleine Hütte (sawi), wo seine Schüler in Musikbegleitung singen und Weihrauch verdampfen, bis ihr Meister begeistert ist und das Heilmittel für die Krankheit, um welche er befragt ist, anzugeben vermag. Sollte Jemand von einem Flussdämon besessen sein und dadurch in Abzehrung fallen, so hat der Payang die Macht ihn zu exorcisiren (Logan). Als Nala eines Tages mit ungewaschenen Füssen Verehrung darbringt, benutzt der böse Geist*) Kali die Gelegenheit in ihn einzufahren, um ihn

---

*) Zij gelooven alleen aan vele geesten, nu eens goede dan eens booze, die en bergen, boomen, steenen, in de zon, in de zee etc. wonen. Deze geesten heeten Dewa. Men roept ze alleen aan wanneer men hunne hulp noodig heeft, f. v. in ziekten en in andere ongelukkige omstandigheden. Men vindt dus voor jeder huis eenige groote en gladde steenen, die vor heilig worden gehouden, maar waarop men toch evenwel (wie zou het gelooven), zijne natuurlyke behoeften vollbrengt. Nar elk, meer dan profan gebruik, worden deze huisgoden dadelijk en sorgvuldig gereinigd, erzählt Zollinger von den Orang Dongo (Bergmenschen) in Bima. The Kabesaran or Regalia of every petty state is supposed to be endowed with supernatural powers. The articles of Malay regalia usually consist of a Silasila or book of genealogical descent, or code of laws, a vest or baju and a few weapons, generally a kris, kleywang or spear. They entertain a high opinion of the supernatural powers of the aboriginal tribes (s. Newbold). Von den Priestern der Alfuren (in Menado) werden die Walliang bei Krankheiten und Gastmählern, die Tonassen bei öffentlichen Arbeiten zu Rathe gezogen. Die Seelen gehen nach dem Tode in Schweine über, die deshalb nicht gegessen werden. Aus der Bewegung eines Schweineherzens wird Glück oder Unglück geweissagt, und auf das Flöten des (eulenartigen) Vogels Bakeker hat man Acht. Nach Newbold legten die Malayen am Muar Gelübde (niyat) bei dem Grabe eines Albino ab. Einigen Göttern opfern die Angahmuh Nagas Kühe, anderen Hunde, anderen Hühner und Branntwein. Unter den Priestern, die von dem ceylonischen König Walratima nach dem Festlande Indiens verbannt wurden, fand sich der tief in den Lehren von den Dämonen (Bhuta) bewanderte Sanghamitta (nach dem

im Spiel zu verderben. Nach den Battas hat Guru stetig darauf Bedacht zu nehmen, dass er das Abwerfen der Erde,*) die von den Hörnern Naga Padoha's getragen wird, verhüte, da das Ungeheuer beständig den Kopf schüttelt. Die Hindu lassen die Erde auf den 1000 Köpfen der Schlange Ananta ruhen, in Vishnu's Schlangen-Manifestation. Bei Nonnus ist Aion der Schlangenmann oder Ophion, als alter Greis mit Bart und gekrümmtem Rücken (wie die gebückte Alte, als Erdenmutter der Mongolen). Die Erdbeben haben auf den Inseln der Samoer ihre zerstörende Kraft verloren, seit Tiitii dem Unterweltgotte Mafuie einen Arm abgedreht hat. Der Titan Ophion herrschte mit seiner Gemahlin Eurynome (Tochter des Okeanos) über den Olymp, und als sie dem Kronos und der Rhea weichen mussten, stürzten sich beide in die Fluthen (Apollod.). Die Bomier gehörten zu den Ophionensern in Aetolien. Das Cheribon-Manuscript scheidet das Jahr in vier Theile, von denen jeder durch eine besondere Lagerung des Naga gekennzeichnet ist. In der ersten der drei Abtheilungen (Jista, Sada, Kasar einschliessend) liegt der Kopf des Naga während der Monate dieser Jahreszeit nach Osten und der Schwanz nach Westen. In den Jahreszeiten Karu, Katuja und Kaphat ist der Kopf nach Norden, der Schwanz nach Westen gerichtet. Im dritten Nagar liegt der Kopf westlich, der Schwanz östlich, sein Bauch im Norden. Wer in's Feld zieht, muss das Gesicht und den Kopf des Naga vermeiden und so unterlagen beim Buttern des Milchmeeres die Asuren, die den Kopf ergriffen hatten). Der Zeitraum vom ersten bis vierten Monat heisst bei den Papuas die Schlange, von dem

---

Mahawanso). Den Malayen in Quedah lehrt das Taip genannte Buch, wie man solche auffindet, die unter dem Einfluss böser Geister stehen. Mit dem Hantu Kapielu oder Hantu Kambong genannten Zauber treiben die Mintras böse Geister aus. Kappardin ist Beiname Rudra's (Siva's) von der Haartracht (in den Vedas).

*) Als die Geisteskraft des Urmenschen noch nicht entwickelt war, heiligten die Phönizier die Erzeugnisse der Erde (*τῆς γῆς βλαστήματα*) und brachten ihnen Opfer, als Götter (s. Eusebius). Quand l'arbre de vie était découvert par les dieux inférieurs, le serpent Chelen répandit une grande quantité de poison, que Chiven avala.

zu dieser Zeit hochstehenden Sternbild, indem der erste Monat der Kopf, der zweite der Hals, der dritte der Leib und der vierte der Schweif der Schlange (Munguanja) genannt wird. Bei den Khond verlangt Bera Pennu, der Gott der Erde, Blut, damit diese feststehe (Macpherson), wie es die Tyrier vergossen. Als der König der Nat Bommazo, die Welt durchwandernd, die Wohnungen der Nat leer fand, weil sie Buddha zu hören gegangen, beschloss er diesen anzugreifen. In der Nähe von Asoka's Löwen-* Stupa (bei Sankasi oder Sankasja) fand Fahian einen Tempel der Schlangengötter, wo eine Schlange mit weissen Ohren für die Fruchtbarkeit der Umgebung geopfert wurde. Bruton beschreibt in Jaggarnath einen Götzen als siebenköpfige Schlange**) (mit Flügeln an den Seiten), die auf einem Wagen umhergeführt wurde (1632). Bei Tavernier heisst der Hauptgötze dort Kesori. Für Regen wird am Hügel der Naga (Coluber Naga) in Samkana gebetet (Cunningham). Beim Naga-putsche waschen die Frauen ein steinernes Lingambild zwischen zwei Schlangen. Die Yesidi (Yesd oder Gott), die sich von dem Khalifen Jezid (wie die Drusen vom ägyptischen) herleiten und Gott Bâlâ oder Bâlai (der Höchste) nennen, stellen in dem Tempel (wo neben dem Grab des Scheich Adi ewiges Feuer unterhalten wird) den Baum des Lebens dar (mit der Hacke, wodurch er umgehauen), sowie die Schlange des Paradieses und einen Kamm, weil sich jeder Yesidi vor seinem Eintritt in das Paradies kämmen muss (wie auf den chinesichen Bildern von Mahomed's Gefährten Jeder einen Zahnstocher am Gürtel trug). Die ausgespannte Kopfhaut des in Manibhittis residirenden Seshas (Wasukis oder Anantas), der Fürst der von Kasyapas und Kadru***)

*) In den Ruinen von Zagan Balgassu (weisse Stadt) waren Löwen ausgehauen (Lange) 1727. Die vom Senki (Gansibra oder Oberpriester der Mandäer) zu Hülfe gerufene Sonne kam als Löwe in sein Haus und vernichtete den schlimmen Nachbar. Ein Priester der Mandäer liess auf sein Gebet die Sonne stillstehen, bis er seine Gartenarbeiten vollendet.

**) Den Kosmos stellte die religiöse Symbolik der Phönizier als kreisförmig gewundene Schlange dar, um anzudeuten: mundum ex se ipso ali et in se revolvi (Macrobius).

***) Kadru (braun) sind die drei Tage des Neumondes vor dem Erscheinen

abstammenden Naga, war mit dem diamantenen Kronreif Manidhwipa geschmückt. Kulikas (mit einem Halbmond) war der Erste der acht Schlangenfürsten, die unterirdische Stadt Bhogowati oder Putkari bewohnend, wo der Schlangenfürst Pingalas, als Muni, Werke über Prosodie abfasste. Als Sarparatis oder Nagantakas vertilgt Garuda*) oder (Garutman) Garura, Sohn des Kasyapa und der Winata (oder Suparna) die Schlangen. In dem der Göttin Naga Tambiran geweihten Tempel auf der Insel Nainatiove (in der Nähe Jaffas) in Ceylon wurden täglich Schlangen von den Pandaram gefüttert. Nachdem Indra Putra mit Hülfe einer Schlange, um die er gebeten, Rajah Goharjin besiegt heirathet er seine Tochter.

Der Schlangendienst der am Boden wurzelnden Eingeborenen wurde von den nomadischen Zuwanderern bekämpft, die, von Vögeln geleitet, durch diese Hülfe erhielten, wie Sam und Sal durch die zauberische Feder des Simurg. Nach Giovanni Fiorentino führte der Khan, der von den aus den Bergen Gog und Magog entkommenen Juden abstammenden Tataren eine Feder auf seiner Mütze, zum Andenken an den von den Vögeln geleisteten Dienst, als sie die tönenden Trompeten der Mauer Alexander's zubauten. Herodot erwähnt durch Schlangen veranlasste Auswanderungen im Scythenlande. Die gekreuzten Beine des Bildes**) im Tempel des Siwa Samudra auf einer Insel im

der Sichel am vierten. Winata kommt von vinamami (sich neigen oder bücken), kaçyapa (kaçya oder geistiges Getränk) von kaç (glänzen oder erscheinen).

*) Among the strata of schistose Mica (in the rock of Mall-cotay) one is decayed into a kind of the earth, called Nama, created by Garuda, the bird of Krishna, and used by all the Sri Vaishnawam Brahmans and their followers for their foreheads (Buchanan) heilig wie die gemeinsame Erde in Australien und der rothe Thon unter den Indianern.

**) The soul of Theeri-Dhamma-Thauka, who had died in a fit of passion, entered the body of a serpent and his son (prince Maheinda) having preached to and converted him, he died again and proceeded to the Nat-country. Auf Madagascar fahren die Seelen der Häuptlinge in Crocodile, die der Gemeinen in Hunde und Scorpione.

Cavery laufen (bei Salt) in Schlangenwindungen aus (s. Moore). Nachdem die auf die himmlischen Kaiser (Tien-hoang) folgenden Ti-hoang (irdischen Kaiser, die gleich jenen mit Schlangenleibern gedacht werden), ihre Periode beendet, fahren auf einem von Vögeln gezogenen Wolkenwagen die neun Brüder der Gin-hoang (menschlichen Kaiser) aus der Thalschlucht hervor, um über China zu herrschen. Nach den Coorgs lebt die Cobra capella 1000 Jahre. Wenn der Meridian des Lebens passirt ist, nimmt ihr auf drei Fuss verkürzter Körper Silberglanz an bis zum 700. Jahre, dann goldenen bei einem Fuss Länge, und wenn er bis auf Fingerslänge verkürzt ist, fliegt er eines Tages in die Luft empor und sinkt dann an einer Stelle auf der Erde nieder, wo er verschwindet. Kein Auge sieht es, aber der Kanya oder Astrologe weiss es und deutet solche Stellen (Nata oder Flecke) an, die dann heilig gehalten und durch einen Steinkreis markirt werden, weil ihr zufälliges Betreten schwere Krankheit nach sich ziehen würde. Während des unter dem Scorpion stehenden Monates wird dort eine Lampe bei Nacht brennend gehalten und opfert man Kokosnüsse (s. Moegling). Nagarjuna, im Felsenkloster Paramalagiri (in Kosala) lebend, (23 p. d.) war (nach Hiouenthsang) viele hundert Jahre alt geworden durch Kenntniss der Heilkräuter. Um den gleitenden Gang der Götter zu bezeichnen, vergleicht ihn Pherecydes Syrus mit dem der Schlangen, wogegen Homer jene nur leicht mit ihren Vogelfüssen die Erde berühren lässt, wie es auch die Tolteken darstellen. Das bewegungslose Schreiten der Götter bezeichnet Heliodorus als incessus, und bei Ezechiel haben die geflügelten Kugeln unter den Füssen der Cherubim eine gleitende Bewegung. Die Nairuktas (sonst Yaska) erklären Vitra als Wolke, die Aitihasikas als Asura (Sohn des Twashtri), den Fall des Regens und Mischung des Wassers und des Lichtes bildlich darzustellen, die Hymnen und Brahmanas als eine Schlange, die durch die Ausdehnung ihres Körpers die Ströme verstopft, bis diese bei ihrer Zerstörung hervorfliessen. Als von Naga bewohnt, hiess Ceylon (Nagadipo) Nagadwipa. Bryant erklärt Euboea als Oub-aia (Schlangeninsel). Als Aufenthalt der Ophiten erhalten Cyprus und Rodhus die Namen Ophiusa. Die Athener heissen bei Ovid Serpentigenae. Auch Strabo bezeichnete das Volk des Schlangengeschlechts (ὀφιογενεῖς) nach Schlangenähnlichkeit. Fohi, der das chinesische Reich ordnete, hatte einen Schlangenleib an seinem Menschenkopf. Nach Plutarch wurde jährlich am Indus eine Frau in einem Hügel eingegraben, wohin vom Gipfel eine Schaar Schlangen kam, die alle umherliegenden Thiere verschlangen. Als Mutter der Scythen wurde eine Jungfrau mit Schlangenleib aus der Erde geboren. In der tamulischen Geschichte der vier Geheimrath-Minister sitzt ein Braminen-Vogel (Gerudapatschi) auf einem Baum, eine in den Klauen gehaltene Schlange verzehrend. Beim Feste des Mysterio de la Concepcion Immaculada wurde ein mit Engeln besetzter Wagen umhergezogen, mit vorangetragenen Bildern, worunter sich das Zertreten der Höllenschlange fand. Arjuna zeugte Babru-vahana mit der Tochter des Rajah von Manipura, dessen Thron (als des Nachkommen einer Schlange*) über eine Höhle gestellt ist, worin der Ahnherr weilt. Wer während einer Eclipse in Ceylon essen sollte, würde in Krankheit fallen, aber an Hautausschlägen Leidende dürfen es ungestraft thun, und sie mögen selbst dadurch mitunter geheilt werden. Während einer Eclipse würde der Biss**) einer Schlange tödtlich sein, ebenso wie das Ritzen eines Dorns. Um diese Zeit empfängt das Schlangengeschlecht sein Gift aus seinem Ursprung von Rahu. Die Finsterniss ist eine

*) The people of Munnipur (Manipura) appear to be a genuine relic of the ancient Nagas (Wheeler). The serpents, said to have invaded the kingdom of Lydians, were Scythian Nagas. According to Elliot, the Nagas extended their usurpations to the Magadha empire of Bahar, the throne of which was held by the Nag or serpent dynasty for ten generations. A branch of them, the Nagbunsee chieftains of Ramgurh Sirgooja, have the lunettes of their serpent ancestor engraved on their signets in proof of their lineage, while the capital and district of Nagpore are called after their name.

**) In the Mar-ashekh (serpent-love), a disease peculiar to the Punjaub, the patients at certain periods have an irresistible inclination to be bitten by serpents, which, they say, does them a great deal of good, as for a few days previously they are troubled with fainting and dizziness, nausea, want of appetite, disinclination to work and heaviness in the body. At these times the serpents are attracted towards them by the scent and the patients stretch out their hands or feet (Honigberger).

günstige Zeit, um in ihr Bezauberungen anzufangen, und sie übt einen kraftgebenden Einfluss auf die dann gesprochenen Mantras aus. Der im lichten Viertel müde und hungrige Mond isst sich wieder voll (nach den Grönländern). Nach den Mintiras war die Sonne einst durch ein gleiches Sternenheer von Kindern umgeben, wie der Mond. Nachdem sie aber dieselben alle aufgefressen hat, verfolgt sie den Mond, der seine Kinder bei Tage vor ihr verbirgt, aber in den Eclipsen nahe daran ist, von ihr gebissen zu werden. Ai (gjünes) tutulmassy, das Ergriffen- oder Gehaltenwerden des Mondes (oder der Sonne) ist im Türkischen der Ausdruck für Eclipse. Naga (Schlange*) bezeichnet auf den Philippinen das Bugspriet oder die Bildverzierung eines Schiffes (wie bei den Drachenschiffen der Normannen). Verschieden von dem Drachen (ein schreckliches Thier, halb Hund, halb Fisch, mit glühenden Augen und furchtbarem Rachen) ist (in der Eifel) der Draach, der Nachts kommt (in eine Rinderhaut gehüllt) und sich auf Schlafende legt. Vasuki ist Herr, und Manusa die Königin der Schlangengötter, deren Verehrung**) Naga-Panchami heisst. Ihr Festtag wird im südlichen Indien Garura-Panchami (von ihrem Feind Garuda) genannt. Als unter der Regierung Lugim's in Aegypten die Krähen allzu zahlreich wurden, errichtete man (um sie zu schrecken) auf allen Thürmen der Stadt Krähenbilder mit darüber gewölbten Schlangen. Am Anfang des Kaliyuga regierte (beim Tode Krisnah's) Parixit (Enkel Arjuna's)

*) In the jungles of the Malays lives a rare serpent (cackling like a duck and with the gibbous and obtuse beak of that bird). Whoever finds it, has an inexhaustible mine of gold at his disposal. When this snake (ular chintamani) is found, it is prepared in a savoury dish, to be feasted upon and all the utensils, it has been cooked in, become converted in gold. Several women have been delivered of serpents, which, wherever put, found back their way to the bosom of their mothers, except when set down in the sea, under solemnities and with the supplication to succour their seafaring relations.

**) Quod si adversi quid illis accideret (in Samogitia) serpentum deum domesticum male acceptum ac saturatum esse credunt (Heberstein). Nach Servius ist anguis der richtige Name für Schlangen im Wasser, serpens auf dem Lande, draco in Tempeln. Beim Bau des Drachenkanals bei Alexandrien kamen viele Schlangen hervor, die sich in den Häusern zerstreuten, und die Wahrsager riethen ihre Verehrung als Dämons sub penatium deorum honore (Valerius).

in Orissa, wo sein Nachfolger und Sohn Janamejaja das Schlangenopfer brachte, aber auf Bitten des weisen Astikas die Blutrache für den Tod seines Vaters aufgab. Die späteren Könige führten Kriege mit dem Khan genannten Fürsten der Javana. Bei Wiederherstellung des Jaggarnath-Tempels dienten die Krähen als Zeugen des Erbauers. Die Schildkröten aber, die damals Steine getragen, entflohen. Die Welt zu stützen, nahm Vishnu die Form der Schildkröte (Kachljapa) an, und ist in der Gestalt Akupara's ihr Stammvater. Manasa wurde gegen Schlangenbisse angerufen (dem Weisen Dscharatkaris vermählt). Nach den Ophiten verwandte die Weltseele die Schlangenform (ὀφιόμορφος), um die Absichten Jaldabaoth's zu vereiteln. Bei Eclipsen beten die Chinesen zu Pussa gegen Amme-Pava, die verschlingende Kröte mit drei Pfoten. Dass man sich den Satan als eine zusammengewundene Schlange vorstellte, erklärt Clemens von Alexandrien damit, dass die Aegypter unter dieser Figur die Schiefe der Sonnen- und Mondbahnen anzudeuten pflegen. Bis an die Sterne jenseits des Thierkreises reicht der Drache oder die Mondbahn niemals, und deshalb verführt Moisasur nur einen Theil der himmlischen Geister. Die von den Nagas stammenden Nagbanschi in Chota-Nagpur sind den Maharaga verwandt, während die Munda und Uraon das Volk bilden. Die Kol*) verehren Gott als Gosainya. Vasaranaga, Fürst der Arvarnoi, verehrte die Schlangengötter. Chora Naga, Nachfolger des Mahachula in Ceylon, wird für immer in der Hölle bleiben, um eine sündhafte Zerstörung buddhistischer Tempel zu büssen († 50 a. d.). In dem Frickthaler Dorfe Magden vermuthet man fast in jedem Hauskeller eine Hausschlange, welche für freundlich und zahm gilt, sich aber nur im aussergewöhnlichen Falle blicken lässt (s. Rochholz). Im Emmenthal pflegt ein Wohnhaus zwei Hausschlangen zu haben, die mit Hausvater und Hausmutter leben und sterben. Im Königreich Zenaga oder der Joloff kamen die Verstorbenen als Schlangen zu ihren Verwandten zurück (nach

---

*) Ist das Wasser im Krug während der Nacht vermindert, so fürchtet der Kol Hungersnoth (wie bei den Höhlentöpfen Kambodia's und dem Horn der alten Slawen).

Dapper). Als im Streite zwischen Kasyapa's Frauen Vinata die Sklavin Kadru's geworden, verlangten die Schlangensöhne*) dieser von Garuda, dass er von Indra den Trank der Amrita (als Amritaharanas oder Ambrosia-Dieb) hole, wenn sie seine Mutter freigeben sollten (nach Somadeva). Dem fastenden Tukurama erschien der Gott in der Gestalt einer zischenden Schlange, ihn mit geblümtem Kamm umringelnd, verschwand aber, da er unerschrocken im festen Glauben blieb, für den vierarmigen Vithoba (s. Mitchell). Unter den Göttern der Fiji-Insulaner steht Ndengai am Höchsten, der in der Form einer grossen Schlange als Todtenrichter verehrt wird. In der Brahmana wird der Schlangendienst (Sarpavidya) erwähnt (nicht aber die Namen der Nagas und Maharogas), und in der Atharvasamhita sind die Sarpas ein Gegenstand vieler Gebete. An der Malabarküste wird die giftige Cobra di capella als heilig nicht getödtet. Nach Bardesanes werden die Scorpionen von den nicht durch sie Gebissenen gesegnet. Aus Furcht vor der Rache, zu welcher der Geist der getödteten Klapperschlange seine Anverwandten aufwiegeln würde, schonen die Seminolen (s. Bartram), Sioux und Yowa sie stets. Neben den Knochen des verbrannten Löwen führten die Krieger der Creek das, der aus dem Wasser hervorschauenden Schlange abgeschnittene, Horn als siegreiche Reliquie mit sich. Im Königsverzeichniss von Axum heisst der Mann, der die Schlange verstiess, Angabo (s. Dillmann). In den National-

*) Narayana Power or Narayan Bawa, the son of a Kunbi (of the cultivator class) became (1830), when between 9—10 years of age, an object of notoriety, as a bold boy in catching venomenous serpents (in the Sattara territories). Having cured lepers and lame, the was adored as an incarnation of Vishnu and when he (by the bite of a snake, brought by or Rakshaks in the shape of a low caste Mahar) died (the god wishing to rise up on another place) his tomb (with his shoes placed on the lower end and a piece of shining metal for the face) was attended (in singing and burning incense) by two Brahmans (one of the Dekkhan and one of Hindostan) with a shepherd (1837). During the time, when after the death of Narayana Power, people were waiting for the resuscitation of Vishnu, a poor weaver (passing through Satuall) was found sleeping in the temple and in the darkness of the night, held for the god, who received gifts from all the inhabitants, till next morning the mistake came out (s. Stevenson).

gesängen des weinreichen Koghten wurden (nach Mar Apas Catina) die Nachkommen des Astyages allegorisch als Nachkommen des Drachen (Ajtahag) erwähnt. Der ägyptische Sevak (Kronos oder Saturn) wurde in menschlicher Gestalt gebildet, mit einem Widderkopf und der aufgerichteten Schlange. Zohak war (nach den Persern) König der Diws oder Tasi (Araber), als Dasja (Feind) oder Dasa (Knecht) im Sanscrit. Von Krishna*) besiegt, bat die Schlange Kalya, die die Heerden der Gokal an den Ufern der Yamuna verschlungen hatte, um Schutz gegen Garudu, worauf ihr Krishna als Sicherheitszeichen seinen Fuss auf das Haupt abdrückte. König Nahuscha, von Agastya verflucht, fiel als Schlange herab. Unter Asoka's Nachfolgern wurde Rajah Nara durch den Fluch des nicht beschenkten Brahmanen in eine Schlange verwandelt (bei Srinaghur). Kharaman (Ahriman) ist bei den Armeniern der Name der Schlange und des Teufels. Steht der Tausendkopf der Schlange Tscheschen, die den Berg Kaliaschum stützt, der Sonne gegenüber, so entsteht eine Finsterniss. Der Tatshak oder Schlangenfürst und der Ses oder Schlangenkönig sprechen in Kashmir, ohne dass man weiss, woher die Stimme kommt (Hügel). Auf das Gebet des Eremiten Kasebab zu Matta verwandelte Siva den See Kashmirs in einen Garten. Mit Entfernung des Naga Karkota, der die Stadt Narapura zerstörte, verwandelte sich das Wasser des Sees in Milch. Der Schlangengott (Naga) Maha Padma bat im Traum den König Jeyanand, ihn vor der Verfolgung eines Zauberers aus Dravira, der das Wasser des Sees

*) Krishna's appellation of Govinda and Kesava, are translations of Apollo's titles in Greek, as νομιος (the herding) and εὐχαιτης (the well haired). Kal-Yamun, the foe, from whom Krishna or Kanya fled, is figured as a serpent, being the Tak, the ancient foe of the Yadus who slew Yanmeja, the emperor of the Pandus (s. Tod). The Curus and Takshacs were the political adversaries of the Pandus, the relations of Krishna. In Mewar bezeichnet Kanya einen gelben Mantel. At the birth of Garuda (Nag-Autaka or destroyer of snakes), the gods ran to Agni, because his wings set heaven in fire. Swaha ist Agni's Sakti. The Chippeways believe, that a mighty bird, whose eyes were fire, whose glances were lightning and the clapping of whose wings was thunder, was once the sole inhabitant of the globe.

in Wolken wandele, zu schützen. Nach dem Sattawecha (in Pali) kommt Rajah Naga Nachis hervor, auf einem Hügel anzubeten, und als der Koch, der den den Brahmanen gegebenen Schleim-Reis (oryza glutinosa) durch Missgeschick verdorben hat, davon isst, hat für ihn die ganze Natur eine Stimme und lernt er die heilenden Eigenschaften vieler Pflanzen kennen. Den kostbaren Stein Nagaretnum im Munde tragend, vermag die Schlange (als fliegende Schlange) weit zu springen (Rama Ayen). Die Araber glaubten, die Schlange *) sei kein gewöhnliches Geschöpf, sondern ein Dschinn (Geist) oder Dzinn (das Geheime oder Verdeckte). In Medina (sagt Mohamed) giebt es Dschinnen, die den Islam angenommen haben. Wenn Ihr etwas davon sehet, meldet Euch dreimal an, wenn es sich dann nicht rührt, tödtet es, denn dann ist es ein Satan. An Orten, die nicht verunreinigt werden sollten, malten die Römer ein paar Schlangen, als Bilder der schützenden Genien. Im Lande Haschivel, am Flusse dos Palmas, füttert der Priester (Tangamaas) die Schlangen im Walde des Götzen Tschyntschyn (Alvaro) 1462. Bahn vahana griff das Reich der unterirdischen Schlangen, unter Vasuki, an (als sie trotz des Rathes des besuchenden Sesha-Naga das Kleinod, um Arjuna wieder zu beleben, verweigerten) und schoss Pfeile als Pfauen, die die Schlangen verzehrten. Das Mahabbarata öffnet mit dem Verbrennen der Schlangen durch Rajah Janmeya. Als Arjuna mit dem himmlischen Bogen des Brahmanen Agni den Regen sendenden Indra bekämpft hatte, wird der Wald Kan-

---

*) According to the Devanga-Cheritra (in Telugu) the Muni Devenga, an emanation from the body of Sadasiva (when that deity anxiously meditated how the newly created race of beings in the three divisions of the universe were to be clothed) received from Vishnu the fibres of the stem of the lotus, that grew from his navel and fabricated (supplied with a loom and other materials by the Demon Maya) dresses for all the gods, the spirits of heaven and hell and the inhabitants of the earth. Being made king of Amodopattam, the sons of the daughter of Sheshs (the great serpent) conquered Surashtra and the sons of Surya (the sun) succeeded to their father in Amodapur, but were attacked by a number of combined princes and reduced to a miserable condition (in which they were glad to maintain themselves by the art of weaving) in consequence of the curse of the nymph Rembhi or Devanga, for being cold to her advances.

dava mit den bewohnenden Schlangen der (scythischen) Nagas von Krishna verbrannt (ausser ihrem Rajah Tashaka, der entkommt). Buddha ist Maha-Meghavahana als Herr der Nagas oder Drachen, die den Regen hüten. Die Singpho verehren Meghdeota oder Ning-Shis (als Gottheit der Sterne und Wolken), sowie Gautama. Die Bodhisatwa und Götter, die Buddha's Vorträgen zuhörten, bewahrten seine Lehre nachher in dem Himmel und den Palästen der Schlangen auf, bis sie später von dort durch die grossen Nachfolger Buddha's (Nagardschuna, Arjasanga u. s. w.) wieder zurückgebracht wurde.

Die Westküste Borneos ist besonders durch Colonien der Malayen*) und Chinesen besetzt, die nordwestliche durch die mohamedanischen Halbkasten aus der Westküste Indiens, auf der nördlichen finden sich Ansiedler aus Cochinchina, während die Piraten des Sulu-**)Archipelago sich im Nord-Osten festgesetzt haben

*) The (mahomedan) Malays (from Sumatra or the Peninsula) in Sarawak have mixed with the Dayak and Malanau populations (on the coast). The language of the Sea-Dyaks resembles the Malayan tongue (s. Brooke). The Dyaks or Dya (with the Mattu or Malanau and the Kayau) refuse to touch the flesh of cattle or deer (worshipping Juwata). Their forefathers came in a large ship from the or northward.

**) The island of Sulo was peopled originally with savage Papuas, who at this day inhabit some of the mountains of the interior. The Chinese were always in the habit of trading to these islands for pearls, but the first people, that shed any rays of civilization among them, were the Orang Dampuwan (or Sontopisalan). They governed the seacoasts, built towns, planted grains, opened the rivers, but finding the aborigines too faithless a race, lastly abandoned it. At lenght, the fame of their submarine riches reached the chiefs of Banjar, who opened a communication with them. They at lenght planted a colony there, sending over may settlers, and with a view to conciliate the faithless possessors of this rich isle, a putri of great beauty was sent and married to the principal chief, from which alliance have sprung all the subsequent sovereigns, that have governed Sulo. By this treaty of marriage, the island became tributary to the Banjermassing empire. Among the improvements, introduced by the Banjar-people, were the elephant, the teak-tree and the cinnamon, the place attracting many settlers (from Borneo and the southern isles of the Philippines), who drove the race of Papuas into the interior (s. Hunt). Sulo was anciently conquered by the Sultan

und Bugis aus Celebes (im Osten und Südosten) an der gegenüberliegenden Küste. Während des Aufstandes in Saigon wanderten Cochinchinesen nach Borneo. In ihren Prahus schweifen an der Küste die Lanun von Magindano, die Orang Badjo und die Orang Tidong. Im Süden und Westen werden die eingeborenen Stämme (neben den Dosun und Kayan) Dayaks genannt, im Süden Borneos Idaan (Merut) oder Marut, die Idaan bei den Sulu-Leuten, Dayak bei den Malayen*) und Biaju in Bangermassing heissen sollen. Schwaner erklärt Idaan als Bienennest oder Bienenstock. Von den Biajus findet sich ausser dem auf dem Lande ansässigen Stamme, ein anderer, als die sogenannten See-Zigeuner. Das Innere Borneos gilt von einem buschhaarigen Volke bewohnt, das sich durch wulstige Narben auf der Haut bezeichnet. Von wollhaarigen Tammans im Innern hörte Marsden. Nebst den Katan oder Maukatan sollen die rohen Punan des Binnenlandes mit den Orang Wut oder Olo Ot verwandt sein. Nach Dalrymple begriff das alte Reich von Borneo alle die Bissaya- und Tagala-Provinzen der Philippinen. Kessel unterschei-

of Magindanao. The arrival of the Chinese Emperor Songtiping with all his numerous retinue and subjects and settling in the northern parts of Borneo, gave that empire a weighty preponderance in these seas (1375 p. d.). The daughter of Songtiping was married to the chief of Arabia (Sherif Alli), who visited those shores in quest of commerce. Their son and grandson extended their conquests, the latter (Mirhomie Tambang de Buduk by name) conquered not only the whole of the Philippines, but likewise rendered the Solo empire tributary the Borneo. Three reigns after this, the Sultan of Borneo proper (named Nahoda Rogam) married the daughter of the chief of Sulo, named Putri Mirancbani. The fruit of this marriage was Mirhome Bongsu, who succeeded to the throne while yet an infant and while his uncle Pangerang de Gadang was regent. The rebellion of the regent, although effected with the assistence of Sulo, ended unsuccessfully, the party of the legitimate prince putting him to death on Pulo Cherimim. Unter Kamaludin, der zuerst den Titel eines Sultans annahm, kam der Sheriff Sayed Alli von Mecca und begann die Bekehrung der Buddhisten auf Sulo, wo er zum Sultan gewählt und als Heiliger in dem (von den Spaniern 1566 p. d. zerstörten) Grabe verehrt wurde.

*) The Timorians are subject to a whitish leprous disease, called Dayak by the Malays, die auch die Eingeborenen auf Celebes zuweilen als Dayak bezeichnen. In the dramatic performances (of the Balians), Klana Tanjung Pura is the same with Si-Malayu, which means a wanderer.

det auf Borneo die Pari oder Kajan im östlichen Theile, die Bidjadju (Njadju) in Banjermassin, die Stämme des Nordwestens (Sambas, Landak, Sarawak, Sadoug, Sekaijan), die Völker im Norden und Innern (in Bruni und am Kapua nebst den Piraten von Batang-Cupar und Seribas), und die Nomaden des Innern (Punan, Manketan, Ott oder Watt). Earl trennt von den Dayak, als Hauptstamm Borneos, die Negritos (Actas oder Papuas) des Innern. Ein Zweig der Daier sind die Daiu-Sträflinge auf Sumatra (nach Junghuhn) als Orugabung in Kuhn. Die Dayak kamen nach ihren Traditionen auf einem goldenen Fahrzeug, das an den höchsten Berggipfeln landete und dessen Bild sich an den Hausthüren oft angemalt findet (nach Veth). Nach Hageman führte Lembong Mangkurat aus Kling, der von Java nach Süd-Borneo kam, die Sitte Majapahits in Banjermassing ein. Von den drei Reichen Borneos lag Bruni im Norden, Banjermassing im Süden, während Sukkadana unter Bantam stand. Die Dayak unterscheiden die Sengiang (Geister der höheren Welt) und Djata*) (Geister der niederen Welt). Hatalla (Tonggal oder der Einzige) oder Gott weilt auf dem stets fliessenden und fortschreitenden Berge Bikit Ngantong Gandang. Ihm zunächst steht Radja Ontong (Gott des Reichthums oder des Glücks), während auf der andern Seite des Flusses, dem Berge gegenüber, Radja Sial, der Unglücksgott, wohnt. Tellon, Sklave des Todtengottes Tempon-tellon, führt die Seelen auf seinem Boote in's Jenseits. Der Raubvogel Antang ist die Ver-

*) The number of Djatas is said to be as large as the number of rivers and streamlets on the Island of Borneo (Lobscheid), wie bei den Dhimal und Bodo (nach Hodgson). Unter den Kajan in Borneo führen die Zauberärzte den aus dem Javanischen erhaltenen Titel Aji (des Sanscrit). Bei den Loutse wird der Kranke durch den Mouma (Wahrsager) mit Pfoten und Kopf eines Hahnes exorcisirt (Durand). Die Kradgis oder Zauberer in Australien senden und heilen Krankheiten. Der Manitosi (Irreinu), als alleinige Folge von Bezauberung durch Vukod lači (ein Gespenst aus blosser Haut bestehend, aus jeder Leiche entstanden, unter welcher eine Maus, Katze oder Hund durchschlüpft), durch die Mora (die Ἐφιάλτης der Griechen oder Alp), durch den Maulnorgo (einen stinkenden Proteus) oder angehängte Zapisi, erfordert (im albanischen Grenzdistrict Budua) als Universalmittel das Exorcisiren (Müller).

wandlung des Sambila-tiang (ihres Tato oder Ahnen), der zuerst das Kopfschnellen übte. Der von Radja Hantuen oder Radja Dohong Besessene fliegt Nachts umher, Blut auszusaugen. Von den Walddämonen hat Behutei keine beständige Form, sondern nimmt allerlei wechselnde Gestalten an. Die von bösen Geistern besessenen Männer heissen pahewan (unnahbar). Die Frauen versprechen den Erdgeistern (Kloa) Festlichkeiten, um gegen Abortus sicher zu sein. Die bei Verehrung der Geister der höheren Welt stattfindenden Ceremonien heissen Sangen und bestehen in dem Hersagen der Geschichte des Geistes, zu dessen Ehren das Fest gefeiert wird. Die Priester werden auch für die Mapas pali oder Reinigungen zugezogen, die nach einem Sterbefalle, der Erscheinung einer Schlange u. s. w. nöthig werden und gleichfalls von Bliangs (die ebenso die schwarzen Frauen schützen) verrichtet werden können. Die Bohu-itihn (alte Leute) oder Priester der Haitier betäuben sich durch das Kraut Cohoba (gepulverter Tabak), das sie in Nase aufziehen, und sprechen dann wunderbare Dinge (Pane). Sie setzen sich vor den Kranken, fassen ihn an den Beinen, befühlen die Schenkel und streibis zu den Füssen hinab, dann ziehen sie stark, als ob sie ein Glied abreissen wollten, und gehen dann zum Hause hinaus, die Thür schliessend und nach den Bergen oder dem Meere blasend. Im Todesfall wird der Kranke durch Eingiessen eines mit Nagel und Haaren bereiteten Kräutertrankes oder vor dem Feuer wieder belebt und gefragt, ob vielleicht der Bohu-itihu wegen unrichtiger Diät Schuld gewesen. Wenn er von den 10 Fragen bejahend antwortet, zerschlagen die Verwandten die Knochen des Bohu-itihu, aber Nachts zum Belecken kommende Schlangen machen ihn wieder gesund auf Geheiss des Cem's.

Das auch auf Guinea gebräuchliche Koppensnellen*) der

*) Als reden van dit Koppensnellen geven zij het volgende op: de geest van den overledene is nog niet dadelijk los van het aardsche, en mengt zich nog gaarne darin, en zoude zijn opvolger en erfgenamen hinderen in het rustig genot van gezag en besitting: om dit te doen ophouden of voortekomen wordt al zijne magt, al zijne zucht tot beslt gestapeld op het hoofd van eenen derden persoon, en dat afgeslagen, wardoor, alle verband tusschen zijne wereldsche

Dayaks wird ebenso bei den Kukis geübt, die die Schädel vor die Figur Shim Shauk's (den sie neben Khogein Puttiang verehren) niederlegen. Nach Sulayman herrschte bei den wilden Stämmen der Malayen der Brauch, vor der Hochzeit Köpfe zu sammeln, wie unter den Orang Abung, die durch ihre Nachbarn aus Sumatra vertrieben wurden. An den Grenzen Assams wird (nach McClellan) der adelige Rang nach der Menge der erbeuteten Schädel bestimmt. Auf den Andamanen fand Capitän Brooklyn einen Schädel eines dort getödteten Matrosen an einem Baume aufgehängt, mit ausgenommenem Gehirn, das bei den Festen auf Luzon geschlürft wird. Die grossen Herren in Cupang (Timor) stecken die Schädel ihrer Feinde auf Pfosten vor den Häusern auf (Dampier). Nach den Opfern der Mexikaner wurde die Schädel in die Wände ihres Tempels eingefügt, und der König von Ashantie unternahm Kriegszüge, wenn ihm zur Vervollständigung seines Palastes Schädel fehlten. An der Goldküste wurden die erbeuteten Schädel an die Trommeln gehängt, um sie durch die Erschütterung beim Schlagen derselben zu quälen. Nach einem Kriege mit den Holländern packten die Engländer (wie Römer erzählt) die durch ihre schwarzen Truppen erbeuteten Schädel in einen Kasten und hingen sie in ihrem Fort

---

neigingen en de voorwerpen daarvan wordt afgesneden (auf den Nyas-Inseln im Süden) nach Nieuwenhuisen und Rosenberg. L'Australien ne croit pas à la mort naturelle. Si on le laissait vivre (pense-t-il), il vivrait éternellement. Quand il meurt, c'est par suite d'empoisonnement, de sortilège, d'un maléfice, d'une inimitié quelconque. L'ennemi du décédé est bien vite soupçonné, en cas de doute on consulte un sorcier, on suit de l'œil un insecte ou oiseau, qui doit nécessairement voler dans la direction de cet ennemi. Auch von den Abiponen bemerkt Dobrizhoffer, dass sie selbst bei Todesfällen in Folge offenkundiger Verwundungen diese natürliche Ursache nicht zulassen. Nach den Bechuanas verwandelt sich das Herz des Gestorbenen in einen kleinen Vogel klagenden Gesanges (Casalis). Bei den Arabern entfliegt (beim Sterben) dem Hirn der Manah genannte Vogel. Bei den Wenden ist der Adler die Seele der Gestorbenen. Die Serbier sehen in dem Kukuk die Seele ihrer Verwandten, die Longobarden in den Tauben. Der Raum des römischen Grabes, der die Aschenurnen enthielt, hiess (wie das Flugloch des Taubenkobels) columbarium, als dem Fluge der Seelen dienend. Die Seele flog aus dem Körper, Niemand weiss, wohin sie flog, setzte sich auf einen Hain nieder, auf den grünen Rasen (im mährischen Liede).

auf, ein so hohes Lösegeld darauf setzend, dass die Verwandten sich gezwungen sahen, sie durch Diebstahl zurückzuerwerben. „An deren Stelle aber liessen die Chef-Agenten andere Köpfe verstorbener Sklaven einpacken und verwahren," die im Inventario fortgeführt wurden (1769). Als nach der Niederlage der Schädel Sir Charles McCarthy's (1824) als Trinkbecher verarbeitet wurde, liess die Familie den von den Ashantie zurückgekauften im Familienbegräbniss beisetzen, soll aber später erfahren haben, dass es ein Negerschädel gewesen. Die Battas bewahrten in der Rathshalle (Soppo) des Dorfes den Schädel eines Feindes, den geschmückten Kinnbacken eines ausgegrabenen Büffels, die in einem Korbe gesammelte Asche eines verbrannten Knaben, alte Inschriften auf Bambus, das heilige Buch Astaha, das auf papierähnlichem Baumbast geschrieben war, und das Kriegsbanner (s. Junghuhn).

Im Südwesten von Celebes werden zwei Sprachen geredet, das Makassar (Mengkasa oder Mengkasara) und das Bugis*) (Wagi oder Ugi). In Mandhar und Nachbarschaft gilt die Mandhar-Sprache. Das Centrum und die grosse Masse der Insel wird von den Turajasor Harafuras bewohnt, die für die Eingeborenen gehalten werden und einen einfacheren Dialekt reden. In der nordöstlichen Ecke der Insel, in Manado und Gunung telu, scheiden sich die Eingeborenen durch einige Eigenthümlichkeiten ab. Bei dem Mangel an Frauen ist das Wehrgeld für diese höher als beim Mann. Die Bewohner von Baikonka in Celebes jagen Köpfe nach der Ernte (für ihre Ahnen), die Turajas vor der Ehe (wie die Dayak in Borneo oder die Harafuras im östlichen Archipelago) und begraben Todte in ausgehöhlte Felsen. Die vor dem Islam gebrauchten Friedhöfe heissen Patunan (Verbrennungsplätze) bei den Bugis. Der Lamuru oder Begräbnissplatz der Königsfamilie (Krüge und Urnen mit Asche enthaltend) gilt für heilig in Makassar. Das Makassar-Alphabet

*) In the Bugis states, the earliest stories refer to a period subsequent to the Galigas of Sawera Gading and in the Makasar states to the Hupanis of Ma Reseang. The Galigas contain an account of the peopling of Luwu or Lawat from heaven.

gleicht dem der Battas in Sumatra, weniger vollständig als das der Bugis, deren Sprache gleichfalls zum Malayischen gerechnet wird. Die Sprache der Turajus oder Haraforas liegt den Dialekten der Makasser, Bugis und Maudharesen (die alle mit ähnlichen Alphabeten schreiben) zu Grunde. Der Islam wurde in Makassar 1603 durch Khatch Tungal Datu von Menangkabow in Sumatra) eingeführt und begreift fast alle Bewohner im südwestlichen Theile der Insel (ohne Trennung der Secten Omar's und Ali's zu kennen, und dem Propheten folgend). Arabisch wird nur von den Priestern gelernt. Die Beschneidung wird bei Mädchen früher als bei Knaben vorgenommen. Sumbawa wird gleichfalls auch Celebes genannt. Nach Junghuhn hiess der erste König von Celebes Batara Nguru (eine Benennung Siva's). Die Könige von Bima stammten (wie die abyssinischen Könige) von einer grossen Schlange, die durch einen Dewa geschwängert war. Die javanischen Colonisten kamen von Nissa Satonda und ihr Fürst leitete sich von Indra Djamrut, Sohn des Sang Bima in Java, her. Nach Einführung des Islam (1450—1540) herrschte Abdul Galier, als erster Mohamedaner. Die Sprache Bimas, die bald mit Makassar-, bald mit arabischen Buchstaben geschrieben wird, weicht bedeutend von der malayischen ab. Von der alten Sprache, die verloren gegangen, ist nur das alte Alphabet übrig, das indess ausser Gebrauch gekommen ist. In Sawakh werden die javanischen Buchstaben gebraucht, von denen die verwandte Sprache von Sembawa meist mit den Makassarbuchstaben geschrieben wird. Sembawas wurde (1624) von Makassar unterworfen. Die Bewohner Tamboras, die von Flores einwanderten, sprechen einen Dialekt, der von den übrigen auf der Insel abweicht. Neben dem Grabe des Rajah wird (auf Celebes) eine Hütte gebaut, wo die Wittwe einen Monat verbleibt, und wenn sie dieselbe verlässt, wird ein Mädchen getödtet (Woodard). Der Rajah von Goa führt den Titel Kernang. In Dumpali (auf Celebes) schiessen die Eingeborenen aus Blasröhren (Sumpit) vergiftete Pfeile ab (wie die Eidahans auf Borneo). Ausser von Makassaren (oder Malayen) und Buggesen ist Celebes von dem wildnomadischen Volke der Badju bewohnt (Ehrmann). Parlow ist Sitz des Rajah vom Stamme der Uneuiller, von dem ein Theil durch die Einwohner von Dungaly (Abkömmlinge des Tremang-stammes) unterworfen ist. Der Kris, die auf Celebes erfundene Lieblingswaffe, wird beim Siegestanz in zitternde Bewegung gesetzt. Unter Kraiu Moutemarani aus Celebes liessen sich die Makassar bei Surabaya nieder. Die Makassaren (auf Celebes) verehrten beim Aufstehen und Niederlegen Sonne und Mond, oder bei wolkiger Zeit, ihre im Hause gehaltenen Bilder. Obwohl sie sich, wegen des Glaubens an die Seelenwanderung, des Tödtens der Thiere enthielten (ausser dem des schmutzigen Schweines, zu dem auch die sündhafteste Seele nicht herabsinken könne, oder der Vögel, als zu klein und zu wenig entwickelt für den Aufenthalt einer menschlichen Seele), opferten sie doch Büffel, Kühe und Ziegen den Gestirnen der Sonne und des Mondes, die sie nicht in geschlossenen Tempeln, sondern auf freien Plätzen anbeteten. Der Himmel hatte nie einen Anfang gehabt, und früher herrschten dort Sonne und Mond in Ewigkeit. Als aber einst, wegen Streitigkeiten, die Sonne den Mond verfolgte, kam dieser auf der Flucht mit einer schweren Masse nieder, die als Erde herabfallend sich öffnete und zwei Geschlechter von Riesen hervorgehen liess, von denen das im Meere waltende durch Niesen die Stürme erzeugt, wogegen das im Innern der Erde weilende an der Erzeugung der Metalle (mit Sonne und Mond zusammen) arbeitet, aber, im Zorne bewegt, Erdbeben hervorbringt. Qu'au reste la lune était encore grosse de plusieurs autres mondes, qui n'avaient pas moins étendue que celui-ci, qu'elle accoucherait de tout successivement l'un après l'autre, pour réparer les ruines de ceux, qui seraient consommés de 100,000 ans en 100,000 ans par les ardeurs du soleil. Aber diese Entbindungen würden nicht, wie die erste, zufällig Statt haben, sondern in regelmässiger Ordnung, da Sonne und Mond aus Erfahrung die Gefahren ihres Zwistes für das Bestehen der Welt erkannt und sich jetzt in die Herrschaft des Himmels getheilt haben (Gervaise). Kasimbaha auf Celebes raubt das Gewand der Utahagi, die mit sechs Himmelsnymphen (in Gestalt weisser Tauben) zum Baden herabgekommen war (wie im birmanischen Drama). Als Tangotango, die Gattin des Häuptlings Tawhaki (auf Neuseeland) nach ihrer himmlischen Heimath zurückgeflogen war, kletterte er an Ranken aufwärts, wie sie ihm im letzten Moment des Abscheidens gerathen, als sie noch mit einem Fuss auf der am Ende der Firststange über der Hausthür ausgeschnitzten Figur ruhte, zum Aufschwung fertig. In der Volundarquvida sitzen drei Mädchen am Strande mit ihren Schwanenröcken neben sich, und den als Tauben zur Erde geflogenen Jungfrauen entwendet Wieland die Kleider.

Nachdem die Dynastie der Bugis*) sich befestigt hatte

*) In the first place (according to the Bugis) there was a supernatural being of the female sex, who being married to Taya Rasupa, a person sprung from under the earth, had issue a boy and a girl, who were called Ladiwati and Chulipuyi. Marrying Ladiwati, a son, called Lepian (Matan-tika, Malati-saprang, Pulu Datu Pamusa) was born to Chulipuyi. When Pamusa (residing in the country of Teku or Boni) died, the country of the Bugis remained without a Raja for 7 generations, at the end of which period a Rajah springing up among the Bugis themselves, government was again introduced into the country. On the occasion of a storm there was observed in the middle of a plain, dressed in white, one of human shape (supposed to be a supernatural being), and to whom many people went up in a crowd, asking him to remain and not to fly about from place to place. He consented, but added, if they required a Raja, his master would be more fit, he himself being only a slave, and then led the Boni-people to the plain of Matajam, where (after a tempest and earthquake) were discovered, seated on a stone, four supernatural beings, of whom three were separately employed in holding the umbrella, fan and siribox of the other, who was dressed in yellow. Being asked by the Boni-people not to continue to wander about and to become their Raja, he settled at Matajam, begetting 5 children, one son (married to a Boni woman) and 4 daughters, one of whom was married to a man of Palaka. After 40 years the supernatural being disappeared and was succeeded by his son, who (in point of size and height without equal in Boni) introduced the manufacture of krises, which he could model out of pieces of iron by means of his fingers alone. The best informed natives (in Celebes) call themselves descendants of Hindus and the names of their deities (Batara Guru, Baruna etc.) indicate former intercourse. Some of the inhabitants of Luwu and the neighbouring states of Bontain dress like Hindus of western India and Hindu temples are said to exist in some parts of this state. Bitara Guru was the eldest son of Dewata Pitutu by Dewi Palengi and inhabited the seventh heaven. Dewata Pitutu had a brother, called Guru Reslang, who held the rule of the region under the Earth. Dewata Pitutu had 9 children. Dewata Pitutu rubbed Bitara Guru with a medicine of the piece of chewed betel, which occasioned him to swoon. Having put his son in a hollow bamboo and rolled this up in a piece of cloth, Dewata Pitutu, causing the gates of the sky to be opened,

(1368), rüstete sie in Verbindung mit dem Volke in Makassar (unter Kraing Samerlak) Piratenschiffe aus, um den Handel Malacca's, während der Herrschaft Munsur Shah's, zu stören (1374). Die Eroberungen der Bugis dehnten sich einst bis Achim auf Sumatra und Quedah in der malayische Halbinsel aus, und Crawford setzt Celebes als das Centrum der Cultur, die sich von dort über die östlichen Inseln verbreitete.

Die Bugis nennen sich selbst Ugi oder Wugi und sprechen die im Süden übliche Sprache von Makassar (Mengkasa oder Mengkasora), der die Mandhar-Sprache verwandt ist. Im Norden und Innern von Celebes leben die Turajas (Haraforas). Nach Leyden ist die Sprache der Bugis der der Battas verwandt. Der alte Kalender der Bugis wurde durch den mohamedanischen ersetzt. In ihrer alterthümlichen Sprache (die dem Kawi der Javanesen entspricht) sind (nach Crawford) ihre sagenhaften Romanzen geschrieben. Die Orang Sabimba, malayischen Stammes, die früher im Lande der Bugis lebten, litten auf der Reise nach Celebes Schiffbruch in Battam und zogen sich, da ihre Hütten für sieben Male nach einander durch Piraten zerstört

---

having sent down his son to earth (amidst a great tempest). Having reached half way down between sky and earth, Bitara Guru (in his fright) threw about the articles, given him, from which every thing living and dead (in the animal, vegetable and mineral kingdoms, which are to be found in the country of Lawat) originated. After his arrival on Earth, Bitara Guru, having burst the bamboo, wandered through the woods till he came to the side of a river, where he met with a king of the gods dressed in yellow. One night arose a tempest and on its clearing up, there was seen a fine country with a superb palace, fort and houses. Here Bitara Guru sat himself down as a sovereign, with a complete establishment, and gave it the name of Lawat. In a colony of Java settled in the southwest limb of Celebes, may names of places were transferred. In the genealogy of the sovereigns of Luwu, one of the first of their Dewur princes is said to have been married to a princess of Majapahit on Java. The heroically historic poem of Sawira Gading was composed by Sa Galiga, son of Sawira Gading, and the books, called after him Galiga, belong to the history of the heroes, who are supposed to have lived previous to the seven generations of anarchy which subsisted at Boni. Sultana Zaenab Zakejat Udin, the 17th sovereign of Boni, subsequent to the anarchy, wrote an historical poem, containing the exploits of all the sovereigns of Boni, from the reign of Mata La Sampo, the menuron of Matajam, down to her own time. The Rupama is of the same age as the Sawira Gading

waren, in die Wälder zurück, wo sie einander das Gelübde ablegten, nicht länger das Feld zu bebauen und keine Hühner zu halten, weil sie das Krähen der Hähne verschiedentlich verrathen. Die Papuas auf Neu-Guinea flichen auf Kähnen, wenn die Horaforn zu Lande, und in die Wälder, wenn sie zur See angreifen. Die ursprüngliche Heimath der Bugis von Waju fand sich am See Tapara-Karaja im Norden des südwestlichen Armes von Celebes. Ihren verlorenen Prinzen suchende Edle von Manilla kamen nach Gowa (Goa) in Celebes und erkannten ihn dort in der Person des Prinzen, der der bis dahin unfruchtbaren Königin nach dreijährigem Verzuge geboren war. Er sprach mit ihnen in der Sprache Manillas und erkannte (wie der wiedergeborene Dalailama) seine früheren Spielsachen und Kleider, die man mitgebracht hatte. Sein Vater erlaubte ihm, den Thron Goas zu erben, und sandte jährlich Geschenke. Fürst I-Maliugkaaug (später Abdallah) erkannte bei Tollo in Celebes,*) in der Mitte fünf auf einem Steine sitzender Männer, den Propheten Mohamed, der ihn bekehrte und die Glaubensformel in seine Hand schrieb (s. Matthes). Der Buddhismus war früher durch eine ähnliche Erscheinung goldglänzender Schirmträger (wie die Eteo-Butaden im Monat Scirophorios) eingeführt. Die für die Asche des heiligen Sche-Yoeseoepoe nach Bantam geschickten

*) Böto-Lempangang (the soothsayer of Lempangang) prophecied the prince of Sowa (in Celebes), that the man, by whom he would perish, was still in the womb. After all pregnant women had been killed, by dragging a boat over them, he prophecied afterwards that he was just born, and although all young children were killed, afterwards that he was wearing the kris (as the hero Aroe-Palakka). The stolen treasure of the king was found by the prophet through the confession of the seven thiefs, who heard his remarks, when his wife brought him (one after the other) the seven cakes. When death was near, the Böto (soothsayer) assembled all his descendants, and ordered them to deposit afterwards offerings on the place, he was standing (without prayers) and then disappeared (noise in the grave, with his foot-traces, indicates war). The Koelaoe (stony concretions in fruits, animals etc.) are considered as amulets (which make invulnerable), by the inhabitants of Celebes, who estimate the most the Koelaoe naga (concretion of a dragon) and the Koelaoe-oelara (concretion of a serpent). Long life is ascribed to a Koelaoe in the interior of the person, at whose death all strive to catch the Koelaoe.

Boten des Rajah von Gowah wurden im Traume belehrt, den Nachstellungen der Holländer zu entgehen, und die Handvoll vom Grabe genommene Erde vermehrte sich wunderbar in ihrem Korbe. Die im XVII. Jahrhdt. unter Dain Mangali in Siam angesiedelte Colonie der Bugis wurde durch die mohamedanischen Priester angereizt, die heidnische Dynastie zu stürzen, missglückte aber in ihrem Unternehmen. Als der König Golcondas eine Copie des Koran an den König von Siam schickte, suchten seine Emissäre die heilige Sprache des Pali durch die ihrige zu ersetzen und sollen in der Disputation mit den siamesischen Priestern den Sieg davon getragen haben, dann aber durch Constantin Faulcon, in seiner Empfehlung des römischen Katholicismus, wiederlegt worden sein. Craen Sombanco (Vater des Craen Biset) eroberte (als König von Hongaças oder Maçaçar auf Celebes) die Provinzen Mandar und Baugnis. Sein Bruder Daen Ma-alle flüchtete vor den Nachstellungen der Holländer nach Java und nahm dann die Einladung des Königs von Siam an, wo die von seinen Begleitern angezettelte Empörung durch Constanz unterdrückt wurde (s. Gervaise). Auf die Daens oder älteste Klasse der Adeligen in Celebes folgen die Cares und dann die dritte Klasse der Lolos. Ruis Vas Pereira, Gouverneur von Malacca, schickte die Gesandten des Königs von Soppeu auf Celebes) mit Anton Paiva zurück, der den König auf seinen Wunsch in der neuen Religion des Christenthums unterrichtete. Als diese Neubekehrten am Hofe des Königs von Makassar mit einigen Mohamedanern Samatras über die Vorzüge ihrer Religion stritten, wurde beschlossen, diejenige Religion anzunehmen, deren Lehrer zuerst ankommen würden, worauf die Königin von Achen mehrere Cazi schickte, die zum Islam bekehrten (s. Gervaise). Um nicht die Frauen allgemein (wie die Mohamedaner) der Verdammniss zu überliefern, werden sie (in Makassar) beschnitten. Die Aggnys (in Celebes) setzen den zu beschneidenden Knaben zwischen die Hörner des Kopfes eines geopferten Büffels. Die Sklaven der Aggnys (auf Celebes) theilen sich in die Labes (die beim Opfern helfen), die verheiratheten Santary (die die heiligen Bücher bewahren und die Moscheen reinigen), sowie die in Mekka von Mufti geweihten Touans, die predigen. Der Stamm der

Waju oder Tuwaju unter den Bugis*) auf Celebes besteht aus einer Conföderation von 40 Fürsten. Der Häuptling wird unter dem Titel von Arung-matowa (oder Fürst-Aeltester) erwählt, und sechs Fürsten bilden seinen Rath, als Bati-lumpo (oder grosses Banner). Nach Crawford sind auf Celebes noch Panzerrüstungen in Gebrauch. Zur Wahl des Aru Matoah treten die sechs erblichen Häuptlinge unter dem Beting in Wajo zusammen. Die gelbe Gestalt, die in Boni auf Celebes erschien, ward auf den Thron erhoben. Nach Antreffen des gelben Königs herrscht Guru als Bitaru Guru in Lawat. Die Civilisation der Bugis hatte ihren ursprünglichen Sitz an den Ufern des Sees Labayo oder Taparang Danao. Auf Latamamauy, dem ersten Könige von Soping, der vom Himmel gefallen war, folgte sein Sohn Lamanra-Tjina in Celebes. Loeri Seero, Sohn des Toenia Tonkalopi (Königs von Goa) ging von Negeri Sero nach Java und baute bei seiner Rückkehr die Stadt Tello (in Celebes). Sein Sohn (Toenia Luboeri Soeriwa) vermählte sich mit der javanesischen Prinzessin Njai Papati aus Suribaiya und begab sich nach Malacca, wurde aber auf dem Rückwege ermordet. Nach der Verbindung mit Makassar eroberte Boni das Königreich Luhu oder Luwu, einst das mächtigste auf Celebes. Die Insel Saleijer wurde von Toemaparisilla-Kallonna, König von Makassar, erobert. Die Eroberungen Makassars begannen mit dem Islam (1603). Die Bergbewohner von Toeradja auf Celebes**) sind meistens Heiden. Loeboe (Loewoe oder Luwu), mit

*) The Cochinchinese language is generally spoken throughout Palawan and Megidano, further westward and particularly about the coasts of the more westerly islands; it is mixed with the Bugis. On the northern points of Borneo, the Cambojan language is as much spoken as any other and many Mahometans coming from Browe to Coti speak it fluently (Dalton).

**) Het Makassaarsche manuscript der opvolging hunner Koningen spreekt van vier regeerders voor de komst van Toemanoeroenga, dat is: die van den hemel is nedergedaald, namelijk: Batara Goeroe. Na hem zijn broeder die alleen met een bijnaam bekend is, als de door Talali vermoorde. De derde is: Ratoe Sapo Marantaija, en de vierde Karaeng Katanka. Na het overlijden van dezen daalde, op zekeren tijd eene schoone vrouw met een goud en keten omhangen met den hemel, welke door de Makassaren voor hunne Koningin werd aange-

den Alfuren zusammengrenzend, ist noch ein heidnisches Land auf Celebes geblieben, und die Bewohner sind für ihre treffliche Bearbeitung des in den dortigen Minen gefundenen Eisens berühmt (im Anschluss an die Lawa des Festlandes).

Forrest unterscheidet unter den Bewohnern der Molukken die langhaarigen Mohren brauner Farbe (den Malayen ähnlich) und die haarwulstigen Papua. Die Arafuras der Berge betrachten sich als abhängig von den Küstenbewohnern (Kolff). Nach Earle wird der Name Alfuren *) oder Harafuren von den Malayen allen wilden Stämmen gegeben, die in den Wäldern leben. In Ternate wurde 1317 p. d. die bisher in directer Linie erbliche Succession auf die Seitenverwandten des Fürsten übertragen. Die Insel Ternate, die einst ihre Herrschaft über die Molukken und einen Theil von Celebes ausgedehnt hatte, ist (ebenso wie Tidor) von einer einen malayischen Dialekt redenden

nomen een den naam outoing van Tomanoeroenga. Dezen huwde met den Koning van Bonthain, niettegenstaande hij reeds bevorens te Bonthain gehuwd was. Om deren dubbelden echt werd die Koning Karaeeng Baljae genoemd. Hij bragt zijnen broeder Lahi Padada met zich naar Goa, welke de rijkstabel (soedang) aan de Makassaren heeft nagelaten. Uit dit huwelijk is voortgekomen een zoon (Toema Salanga-baraeeng), waarvan de moeder drie jaren zwanger was, zoodat hij na zijne geboorte konde gaan en spreken, ondertusschen was hij zeer mismaakt van gestalte Koning is verdwenen, nalatende een zoon (Ampoeng Low Leembong). Deze liet als zijn opvolger mede een zoon na (Toenja Tabanrie), de opgevolgd is door zijnen zoon (Kraeeng Poeanga-ri Goa). Zijn zoon is de eerste sterfelijke Koning geweest and werd genoemd Toenja Tanbalapi. Hij liet twee zonen na. Batara Goa, die in Goa opvolgde, en Karoeeng Lowe-ri Seero, erste Koning van Tello. De eerste Koning van Boni is uit den hemel gedaald. Hij had geenen naam, doch werd gemeenlijk genoemd Mata Selompoe, tgeen „de Alziende" beteekent. Hij trouwde met eene prinses van de negeri Turo (gelegen bij Boni), welke mede uit den hemel gedaald was. Zij verwekten eenen zoon, met name Laoemassa en vijf dochters. Uit deze alleen zijn de volgende Koning afkomstig. De eerste Koning heeft de wetten van het land, zoo als je tot heden toe onderhouden worden, ingesteld en een standaard gemaakt. Latamamang, de eerste Koning van Soping, is uit den hemel gedaald.

*) The Portuguese called all the free inhabitants of the interior of the Molucca Islands Alforas (manumitted slaves), to distinguish them from these, dwelling in towns. Die Arfaki bewohnen die Arfaki-Berge auf Neu-Guinea.

Mischrasse bewohnt, ohne eingeborene Bevölkerung. Zeijnulabedien (König von Ternate) reiste nach Giri in Java, um sich im Islam unterrichten zu lassen. Almansor, König von Tidore, schützte die Spanier (unter Magellan), da der König von Ternate die Portugiesen begünstigte. Das Bergvolk der Beduis bei Bantam wird von der Regierung auf 40 Personen gehalten, indem Ueberschuss sich mit den Nachbarn mischen muss (als Strafe früherer Räubereien). Nach Ridjali ward die Insel Amboina zuerst durch Patem Selan Binaur, der von Ceram gekommen, bevölkert, dann kamen im Gefolge der Kinder des Königs Tuban in Java (Kiaij Foelie, Kiaij Daoed und Njaij Merus) Emigranten von Java nach Amboina; später liess sich Perdana Djamilo, Fürst von Gilolo, in Amboina nieder, und zuletzt brachte Matta Lian (Vater des Goram) eine Colonie nach Amboina (1465 p. d.). Die Inseln von Banda wurden durch entlaufene Sklaven aus Ceram, Keij, Arouw, Timor, Solor, Buton, Tenimber etc. bevölkert. Im Jahre 1500 p. d. herrschten vier Könige in Banda. Die Inseln Ceram, Buru und Gilolo waren durch Alfuren bevölkert. Die molukkischen Inseln (Gilolo, Ternate, Tidore, Motir, Makjan und Batjan) wurden meist durch Chinesen bevölkert, die (1278) vor den Tataren geflohen waren und sich mit Japanesen, Javanesen, Makassaren, Malayen, Arabern, Borneern u. s. w. mischten. Gilolo bildete seit den ältesten Zeiten ein selbstständiges Königreich, und der König von Gilolo, als Djilomo Kalano (König des Golfes), nahm den ersten Rang unter den Königen der Molukken ein. Später (seit 1250 p. d.) verlor er an Ansehen und viele seiner Unterthanen wanderten aus nach Ternate, Tidore und Batchian. In den Kriegen mit Gilolo dehnte Siale, König von Ternate, seine Eroberungen aus (1284 p. d.). Vor Ankunft der Holländer war die Gruppe der Molukken bei Gilolo den Sultanen von Ternate unterworfen, die im XIV.—XV. Jahrhdt. ihre Herrschaft über den Archipelago ausdehnten. Nach Pigafetta hatten sich die Mohren der mohamedanischen Malayen 1470 in den Molukken und auf Gilolo festgesetzt. Zwei mohrische Sultane herrschten dort und ausserdem im Innern (1521) ein Heidenkönig, der Rajah Papuah. Auf den Molukken ist (nach Leyden) die Ternata-Sprache gewöhnlich. Bei ihren

Todtenfesten stellen die Arafuras*) vor den an einer Leiter aufrecht hingestellten Leichnam Speise**) hin und stecken ihm, da er nichts davon nimmt, die Gerichte in den Mund, bis sie wieder herausrinnen. Alle ihre Bemühungen fruchtlos sehend, bringen sie den Körper nach dem Walde und pflanzen einen Baum daneben, welche von nackten Frauen ausgeführte Ceremonie Sudah Buang heisst, da der Körper jetzt entfernt ist und nicht länger auf Worte hört. Alles Besitzthum des Verstorbenen wird zerbrochen. In den Tenimber-Inseln wird ein Dach über die Leiche gebreitet. Die Kemi hängen neben den Werkzeugen, die im Leben gebraucht wurden, lebende Hühner in Käfigen über dem Grabe auf (nach Stilson) in Araion. In Bali wird die Leiche durch eine Oeffnung rechts von der Thür hinausgeschoben, um den Teufel einen Streich zu spielen (s. Prevost). Auf den Marianen wird der Geist des Abgeschiedenen gebeten, in einem, neben der Leiche gestellten Korb seinen Wohnsitz***) zu nehmen oder sich wenigstens darin auszuruhen, so oft er zum Besuche seiner Verwandten zurückkommen sollte. Der Aufenthaltsort der Seelen ist das Gebirge Sinajowan (bei den Alfuren auf Celebes). Beim Begräbniss bittet eine alte Frau den Geist des Verstorbenen, er möge sich entfernen und nimmer wiederkehren, um nicht

---

*) The Arafuas, without hope of reward or fear of punishment after death, live in the greatest peace and brotherly love together, recognizing the right of property (Kolff). As no Arafura has returned after death, they dont know any thing about a future state, and having never heard, they dont know, who has created the world. Dasselbe bemerkt Heiffter auf der malayischen Halbinsel und ist sonst häufig. ¿No ves el sol que sale por aquel lado y se marcha por este? Si lo veo! ¿Y quien ha hecho este sol? No sé, señor! ¿No ves un árbol que empieza à salir de la tierra y luego va creciendo hasta hacerse mas alto que tu? Si, señor: ¿Y quien lo hace crecer? ¿Como, hé de saber yo esto, señor? (Gespräch zwischen einem Cura und einem Igorrote).

**) The deceased Raja of Lombok had every day a sumptuous table spread for him (Ennis).

***) Si quelqu'un traversait le pilier d'une maison, l'âme de celui qui l'avait construite ne manquerait de venir invisiblement et tirer vengeance d'une telle action (s. Freycinet). The women of the Siah-posh (worshipping Bureh or Mahadeva) pick up the bones of the carcasses, eaten by birds, and throw them in a case, saying „This is the heaven for you" (Mohun Lal).

die Hinterlassenen zu plagen und zu beschämen. Nach dem Changalclegat*) auf den Mantewe-Inseln) fischte ein Sinetu oder Dämon eine Kiste mit menschlichen Formen (aus der See auf), die aufwuchsen und das Land bebauten, während der Sinetu sich in einen Iguana verwandelte, um sie gegen Ungeziefer zu schützen. Als ein Affe die herabgenommene Frucht aufgegessen, glaubten die Menschen nicht der Erzählung des Iguana, sondern tödteten und assen ihn als den Thäter, fielen aber dann todt nieder, worauf aus ihren Körpern der zum Vergiften der Pfeile dienende Ipu-Baum aufwuchs, und von dem allein übrig gebliebenen Paar die jetzigen Bewohner der Mantewe-Inseln stammen (s. Rosenberg). In Bonny ist der Iguana Fetisch, wegen Fressens der Insecten. Die Lakuafi auf der Insel Vidua pflegen einige Jahre nach dem Tode die ausgegrabenen Knochen ihrer Verwandten in Körben neben den Häusern aufzuhängen. Die Arru-Insulaner fürchten besonders die Blattern (nach Bondyek-Bastiaanse) und lieferten deshalb alle gewünschten Handelsartikel einem Chinesen, der sich Toukan-tiarjar (Herr der Blattern) nannte und, um Schrecken einzujagen, eine Holzfigur mit rothen Flecken im Gesicht, als Boncha-gabe-gabe, vor der Thür seines Hauses aufhängte. Neben den bösen Geistern der Schaitan und Div (in Turkestan) halten sich von den weiblichen die Albesti in Blumengärten auf, die Adschineh in verlassenen Gebäuden. Die Falbini (Schicksalsseher) treiben Wahrsagerei. Isti sunt potentes a seculo viri famosi, heisst es von den Nephilim in der Genesis. Nach der Entbindung geht die Mutter (bei den Alfuren auf Celebes) zum Wasser und schlägt mit der Hand

---

*) When they have need of the aid of one or more of the Sineta, the village chief goes to the nearest forest to invoke them, (the spirit answering in the Mantawei-language and with a voice like that of an old man). Das Jahr wird in zwei Hälften getheilt, Akau und Ruran, während der sechs Monate, wo es die im Mai aus der Erde hervorkommenden Land-Krabben (Akau) zur Speise giebt und diejenigen, wo sie fehlen (wie man die Monate ohne und mit R nach den Austern scheidet). In den Lieukiou-Inseln wurden die Jahreszeiten nach den Blüthenerscheinungen bestimmt, und Gleiches fand Statt in China unter den Ti-hoang (irdischen Kaisern), wovon das Jahr der Blätterwechsel hiess. King Phria Has Saug lived in a shell, his subjects following his example.

dreimal darauf, sprechend: „Lass mit diesem Wasser alle Krankheiten, Beschwerden und hässliche Träume fortgetrieben werden.“ Dann spritzt sie drei Hände voll in die Luft, sprechend: „Lass mit diesem Wasser ein langes und glückliches Leben aufsteigen“ (s. Diederich). Alle, die durch Hunger, Vergiftung oder Selbstmord sterben, gehen weder zum Himmel noch zur Hölle (in Malabar), sondern spuken*) umher als Geister, in der Gewalt der Pirons, Dukki, Kali und anderer Teufel, die bestrafte Diener Tschiven's sind. Die wegen ihres Uebermuthes vom höchsten Gott auf die Erde gesandten Götter erhalten den Auftrag, die Menschen gegen den Teufel zu schützen, und ein Beschwörer, der seinen Opfercontract mit den Schutzgöttern gemacht und dieselben in einem schwarzen Bande, das er in der Hand gerieben, gesehen, kann dann die Geister ausschicken, um anderen Menschen Krankheit zu senden, da sie ihm gehorchen werden, aus Furcht, dass sie von dem Schutzgotte, bei dem er geschworen, zur Rechenschaft gezogen werden sollten. In der Tatarei wirkt der Schutzgott Geoncha dem bösen Zelonlon entgegen (s. Guelette). Auf dem Berge Gnowa wohnend, nimmt Munzing (bei den Khyen) die Seelen der Verstorbenen zu sich nach dem Verbrennen, während sie sonst zur Plage ihrer Angehörigen auf der Erde weilen müssen. Die Tagazzeravgaks, Seelen der Ertrunkenen, musiciren (bei den Lappen). Akkruva sitzt mit langen Haaren auf dem Wasser, die Kohmek schrecken (s. Helms). Nach Sadiya Khawa Gohein (der Khamti, Fürst von Sadiya), liess das höchste Wesen (Soari Mittia), um die lasterhaften Menschen zu vernichten (nachdem er vier heilige Gohein in den Himmel zur späteren Wiederbevölkerung, nach befruchtendem Regen, aufgenommen), durch Meru (Noi Sao Pha) sieben Sonnen hervorgehen, die Erde verbrennend. So lange ein Mensch lebt, nennen die Indianer (von Atti oder Bauhi) seinen Geist Goeiz, und nach dem Tode nennen sie ihn Opia. Sie sagen, dass der Goeiz ihnen häufig

*) Les Zombis (mauvais génies qui sèment les embûches sur les pas des nègres et qui par leur malice font manquer les projets d'intérêt ou d'amour) ne sont autres que les âmes des blancs revenues sur la terre pour tourmenter les noirs (in Haiti). Sie werden aus neugebauten Häusern ausgetrieben (s. Ricque).

unter der Form eines Mannes oder einer Frau erscheine, und sie sagen sogar, dass es Menschen gegeben, die mit ihm kämpfen wollten, dass er aber, wenn es zum Handgemenge kam, verschwunden und der Mensch dann seine Arme um irgend einen Baum gelegt habe, an dem er gehaftet blieb. Alle durchschnittlich, gross und klein, glauben, dass der Geist *) ihnen unter der Form des Vaters, der Mutter, der Brüder oder der Eltern erscheine oder unter anderen Gestalten (s. Pane). Wer von dem Todten in Australien reden **) sollte, würde den Hass des Conitgil, des Geistes des Todten, auf sich ziehen, der eine Zeitlang sich auf der Erde umhertreibt, bis er nach Sonnenuntergang abzieht. Die in der Nähe des Fiery Creek wohnenden Stämme kennen als böse Geister den Neulam-Kurrk (den Krater und Höhlen bewohnenden Geist, der in der Form eines alten Weibes Kinder stiehlt und frisst) und den Colbumatuan-Kurrk (den Sturmesgeist, der Leute tödtet und verletzt, indem er ihnen Baumzweige in den Weg wirft, so dass man bei Nacht darüber fällt). Ihr guter Geist Barnbungil mildert Schmerzen. Wer nach mehr-

*) Wie im Norden vom Zambesi, glaubt man im Cassangethal (nach Livingstone) allgemein, dass die Seelen der Todten auch unter den Lebenden weilen und an den Mahlzeiten Theil nehmen, weshalb zu ihrer Besänftigung bei Krankheiten Hühner und Ziegen geopfert werden. Da die Geister der Abgeschiedenen beständig darnach trachten, die Lebenden ihren Familien und den Freuden der Welt zu entreissen, so hat der Schrecken dieser Vorstellung eine Mördersecte hervorgerufen, die ihre Opfer nur in der Absicht tödtet, um die Herzen dem Barimo zum Opfer zu bringen, wie die Thugh ihrer blutdürstigen Gottheit zu Gefallen erdrosseln (eine im civilisirten Staate weniger leicht zur Entdeckung führende Tödtungsweise). Dem neunköpfigen Drachen (Kui dsu ryu) wurden früher in Japan Menschen geopfert. An die Djatas oder Geister des Wassers (von denen Andin mating guna im Flusse Kapua wohnt) wenden sich unfruchtbare Frauen. Im Walde findet sich das Ungethüm Idjin Ngaring (mit rothem Haar) und Babulel, der seine Gestalt in Hunde, Schweine, Hirsche u. s. w. verändert (sowie Pudjut mit länglichem Kopf). Die Erdgeister (Kina) suchen im Augenblick der Geburt (durch Packen des Kindes) Abortus anzubringen. Zu Ehren der Geister, denen das Fest gefeiert wird, sprechen die Priester (olo magah lian oder Führer der Seelen) die Genealogie. Russorum daemon meridianus messoribus brachia et crura frangit, nisi protenus viso spectro in terram proni concidant (Henckel) 1689.

**) El Tinguian cree que la mas grande falta de respecto en que puede incurrir, es en la de pronunciar el nombre de algunos de sus ascendientes.

tägiger Verzückung Nachrichten aus der Welt des Jenseits zurückzubringen vermag, erlangt das Amt eines Zauberpriesters. Um die Wasserzufuhr eines Flusses zu mehren, wird Menschenhaar hineingelegt, und der Regenzauberer wirft solches in das Feuer. Sonst wird nie Haar verbrannt, da daraus Regengüsse folgen würden. Auch wagt Niemand in's Feuer zu spucken, da ihm Unglück überkommt. Eine Sternschnuppe (Porkelongtourte) sagt denen Uebles vorher, die ihre Vorderzähne verloren haben, und diese schüren deshalb das Feuer auf, so dass die Funken umherfliegen. Der böse Geist Pot-ti-kan (in Australien) tödtet die Knaben, die sich nicht der Operation des Zahnausstossens unterzogen haben (Delassert). Der Gott Tarro-tarro theilte die Geschlechter (Schayer). Im Geiste des Windes erkennen die Andamanen*) die Macht eines bösen Dämonen an und suchen während der Stürme im Südwest-Monsun seinen Zorn durch wilden Chorus, den sie bei ihren Tänzen am Seegestade singen, abzuwenden (nach Symes), wie die Dubies auf Fernando Po. Nach Colebrooke bestreichen sich die Andamesen, zum Schutz gegen die Insecten, den Körper mit rothem Lehm (wie die Chunchas in Peru). Wie von Ptolemäus werden sie von den arabischen Reisenden als Anthropophagen erwähnt. Die Nicobarier haben eine abergläubische Abneigung, sich zählen zu lassen (Busch). Der Versuch (1849), von Moulmein aus die Kokos-Inseln zu colonisiren, schlug fehl. Von den Empong oder Göttern der Alfuren ist Muntununtu das Haupt, in Kasundukkan (Luft) weilend. Lumimu-ut, als Empong-tuwa oder der Aeltere, wird für den Schöpfer gehalten (nach den Alfuren in der Manahassa auf Celebes). Als die Erde noch flüssig**) war, begegneten sich zwei weibliche Gottheiten, Lumimu-ut aus Erde entsprossen, als die Aeltere, und Kareima, aus Stein entsprossen, auf deren

---

*) The Andamans dance in a ring each alternately kicking and slapping his own breech. Their salutation is performed by lifting up one leg and smacking with their hand the lower part of the thigh (nach Colebrooke), wie am Zambese.

**) Nach den Palayanos in S. Juan Capistrano in California festigte Nocuma die Welt auf dem centralen Fels Tosaut. Indem die Fische mit genügendem Wasser versehen waren, wurde der erste Mann, Ejoni, und das Weib, Ae, ge-

Bitten Lumimu-ut nach Süden und dann nach den anderen Himmelsgegenden blickte, so dass sie, durch den Wind geschwängert, einen Sohn (Toar genannt) gebar. Durch Messen der von Kareima gegebenen Stöcke vermählte sich später, ohne gegenseitiges Erkennen zusammentreffend, Mutter und Sohn, zweimal 9, dreimal 7, fünfmal 5 und dreimal 3 Kinder zeugend. Von einem der drei letzten Kinder Pasyewan genannt) stammten die Menschen ab, die aber der Sprache entbehrten und diese erst auf die Opfer der Kareima, als Priesterin (Walyang), erhielten. Lingkanbene, die älteste Tochter in den Gottheiten der ersten Neunkinder, fand, die Erde durchkreuzend, auf einem Palast den Kopf des Empong-Menschen Maraor, halb Mensch, halb Stein, mit der Hälfte des Mundes als Papagaienschnabel. Als Lingkanbene von ihm geschwängert zurückkam, wurde sie von ihren Eltern zum Baden im fliessenden Wasser in die Luft gesandt und vermählte sich dort mit Muntununtu (dem Gott der Götter), den Sohn Maissalo gebärend. Mit einem Brief seiner Mutter kam er zu seinem ächten Vater Maraor (in Europa) und wurde von ihm Christave genannt. Als bei der Rückkehr sein Stiefvater eins seiner Augen ausstiess, schrie er so lange, bis dieser ihm seinen Namen und seine Macht übergab. Als er, zum

---

schaffen. Von ihren Nachkommen dehnte Unlot (Sohn Sirant's und seiner Frau Yealut) seine Eroberungen über Alles aus, wurde jedoch, seiner Tyrannei wegen, durch Gift getödtet, das vom centralen Fels bereitet war. Als man den Körper verbrannte, erschien Attajen und belehnte einige der Aeltesten mit Macht über Pflanzungen, damit sie ihre Nahrung darnach einrichten möchten. Später erschien in der Stadt Pobona ein Oulamot Genannter (Sohn des Tacu und der Anzar), der, als Tobet, zu tanzen lehrte (für Nothzeiten, in denen er als Chinigchinich anzurufen sei) und den nur von Häuptlingen zu betretenden Tempel (Vanquech) baute. Die Astrologen (Pul) hatten die Festzeiten anzugeben. Der mit Yajnavalkya in Beziehung stehende Name Vajasaneya des weissen Yajus bedeutet „Nahrungspender“ und bezieht sich auf den Hauptzweck, der allem Opferceremoniell zu Grunde liegt, auf die Erlangung der nöthigen Nahrung von den durch die Opfer gnädig zu stimmenden Göttern (s. Weber). Nach Sagen der Bukowina bildete Gott das Festland aus dem durch den Teufel (den er im Schaum auf dem Wasser treiben fand und in sein Fahrzeug nahm) aus dem Grunde heraufgebrachten Sand und breitete dann die Oberfläche aus (Waldburg). In Yoruba tritt eine Henne die Erde aus, in Sitka ein darüber fortlaufender Wolf.

Palast seines Vaters zurückkehrend, dort hochmüthig behandelt wurde, verwandelte er eine Menge Menschen in Thiere und kehrte zu den Seinigen zurück (s. Wilkens). Bei dem Opfer Tumalinga siloko (wenn das Dorf ein Unglück betroffen hat) lauschen zwei kundige Priester allabendlich auf das Pfeifen des Vogels Manguni (unter den Alfuren auf Celebes). Bei der Wasserprobe siegt der am Längsten unten bleibende. Ueber den Bösen und seine Beschädigungen erzürnt, forderte ihn die Gemeinde Kailo (durch den Häuptling Kiolor) zum Kampf heraus und besiegte auf der (nach drei Tagen bestimmten) Ebene mit den neunsträngigen Geisseln auch sein unsichtbares Heer, einen Gesellen ausgenommen, der aber nun viele Hülfe herbeirief und seitdem die Gemeinde verwüstet und fast ganz ausgerottet hätte, wenn nicht das Mengellur genannte Gartenopfer gebraucht würde, bei dem der Satan oder Empong Muslongan durch den Mund des Priesters spricht, der von dem Blute des geopferten Schweines getrunken hat (unter den Alfuren auf Celebes). Bei Heirath werden soviel Güter gewünscht, als die vergrabene Katze Haare hat. Die Alfuras in Ceram haben in der Mitte ihrer Dörfer ein Rathhaus, wo menschliche Schädel (die beim Heirathen, beim Hausbau oder anderen Gelegenheiten gesammelt wurden) an den Balken aufgehängt sind. Die Kinnbacken von Schweinen, die dort bei der Häuptlingswahl, und Menschenkinnbacken, die jedes Neujahr niedergelegt werden, stehen in Reihen an den Seiten. Der Alfure pflegt das erworbene Eigenthum, in Kleidern, Schmuck u. s. w., an einen geheimen Ort zu vergraben, und das übrige Besitzthum wird bei seinem Tode, als unrein, von den Verwandten begraben. Bei einer Blatternepidemie zieht sich der Priester in eine Stiftshütte zurück, die die heiligen Mysterien der Alten (Ei toon) enthält, und kommt geschmückt und einen Speer schwingend wieder daraus hervor, um durch das Dorf zu laufen, nach jedem Hause stossend, und schliesslich in den Wald oder in die See. Die Alfuras in Menado verehren die Empong genannten Dämone. Die Zahl der Pegel (Teufel) wird bei den Malabaren täglich durch das Sterben sündhafter Menschen vermehrt. Die Bhutas dienen den Göttern, die Bösen strafend. Die Alfuren in Ceram mästen ein Schwein, das bei der Erhebung eines neuen Rajah geschlachtet wird, und stellen den Kinnbacken in dem Rathhaus auf, um den Kalender zu führen, indem sie dann ein neues Schwein mästen. Nach einer Tradition auf den Ceram-Laut-Inseln litt dort vor 20 Generationen ein französisches Fahrzeug Schiffbruch, worauf der Capitän die Tochter des Häuptlings heirathete und auch die Officiere im nördlichen Theil der Insel unter den Eingeborenen aufgenommen wurden (Logan), wie die Nachkommen Iskander's. (In Peru gab der Name Inca die Abstammung von einem schiffbrüchigen Ingles). Orang kaya (reicher Mann) und Orang Tua (alter Mann) sind Titel, die von den Häuptlingen auf den Molukken geführt werden (s. Kolff). Von den Arru-Inseln sind Wama, Wokan, Maykor von Christen, Wadia von Mohamedanern bewohnt. Die Bewohner der Insel Lette färben durch Kalkeinreibung ihr Haar gelb (wie die Somaulis). Auf Baba wird das Haar durch Kalkwäsche entfärbt. Ausser der langhaarig braunen Rasse auf Timor soll es (nach Francis) die schwarzkraushaarige der Papuas*) geben. Die Negrillos in Borneo heissen Wyagos bei den Spaniern. Pigafetta kennt einen König Papua**) auf Gilolo. Die Bewohner der Insel Laarat (im südlichen Theil des Archipel) unterliessen aus religiöser Scheu, Rindvieh zu tödten (XVIII. Jahrhdt.). Durch die Adat Ceram genannten Gebräuche besitzen manche Dörfer der Ceramesen erbliche Rechte auf eine besondere Art der Strafzahlung. Für dieselbe Beleidigung z. B. hat Kilwari an Keffing zwei Drittel zu entrichten, während es selbst von Keffing nur ein Drittel als Schadenersatz erhalten würde (s. Kolff). Die Arafuras schnitzen Schnecken und Eidechsen in ihre Hauspfosten, um die Geister (Swangi) abzuhalten. Gott lebt für sie im Arrack (im Soma-Trank), der fröhlich

*) The unconverted natives consider themselves as subjects to the Christians inhabitants of Lette. The Arafuras in the interior of Wette consider themselves subject to the people on the coast. The Christians on Lakor distinguish themselves by their mode of dress (Kolff).

**) Die unvermischten Stämme des Südwestens werden von den Chinesen Pape (Solo) genannt. Der Vandalenkönig Gelimer flüchtete vor Belisar nach dem Pappua Mons (*Παππουά*), dem unzugänglichsten Berge im Innern Numidiens (Procop). Die Scythen setzten Papai an die Spitze ihres Geschlechts.

macht. Die aus der Leiche (ehe sie auf Pfosten im Walde ausgestellt wird) tröpfelnde Jauche wird mit Arrack gemischt und getrunken. Auf der Tenimber-Gruppe tragen die Frauen Zinnringe an den Beinen. Manche der Ceram-Häuptlinge haben Papu-Frauen genommen und die Bekehrung zum Islam unter den Eingeborenen begonnen (Kolff). Die im Innern von Goram lebenden Flüchtlinge aus Bali und Sumbawa müssen sich den alten Bewohnern sklavisch unterthänig bezeigen. Auf den Ki-Inseln finden sich Flüchtlinge von Ceram und Banda. Der aus den Molukken in Balambangan angesiedelte Aru Bandan unterwarf sich dem neu gegründeten Reiche von Mendang Kamulan, weil Browijaya Sawela Chala die Zeichen und Inschriften Aji Saka's besser verstand und dadurch das Anrecht des indischen Fürstenstammes bewies. Die Chinesen, die Java (430 p. d.) besuchten, verglichen die mit grasartigem Haar bewachsenen Köpfe der bläulich schwarzen Eingeborenen mit denen von Affen. Die javanischen Distrikte Japan und Jipang deuten auf die Japanesen. Die Sitte der Chandbra Sangkala (Zahlen durch Wörter zu bezeichnen) ist von den Javanen aus Indien entlehnt. Nach Ong-tae-hae gleichen die Teufel genannten Bewohner Cerams den Papuas. „Das benachbarte Volk der Kitleng ist schwarz und zwergenhaft mit steiferem Haar, während das Haar der Ceramiten und Papuas kräuselt. Die Serams in Batavia heissen bei den Chinesen schwarze Teufel und wissen nichts von ihren Ahnen, besitzen indess eine Kirche.“ Die Bewohner von Timor, Rotti, wollen von Ceram stammen, die Bellonesen (in Ost-Timor) von Gilolo, die von Savo von den Bugis. Die Alfuren (lichtbraun) finden sich in der nordöstlichen Halbinsel von Celebes, Menado, in Central-Celebes und auf den Molukken (Amboina und Bander-Inseln), sowie auf Aru und Saugiri-Inseln, als Ygorroten auf den Philippinen. Die Bewohner der kleineren Inseln (Solor, Ombai u. s. w.) werden Alfuren genannt. Die portugiesischen Christen auf der Ostküste, Flores, werden jährlich zur Taufe von einem Priester aus Dilli (auf Timor) besucht. Der König von Ternate hiess früher der König der 72 Inseln. Vor Ankunft der Mohren verehrten die Bewohner der Molukken (Maluka oder Molucca) Sonne, Mond und Sterne nebst den Erdgewalten (nach de Barros). Als der von einer javanischen Mutter geborene König Kolabatto in Ternate herrschte, liessen sich dort viele Javaner und Malayen nieder. Unter seinem Nachfolger Komalo wurde ein Theil Gilolos erobert 1304). Während der Regierung Sida Arif Malamo's liessen sich einige Araber in Ternate nieder (1322 p. d.). Mit den Fremden (Javanern, Malayen, Chinesen), die unter König Gapie Baguna 1465) in Ternate ankamen, verbreitete sich der Islam durch den Javanesen Dato Mabela Hoessin. König Zeijnulabedien (1486) ertheilte den beiden edlen Häusern von Tommagolo und Tommaftu Privilegien, in den Molukken fremde Länder zu entdecken und zu erobern, worauf das erstere die Kulu-Inseln, das letztere Buru und Ceram erwarb. Die Papu-Inseln (zwischen Halmahera und Neu-Guinea) liefern besonders das Ambra, das als Erzeugniss der grossen Walen-Arten (Physeter macrocephalus) im Meere treibt. Nach Hale erzählten die Eingeborenen Tobis (Lord North Island), dass eine Pitakat (Pitaka) oder Peter Kert genannte Persönlichkeit zu ihnen gekommen sei und sie in der Religion unterrichtet habe, indem er als einen Tempel das Geisterhaus oder Vere-Yaris (vahari) aufgerichtet, wo auf dem vom Dache herabhängenden Altar die Gottheiten herabgestiegen, um mit den Priestern zu reden. Bei Mannbarkeit ihrer Kinder riefen die Yucatanesen einen Priester, das Fest Em-ku (Niedersteigen des Gottes) zu feiern. Auf der Insel Rook (bei Neu-Guinea) werden die Knaben vor der Beschneidung (von fratzenhaft vermummten Männern im Dorfe gesucht, denen sie zwischen den Beinen durchkriechen) von Marsaba (dem Teufel) gefressen. Der Gott Nabeao erregt Winde und Stürme, die Schiffbrüchigen verschlingend. Wenn sie Kranke heilen, übertragen die Zauberer die Kraft (Bar) ihres Bauches auf die Medicin (s. Reyna). Von dem Manne Pnru, der mit Kindern und Früchten landete, entstanden die Bewohner der Insel Rook. Oster-Insel (Waihou oder Teapi) liegt von allen bewohnten Inseln des Globus von den grossen Continenten am entferntesten. Von Davis (1686) gesehen, wurde sie (1722) durch Roggewein besucht. Nach Cook (1776) war die Oberfläche der Insel von einem porösen Stein vulkanischen Ursprungs bedeckt. Die Sprache der Eingeborenen wurde von den Insulanern der Gesellschafts-Inseln verstanden. Mehrere der über die Insel zerstreuten Kolosse stehen auf einer Plattform, die, 3—12 Fuss hoch, aus behauenen Steinen aufgebaut ist. Die Grösse der Statuen selbst steigt bis 27 Fuss und mehr. Sie stellen die Hälfte einer menschlichen Figur vor, mit groben, aber ziemlich gut ausgearbeiteten Zügen, die Ohren sind übermässig lang, und die cylindrische Mütze, die den Kopf bedeckt, erinnert an ägyptische Ornamente. Sie bestehen aus Lava, zuweilen aus einer weichen und zerreiblichen Art derselben, aber mitunter aus einer so harten, dass sie durch die Werkzeuge der Eingeborenen nicht bearbeitet werden könnten. Sie dienten als Morai oder Begräbnissplätze, und neben ihnen fanden sich andere Steinhaufen *) cylindrischer Form, als Todtenmonumente. Roggewein sah Priester mit geschorenem Kopf neben den Riesengötzen. Aehnliche Statuen werden (nach Beechey) auf anderen, jetzt unbewohnten Inseln des Pacific gefunden. Die Gottheiten auf Timor werden durch gewisse Steine oder Bäume dargestellt, und obwohl dieselben Steine oder Bäume gewöhnlich durch eine Reihe von Generationen verehrt werden, so sollen doch auch Beispiele vorkommen, wo sie ausgetauscht werden. Sie werden Nieto oder böse Geister genannt, während Sonne und Mond als gute Geister gelten, und jene für den vorzüglicheren. Da die guten Geister niemals Uebles thun, so würde es überflüssig sein, zu denselben zu beten, dagegen aber werden die Nieto verehrt, um Leid abzuwenden. Opfer in Form von Büffeln, Schweinen, Schafen, Hühner, früher auch einer Jungfrau, werden den Haien und Alligatoren gebracht. Bei der Bestattung eines absoluten

*) Besides one of the paths in the Undup-district (among Dyaks of the Batang Lupar) there are several heaps of sticks and in other places stones, called Xambun bula or lying heaps. Each heaps is in remembrance of some man who had told a stupendous lie or disgracefully failed in carrying out an engagement and every passerby takes a stick or a stone to add to the accumulation, saying at the time: „For the lying heap". It goes on for generations until they sometimes forget who it was, that told the lie, but still they continue throwing the stones (St. John). When Roggewein touched at Easter Island (1722), he found fire worshippers and images, called Dago. At Cook's visit (1778) the hug idols remained, but another tribe had exterminated the fire worshipping votaries.

Herrschers wird mit ihm ein männlicher Sklave lebendig begraben, um ihm in der nächsten Welt als Diener aufzuwarten (s. Moor). Die Puelches verehren eine Dorn-Acacie als Baum der Gualichu oder Dämone. Die alten Tumuli sind nach den Kalmükken von den Myk erbaut. The inhabitants of Ta-tseenloo (in Tibet) pile up heaps of stone, which they call Buddhas (Klaproth). Pontini und Whaiapu, von welch' heiligen Steinen der im Besitz des Ngahue befindliche ein graublauer Jaspis, der andere ein Obsidian war, führten zur Entdeckung Neuseelands, als ihres gesuchten Ruhepunktes. Als Subhagua, Tochter des Brahmanen Devadit, unvorsichtig die Sonnen-*) Beschwörung wiederholte (in Guzerat), kam dieselbe zu ihrer Umarmung herab, und sie gebar in Balabhipura Zwillinge, die wegen ihrer unbekannten Herkunft Gybie oder Gupta (die Verborgenen) genannt wurden. Der auf sein Drohen durch seine Mutter über seinen Vater unterrichtete Sohn erhielt von diesem einen Wunderkiesel, mit dem er erst seine Spielgefährten und dann die Balhara-Fürsten schlug, als Silladitya oder Kiesel (Sila) der Sonne (Aditya's) den Thron Saurasthra's besteigend. Die Cromlech oder Kistvaen bei Rajan-Kolur werden von den Dorfbewohnern Mora Manuih, Häuser der Mora oder Zwerge, genannt, die früher das Land bewohnten (Taylor). Der Balsambaum in Judäa, das Eisen fürchtend, wurde (nach Tacitus) mit einem Steine geritzt. Als Meschia und Meschiane ohne Gott zu danken, einen Baum umhieben, verwundeten sie sich selbst. Im Lande der Namaqua fanden sich von Steinen aufgethürmte Grabhügel, für einen Mann errichtet, der an vielen Orten gestorben, begraben und wieder auferstanden. Diesem Heizi Eibib (der Mond, der von Osten kommt) werden unblutige Opfer gebracht. Omakuru (Gottheit der Damaras) ist an verschiedenen Orten unter Steinhügeln begraben, wie sich auch bei den Motebele Gräber finden, auf den jeder Vorübergehende einen Stein wirft. Nach dem Verbrennen errichteten die Germanen Grabhügel mit Rasen, die Denkmäler hoher und mühseliger Ehre verschmähend, als für die Verstorbenen drückend (Tacitus). Die

*) The sun was worshipped by the Brahmans in the morning as Brahma, at noon as Iswara (destroying and regenerating), in the evening as Vishnu.

Gräber der in kauernder Stellung begrabenen Somali werden mit Dornhecken umzäumt. Die von den Gallas herrührenden Gräber im Lande der Mijjerthaine in der Berbera bestehen aus hohlen Steinbauten. Pyramiden, als Gräber ausgezeichneter Männer betrachtet, finden sich im Lande der Danakil. Jaf und Neila, die in der Kaaba Unzucht trieben, wurden zur Strafe in Stein verwandelt. Ein schwarzer Stein (Susunotsi) wird im Tempel des Fatzman (Kriegsgott der Japaner) verehrt. Von den Steinen der in einen Fluss verwandelten Courtisane Gandica repräsentirt der Hyraniaguapam die Geburt Bramu's, der Cevananam die Siva's und der Salugranam die Vishnu's (in den Bohrungen des Wurmes wohnend). Sobald Manabosho geboren war, fing er den Kampf an mit Chokanipok (der Mann mit dem Feuerstein), und noch jetzt liegen die aus dem Körper des besiegten Chokanipok abgeschlagenen Feuersteinstücke auf der Erde zerstreut (Schoolcraft). Im schwedischen Märchen berstet der Riese, als die Sonne den Stein bescheint, woran er durch Lillwacher's Wasser festklebt. Nach den Idan, den Heiden auf den Sulu-Inseln, wird das Paradies, auf dem Gipfel*) des Kiny Ballu, von

*) Der Fürst der Berge ist Himavan, der Vater der Weltmutter, der nicht nur Lehrer der Götter, sondern selbst des Siva ist. Auf diesem mächtigen Berge hausen die Vidyadharas, deren Oberherr, König Jimutaketu, einst dort wohnte. In dem Garten seines Palastes stand, vom Vater zum Sohne in langer Reihe in seinem Stamme fortgeerbt, ein Wunderbaum, der, als jeden Wunsch (manoratha) erfüllend (da), Manorathadayaka genannt wurde. Auf sein Bitten zum Wunderbaume wurde ihm der Sohn Jimutavahana geboren, der (da in dieser Welt alle Dinge im Augenblick vergehen und nur der fleckenlose Ruhm der Anderen Gutes erweisenden Edeln bis zum Untergange der Welt dauert) seinen Vater bat, dahin zu wirken, dass durch die Schätze des Wunderbaumes alle bittenden Menschen reich werden möchten, und auf Bitten des Jimutavahana (der allein als erbarmungsreicher, glückseliger, in sichtbarer Gestalt wandelnder Bodhisattva es vermochte) regnete der Wunderbaum Gold auf die Erde herab. Als der Ruhm des Jimutavahana sich durch alle Weltgegenden erhob, wurden seine Verwandten aus Habsucht und Missgunst gegen die königliche Herrschaft des Jimutaketu angereizt zu dem Versuche (obgleich ohne Macht), den Ort, wo der Wunderbaum stand, zu erobern. Als sie sich mit dem Entschluss zu kämpfen versammelten, stellte Jimutavahana seinem Vater vor, dass der irdische Leib wie Blasen im Wasser vergeht, und dass es besser sein würde, freiwillig das Königreich zu verlassen, als mit Verwandten zu kämpfen. Den Erbärmlichen weichend, zog er mit

einem feurigen Hunde bewacht. Die Hawaier betrachten den Schneegipfel des Mounakea als den Wohnsitz der Götter. Von den fünf heiligen Bergen der Jainas finden sich drei (Abu, Palithona und Girna) in Rayasthana und Saurashtra. Nachdem Krishna die Verehrung des Berges*) Govarddhana (statt Indra's) den Yadavas empfohlen, erschien er selbst als Genius des Berges, die Opfergaben in Empfang zu nehmen. Manche der Könige Hindustans pflegten früher kleine Erdhaufen,**) die sie in Kegelform aufgethürmt hatten, als Repräsentationen des heiligen Meru zu verehren und durch Zauberformeln die Götter auf sie herabzurufen, damit sie sich dort vergnügten (wie in den griechischen Olympieien). „There are four rich mounds near Benares and the most modern one is called Sai-Natha.“ Die Jainas verfertigen ein Abbild des Samatsichar oder heiligen Berges im Osten. Unter den Rajah von Sewu errichtete Jeder ein Steinmonument auf einem Hügel am Anfang der Regierung. Die Hiongnu opferten auf dem Berge Kilien dem Herrn des Himmels. Auf Palmas wurde der Gipfel des von Raben umkreisten Gross-Ydafe verehrt (als heiliger Ida). Die Idamos oder Häuptlinge der Guaraunas am Orinoko sind allein zur Polygamie berechtigt (s. Plassard). Der Basileus ist der auf den Stein Erhobene. Der irländische Königstein lia fail wird in der Abtei von Westminster bewahrt. Der schwedische Königstein findet sich in Upsala. Der Khan in Samarcand setzt sich bei der Thronbesteigung auf den blauen Marmorstein Kouk tach. Mainhardus, in sedem ducatus sui solemniter collocatur, secundum consuetudinem a priscis

Vater und Mutter nach dem Malaya-Berge, wo die Siddhas (unter dem Oberherrn Visvavasu, Vater des Mitravasu) ihren Sitz haben, in einer Einsiedelei lebend (s. Somadeva). Nachdem er sich für die Schlangen dem Garuda geopfert, baten ihn die Verwandten zurückzukehren.

*) The town of Pallithana or the abode of the Pali, the pastoral (pali) Scythic invaders, is situated on the foot of the sacred mountains Satrunjya, on which the Jain temples are sacred to Budhiswara or the Lord of the Buddhists.

**) The Gosaen or Goswami, priests of the Eklinga, bring their dead in a sitting posture and erect tumulus over them, which are generally of a conical form. The cemetery consists of so many concentric rings of earth, diminishing to the apex, which is crowned with a cylindrical stone-piller.

temporibus observatam. Porro sub monte Karinthiano prope ecclesiam S. Petri lapis est. Princeps stans super lapidem, nudum in manu gladium habens (1287 p. d.). Die Riesen,*) die den Berg Kolmack Tologuy neben Sarte Tologny in der Tarbogatai-Kette) nach dem Irtisch trugen, wurden darunter begraben, als der Sohn, ehe noch der Kalim bezahlt war, bei seiner Braut die Nacht verblieb (am Zaisan Nor). Unter den alten Erdwerken ist nach den Kirghisen die Nation der Selbstschlächter begraben (s. Atkinson). Jenseits des Gebirges Lokaloka am Ocean ist das Land der Finsterniss und die Wohnung böser Dämone, besonders im dunkeln und niedrigen Süden, wo als ein Gegenpol

*) Zu der Zeit des Nu (Noah) lebte (nach den Mandhern) der Riese Audsch (Og), der von der Erde bis zum Himmel reichte, aber sich nicht sättigen konnte, obwol er Alles, was er fand, an die Sonne hing, zu braten und zu verspeisen. Auf Noah's Versprechen, ihn zu sättigen, brachte er ihm Cedern des Libanon für den Bau der Arche. Nach der Sündfluth (wo er über das Wasser wegragte, wanderte er durch die Länder, Nahrung zu suchen (schämte sich aber vor den Leuten wegen mangelnder Bekleidung). Einst fand er eine ungeheure Schlange, die um einen Berg gewickelt war. Er zog sie herauf zum Braten. Sie war aber noch länger als er, und da er weder Kopf noch Schwanz zum Vorschein brachte, fürchtete er sich und ging fort. Das Männchen des Riesenvogels Simurg (Greif oder Anqa) findend (der sprechen konnte und die Zukunft wusste), bratete er es und ass es. Das Weibchen floh zu Sam (König von Persien), der dem Og die grosse Fusszehe abhieb und dadurch tödtete. Der wegen seiner weissen Haare ausgesetzte Sohn des Sam (Sal) wurde von dem Weibchen des Simurg erzogen und dann dem Könige gebracht. Als Sal seinem Vater auf dem Throne folgte, entband Simurg (durch die auf das Feuer gelegte Feder gerufen) seine schwangere Gemahlin (durch Bendsch oder Hyoscyamus berauscht) von dem aus dem Leibe geschnittenen Rustem (der mit seiner Schreibtafel einen weissen Elephanten in der Wuth zu Boden schlug, als Alles floh). Als der Sultan von China Sal um Hülfe bat gegen einen feuerspeienden Drachen, der alle Freitag aus dem Meere stieg (Alles verbrennend oder verschlingend), liess sich Rustem (in seines Grossvaters Rüstung und auf einem aus dem Meere gestiegenen Füllen, das allein den Druck seiner Hand ertrug) von dem von ihm bezwungenen Dew der sieben Planeten in eine mit Stacheln versehene Eisenkiste legen, aus der er (vom Drachen verschlungen) hervorkam und die Eingeweide zerschnitt, um sich herauszuarbeiten. Nach der Erlegung des Drachen erhielt er die Tochter des chinesischen Sultans zu seiner Gemahlin, deren (ihm erst durch den Armschmuck später bekannten) Sohn Filamer er im Zweikampf (nachdem er anfangs unterlegen) später tödtete. Bei David und Salomo sass stets Simurg im Rathe (Divan).

des erhabenen Meru Kumeru) der niedrige Meru (Sumeru) und das Reich des Todtenrichters Yama sich findet (s. Bohlen). Die Welten stützen sich auf den Berg Magameron-Paranadam, der von einem Elephanten, dieser von einer Schildkröte, und diese von der Schlange Xeehen getragen wird (s. de la Flotte). Ueber den Riesen Gaya wurde der Fels Darmanl gewälzt (s. Montgomery Martin).

Die Malayen in Banta geben dem Donner einen Pferdekopf, der seine Zähne in den Donnerkeilen oder den dort gefundenen Feuersteinen auswirft. Der anfangs wegen seiner praktischen Wichtigkeit in der Feuererzeugung verehrte Kiesel, als aus den Himmelsflammen herabgefallen, wurde dann im Vajra als irdischer Schutz gegen den Blitz der elektrischen Processe aufgestellt.

Nach dem Hhikayat Bakarma Dinla Djaja trifft der in einen Vogel verwandelte König Sjech Merdan (Indra Djaja) auf seinen Reisen mit einem königlichen Ehepaar zusammen, das nebst seiner Tochter unter einem Felsen versteckt lag, um gegen den Vogel Greif sicher zu sein, der dann getödtet wird (wie im siamesichen Märchen). In den Hhikajat Radja Kambodja behandeln die Malayen die Geschichte der Könige von Kambodia, wie der Selselah Radja di tanah Djawa die Genealogien der javanischen Könige. In den Hhikayat Indra Patara lässt Maharasba Dukram Basap alle seine Unterthanen beten, dass ihm ein Kind gewährt werde, vergisst aber das abgelegte Gelübde nach der Geburt, und das Kind wird deshalb von einem goldenen Pfau (mara mas) nach einem andern Lande geführt, wo es durch die Frau eines Beamten gefunden und als Indra Putra (Patara) aufgezogen wurde. Da die Königin unfruchtbar war, begab sich der Prinz auf die Wanderung, um Heilmittel zu suchen, und erlangte nach vielen Abenteuern die nöthige Lotosblume von dem Brahm Saktie genannten Eremiten.

Die Hhikayet Indra Putra erzählt: 1) Wie Indra Putra durch den goldenen Pfau und durch göttliche Einwirkung im Lande des Königs Rajah Sasian, im Garten einer alten Wittwe niederfiel. 2) Wie Indra Putra, vom König Sasian für Heilmittel zur Befruchtung nach Brahm Saktie gesandt, mit Nabot Rom-Shah zusammentrifft, während er mit dem Jin Tamerjalas kämpft, und wie Indra Putra die Tochter (Jimjimma Ratana Dewi) des Rajah-tabar-Jauhan-Shah heirathete. 3) Wie Indra Putra sich nach dem Indra-Smandra genannten See begab und wie er von der Prinzessin Kamala-Ratana-Sri ein wunderbares Kleinod erlangte, wie er sich mit Rajah Dewa Sela Mungarna mass, und wie er diesen mit der Prinzessin Kamala-Ratana-Sri vermählte. 4) Die Ehe der Prinzessin Kamala-Ratana-Sri mit Naga Dewa Lela Mungarna und die Kriege zwischen Indra Putra und Rajah Dewa Lela Mungarna, vor dem Angesicht des Rajah Jauhan-Shah, und wie Nabot Rom-Shah den Indra Putra unterstützt. 5) Wie Indra Putra, von dem Jin Tamar-boga fortgeführt, in dem Lande der Dewas niederfiel und wie er Telela Manduratana, Tochter des Rajah Soharjin, heirathete. 6) Wie Indra Putra die Mammadat genannte Schlange tödtete, wie er das Pferd Jangi-gardan, sowie einen zauberischen Schlangenstein erlangte, wie er ferner den Palast der Prinzessin Chindralela Nurlela (Tochter des Rajah Passabpandi) antraf und wie Indra Putra, Gott um Belebung der gestorbenen Prinzessin anrufend, nach seiner Heimath gebracht wurde. 7) Wie Indra Putra in der Schatzkammer des Rajah Baramtabut verblieb. 8) Wie Indra Putra sich nach dem Lande Sinon begab und wie er mit der Tochter des Rajah Goharjin (Telala Mandu genannt), die später seine Frau wurde, zusammentraf, wie er durch Rajah Goharjin im Palaste der Prinzessin angegriffen wurde, wie alle die Fürstinnen am See Baharal-adjail zu seiner Hülfe kamen, und wie Rajah Dewa Lela Mangarna und Nabot Rom-Shah den Indra Putra im Lande des Rajah Goharjin besuchte. 9) Wie Indra Putra nach dem Lande Samanta-Brauta durch den Rajah Telala Shah eingeladen wurde und wie er den Riesen der Höhle, Goran-Aggas genannt, tödtete, und wie er die Tochter des Rajah Telala Shah, Sri Bulan genannt, heirathete. 10) Wie Indra Putra nach dem Lande des Rajah Baharamtabut zog und wie er den Prinz Nabob Rom-Shah mit der Prinzessin Schindra-bela-Nur-bela vermählte, und wie er bei Bram-Saktie das Schauspiel der übernatürlichen Kräfte sah. 11) Wie Indra Putra für acht Jahre an der Meeresküste wanderte und wie er die Tochter des Rajah Sasian (nach Einnehmen der Heilmittel durch die Königin geboren) von Krankheit heilte. 12) Wie Indra Putra durch die Fürsten, die sich mit Mungandra Sri Bunga (Tochter des Rajah Sasian) zu vermählen wünschten, getödtet wurde und er, durch die von Bram-Saktie erlangten Zaubermittel in's Leben zurückgerufen, sich mit ihr vermählte, und wie Indra Putra von seinen Freunden im Lande des Rajah Sasian besucht wurde und wie dann Indra Putra mit allen seinen fürstlichen Freunden nach dem Lande seines Vaters, Samutapuri, zurückkehrte. 13) Wie die Indra Putra befreundeten Fürsten nach ihren Ländern zurückkehrten.

—

Batavia.

Am 22. April ging ich auf dem holländischen Dampfboot „Java“ in See. Wir sahen in der Entfernung die Insel Rhio, sowie am 23. April die Hügellinie von Banka und am 25. April Morgens die niedrige Küste Sumatras. Zwischen kleinen Inseln hin, fuhren wir einem flachen Meeresufer entgegen, durch grüne Bäume gekennzeichnet, und erblickten dann in der Ferne hohe Gebirge, als das Schiff in der Bucht Batavia's Anker warf. Ein kleiner Dampfer holte die Passagiere ab, die bei einem in's Wasser herausgebauten Pier abgesetzt wurden und sich im Zollhause präsentiren mussten. Dann durchfuhr ich das Thor der Stadt Batavia und begab mich nach dem dort etablirten Handelshause Büsing, Schroeder & Co., von dem das gleichnamige Haus in Singapore eine Filiale war. Die Gründer (mein Vetter Büsing sowohl, wie Herr Schroeder) fanden sich Beide in Europa, aber der mir schon von Bremen befreundete Leiter, Herr Erdmann, nahm mich zu sich nach seinem Landsitze in Kramat hinaus, da auch hier die Europäer ausserhalb der Stadt zu wohnen pflegen und diese nur innerhalb der Geschäftsstunden besuchen. Obwohl die Entfernungen keine bedeutenden zu sein pflegen, so macht doch die Schwächlichkeit der javanischen Pferderasse gewöhnlich täglichen Wechsel zur Nothwendigkeit, so dass ein jedes Etablissement einen bedeutenden Marstall unterhalten muss.

Als nächster Nachbar wohnte neben uns in Kramat Herr

van der Chijs, Bibliothekar an dem Museum der Bataviaash Genootshap van Kunsten en Wetenshappen, und hatte ich bald eine werthvolle Bekanntschaft gemacht, die mir Gelegeheit gab, meine Tage auf das Angenehmste in den Sammlungen zu verbringen. Die enggebaute Stadt (von Koen auf der Stelle des im Kriege mit den Engländern eroberten Djakerta gegründet) war früher mit einer Mauer und Stadtgraben umgeben, jenseits welcher erst 1680 Ansiedelungen gewagt wurden. Die Befestigungen wurden (mit Ausnahme des Forts Meester Cornelis) von dem (während des Königreichs Holland) die, 1798 von der Compagnie an die Regierung (der batavischen Republik) cedirte Colonie verwaltenden Gouverneur General Daendels geschleift, der Weltevreden (neben der später bebauten Koningsplein) anlegte und das 1744 erbaute Schloss in Buitenzorg (Ohnesorg) oder Bogor (das 1834 bei einem Erdbeben einstürzte), zu einem Erholungsaufenthalt für seine Nachfolger einrichtete. Die 1811 von den Engländern besetzte Insel wurde 1815 den Holländern zurückgegeben, die 1819 den Sultan von Cheribon zur Cession seines Landes veranlassten. Nach dem Aufstande des zum Sultan von Mataram erhobenen Dhipo Negoro von Djodjokerta (1825 bis 1830) wurde Surakerta als Sitz des Susuhunan, und Djodjokerta des Sultans angewiesen. Die einem Verbande oder Dhemang vorstehenden Regenten (Adhipati oder Tumangoung) bilden in jeder Residentschaft den Rath des Residenten. Während im westlichen Java die Reiche Cheribon, Djodjokerta und Bantam bestanden, wurde das östliche (mit Majapahit) von den Mohamedanern (1478) in kleine Herrschaften zertrümmert, die sich dann wieder im Reiche von Mantaram vereinigten, nachdem Senopati (1586) seine Abhängigkeit vom Sultan von Pajang abgeworfen. Nachdem Drake und dann Candish (1588) Java besucht (wie die Portugiesen schon 1571 nach der Eroberung Malacca's), tauschten die Holländer unter Houtmann (1595) freundliche Beziehungen mit dem Könige von Jacatra aus und schlossen später einen Handelsvertrag. Als erster General des Holländisch Indien wurde Peter Bott (1610) herausgesandt, unter dessen Nachfolger, Gerhard Reinst, die Streitigkeiten mit den Engländern begannen. Unter Laurentz Reaal geriethen die Holländer wegen aufgeworfener Verschanzungen in

Zwist mit den König von Jacatra, der auf englische Hülfe hoffte, aber sich bei der Erstürmung Jacatra's (Djakerta) durch Joann Petersen Koen (1619) durch die Flucht rettete.

Der Kampong der Chinesen war anfangs ausserhalb der Stadtmauer. Seit der 1722 unterdrückten Verschwörung Erberfeld's waren die Chinesen verdächtig geworden, und als man aus Argwohn mehrere derselben nach Ceylon deportirte, entstanden Unruhen, wodurch 1740 die Niedermetzelung der Chinesen in Java (auf 10,000 Gefallene berechnet) folgte. Die entflohenen Chinesen verbanden sich mit den Susunan und unterhielten Kämpfe mit den Holländern, die sich bis zu den Kriegen mit Mangkubumi (1749) erstreckten und erst 1757 durch den Vertrag mit Mungkunagoro endeten.

Den alten Kirchhof der Chinesen, der unter der rankenden Vegetation bereits ganz verwildert ist, liess Van der Capellen (1816) weiter abwärts verlegen. Trotz von der Regierung darauf gesetzter Geldstrafen, pflegen die Chinesen häufig ihre Leichen, mit Theeblättern bedeckt, tagelang in den Häusern zu bewahren. Der chinesische Tempel in Batavia enthält eine buntscheckige Sammlung von Figuren. In einer dahinter befindlichen Halle standen Steinbilder, die aus den javanischen Monumenten dorthin gebracht wurden, sowie ein Ganesa, der Spuren von Vergoldung trug. Andere führten Waffen mannigfaltiger Art oder waren vielarmig gebildet.

Im Museum findet sich neben einer gut versehenen Bibliothek, für deren Erhaltung es in dem dortigen Klima grosser Sorgfalt bedarf, eine reiche Sammlung javanischer Alterthümer. Neben Steinfiguren Durga's, Ganesa's u. s. w. finden sich bronzene Buddhas, sowie Thephanon in der Eremitenkappe. In einer Steingruppe sitzender Schüler hat jede Figur die indische Tika der Jainas der Stirne aufgeprägt, und das Haar ist im brahmanischen Kopfknoten aufgebunden. Eine sitzende Bronzefigur hält Lotos in beiden Händen. Mehrere Yoni und Lingam finden sich, und ein gigantischer Stein-Lingam, der im Hofe liegt, zeigt an der corona glandis einen Kranz dicker Bälle, an die sonderbaren Proceduren erinnernd, die mittelalterliche Reisende von Ava und anderen Ländern Hinterindiens erzählen.

Aus Bali findet sich Hanuman neben bunt bemalten Holzfiguren, Parvati darstellend, Häuser u. s. w. Flache Figuren repräsentiren das östliche Java, aufrechte Holzfiguren roher Arbeit die Dayaks in Borneo. Aus Celebes ist ein Kettenpanzer aufgestellt, und an Münzen oder Talismanen eine Auswahl. Kieselsteine, die einem Holzgriff, als Axt eingefügt sind, wurden in Ceram gefunden. Nach Swaving gleichen die Pfeilspitzen, die unter den Steinwaffen und Steinhammern in Java gefunden wurden, den australischen. Aufgebundene Palmbücher aus Bali liegen neben zusammengebundenen Holzstreifen, die mit Batta-Worten beschrieben sind, und runden Bambus, die einen Batta-Brief, als Botschaft geschickt, repräsentiren. Auf Baumbast geschriebene Redjang-Bücher sind im Zickzack zusammengefaltet.

Mit der Post, einer durch ganz Java trefflich organisirten Einrichtung, begab ich mich am 4. Mai nach Buitenzorg. Man wechselt auf kurzen Stationen, die in einem Viergespann in Galopp zurückgelegt wurden, unter Schreien und Peitschenknallen der nebenher laufenden oder sich zum Ausruhen hinten am Wagen anhängenden Treiber. Die chaussirte Strasse ist über den für Büffelkarren bestimmten Weg erhaben und führt zwischen Gärten und Anpflanzungen durch ein welliges Land, hohen Bergspitzen entgegen. Beim Eintritt in Buitenzorg steigt die Strasse langsam und schwach geneigt an, man fährt auf die jenseits des Schlosses im Halbzirkel einen freien Platz umgebenden Häuser zu, über die Kolosse bergiger Riesen in den Wolken hängen, und erst, wenn man aus dem gerade am Abfall gebauten Hôtel Bellevue in den Gartenpavillon hinaustritt, überblickt man plötzlich mit einem Augenschlage die weitgeschwungene und auf das Mannigfaltigste durchbrochene Thalfläche, die noch den fast eine Tagereise entfernten Fuss der Berge trennt. Die von Blumen beschatteten Anpflanzungen, durch die ein Bach im weissen Aufschäumen hindurchbricht, ziehen sich nach den Seiten des Berges Salak hinauf, der in zwei Kegeln alter Krater emporsteht. Ein ausgemauertes Bassin, in das eine natürliche Quelle einströmt, dient zum Baden des von Invaliden als Erholungsaufenthalt benutzten Gasthauses, und man konnte direct den Wasserfall als Douche benutzen.

Am Nachmittage ritt ich durch die Stadt, auf deren Markte besonders Chinesen verkehren, nach ausserhalb derselben auf einer Platform aufgestellten Steinen, unbehauen, aber mit rohen Verzierungen und Inschriften in der Pali-Form des Kawi (als Batu tubi oder beschriebene Steine). Die Aussicht zeigt ein in Gärten und Reisfeldern wechselndes Land, von gewundenen Strömen durchflossen und terrassenartig aufsteigend oder sinkend, während ein Hochgebirge, aus dem der Sedeh hervorsteht, den Hintergrund bildet. Opfergaben von kleinen Schirmen und Räucherkerzen waren neben dem Batu tubi aufgesteckt. Auf einem schroff in das darunter hingezogene Thal abfallenden Vorsprung steht unter einem weissen Baldachin der aufrecht gestellte Stein eines Artja. Daneben finden sich viereckige Gräber mit kleinen Steinen, die die beiden Enden des Begräbnissplatzes markiren.

Die Landschaft war von Karren belebt, einige mit Spitzdach, von Pferden oder Büffeln gezogen. Die Eingeborenen tragen kurze enge Hosen, die bis zum Knie reichen, und auch die Kleidung der Frauen ist eng um den Körper geschlungen. In dem botanischen Garten, der, mit dem Regierungssitz verbunden, unter der Hut des Herrn Teismann steht, fanden sich auf einem zum Theil künstlichen Hügel dorthingebrachte Steinbilder von Ganesa, Stieren u. a. In einem mit Lotos bedeckten See schwammen die mächtigen Blätter der Victoria regia. In grossen Vogelbehältern kreischten Papageien oder Kakadu, und andere Theile des Gartens enthielten Käfige für vierfüssige Thiere.

Am 8. März ritt ich nach dem einige Stunden entfernten Landsitze des Herrn ten Cate in Tjambea hinüber, eines angesehenen Pflanzers, an den mir eine freundliche Hand in Batavia ein Einführungsschreiben gegeben. Ich fand zuvorkommenden Empfang, und nachdem ich mit der Familie das Frühstück eingenommen, wurde mir ein Führer nach dem nahegelegenen Vogelsberge (Tjiebodas) gegeben, der sich aus der Ebene jenseits des Hauses erhob. Ein steiler Anfgang im Gebülz führte uns zu einer Höhle, am Boden mit Guano bedeckt, auf das Wasser von den Wänden niedersickerte. Die essbaren Vogelnester waren rings an den Seiten befestigt und wurden mit

Fackeln gesucht. Die Vögel flatterten bei der Annäherung davon, ihre Eier verlassend, die indess, der Brut wegen, von den Sammlern nicht berührt werden. Der Stoff für die Nester wird (nach Bernstein's Untersuchungen) aus den, während des Baues übermässig entwickelten Speicheldrüsen gebildet, die eine Schleimsubstanz absondern.

Aus der Höhle zurückkehrend, setzten wir unser Aufsteigen am Hügel fort und fanden auf der Spitze neben einem Artja mehrere Steinfiguren in verschiedenen Stellungen, mit untergeschlagenen Beinen oder das rechte Bein ausgestreckt, sitzend, zuweilen mit Lotos in den Händen. Die Köpfe waren abgeschlagen und lagen meistens daneben, nur eine mit einem Turban bedeckte Figur, die ihre Hände betend zusammengefügt hielt, war unverletzt. An einer andern Stelle des Hügels, wo sich eine Aussicht auf eine grüne Ebene bis zu einer Hügellinie öffnete, sitzt eine Figur, mit dem rechten Beine zurückgezogen, während das linke ausgestreckt ist. Dickgeschwollene Augen quellen aus dem Orbit hervor, und lange Fangzähne stecken aus. Der mit einem dreieckigen Diadem umgebene Kopf trägt eine wollige Perrücke, die hinten niederhängt und mit einem Band in einem über den Nacken herabfallenden Knoten zusammengebunden ist. Die Ohren sind geschmückt. Im Schoos lagen zwei Köpfe, deren einem die Augen fehlten. Sie sollen die Köpfe zweier Liebhaber sein, die der König, der Vater des Mädchens, mit sich auf den Hügel nahm und dort niederschlug, worauf er selbst in Stein verwandelt sei. Nach anderen Traditionen sind es die Köpfe zweier Kinder, die auf diesem Hügel geopfert werden sollten, aber durch die Erscheinung eines heiligen Mannes gerettet wurden, der, seinen Kopf mit einem hohen Turban umwunden, von Mekka durch die Luft herbeikam. Am Nachmittag kehrten wir von der Excursion zurück, nach der mir ein erfrischendes Bad wohl that. Im Bache finden sich häufig Steine mit Fusseindrücken, und bei einem derselben ist eine Spinne angebunden. Die Pflanzung dient zur Production von Kaffee, Reis und etwas Vanille. Auch Seide wird fabricirt. Für die Rückkehr nach Buitenzorg stand eine elegante Equipage bereit, in der man mich mit sechs Pferden und sechs Treibern, die auf halbem Wege durch vorausgeschickte Vorspann gewechselt wurden, Abends zurückjagte.

Bei meiner Rückkehr nach Batavia (Mai 9.) hatten meine Freunde, besonders durch die Vermittelung des Seeofficiers Herrn Tegelberg, Schritte eingeleitet, mir auf einem nach Japan abzusendenden Kriegsdampfschiffe eine Passage zu verschaffen, um das Unzuverlässige einer Segelschiffreise zu sparen. Commandant Müller des Dampfboots Amsterdam hatte die Freundlichkeit mich einzuladen, sein Gast zu sein, und begab ich mich Mai 18. an Bord.

Die ersten Bewohner Javas und der östlichen Insel kamen von dem rothen Meere *) (Laut Mira), erzählt die Tradition, die sie den Küsten Hindostans entlang fahren lässt, indem damals die Halbinsel noch nicht durch eine Naturrevolution von den Inseln des Archipelago getrennt gewesen. Von diesen aus Aegypten vertriebenen Flüchtlingen hätten Einige die Sonne, Andere den Mond verehrt, Andere Feuer und Wasser oder die Bäume des Waldes. Im wilden Naturzustande lebten sie in Horden beisammen, ohne feste Wohnsitze umherschweifend, und gehorchten dem Aeltesten, so lange er sich ihre Achtung zu erhalten wusste. Nach Einsammlung der Ernte wurde auf offener Ebene ein Fest gefeiert und die Reste des Mahles dort gelassen, um den Vogel Ulung gaya (Rabe oder Krähe) herbeizuziehen, dessen Schrei **) die Jünglinge nachahmten, indem sie ihr Anklung genanntes Musikinstrument schwangen (das bei dem tönenden Eintritt des Windes in einer am Baume aufgehängten Bambusröhre erfunden war). Verschmähte der Vogel von den Speisen zu essen, oder wenn er kreisend umherflatterte, auf einem Zweig sitzen blieb, oder in einer andern Richtung, als

*) Artawan, der vergeblich gegen die Verfolgung Mischa's oder Moses protestirte, wurde nach der Meschunne Kushta (der reinen Welt des Nordens) versetzt, wohin später auch sein Bruder Pharaoh aus dem rothen Meere folgte, so dass alle Mandäer von der Erde verschwunden waren (bis aus jener erneuert). König Gaya Bahu aus Ceylon führte seine Armee trockenen Fusses durch das Meer nach Sollih in Indien (109 p. d.).

**) When the Sokom, preceded by the bird Herbere, is seen near a house, the Malays make as much noise as possible.

für den Aufbruch bestimmt war, fortflog, so wurde die Abreise verschoben. Man stellte wieder Gebete an und die Opfer wurden erneuert. Wenn dagegen der Vogel, nachdem er seinen Frass genommen, in der gewünschten Richtung voranflog, dann wurde die Ceremonie durch das Schlachten eines Lammes, eines Zicklein oder eines andern jungen Opferthieres beschlossen, und ein zweites Fest, um der Gottheit für ihr günstiges Omen zu danken, endete in den lebhaftesten Freudenausbrüchen unter Tanzen und Singen zum Klange des Anklung. Sobald Alles für die Wanderung fertig war, setzte man den Häuptling mit seinen Frauen und Kindern auf einen Elephanten, oder trug sie in einer von Matten beschatteten Sänfte, und die Uebrigen folgten zu Fuss, unter lautem Jubel und fröhlich den Anklung schwingend. Um diese früheren Zustände der Uncultur in's Gedächtniss zurückzurufen, pflegten die Fürsten im östlichen Java bei Festlichkeiten als Wilde ausgekleidete Männer in Blätterkleidung und ungeordnetem Haar auftreten zu lassen, die den Anklung schwingen und unter grimassenhaften Sprüngen rohes Geschrei ausstossen. Die Bergbewohner Sundas begleiten noch ihre Tänze mit dem Anklung. Die Kutodis in Dekkhan füttern die Krähen beim Tode ihrer Verwandten und rufen sie in deren Andenken an einem Tage mit Kava, Kava.

Ehe die Dayaks auf Borneo eine Reise oder einen Krieg unternehmen, ziehen sie durch singendes Gekreisch die Habichte herbei und streuen Reis vor ihnen aus. Nehmen die Vögel ihren Flug in der gewünschten Richtung, so ist das Omen*) ein

---

*) Having fixed a place for a new ladang, the Kahayans or Biaju give a feast and watch the birds of omen. If the Lang sails gently the omen is favourable, if its flight is rapid and irregular, it is unfavourable. If the good cry of a bird is heard at he right, it is decidedly favourable, if at the left it is uncertain. If the bad cry of a bird is heard on the left, it is decidedly unfavourable, if on the right, the omen is uncertain. Offerings are placed in a hole in the ground for the hantu. At the harvest, the first handful of grain plucked is carried to a stream and tied to the upper part of a stick, that the smangat paddy may see itself reflected in the water and enjoy its coolness. After a successful foray or decapitating expedition the men, engaged in it, have more figures (tattowed with ink) stamped on their bodies (nach Che-Suliman auf Borneo). Like the

günstiges, sonst wird die Ceremonie so lange wiederholt, bis das beabsichtigte Resultat eintritt. Ein schwarzer Vogel, der Elster ähnlich, ist eine Personification des Bösen, und auch Wild wird von den Dayaks verehrt. Nach dem Kakagariti (Krähenorakel) muss beim Zeichen der Gefahr der Krähe ein Streuopfer gebracht werden. Seit die wegen ihrer Wohlwollenheit Mitra Kaka genannte Krähe Chanacya den Götterbeschluss mitgetheilt, wurden Krähen nicht länger im Himmel zugelassen. Der Brahmane Kalakavixija verdankte sein Wissen den Raben, wie Odin.

Im Anfange, erzählen die Geschichtsbücher, war Alles ruhig und im Frieden. Während dem ersten Jahrtausend fingen Fürsten an sich zu erheben, und dann entstand Krieg, eines Weibes wegen, Dewi Daruki genannt. Damals wurde zuerst die Schrift eingeführt. Dann 1500 Jahre später, brach neuer Krieg aus um ein Weib, die Dewi Sinta hiess, und 2000 Jahre später wurde ein dritter Krieg angefacht durch das Dewi Drupadi genannte Weib. Als 2500 Jahre weiter verflossen waren, entbrannte ein Krieg um die Tochter eines heiligen Mannes. In Australien entstehen die meisten Stammkriege aus dem Streit um Frauen, wie Eyre bemerkt, gleich dem durch Weiberraub verursachten Kriege der Griechen (nach Herodot). Nach der ersten Entdeckung Yavas schickte der Fürst von Rom 20,000 Colonisten, die zu Grunde gingen, ausser 20 Familien, die nach Rum zurückkehrten. Das Königreich von Mendung Kamulan wurde im Jahre 525 der einheimischen Era durch 5000 Colonisten gegründet, die von Hastina nach Java kamen.

Mit der Einwanderung aus Rom*) beginnt die javanische Era 78 p. d. und setzt die Ankunft der Kling in's Jahr 10 der Era, König Kano in's Jahr 300 Pula Sara in Astina in's Jahr 700, Jaya Baya in Kediri in's Jahr 800 der Era.

Sauryas, the Vaishnavas often (instead painting) stamp on the mark of the deity with an hot iron, as the old Christians impressed the forehead with a cross in the baptism of fire. In Ceylon drückte der König Zeugen den Fuss auf.

*) Die marokkanischen Eroberer des Landes Sonrhay heissen Ruma oder Krma (Ranl oder Schütze), als frühere Söldner (s. Barth).

Die Inanabhaskara setzt Maya in die westlichen Länder (nach Romakapura). Unter den astronomischen Siddhanta findet sich die Romakasiddhanta. Die Raumya wird im Mahabharata aus den Romakupa (Haarporen) des Virabhadra zur Zerstörung des Opfers des Daxa geschaffen (s. Weber). Als Jaya Misana (in Astina) Tapa wurde, bestieg Angling Derma den Thron (V. Jahrhdt.). Panji Lakan (Sohn des Panji Sunya) verlegte die Residenz von Janggala nach Pajajaran. Der Titel erbte sich fort wie in Madhura und wurde dialektisch aus Pandya in Panji entstellt. Die Gründung der Chandi Sewu (1000 Tempel) in Brambanan wird 1018 p. d. angesetzt. Nach dem chinesischen Buch Bunykantongko (1700 geschrieben) wurde Jaw-wa (Chapo) zuerst unter der Regierung des Saow-gil-yang der Dynastie Song (400 p. d.) bekannt. Bakloeha schickte (1000 p. d.) Gesandte. Nachdem Krishna den Bhoja-Rajah Kansa in Mathura (unter Zuschauen der himmlischen Götter auf ihren Karossen)*) erschlagen, zog er sich vor dem barbarischen Heere Jarasandha's,

*) Die durch das Vratyastomah bramanisch zu weihenden Indier fahren (nach dem Tandyam Brahmanam des Somaveda) auf unbedeckten Streitwagen. Odin in Bruni's Gestalt lenkte den Wagen Harald's in der Brawalla-Schlacht (wo Ring die verweichlichten Sachsen und Wenden, die unter den Dänen kämpften, besiegte), um ihn im Schlachtgetümmel (als Kutscher) herabzustossen und zu verderben. Arjuna's Wagenlenker ist Krishna, und auch bei Homer führen Götter die Rosse der Heroen. Die indischen Pferde waren mit ungelegten Fellriemen und Stacheln gezäumt (nach Megasthenes). Auf den älteren Bildschildern in Persepolis erscheinen nur Streitwagen. Erst seit der Zeit des Cyrus kam das Reiten in Gebrauch, und erscheinen seitdem bei den Persern die mit Asp (Pferd) zusammengesetzten Namen, wie Hydaspes. Mit dem Festsetzen der Nomadenvölker in Persien folgte die Genealogie von Japhet, obwohl bei den orientalischen Autoritäten noch immer Streit herrscht, ob die Perser nicht durch Arphaxad von Sem stammten, während sie sich selbst von Cayumarth herleiten, in Folge der alten Beziehungen zu den Marden oder Medern. Eine ähnliche Verwirrung herrscht über die Abstammung der (wie die Hyksos) Seth oder Scheith (davon Scheithan als feindliche Schlange) verehrenden Sabäer, die die Pyramiden als das Grab des Propheten Enoch oder Idris (Hermes Trismegistus) betrachten und mit dem halbgöttlichen Beni Elohim (des fernen Ostens) verknüpft wurden. Für diese kämpfen die Nomadenvölker der grossen und kleinen Daher oder Geten (als Riesen Doudash allegorisirt), und die Erinnerung ihrer für die Unterworfenen drückenden Tyrannei verblieb im Stamme der Dhahak (der Hak oder Hyksok) oder Zohak.

Rajahs von Magadha, (in Verbindung mit Yama) nach Dwaraka zurück. Nach dem Kanda ist Sang Ywang Guru der dritte Sohn des Sang Ywang Tunggal, welcher selbst Sang Ywang Wenang, den Mächtigen, zum Vater hatte und durch diesen der siebente Abkömmling von Purwa-ning-jan, dem Ersten der Menschen ist. Tunggal, nachdem er den Surendra Buana (Welt des Ersten der Götter) oder Suralaya, als den Himmel, gebaut, pflückte ein Blatt des Kastuba-Baumes, das, durch Verehrung in eine Frau umgewandelt, ihm vier Söhne gebar. In der prophetischen Chronologie des Aji Jaya Baya aus dem Jahre 800 der javanischen Era war die Erscheinung des Aji Saka*) in das Jahr 1000 gesetzt (s. Raffles). Die Einwanderung des Adi-Saka kam von Mira-Laut (rothem Meer). Lassen identificirt Adisaga (bei Ptolemäos) mit Tagoung, der ältesten Stiftung der

*) La racine sanscrite çak signifie être puissant, fort (Pictet). Wie in Carnata und Telinga wird der Kalender (Saka warsa chandra) auf Bali nach der Geburt Salivana's oder Saka's gerechnet. Saka (als Einsiedler Schigimuni) ist Titel herrschender Könige, wie vom Stammworte Sigi sich der Name in den Volsungen (den ächten Sprossen Odin's, statt der nebligen Niebelungen) wiederholt (Sigfried, Sigmund). Bei Tacitus findet sich Sigmar als Cheruskerfürst. Die indogermanische Wurzel ist Sahar, der Starke, als Beiname Indra's und Agni's in Sahasvant. „Die Era des Saliwahana (Sagaptam) schreibt sich vom Tode des Saliwahana (Königs von Wisnagar) her, der, obwol niederer Herkunft, die königlichen Geschlechter (aus Sonne und Mond) errettete, die Wissenschaften der Sternkunde wiederherstellend und die Bramanen beschützend (78 p. d.).“ Nach Wilford wurde die Statue des Zak oder Zauk (des indischen Teufels) bei Muttra von den Umwohnern des Zac-baba verehrt. Nach den Chroniken Magadha's war von den sechs Sakas oder Machtkönigen erst der dritte mit Salivahana während des Kaliyuga erschienen (s. Wilford). Nach Saka oder Siaka (geb. 1000 a. d.) benennen die Japanesen ihre Religion. Der erste Bala-Rajah (in Guzerat) hiess Di-Saka oder Dawa Saka (VII. Jahrhdt. p. d.). Die Saka der Inschriften sind getheilt in Saka Humawarga (Amyrgoi des Hellanicus) und Saka Tigrakhoda (scythische Bogenschützen). Sacus, Jovis filius, in Panchaia in monte Taso aurum primus invenit (Hyginus). Auri metalla et conflaturam Cadmus Phoenix ad Pangaeum montem et alii Thoas et Eaclis in Panchaia (Plinius). Σάσπειρες oder Σάσπειροι siedelte die Scythen als Πάρϑοι an (nach Suidas), auf Wagen erobernd. Σαωκός oder Σαωχός erscheint bald als Hermes (bei Suidas), bald als Vater der Kureten und Gatte der Combe und Kybele (bei Nonnus). Σαωχός scheint phrygische oder lydische Bezeichnung des Hermes, an Σεχες erinnernd, wie (nach Hesychius) Hermes in Babylon hiess (s. Movers).

Indier im Irawaddithal. Buddha heisst Atitevan (Adideva oder Urgott) im Mantalapurushan. Der Kural des Tiruvalluver nennt den Urseligen der Welt Atipakavan oder Adhibuddha. Nach den Nepalesen wohnt Adibuddha*) als Licht in der Dagoba. Als Adam nach Mekka gelangte, sandte Gott für ihn ein Zelt von Licht herab, an dessen Stelle sein Nachfolger Schith einen Steintempel baute, den Ibrahim erneuerte, sagt Sharasthani, bemerkend, dass nach einigen Lügnern das Heiligthum Gottes (Al Haram) nur ein Tempel des Saturn gewesen. Der Stifter Nomanija meinte, Gott sei ein Licht in Gestalt eines Menschen, aber kein Körper. Nach Abu-Kamil war das Imamat ein Licht, das von Person zu Person wandere. Aus Ajar siva rabba oder dem Aether des grossen Glanzes (eine Emanation des Mana rabba de iquara oder der Weltgeist) emanirt (nach den Mandäern Eschatta hojta (das Lebensfeuer) und aus diesem das Licht. An dem Stupa Sanki's finden sich zwei Augen, als Emblem Adi-Buddha's. Als Stammvater der Galla kam Isaak aus Hadramaut und heirathete in eine Galla-Familie Durr. Die Brücke des Darius über die Donau, um in das Land der Scythen einzufallen, war bei Isakditsch geschlagen. Akasserah oder Cosroës gilt für stehenden Titel persischer Könige, wie Giabit (nach Ahmed Al Fassi) oder Falasthin.

Vor Schöpfung **) von Himmel und Erde existirte (nach dem Manek maya) der Allgewaltige, der Sang yang Wisesa. Diese Gottheit, im Mittelpunkt des Alls weilend, bedrängte in innerster Andacht den Allmächtigen, seines Herzens Wunsch zu gewähren. Im schreckhaften Streit brachen die Elemente aus, und in der Mitte des Getöses hörte er einen wiederholten Ton, gleich dem

*) Adibuddha assumes the form of fire, by reason of the prajna-rupa-gujan, to consume the straw of ignorance (Nam Sangiti). Adibuddha schreckt die Sünder wie der Löwe das Reh. Als die durch Sturm zusammengeriebenen Bäume Feuer entzündeten, weihte Uso auf der Insel Tyrus zwei Säulen, dem Feuer und dem Winde.

**) According to the Jambhu Purana, in the beginning all was void. The first light, that was manifest, was the word Aum and from Aum the alphabet was produced, called Maha Varna, the letters of which are the seed of the universe.

Klang einer rasch wiederholt geschlagenen Glocke. Aufblickend sah er über sich eine Kugel, die beim Ergreifen in drei Theile spaltete, den Himmel und die Erde, die Sonne und den Mond, sowie den Menschen oder Manek-maya (den Edelstein der Mitte) bildend, Sang Ywang Guru genannt. An Manek-maya, als Sang yang Guru, die Erde übergebend, verschwand Sang yang Wisesa. Nachdem die Erde durch Sonne und Mond gefestigt war, erhielt Sang yang Guru auf seinen Wunsch von der Gottheit ohne Ehe gezeugte Kinder, 9 männlichen und 5 weiblichen Geschlechts, von denen auf Sang Ywang Girinoto's (Bathara Guru oder Sang Ywang Prameshi's) Anordnung Bathara Mahadewa (mit Mahadewi als Gattin) in Silber über den Osten präsidirte, Sang yang Sambu (mit Sangyana als Gattin) in Kupfer über den Süden, Sang yang Kamajaya (mit Dewi Ratch als Gattin) in Gold über den Westen, Bathara (Sang yang) Wisnu (mit Sri als Gattin) in Eisen über den Norden, Bathara (Sang yang) Bayu (mit Dewi Sumi als Gattin) in Messing über den Erdmittelpunkt, Sang yang Poetanjala (Prit Handjolo) über den Nordosten, Sang yang Kwera (Kuwero) über den Südosten, Sang yang Mahajakti (Bathara Maha Sakti) über den Südwesten, Sang yang Sewa (Bathara Siwa) über den Nordwesten. In der siebentheiligen Unterwelt ernannte Sang yang Guru Dewi Patawi für die erste Region, Sang yang Kusika für die zweite, Sang yang Sangga für die dritte, Sindula für die vierte, Dasampalan für die fünfte, Manibara für die sechste, Anta Boga für die siebente Region. Da er bei der Rückkehr die Erde nach dem Westen geneigt fand, liess er durch die Götter einen Berg nach Osten versetzen, oder (nach Anderen) den im Westen herabdrückenden Berg abtragen. Sang yang Wisesa schuf für ihn den Vulcan (Empu) Ramadi. Nachdem Sang yang Guru*) das verschluckte Gift ausgespieen und die schon ge-

*) Sang-yang-Guru seeing in his sleep an appearance like the rainbow, (seeming portentous) sent Sang-yang-Tamban to make enquiries, respecting the nature and meaning of this sign, which from being in the water, he termed amba-sita. Going under the water, Tamban saw there a devotee, who was quite unwet from the water, undergoing the penance of remaining perfectly still and

storbenen Götter wieder belebt hatte, liess er den Berg von Tempaka (zu Chiringin in Bantam) nach dem Gunung Se Meru oder

---

quiet. Guru, jealously wishing him to break his vow, sent a number of Devatas and Widadaris to tempt the hermit. As he neither Brahma's reproaches, nor Sang-yang-Seewa's inquiries for a medicine (in benefit of Uma) answered, Sambo threw water on him and beat him with sticks, Bayu battered his head with stones, Brahma heaped fire upon him, and all the deities assailed him (wie den Riesen Gaya in Behar) with their various weapons of 8 kind, but without success. When they retired, Sang-yang-Guru went himself to enquire from the hermit what object he intended to gain by his penance, but did not get an answer, till he remarked, that he would never be able to come near to himself in power and glory, „for after Teja or Chaya (light or brightness), Bumi (earth), and Langit (sky), I stand next eldest work of creation, and the power superior is Sang-yang-Wisesa, who is the oldest and greatest of all." Upon this, the hermit bursting out in laughter, said: Thou art wrong and what thou hast said of Sang-yang-Wisesa is true of the Almighty himself only, whose displeasure thou hast consequently incurred by what thou hast thus stated. Know, that I am Sang-yang-Kanekaputra and to prove to thee, that I know better than to believe what thou hast said of Sang-yang-Wisesa, I would only ask thee, who could have been the cause of those sounds, which were heard by Wisesa before the heavens and earth were. Without doubt they were occasioned by a power older and greater than him." On Guru's question, who was this eldest and most powerful being, Kanekaputra replied, that these sounds were the voices of the Almighty, signifying his will, that there should be created „things of an opposite nature to each other, every thing created, having its opposite, except thee and me, who are one and the same." Die Götter waren später als die Schöpfung des All, wer kann wissen, woher es entsprang? (Rigveda). On Guru's proposing to Kanekaputra to become joined rulers over the deities in heaven, they ascended and seated themselves on the Balu marchu kundu. The jewel which would remain in nobody's (but the owner's) hands, being thrown up by Kanekaputra, fell through the hands of all the deities, till in the seventh region swallowed up by Anta Bogo (in shape like a dragon), it swelled his body so as to encircle the whole of his region (with nine nostrils). Kanekaputra having told the deities to enter the extended nostrils (in search of the jewel), Wisesa reprimanded the parties for their foolish mistake and ordered the deities to carry the body of Anta Bogo, which decreasing in size was placed under the seat of Guru, the whole being only intended for merriment, as Guru told the angry Kanekaputra (wie Thor über Utgard-Loki's Blendwerk entrüstet war). The jewel with its box was returned. On Guru's breaking it, the box became a Bali Simarataka (as residence) and the jewel the virgin Tema Wati, who asked from Guru (as her marriage gift) an everlasting garment, an all sufficient meal and a melodious instrument. Guru promised Kala Gamarang (son of Sang-yang-Kala), if he would

Probolinggo bringen, im Kampfe mit Ramadi, der von Wisesa den Sohn Brama Kadali erhielt.

Um mit dem Allmächtigen zu wetteifern, baute Sang yang Guru den Surga Loka (in Nachahmung des Surga Pardos) und vermählte sich mit Batari Uma. Einen Laut hörend, blickte Sang Ywang*) Wisesa (Sang Mahamuni) empor und sah ein Ei, woraus er drei Dinge schuf, den Himmel mit der (nachmals getheilten) Erde, den Mond und Manik (glänzender Farbe) nebst Moijo (schwarzer Farbe). Rudro (Siwa) hieb das fünfte Haupt Pitamaha's (Brahma's) ab, das auf seine Frage Woher, ihn wohl zu kennen behauptete, als in der Form der Finsterniss auf einem Ochsen reitend. Sang Ywang Jagat ist der Allmächtige von Jagat (Welt) in Java, als Jagannâtha oder Weltherrscher. Als Jayati (nach Vertreibung der Yavanen) die Kesari-Dynastie gegründet hatte, fand er in einem Gewölbe das verstümmelte Bild des Jagannâtha (in Orissa). Die Javanen lassen Wishnu in der Stellung eines Yogi unter Banyanenbäumen büssen, um den Zorn seines Vaters Batara zu sühnen. Nach den Jainas zog sich Wishnu, nachdem er als König grosse Eroberungen gemacht hatte, später als Sanyassi in die Einsamkeit zurück. Streitigkeiten wegen wurden Sang Ywang Pugu und Sang Ywang Punggung von ihrem Vater Tunggal auf die Erde geschleudert und dort in monströse Gestaltungen verwandelt, um Krieger zu begleiten. Nach ihrer Vermählung mit Guru (Nilakantha) wurde

---

procure these things, he should have the privilege to come to heaven whenever he chose, without molestation from the other deities and Kala rushing away, bellowing with great noise, insulted the deities in his way (beating them and spitting on them), so that they cursed him (wie Havana in Indra's Himmel). When Kala pursued Dewi Sri (whom he had surprised bathing), her husband Wisnu advised her to enter the body of the queen of Mendang Kamulan and he himself (having changed Kala into a hog) intered the body of the king (Derma Nastita), who afterwards (as Prabu maug ngukuhan) became the first king of Java.

*) Gericke übersetzt ywang (yang) durch Gott, aber (nach Crawfurd) ist es nur ein den Namen der Gottheiten vorgesetzter Titel, und Humboldt hält es für das malayische iang, welches als Pronomen demonstrativum und relativum der, den, welcher u. s. w., biess. Auch Sang ist ein artikelartiges, gleichfalls zum Titel gewordenes Pronomen, und sang ywang tunggal bedeutet: der welcher Einzig ist.

Batari Uma (als Durga) in ein Ungeheuer verwandelt und dem Ungeheuer Sang Ywang Kala vermählt (nach dem Manek Maya). Humboldt identificirt Kaneka-putra (nach dem jedes Ding seinen Gegensatz hat) mit dem Buddha Kanaka-Muni. In der dunkeln Hälfte dieses Dualismus wurde er in der Drachenschlange symbolisirt, während sein zur Einheit zurückkehrender Nachfolger Kasyapa durch seinen Strahlenglanz die Unterwelt überwindet. Neben und ausser Sang Ywang Guru erschafft Wisesa eine andere Stufe der Menschheit in Sang Ywang Derma Jaka, und dieser erhielt auf demüthiges Flehen von Sang-ywang Wisera (Wisesa) den Sohn Chatur Kanaka, der wieder auf seine Bitte einen Sohn in Sang-ywang Kaneka putra erhielt. Dieser alle Wesen übertreffende Sohn, auf Anordnung seines Vaters im Ocean stillschweigend Busse übend, wurde umsonst von allen Göttern mit ihren verschiedenen Waffen angegriffen (durch das Juwel Retna gegen Hunger, Durst, Kälte, sowie gegen Feuer und Wasser gesichert), antwortete aber zuletzt dem Guru, der den Schöpfer Wisesa für den ältesten und grössten von Allen erklärte, dass die von demselben bei der Schöpfung gehörten Glockentöne von einer noch höheren und älteren Macht hätten herrühren müssen. Der widerlegte Guru bietet ihm Gemeinschaftlichkeit in der himmlischen Herrschaft an (Manek Maya). In der graduirten Abstammung der Ahnherren der Priester, der Krieger und der vier Handwerkergilden sind die Kasten nach Altersklassen gegliedert, wie bei den Krus (in Gnekbade, Sedibo, Kedibo) und die demokratische Reform des Buddhismus lässt den Tiefsten durch eigene Abstraction zum Höchsten emporsteigen, so dass sich der aristokratische Brahmane des Siwaismus zur Annahme eines jainistischen Associés genöthigt sieht. Nach dem Gedicht Wiwaha Kawi suchte (bei dem durch Detia Kawacha drohenden Angriff auf den Himmel) Batara Sakra die Hülle des büssenden Bagawan Wardiningsi oder Mitaraga, der (nachdem er mit Batara Guru in Gestalt eines Bergbewohners gerungen) das Gewand des Pandita abwarf und nun den Charakter des Arjuna's annehmend, Detia Kawacha erschoss. Nach dem Anraka Sura wurde Buma, Sohn des Dewi Pratiwi durch Kresna's Chakra getödtet, während ihn Gatot Kacha von der Erde emporhob, damit er nicht durch seine Mutter neu gekräftigt werde, wie Herakles den Antäus (den Riesen Anthalus). Das Rama-Kawi zerfällt in Rama-Gan-drung (die Geschichte Rama's von Kindheit bis zur Heirath), Rama Badra (von der Heirath bis zu Siti Dewi's Entführung durch Rahwana), Rama-Tali (von Hanuman's Verwendung als Duta oder Bote bis zum Brückenbau) und Ramayana oder Rama in der Höhe seiner Macht (von dem Kriege Dana Laga auf Langka bis zur Rückkehr nach Ayuthia). Nach Brama's Mittheilung an Bibisana war er von Wisnu entsprungen, der am Weltanfang in dem Antaboga (Schlangenaufenthalt) genannten Himmelstheil geweilt, und hatte die Shastra bekannt gemacht. Zuerst in seiner neuen Incarnation erschien Wisnu als Iwak Mokur-mo (Schildkröte), dann als Singha (Baruna genannt), dann als Arjuna Wijaya, dann als Winakitaya oder Rama, fünftens als Kresna und neuntens hatte er die Erscheinung des mächtigen Fürsten Prabu Purusa anzunehmen. Mit ihrer Schwester auf Erden wohnend, gebar *) Sinta, von einem Pandita (Resi Gana) träumend, einen in den Wald, als Einsiedler, fliehenden Knaben, der dann im Lande Giling Wesis König wurde, als Sela Perwata oder Watu Gunung. Nachdem er unwissentlich seine ihn suchende Mutter (und deren Schwester) geheirathet,

---

*) Die Boram und Sirma Thakur (Singa Bonga oder Gott, als Sonne) waren selbstgeschaffen und bildeten (nach der Erde) ein Knäbchen und Mädchen, die in der Höhle einer grossen Krabbe (Katkomoa) lebten und nach dem Genuss des Ily oder Reisbieres (dessen Verfertigung ihnen der Grossvater Sonne gezeigt) Kinder zeugten. Als Sing Bongo die Frau Mond Chando Omol geheirathet, wurden 4 Söhne (die glühend dem Vater täglich folgten) und viele Töchter (die bei der Mutter verblieben) geboren. Als die Welt durch die fünf Sonnen zu brennen begann, baten Thiere und Menschen den Mond um Rettung, der dem Gemahl Verschlingen der Kinder vorschlug und, während die Sonne die Söhne verschlang, die Töchter versteckte, dafür aber vom Schwert jener in zwei Hälften gehauen wurde (wie Omorha). Für die 12 Söhne und 12 Töchter der Menschen bereitete Sing Bonga ein Fest, bei dem das älteste Paar der Kol (Brüder der Engländer) und Bhomy den Büffel wählten, die anderen Paare (als Braminen, Rajputen, Chuttries u. s. w.) Reis oder Gemüse, andere Hindu Ziegen und Fisch, die Bhuiaer die Krebse, die Sontal und Kurmih, als nichts mehr übrig war, das Schwein bekamen, und die Ghasih, die auch noch etwas wünschten, erhielten einen Antheil von den Kol. Dann lebten sie mit getrennten Sprachen in der Welt.

aber an einer Narbe auf dem Kopf beim Kämmen erkannt war, verlangte er Sri unter den Widadaris zur Gattin und griff bei Weigerung Suralaya an, bis die Götter auf Narada's Rath (unter Sang yang Guru's Erlaubniss) Wisnu zurückriefen. Dieser, nachdem er ihn durch den Dämon Wilawuh hatte belauschen lassen, zerriss ihn, das Baumräthsel seiner Shastra lösend. Nach Opferung der 27 Söhne Watu Gunung's bildete Wisnu (Sinta und Landap zuziehend) die 30 Wuku, und durch Pepateh mit den drei Beisitzern (die Watu Gunung fünffach gebildet) wurden die Umwälzungen der an beiden Augen geblendeten Erdenschlange (Naga Bumi), der rechts einäugigen Naga Wulan (des Mondes), der links einäugigen Naga Dina (des Tages) und Naga Tahun (des Jahres) erinnert.

Als Vishnu, unter dessen Schutze Java stand, den Sang Ywang Guru beleidigt hatte, wurde Tritestra (Enkel Brahma's) von Kalinga ausgesandt und im Alter von zehn Jahren mit der Brahmani Kali aus Kambojo (Mutter von Manu*) Manasa und Manu Madhava) verheirathet (in Giling Wesi am Gunung Semiru residirend), aber später von Watu Gunung (Stein des Berges) oder Rajah Saila parvata getödtet, den Vishnu (weil er seine Söhne mit Namen der Götter aus Swerga belegte) niederstreckte (alle 7 Tage einen seiner 27 Söhne tödtend), worauf Batara Guru den Gulaka (Vater des Raden Sawela Kala) vom Berge Sawela Kala in Kalinga**) sandte, um in Giling Wesi zu herrschen (318 p. d.). Zu Ptolemäos' Zeit lag Argyre,***) die Silberstadt, auf Jabadiu (des alexandrinischen Geographen) oder der Gersten-Insel (Javadvipa von jawawut oder panicum italicum). Lassen identificirt sie mit Giling Wesi, wo Tritestra herrschte. Java, das früher Nusa bara-bara oder Nusa Kedang (Kendang) hiess, erhielt seinen Namen, als König Prabu Saya

*) Nach Julian verehrten die Phönizier den Aziz (Mars) und den Monimus (Mercur) als *πάρεδροι* der Sonne. Der Hauptpriester auf der Insel Mounay hiess (nach Pinto) Manica Monzao.

**) Sumali baute die Hauptstadt Srikakola (an der Krishna) in Kalinga, zu Plinius' Zeit von der novissima gens Gangaridum Kalingarum bewohnt.

***) *ἔχειν τε μητρόπολιν ὄνομα Ἀργυρῆν ἐπὶ τοῖς δυσμικοῖς πέρασιν.*

Baya von Astina seinen ersten Beamten dorthin schickte. Am Aufgange zum Smeru (Maha-Meru) bei Malang liegt die Fläche Widodaren (Meinicke). In der japanischen Encyclopädie heisst Tanâh Gawâh der Malayen (Jephothi bei Fabian) Kepho. Wie auf der javanischen Inschrift ist der Anlaut nach Art der Prakritsprache in g verwandelt (s. Lassen). Der chinesische Name war (nach Raffles) Kaoja, was auf Khao oder Reis führen würde. Yuvan oder Jüngling (im Sanskrit) ist (im Prakrit) jawan (schabb im Arabischen). Die Eingeborenen Sumatras, bemerkt De Barros, werden Jauij (Jawi*) genannt, und sie glauben, dass einst die Javanen das Land beherrschten und vor den Chijs (Chinesen) den dortigen Handel sowohl als den indischen geführt hätten. Java heisst Jona bei den Malayen, und jeder Fremde ist für sie ein Jona (von jou oder fern). Im Javanischen ist tannah Javi (Dschavi), im Malayischen tanah Jawa (Dschawa) das Land Java (Gerstenland). Im Tagalischen bedeutet Yabag einen Landstreicher. Die Araber kamen nach Java unter Munding Sari (1112 p. d.), und Majapahit wurde 1221 p. d.) von Raden Tandurnn gegründet. Sheikh Mulana Ishak, der Vater Susunan Giri's, folgte (wie die Perser) den Lehren Abu Hanifa's, aber später gewannen die des Shafihi die Oberhand. Barjak Vedi wurde zum Vorsteher der Gilde der Eisenschmiede (Pandi) ernannt, als er den Nachstellungen seines in Bajojaram residirenden Vaters entgangen war, und liess diesen (XIII. Jahrhdt.) in einem Eisenkäfig verbrennen. Die Javanesen**) besuchten (75 a. d.) Madagascar. Bundan Kajawan

---

*) According to the Malay, the word Djawi came from the Arabs, who derived it from Djawa. It is a disrespectful term, like adjam (or barbarians), which the Arabs apply to all other nations besides themselves except the islanders of the Malayan archipelago, whom they call Orang Djawi, after the island of Java or Sumatra (with the benzoin, as luban Djawi). The Malayan language, spoken by all the pilgrims of the Archipelago, who visit Mekka, was called bahasa Djawi by the Arabs, who spoke it with them. There are no dialects in the Malayan language except the Malayan of Menangkabow, which differs. Marsden bezweifelt, dass Djawi von Djawa (Java) hergeleitet sein könne. Auf den Lagermärkten, nach der Besetzung Delhis durch Timur, bildete sich das Urdu als lingua franca.

**) According to the Mahawanso, Ceylon was invaded by an army of Javako

wurde vom König von Majapahit mit der kraushaarigen Sklavin gezeugt, der er auf ärztlichen Rath in einer Krankheit hatte beiwohnen müssen. Die Bewohner des westlichen Theiles der Insel, zu welchem der Sunda-District gehörte, nennen sich jelmo bhumi oder Eingeborene, und da jawi *) (in der Hofsprache) oder jawa (in der gewöhnlichen) ausserhalb, mithin tijang jawi (in der Hofsprache) oder wong jawa (in der gewöhnlichen Sprache) Fremde bedeutet, so wurde dieser Name auch auf den östlichen Theil der Insel bezogen, wo die indische Bevölkerung ihren Sitz hat. Im Gegensatz zur bhojo krama (Hofsprache) heisst der Volksdialekt ngoko, während der Madhya in der Mitte steht (Humboldt). Ausser Brama Tama und Brama Sudorga (der bei dem Versuche Sri zu rauben, von Wisnu erschlagen wurde) schuf Brama das Mädchen Bramani Wati (Mutter von Manu-Manasa und Manu-Madewa). Mit Srati Dewi Prinzessin von Champa) zeugte Brama Tama den Sohn Brama Raja, der seinen Sohn Chitra Bahar oder Angsarwa als Rajah von Indrapuri einsetzte und in die Einsiedelei des Waldes zog als Resi Tama. Mit Sumali (die widerstehend, neunmal auf seinen Kopf schlug) zeugte Chitra Bahar (Chator Bhoj oder Vierschulter) den mit neun Auswüchsen auf dem Kopf, als Zehngesichtigen (Dasa-Muka), der nach Ermordung seines Halbbruders Misra Warna mit dem Donnerkeil oder limpung (unter Vorgebung, dass der König im Gewitter verschwunden) und Kampf mit seinem Halbbruder Bisa Warna, sich (von Resi Narada zu Sang-yang Guru geführt) in Sri verliebte, aber auf die Erde geworfen

---

or Javanese. Die Insel Darband Nyas (bei Sumatra) war von Java abhängig (nach Al Biruni). Nachdem Andaya Ningrat den Aufruhr von Bali gedämpft hatte, besiegte er alle die Rajah von Sabrang (in Makassar, Goa, Banda, Sumbawa, Ende, Timor, Ternate, Sulu, Ceram, Manila u. s. w.) und kehrte nach Eroberung Palembangs nach Majapahit zurück.

*) Jawa or Jawi is the name, by which Borneo, Java, Sumatra, the Malayan Peninsula and the islands lying among them are known among the nations of Celebes, who apply the Bugis-diminutive Jawa Jawaka or Jawa minor to the Moluccas, Amboina, Banda, Timor and Ende. Javan (Jaones) ou Infanes signifient (attachés aux noms sanscrits et zends) jeunes ou plutôt défenseurs de la famille ou du pays. Varro leitet juvenis von juvare ab.

wurde, um dort einen Streit mit Wisnu auszufechten, der sich erst in König Arjuna Wijaya (von Manspati) incarnirte, und dann in Rama (Sohn des Dasarata oder Murdaka). Bali, der Sohn Gotama's, gründete Astino. Das mit der Regierung des Sri Jaya Langkara (Grossvater Panji's) beginnende und mit Panji's Tod schliessende Geschichtswerk Angrene theilt sich in Panji Mordaningkung (indem Sekar taji, Gattin Panji's, von einer Gottheit entführt wird), Panji Mugat Kung, Panji angronakung, Panji priombada, Panji jaya Kasuma (worin Panji in Bali mit Sekar Taji wieder vereinigt wird), Panji Chekel Waning Pati, Panji Norowangsa (über die Umwandlung der Prinzessin von Daha in einen Mann).

Nach dem Bali-Manuscript über die Geschichte des Königreichs Tumapel (aus dem Jahre 1465) wurde Majapahit von Browijaya in einem Walde gegründet. Ihm folgte Brockamara, dessen Nachfolger Ardi Wijaya die Seeräubereien des Königs von Singapura (Sri Sin Derga) unterdrückte. Nach den malayischen Annalen wurde die Flotte des Rajah von Majapahit (der ausser Java auch die Rajahs von Nusa Tamara oder Bali beherrschte) von Malacca zurückgeschlagen.

Nach den Javanen schuf ein Elephant (Hasti) das Land Hastina, um Radnadi zu erwerben, die indessen Gotama heirathet, der ihn erlegte. Abhramus ist der weibliche Elephant des Ostens mit Abhramuprijas (Gatte der Abhramus). Nachdem Santana sein Königreich Astina an Abiasa (Sohn Palasara's) übergeben, gebar diesem Ambalika, die jungfräuliche Tochter Balietma's (des Hermiten von Gunung Chamaragandi) den blinden Drestarata, den schiefköpfigen Pandu*) und den lahmen Aria Widura. Als Dherma Wangsa von den Pandawa zum König erhoben war, nahm er den Titel Batara Jaya Baya (Batara Nata) an. In der Sage ist Karl der Grosse nicht nur Erbe Karl Martell's, sondern auch Erbe Karl's des Einfältigen (wie Carrière bemerkt), Demüthigungen im Kampfe mit seinen

*) Alexander M. trug den Kopf nach der linken Seite geneigt. Nach Pseudo-Kallisthenes war das rechte Auge Alexander's hinabgehend (κατωφερῆ), als schwarz, das linke aber, bläulich (γλαυκός), als in die Höhe gehend.

Fürsten erfahrend. In den Königskindern (reali di Francia) tritt Karl selbst zurück, während Roland und Rinald im Vordergrunde stehen, unter Einführung kriegerischer Frauen, Zauberer und Liebesgeschichten. Die Pandawa stellten ihr Heer in der Schrecken einflössenden Schlachtordnung*) Kageng-pateh (des Königsgeiers) auf, und später in der des Elephanten (Gaya). Die Mangkara buhia (die javanische Schlachtordnung im Mataram-Kriege darstellend) ist in Form eines Krebses (Raffles). In den als Spinngewebe geordneten Schlachtreihen der Kauravas wurde Abhimanyu verstrickt. In Indien wird die Kriegskunst dem Visvamitra zugeschrieben oder auch dem Bharadvaja. Als der Guru Bisma von Krishna und Arjuna getödtet war, wünschten ihn die Kurawa auf eine Matte zu legen, die Pandawa aber bestanden darauf, dass seine Tragbahre von durcheinandergeflochtenen Speeren gebildet werden müsse. Von Arjuna's Pfeilen bespickt, lag er auf dem Lanzenbette (wie Callimachus), um noch Unterweisungen vor seinem Tode zu geben. Durch Bagadeta getödtet, wurde Arjuna**) durch Krishna's Medvane wieder belebt. Als in ihrem Zweikampfe Kerna Regen schoss, zerstreute Arjuna diesen mit seinen Pfeilen, gegen Feuer schoss er Regen, jenes zu löschen, und als Kerna Drachen schoss, wurden von Arjuna Greifen geschossen, um sie zu überkommen. Nach dem Mahabharata blasen die Fürsten in der Schlacht auf Kurukshetra (bei Paniput) Jeder sein besonderes Horn (wie am Bonny). Als der von Salia abgeschossene Pfeil sich in Tausende von Rakshaka's Drachen und Teufel auflöste, die in die Reihen der Gegner einfielen, befahl Krishna seinen Leuten, ihre Waffen niederzulegen und mit gefaltenen Armen ruhig zu stehen, worauf sich die bösen Geister zerstreuten, ohne Schaden anzurichten. So kämpfen die dänischen und norwegischen Tröllen oder, in Finn-

---

*) Odin, als einäugiger Mann, lehrte dem Könige Harald die Svinfylking genannte Schlachtordnung (nach Saxo), das caput porcinum der Römer (s. Finn Magnusen), wie bei den Germanen (nach Tacitus), und Manu den Königen eine keilförmige Schlachtordnung in Gestalt eines Ebers empfiehlt (s. Sjögren)

**) By a miracle he became a eunuch for a year (as music and dancing-master) in dem Versteckplatze.

land, die Zauberer gegen einander. Die Widadari, die den Büsser Terno-Windu (Bhagawan) störten (in Java), wurden mit Stummheit belegt. Das Brata Yuddha Kawi soll unter der Regierung des Jaya Bayo abgefasst sein im Jahre 706 der javanischen Era, aber im Chandra Sangkala wird der Pandit Pusedo (1079) als Verfasser genannt. Naranati-Dewi (die Mutter der Pandu) jubelt beim drohenden Ausbruch des Krieges, weil Swarga die in der Schlacht Gefallenen empfangen wird (wie Odhin). Die Stadt Astina oder Hastinapura wird nach Java versetzt und soll bei dem neueren Pakalongan Ayogyokerto (Djoyo Karta) gelegen haben. Die moderne Hauptstadt des Sultan von Mataram wurde nach Rama's Ayodhya genannt, und mit Diara Wati oder Indoro Wati (der Residenz Krishna's) wird das jetzige Pati identificirt. Die Bali-Historiker setzen den Kampf zwischen Jaya Katong und Laksamana nach der Gründung Majapahits.

Unter den dramatischen Aufführungen entnehmen die mit Masken gespielten Topeng ihren Gegenstand stets aus den Abenteuern Panji's. In der Barongan genannten Pantomime, bei der sich Menschen thierisch auskleiden, mussten auf Befehl des Susunan Moria die Schattenbilder (Wayang) in unnatürlichen Formen entstellt werden, um nicht länger an menschliche Aehnlichkeit zu erinnern. Bei mangelndem Regen*) führen die Javanesen in den Wayang die Geschichte des Watu Gunung und der Dewi Sinta auf. Im Wayang purwa ist der Gegenstand der Fabeln besonders den von Rama handelnden Gedichten entnommen. Das Gedicht Mintaragas enthält die Büssungen**) Ar-

*) During the Wasso, the Buddhist priests employ their time in holy meditation and thus aid to the utmost of their power the husbandman in procuring food for the support of the world, maturing the grain planted (s. Stevenson). Nach den Carpocratianern erwarb Heiligkeit übernatürliche Kräfte zur Beherrschung der Natur.

**) Als Arjuna (während des Exils der Pandawa) sich durch Büssungen am Berge Mandara (des Himalaya) himmlische Waffen (für den bevorstehenden Krieg) zu verschaffen sucht, räth ihm Indra, zunächst Siva günstig zu stimmen, und dieser erscheint in Folge seiner Selbstmarterungen in der Gestalt eines Gebirgsbewohners, um mit ihm zu kämpfen (nach dem Mahabharata). In Amaravati weilend, wurde er von Indra gegen die Daityas des Meeres geschickt.

juna's am Berge Indra, sowie das Epos des Brata Yuddha mit den Kriegen der Paudawa. Der Dalang oder Schauspieler recitirt erst einige Verse in Kawi und wiederholt sie dann im gewöhnlichen Javanesisch. Der Gegenstand des Wayang gedog ist der auf Parikesit folgenden Geschichtsperiode entnommen, mit der Regierung Gandra-gana's beginnend und die Abenteuer Panji's einschliessend, sowie seines Nachfolgers Laban bis zu dessen Niederlassung in Pajajaran. Das Puppenspiel (Wayang Klitik) entnimmt seine Darstellungen der neueren Geschichte, wie den Vorgängen zwischen Menak Jingga (Häuptling von Balambangan) und Damer Wulan in Betreff der Prinzessin von Majapahit. Diese Abenteuer werden auch durch Zeichnungen auf ziekzackweise zusammengelegtes Papier wiedergegeben. Die zur Zeit des Königreichs von Demak entworfene Geschichte Trebong's ist der javanischen Uebersetzung des arabischen Berichtes von Beginda Ambia entlehnt. Die Srimpi-Figuren dürfen nur von den Tänzerinnen des Königs aufgeführt werden. Als Dresta Bata das Königreich Astina seinem Sohn Sayadana übergab, liessen sich die fünf Söhne Panda's in Amenta nieder, sandten aber dann ihren Vetter Krema von Diarawati, die Hälfte des Königreichs zu fordern. In Folge der Weigerung entstand der Brata Yuddha, der mit Punta Dewa's Einsetzung als König in Astina (491) endet. Er übergab die Regierung an Parikisit, Sohn des Abimanyu (Sohn des Janaka), der sein Reich gegen den Riesen Usi Aji von Surabaya vertheidigte, und auf seinen Sohn (Udayana) folgte Jaya Derma, unter dessen Sohne, Jaya Misana, eine verwüstende Pest ausbrach, so dass er sich nach Milawa begab und Tapa wurde. Sein Bruder Angling Dherma hatte sich schon früher (mit 3000 Familien) dorthin begeben und wurde als Herrscher von Milawa Pati anerkannt. Nachdem die Fürstin, der man das Erlernen von Gebeten, um Thierstimmen zu verstehen, versagt, sich verbrannt hatte, wanderte der Fürst im Wahnsinn umher und wurde in einen weissen Vogel verwandelt. Auf Jaya Parusa (Sohn des Jaya Misana) folgte Puspa Jaya, dann Puspa Wijaya dann Kasuma Wichitra, Vater des Raden Aji Nirmala, der während heftiger Epidemien in Milawa Pati herrschte. Sein

Sohn, Bisura Champaka, begab sich deshalb mit seinen Anhängern nach Mendang Kamulan, wo er als Pandita lebte. Von seinem Sohne (Angling Dherma) stammte Aji Jaya Baya, der beim Besteigen des Thrones das Land Purwa Chirita nannte und (701) das Gedicht des Brata Yuddha (auf Anregung des Dewa Batara Guru) dictirte. Auf seinen Sohn (Salapar Watu) folgte (756) Kandiawan oder Jaya Langkara, der seine Schwester (Chandra Suara) heirathete und nur bei Vollmond getödtet werden konnte. Nach unterdrücktem Aufstande theilte er sein Reich unter seine vier Söhne Subrata, Para Yara, Jata Wida und Su Wida, mit dem Auftrage, Mendang Kamulan*) zu verlassen, damit es in Wildniss veröde. Nachdem er sich mit seiner

*) Als Putut Jantaka seine Kinder (Katze, Ochse, Schwein, Reh, Schildkröte) abgeschickt, sich in Mendang Kamulan Nahrung zu suchen, und die Wächter sie nicht forttreiben konnten, beauftragte der König Andang Dedapan (von Mendang Agung) und Gede Pengukir, die durch die verwachsenen Soldaten Hund und Katze schaffen liessen, als Gegner. Erzürnt über den Tod ihrer Brüder erbaten die beiden Kala (Kalmakti und Kala Serenggi) von Putut Jantaka selbst geben zu dürfen, und da sie, mit ihren Knochen hart wie Eisen und Haut dick wie Leder, von Hunden und Katzen nichts zu fürchten hatten, wurden sie durch Raden Sengkan und Turunan gebunden und mit Rattan geschlagen. Als ihr Vater Putut Jantaka, in ein Ungeheuer verwandelt, zu ihrer Hülfe kam und Raden Jaka Puring eine giftige Schlange ihm entgegenschickte, ging er zum König, erschrak aber, als er denselben in der Gestalt Wisnu's sah, der seine eigentliche Natur angenommen, und entfloh. Der König aber, folgend, bat um Verzeihung und verkündete Jantaka, dass er seinen Wohnsitz in den Scheuern (Lumbung) nehmen und dort von demjenigen Reis zu seiner Nahrung haben würde, der sich als ein Ueberschuss der von den Eigenthümern im voraus berechneten Quantität herausstellen würde. Auch sollte für ihn und seine ganze Familie mit aller Nachkommenschaft ein Wohnsitz sein in den Trögen, in welchen der Reis ausgeklopft oder vor dem Kochen gewaschen werde, ebenso den Herden der Küche, den Vorhöfen der Häuser, den Strassen, den Misthaufen u. s. w. Der König befahl dann, dass Alle beim Reinigen oder Waschen des Reises den Antheil für Jantaka und seine Familie bei Seite setzen sollten. Die hervorgebrachte Schlange (der Sawah-Art) glitt über den zerstörten Boden und stellte ihn her, um dann in den Reisfeldern zu sterben. Statt des Kadaver fand der König dort eine reizende Jungfrau, Loeh Endap genannt, die seinem Heirathsantrage ihre Einwilligung gab, unter der Bedingung, dass er jeden Morgen und jeden Abend die Reisfelder besuchen würde. Mit diesen Worten verschwand sie, zum Kummer des Königs, das Land aber blühte fortan in Reichthum und Gedeihen.

Schwester bei Vollmond verbrannt, begab sich seine Tochter Pembayun nach Janggala, wo sie Steininschriften ausführen liess. Das Bestehen eines Epos mit dem Inhalt des Mahabharatas findet sich bei Dio Chrysostomos (zweite Hälfte des ersten Jahrhdt. p. d.) erwähnt.

Als fünfter Nachkommen Arjuna's*) (Sohn des Pandu Dewa Nata) schickte Prabu Jaya Baya, König von Astina, seinen Penggawa oder Minister zur Civilisation fremder Länder aus. Im ersten Jahr der javanischen Era (0001) landete er in Nusa Kendang, einer (von dem Korn Jawa-wut) Nusa-Jawa genannten Insel, wo er die Leichen zweier Raksasa fand, mit Inschriften auf Blättern in der Hand, die eine in alten (purwa), die andere in siamesischen Charakteren. Aus beiden wurde das javanische Alphabet von 20 Buchstaben zusammengesetzt. Nach Kämpfen mit den Raksasa (besonders mit Dewata Chengkar) kehrte der Minister nach Astina zurück, Bericht abzustatten. Dara Wati, Prinzessin von Champa, verlangte die Entfernung der schwangeren Chinesin, die, von Angka Wijaya seinem Sohne Aria Damar (der in Palembang die Lampung-Staaten und Sunda-Inseln bekämpfte) gegeben, erst den Raden Patah und dann Raden Husen gebar. Als der mit einer Tochter des Rajah von Champa vermählte Araber Raden Rachmat nach Palembang kam, begab sich der dem Islam geneigte Aria Damar (bei der Abneigung seines Volkes in Palembang dagegen) nach Majapahit, wo er trotz der Meinungsverschiedenheit des Angka Wijaya gut aufgenommen wurde und in Ampel angesiedelt, wo Rachmat nach vielen Bekehrungen den Titel Sunan annahm. Als Lembu Petang (Dara Wati's Sohn) zum Gouverneur von Madura ernannt wurde, begleitete ihn Sheikh Sarif, um Bekehrungen zu machen. Dalia Achar oder Kasuma Chitra von Astina oder

*) Der Bergrücken von Gunung Prabu gilt als Wohnsitz Arjuna's, Bhima's und anderer Helden des grossen Krieges. Der Name der Stadt Djorjocarta in Mataram ist eine Nachbildung Ayodhyas (Oude). Klana Tanjung Pura, der Rajah von Nusa Kanchana, erhielt (wie Goa auf Celebes) seine Macht durch die Busse des Brahmanen Kauda (Sakeuda) oder Satirl, so dass er alle Inseln von Sabrang unterwarf und, von Palembang in Sumatra aus, Daha auf Java bekämpfte.

Kujrat (Guzerat) sandte (in Voraussicht seines Reiches Untergang) seinen Sohn Drowijaya Sawela Chala, dem überlieferten Bericht des Aji Saka folgend, nach Jawa, wo Mendang Kamulan (525 p. d.) gegründet wurde (und dann durch Architekten aus Südindien*) verschönert). Aru Bandon, der aus den Molukken nach Balambangan gekommene Fürst, erkannte seine Oberhoheit an, wegen der Kenntniss der Inschriften Aji Saka's.

Nachdem die Kinder Dewa Kasuma's, der die Residenz von Mendang Kamulan nach Janggala verlegt (846 p. d.), aus Kalinga**) (in Indien) Künstler zurückgebracht, wurde das Reich unter die vier Söhne getheilt, und auch die unvermählt bleibende Tochter förderte indische Kunst, die Tempel von Singa-Sari erbauend. Von Dewi Kasuma's Söhnen erhielt Ami Luhur das Reich von Janggala. Von einer bei Japara schiffbrüchigen Djonke der Chinesen erhielt der Fürst von Tegal seinen magischen Stein. Während der Herrschaft Dewa Kasuma's in Janggala bestanden gleichzeitig die Königreiche Daha, Sangasari und Ngarawan. Nachdem das Heer des Praba Jaya Gangara (Fürsten von Madura oder Nusa Antara) besiegt war, ernannte Agrama Wijeyan, an Stelle des getödteten Panji, seinen Enkel Maisa Lailean zum Fürsten von Janggala (927), dem (nach seinem Onkel Braya Nata) sein Sohn Banjaran Sari folgte und dann (nach Mudaningkung in Muda Sari) Raden Pankas

*) The people of (Calinga or coast of creeks) Callingara (the Calingae of Ptolemy) or Klings, were engaged in expeditions to Malacca and Sumatra, approaching close to Quedah. West-Calinga stretched from Cuttava to the West mouth of the Ganges. Central-Calinga embraced a large island in the embouchure of the Ganges, Maco-Calinga was the country of the Magas or Mugs (in Chittagong) and neighbourhood. Calinga included Orissa and Cuttack. King Tanjore was called Chola. From Calinga the king of Ceylon procured the tooth (275 p. d.) According to the Malayan annals, Raja Suran of Bijanugur invaded Malacca with a force of Klings and conquered Johore. Im Malayischen meint Telinga die Erde.

**) Als der König Kalingas im Zorn einen Brahmanen getödtet, zerstörten die Dewas das Land durch Sandregen. Als Uttama Chola apostasirte, wurde seine Hauptstadt Warlur unter einem Staubregen begraben. Ein König aus dem Norden liess (zur Zeit des Jairadaka Najadu) Architekten und Bildhauer aus dem Norden nach Mahamalaipura kommen, die die Pagoden zwischen Sadras und Kovelong ausführten, aber wegen Zwist mit dem Könige das Werk unvollendet liessen.

in Pajajaran (1084 p. d.). Kuda oder Maisa Lalean hatte wieder ganz Java vereinigt, wurde aber durch die Empörung seines Onkels Braja oder Brata nach Westen getrieben, wo er (gleich der alten Hauptstadt) Mendang Kamulan gründete und dann sein Reich zurückerwarb. Sein Bruder Chamara Gading liess sich als Sawira Gading in Celebes nieder. Nach Besiegung der Chinesen zog Kuda Lalean nach Westen und gründete Pajajaran. Prabu Mundang Sari folgte seinem Vater Kuda (1112), und sein Bruder kam von einer Reise in arabischer Begleitung (des Haji-Purwa) zurück. Dann bestieg Munding Wangi den Thron (1179 p. d.). Chitra Arung Daya, Bruder des Kuda Lalean (der auf Panji in Janggala folgte) liess sich in Celebes nieder (als Sawira Gading der Bugis). Um Schutz gegen die Lampong zu finden, wurde das Reich Majapahit *) in Nord-Borneo und in Palembang auf Sumatra anerkannt (unter Alih Wijaya). Angka Wijaya (letzter König von Majapahit) heirathete Wali, Tochter des Rajah von Champa. Nach Marco Polo folgten (1268) die Küstenbewohner in Java minor (Sumatra) dem Islam. Als Xavier sich in Amboyna fand, fingen die Bewohner eben an, von den Arabern schreiben zu lernen. Von einen Vogel geleitet, kam Raden Jandaran (aus Pajajaran) nach dem Platze der bittern Schlingpflanze, wo er Majapahit (1221) gründete. Die Prinzessin des Rajah von Chermen (in Sabrang), die der arabische Pandit dem Prabu Angka Wijaya, König von Majapahit, zuführen wollte, starb auf der Reise (1313). Die aus Camboja wegen Zauberei verbannte Gattin (Nini Gedi Pinateh) des Patin (Minister) wurde vom König von Majapahit als Shalandar mit der Aufsicht des Hafens Gresik betraut und starb dort, als Pflegemutter des Susunan Geri (1379). Sheikh Ibn Mulana (1391) machte

*) When the Mahomedan army prepared to attack Majapahit, Aria damar sent to Raden Patah the box, which had been given him by his mother (the witch of Lawu) before he quitted Java, with directions to carry it to the wars. Sunan Gunung Jati sent him a baju rante (chain jacket) which, opened during the engagement, would have 1000 of rats issue from it. Sunan Giri contributed the sacred kris, from which a swarm of hornets was to issue and Sunan Bonang sent a magical wand or cane, which in cases of extremity possessed the power of producing, allies and warriors on all sides.

durch Krankheitsheilungen viele Bekehrte in Cheribon. Die Missionäre Raden Paku und Makdum Ibrahim wurden bei ihrer Rückkehr von Mekka durch den heiligen Lehrer Mulana Abul Islam von Malakka aufgefordert, mit ihren Bekehrungen in Java fortzufahren. Der von einer chinesischen Concubine des Königs von Majapahit geborene Raden Patah erbaute Bintara und (obwohl anfangs besiegt) eroberte Majapahit (1400), worauf Browijaya (1403) nach Bali floh.

Ein erfolgloser Versuch, die Sunda-Stämme zu bekehren, wurde 1328 p. d. gemacht, und im Osten predigte (1391) Rajah Charmen und der Araber Maulana Ibrahim, der 1412 in Garuk starb, den Islam. Als Browijaya (Bramah-Wijaya oder der siegesreiche Brahma) in Majapahit regierte, fand sich in seinem Harem eine Prinzessin aus Champa, Tante des Shekh Ramat (Sohn eines arabischen Priesters Shekh Wali Lanaug Ibrahim) und des Raden Pandita, die auf einer Besuchsreise in Kamboja Schiffbruch litt und durch den König von Java abgeholt wurde, worauf Raden Rahma den Titel Susuhunau (Apostel) annahm. Eine im schwangern Zustande von Browijaya verstossene und seinem Sohne Arya Damar (Häuptling der javanischen Colonie in Palembang auf Sumatra) übermachte Chinesin gebar Raden Patah, der mit Raden Husen (Sohn des Arya Damar) zur Verbreitung des Islam nach Java zurückkehrte. Raden Husen wurde zum Gouverneur oder Adipati von Damak ernannt und besiegte Raden Patah, der einen Aufstand erregt hatte, den Islam zu verbreiten, wurde aber (nach Hülfe aus Palembang) geschlagen, worauf die Mohamedaner die Hauptstadt Majapahit eroberten. Der Sohn des arabischen Fürsten, der zuerst die Javanen (1400) zum Islam bekehrte, unter dem Titel Pangeran, heirathete die Tochter des Rajah von Indrapura (in Sumatra) und erhielt dadurch das Land der Sillabaren, ein Volk von Banca-Nulu (Marsden). Die Bewohner von Naning in der malayischen Halbinsel sind Mohamedaner der Sofi-Secte und wurden im XIII. Jahrhdt. bekehrt (als Muhamed Shah in Malakka regierte), während sie früher dem Glauben Buddha's anhingen. Die Unterscheidung zwischen Shiah oder Rafzi und Sunni ist ihnen, in Folge ihrer arabischen Lehrer, nicht bekannt. Das von den malayischen Mohamedanern am Freitag,

Montag oder Donnerstag dargebrachte Büffelopfer wird unter dem Gebrauch des Zabbah (wie das Kameel in Arabien) dargebracht. An den mit zwei Holzpfeilern oder aufrechten Steinen (deren grösster den Kopf andeutet) bezeichneten Gräbern pflanzen die malayischen Mohamedaner meistens die Sulasih oder auch die Champaka in Kamboja (s. Newbold). Für Aegypten wird die Kiblah bestimmt, indem der Polarstern in Opposition zum hintern Theile des linken Ohres gesetzt wird, für Irak mit dem des rechten, für Yemen mit dem vordern des linken, für Syrien mit dem Rücken, für Guzerat mit der rechten Schulter, für die malayischen Länder und Atschin mit der rechten Seite vorn.

Das Gebetbuch des Rajah von Lampung zeigte einen Zauber, der in der Mitte kabbalistische Charaktere enthielt, im Umkreise mit La illah illalah Mohamat rasul alla umschrieben war. Auf dem Bilde eines Grabes war geschrieben Ebrahum, auf einem andern Hamir-Hamza, dann Abubekr, Omar u. s. w. Ein Grab enthielt die beiden Namen Hussan und Hassein. Ueber einem Brunnen war geschrieben Ayer Jemjam (Zemzem), um einen schwarzen Stein (der Kaaba) die Namen der vier Imame, und an den Ecken standen die Namen der Erzengel. Eva's Grab trug den Namen Hana. Arabische Gebete eines malayischen Buches waren: Bismillah hirruma nerrahin-Alhamdu lillah birabil alamin-Arrachma nirrahin-Malikia nidin-Jaka nah-budo (nai Budo) Wa iah kanas ta in-Edinas siratal mustachim-Siratul lasina an amta la him rasil maglubi alleih him wallatdalin Amin. Wer die Erzählung hört oder abschreibt, wie Mohamed auf Gottes Befehl seinen Kopf schor, der wird durch Gott von seinen Sünden befreit werden, wie man einem Baume die Blätter abstreift. Auf Abubekr's Autorität wird es berichtet, dass der Engel Gabriel mit Befehlen zu Mohamed kam, als er, von dem Kriege mit dem Könige Lahat zurückgekehrt, den Koran las. Auf Mohamed's Frage, wer der Zeuge seiner Haarschur sein sollte und durch wen es zu geschehen habe, befahl ihm Gott, in der Zeugniss seines eigenen Lichtes zu scheeren, und dass er durch Gabriel geschoren werden sollte. Dann sollte ihm Gabriel aus Baumzweigen die Tob genannte Mütze machen, deren Blätter im Himmel grünen. Als Gabriel sein glorreiches Haupt berührte, flehten alle Bidadaris (Engelinnen) zu Gott, dass keins seiner Haare auf die Erde fallen möge. Wäre es möglich gewesen, eins dieser Haare zu erhalten und einen Talisman daraus zu verfertigen, so würde dieser einen unschätzbaren Werth gehabt haben, da er, an den Arm gebunden, gegen jegliche Art Uebel geschützt hätte. Jedes einzelne Haar wurde durch die unzählige Menge der Bidadaris, die Gott herabsandte, aufgehoben, und sie sollen sich auf 1,266,000 belaufen haben, oder, nach einem andern Bericht, auf 2,266,000. Auf Du Chaillu's Frage antwortete Olenda (Häuptling der Ashira): „O Christ! diese Haare sind sehr kostbar, aus ihnen fertigen wir uns Monda (Fetische); diese bringen uns weisse Männer, Glück und Reichthum zu. Von dem ersten Moment an, wo Du zu uns kamst, o Christ! wünschten wir etwas von Deinem Haar zu besitzen, wagten aber nicht, Dich darum zu bitten, weil wir nicht wussten, dass sie sich abschneiden liessen." Die von Majapahit (Madjapahit) nach dem Tengger-Gebirge Geflüchteten (1478) erkennen die drei Hindu-Götter (Bromo) Brahma, Vishnu und Siwa an, erhalten ein beständiges Feuer in ihren Wohnungen und feiern auf dem Kraterboden des Berges Tinger (Sandmeer oder Dasar) ein jährliches Opferfest, zu Ehren oder Sühne des Eruptionskegels Bromo*) (Junghuhn). Unter den auf Merapi (im Mittelpunkte

*) Bromea, die Amme des Dionysios (Bromios, von dies brumalis) vom Berge Bermios (Stammsitz der Phrygier) wurde im Alter von Medea verjüngt, wie Brahma in der letzten und kürzesten (bruma von brevissima oder brevima) Jahreszeit (dem Brahmanentage im Periodenwechsel) in Schlaf sinkt, um neu zu erwachen. Der bacchische Silen wird am letzten Tage des Jahres als Bromios wiedergeboren, im dem biformis (mit doppeltem oder vierfachem Gesicht). „Wenn die Sonne in den kürzesten Tageskreis gekommen ist, welchen die Alten die Winter- und Sommersonnenwende nannten, den Beinamen Bruma von der Kürze der Tage schöpfend, so taucht sie aus diesem Winkel oder dieser Enge wieder hervor und wendet sich, wie neugeboren, zur Sommer-Hemisphäre" (Macrobius). Nach Hieronymus zertrümmerte der Stadtpräfect Gracchus alle die heillosen Bilder, unter welchen Corax, Gryphus, Miles, Leo, Perses, Helios, Bromius, Pater vorgeführt wurden. In dem Uebergange von βρέμειν in brimen (nach Graff) ist es zweifelhaft (nach Raumer), ob βρέμειν eine ursprüngliche Form ist. Zwischen βρεμ-ειν (rauschen, tönen), βρόμος (Getöse), βροντή (Donner) und lateinisch fremere, fremor, fremitus ist fast völlige Identität der Bedeutung anzuerkennen.

Javas) Ansässigen finden sich noch Lontar-Bücher. In Padjajaran, wohin der Buddha-Cultus nicht gedrungen war, erhielt

---

Dazu stellt sich altnordisch Brim (Brandung). Die entsprechenden Sanscrit-Worte zeigen statt der Bedeutung des schwirrenden Geräusches die einer schwirrenden wirbelnden Bewegung (Curtius). Brahma (Bromo in Java) ist Burma, Brumha, Breman, Birma, Brimha, Brama, Brom in indischen Dialekten. Mit Bromius oder Dionysos wurde (neben Ares) Bendys oder Cotys (Artemis) von den Thraciern verehrt, deren Könige den Hermes (1mbro der Kabiren) verehrten. Als Grössten der Götter verehrten den Mercur die Gallier (bei Cäsar), die Germanen (bei Tacitus), als Turms (auf etruskischen Münzen). Der donnernde Thor (Taranis der Celten) heisst Er in Südschweden (nach Nilsson). Ἑρμῆν, Mercurium, Jovis et Majae filium esse dicunt. Ex mente enim et prudentia nascitur oratio, quamobrem etiam alatum eum faciunt, utpote velocem, nihil enim oratione velocius, inde Homerus verba alata vocavit. Eundem etiam admodum adolescentem fingunt, quod oratio non senescat. Adhaec quadratum eundem faciunt, propter veritatis firmitatem, item auctorem lucri et mercaturae praesidem eundem celebrant, quamobrem simulacrum ejus statuunt marsupium gestans. Quin etiam Phoenices deos suos fingunt ferentes sacculos, quod aurum sit imperii symbolum. Graeci autem fingunt arma gestantes, quod homines armis subigantur (Suidas). Mercurius Trismegistus fuit sapiens Aegyptius et ante Pharaonem floruit. Der Riese Saranag war vierköpfig. Hermo, Pelasgorum rex, Lemno cessit. Κότυς, daemon qui apud Corinthios colitur, foedae libidinis praeses. Von des Cotys Sohn, Enkel des Manes, der Asias hiess (ἀπ' Ἀσίεω τοῦ Κότυος τοῦ Μάνεω) war Asien (nach den Lydiern) benannt (s. Herodot). Κότυς in Thracia regnavit (Suidas). Die Theilnehmer am Gottesdienste der Κοτυς (Cotytto) hiessen Βάπται. In den tatarischen Heldensagen stehen den sieben Kuda (in's Persische übergegangen) sieben Alna gegenüber. Nisbabor ist die Stadt des Adlers (Nisroch), wie Nasr Suhail, der Adler des Canopus. Die Nassara (von Nosra oder Nazareth) oder Christen heissen auch Ansar, wie die Mohamed helfenden Mediniten. Antarah findet sich unter den sieben Dichtern der Moallacat, und der afrikanischem Blute entsprungene Held Antar wird von ihnen besungen. Die riesigen Anten waren in Europa gefürchtet, wie die teuflischen Hantu bei den Malayen, und die siegreichen Fürsten der Asen wurden als Ansu vergöttert. Der Riese Antäus (Sohn der Gäa) baute aus den Schädeln der Erschlagenen seinem Vater Poseidon einen Tempel, und wurde von seinem Grabhügel in West-Africa Erde fortgenommen, so regnete es, bis der Verlust ersetzt war. Der Vandalenkönig Anthyr, Sohn der scythischen Amazone, schiffte (nach Alexander's M. Tode) von Kleinasien nach Meckleuburg, wo er sich mit der gothischen Fürstin Symbulla (Mutter des Anana) vermählte. Anerimp war Meergott der Wenden und Preussen, Ansurus höchster Gott der Volsker (als Vejovis der Etrusker) und der Titane Anytus Erzieher der Here in Arcadien, wie Anna Perenna die Ernährerin des Jupiter. Die Natahl bilden Indra's Hofstaat, Ganesa heisst Nao, als Aufführer. Durch die Nak schliessen sich die Nat

sich (in Süd-Bantam) der Polytheismus unter den in lange Gewänder gekleideten Bedawis oder Beduinen, indem sie beim Falle der westlichen Hauptstadt von Padjajaram nach den Wäldern entflohen und den Prabu Sedu treu blieben. Die heimathlosen Orang burong ziehen*) in den Gebirgsgegenden Javas umher. Eine verachtete Kaste ist das Kalang-Volk in Solo. Die Heiden in einigen Theilen Borneos werden Orang belom (noch keine Menschen oder Menschen noch nicht) genannt, weil noch keine Mohamedaner. Die Vorfahren der Beduinen (Baduwinen) in Süd-Bantam (am Kendong-Gebirge) flüchteten aus Padjajaram, als dort (1400) der Islam (durch Hassan Udin) eingeführt wurde. Da der Gott Pun zu hoch ist, um angebetet zu werden, verehren sie Schirmgötter und -Göttinen. Bei dem Feste Kwalu tutug wird in jedem Dorfe ein Götzenbild von Reismehl bereitet und in den Wald auf eine Matte gesetzt. Kleine Stücke werden um dasselbe in den Grund gesteckt und auf der einen Seite eine Spinne, auf der andern ein Scorpion zu dessen Bewachung angebunden. Ein Gefäss mit Wasser und eins mit Essig werden daneben aufgehängt und ein Bündel Reisstroh angezündet. Mahlzeiten schliessen das Fest. Ziegenfleisch ist verboten, aber Schweinefleisch wird gegessen. Der Reis, welcher zum Mehle des Idol verwandt wird, ist auf einem besondern Felde cultivirt. Bei Anklong-Musik werden die alten Legenden (Pantong) gesungen. Das Sundanesische ihrer Sprache ist mit fremden Worten gemischt. Die Strenge ihrer Institutionen hat die Auswanderung einiger Gemeinden zur Folge gehabt, die

---

an die Naga. Anacus (Nannacus) oder Henoch stieg lebend zum Himmel empor, Vogel Anka (Jokneh oder Simorg) haust am Kaf, Ana ist der Höhlenteufel der Brasilier und durch die Anakri-Opfer versöhnen die Caraiben die Anaka. Jama heisst Antakas. Dhurga verkörpert sich als Nanda und Nandas ist in Ananda die endlose Schlange. Das Anaceum (Herrenhaus) bildet in Athen den Tempel der Anakten oder Dioskuren. Des Ancäus Söhne waren Stammhelden der Samier. Die Angekok dienen dem Torngak. Heliopolis (Tadik) heisst On bei den Arabern.

*) The Baseeghur or Nuts, the gipsies of Hindostan, are governed by their Nadar Boothah (subdivided in seven classes). They acknowledge God in all things, except when addressing him might interfere in Tansyn's (a famous musician at Akbar's time), who is their tutelary deity, department.

sich Kaluaran nennen (s. Junghuhn). In Guinea schuf die schwarze Riesenspinne (Anansie oder Naunj) die Menschen und lehrte ihnen die Künste (nach Römer). Das Volk von Tuban empfing mit Freuden den königlich entstammten Fürsten Raden Tanduran (bei der Grundung Majapahits). Die Kalang, die mit ihren Karren in Java umherziehen, leiten sich aus der Ehe her, die eine Prinzessin von Mendang Kamulan mit einem Häuptling eingegangen, der in einen Hund*) verwandelt worden, und verehrt jede Familie einen rothen Hund. Die Alfuren in Celebes tödten einen Hund vor der Anpflanzung des Reis (nach Temminck). Die eingeborene Bevölkerung Bandas wurde bei wiederholten Aufständen von den Holländern nach ihrer Niederlassung in Jakatra grösstentheils vertilgt. Nach der Zerstörung Majapahits 1400 in der Era Salivahana's erlässt Pangeran Tranggana, Sultan von Demak oder Bintara (durch Raden Patah gegründet) das Gesetzbuch Jaya Langkara (1421). Der mit Demak bleibende Osttheil Java's (während der Westen 1449 an Mulana Ibrahim cedirt wurde) wurde von Pangeran Tranggana unter seine sechs Kinder getheilt. Von den Söhnen des Sunang Gunung Jati (Sultan von Cheribon) folgte der Aelteste in Cheribon (1428), der Zweite in Bantam und ein Bastard in Kampung von Jakatra oder Jokarta, bis (1619) Batavia gegründet wurde. Panambahan herrschte in Mentauk (Mantarem). Auf Kiai Gede Mataram, der die Wälder Matarams besiedelt hatte, folgte (1497) sein Sohn Anghebas Suta Wijaya oder Senapati († 1524), der den Titel Sultan annahm. Während Agung, Sultan von Mataram, von dem Häuptlinge von Samedang zu Hülfe gerufen war (1541), benutzten die Holländer den Zwist, sich in Jakatra festzusetzen.

In ihrem ersten Versuche, die Portugiesen in Bantam zu verdrängen, scheiterten die Holländer, kehrten dann von Madura

---

*) Die Carier, deren Land (nach Athenäus) Phönizien genannt wurde, opferten dem Mars Hunde. Die Morasu (in Carnata) verehren Kala-Bhairawa (der schwarze Hund). Um ihre Kinder zu retten, schneiden sich Mütter (im Tempel zu Sitibutta) Finger ab (wie in Australien). Als Umbally Bylee ihre Finger verwundete, befestigte das Blut die Erde der Khonds.

(1598) dorthin zurück (1602) und errichteten eine Factorei, traten aber (bei Unsicherheit der dortigen Fehden unter den Häuptlingen), nachdem Peter Both (1611) in Bantam gelandet, in einen Vertrag mit dem Fürsten von Jakatra, dort ein Fort zu bauen (1612). Nach Zerstörung Jakatras erbaute Gouverneur Koen Batavia (1619). Der Angriff des Sultan von Matarem wurde zurückgeschlagen und die Belagerung Batavias (1629 p. d.) aufgehoben. Mit dem Susuhunan schlossen die Holländer (1646) ein Offensiv- und Defensiv-Bündniss. Mit Hülfe des Admiral Speelman besiegte der Susunan den rebellischen Truna Jaya (1677). Bei einem späteren Angriff fiel Matarem in die Hände des Feindes, und der Sultan starb auf der Flucht. Nach der Eroberung Kediris restituirten die Holländer die Krone Majapahits dem Susunan, der Kerta sura als Hauptstadt gründete. Die Cession Jakatras an die Holländer wurde 1678 bestätigt. Nachdem Mangkurat Mas nach Ceylon deportirt war, übergaben die Holländer die Regalia dem Pakabuana. Der von den aufständischen Chinesen (1741) ernannte Susunan wurde nach Ceylon deportirt. Der Susunan verlegte seinen Sitz nach Solo und cedirte sein Reich auf dem Todtenbette der Holländisch-Ostindischen Compagnie (1749), die den Nachfolger ernennen solle. Im Vertrage mit Mangkubumi überliessen die Holländer demselben die Hälfte des Reiches Mataram mit Djodjocorta als Hauptstadt, und bei dem Ende des zweiten javanischen Krieges (1757) wurde das Reich des Mangkunogoro theils aus Ländereien des Mangkubumi gebildet, theils aus Cessionen des Susunan (in Surakarta). Die Verwaltung Javas ging 1798 an die Krone (damals die batavische Republik) über, und zur Zeit des französischen Königreichs Holland verwaltete Major Daendels, bei den durch die englischen Flotten unterbrochenen Beziehungen mit dem Mutterlande, die Colonie fast unumschränkt. Janssen suchte sich bei der englischen Besetzung Batavias vergebens im Innern zu halten (1811), aber 1818 erhielt Holland seine Besitzungen zurück, und adoptirten unter einigen Modificationen das indische Ryotwarree-System, das Raffles an die Stelle der früheren Monopole gesetzt hatte, bis 1830 van der Bosch das noch jetzt bestehende Cultursystem einführte, nachdem der 1825 ausgebrochene Krieg mit Dhipo Negoro beendet war. Der Sultan von Cheribon hatte 1819 sein Gebiet gegen ein Jahresgehalt cedirt, so dass jetzt nur der Susunan von Surakarta (Solo) und der Sultan von Djodjokerta übrig sind, neben den die jedesmalige Residentschaft bildenden Regentschaften, während der Generalgouverneur als Vertegenwardiger des Königs in Buitenzorg residirt. Unter den vom Rathe der Residenten abhängigen Adhipati oder Regenten stehen die Verbände der Dhessa als Dhamang, und die Aufseher oder Mantrie, aus jungen Adeligen gebildet, haben den Holländern einen billigen und intelligenten Beamtenstand geliefert, den Money in seinen Vorzügen mit dem durch Missachtung einheimischer Privilegien im britischen Indien hervorgerufenen contrastirt.

Nach den Traditionen Sundas waren die Brüder Chiong Wanara und Raden Taduran von einem Fürsten Galu's abstammend und ihr Reich durch den Fluss Brebes (Chi oder Tzi Pamali) getrennt. Wie Panji für Einkörperung des Vishnu, wurde seine zweite Gattin, Chandra Kirana, als Dewi Gelu, für eine Incarnation*) der Sri genommen. Nach den Sunda-Traditionen verwandelte sich Chiong Wanara in einen Affen, als er die von Guru Putra geschenkte Jacke aus schwarzem Affenfell anzog. Der König von Pajajaran (Munding Wangi), dessen älteste Tochter als chelos nach der Südküste verbannt und dort als Geist angerufen wurde (während die zweite durch weisse Händler von der Insel Pulu Putri bei Jokatra entführt wurde), setzte seinen Sohn Aria Brabangsa zum Rajah von Galu ein (1179), während sein Nachfolger (Raden Tunduran) durch den Bastard Baniak Wedi verdrängt wurde. Nach den Sunda-Traditionen war Sila Wangi der letzte König von Pajajaran, dessen Anhänger zum Islam übergingen. Die Bedui haben den alten Glauben bewahrt. Die Sundanesen sprechen einen Dialekt, der von dem der Ja-

*) „Tschingiskhan's Vater wird (bei Sanang Ssetsen) mit dem posthumen Namen Chormusda aufgeführt und sendet seinem Sohne heiliges Wasser (arschijan) vom Himmel. Einmal nimmt Tschingis selber die Gestalt des Chormusda an, und seiner Gemahlin Chulan wird das Epithet eines Chubilghan (die Einfleischung eines höheren Wesens) beigelegt."

vanesen abweicht, bei der Mischung dieser mit Hindus. Längs der Küste leben Malayen. Der Fluss des Verbotes (Tji Pamali) trennte beim Bruderstreit (in Majapahit und Padjadjaran) Wong Java und Djalma Sunda (Bumi), während die Sprachgrenze sich beim Flusse Losari findet. Die Haupthäfen des Königreichs Sunda sind Banta, Ache, Chacatara oder Caravao, wohin jährlich (um Pfeffer zu laden) Chienbee (Cochinchina) zugehörige Sommas oder Schiffe aus den Seeprovinzen Chinas kommen (De Couto). Die Bewohner von Daro (in Sunda) werden von de Couto als eifrige Anhänger ihres Götzendienstes beschrieben, die grossen Hass gegen die Mohamedaner hegten, besonders seit sie durch Sangue Piti Dama besiegt seien. Pinto begleitete den Feldzug des Fürsten von Damak gegen das heidnische Pasuruhan. Prabu-Seda, der Hinduköuig von Pajajaran (in Sunda) erbat portugiesische Hülfe gegen den König von Bantam (1528). Die von ihrer Fürstin in Waffenrüstung geführten Truppen Javas eroberten (1828) Giri.

Den Ardjahs oder alten Steinfiguren, sowie den heiligen Bäumen bringen die Sundanesen Reis und Früchte dar, die Chinesen Schirme und Räucherkerzen. Die Sundanesen ziehen sich manchmal nach künstlichen Berggrotten zurück, um dort fastend die Religionspflichten zu üben. Die Berggipfel Javas und Sundas zeigen oft auf ihren höchsten Spiten terrassirte Erdwerke, die unten mit cyclopischen Wällen umgeben sind und oben eine Aushöhlung einschliessen. Die alten Steine auf den Bergspitzen werden, als Gräber Buddha's, zu den Alterthümern gerechnet, als Artja in Sunda oder Redja in Java. An den Godang genannten Plätzen in Java haben früher Fromme geweilt (bagawan). Unter den im Hottentottenlande zerstreuten Gräbern soll ein vielmals Wiederauferstandener begraben liegen, wie verschiedene Gräber von Zeus gezeigt wurden. Den Ghou Damop, die vom Pavian stammen, gilt Hadschi Aybib als Urgrossvater (s. Galton). Die Unterthanen Quiteve's, über die Mocaranga herrschend, behaupten, Affen seien in früherer Zeit Männer und Weiber gewesen, und nennen sie alte Leute (Dos Santos). Ein Nat (Man-Nat) ging bei Absterben in den Leib einer Aeffin über und liess sich als der von der Stimme Hanon genannte

Affe Hanuman gebären. Die Sundanesen beobachten gewisse Gebräuche, die sie Kabajutan oder Bujutan (von den Ahnen her) nennen, und die ihnen gewisse Dinge zu essen oder zu tragen verbieten (Wilsen). Die Speiseverbote (Eyamba) der Damara sind nach der Abstammung (von Sonne, Regen u. s. w.) bedingt. Um die Berggipfel Sundas fliegt, in Wolken gehüllt, Kuda Sembroni (als tatarischer Tengri oder polynesischer Rangu in Kudai).

An den höchsten Felsen der Südküste Javas, wo die essbaren Vogelnester gesammelt werden, steht unter einer von Priestern aufgerichteten Bedachung das Bett der Naik Kedul, der Herrin des Südens, und nur wenn sie sich niedergelegt hat, dürfen die von Surakarta hergesandten und schon durch einen Cyclus von Ceremonien geweihten Sammler sich hinablassen, um die Nester abzunehmen. Wenn zwei Berge nahe zusammen stehen, nennen die Javanen den einen laki-laki (männlich), den andern prampuar (weiblich) im Malayischen. Der Salahberg in Buitenzorg liebt den Sedeh. Nach der alten Tradition lebte früher auf jeder Bergspitze*) Javas ein Einsiedler oder

*) There is hardly a mountain top in Sunda, that does not contain its Patapaan or Pamujahan, meaning (as words of Hindu-origine) a place of penance and a place of adoration. Rough unhewn river-stones, called Balal (like the Malay of the Tonga-islands or the Moral of Tahiti) are disposed there, as if covering a grave. The (mahomedan) people call them Sasakala Alam Buda (vestiges of Buddhist times). People, possessed with Kasaktan (supernatural powers) assume there their palpable forms (Ngahlang) and other of these Balal are consecrated as being the place of the transfiguration of certain great progenitors (Lulubur) of the different tribes of the country. The people in many parts are descended from a Lulubur, whose Tangtu (fixed abode) is on some neighbouring summit, where mysterious vestiges (Kabuyutan) are to be found (Rigg). The summit of the rock on the deo-panee (divine well) near the Brahmaputra or Ganges is called Deo-bari (dwelling of the deity). The Arriaus in Cottayam (who are called Lords of the Hills by the neighbouring tribes) worship the spirits of their ancestors and certain local deities, supposed to reside in most of the high peaks and rugged rocks. Die Veddahs finden Gott (deyath) in Felsen, Termitenhügeln und Bäumen. The Khonds (in Orissa) worship the sun and moon, the spirits of hills of stones and forests (Mc'Pherson). The Puttawas (in Cuttack) worship nameless spirits, which they believe to inhabit the woods and mountains (s. Samuel). The Meekirs (in Northern Cachar) worship the sun and moon, and

Tapa.*) Ceylon heisst Tapobrane, als Wald (vana) der Büsser (tapa). Der Berg Gunung Prahu (in Java) wurde als Sitz Arjuna's, Bhima's und anderer Helden betrachtet. Die Bhils verehren (neben ihrem Helden Kunda Rana) die Rawet oder Ritter als Hügelgötter. Die Mishmis halten den Kegelberg Regam für den Sitz eines bösen Wesens (Wilcox). Die Waralis in Konkan verehren Waghia, als einen mit rother Farbe beschmierten Stein, um gegen Tiger geschützt zu sein. Im Felsen von Thioman deuten die Malayen die Figur eines Drachen heraus. Das höchste Wesen (Nyabatta oder Dewa) wird bei den Dayak von jedem Stamme auf einer Bergspitze verehrt. Das Blut des in Singapur (weil er die Frauen des Rajah angeblickt) getödteten Jun Jana Khateb wurde in Steine verwandelt, als es ein Kuchenbäcker bedeckt hatte. In den Tempelhütten der Cadar stellen rohe Steine den Gott Mudivirum vor mit den weiblichen Gottheiten Pay-cota-Ummum und Kali-Ummum (s. Buchanan). Die Vaytuvan stellen ihre Göttin Nedumaly Bhagawati als Stein in eine Hütte aus Kokosnussblätter. Der von den Curumbal verehrte Hügelgott Malaya-Devam wird durch einen zwischen Kiesel gesetzten Stein dargestellt. Die Shanar stellen ihre Kastengottheiten, als Mundien (männlich) und Bagawuthie (weiblich) durch zwei Steine dar, denen ein Nair als Pujari administrirt. Die Niadis

large rocks and trees in the forest, which they consider the abiding places of unknown and invisible deities. Der wilde Stamm der Kols in der Umgebung Ellora's lässt seine Stammmutter mit Bimaluh, Bruder des Dharma-Rajah (wie die Kercher des getödteten Hirimba Schwester mit Bhim) vermählt sein. They worship the spirits of the mountains, calling themselves Dorain (lords) and their women Doraisanain (ladies). In Kedu (in Java) for interment are elected eminences, on which the Camboja tree grows luxuriantly. Die Khyen begraben auf ihren heiligen Bergen, und ähnlich die Karen. Die Altäre für Opfer werden auf den vier heiligen Bergen von Ankova (in Madagascar) errichtet. Der Himmel Rohutu noanoa in den unteren Inseln der Gesellschaftsgruppe wird auf dem Berge Tamahani unauna liegend gedacht.

*) The mount Palakir, (the highest in the country of the Battas) is an object of veneration from a conception the natives have, that it is the chief residence of evil spirits and a source of utility, because they are supplied from it (through Tobbah) with chunam to eat with the Siri-leaf (its surface being covered with cockle-shells).

opfern der Göttin Maladeiva Hühner. Obwohl meist Mohamedaner, lassen die Malayen an der Küste Sumatras doch die Dewas genannten Gottheiten den Vulcan Gunung Dempo bewohnen und unterscheiden von diesen guten Geistern die bösen, als Jin, zugleich die Manen der Ahnen verehrend. Die Asagas oder Wäscher verehren Bhuma Devaru als Stein und opfern dem Wasserdampf (Ubloy). Die Banaspati sind Baumgeister,*) die Nachts umherwandern, Schaden zu thun. Die bösen Geister der Barkasahan schweben in der Luft. Die Dummit genannten Genien schützen Häuser und Dörfer. Die am Ufer der Bäche weilenden Prayangan sind weibliche Genien bezaubernder Schönheit, die in Wahnsinn stürzen. Die als Büffel erscheinenden Kabo Kamale schützen Räuber und Diebe. Die boshaften Wewe sind Riesinnen, die Kinder entführen. Die Dadungawa schützen die wilden Thiere des Waldes und helfen auch den Jägern (s. Crawfurd), wie Taipio bei den Finnen. Höher als die Dewata (atua oder t'eatuha in Tahiti) stehen die Buddhen. An der Küste Coromandel steht der Gott Pourcha-Megum den Gehölzen vor. Nach dem Begräbnisse pflanzen die Bewohner der Tenggerberge einen Pfeiler auf die Brust, einen andern auf den Bauch, und hängen ein hohles Bambus auf, das mit Wasser gefüllt und täglich aufgegossen wird, mit hingesetzten Speisen daneben. Am siebenten Tage wird eine mit Blumen geschmückte Blätterfigur in menschlicher Form vor ein Weihrauch-Becken gestellt, und nachdem der Dukun oder Priester seine Anrufungen (Hong, Kendaga Brama etc.) gesprochen hat, werden die Kleider des Verstorbenen vertheilt. Dann finden keine weiteren Feierlichkeiten statt, bis zum Ablauf von 1000 Tagen. Steht der Verstorbene dann noch im guten Andenken, so werden die Festlichkeiten wiederholt

*) The tree of the spirit (ujalli imbarraburra) at Port Essington is a kind of Ficus indica. Nach Jakut hingen die Araber gewöhnlich ihre Waffen an den heiligen Baum des Anvat. When a quarrel arises between two Garrows, the weaker party flies to a distant hill, but both parties immediately plant a tree bearing the sour fruit chatakor and make a solemn vow, that they will avail themselves of the first opportunity eating their adversaries head with the juice of its fruit (after generations perhaps the, feud descending as an heirloom to the children).

(sonst nimmt man weiter keinen Bezug auf ihn) „and having thus obtained what the Romans would call his justa, he is allowed to be forgotten“ (Raffles). Die ikarische Artemis war durch ein unbehobeltes Holz (lignum indolatum), die samische Hera durch ein Brett (σανίς), die Athene zu Lindos durch einen glatten Balken (λεῖον ἕδος) repräsentirt. Als Satia Wati die Leiche ihres Gatten Salia auf dem Schlachtfelde findet, ersticht sie sich neben ihm, damit er sie über die Brücke des Ugalagit-Steines tragen möge, die sie allein zu passiren nicht wagen würde. Ihr in den Wolken anlangender Geist findet dort, von Widadaris, Panditas und Dewas umgeben, Salia, der ungeduldig ihrer harrt und sie in seinen Armen zu der Seidenstadt des Himmels führt. Als die verbannten Pandawa bei dem Rajah Virata in Dienst traten, hingen sie neben ihre Waffen einen Leichnam, als den ihrer Mutter auf, und Niemand wagte sich der Stelle zu nähern, die die todte Mutter der Fremden durch ihren Geist schützte (nach dem Mahabharata). Draupadi will unsichtbar durch fünf Gandharvas (die Auffassung der Bergstämme aus Kandahar als Dämone) gegen Beleidigungen geschützt sein, und Bhima (der Kichaka's Leib in eine formlose Masse zusammengeballt) schreckt als solcher, mit herabhängendem Haar und einem Baum als Keule auf dem Rücken, noch jetzt von den östlichen Bergvölkern verehrt, wie Herkules (zu Megasthenes' Zeit) in Indien. Der in Rama's Bekämpfung der südlichen Wilden oder Rakshaka, die die Einsiedler beunruhigen, erschlagene Ghandarva wünscht beerdigt zu werden. Auch die Dasyus heissen Purushada (Menschenesser), und in Afrika werden die Buschleute gefürchtet. Bei den Hottentotten 'gehen die Dämone leiblich um. In Gorruckpur, nördlich von Benares, setzen sich die Sokha, die auch am Sthan (dem Platz der Gramdevata) oder Dihugar administriren, Montags unter einen Baum, um zu orakeln,*) als Reste

*) The Hindu-Shastra sanctions the resort to Virodha-bhakti or the worship of opposition (in allowing an abusive treatment of gods. Für einen Uebelthäter ist Aram (Dharma Devata) der Todesgott (nach Parimelalakar). Dharma (die göttliche Gerechtigkeit) erscheint dem Sünder als Yama oder Dharmaraja. Vayu (wind) is Ugra (the fierce god). In Dunkelheit wird vom Magier das Omomi be-

einer alten Priesterschaft, die (nach Buchanan) unter Guru genannten Häuptern stand, die zu verehrenden Dämonen den Chamar (und Dosad) oder die Götter den Brahmanen (Atithi) bestimmend. In Rungpur ist die Secte der Sokto zahlreich. Die Zeitrechnung beginnt mit 77 p. d., als der Era Sokadityo oder Sok. Die Sok-po (Hor) nomadisiren in Tibet. Sang Prabu Saria Alem verbot die Zauberei auf Java.

Die Javanesen leiten (nach Raffles) alle vormohamedanischen Alterthümer von den Wong Kuna, Kapir oder Buda (altes heidnisches Volk) ab. Nach Crawfurd heisst Buddha alt, über die Zeiten der Einführung des Islam hinausgehend, und heidnisch, in Bezug auf Religionsbegriffe. Die Javanesen bezeichnen die Figuren des alten Glaubens als Recha, und die Bilder in Boro (Boedoer) Budor (Viele Buddhas oder Boro) als Kake (alte) Bima (Schrecken) und bringen ihnen Opfer. Der Tempel von Brambanam wird dem Könige Baka oder Boko zugeschrieben. Badong, König von Brambanan (und Moendut) versprach seine Tochter Lara Tjonkrong dem Sohne des Königs von Boro Budor *) unter der Bedingung, ein prachtvolles Gebäude zu er-

reitet (nach Plutarch). Die Seele des durch Wein im Tempel eingeschläferten Ardai-Viraf besuchte den Himmel, um Kunde der mazdayaçnischen Religion zu bringen, deren Beweise unter der Eroberung Alexander's zerstört waren. Der Brahmana Tschengrengbatschab wurde durch Zoroaster bekehrt. Selon les Chinois le système mongol est une modification du brahmanique Kiaon (Wylie). Zu Alexander's Zeit wurden die Todten in Taxila den Geiern vorgeworfen. Nach Porphyrius wurden in den Mysterien des Mithras von der Häufigkeit des Löwen-Symbols die Priester Leones, die Priesterinnen Leaenae genannt, und da die Krähe der Sonne heilig war, so bezeichnete man die Mysterien als Coracica oder Hierocoracica und die Priester als Hierocoraces. Das in Alexandrien (nach Vansleb) als Sacrament geweihte Oel (Myron) entspricht in der Zusammensetzung dem (nach Plutarch) von den heidnischen Aegyptern gebrauchten Kyphi (s. La Croze). Die altindische Formel der eleusinischen Geheimnisse Κογξ ὀμπαξ ist in der Liturgie der Parsen durch Jesehtobahest ersetzt, aus Kambachah zusammengezogen, was einen seines Wunsches (Kam) theilhaftig Gewordenen bedeutet (s. Hammer). Camesvara war Bruder des Jan.

*) The birmese Pagode of Mengoon consists (in its basement) of seven concentric circular terraces rising above and within each other (like the walls of Ecbatana), resembling the pyramidal temple of Boro Budor in Java (s. Yule). Boro Budor steigt in 9 Terrassen auf. Der Tempel der Trajastrinsa beim Kloster

richten. Als indess der Tempel von Boro Budor fertig war, beklagte sich die Prinzessin, dass die Bilder von Stein*) seien und nie lebendig werden würden. Die Tochter Dewa Kasuma's war mit einer Concubine gezeugt, die unwissentlich seine eigene Tochter war, da sie ihm als Kind geraubt und später verkauft war. Zur Sühne legte ihm der Priester die Busse auf, in zehn Tagen einen Tempel mit 1000 Statuen zu erbauen, und als 997 vollendet waren, wurde er selbst mit Frau und Kind in Stein verwandelt, um die Zahl vollzumachen. Unglück droht dem, der die Ruinen von Penwadadon besucht, und die Javanen prophezeiten Raffles, dass er in Jahresfrist sein Gouvernement verlieren würde, wie es auch geschah.

Die Mittelfigur auf Siwa's Wagen in den Sculpturen von Boro-Budor trägt die Hörner des Halbmondes. In der Insel St. Maria hat der König Hörner**) auf dem Kopf, welche ihm gar stark und fest angemacht sind (Hulsius) 1595. In der dionysischen Beziehung zum Monde erscheint Dhulkarnaim gehörnt. Die Stelle, wo die Gräber der Pandawa und Arjunas auf Gunung Prahu mit Tempeln überbaut waren, wurde Rah tawu genannt, weil bei der Geburt Pula Sawa's seine Mutter in der

Jetavana in Sravasti war in sieben Stockwerken gebaut, zum Andenken an Sakjasinha's Aufenthalt in ihrem Himmel, wo er diesen Göttern predigte (nach Fahian). Das siebente Stockwerk des mohamedanischen Himmel heisst Firdaus oder Paradies. Jeder Bürger des mohamedanischen Himmels bewohnt einen Maligel oder Palast (Viman der Buddhisten).

*) The stone, called Chami, is soft and easily cut, when taken out of the quarry, but afterwards becomes hard, by exposure to air. Die Baityles hiessen Abadir (höhere Väter) in Syrien. The sandstone-pillars at Dheemalpoor in Assam, built by Rajah Chukurdoz († 1663) appear to have been made on the spot from some composition of sand and other ingredients (Butler).

**) During the Han-dynasty there was a man seen in the midst of the sea, who had two horns, a face like a gem and a flowing beard. His loins were encircled with the leaves of the tree and he reclined on a lotus leaf. In his hand he held a book and he floated up the East-Sea. Suddenly he disappeared in a fog (M'Clatchie). Die Aquamboer erzählten den Akimisten, dass die Europäer, die Seethiere seien, ihre Waaren von den Meergöttern kauften (Römer). Pigafetta sah die opfernde Priesterin ihr Tuch in zwei Hörnern um den Kopf winden.

Niederkunft starb, und ein Dewa herabkam, das Kind in Empfang zu nehmen. Das Gebäude in Kali Sari soll die Residenz des Hindu-Rajah von Java gewesen sein, und in dem Tempel zu Kali Bening habe er seine Gottesverehrung dargebracht, wobei die nach Süden gelegene Halle zur Erholung und als Empfangszimmer gedient habe. Die fremden Architekten, die Singhama Najadu aus dem Stamme der Gotirwara herbeigerufen, liessen den Tempel von Mahamalaipura unvollendet. Die Tempel bei Sinharestika (in Kashmir) wurden durch König Ranaditja (500 bis 514 p. d.) erbaut. Dassarata (Enkel Asoka's) liess die Milchmädchengrotte in Behar aushauen (nach Fergusson). Indradyumna baute (XII. Jahrhdt. p. d.) die Indra Subba in den Höhlentempeln Elloras. Für die älteste Gruppe der Felsentempel*) betrachtet Fergusson die bei Rajagriha in Behar (200 a. d.). Die Höhle, worin der von Lakshamana besuchte Affenkönig Sugriva residirt, ist (im Ramayana) mit Gärten, Palästen, Tempeln, Seen, Gebüschen u. s. w. gefüllt. Die Felsentempel bei Nasika werden durch Ptolemäos erwähnt. Der Bau der Felsentempel von Ellora wird dem alten Könige El (Aila) zugeschrieben. Im südlichen und westlichen Borneo finden sich Ueberbleibsel von Hindu-Tempeln mit den Bildern von Ganesa**) und Nandi, durch die Javanesen gebaut. Im Districte Waghu und anderen Theilen des Innern Borneos finden sich indische Tempel mit den emblematischen Figuren des Hinduismus (Dalton). Die Steinschriften von Menangkabow (auf Sumatra) erwähnen des Stierfahnenträgers (Rishabhadja). Am Flusse Battubara in Sumatra findet sich ein mit hohem Pfeiler in einer Ecke besetztes Ziegelgebäude viereckiger Form, das menschliche Bilder im Relief an die Wände sculptirt zeigt, in der Form

*) Mit der Einwanderung der Perseiden (der Perser oder Parther) nach Griechenland geht der pelasgische Baustyl der Massen in den hellenischen der Freibildung über, dessen ältestes Beispiel das Schloss bei Mycenae ist und der Tempel der Athene Pallas, sowie der der Here.

**) Ganesa is now called Gadjah Modo (or Gono) in the javanese puppetshow (Brummond). Als Phra-Phuttha-Kinet oder Phra-Kinai entspricht Ganesa bei den Siamesen dem javanischen Kanakaputra.

chinesischer Josses (Marsden). Hindu-Alterthümer finden sich bei Pager Ruyong, der alten Hauptstadt Menangkabaus, und Kawi-Inschriften bei Surnasa. Low fand die Ueberreste von Tempeln und Pali-Inschriften in den Wäldern von Quedah. Die verfallenen Tempel (mit Inschriften) bei Trang (in Ligor) waren durch die Thay-jay gegründet. In der Nähe der Carimon-Inseln findet sich in der See ein Stein mit indischen Inschriften. Auf Celebes werden Spuren von Hindu-Tempeln angetroffen. Erntaeos, Hero, Eponymus werden von Pseudo-Kallisthenes als die vorzüglichsten Baukünstler*) des Alexander M. erwähnt. Die Monumente in sieben Terrassen mit Altären, Statuen und Inschriften werden von den Javanesen Jeddo oder Bunten Jeddo genannt. In den Ruinen von Suku (auf dem Gebirge Lawu) werden Lingam gefunden. Das labyrinthische Sungi Sagi bei Cheribon zeigt chinesischen Styl. Mit den Bildern Buddha's zusammen sah Fahian in Khotan die brahmanischen Götter Indra und Brahma, die Lha der Tibeter und Tenggri der Mongolen. Die schismatischen Könige Malabars führten die Verehrung Vishnu's und Siwa's in den Tempeln**) Buddha's ein. In der In-

*) In principali vero aula (regis Javae) est plenarie expressa Dani Ogeri historia, a nativitate ipsius, cum tempore Caroli Magni ipse Ogerus conquisivit Christianitati omnes partes a Jerusalymo usque ad arbores Solis et Lunae (Mandeville). Pro certas historias habetur, ducem Danorum Ogerum conquisivisse has terras (regnum Mabron cum templo corporis beatissimi Thomae Apostoli in civitate Calamiae). In der Karlssage können die einfallenden Mohamedaner nur durch Beisiegung des gefangenen Ogier bekämpft werden. Priester Johann war der Sohn von Gerdeboles, König von Friesland, der den Titel wegen seiner Frömmigkeit hatte und das Land in Indien von „Ogier le Dane" empfing. The pagodas and temples (in Ceylon) are mostly of rare and exquisite work, built of hewn stone, engraven with images and figures, but by whom and when is not known, the inhabitants themselves being ignorant therein, but they must have been built by far more ingenious artificers, than the Cingalese, that are now in the land (Knox) 1659. Neben anderen massiven Bauwerken wird eine grosse Steinbrücke in Anura Dhapura beschrieben. In Nachahmung der frühesten Erfindungen und der in Holz ausgeführten Werke, nahmen die Alten (indem sie ihre Gebäude aus Stein und Marmor aufführten) die dort existirenden Formen an (nach Vitruvius).

**) Several of the Kashmirian forms and many of the details were borrowed from the temples of the Kabulian Greeks, while the arrangement of their interior

schrift des Aditjadharma, der über Java und einen Theil Sumatras herrschte, heisst Buddha (656 p. d.) Jina Svajambhuva (Adi-Buddha) und Amarârja (das unsterbliche Vorbild der Arja). Nachdem Siwa (in Nepaul) das Geheimniss der Joga von Adibuddha erfahren, theilte er es seiner Gemahlin mit. In den Tempelbauten von Baro Bodor (1348) und Brambanan*) (1296) finden sich Darstellungen der (seit dem X. Jahrhdt.) eingeführten Dhjâni-Bodhisattwa. Die sitzende Statue des Bodhisattwa Manjusri (ein Schwert haltend) wurde von dem Oberkönig des Geschlechts der Arja (1265) in Jinalaga aufgestellt. In den javanischen Inschriften (IX. Jahrhdt.) waren den Dhyâni-Buddhas (Amitabha, Axobhya, Ratna prabhu und Amoghapasa oder Amogasiddha) ihre Sakti**) zugefügt, als Panduravasini, Lokani,

and relative proportions of the different parts were of Hindu origin (s. Cunningham). The Vimana with its mantapa and intervening antarala form properly speaking the temple (in India). The Vimana contains the Garbha Griha (womb of the house) with the images, surrounded by the ornament Amla-sila (borne on monstres) and this again surrounded by the Kullus or pinnacle (in the form of a lotus).

*) The monuments of Brambanan date 1266—1296 (at which time the Jains were making great progress at Guzerat and the western parts of India). The mixture of Hindu-mythology externally with crosslegged divinities in the interior is what is found every where in Guzerat and in all those places, where temples in honour of the Tirthankars or Jaina saints are found (Fergusson). The Devanagari characters on the inscriptions at Brambanan are (according to Wilkins) an ancient form, used in continental India in the X centuring. The date of several inscriptions in the ancient Javan characters, found in the central part of Java, is in the VI centuring.

**) Prakriti ist identisch mit Maja, als die Täuschung aller Wesen (nach der Kalika-Purana), auch als Mahamaja oder Brahma. Die Energie (Sakti), welche die allgemeine Gestalt der ganzen Welt ist, wird Mâjâ geheissen, denn so bewirkt der mit Täuschung Begabte, als der Schöpfer, dass die Welt ihren Kreislauf vollende (nach der Kurma-Purana). Diese Sakti, deren Wesen Täuschung ist, ist Alles hervorbringend und ewig, stets die ewig allgemeine Gestalt des Mahesa-Siva entfaltend. Der Hindu fasst vielfach das Verhältniss der Gottheit zur Welt, als Lila (Spiel der Liebe) auf (Graul). Als sich das Bild des in die ungeheure Leere hinabblickenden Abathur in dem schwarztrüben Wasser (Maje siave) spiegelte, entstand dadurch Petahil oder Gabriel (nach den Mandäern). The Sarvakam, who worship Putti, as god, assert, that there is no soul other than body, that body is soul. La beauté de Maya devi, fille du roi Souprabouddha,

Mamika, Tara. Die göttlichen Buddhas (der Dhyani) werden als anupapadakas den menschlichen (upapadakas) entgegengesetzt. Die Pancha-Buddha-Dhyani entstanden (mit ihren Bodhisattwen) in dem Augenblick, als Adi-Buddha das Verlangen empfand, aus Einem Mehrere zu werden. Der Erste ist Wairochana und von dem übrigen wurde der Osten dem Akshobhya, der Süden dem Ratna Sambhawa, der Westen dem Amitabha, der Norden dem Amogha-Siddha zugewiesen. Die vierte der himmlischen Potenzen (im Madrash) wird als Bewusstsein mit dem zendischen Baodho zusammengestellt (s. Kohut). Das im Zickzack zusammengelegte Astrologenbuch des Tamungoung von Talaga, das Crawfurd 1813 sah, ist nach Raffles in Charakteren*) des alten Javanesischen oder Kawi beschrieben. Die Inschrift von Kedu in Java ist buddhistisch. In der Inschrift der Provinz Wellesley wird Mannikatha, als Schützer aller Buddha genannt. Auf einer Inschrift Javas wird Sangyang Brama angerufen, dass er dem Lande Gegelang (Singa Seri) Gedeihen gebe und Schutz durch Jaya Katsang, alle Uebel zurücktreibend. Auf der In-

était tellement extraordinaire, qu'on lui avait donné le surnom de Maya ou l'Illusion, parce que son corps, ainsi que le dit le Lalitavistara, semblait être le produit d'une illusion ravissante (St. Hilaire).

*) The character of the stone-inscription (at Artillery point in Singapore) is the Pali (according to Bland). Nach Crawfurd waren die Buchstaben mehr rund als eckig und glichen dem Kawi. Auf der Inschrift Karli's findet sich der Name Duttagamani's, der 163 p. d. in Ceylon herrschte. The artist (Dhenukakata) is said to be a Yava (in the inscription of Karlen). Religious assignation of a cave and water-cistern by Dhenukakati (Xenocrates), the architect for the disciples of the stable (in the Sanscrit inscription at Kanheri). Prinsep unterscheidet acht Formen des Devanagari auf den Inschriften der alten Felsentempel (540 a. d.) und Asokas bis zum Kutila Lalla's (992 p. d.) und dem IX. Jahrhdt. Die Kupferplatten der christlichen Kirchen in Indien sind im alten Karnataka beschrieben. The forms of letters in the inscription of Malang (in Java), which dates from the time of the combination of Buddhism with the Sivaism (distorted by Sakti-worship) correspond to those of Bengal and neighbouring countries of the XII centuries (from which the modern Sanscrit was formed). Unter Kaiser Yao (2353 a. d.) brachten die Gesandten des Stammes Youe-chang aus dem Süden (Nan-l) eine Schildkröte, auf deren Rücken die alte Geschichte in ihren Charakteren geschrieben war (s. Panthier). Nach den Jainas oder Samanas hat Arhkam (Verfasser des Arhkam-Sastram) von Ewigkeit existirt.

schrift*) von Surabaya (506) wird gesagt, dass der Stein, worauf sie geschrieben, im früheren Gottesdienst zum Schwören diente. In der Inschrift von Bata Berngong wird Sugata (Buddha) zusammen genannt mit Sambhu (Siva). Die Inschrift von Pager Bayong vergleicht in ihrer Lobpreisung den Fürsten Adityadharma mit dem Sohne des unsterblichen Arya. In der Kawi-Inschrift von Panataran**) (wo sich das Datum 1242 fand) wird der Held Panji Jnakarta Pati von Sanggalu genannt. In der von Raffles mitgetheilten Inschrift auf Java kehrt der Körper zu seinem vorigen Zustande (Erde, Wasser, Feuer, Luft) zurück, indem das fünfte Element (Akasa oder Aether) fehlt, eine Auslassung, die (nach Colebrooke) dem buddhistischen System eigenthümlich ist (s. Humboldt). Der Körper kehrt in die Fünfheit (Panchatwan) zurück nach der indischen Auffassung. Nach der auf Asoka's Säule in Allahabad eingehauenen Inschrift Samudragupta's († 230 p. d.) schickte ihm der Shâhân Shâhi oder König der Könige (Artaxerxes) Geschenke. Dem Tobba Rais (Harit Al-Seded), mit dem die Dynastie der Tobba beginnt, werden Feldzüge nach Indien zugeschrieben. Khosru Parviz erhielt das übersetzte Fabelbuch aus Canonj. Kaubalou (Gross Comorn) war (nach Masudi) durch eine Mischung von Musulman und Zendj bewohnt im Meer von Zanzibar. Aehnlich der Hofsprache im Innern Afrikas redeten die Troglodyten (bei Agatharchides) die Camara-Sprache, wie noch jetzt der Dialekt der Qamara die alte Sprache Abyssiniens***) repräsentirt. Qomr

*) It is related of that Kadaton, that figures of Rhinocerosses are carved on the walls, which are railed with iron and barred across. In Folge gerettheter Schifffahrt fand Sequeira einen Turubaya genannten Berg auf Madagascar. Sri Kerta Najura, when he died, died like a Buddha-man (nach der javanischen Steinschrift von 1216). Nach der malayischen Version des Ramayana bewacht das Rhinoceros Agni Ganda eine der Strassen, unter denen der Maharishi Kalnon bei seiner Rückkehr von Dasarata's Residenz zu wählen hat.

**) The ancient inscription at Panataran reads 1241 (of Salivahana), dating 120 years before the destruction of Majapahit (Riggs).

***) In der Provinz Camba (im Osten Nareas) wird eine besondere Sprache in Abyssinien geredet (nach Ludolf). Camur, Cham, Cambala, Camboja are of Chinese origin. Bei den Ashira hat jeder Häuptling und jede Person von Wichtigkeit

oder Qamr ist das Mondgebirge, und die Insel Menethusia deutet auf Madagascars Benennung nach dem Monde. Nach den Kawi-Inschriften (die neben Svayambhuwa oder Buddha auch Siwa oder Sambhu anrufen) herrschte der Erobererkönig Aditjadharman (656 p. d.) über Sumatra (in Menangkarbo) und das nordwestliche Java in Jinalajapura oder der Aufenthalt Jina's (Buddha's). Unter König Kuna-Pandja (in Pandja) wurde (IX. Jahrhdt.) der Jainismus durch den Siwaismus verdrängt, nachdem der Dichter Tiruvallaver, der den Jainismus begünstigte, gestorben war (IX. Jahrhdt.). Die Chola verwüsteten Ceylon (858 p. d.). Kasyapa von Ceylon eroberte Madhura (858 p. d.).

In den Chandi (Tempeln von) Loro Jongrang stellt Loro Jongrang die Bhawani oder Dewi vor, die auf dem Büffel (Mahisa) mit dem Dewa Ussoor (Asura) kämpfte. Ganesa heisst Rajah Demang, Singa Jaya oder Gana Singa Jaya. Die anbetenden Figuren in den Tempeln werden (als in Andacht sitzende Brahmanen) Topiswarri genannt und tragen die heilige Mütze (topi). Die Wände der Tempel in Salsette, Elephanta und Ellora, wo Siwa (mit den Ohrringen des Kanphati Jogi geschmückt) die Hauptfigur bildet, sind mit Büssern bedeckt in den verschiedenen Asanas oder Positionen, die der Jogi beim Sitzen anzunehmen hat (Wilson). Zu den Munnteear (der zweiten der vier Kasten in der römisch-katholischen Kirche in Cochin) gehören die Topasses („so named from wearing hats". Nach Crawfurd heissen die Buddha fremde Panditen (Pandita Sabrang). Der

ihre bestimmte Grussformel (wie am Niger), die sie Kombo nennen. Neben den Ruinen von Assur und Naga (ähnlich denen von Sakkara in Unter-Aegypten) finden sich die von Maharaja (Maharraga). Karelin nennt Sakar einen Stamm der Turkmen. Dem Propheten Parchor folgend, leitete Basilides die Ueberlieferungen höherer Weisheit nicht vom Patriarchen Sem, sondern von Ham her. Der Zuname der von den Kaṭhâs und Prâcyakaṭhâs unterschiedenen Kapishṭhalakaṭhâs findet sich bei Panini (als Kapishṭhala), wie auch Megasthenes die *Καμβισθόλοι* als Volk des Punjaub erwähnt (Weber). Yaska unterscheidet die Kamboja von den Arya darin, dass sich bei diesen nur Derivata der Wurzel çu finden, während sie bei jenen auch als Verbum vorkomme. Surat (Soristan oder Syria) liegt am Tapti, der in den Meerbusen von Kambaya mündet. Die Felsinschriften zu Girnar und Guzerat sind wie die anderen mit Erwähnung griechischer Könige in der Volkssprache abgefasst.

Grundriss des Tempels in Loro Jongrang bildet ein Kreuz. Die untersten Stufen an der Pyramide des Tempels in Chandi Sewu*) kreuzen sich rechtwinklig und das Gebäude steigt rechteckig auf. Die Thürhüter der javanischen Tempel gleichen den Buta genannten Ungeheuern. In Chandi Kandi Sari findet sich ein Bild des Garuda oder Mannvogel. Ueber dem Thor von Chandi Kali Bening sitzt Sita. Unter den Gopia findet sich Krishna und nackte Muni ringsum. Parambanam (Brambanam) wird erklärt, als der Platz aller Lehrer und Unterweiser. Lingams wurden in Boro Budor gefunden, dreigesichtige oder vierarmige Figuren in den Tempeln von Gunung Dieng oder Gunung Prahu, Yoni und Lingam zwischen Jetis und Magelan, ein Gorgonenhaupt in Linga Sari, ein Brahma (der Recha mit vier Köpfen) in Penataran. Die Höhlen von Sela-mangleng sind sculptirt. In Singa-Sari findet sich die Figur des Stiers Nandi, eines vierköpfigen**) Brahma, Mahadeva's mit seinem Trident***) und ein, mit sieben

*) The character and expression of the face of the gigantic janitors (at Chandi Sewu or the thousand temples) belongs neither to India nor to any of the eastern isles (Baker). The top of the portal is surmounted in the centre with a large and terrible gorgon visage. The stone-blocks, forming the walls, are grooved into each other. The relievos are of the tribes of the Gopias (demigoods or godesses).

**) Brahma nahm einen viergesichtigen Körper an, zur Schaffung der vier Veda, nachdem er (da der zuerst geschaffene Büsser die Bildung des Menschengeschlechtes verweigert) im Zorne den Rudren hervorgebracht und dann die neun Bruma (nach dem Bagawadam). Der vierte Veda (von der Magie handelnd in Adrenam) ist verloren, weil bei der Fisch-Avatare schon verdaut (s. Sonnerat).

***) Bahuwadih (Pançapati), der Engel Bahuwadiya's, kam auf einem Stier reitend, mit einem Dreizack in der Hand und den Kopf mit Menschenschädeln umkränzt, das Gebot zu bringen, dass nichts verabscheut werde, da alle Dinge gleich geschaffen seien (Asch. Sharistani). Der Engel der Kaballya (Kapalikas) war geistiger Natur (Schiba oder Siwa) und kam zu ihnen mit Asche bestrichen im Knochenschmuck. Indra (auf dem Ochsen Irizapatan) nimmt jedes Jahr das Haupt Bramma's, der alle Jahre stirbt, und hängt es sich an einer Kette um den Hals (Baldäus). Polo berichtet bei Maabar, Odericus bei Malabar über eine göttliche Verehrung des Ochsen. Bovem occidere aut edere nefas putant Indi (Conti). Kaiser Schimong in China (von einem Drachen gezeugt) hatte den Körper eines Stieres. Den Bucephalos, mit dem Kopf eines Stieres im Schenkel eingebrannt, fütterte Philipp mit Verbrechern.

Pferden bespannter Sonnenwagen. Das Gebäude zu Kedal wird von Löwen getragen und zeigt Schlachtscenen (mit einem Heer Rakshakas). Das Hauptgebäude in Suku ist eine abgestumpfte Pyramide. Unter den Figuren findet sich die eines Eisenarbeiters (tu kang besi), die noch jetzt Opfer empfängt. Unter den Steinfiguren bei Buitenzorg (und auch in Recha Domas) kehrt eine Dreigesichtige wieder (Trimurti). Im Tempel von Tjoemkoep findet sich Ganesa. An den Ecken des Tempels in Kedar stehen Löwenfiguren. Neben dem Tempel Soekve liegen Figuren von Schildkröten.*) Die die javanischen Tempel bewachenden Rakshakas**) halten Schlangen. Im Tempel Tjandi-Loro-Djungrang findet sich das Standbild der Durga***)

*) Falconer will die grossen Schildkröten der Hindu-Mythologie, die Elephanten bekampfen und die Welt tragen, mit einer Erinnerung an die Zeit in Verbindung bringen, wo die ungeheure Himalaya-Schildkröte (Colossochelysatlas) noch lebend war (s. Tyler). Zelu (Diener des Perun) bedeutet Schildkröte (als Gott der Slawen und Böhmen).

**) Un Pajaan de Jesso tout vêtu et levant de ses deux mains une grande epée bewacht die Häuser in Japan.

***) As Doorga aimed a blow at Mhelsmoor (buffaloe-shaped as the demon of vice), the buffaloe took a human form, in which he was slain, but reappeared in that of an elephant. He next assumed the shape of a lion and then his original body of a buffaloe. The goddess, oppressed with heat and thirst, having indulged in a cup of wine, seized her sword with redoubled strenght and severed from his body the head of the demon. Die Mahratten feiern ihr Fest an dem Reejadusmee (Siegestag), der als zehnter zu den Now-Ratree (neun Nächten) gefügt wird. The goddess Uma (mother) is called in the Rathas (evolutions of form) in Mahamalaipur. Bhuvan Bhajana (the mundane vessel) depicted with only one breast (as the masculo-feminine principle of production). In her combat with the giants (Sumbha and Nesumbha), Kali appeared with a countenance inspiring terror, her red eyes glasing with blood, wrapped in an elephant's hide, swallowing men, elephants and horses. Being oppressed by the strenght and the increasing number of her enemies, the gods, who watched the combat, sent her aid. Sacred birds, animals and shells conveyed her females allies to the field. Having at last eradicated the race of Rakshush from the Earth, she was worshipped as Omnipotent. But some reformed sects of Hindoos making objections to the sanguinary proceedings, refuse adoration to Rudra. The Vishnu-Hindoos celebrate her festival in the name of Saraswatee and Lakshmee (the wifes of Brachma and Vishnu), who, though allies of Kali, were not polluted by the drinking of blood. Die Aghora Pantles auf ihrer Pilgerfahrt über Kedarnath nach Callass empfangen

(aus den Strahlen hervorgegangen, die dem Munde Brahma's, Vishnu's und Siwa's entströmten) oder Loro-Djungrang, auf einem Büffelochsen stehend (als dem Riesenfürst Mahesa, der sich Indra's Himmels bemächtigt hatte). Bei der, früher dem noch in Kedernath verehrten Büffel auch in den malayischen Traditionen beigelegten, Heiligkeit heisst ein Priester (auf Java) Santrie oder Büffelhirte. Die zum Kampf unter den Asuras aus den Blicken Brahma's, Vishnu's und Siwa's erzeugte Jungfrau theilte sich als Surasvati, Lakshmi und Parvati in der Dreifarbigkeit weiss, roth und schwarz. De beeldende Kunst stelt de maagd Maria voor, dat zy den Heiland ter wereld gebragt, op wolken, uit welke, aan weerskanten van Maria's voeten, de hoorn van een os of buffel uitslekt, zo dat et het anzien heeft, als stand zy op het hoofd van zulk een dier. Ein behörntes Büffelhaupt wird neben das Mädchen beim Ohrdurchbohren gelegt (in Sunda). In den Ruinen von Suku (bei dem Berge Lawu) steht ein Mannvogel mit einem Fuss auf einem Elephanten, mit dem andern auf einer Schildkröte, der mit jenem kämpft. Von den Dhyani*)-Buddhen in Boro-Budor (Boro-Buda) hat Amogha-Siddha Schlangen auf dem Haupte, die ihn beschatten (s. Friederich). Locjana (die Sakti Akschobhya's) ist eine Göttin der Jainas, Aryamoghapaca Lokeswara ist achtarmig dargestellt. Djatadhara und Sudhana-Kumara (der Reichthumsfürst) sind Diener des Dhyana Bhodisattwa Padissapani oder Avalokiteswara. Der Yogi**)

---

schützende Mantras gegen Frost und Abgründe (Webb). The sacred object of worship in Kedarnath or Kedara Natha is a mishapen mass of black rock, supposed to ressembled the hindquarters of a buffaloe (Hamilton), wie sich der Gott auch sonst nur im Rücken zeigt. Yama reitet auf einem Büffel. „In seiner schrecklichen Form als Yama ist Dharma-Raja von seinem fast ebenso schrecklichen Diener Chitra Gupta begleitet." Gaulmyn und Boisson führen für das Vorhandensein der daemones balneares καὶ φυλάττοντας inter paganos das Zeugniss des Eunapius (bei Porphyr.) an (s. Sachs).

*) Dhyana implies the mind without an object (Ballantyne) nach Kapila. The Arhans have obtained proficiency in Bodhijnyan.

**) Die Tapa-Jainas (Nigrantha oder Alobbi) erlauben den Laien oder Srawacas nicht, die heiligen Bücher zu lesen (s. Miles). Tobba meint im Hebräischen die Herrschenden oder Gebietenden. Der himyaritische Titel wird als Nachfolger erklärt. Die vier Gründer der Secten unter Jaina sind Nagila, Padmila, Jajanta

ist erhabener als der Tapasas, als diese Zeloten, die sich mit Büssungen abquälen. Der Verehrer muss seinen Geist nicht auf Brahma richten, die unbestimmte Wesenheit Gottes, sondern auf den persönlichen Gott Vishnu, dessen sichtbare Form Krishna ist (nach der Bhagavad Gita).

Im Wayang führen die Javanen nie denjenigen Theil auf, der sich auf Krishna's Jugend bezieht, indem sie fürchten, dass dann die Crocodile,*) die Diener Kangsa's, das Land verwüsten würden. In Palembang glaubt man, dass, wenn der Dalang, der die Rolle des Arima (Bima's Schwagers) übernommen hat, dieselbe nicht richtig darstellen sollte, er in Krankheit fallen würde. Als Hanuman sich nach Rawana's Tode nach Java zur Busse zurückzog, setzte er sich auf den Hügel Kandali Gada im District von Ambarawa (bei Samarang) fest, an einer noch durch einen Pfahl bezeichneten Stelle, und in der Umgegend vermeidet man es stets, im Wayang die auf Rama bezüglichen Stellen auf die Bühne zu bringen, weil Hanuman sonst mit Steinen werfen würde. Sollte das ganze Brata-Yuddha in einem Tage auf-

---

und Tapasa. According to the Kasi Khand, the Yoga cannot be practised in the present age. Mysticism gave way, first to the philosophy of Sankara Acharya and was finally expelled by the new doctrine of Bhakti or faith, which was introduced by Ramanuja and the Vaishnavas (XI century) and has since continued to be the ruling dogma of every sect of Hindu (s. Wilson). The followers of the deranged madman at Cape Comorin retired into the Tinnevelly district, where they practised great austerities and frequent ablutions in the sea, being careful to separate themselves from every person and thing, which they imagined to be defiling (1837). Die Secte der Sad verehrte den unsichtbaren Gott Sadgurus (den guten Lehrer), der (XVII. Jahrhdt.) den in der Schlacht gefallenen Jogi Das belebte. Natha means a master, a chief, a lord. Arya, a term of high respect, is applied to noble persons. These two terms in Ceylon are applied to Buddha and in Java appear to have been used for Brama, so that the temple Panataran (Pa-natha-arya-an) would mean the abode of God, the Holy one (Riggs).

*) On account of the exploits of Jaka Tingkir against alligators no descendant of the princes of Payong need fear injury from these animals, and Javanese, in danger to be attacked, often exclaim aloud, to belong to this family. Wenn die Malayen in Keddah die Fusstapfen eines Tigers kreuzen, so sagen sie zu einander: „Das ist ein Heiliger (Kramat), er isst kein Menschenfleisch, er ist ja unser Dato (Grossvater).“ Die Orang Laut betrachten den Hai als ihren Bruder (Thomson). Die Malayen nennen das Crocodil Tuan Besar (grosser Herr).

geführt werden, so würde Krieg ausbrechen. Das Brata-Yuddha wurde am Hofe Jayabaya's (Königs von Daha) von Ampusadah (Pusadah) abgefasst (1195 p. d.). In dem nach der Geburt gespielten Wayang wird Uma in der Stadt Kuru Setra Gandamaya von einem Sohn entbunden, der von Sang Ywang Jagat Nata auf den Schooss genommen wird, als Batara Kala (Batara Durga) in der Gestalt einer Rakshasa zum Fressen*) herbeikommt. Mit dem zum Zuschauen herbeigebrachten Säugling verfährt man dann ebenso. In den ersten zwei Vierteln des Mondes erscheint Batara Durga im freundlichen Charakter als Uma, in den letzten beiden als furchtbare Rakshaka.

Das javanische Schach (chatur) enthält den König (Ratu), die Minister (patch), zwei Schiffe (prahu), zwei Räthe (mantri), zwei Pferde (jaran) und die Bidak oder Bauern. Die Könige werden zur Rechten ihrer Königin gesetzt, des Gegners Königin gegenüber. Der König, wenn er noch nicht im Schach gestanden hat, mag sich das erste Mal zwei Felder bewegen. Sollte ein Bauer die Vorderlinie des Gegners erreichen, so muss er drei Schritte in der Diagonale zurückgegangen sein, ehe er zur Königin werden kann, ausgenommen wenn er in das Feld des Thurmes eingetreten ist, da ihn dies sogleich zur Königin macht. Das Machanan genannte Spiel wird mit 2 Tigern und 23 Kühen gespielt. Ihre Mythologie (im Pepekan) zu erklären, beziehen

*) Parbuya is a male devil, who destroys children (in Bhagulpore), Mahadano or Dano (Pahardano) a male god of the rude tribes. Bisorawat was a holy man of the Goyala tribe. Chamoufoujdar was a holy man of the Tiwar tribe. Chaldes is god of the Maler, Nilamala god of some rude tribes. Kama and her husband Kira were two holy persons of the tribe Musahar, Hari Ojha was a male saint, Hahshasi was a deity of the Maler, Kalkali was a female deity, Ajan Singha was a sainted Brahman, Kamalnaya was a sainted or bedevilled Brahman, Brahmadevata was a deified saint of the sacred order, Ratnamohan was a zemindar Brahman, who was killed by a tiger and became a devil (chiefly worshipped at marriages), the devil Kohilchandra is addressed chiefly at harvest (several of his priests being Brahmans), the devil Garbbakumar (a potter or milkman) was killed by a tiger and his ghost becoming the terror of the neighbourhood, it was deemed prudent to worship him (his priests being milkmen), Sivaram Thakur was a sainted Brahman of Kanoj, Bojun were a female deity. In many villages the deity is anonymous and is merely called Gramdevata (s. Buchanan).

sich die Javanesen auf die von Kavan und Manek Mayo geschriebenen Kawi*)-Bücher. Die Literaturwerke höheren Schlages heissen Pepakam oder Babat. Für besondere Zwecke werden statt der gewöhnlichen Ziffern die Chandra sangkala genannten Symbole gebraucht. Die Sruti sind in Kawi-Sprache, aber dem Artati-Metrum abgefasst (die Chandra Sangkala 1340 der javanischen Era). Die Romanze des Jaya Langkhara wurde in der Zeit des Susunan Ampel geschrieben, in javanischer Sprache und moderner Metrik. Aji Simbon, der erste unter den mohamedanischen Königen in Java, fasste die Juria Alem, als Regeln für die Beamten, ab. Im arabischen Alphabet geschriebene Bücher des Javanischen werden Pegu genannt. Die sieben Rishis wurden als die sieben glänzenden Sterne des grossen Bären angesehen, und so finden sich (in der Chandra Sangkhala) für Resi (Rishi) auch Reksi (Rikscha oder Bär im Sanscrit). Veda (Feuer oder Hitze) steht für 3 und Vedang (heisses Wasser) für 4. In den bei den Arabern zur Zeitbestimmung dienenden Worten wird der im Alphabete den einzelnen Buchstaben beigelegte Zahlenwerth zusammenaddirt. Buta, als Rakshaka oder Löwe, steht für die Zahl 5. Nach Whish hatte Aryabhatta eine Methode erfunden, um Zahlen durch die Buchstaben des Sanscrit-Alphabets darzustellen.

Aus dem Kawi übersetzt, beginnt das javanische Werk Kanda (Pepakam) mit einer Mittheilung über Sang yang Wenang (dem Gewaltigsten), der sechste Nachkomme von Purwaning Jan (dem ersten Menschen). Sein Sohn Sang yang Tunggal, der Grosse und Einzige, bildete den Himmel, als Surendra Buana oder Suralaya. Mit einer durch Gebet über das Blatt eines Hastuba-Baumes gebildeten Frau zeugte er vier Söhne: Sang yang Pugu, Sang yang Pungung, Sang yang Samba, Sang

---

*) Kawi (from Kavya or narrative in Sanscrit) means refined, as distinguished from jawi (the vulgar dialect). Das Sanscrit steht als verfeinerter Dialekt dem naturwüchsigen Prakrit gegenüber. Der Thempu oder Priester der Non-Kuhles gebraucht eine unverständliche Geheimsprache bei seinen Anrufungen. In den römischen Theatern ergötzte sich das Volk an der oskischen Bauernsprache mit Bukko, Pappus, Makkus, als Harlequin und Pierrots.

yang Pangat. In Folge von Streit wurde Pungung, als Nayantaka (wie Seman, der Begleiter Arjuna's) auf Java gestürzt und Pagu, als Secha Tunggara auf die gegenüberliegende Küste von Sabrang (in Form von Ungeheuern). Tunggal setzte seinen Sohn Samba, als Nila-Kantha (Pramesti Guru) in Suralaya ein und übertrug auf seinen Bruder Pangat den Namen Kanika-Putra (Resi Narada). Trotz Resi Narada's Widerstand in den Himmel gedrungen, erhielt (nachdem Uma in die Rakshasa Kali Durga verwandelt war) Kama Sala die Hut über die schwankende Sünderbrücke und Maha Pralaya den Auftrag, in die Hölle zu stürzen. In Reinigungen*) schuf Sang yang-Guru den hübschen Knaben Jumbu, den starken Knaben Brama, den zornigen Knaben Mahadewa, den weissen Knaben Ramki, den schwarzen Knaben Wisnu und das gelbe Mädchen Warsiki, und Resi Narada schuf den glänzenden Knaben Suria, den zarten Knaben Indra, den kurzen Knaben Sakra (Chakra), den blauen Knaben (kraushaarig, wie ein Papua) Bayu und den bekümmerten Knaben Chandra. Wegen Liebschaften durch Sang yang Guru aus dem Himmel gestürzt, fiel Batara Wisnu auf Java an den Platz der sieben Banyan-Bäume (Waringen jutu).

Zwischen verschiedenen Dialekten**) eines Landes diente

*) Prajapati, der früher das All war, allein im Dasein, schuf durch seine Büssungen die drei Welten, Erde, Luft und Himmel (nach dem Satapatha-Brahmana). Die Tapanya Upanishad (als auf Büssungen bezüglich) gehören (nach Colebrooke) zu den Tantras. Die Kenntniss der Seele (Atma-dnyana) mit ihren Werkzeugen, mit der heiligen Einsilbigkeit des Om und anderen Regeln der Frömmigkeit, nebst dem die Gegenstände erklärenden Buche in acht Abschnitten wurde durch Brahma Hiranyagarbha oder durch Paramesvara in seiner Vermittelung dem Prajapati Kasyapa erklärt, der die Kenntniss seinem Sohne Manu, und dieser seinen Nachkommen überlieferte. So pflanzte sich in den Upanishad die Ueberlieferung des Veda-Verständnisses von Geschlecht zu Geschlecht fort, und ist so heute den Weisen verständlich.

**) The low Malay (bhasa dagang) is less refined than the high Malay (bhasa dalam), as used in books (de Bruyn). The Gramyam (rustic dialect) is formed from the Atsa Telugu by contraction or by some permutation of the letters, not authorised by the rules of Grammar (Ellis). The Sanscrit corruptions (in order to be assimilated to the language of the land or the pure Teloogoo) have undergone radical alterations by the elision, insertion, addition or sub-

gleich dem mandarinischen die religiösen oder ceremoniellen Sprachen als allgemeines Austauschmittel der Regierung, wie das Sanscrit, worin die Gesetze Manu's geschrieben waren, in

traction of letters (Campbell). Das litthauische Patis (selbst) wird mit Pati (Herr) in Beziehung gesetzt, als ursprünglich nur von den Vornehmen gebraucht. Funk unterscheidet das Malayische als lingua franca des Archipel, die Sprache der Gebildeten (als Schriftsprache) in Malacca und die Dialekte (wie in Menangkabow, Malacca u. s. w.). Die Nepalesen nannten den am Ende und in der Mitte der Mahavaipulya vorkommenden Dialekt Gatha, weil besonders von Dichtern gebraucht, ähnlich dem Kavi der Balinesen oder der, Chandas (metrisch) genannten, Sprache der Veden, als Zend im alten Persischen (s. Rajendralal). Zur Zeit des Manes (Mani) kam das Wort Zandaka auf, wovon Zindik abgeleitet ist. Zerdusht (Sohn des Jotimmu) brachte den Persern ihre unter dem Namen Avesta bekannte Offenbarungsschrift (Kitab) in der altpersischen Sprache verfasst. Dann machte er die Auslegung (Zend) dazu und weitere Erklärung (Pazend) dieser Auslegung. Da nun das Zend eine menschliche Ausdeutung des vom Himmel Geoffenbarten war, so nannten sie diejenigen Perser, die von der himmlischen Offenbarung abweichend, sich nicht an das Avesta, sondern an das Zend hielten, Zendi (Masudi). Die über Astronomie, Medicin, Chemie, Mathematik und Physik im alten Ceylon geschriebenen Bücher waren im Sanscrit, wie historische und religiöse im Pali abgefasst. Der antiquirte Dialekt des Elu enthielt Formen des Sanscrit und Pali. Nach Müller erinnert das Elu an die Dravida-Idioma. In one consonant coalescing with another or following it without the intervention of a vowel the Javanese (in giving their consonants new forms and after placing the second in position underneath the first) improve on the Sanscrit alphabet, where confusion is the consequence of multiplying and combining the characters, begetting rather an alphabet of syllables or of combinations of letters, than of simple elements of sounds (s. Crawford). Die Malayen sprechen der Kürze wegen Amasa (Gold) wie Masa, obwohl das A geschrieben bleibt, wogegen die Cambodier Anhor statt Nakhor lesen. Das finale k wird von den Malayen so kurz ausgesprochen, dass amak (Mutter) ama lautet oder in der Zusammenziehung ma, während die Cambodier oft ein finales k sprechen, ohne dass es geschrieben steht. Die Kavya sind die Barden der Rajputen. Auf den polynesischen Inseln ist Kava der gegohrene Trank, der Begeisterung herbeiführt. In der finnischen Mythologie bricht der greise Kawe nach 30 Sonnen aus dem Leibe seiner Mutter hervor, als bewaffneter Krieger. Die Priester der von Zarathustra bekämpften Götter heissen Kavi (als älterer Name der Brahmanen). Der Ehrenname der vornehmsten Geschlechter Irans wurde aus Kavi in Kavá umgeändert. In den Vedas heissen die Feinde Indra's und seines Somatrankes Kavári oder Kavasakha (Anhänger des Kavá). Der mystische Name Roma's (ἔρως) war Amor (nach Byzantius Lydus). Weil er den geheimen Namen Roms ausgesprochen, wurde der Tribun Valerianus Soranus gekreuzigt (nach Varro). Die epische Poesie der Indier ist in zwei

Indien, oder später das in den englischen Gerichtshöfen verwandte Persische der Mohamedaner (bis vor Kurzem). Jamblichus (von Aethiopien abgesendet) beschreibt das Alphabet der spaltzüngigen Bewohner auf der glücklichen Insel, die in Kasten und Sippschaften getheilt waren (nach Diodor). In ihrer Verehrung des Himmels und der Sonne wurden die Leichen am Meeresufer begraben, wie noch jetzt in den Nyas-Inseln auf Felsen im Meer, und in den Rangsprachen*) wird mit doppelter Zunge gesprochen. Wenn sie das hundertste Jahr überschritten hatten,

Gruppen zu theilen, in die Itihâsa-purana und die Kâvya (s. Weber). Kavya, cibus qui Manibus offertur (Böckh). Kavya: flagellandus, potus fervidus. Kavi ist (im Veda) der Name der Seher und Opferpriester. Durch den Genuss des Soma erlangt man die Kraft eines Kavi (ein Seher werdend). „In den Gâthâs (der Parsen) hat Kava eine schlimme Bedeutung (aber Kavi ist der Ehrenname der Dynastie der Kajanier und des Vistaçpa, des Zarathustra Freund, als Kavi Vistâçpa oder Kai Gustacp), während (in den Vedas) Kava die Götterfeinde bezeichnet. Zarathustra eifert gegen den Soma-Cult, indem die Gegner aus ihren ausgedehnten Besitzungen vertrieben werden sollen, der Name der Anhänger des Zarathustra ist Magava (was in den Vedas Mächtiger bedeutet) mit dem Beiwort bavâzabdab. Soma (mit indischem Namen) wird (in den Gâthâs) ein Werk der Lüge und des Truges (von den Darvas bereitet) genannt. Da es Zarathustra nicht gelang, diesen Rauschtrank abzuschaffen, so versuchte man ihn später (um den heiligen Gebrauch zu schützen) zu einem Verehrer des Haoma (mit iranischem Namen) zu machen. Haoma erscheint dem das Feuer reinigenden Zarathustra und verheisst ihm, wenn er sein Verehrer werden würde, als Lohn den Segen seiner Vorväter, wie Jima." Wann erscheinen die Männer von Kraft und Muth, wann verunreinigen sie diesen Rauschtrank? (mada oder madhu, als Soma). Durch diese Teufelskunst sind die Götzenpriester übermüthig und durch den schlechten Geist, der in den Ländern herrscht (nach den Gâthâ). Die glänzende Gabe des geläuterten Trankes (Soma) ist den Göttern darzubringen, nicht den Anhängern des Kava, denn diese kämpfen nicht, aber die Männer, denen das Opfer dargebracht wurde, kämpfen in grosser Zahl (heisst es im Rigveda). Nehmt keinen Schaden, ihr Somatrinker, Indra siegt. Nicht helfen die Götter dem Kava-Ergebenen (nach dem Rigveda). Indra (als Ahavâri oder nicht dem Kava folgend) hilft gegen die feindlichen Kava.

*) A lingua vulgar é a primitiva lingua Memira, a qual é muito similhante, à Malaia, mas a da côrte é a chamada de Campocólo (Gamilto). Als die Schlangen den auf Gras verschütteten Amrita, den Garuda aus Kailasa gestohlen, aufleckten, spalteten sich ihre Zungen (durch neue Kenntniss). Indra theilt Vach (Rede), dass sie verständlich werde, in den Vedas.

legten sich die Bewohner zum Todesschlaf unter den Baum (mit der Kraft des Upas.) Nach den alexandrinischen Periegeten dienten für die Fahrt nach Chryse (von Kalingapatana oder Kikakol) nicht die eingeborenen Küstenfahrer (Sangara), sondern die grösseren Kolandiophonta genannten Schiffe. Dampier rühmt die Schiffe Dsiampa's. Nach Aelian hatten die Indier die Gedichte Homer's in ihre Sprache übersetzt. In dem unter König Nurschirvan in's Persische übertragenen Hitopadesa finden sich Stellen aus dem später als der Ramayana compilirten Mahabharata. Der indische König Amitrochates (Sohn des Sandrokottos) ersuchte Antiochus Soter (281—262 a. d.) um Feigen, Wein und einen Philosophen. Einige bauliche Reste in der Gebirgsgegend von Jelalabad sollen das Gepräge griechischen*) Mauerwerks tragen. Einige monumentale Fragmente, im Districte von Peschawer vorgefunden, zeigen (z. B. auf einem Friesstück) ausgeprägt römischen Charakter, auf den architektonischen Zierden einiger Postamente spätest römisch und byzantinisirendes Element (s. Kugler). Fabian fand bei seinem Besuche auf Java (424 p. d.) viele Brahmanen, aber keine Buddhisten. In den gebirgigen Gegenden des Innern von Java lebt eine zahlreiche Klasse von Häuptlingen, Gunos genannt, eine wilde Rasse, die Menschenfleisch frisst. Die ersten Bewohner waren Siamesen die (800 p. d) auf ihrer Reise von Siam nach Makassar durch Stürme nach Bali getrieben wurden. Da ihre Youke Schiffbruch litt, retteten sie sich in einem Boot und kamen nach dem bis dahin unentdeckten Java, dass wegen seiner Ausdehnung und Fruchtbarkeit sogleich colonisirt wurde durch Passara, den Sohn des siamesischen Königs, in dem von ihm gegründeten Passaraan residirend (de Barros). Die Jaos genannten Eingeborenen von Java, die sich über alle anderen Menschen erhaben glaubten, pflegten bis zum Cap der Guten Hoffnung zu schiffen und Verkehr mit der Insel Madagascar zu unterhalten, wo sich viele

*) Die ganze Art, wie der Hinduismus in den malayischen Stämmen Wurzel schlug, beweist, dass er, als geistige Kraft, wieder geistig anregte, die Phantasie in Bewegung setzte und durch den Eindruck mächtig wurde, den er auf die Bewunderung bildungsfähiger Völker hervorbrachte (Humboldt).

Leute brauner Farbe und javanischer Mischrasse finden, die von ihnen abstammen (da Couto). Nach de Barros hiessen die Eingeborenen Sumatras (weil die Javanesen früher die Insel besassen) mit allgemeinem Namen Jaiuji (Jawi). Das Land der Papuas*) heisst Tanah Puwa-Puwa bei den Malayen. Die Molukken werden auf Celebes mit dem Diminutiv von Java (Jawajawaka) benannt (Java minor). Nach Valentyn, der sich auf Flaccourt und de Barros beruft, müssen die Javanen zweifelsohne Coromandel und Malabar besucht haben, weil die Hofsprache**) meist von dem Sanscrit abgeleitet sei, und sich ausser Malabar-Worten auch Vieles aus der Deccan-Sprache finde. In Bali, wo das auf Java und für die Dichtungen aus alter Fabelzeit in Gebrauch gebliebene Kawi noch die Sprache der Religion und der Gesetze ist, bleibt ihre Kenntniss auf die Bramanen beschränkt. Kawi (von der Wurzel ka oder tönen) meint einen Dichter oder Weisen. Der Berg Kawi ist südlich vom Berg Arjuna. Nach W. v. Humboldt ist das Kawi wirkliches Javanisch,

*) In the Philippines are those black people called Os Papua, Man Eaters and Sorcerers, among whom divels walke familiarly, as companions. If these wicked spirits find one alone, they kill him and therefore they always use company, führt Purchas an aus Antonio Galvao.

**) When the inherent vowel sound in the aksara is not contracted, the aksara is termed legana. The vowel sound in this case is that of „a" in water or of „o" in home, the „o" being at present invariably used at the native courts and their vicinity for the inherent vowel of the consonant instead of the „a". The latter however is still preserved on Madura, Bali and the districts of Java west of Tegal and was doubtless the original inherent vowel (Raffles). The Basa Krama (Basa Dalam) or court-language contains many words of Sanscrit origin and a portion of Malayu and in those, in which it appears have borrowed from the Vernacular a slight alteration is commonly made in orthography and pronunciation to mark the distinction (Raffles). To convert words from the vulgar tongue into the Krama (ceremonial language), the low and broad sounding vowels (u, o, a) are exchanged for the high and sharp ones (a, e, i). A slender vowel is substituted by a syllable ending in consonants. For words of frequent occurrence the polite dialect has many synonyms. „Das Kawi führt nur auf Sanscrit zurück und giebt keinen Anlass, Pali darin zu vermuthen." The Akchara Buddha or Alphabet of Buddha in the island of Java serves as a medium between the ancient Devanagari of Hindostan and the modern Singhalese and is the form, from which the Pali-alphabets of Birma and Siam are derived (Salisbury).

nur in einer älteren Form, also nicht, im wahren Verstande, eine eigene und abgesonderte Sprache, sondern in seiner Mischung mit Sanscritwörtern, sowie die ihm darin ganz ähnliche Höflichkeitssprache, nur eine Sprechart, in seinem einheimischen Theile ein älterer Dialekt ist. Die Pronomina bewegen sich, wie in Hinterindien, in einer Scala von Erhöhungen und Erniedrigungen, ähnlich wie bei den Byzantinern der Majestas nostra (ἡ ἡμετέρα βασιλεία) die ἡ ταπεινότης μου gegenüberstand. Bei Bekehrung eines fremden Volkes hat man zunächst die Sprachschwierigkeit zu überwinden, und leicht entsteht daraus die Einführung einer heiligen Sprache, wie des Lateinischen in Deutschland durch Bonifacius und andere Mönche Englands, während vor Gregorius M. (dem pater ceremoniarum) Ulfila die Bibel in das Vernacular übertragen hatte, das auch die slavischen Apostel ihrem Volke bewahrten, und die indischen Christen hielten trotz der Synode von Diamper das Syrische bei. Simon Magus, der (als Schüler des Dositheus) seine Lehre durch seine Anhänger Mazbotheus (Mazda- oder Maha-Buddha) verbreitete, hätte deshalb gern die Gabe des heiligen Geistes von den Aposteln (durch Simonie) gekauft, um die Ausbreitung des Samanäismus zu fördern. Simeon el Zadik (der Gerechte) oder (Schimeoun) Schimaounsiddik (Siddik oder Siddartha), der die erwartete Geburt des Heilands begrüsste, war Nachfolger des Ozair oder Esdros, der (von Gott aus seinem Todesschlaf der 100 Jahre zurückgerufen) beim Niederschreiben der heiligen Schrift durch Reste des alten Textes geprüft wurde (wie Buddhaghosa). Da die fünf Zeugen Yang-anala oder Brama (Feuer), Surya (Sonne), Chandra (Mond), Kala (Zeit), Bayu (Leben) stets gegenwärtig sind, macht die Niti Sastra es Jedem zur Pflicht, sich der Lüge zu enthalten (auf Java). Der Sastra Menawa (Einrichtungen Menu's) genannte Gesetzcodex entspricht den Volkseigenthümlichkeiten der Javanesen. In den juristischen Commentaren (des Sanscrit) werden neben Manu auch ein Vriddhamanu und Brihanmanu citirt (Weber). Als älteste Autorität ihrer Jurisprudenz gehen die Javanesen auf Sri Ma Punggung, Verfasser des Jugul Mudah Patch, zurück, in Mendang Kamulan (XII. Jahrhdt.). Das mohammedanische Gesetz heisst Hucumallah und das Buch der Bräuche und Gewohnheiten Yuddha nagara. Sowie einer eurer Voreltern*) (heisst es in der javanischen Inschrift) stirbt und zum Himmel eingeht, so lasst sogleich ein Gemälde machen, denselben abzubilden, und schmücket und versieht es mit allen Arten von Esswaaren, und ehret es als euren Vorvater, der zu euch herabgestiegen ist und alle eure Bedürfnisse befriedigen will, denn dies wird der Fall mit demjenigen sein, der seinen Voreltern Ehrfurcht zollt. Bei Nacht brennt Weihrauch und Lampen (Humboldt), nach chinesischer Sitte, wodurch (in der Ansicht des Orientalen) der Götzendienst zuerst eingeführt wurde. In der Steininschrift von Surabaya werden Büssungen empfohlen, aber vor Uebermass gewarnt, und die Seele zum Nichtsein geführt. Nach dem Tode nimmt die Seele ihre Bestimmung an, die sieben Plätze durchfliegend. Das menschliche Dasein gleicht dem des Mondes,**) Lügner und Verleumder werden von Kalamerta bestraft. Die Dewa wählen als Schutzgeister die Seele eines Königs aus. Die Sastra (Religionsbücher) werden durch Tugendhafte verbreitet. Die verfertigten Bilder (Areha) sind auf geweihten Boden zu stellen. Den Pandits muss gehorcht werden. Der Stein, bei dem geschworen wurde, ist zu verzieren.

In Java zerfällt die Gesellschaft (sagt Crawford) in die natürlichen Ordnungen der königlichen Familie, der Edeln (deren Titel nicht erblich sind, aber sich in die höheren der Dopati und niederen der Mantri theilen), in Priester, Ackerbauer (cultivators or freemen), Schuldner***) und Sklaven. Die Hauptscheidung ist

---

*) Der von den Chinesen als bezopfte Leute bezeichnete Stamm Toba, der (386 p. d.) das Haus Wei gründete, hatte im Thal Mangut (in Amoy) einen Granitfelsen zum Tempel ausgehauen, um darin seine Vorfahren zu verehren. Die Araber begründen ihre Sorgfalt für die Ansab oder Genealogien auf das Wort des Koran, das befiehlt, der Vorfahren zu gedenken und für sie zu beten.

**) In der Propädeutik der Araber heisst es: „Der Mond hat in den Sternenzeichen 28 Stationen, so sagt Gott. Dem Monde haben wir Stationen bestimmt, bis er wiederkehrt, wie der alte Palmenbaum wieder ausschlägt" (s. Dieterici). At the feast Shaofan (going up to the tombs) the Chinese carry twigs of the willow tree, as emblems of life and health (Milne). Nach der Vedantaphilosophie steigt die Seele nach dem Tode zum Monde auf und kehrt im Regen zur Erde zurück (wie im Manichäismus)

***) The debtors, with freemen and slaves, constitute the three orders, into

indessen zwischen Grossen und Kleinen Leuten, indem die Häuptlinge als der Kopf, das Volk als die Füsse betrachtet werden, und die Grossen sind die Reichen (Orang-Kain). Wo Jeder Sklave durch Geburt ist, mag sich der Adstrictus familiae als Freien betrachten, im Gegensatz zu dem gesetzlos und willkürlich verkauften Kriegsgefangenen. Harris bemerkte auf den Madjicosima-Inseln verschiedene Kasten, die nie unter einander heirathen. Nur Kinder der Vornehmen besuchen die Schule der Hauptstadt (Mein). Unter König Konilessur († 1800) führte der Minister Bura Gohain den Gebrauch in Assam ein, die Doom oder Fischer auf der Stirne mit dem Zeichen eines Fisches zu markiren. Die Ausfeger erhielten einen Besen auf die Stirn gedrückt und die Palanquinträger des Königs ein Palanquin auf den rechten Arm. Nach der Matsya Purana wurde es Bali von Brahma bewilligt, die Welt in vier Kasten zu theilen. Als Yudhistira, der Sohn Pandu's, nach dem Zeichen des Brahmanenthumes*) fragte, erwiderte ihm Baisham Payana Rishi, dass es

---

which the laws of the Malays and other tribes, divide the people, for the higher orders are literally above the law and not noticed, except as administering it. An der Goldküste werden für Schulden Familienglieder in Pfand gegeben, nach Cruikshank, der zugleich bemerkt: The name of „free people" is applied to such as never have served a master out of their own family. Durch ein ähnliches Verständniss erklären sich die Beziehungen von Thai und Bao in Siam. Als Bem oder Niedrig werden im nördlichen Tibet (ausser Musikern und Tänzerinnen) die Schmiede und Tischler mit anderen Handwerkern begriffen (nach Cunningham). In Cochin fallen die vier vereinigten Gilden unter die Ardari Jardi oder Auswurf. The barbers, chairbearers, watermen and musicians are excluded from promotion, as degraded people (ti-min), who for insurrection at the Sung-dynasty were consigned to perpetual infamy (in China). Die als tiefstehende Sudras betrachteten Panchalarar (fünf Kasten von Künstlern) leiten sich von Viswakarman her. The Kuddi is one of the lowest of the casts employed in agriculture and allowed to be of pure descent, but many of its members are rich and are the Gaudas or hereditary chiefs of the villages (Buchanan). Die Scheidung der Hindus in rechte und linke Hand (Ballagai und Eddagai) fand durch Kali in Conjeveram statt. Noch tiefer, als die Rodiyas, ein Zweig der wegen Essens von Menschenfleisch degradirten Veddah, stehen die ausgestossenen Kasten der Ambetteyah (Barbiere) und Hanomoreyo (Betteldosenverfertiger) in Ceylon (Tennent).

*) That which removes sin is Brahmanhood (Ashu Gosha in Nepaul). It is notorious that he who has conquered himself is a Jati, he who performs penance,

früher nur eine Kaste in der Welt gegeben, und die Kastenunterschiede erst mit den Verschiedenheiten der Ceremonien und Stände ihren Ursprung genommen (nach Ascha Gosha). Wie in Ceylon galt in Cochin die Ueberreichung einer Lemone als feine Art der Bestechung, indem Geschenke darin verborgen waren (ähnlich den in Siam vom Könige ausgeworfenen Loosen). Die Einwanderer aus Indien werden von den Europäern Chulia, von den Javanen Kaling oder Kling genannt und heirathen meist mit den Eingeborenen, da sie selten Frauen mitbringen. Diese daraus erzeugten Mischlinge lassen sich in der ersten Generation, wo sie meist beider Eltern Sprache reden, noch erkennen und heissen dann Paranakan. Die Halbkasten aus chinesischem Blute erhalten sich länger getrennt, wegen der in sich abgeschlossenen Quartiere und Sitten dieser Ansiedler. Die von Europäern mit einzelnen Frauen erzeugten Kinder sind (nach Stavorinus) bis in die dritte und vierte Generation durch die Kleinheit der Augen von den echten Europäern zu unterscheiden, und wenn der Vater des Liplap ein Portugiese war, so bleibt er noch länger an der dunkeln Hautfarbe kenntlich. Aus den javanischen Annalen geht (nach Crawfurd) hervor, dass die Gewohnheit des Rauchens in Java ungefähr um das Jahr 1601 eingeführt sei. In Persien lässt es sich nach den Berichten der damaligen Reisenden schwieriger fixiren. Der Genuss des Siri oder Betel-*)Kauens ist allgemein in Java.

Ausser dem Anbau**) des in den niedergebrannten Wald ge-

---

is a Tapasya and he who observes Brahmacharya is a Brahman (s. Hodgson). Nach Miles ist Jaina vom Sanscrit Yatn und Jetn (Sorgfalt in Lebensbewahrung) oder von Jita (Besiegung der Leidenschaften) abgeleitet.

*) Beetle is pungent, bitter, spicy and sweet, it is alkaline and astringent, it expelleth wind, destroyed phlegm, killeth worms and subdued bad smells, it beautifieth the mouth, removeth impurities and kindleth the fire of love. Beetle, my friend, possesses these thirteen qualities, hardly to be found, even in the regions of heaven (Wilkins) nach dem Hitopadesa.

**) Be it known to the cultivator, that he who superintends the implements of tillage is the son of the dewata, named Sang Yang Kalamerta, being the terror to all such subjects, as do not obey the commands of Batara Guru (nach der Kawi-Inschrift von 467). A man who has arrived at the half of his term

pflanzten Reis, des Hügelreis und des mit dem Beginn der Regen gesäeten, folgen die Javanesen noch einer Cultivationsmethode durch künstliche Bewässerung, die von den Jahreszeiten unabhängig ist und deshalb im Umkreise weniger Acker den Reis in jeder Stufe*) seines Wachsthums zeigen mag.

Ausser der siebentägigen Wochen, die sie von den Hindu und Arabern annahmen, hatten die Javaner eine einheimische von fünf Tagen (wie die mexikanische tianguiztli, von denen vier einen Monat ausmachten). Ihr bürgerliches Jahr wurde in 30 Wuku getheilt, von welchen Abtheilungen jede unter dem Schutze ihres Regenten stand, und sie zerfielen in sechs Perioden, von denen die erste für Menschen ungünstig betrachtet wurde, die zweite für Vierfüsser, die dritte für Bäume, die vierte für Vögel, die fünfte für Pflanzungen, die sechste für Fische. In den prophetischen**) Zeichen stellt Loro eine gute Dewo vor, Endro ist weder gut noch schlecht, Goeroe giebt Gesundheit, Jomo ist böse, Lodro indifferent, Bromo sehr schlimm, Kolo meistens böse, Hoemo sehr gut. Die Pandjangankaners oder Brahmanen, die die Pandjangans besorgen (an der Küste Coromandel), müssen

---

of life conceives well the separation of his soul from its covering, your existence is like that of the moon, that is to say, from the new to full and from that to the extreme wane. When the moon is thus lost from the East, it will then certainly appear in the West and recommence the first day of its age. Like gold which is purified, the soul in the body loses its covering in four causes (water, fire, air, earth).

*) In one little field or smaller compartment, the husbandman is ploughing or harrowing, in a second he is sowing in a third transplanting, in a fourth the grain is beginning to flower, in a fifth it is yellow, and in the sixth the women, children and old men are busy reaping (Crawfurd).

**) Die Neger (in Fetu) haben 21 grosse gute Tage (grande bonos dies) die mit einem Neumond anfangen, diesen folgen 15 böse (malos dies), ferner 13 kleine gute Tage (Pikenne bonos dies) und 9 besonders schlimme Tage (Roemer). The ambitions of the court of Mataram being kept alive by various predictions, dreams, enchantments, by which Senapati was promised the assistance of Kiai Gede Laut Kidul (the goddess of the great South Sea), who declared herself wedded to him, he was instigated to build an extensive kraton on the spot, where his dalam then stood. Alexander's Koch, der seine mit Une gezeugte Tochter Kale verführt, wird mit einem Stein um den Hals in's Meer geworfen und wohnt als Dämon im andreantischen Meere.

jeden Morgen in den Häusern, mit denen sie in Verbindung stehen, das Nöthige des Kalenders ansagen und sind zugleich zum Wahrsagen erbötig. Zur Zeitbezeichnung sagen die Javanesen z. B. „wenn der Büffel von der Weide kommt“ oder „wenn der Büffel in den Stall geführt wird“ oder „wenn der Büffel auf die Weide gesendet wird.“ In Sumatra wird (nach Marsden) mit dem Finger nach der Sonne gedeutet, wie es die Mexikaner (nach Humboldt) durch den Stand Teotl's bezeichneten. In Ceylon bedeutet Hundegebell ein Viertel einer (englischen) Meile, Hahnengekräh etwas mehr und Hoh die weit möglichste Entfernung im Schreien. Die Namen*) der Thierkreisbilder im Zodiakus der Javanen entsprechen den sanscritischen, nur dass die Zwillinge durch einen Schmetterling ersetzt sind. Der Orion heisst (auf Java) Waluku (der Pflug) oder tanggala (tengala im Malayischen). In Sumatra wird von einem Mann im Monde erzählt, der beständig spinnt, dem aber jede Nacht eine Ratte die Fäden zernagt. Die Binuas sehen in den Mondflecken Baumzweige, unter denen ein Vogelfänger sitzt, Schlingen verfertigend. Die Constellationen,**) die das Geschick regieren,

---

*) Observabat (Octavius) dies quosdam, ne aut postridie nundinas quoquam proficisceretur aut nonis quidquam rei serius inchoaret (Sueton). Drei der indischen Planeten sind durch ihre Namen, als Söhne der Sonne (Saturn), der Erde (Mars) und des Mondes (Mercur) bezeichnet, die anderen sind Repräsentanten der ältesten Rishi-Geschlechter, der Angiras (Jupiter) und der Bhrigu (Venus). Oblations are offered to each of the twelve months and at the end one oblation is made to Anhasaspati, the deity of the intercalary month (Müller). Die Armenier bezeichnen die Constellation des Orion als Haig. The wedge-shaped flint-stones are called teeth of lightening (by the Javanese). Im Hora sastram des Varaha mihira (504 p. d.) werden die griechischen Namen der Zodiakalbilder und Planeten aufgeführt. Das Paulîçasiddhanta war (nach Albiruni) von Paulus al Yunani (Paulus Alexandrinus) verfasst. Garga verherrlicht die Yavana wegen ihrer astronomischen Kenntnisse, und die epische Sage nennt Asura Maya (Tura Maya oder Ptolemäos) als ältesten Astronom (s. Weber).

**) A l'orient du Pegou une géante, voulant un mari, prit la forme d'une femme ordinaire possédant une grande fortune. Par ce moyen elle parvint à son but. Après sa mort et comme on la transportait au lieu de la sépulture, le chariot, sur lequel on la conduisit, fut soudainement renversé, changea la forme, et s'éleva au ciel sous la figure d'un navire. De là vient que tous ceux, qui naissent sous cette constellation sont de laide figure, mais riches. Ils ont le

heissen Lintagan auf Java. Im Thierkreis der Balinesen nimmt der Scorpion (aus dessen Scheeren die Griechen die Waage bildeten) zwei Zeichen ein. Das bürgerliche Jahr in Bali wird nach der Saka warsa chandra oder der Era des Saka Salivahana) gerechnet. In der schwarzen Pagode *) Orissa's sind unter dem Vorsitze des Donnerstags (Jupiter) die contemplativen Bilder der Nowa-Griha (neun brahmanischen Planeten) aufgestellt. Eclipsen schreiben die Balinesen dem Verschlingen (Grah) des Dämon Rahu zu und nennen die des Mondes Rahu, die der Sonne Grah. Die Playanos in Californien rasseln bei Finsternissen mit getrockneten Häuten, um das Ungeheuer fortzutreiben, und stellen dann einen Wettlauf an (correr la luna). Sang-yang-guru beauftragt Brama und Visnu, das Ungeheuer Remba Chulung, das Sonne und Mond verschlingt, zu tödten. Die Malayen nennen die Eclipse (wenn der grosse Naga Sonne und Mond überschluckt) Makan Rahu (das Fressen des Drachenungeheuers).

Das durch Van den Bosch (1830) eingeführte Cultursystem begreift einmal die Production des Rohstoffes durch den Dorfarbeiter unter dem Contractor, **) dann die Producte, die ent-

---

naturel brusque et les hommes spécialement sont grands spéculateurs. Un roi (de la Birmanie) allant à la chasse, rencontra une biche pleine, laquelle mit au monde un petit faon dans un lieu couvert. Le roi ramassa ce petit animal, qu'il fit élever soigneusement et qu'il prit en si grande affection, qu'il alla tous les jours le visiter. La reine en devint si ennuyée et si jalouse, qu'elle fit tuer secrètement le pauvre favori et il fut transformé en constellation (tête de cerf). Quand le roi apprit ce triste événement, il devint tellement chagrin, qu'il mourut. Voilà pourquoi ceux qui naissent sous la constellation du cerf sont susceptibles de mourir de chagrin.

*) The subject of carvings in the temple of Kanaruck (black pagoda) consists chiefly in the march of armies with different sorts of cavalry and infantry, armed after various fashions. Then there are elephants and chariots and palanquins (Fergusson).

**) The landlord's claim for rent in Java was limited 1836 to one-fifth of his tenant's produce and to one day's gratuitous labour in seven. The produce rent on Government land is not expressly limited by law to one-fifth, but is settled at that rate with the village-chief for the whole village and must be paid in money. The one-fifth of produce on private estates is generally taken by the landlord from each other in kind. The labour's rent on crown lands is mostly employed on the roads and public works (Money).

weder keine Manufactur verlangen, oder deren Bearbeitung und Vorbereitung zur Ausfuhr einfach und leicht genug ist, um von dem eingeborenen Anbauer vorgenommen werden zu können, und drittens die Theilung in Thee, Tabak und Cochinelle. Die Javanen erzählen, dass ein holländischer Capitän absichtlich eine Planke seines Schiffes ausgestossen habe, um es zu senken, und so zum Bleiben gezwungen, vom Fürsten von Jakatra ein kleines Stück Land erbeten habe, um dort eine Scheuer für sein Segel zu bauen, und dies der Sicherheit wegen mit einem Lehmwall zu umgeben. Als man ihm soviel vom Grunde zugestanden, als er mit einer Ochsenhaut würde bedecken können (um darauf ein Pondok zu errichten), schnitt er diese in dünne Streifen, und als man Schwierigkeiten machte, das dadurch eingeschlossene Territorium zuzugestehen, zeigten sich Kanonen auf dem Fort, womit man Zeit gehabt hatte, dasselbe während den Verhandlungen zu spicken. Die Holländer verlegten ihre Ansiedlung von Bantam nach Jakatra (1610) oder (1621) Batavia. Van Diemen schickte (als Gouverneur von Batavia) Karl Hartsnik in einer Gesandtschaft nach Tonquin, wo er vom Könige an Sohnes Statt angenommen wurde (1637). In der in Cambodia eingerichteten Factorei wurde der Gesandte Régemortes auf Befehl des Königs ermordet (1643).

Die Fürsten Javas nehmen entweder den Titel Kiai-Gede (Sultan) an oder den religiösen des Susunan, indem sie sich als die Dachsparren bezeichnen, im Gegensatz zu dem Volke, das die Pfeiler (Tiang) des Staatsgebäudes bildet. Der Erbprinz wird Pageran Adipati, der Minister Raden Adipati genannt. Den javanischen Titeln*) wird Mas (Gold) oder Kiai (ehrwürdig) vorgesetzt, welches letztere an das Quiay in den Götternamen auf der hinterindischen Halbinsel bei den mittelalterlichen Reisenden erinnert, dem Kjeik der Talein entsprechend. Fitch nennt den Khiaung der Tallipoxies oder Priester Khiak. In China findet Pinto den Quiay Figrau, Quiay Nevandel und Quiay Mitru. Der Hauptgott des Königs der Batas in Sumatra

*) Of the pretenders called Kraman (rebels) in Java, one (in Cheribon) was an old man, covered with rags, another was a boy 14 years of age.

hiess Quiay Hocomboror, in Calaminba war Quiay Paturea der Seegott, in Siam fand sich die Pagode des Quiay Pontar.

In der vor-islamitischen Zeit war Ratu der gewöhnliche Titel des Fürsten*) von Majapahit und Pramiswari der der Königin, während die Prinzen Raden und die Prinzessinnen Dewi genannt wurden. Als Feldherr im Kriege wird der König Senapati betitelt. An Festtagen pflegt die Affenfahne Hanuman's entfaltet zu werden.

Die Sänger der Cheritas oder die Sagenerzähler stammen von den mit dem vielgewundenen Turban bekleideten Bath der Barden, der in dem Vomito des (drei Jünglinge auf seinem Rücken tragenden) Stieres entstanden, das Lob Sangsapurba's in der Sanscritsprache sang, Secander Zulkarnein's Sprossen, der als Rajah Demang Lebardaun's Schwiegersohn, in dem Vertrage mit seinen malayischen**) Unterthanen ihnen jede Erniedrigung zu sparen versprach. Auch in scandinavischer Mythe wird der dichterischen Begeisterung (als zweiter Auflage im Vergleich mit der priesterlichen) ein etwas schmutziger Ursprung zugewiesen, und ebenso deutet die Rebhühnererzählung im schwarzweissen Veda auf ähnliche Verachtung missgünstiger Rivalen. Von dem an den unteren Extremitäten missgestalteten Biam (der auch Krankheiten sendet) haben die Australier die meisten ihrer die Tänze begleitenden Gesänge gelernt (s. Eyre). Die Babad, historischen Lieder Balis, sind im Kidung dem neueren Versmass Javas, geschrieben.

Ist es den Javanen möglich, sich der Wijaya-Mala genannten Blume zu bemächtigen, so wird ihnen Alles glücken, und als es dem Pangeran Adipati gelang, sie zu erhalten, war er des Sieges über die Rebellen gewiss (1671 p. d.). Den Meteor-

---

*) Among the regalia (upachara) of the sovereign are the hasti or gaja (that of the elephant), the barda wallka or nanagan (that of the serpent), the jajawan santing (that of the Bull), the sangsam (that of the deer) and the sawung-galling (that of a cock-fowl).

**) Michabo had by Jyantee 100 sons, 82 of whom became Brahmans, 9 hermits and among the remaining 9 the kingdom of India was divided, Malayn (the fourth) receiving Malava or Malwa (Braddell).

stein, der bei der Inauguration des Pangeran Tranggana fiel und durch Jaka Sisela gefunden war, erklärte Suuan Kali Jaya als ein glückverheissendes Prophetenzeichen. Um tiefen Schlaf zu erzeugen, werfen Diebe auf Java Erde, die von einem Grabe genommen ist, in die zum Einbruch bestimmten Häuser. Die Javanesen hängen trockene Blätter, Knochen, Steine und Aehnliches vor ihren Häusern auf, als Dsebaga-pintu*) (Thürwächter), um Satan fernzuhalten. Sang Prabu Surin Alem erliess Gesetze gegen Hexenkünste. Während der Schwangerschaft werden im Wayang die Abenteurer eines Prinzen aus dem Geschlecht des Dewa Batara Brama dargestellt. Die Wöchnerin mit einem Messer in der Hand, muss sich des Schlafes erwehren, um sicher zu sein gegen den Dämon Djurunglebes (den Uebergang vom Schlaf zum Tod). Bis zum Abfallen des Nabelstranges muss das Kind**) gefüttert werden, und liest man zu seinem Schutze die Geschichte der Dewas und berühmter Helden. Wenn das Kind zuerst laufen lernt, spricht ein Aeltester die folgende Schutzwehr: „Hebe Dich hinweg, Gott Kala,***) denn mir ist Deine Natur keineswegs unbekannt. Glaube nicht, dass ich nicht wüsste, dass Du von Sang-ywang Saha stammst und Batara Durga!" In Krankheitsfällen sühnen die Insulaner von Pulo Aur den bösen Geist (Pugi hantu), indem sie ein Canoe bauen und dasselbe in die See schieben, sobald der Dämon eingetreten ist.

In der Sintren genannten Belustigung stecken die Javanen

*) Ghosts are often seen at night by the Javanese in houses and stables. Sometimes they walk about, clappering with their sandals. In the house at Cheribon every one entering was spit on by the Siri, although no person appeared and the government (which had tried to prevent fraud by placing guards around) at last had the house pulled down. Die den Walkyren ähnlichen Vidadaris sind gattenlose Wittwen (vidava), als Feengeister umherschweifend, gleich den Wili.

**) [illegible] (Winter).

***) Die Mahakalya glauben, dass Maha-Kala (in Ujain) ein Bösartiger sei, der Verehrung wegen der Grösse seiner Macht verdiene (Shahristani). Erbittert, mit seinem verborgenen Namen begrüsst zu werden, verschlingt Krum den Iblis Siva, muss ihn aber, weil mit einem Messerpanzer bekleidet, wieder ausspucken (nach den Mandäern).

ein Kind unter einen Korb, bis es, durch Musik hervorgelockt, zu tanzen beginnt und schliesslich erschöpft zusammensinkend, in Schlaf fällt. Bei der Brindung genannten Belustigung wird in der Nähe eines Flusses oder eines Baumes ein Korb*) aufgehängt, damit ein Geist sich darin niederlassen möchte, den man, nach Hause gebracht, durch zwei Kinder unter Musikbegleitung wiegen lässt. Die Javanen mähen in einer besondern Manier, was Slamat oder Anerkennung für die Ernte**) heisst. Bei der Eröffnung eines neuen Sawahfeldes pflegt eine hochgeborene Persönlichkeit gegenwärtig zu sein, um der Erde Achtung zu bezeigen, wie es auch bei dem Jahresfeste (Sedeka bhumi) geschieht. Der Priester eines javanischen Dorfes führt die Rechnung des Wuku, um die Feldarbeiten jedes Tages anzuzeigen. Das Chebong-Manuscript giebt die Obat oder Medicinen für die in jedem Jahre passenden Pflanzen. Nach Raschideddin prickelten sich die Javanen Hände und Körper mit Nadeln und rieben schwarze Färbestoffe***) hinein, wie es Marco

*) Zu den Lügen des Al Mochtar gehörte, dass er einen alten Sessel besass, mit gestickter Seide bedeckt und allerlei Zierrath, behauptend, derselbe gehöre zu den Geräthen des Fürsten der Gläubigen, Ali, und vertrete die Stelle der Bundeslade bei den Benu Israel. Im Kriege stellte er denselben frei und offen vor die Kampfeslinie hin, als die Majestät (Schechina) und die Furcht Gottes enthaltend, wohin die Engel zur Hülfe hinabsteigen würden (nach Asch-Scharastani), wie bei den Manichäern am Fest der βῆμα. Die Fetu schliessen ihren Erbgötzen in den Sasja genannten Korb (mit Erdklumpen, Hühnerknochen, Eierschalen, Bast u. s. w.) ein, und die Japaner bringen ihre geheimnissvollen Dosen von der Pilgerfahrt mit sich zurück. In Jüterbocks Tradition hat sich der Stuhl seines Schmiedes erhalten.

**) Bei den Yamsfesten in Ashantee sind saturnalische Freiheiten erlaubt, ohne dass Diebstahl bestraft wird. Nach Macrobius wurden die Saturnalien gefeiert, weil die Feldarbeiten des vorliegenden Jahres beendet und die neuen noch nicht begonnen waren.

***) In the jungle near the villages of the Andaman-islanders (the houses of whom are built of leaves) lives the religious teacher, who tells the people, at which time they have to offer the caught pig at the devil-house, round the open space of which, they dance at night. Pig's flesh they eat raw, but fish (which are clubbed at torchlight or shot with arrows) cooked. They plant yams and sweet potatoes. The wild banana (as full of seeds) is not eatable and they cannot use the small betelnuts growing. With red earth the chief wears a circle

Polo in Cardandan fand. Die Mexikaner ritzten sich für Büssungen mit Agave-Stacheln. Die Orang Mantawaye oder die Bewohner der Nassau-Inseln tättowiren sich. Nach De Barros bestanden in Sunda Nonnenklöster, worin solche, die keinen passenden Gemahl für ihre Töchter finden konnten, dieselben aufnehmen liessen, wie auch diejenigen Wittwen, die sich nicht beim Tode ihres Ehegatten verbrannten, eintraten. Nach Justinus setzte Artaxerxes die Aspasia, das Kebsweib des Cyrus, über das Priesterthum der Sonne, wodurch ihr beständige Enthaltsamkeit auferlegt wurde (wie den Sonnenjungfrauen in Cuzco). Als den Frauen der Cimbern die Aufnahme unter die Vestalinnen versagt war, ermordeten sie sich selbst. Die Vairagis, deren Hauptklöster (unter Brahmanen) sich in Ayodhya und Jaya pura finden, stammen von solchen, die für aufgehobene Unfruchtbarkeit ihre Kinder an Rama in Oude weihten (Buchanan). In Toli finden sich Vere-hori des Pitakat.

Am Feste*) Beyze Dussmeen (worin jeder Arbeiter seine Werkzeuge verehrt) winden die Hindu grüne Aehren um den Kopf (nach dem Ayeen Akberi). Die in Maloor (bei Madura) verehrten Handwerkszeuge werden an einen Baum gekettet. Im Rigveda werden die zur Somabereitung gebrauchten Geräthschaften als Dewa bezeichnet und angerufen (Mörser, Stösser u. s. w.). In Yoruba bildet die Verehrung der Handwerksgeräthe einen hauptsächlichen Festtag.

Dem Tabu**) der Polynesier entsprechend schliesst der Buyut in Sunda eine Verbietung ein oder eine von Alters her gewissen

---

round the forehead. Iron they file down on hard stone and make a knife of it worne round the neck.

*) Der Hindu betrachtet den Gott der Familie als seinen bevorzugten (Ishta devata), und wer von einem Lehrer (Guru) Unterweisung (Upadesa) empfangen, hat täglich zu ihm zu beten. Bei den Fetu hat jede Handierung ihren Feiertag, und Jäger, die z. B. den Freitag, die Fischer, die den Dienstag und die Europäer, die den Sonntag beobachten, werden von den Negern als Alle an diesen Tagen geboren angesehen (s. Römer).

**) Die Gesetze des Tabub begreifen in Nukahiva: Den Priester und sein Eigenthum. Die Reichen und Vornehmen. Wer den ersten Feind erlegt (auf 10 Tage). Das Moral (für die Frauen). Menschenfleisch (für Frauen). Frau des Ober-

Familien und Individuen auferlegte Pflicht, sich besonderer Speisearten oder gewisser Handlungen des menschlichen Lebens zu enthalten (Riggs). Dem Mokisso im südwestlichen Afrika wohnt gleiche Bedeutung bei, und ähnliche Gelübde, wie sie an der Goldküste für den Summan übernommen werden oder Obosam, als Schutzgeist (wie der Dämon Abonsam von Sum oder Schatten hergeleitet), führt Taeppen von den Masuren an. Gleich den Agries-Steinen *) der Fantih besitzt jeder Häuptling auf den Serwatty-Inseln (wo neben Luli, als Vater des Menschengeschlechts, Aukara verehrt wird) einen Vorrath von sorgfältig versteckten Edelsteinen, die ihm erblich überkommen sind. Oberhalb Buluhen (in Sunda) ist ein Theil des Flusses Panglabsaan markirt, wo kein Pferd in das Wasser gehen darf. Am

haupts (für Alle seines Namens). Den Kopf. Den bei der Geburt des Kindes gepflanzten Brotbaum. Grosse Calabassen. Hüftbinden. Wohnung (für das Wasser). Stelzenläufer (7 Tage nach dem Fest). Trommelplatz (für Weiber). Feuer des Mannes (für die Frau). Das ungahre Schwein. Schwein auf dem Wege. Schweinefleisch (für Frauen, ausser wenn geschenkt). Fische (so lange Brotfrüchte unreif). Frau (während der Bereitung des Kocosöls). Kocosöl der Frau (für Männer), des Mannes (für Frauen). Wird Jemanden ein Schwein gestohlen, so legt er ein Tabuh auf die Schweine des ihm Verdächtigen. Er giebt dessen Schweinen oder Bäumen seinen eigenen oder einer andern Menschen Namen, wodurch der Geist eines Verstorbenen oder Lebendigen hineinfährt. Dies zwingt oft den Dieb, seine Besitzung zu verlassen und eine andere zu suchen. Die begeisterten Schweine (mateta) dürfen nicht geschlachtet werden. Man kann auch Bäume begeistern. Wer ein Tabuh bricht, ist Kikino (Schuft) und Tod und Krankheit sind seine Strafe. Alles nicht Tabuhirte ist Gnofuah (frei). Ward Jemand durch die Kleidung oder die Person des Tuitonga tabuh, so konnte ihn kein anderer Häuptling (durch die Ceremonie Moemoe oder das Pressen der Fusssohlen) befreien, weil keiner ihm gleich war. Um aber die aus einer etwa zufälligen Abwesenheit entstehende Verlegenheit zu verhindern, ward eine geweihte Schale oder sonst etwas ihm Zugehöriges statt der Fusssohlen berührt. So liess der Tuitonga bei seiner Verreisung stets eine geweihte Schale zurück. Das Kawagetränk wird durch die Berührung eines Häuptlings niemals tabuh.

*) Tienen (en Cholula) ciertas piedras verdes que fueron de este dios (Quetzalcoatl) y ellos las estimaron como reliquias. Una de ellos es como una cabeza de mona (Gomara). Jarknastein (pierre sacrée) est la même pierre comme la salagram (s. Holmboe). Zeus Casius (der kahle Berg oder Dschebel Okra am Orontes) wurde als unförmlicher Stein oder (in Pelusium) als Jüngling mit Granatapfel verehrt.

obern Pauglahsaau dürfen keine Fische gefangen werden und ist es verboten, mancherlei Worte auszusprechen, die sonst im gewöhnlichen Gebrauch sind, an anderen Theilen des Flusses müssen die Boote über Land geschleppt werden. Die Sirijas betrachten die Bergspitze von Gunung Dongka als ihr irdisches Paradies, das durch die Seele besucht wird, ehe Gabriel sie fortführt (Riggs). Taboêt heisst im Malayischen die von Gott an Abraham gegebene Arche des Bündnisses, die durch die Erzväter bis auf Abraham bewahrt wurde (und auch in Abyssinien ihre Bedeutung fortführt). Auf Java werden mitunter geheiligte Sachen rasch von Dorf zu Dorf geschafft, da der daranhaftende Fluch mit dem letzten Besitzer verbleibt, und ebenso müssen sich die Tataren im Altai immer rasch des eingetauschten Schweines wieder zu entäussern suchen. Uebertretungen in der Hindu-Religion, wie z. B. das Tödten einer Kuh, wird in Kumaon, ebenso wie Vergehen*) gegen die Kost, durch ein Dom gestraft, z. B. das Verbieten, die Hukka-Pfeife zu gebrauchen. Früher durfte ausser dem Adel, der den königlichen Rath bildete, Niemand in Assam Schuhe tragen, und für den Gebrauch der Palankine mussten die Edlen den Rajah zahlen (Butler). Bei den Jolofs war der Gebrauch der Moskitonetze dem Könige reservirt. Mani Farendau, Sohn des Nizam al-Mulc Akber Shah (Rajah von Pahali im Lande der Kling), verbot (nach seiner Rettung aus Schiffbruch) fortan seinen Nachkommen, von dem Fisch Alu-alu zu

*) Fetiches are set up (in the Pongo country) to punish offenders in certain cases, where there is an intention to make a law specially binding. This refers more particularly to crimes which cannot always be detected. A fetich is inaugurated, for example, to detect or punish certain kinds of theft. Persons who are cognizant to such crimes and do not give information are also liable to be punished by the fetich (Wilson). Wenn solche Polizei permanent wird in den Religionen, verliert die Einrichtung durch Gewohnheit ihre Kraft, ist aber anfänglich zwingend wirksam. In den Bezirk eines Zeyareh (heiligen Grabes) gelegtes Eigenthum ist sicher, weshalb die Ansayrier Pflüge und Ackergeräthschaften dorthin zu stellen pflegen. The word zeyâreh properly means a visiting and hence is used for the place visited, being the appellation given to the reputed sepulchres of men, who have enjoyed distinction in the Ansayree sect. Die Ansayrier begeben sich besonders Freitags dorthin, da die Heiligen dann am sichersten in ihren Ruheplätzen anzutreffen sind.

essen, noch die Ganda-Juli-Blume zu tragen. Quengueza, König von Gumbi, hatte seit seiner Thronbesteigung nie eine Strasse betreten, die von einem Feind verzaubert war, bis der aus dem Lande der Bakalai berufene Aquailai den Aniemba vertrieb (s. Duchaillu). Wer es in Nukahiwa wagte, Eigenthum, worauf Tabu gelegt war, zu berühren, hiess Kikino, und solche Kikinos*) waren, wie man glaubte, immer die ersten, die von den Feinden gefressen wurden. Der Tonata oder Tabu-Mann legt den Tabu auf (s. Dixon). Zu Zeiten der Theurung wurden gewisse Nahrungsmittel tabuirt,**) um nutzloser Verschwendung vorzubeugen, und jedes Jahr in Neuseeland bestimmte Pflanzungen von Kumara oder süssen Kartoffeln, deren Ertrag unter das Volk vertheilt wurde. In Athen wurde der Ertrag der der Athene heiligen Oelbäume in den Tempelschatz niedergelegt. Die

---

*) Homo sacer is est quem populus judicabit ob maleficium, quivis homo malus et improbus sacer appellari solet. Ratio sic appellandi est, quia Diti patri vel Jovi, vel alii Deo consecratus per populi judicium fuerat. Mos enim erat, ut quos vellent impune occidi, eorum corpora alicui deo, praecipue inferis, devoverent (Festus). Sie waren dann amortisirt. Nach Tornauw sind die Gegenstände, worauf sich die Handlungen und Beschäftigungen der Muhamedaner beziehen, in Rücksicht auf ihre Gesetzlichkeit: gesetzlich und löblich (mubah und helal), rechtmässig (sahih und durust), erlaubt (dschaiz), geduldet (mekruh), verboten (haram), ungültig (batil), nichtig (fasid). In Bezug auf die Ausübung sind sie: unerlässlich (wadschib, lasim, ferz), durch Gott geboten (sunnet, mendub, nafileh), Gott besonders wohlgefällig (sewab).

**) The word taboo is nearly equivalent to the Latin sacer and the Greek anathema, signifying either sacred or accursed, holy or unclean (s. Lang). Ἀνάθημα: donum, quod dicatur et consecratur (donarium). Ornamenta fanorum (inquit Macrobius) sunt clypei, coronae et hujusmodi donaria neque enim donaria dedicantur eo tempore, quo delubra sacrantur. Proprie autem volunt ἀναθήματα dici ea donaria, quae dicata diis, appendebantur parietibus et columnis templi, aut ex lacunaribus suspendebantur (Steph.). Ἀνάθεμα (Ἀναθήματα): Sacri homines, quorum capita diis inferis dicata sunt et devota. Sacer (cui opponitur profanus) ad deos pertinens (consecratus). Gallus Aelius (apud Festum) ait, sacrum esse, quocumque modo, atque instituto civitatis consecratum sit, sive aedis, sive ara, sive signum, sive locus, sive pecunia, sive quid aliud, quod diis dedicatum atque consecratum sit. Quod autem privati suae religionis causa aliquid earum rerum dedicent, id pontifices Romanos non existimare sacrum (Forcell). Interdum sacer est detestabilis (execrandus). Κορβανᾶς: apud Judaeos sacer thesaurus (Suidas).

schwerste Sünde besteht in Jagannath darin, die Mahaprasad, (die von Maha Lukshmi selbst bereitete Speise der Gottheit) ohne die gehörige Andacht zu essen (s. Sterling). Die Pilger nach Hinglay dürfen (nach Passiren Shah-bandar's) weder baden noch waschen, lassen bei Lakerya cota einen Stock für Ramachandra (als Kalki) zurück und müssen den heiligen Grund von Haur im vollen Lauf durcheilen, ohne zu spucken oder sonst zu evacuiren (wie auch den Pilgern in Mekka Beobachtung solcher Vorschriften aufliegt).

Unwillkürliches Zucken des ganzen Kopfes zeigt an, dass Reichthum erlangt und jeder Wunsch Erfüllung finden wird. Wenn es in der rechten Seite zuckt, wird Besitz erworben, in der Linken Krankheit. Zucken des rechten Augenbrauen deutet auf Segnungen, des linken auf Vergnügungen, des rechten Augenlides auf Gelderwerb, des linken auf Ankunft Fremder, (nach dem malayischen Buche Grapirasat). Sollte Jemand in der Nacht des Dienstags von einem Gegenstande träumen, dessen Namen mit dem Buchstaben Alif beginnt, so ist es ein Zeichen des Sieges in diesem Leben und in dem zukünftigen. Der Anfangsbuchstabe Ba deutet auf Schwierigkeiten, Tau auf Schande, Sa auf segensreichen Gewinn (nach dem malayischen Buche Tabir mimpi).

Wenn ein Jüngling eine Jungfrau heirathet, wird ihnen zur Reinigung eine Locke abgeschnitten, die für jenen Toegelkoetjir, für diese Toegelkoentjoeng heisst (Winter). Unfruchtbare Frauen pflegen auf der alten Kanone zu reiten, die vor dem Thore Batavias liegt. Da die Schwangere im siebenten Monate den Angriffen eines Teufels ausgesetzt ist, so wird sie dann von ihren Verwandten bewacht und darf nur wenig schlafen. Man wäscht sie darauf vor den schönen Bildern Pandjie's und Tjondro Kirono's, und dann, nach Anlegung des Schmuckes, muss sie sieben Mal ihre Kleider wechseln. In Japan sind die Listen der glücklichen und unglücklichen Tage durch Seimei, Sohn des Abino Jassima, berechnet, Gemahl des verwandelten Fuchses, den er in Inari's Tempel vor den Jägern rettete.

Die sechs Wochengötter sind in Bali (von Sonntag an): Indra, Oema, Brahmo, Wynoe, Goeroe, Sri Jama (Indra, Pretiwi, Wisjnoe, Brahma, Goeroe, Oema, Doerga), die sieben Boetas sind: Hulu-asu, Kopf eines Hundes, Hulu-kbo, eines Büffels. Hulu-koeda, eines Pferdes, Hulu-lembo, einer Kuh, Hulu-Singha, eines Löwen, Hulu-gadja, eines Elephanten, und Hulu-gagak einer Krähe, daher die Leidenschaften des Menschen und der Thiere seiner niederen Neigungen. Indem die Balinesen die polynesiche Woche von fünf Tagen (pahing, puon, wage, kaliwon, manis) mit der indischen Woche von sieben Tagen (Rediti oder Aditia, Soma, Anggara, Boedda, Wrehaspati, Soekra, Sanestjara) combiniren, erhalten sie 35 Tage, die, ohne Monate genannt zu werden, sechs Mal im Jahre von 210 wiederkehren. Jede Abtheilung beginnt mit Boeda Kaliwon oder dem Tag, worauf Neujahr fällt. In dem astronomischen Buch, das den Titel Wriga Garga führt, sind die lunaren Monate auf das Sonnenjahr zurückgeführt, von Sawahana oder Saka (78 p. d.) gerechnet. Das Jahr beginnt mit März (den 14.). Wegen der unvollkommenen Berechnung erkennen die Balinesen die Monate besonders aus Naturzeichen, dem Blühen bestimmter Blumen, dem Fluge der weissen Ameisen, dem Aussehen des Meeres u. s. w. Diejenigen Sudra in Bali, die sich von Java herleiten, feiern das neue Jahr (Sugian) sechs Tage vor dem von den Balinesen adoptirten Neujahr (Galungan). Die Mintiras führen ihre Zeitrechnung mit geknoteten Stricken. Der Stundenwechsel des Tages wird von den Binua durch die Neigung eines Stockes bezeichnet. Maya, der Verfasser der Saura-Siddhanta, war in Romaka (Rum oder Roma), im Lande der Mlechha, geboren. Im Planet Venus (lux divina) oder Alilat (*Ζαρητις* oder der Hellglänzende)*) verehrten die Phönizier die Göttermutter (Astoret-naama). Die Heroen, als alte Götter,**) hiessen Ourioi bei

---

*) L'astre Pambya avait présidé à la naissance de Siddharta. Als Balim oder himmlische Heerschaaren begreifen die Syrer die *Ζαγνασμιν* (Sterngeister) oder Himmelswächter. Baliah is the worship of the planetary powers among the Buddhists.

**) The (Air) or Matter is considered by the Chinese to be eternal and it is associated with an eternal ungenerated and therefore self existent First cause, which the Confucianists generally style Le or Fate (M'Clatchie). Nach Choo-tse ist Firmament der in seinen Umwälzungen Alles durchdringende Himmel.

den Chaldäern von Ur (wie Horus), in Varuna mit Uranos correspondirend. Nach den Mandäern gebiert Rucha von ihrem die Seelen verschlingenden Sohne Ur die zum Bösen verleitenden Sterne. Zoroaster wird erklärt im Parsi (Zerdusht) als Goldstern oder im Zend (Zaratoshtra) als der leuchtende Tashter (der hundsköpfige Sirius). Nach Xisuthrus herrschen seine Söhne Zervan, Titan und Japetos (bei Moses Chor.). Nach Rabbi Dan Isaak Barbanel stellten die alten Philosophen das Zeichen des siebenten Monats als das Bild eines alten, zornigen*) Mannes dar, der in seiner rechten Hand eine Wage, in der linken offene Bücher hielt. Bei Daniel ist Athik Jomaia (der Alte der Tage) Weltrichter. Als alles bedeckender Himmel (οὐρανός) ist Varuna oder Asura (ahura-mazda) der allgegenwärtige (vaiçvânara) Richter der menschlichen Handlungen, der Gewaltige (ugra), dessen Wille vaça und Satzung (Dharman) wahrhaftig ist (s. Weber).

Jede der fünf Zeitperioden (lima waktu), worin die Javanen die 24 Stunden des Tages und der Nacht theilen, ist einer der fünf Gottheiten heilig, Sri (Glück gebend), Kala (unglücklich), Wisnu (indifferent), Maheswara (sehr glücklich) und Brama (sehr unglücklich). Die Ausdrücke Pahing, Pon, Wagi, Kaliwan und Manis oder Legi werden auf die Tage der fünftägigen Woche angewandt, die im Lande durchweg gilt und nach der die Märkte angesetzt werden. Die siebentägige Woche besteht aus Diti (Sonntag) oder Rawi (Rowi), Soma (Montag) oder Soma, Anggara (Dienstag) oder Mangala, Budha (Mittwoch) oder Budha, Raspati (Donnerstag) oder Vrihaspati, Sukra (Freitag) oder

---

*) Das sechzehnte Buch in der Sanhita des weissen Yajus, das in seiner späteren Taittiriya-Gestalt als Upanishad Geltung erlangte (und zwar als das Hauptbuch der Siva-Secten), hat die Besänftigung des Rudra zum Gegenstande, vielerlei Arten von Dieben, Räubern, Mördern, Nachtschwärmern, Wegelagerern, als seine Diener unterscheidend (s. Weber), wie auch der Chthonische Hermes wegen seiner Macht über die düsteren Schaaren der Unterwelt verehrt und dann in der späteren Komik der Mythologien zum Gott der Diebe wurde. Der sonst nur in der Legende von den drei Schritten oder nur als Repräsentant des Opfers erwähnte Vishnu heisst in der Brahmanas (des weissen Yajus) çreshtha (glücklich), verliert aber seinen Kopf durch den eifersüchtigen Indra.

Sukra und Sanischara (Sonnabend)*) oder Tumpah (Sani). Die 30 Wuku, deren jeder eine Schutzgottheit vorsteht, zeigen wieder fünf Hauptabtheilungen, von dem jede aus 35 Tagen besteht, zu dem Tage, an welchem Diti und Pabing zusammenfallen, beginnend. Mit dem Ausdrucke Windu ist ein Umlauf oder Cyclus von (8, 12, 20 oder 32) Jahren gemeint. Der achtjährige Windu scheint den Arabern**) entlehnt, wird aber gewöhnlicher als siebenjährig betrachtet, indem jedes Jahr seinen Namen von einem der Thiere entnimmt, den Wochentagen des Beginns entsprechend, Mangkara (Krabbe) am Freitag, Menda (Ziege) am Sonnabend, Klabong (Centiped) am Sonntag, Wichitra

*) Sani (der Langsamgehende) oder Saturn hält, auf dem Raben reitend, das Wasser zurück. Als er die Erde mit Dürre bedrohte, fuhr ihm König Dasaratha auf seinem Luftwagen entgegen und zwang ihn zur Umkehr. Der Engel Chepziel steht bei den Juden dem Planeten Sabbathai (septa oder Sieben) vor. Nach Fant tragen die Priester des affenköpfigen Saturn (mit Sieb und Schlange) blaue Kleider. Gemahlin des Krodo oder Satar (des Saturday) war Siwa (Göttin des Genusses) bei den heidnischen Sachsen. Osiris und Isis, die ältesten Kinder des Saturn, sind die jüngsten der Götter, wodurch sich, wie in Japan, der Uebergang zum Menschengeschlecht vermittelt. Ayappa (Shani or Saturn) is the forest god of the Coorgs, a mighty hunter, to whom earthen forms of dogs, horses and tigers are offered (s. Moegling). Since Ayappa, a Malayalam magician, who was long the dread of the Coorgs, was shot near the Cacheri of Nalknadu, his spirit has possessed men.

**) Die Brahma-Siddhanta (des Brahmagupta) wurden unter dem Khalifen Almansor in's Arabische übertragen (751). Durch Varahamihira (VI. Jahrhdt.) sind die griechischen Namen der Zodiakalbilder und Planeten in Indien eingeführt. Der indische Astronom Aryabhatta (III. Jahrhdt.) schliesst sich an Hipparchos an. Brahmagupta (VII. Jahrhdt.) verwarf die Darstellung des Aryabhatta, dass der Auf- und Untergang der Gestirne durch die Axendrehung der Erde bewirkt werde. Prima animantia, quae Deus creavit ita ut non giguerentur a femella cum mare vir atque taurus fuerunt, ille Cahumarth, hic Abu Dad dictus. Cahumarthis, cujus significatio est animans ratione praeditum mortale, cognomentum fuit Gil Shah, id est rex terrae, atque ex eo genus humanum originem ducit. Frei von Uebeln weilte sie zuerst 3000 Jahre im Mittelpunkt der Himmelshöhe, in Widder, Stier und Zwillinge, dann herabsteigend je 1000 Jahre in Krebs, Löwe und Jungfrau. Während des Aufenthalts in der Wage erschien das Böse, und dann gingen die Gestirne hervor, Jupiter im Krebs, die Sonne im Widder, der Mond im Stier, Saturn in der Wage, Mars im Steinbock, Venus und Mars in den Fischen (s. Hamza). As ist Feuer im Hebräischen.

(Wurm) am Montag, Miutuna (Fisch) am Dienstag, Was (Scorpion) am Mittwoch, Maisaba (Büffel) am Donnerstag. Die Namen des Jahres im Windu des 12. Jahres entsprechen den Zodiaken. Mesa oder Mesarias, beherrscht von Wisnu, als Widder entspricht dem Mesha der Hindu. Mrisra oder Mresaba, beherrscht von Sambo, als Stier, entspricht dem Vrisha der Hindu. Mrituna oder Mrikaga, beherrscht von Indra, als Schmetterling, entspricht dem Mithuna (dem Paare) der Hindu. Kalakata oder Khalakadi, beherrscht von Suria, als Krabbe, entspricht dem Karkata der Hindu. Singha oder Grigreson, beherrscht von Mistri, als Löwe, entspricht dem Sinha der Hindu. Kanya oder Kangerasa, beherrscht von Baruna, als Jungfrau, entspricht dem Kunya der Hindu. Tula oder Tularasi, beherrscht von Sang Mistri, als Wage, entspricht dem Tula der Hindu. Mri-Chika oder Priwiturasi, beherrscht von Wandra Kurisia, als Scorpion, entspricht dem Vrishchica der Hindu. Danu oder Wanok, beherrscht von Purusiah, als Bogen, entspricht dem Danus der Hindu. Makara, beherrscht von Tabada, als Krebs, entspricht dem Makara (See-Ungeheuer) der Hindu. Kuba, beherrscht von Aria, als Wasserkrug, entspricht dem Kumbha der Hindu. Mena, beherrscht von Gana, als Fisch, entspricht dem Mina der Hindu. Saturn (Tou) entspricht der Erde, Jupiter (Mou) dem Holz, Mars (Ho) dem Feuer, Venus (Kin) dem Metall und Mercur (Choni) dem Wasser. Diese Planeten bilden mit Ge (Sonne) und Yue (Mond) die sieben Herrschaften *) (nach den Chinesen).

Die Fürsten Javas leiteten sich durch Parakrisit von Arjuna (nach dem eine Bergspitze benannt ist) ab und verlegten den Krieg der Pandawa im Bhâratajuddha (aus dem Mahabharata)

*) Kinoye est le bois dans son état naturel, comme arbre (le premier élement, qui devient). Kinoto est le bois, quand il est abattu et changé en bois de charpente. Finoye est l'élement du feu dans son état originaire, comme manifesté dans la lumière solaire, les éclairs, les éruptions volcaniques. Finoto est le feu allumé par l'homme. Tsonchinoge est la terre comme travaillée par la main de l'homme. Kanoye est l'élement métallique dans son état naturel de mineral. Kanoto est l'élement métallique fondu et travaillée. Midsonnoge est l'eau telle qu'elle coule des sources et dans les rivières. Midzounoto est l'autre élement aqueux, comme stagnant dans les étangs et les marais.

nach ihrer Insel. Auch die mit dem Islam erhaltene Erzählung von Moses und Pharao (Rajah Premang) ist localisirt*) in der Strasse von Bali, wo Pharao ertrank. Parsa bezeichnet im Persischen einen Frommen im Gegensatz zu Tersa (bei Sadi). Von Perizadeh (einer im Peri-Lande geborenen Schönen oder Fee) les Grecs ont formé celui de Parisates, während die Diw hässlich dargestellt werden. Das Königsgeschlecht in Manipur stammt vom Panduiden Arjuna (als Pârtha), und die alte Hauptstadt Kalingas heisst Parthalis (bei Megasthenes). Unter Parthern sollten (nach Moses von Chorene) die Palhavis oder Balhavis verstanden werden (die Bahlika oder Pehlevi von Balkh oder Bactrien). An der Grenze Manipurs fliesst der Barak mit dem Nebenfluss Madura. Wie die Städte Indraprastha und Mathura nach Kambodia**) und Java, wird India oder Ayudia nach Siam und Ceylon übertragen. Bei dem König des Landes Hiuthis (westlich von Yarkand) fand der chinesische General Hukuiping eine goldene Statue Buddha's (II. Jahrhdt.). Das Vivaha (Ardjuna Vivaha oder Ardjuna's Vermählung)***) war von dem Gelehrten Empu Kanwa unter der Regierung Djaya-baya's (König von Kediri) in Kawi abgefasst. Als das Kawi in Vergessenheit gerathen, übertrug es (im Jahre 1704 der javanischen Era) der

---

*) Nach dem Fasten in der Wüste wurde der Heiland von dem Teufel auf den Berg am Wiesenthal (in der Rhön) geführt, um ihn durch das Geschenk der überblickten Gegend (Jenes ausgenommen) zu verführen (s. Spiess).

**) In Malay the plumeria obtusa, a flower, which is planted near tombstones, is called Kambodia.

***) Nivata Kavatcha, prince des Ditya (géants), qui règne à Ngimahimantaka, a demandé au Batara Hendra (le dieu Indra) la plus jolie des Vidadaries (danseuses celestes) Souprabu, pour en faire sa femme. Hendra l'a lui refusé et Nivata-Kavatcha a declaré la guerre et va venir attaquer Souralaya (séjour des bienheureux). Comme le roi du midi a reçu du Batara Gourou (Siva) le privilége de ne pouvoir être tué ni par un deva (dieu), ni par un Bouta (spectre) ou Roksasa (ogre), mais seulement par la main d'un homme vaillant, qui aura fait une rude pénitence, les dieux effrayés prient Hyang Hendra de chercher Hardjouna (fils de Pandou), qui se mortifie par des rudes austerités pour devenir invulnérable (Léon Rodet). Auch in Mahabalapuram stellt eine Hauptscene die Büssungen Ardjuna's dar, wodurch er aus den Reihen der vernichteten Kschatriya's in die der Brahmanen übertrat.

Susuhunan Pakon Bonvana III. in das neue Javanisch unter dem Titel Serat Vivaha Djarva hinggih serat Mintaraga (die Uebersetzung des Vivaha oder das Buch des Bussers). Die Gorakshanath folgenden Janggams singen auf ihrem Bettelgange von der Hochzeit Siwa's mit Paravati. Nach Abu-Zeid eroberte der König der Insel Zabaj das Königreich Kumar (Khomerat oder Khmr*) oder Kamarupa (Komara) und setzte den Minister zum König ein. Der Name *Κομαρια* für Cap Comorin (bei Ptol.) ist (nach Wilson) das sanscritische Kumari Jungfrau), als Gattin Siwa's. De Barros nennt neben Kambodscha das Königreich Komo an der Seeküste. Nach den Chinesen war Kamulinpe oder Kamrup im östlichen Thianshan (Indien) zwischen Ploo, Saumav, Yavan und Couvach getheilt (632 p. d.). Beim Tode eines Königs von Kumar (in Indien) wurde ein anderer aus China gewählt (nach Al Kazwini) 1263 p. d. Als der Dharma-Rajah (Lam-Lapto) aus dem nördlichen Lande Senjo über Lhassa nach Punakha in Bhutan kam, verschwand der Koch-Rajah unter der Erde, mit seinem Volke (ausser dem bekehrten Rest der Thep) und wurde für einen Minister nach Lhassa geschickt (Scott). Unter den Nachfolgern des Lokapala, der 760 p. d. die Pala-**)Dynastie in Kamarupa (Vorder-Assam) gegründet, verbreitete Dharmapala den Siwa-Dienst. Die auf die Pala (960 p. d. folgende Dynastie der Brahmaputrija wurde durch eine vom Mondgeschlecht abgeleitete Familie verdrängt, in welcher König Vanamala sich den Freund des Flusses Lauhitja oder Brahmaputra nannte. Fa-Hian erwähnt Assam als eines brahmanischen Landes (399—414). Fremden war Assam verschlossen. König Bhaskaravarma, der, obwohl die Dewa verehrend, weise Sramana schützte, lud Hiuenthsang zu sich ein, dem indess Siladitja die Reise verbot. Ptolemäos kennt den

---

*) A list of words given by Dr. Morton of the Mon or Tallen shows coincidences with Kamboja words from the Mekhong-river (Müller).

**) At the death of Jayananda (successor of Bhoja) the kingdom of India was transferred from the Paramanhas to Chandra-Pala of the Tomara-tribe (918 p. d.), followed (1001 p. d.) by Mahendra Pala, whose brother (Raya-Sena) built Delhi (1050 p. d.). Jaya-Chandra, king of Kanoje (in the Rahtore tribe), who destroyed the direct lines of Pala-kings, was overthrown by the Mahomedans.

Königssitz Trilinga oder Triglyphon jenseits des Ganges, und Müller findet darin die Ganges-Insel Modagalinga (bei Plinius) von modai (drei in Telugu). Khallie gründete (80 p. d.) die Pong-Dynastie der Shan in Mogaung, wo (77 p. d.) Sukampha geherrscht haben soll, dessen Bruder (Samlongpha) Assam*) eroberte. Von Cumar blieb Comara (Jüngling) als Titel stereotyp, wie Sakha (Lakha oder Freund) bei den indo-scythischen Königen. In Indien heissen die Könige (nach erblichen Titeln) Belhara, Tabet, Doumi, Camerun (bemerkt Edrisi), aber die Könige von Ghana und Kaongha nannten sich nach ihren Ländern. Khoi folgt 174 p. d. auf Pakunghba in Manipur (früher von den Chinesen für Seide besucht). Dort wird Lai, bei den Kukis: Puthen, bei den Nagas: Semo verehrt, unter den in zwölf Stämme oder Gaum getheilten Singpho die Wolkengottheit (Megh-deota oder Ningschis). Südlich von Manipur lebten den Brahmanen einbeinige Menschen und weiterhin andere Ungethüme. Nach den Apingi haben die Sapadi im Innern gespaltene Hufe, wie Rothwild (du Chaillu). Auf Khan Myang Paku, König von Laos, folgt 1048 Phra-Keoh, der von den Birmanen vertrieben wurde. Tha Uthong, König von Siam, kam von Myang Fan (Laos) oder Kusinarai. Vijayanarayan, dessen Vorfahren aus Kamrup gekommen, wurde (nach der Eroberung von Vijayapur) von den Kiraten gestürzt, indem ein Sannyassi, dessen Hütte (für eine am Pilgerplatze Varahachhatra oder der Eber Avataras Vishnu's zugefügte Beleidigung) verbrannt war, den Häuptling von Makwanpur zum Kriege reizte. Die von Bhim Sen hergeleiteten Dosado in Behar verehren Rahu**) als Stammgott. Unter den Rajahs von Kumaon***) herrschten die Brahmanen als Astro-

*) The most ancient form of tenure, by which land was held in Assam was under a grant from the prince, addressed to a body of proprietors, who were erected into a corporation called Raj and who possessed the land on terms, by which they were bound each for the other and for the whole estate (Fisher). Die Khettries waren von der Landvertheilung genannt. Kshatra oder Xerxes ist König.

**) The Chandalas pretend to be descended from Rahu and worship that monstre (Buchanan).

***) All the original and impure tribes of Kumaon have been either destroyed

logen. Die Rajputen, mit Ausnahme der Nachkommen Salivahana's,*) pflügen**) (in Almora). Mohiram Chaudhuri Mechpara (aus dem Stamme der Rabha) beanspruchte Abkunft von den vor Parasuram nach Chin geflüchteten Kshatrya (Buchanan). Amba-Karna, Sohn des Chitra-Bahar, hatte langausgezogene Ohren. Die von Chitore durch die Musulman ausgetriebenen Chauhan-Stämme gründeten (1306 p. d.) in den Bergen die Dynastien Karuvirpur und Yamila. Karusha, der Fürst von Kikata, der Hangsa Tirtha mit der Gans, das Emblem Brahma's oder Mahamuni's, baute, behauptete Krishna zu sein, wurde aber von dem wahren Krishna getödtet.

Die Chero oder Sunaka in Kikata oder Magadha leiten sich von der Schlange (dem Könige Patala's) und durch Kasyapa von der Sonne ab, und ihre Fürsten residirten in Buddha Gaya oder Kabar. Unter der Herrschaft der einen Magadhi-Dialekt redenden Kol oder Chero, deren Fürsten (in Behar) Asuren waren (wie Jarasandha), wurde Gotamo geboren (s. Martin). Dem Stamme der Hariho, zu dem der Rajah von Haldivari in Jaonpur (ein Rajpute des Mondgeschlechts) gehörte, erlagen die

---

or converted, except a few Jars and Magars in Barupathi. During the time of the Kumaon Rajas, the principality was wholly under a Brahminical government, chiefly of the astrologer caste, who raised and deposed the chiefs at pleasure. None of these Brahmins are aborigines. The Rajpoots form the most numerous class, but all who are poor, except the descendants of Salwahan, hold the plough. The Sudra tribes of cultivators are Aheers, Jants, Lodi and Chauhan. Near Agra the Jants by the other castes are reckoned the same as Aheer, although being very powerful, they call themselves Rajputs, but in the mountains they are considered Sudras (Hamilton).

*) Having entered Karuvirpur, Rudra (of Kuman) declared, that the competitors were all low fellows, descendants only of Salivahana, while he was a descendant of the illustrious Buddha and therefore seized on the sovereignty (zur Zeit Akbar's).

**) When Parasuraman destroyed the military tribe of India, two of them fled to Viswakarman for protection, who told Parasuram, they were not Kshatris (fencibles), but Khetauris (farmers). On proof being demanded by their handling the plough, these degenerate persons (in order to save their lives) consented to do so. Their descendants have ever since been called Khetauris in Bhagalpoor. Die nach Ceylon kommenden Colonien der Brahmanen waren Weber (nach Joinville).

Cheros. Im Rig gilt Pramagamda, König der Kikata (von Magadha) als feindselig. Yaska spricht von den Kikatas als einer nicht arischen Nation. Nach Vopadewa (in der Bhagavata-Purana) wird im Verlauf des Kaliyuga im Lande der Kikata (von Magadha) Buddha, der Sohn Angana's, entstehen, um die Feinde der Götter zu bethören. Sasanaga, Vater des Kalasanko, gründete die Dynastie von Wethali bei Jynteah (s. Taylor). Nach den Sunukas oder Fürsten des Kol-Stammes regierte Mahananda (Hamilton). In den Vedas bildet die Sarasvati die Grenze zwischen Aryas und Nishadas. Gonerda von Kaschmir, der seinen Verwandten Djarasandha gegen Krishna zu Hülfe zog, wurde besiegt. In der Riksamhita (wie in der buddhistischen Legende) wird ein Asura Krishna erwähnt. Vor Erschlagung des Asura Krishna Keçin (von Atharwa) heisst Krishna (im Epos und Purana) Keçihan oder Keçisudana. Die Cheros zerstörten das Königreich der Sonne von Ayodhya ebensowohl, wie das des Mondes*) in Magadha. Die Siviras oder Suir folgten den Cheros in Gorrukhpur (sie in Kikata besiegend). In Mithila herrschte die Dynastie des von Vaiwaswata stammenden Janaka. Aus Ayodhya vertrieben, verlegte Harishandra seinen Regierungssitz nach Ellora, während sein Sohn (Rohitas) und Enkel Champa in Bengalen gründeten. Unter den Vratinah oder arischen Stämmen, die noch nicht das brahmanische Princip angenommen, unterscheidet Latyayana die Krieger (Yaudha) und Arhat (Lehrer) mit Aunçana oder Schriftkundigen, als Opferpriester in rothen Gewändern, wie sie (nach der Ramayana) die Priester der Raxasa von Lanka trugen (s. Weber). Im Atharva wird Vratya (von selbst rein) als höchstes Wesen genannt. Timur zählt Jitteh unter seine ihm unterworfenen Königreiche (nach Langlès), im Lande der Jetten**) (Uzbeken) oder orientalischen

*) Den Park der orakelnden Bäume bei der Stadt Prasiake (mit den Heiligthümern der Sonne und des Mondes) betretend, musste Alexander sein Schwert (als von Eisen) ablegen.

**) Ballabhipura wurde (V. Jahrhdt.) durch Parther, Geten und Hunnen zerstört. Bukkaraja, König von Vijayanagara (der ausser seinen Nachbarn im Dekkhan die türkische Dynastie der Toghlak, sowie ihre mongolischen Söldner be-

Scythen, die (nach Herodot) jenseits des Imaus und Flusses Jihoun wohnten. Die Macht der Saka (klein Juetchi) wurde (Anfang des III. Jahrhdt.) durch Satakarni (Sammsrijagna oder Sotamiputra) beschränkt. Die bedeutendsten Stämme Tibets (die Ngari, Dzang, H'Lassa, Wei oder U' und Kham) wurden 313 p. d. zuerst vereinigt und hatten im VII. Jahrhdt. ihr Reich auf der einen Seite bis Kaschmir, auf der andern bis zum Yalong ausgedehnt, oft siegreich mit den Chinesen kämpfend, bis

kämpfte), rühmt sich (1370), die Turushka, Kamboja, Ardhra, Gurgara, Konkana, Kalinga, Pandja und Orissa besiegt zu haben. Kampila war eine Stadt im Lande der Pançâls. Im Mahabharata besiegt Pakshasani die Daradas mit den Kambojas und die Dasyus des Nordostens, sowie die Waldbewohner mit den Lohas, die Parama-Kambojas und die nördlichen Rishikas. Vasishtha sucht den König von Sagara von der Vernichtung der Sacas, Yavanas und Kambojas abzuhalten, doch wurden sie aus der brahmanischen Gemeinschaft gestossen und von Kshatryas zu Mletchhas degradirt. Von den nomadischen Stämmen finden sich die Drokpa im mittleren Tibet, die Iglior oder Horpa (einen Dialekt Bhootias sprechend) im Westen, die Sokpa (mit mongolischem Dialekt) im Osten. Sok and Sok-bo is the usual Tibetan name for Mongolian (or nomadic) tribes. Those who live in Northern Tibet and Tangut, say all Mongolians between Tibet and the towns of Little Bucharia, call themselves Sharaigol, and are sometimes called Chor by the Tibetans, Chor being given as a synonyme of Tata (Mongol) in the Chinese-Tibetan dictionary (s. Müller). Die Sak (Thoek am Nauf-Flusse) in Aracan heissen Chatn oder Chanmas bei den Bengalen. Khampa sind Schafhirten im östlichen Tibet. The most ancient sect (in Tibet) is the Nyimapa (wearing red dresses). When Urgyan Rinpoche (an incarnation of the Dhyani Buddha Amitabha or Hodpag-med) was invited to Tibet by Khrisrong De-tsan, he founded a new sect (worshipping this incarnation), with red dresses. Brompton, the pupil of the Bengali Pandit Chovo-Atisha, founded the Rareng monastery and originated the Kahdampa sect (of those, who are content with the observance of the precepts of Kah, without caring for the acquirement of the higher branches of transcendental wisdom) of red dresses. The sect of the Shakyapas also weare red. When Tsongkhapa (an incarnation of Manju Sri or Jamya) became the first abbot (Khanpo) of the monastery in Gahldan († 1419 p. d.), he distinguished his followers by a yellow dress. Gedun Tub-pa (the founder of Tashi-Lhunpo) supplanted the abbots of Gahldan in the estimation of the people and devised the system of perpetual incarnation († 1474). Of his successors, Navang Lozang Gyatsho founded the hierarchy of Dalai Lamas at Lhassa (1640 p. d.) and made himself master of the whole of Thibet. Besides the two great Lama of the yellow sect of Gelukpa (the virtuous), there is the third great Lama in Bhutan, as Dharma Rajah of the Dukpa-sect (in red clothes).

diese im XII. Jahrhdt. die Eroberung Tibets im Osten begannen und unter Dschingiskhan vollendeten. Bei der Ausdehnung der tibetischen Herrschaft*) (VII.–X. Jahrhdt.) bis zum bengalischen Golf, heisst dieser bei den Chinesen die tibetische See. Als der Liehnawi-Fürst Khri Tsampo vor seinen Feinden aus Indien nach Tibet flüchtete, wurde er durch den Debchin Bonbo des Himmels und Yang Bonbo der Erde als König anerkannt (250 a. d.). Die Lichnawis von Vaisali galten als Gegner Sakya's und als Anhänger des Swastika-Glaubens. Nach Ban-Asor (1000 a. d.), den die Yavana vernichteten, folgten (V. Jahrhdt. a. d.) die Cheros in Masar (in Shahabad). Von den eingeborenen Kirata, die als Zwerge der Wälder bezeichnet werden, hiess Durga, als Jagdgöttin, Kirati. Nach der Dulva war Magadha von dem Könige von Champa (in Auga) erobert, bis zur Zeit Bimbasara's. Die Bagratiden, Nachkommen des Juden Schampa Pakarad,

---

*) Hurr Singh Deo Raja of Semroun or Samaran (and Jamoakpoor or Jonakpur) introduced the Newars in Nepaul and expelled the Tibetans, who (as Khath Bhoolyas) went to occupy the mountains near Kuti (1323 p. d.). Potala or Potalaka (gru-hdsin, as boat-receiver or haven) was the residence of Ixwaku and his descendants of the Suryawanso (on the mouth of the Indus). The Shakya-princes (being banished) built Capilawastu on the Bhagirathi-river (in Rohilkund). The residence of the Dalai Lama (built in the XII century) is likewise called Potala, because Chenrezik, the patron of the Tibetans (the spiritual son of Amitabha) is said to have resided at Potala in ancient India and to have visited Tibet from that place (Körösi). Die Dalai-Lama sind Manifestationen des an die Stelle Sakyamuni's nach dessen Tode getretenen Bodhisatva Padmapani (Avalokitesvara) und seines himmlischen Erzeugers Dhyani Buddha Amitabha (s. Schmidt). Der Planet Budha heisst Pancharchis (mit fünffachem Glanze) oder Pancharwi von den fünf Heiligen des Himmels. An die wunderbare Erscheinung buddhistischer Embleme (367 p. d.) anknüpfend, sandte König Srongdsan Gambo (632 p. d.) nach Indien, um das Alphabet für eine tibetische Schrift zu erlangen und dadurch die Verbreitung des Islam zu fördern. Bis dahin hatten die Lehren des Laotse oder Senrabs (obwohl in der Disputation von Sakyamuni besiegt) gegolten, und unter Lang Dharma musste der Buddhismus vor den Yung-drung-pa (den Anhängern des mystischen Kreuzes) weichen, bis er durch Lama Yurru wieder, als Lamismus, eingeführt wurde. The Swastikas held the doctrine of eternal annihilation after death, as Mustegapa or Finitimists. They called themselves Tirthakars or pure doers and the name (Punya or pure) was carried with them to Tibet, where it still survives, as Pon, in the eastern province of Kham.

(dem der Arsacide Valarsaces die Krönungsfunction gegeben), als Pakradouni, bekehrten sich zum Christenthum, auf dem Thron Armeniens. Die Hauptstadt*) Magadhas wurde (610 p. d.) von Pataliputra nach Rajagriha (Behar) verlegt. Die Dynastie der Guptas regierte (IV.—VIII. Jahrhdt.) am Ganges. Nach seinem Besuche bei Shankal, König von Kanjakubja, liess Bahram Gur (426—440 p. d.) indische Musiker nach Persien**) kommen. Nachdem Sakla Dev das Reich getheilt hatte, wurden die drei Sultanate von Bihar, Ranganati und Gauhati errichtet. Die Vasallen des Rajah von Gauhati (in Davang) dehnten die Besitzungen der Koech nach Osten aus. Die Tochter des Gründers Hajo wurde einem Bodo oder Meech-Häuptling vermählt, der ihn in seinen Kriegen gegen die Assamesen (Ahom),***) Bhutanesen und Mohamedaner oder Ploo (Sanmar und Yavan) unter-

*) Die Chinesen erwähnen die Gesandtschaft des indischen Fürsten Yue gnai (König von Kapili) 408 p. d. (kleiner Juetchi) und des Heloumien aus der Familie Kie-lie-tie (641 p. d.). Die ersten Ansiedlungen der Chinesen in Yunan fallen unter die Han (250 a. d. bis 220 p. d.) Der China benachbarte Lao-Stamm heisst Sieng Thong, und dann giebt es die Sieng (Xieng) Sen, Sieng Rai u. s. w. Leyden lässt die Khamen von den Kho (Gueos der Portugiesen) stammen. In Cochinchina stammen viele der Mandarinen von den vor den Tataren dahin geflüchteten Chinesen ab (nach Kirsop). Sing ist der indische Löwentitel, als Repräsentant der Sonne (Singi oder Sonne in der Ho-Sprache), und verbindet sich mit dem Stammesnamen in den Singpho oder (chinesisch) Sinti-pho, so dass Sinti oder Inti sich an das peruanische Ynti (Sonne) schliesst und Inti der Ashantie.

**) Barzujeh, Arzt des Khosru Anurschirvan, brachte aus Kanjakubja das Buch Kalila (und Dimnah oder Karataka und Damanaka), das in das Pehlevi (oder die Huzvaresh-Sprache) übersetzt wurde. Nach Masudi brachte Nushirvan das Original Kahla Dimma's nach Persien, als König Akshewan getödtet war. Die Geschichte der sieben Veziere oder der sieben weisen Meister des Sindbad (Siddhipati oder Sindhupati) wurde (nach Masudi) aus Indien nach Arabien gebracht, ebenso wie die Hesar afsaneh (Alf-Khirafa im Arabischen) oder Tausend und Eine Nacht, wo Shehrasade durch ihre Märchenerzählungen das Loos der jede Nacht getödteten Jungfrauen vermeidet (wie im Nouthuk-Pakaranam). Das Schachspiel wiederholt als Shetreng oder Chaturanga (viergliedriges Heer) die indische Marschanordnung. Nach den Chinesen war die Sprache der Ugor mit der des Hiongnu-Volkes verwandt, und die Namen der Könige werden so angegeben.

***) According to the Ahoms, God, transforming himself created the world, as a spider spins her web (Jenkins). Nach jüdischer Legende wurde David in der Höhle von Adullam durch eine Spinne verdeckt (wie Muhamed).

stützte. Als die Nachfolger Hajo's ihre Verbindung mit den Meech gelöst hatten, führte Visva Singh (der Enkel Hajo's) den Hinduismus*) ein, und der Name des Landes wurde in Bihar, wie der des Volkes in Rajbangsi verändert. Die Lepchas zerfallen in Rong und Khamba, welche letztere unter den Vorfahren des Sikkim-Rajah aus der chinesisch-tibetischen Provinz Kham**) einwanderten. Die von den Lepchas als Chong bezeichneten Limbus verlegen ihre alte Heimath in die tibetische Provinz Chung, südlich von Lhassa. Unter den Abkommen des frommen Jitori oder Dharmapali, Nachfolger des von Vicramaditya besiegten Subhaou, herrschte Ramachandra, dessen durch den Brahmanen Brahmaputra geschwängerte Königin sich nach ihres Vaters Hofe zurückzog, Shashauk oder Arimostha (mit dem Kopfe eines Asi-Fisches) gebärend, der (nach Kriegen mit dem Rajah Pheuua von Phenuagart in Kamrup) seinen von ihm nicht gekannten Vater Ramachandra im Kampfe tödtete und dann nach Badyagarh zurückkehrte. Auf seinen Sohn Goyank folgte Sukrank, nach dessen Tode (da mit ihm die Dhuram-pal-Linie ausgestorben war), das Volk die Herrschaft der zwölf Rajahs ein-

---

*) Having subdued the Kambojas, king Lalitaditya (of Kashmeer) proceeded against Bokhara. Part of the Kafirs in the Hindokush are called Kaumojees (Kambojas).

**) The Chong priests of Assam speak a dialect of the Siamese (s. Low). Ihre alte Gottheit hiess Chung. In der Sprache der Changlo im Thal des Lohita bedeutet Changlo schwarz. The sacred language of the Sootoeah or Chooteyah (who previous to Ahom supremacy held power on the North and South bank of the Burrampooter) contains a great proportion of Sanscrit and Hindee, as well as Birmese words (from the Pali) and the whole language may therefore originally have been of the Pracrit dialects. The Khwam Chooteyah appears to have been the only written language on the arrival of the Thai-Race in Assam (Karr). The Dhehras or common cultivators in the valley of Assam, as well as the Kaccharis and Koechare Tamolians (not of the Arian race). Die den Kamis (Khyl) verwandten Mek (in Measpara) kamen von den Grenzen Bhutans und Nepauls (Fischer). The Khyen are the only tribe of Kamrup, that the Brahmins of Bengal will admit to be pure Sudras. Ptolemäos nennt die Κανδαλοι (Chandala) neben den Phyllitae (Bhills). Nach Kliis gehört das Rajmahali zum Telugu und Tamul (in der dravidischen Familie). Lassen identificirt die Saberae (bei Ptolem.) mit Saur (die alten Savaras).

setzte, die dann den Ahoms*) erlagen. Die Tempel von Pora wurden durch Pora Suthan oder Kalapahar zerstört, einen brahmanischen Apostaten von Kanoj (s. Westmacott). Unter den Thai-Herrschern Assam's wurden Brahminen (1611—1619) eingeführt. Bald nach dem Sturze Mir Jumlah's wurde Assam von den Brahmanen Bengalens bekehrt. Die in Benares als unrein geltenden Siviras rechnen sich selbst zu den Suryabungsis. Die Gorakhnath verehrenden Gorkha oder Siviras, die die Kasi-Rajahs vertrieben, mussten vor den von den Hügeln herabsteigenden Tharu, die sich Kinder der Sonne nannten, flüchten, als der Chinese Hiuentze (mit Hülfe des tibetischen Königs Yetsolongtsan) in Indien eindrang (VII. Jahrhdt.). Die militärischen Brahmanen und der unreine Stamm der Bhars, die an der Vertreibung der Tharus aus Gorukphur Theil hatten, erlagen später den Rajputen. Bis Rajah Phudi Chandra durch Jayadwa (Nachkommen Bhoja's von Dharanagar) vernichtet wurde, herrschten die Siviras (500—990 p. d.) in dem Districte von Benares. Neben Siwa verehren sie besonders seinen Liebling Hanuman. Die alten Sibai wohnten westlicher. Die Rayas von Changapur (meistens von dem Sakawas-Stamme), die die Cheros vertrieben haben, leiten sich von Lakshmi Mal (Vorfahr des Sarivahan Rajah) ab. Die Häuptlinge und ihre Nachkommen unter den Malern, die sich in die drei Pali (Kumarpali, Dangr Pali und Marpali) theilen, heissen Singha oder Löwen (in den Rajmahal-Hügeln). Der König von Abyssinien führt einen springenden Löwen im Wappen (vincit leo de tribu Judah). Wie Sinha oder Löwe ist der Name des Indus tibetisch von singge tsju (Löwenfluss). Bharata. Sohn der von Dushyanta in den Wald verwiesenen Sakuntala, spielte in seiner Kindheit mit Löwen. Verschieden von den Taeen tragen die Digaroo (von den Dibong Meshmih hergeleitet) ihr langes Haar in Knoten (s. Griffith). Unter den Clans der Kukies besteht die Unterscheidung darin, dass die Jangsen die Ohren ausziehen, die Taddue sie durchbohren. Die Stämme der Goldküste unterschei-

*) During the time of the Ahoms, it was necessary for the king on his accession to the throne, to be washed in water, brought from Brahmakund (the place of pilgrimage on the Brahmaputra) and until this ceremony was completed, he was not considered fit, to take upon himself the reins of government (Rowlatt).

den sich nach der Richtung der Einschnitte. Vor Ausbreitung der Ynna-Familie bewohnten die Kumi die Küste Arracans. Unter dem Grabstein der Ohren im Tempel des Dajbod begrub Teiko auf seiner Rückkehr von Yesso die abgeschnittenen Ohren. Die Kha-Phok (Kha-phu im Gegensatz von Singh-phu oder Singh-pho) sind die Ackerbauer der Khamti, die bei ihrer Ansiedlung von dem Mi-li aus, das Land in den Händen der Lama Bhutan) und Kha-phok fanden (XIII. Jahrhdt.), wie Wilcox bemerkt, zu dessen Zeit die Khamti ihre Hauptstadt (Myang Khamti) verloren hatten. Die Barkunas (in Assam) wickeln sich in ihre langen Ohren ein, wie die Oustreretoi (des Nonnus) darauf schlafen. Den Ceylonesen schrieben die Griechen hängende Ohren zu. Wie Smerdis (bei Justin) hiess Zoroaster (nach dem Tarikh Montekheb) wegen seiner abgeschnittenen oder vernagelten Ohren Mikhgusch (Magiusch oder Magier) im Gegensatz zu den langen Ohren der Buddhen. Die von Skylax erwähnten *Σκιάποδες* (schaufelgrosse Ohren habend) entsprechen den Kamapravarana (sich der Ohren als Mäntel bedienend), die von den Indiern in die südliche Weltgegend gesetzt werden. Nach Ktesias konnten sie mit ihren Ohren Arme und Rücken umwickeln. Bei Megasthenes hiessen sie *Ενωτοκοῖται* (die in den Ohren Schlafenden). Der Balbara war König der Maharmi-al-adan oder der am Ohre Durchbohrten. Nach Baegert (XVIII. Jahrhdt.) durchlöcherten die Californier die Ohren der Kinder und suchten sie durch Anziehen bis auf die Schultern zu verlängern. Bei der Essen-Vertheilung erhielt Bhima allein eben so Viel, wie seine vier Brüder zusammen, und bei dem Fest des Rajah Draupada zeichnete er sich durch die grosse Massen*) von Speise aus, die er verzehrte. Nepaul wurde durch Bhim Sen (den Sohn Pandu's) civilisirt, der bei dem Sturze der

*) Who is the amplest feeder and drinks to most excess is the man of greatest virtue among the Kiayns, who esteem merit by animal appetite. Dasselbe bemerkt Pinto von den Tuparoes. Im Il Mashyakhab (das Handbuch der Schecha) wird Ali von den Ansayriern in seiner Charakteristik als grossbäuchig angerufen. Der Japanische Gott Fottei, das Bild der in der Beleibtheit ausgedrückten Glückseligkeit, hat einen so dicken Bauch, dass er über die gekreuzten Beine herabhängt.

Pandu durch Parasu-Rama nach Assam geflüchtet war. Als erster Fürst Nepauls wird Ny Muni genannt. Manju-Nath (als Manjugosha) lehrte den Buddhismus. Von den die Kasteneintheilung in Nepaul einführenden Königen der Burmah-Rasse stammt die Mal-Dynastie. Die Chepang (in Nepaul) verehren Gott als Nyam (Sonne) Ding (Lame oder Mond). Die von den Newars getrennten Bhomas in Nepaul halten nach der Sitte Bhutans ihre Köpfe kahl. Die Magas dienen als Soldaten. Nach Hamilton gehörte die Sookha-Dynastie, die sich von den Rajah von Chittore *) ableitete, zu den Magars. Als während der mohamedanischen Eroberungen (XII. Jahrhdt.) die Brahmanen aus den Ebenen nach Nepaul kamen, wurden die Kha zu Kschatrya erhoben. Nach Baber war Kashmir früher von den Khas **) bewohnt. Die Gorkhas eroberten (1768) Nepaul (unter Prithi Narayan aus Gorkha), als Khas in Choubesya. Nach den Chinesen thronte der König von Ni-pho-lo oder Nepaul (Na-ling-ti-pho genannt) auf einem Löwensitz. Die Jung Neshaun oder Kriegsstandarte in Nepaul oder Deccani Tapu (Süd-Insel zum Himalaya) zeigt auf gelbem Grund den Affengott Hanuman). Nachdem Menjoo-Dev (Munjusri) das Thal Nepals ***) mit seinem Schwert geöffnet und die Wasser durch den Vagmati hatte abfliessen lassen, wurden von den Göttern zur Be-

*) When the mohamedan sovereign of Delhi wished to marry the daughter of the Rajah of Chitore, many of the Rajeputs (Parbattiers or Hindus of the mountains) left their country flying to the hills (XIV century).

**) The Chantau tribe, whose language is almost entirely corrupt Hindi and Urdu, with a few additions from Bengali, affords some more example to the many forthcoming of an uncultivated aboriginal race having abandoned their own tongue. Such relinquishment of the mother tongue has been so general that throughout Hindustan Proper and the Western Himalaya as well as throughout the whole of the vast Sub-Himalayan tract denominated the Tarai, not excluding the contiguous valley of Assam, there are but a few exceptions to this general state of the case, whilst in the Central Himalaya the aboriginal tongues are daily giving way before the Khas language, which, though originally and still traceably Tartaric, has been yet more altered by Arian influences than even the cultivated Dravirian tongues (Newill).

***) The holy land of Nepala desa is inhabited by Bhairawas (male spirits of Maha Deva or Siva) and Bhairavis, female spirits of the Saktis.

stiftigung des Schutzgeistes, der in Schlangengestalt das Land beherrscht hatte, der Teich von Lalitan Patan (in zahllosen Ecken eines Labyrinthes) geschaffen. Durch die Schwerthiebe Aniruddhra's (Sohn Krishna's) wurde Sangkhasur (der Herr Nepals) getödtet. Den Tempel von Sambhanath baute Manedev (Muna Dewa). Von den beiden Inselhügeln gilt der von Swayambhunath (Sambhanath) für den Lieblingssitz des höchsten Wesens, während auf Pasupatinath Siwa mit seiner Gattin*) residirt (als Guhyiswari). Die Garos verehren neben Saljung seine Frau Manim, die Rabhas die weibliche Energie**) Charipak neben Rischi, dann Rischi Sijn mit Moyong bei den Kacchar, Rischi und Jago bei Koech. Die von Ptolemäos in Hinterindien gekannten Kiratas***) setzt das Mahabharata an den Lauhitja. Kirati ist ein alter Name des Ganges. Nach dem Vishnu-Purana wurden die Kiratas (und die Bhargas) im Osten durch Bhima besiegt. Menu nennt die Kiratas unter den ausgestossenen Kshatryas. Die Kiratas in Nepaul ehren die tibetischen Lamas (s. Buchanan), und (nach Prinseps) herrschten die Rajah der Kiratas (640 p. d.) in Nepaul. Der von Kamrup stammende

*) The supreme god of the Dhimals are termed Warang-Berang (the old ones) or father and mother of the gods. They likewise have a wedded pair, Pochima (the river Dhorla) and Timai or Timang (the river Tishta).

**) Nach dem Prakritikhanda (der Brahmavaivarta-Purana) ist Bhairava das höchste Wesen, in zwei Gestalten getheilt, von denen die eine zur Frau (als Prakriti) wurde, die zweite Brahma. Die Prakriti ist Täuschung, ewig, ohne Anfang und Ende. Sie ist die Weltseele in höchster Energie, wie die Flamme im Feuer. Siva entfaltet nach dem Siva-Gnana-Potham seine Thätigkeit unter zwei Formen, einer männlichen und einer weiblichen, welch letztere (Majamala) den Stoff zu allen Körpern liefert, aber in Folge der Karman oder Handlungen sich befleckt und dadurch Ursache der Täuschung und Sünden wird.

***) The name of Kilata (and Akuli), priests of the Asuras, nearly corresponds with that of Kiratas, an aboriginal race (Muir). Der nördlichste Theil Kirradias hiess Chaturgrama oder Vierdorf (s. Lassen). Indaprathal (südlich von den Anlnachal, denen die Stadt Asamara gehörte) ist die Paliform des Namens Indraprasthas, der Hauptstadt der alten Pándava an der Jamuna. As Garruda, the bird of Vishnu is praised as the devourer of Kiratas, Siva's triumph over Tripura is the continual theme of worshippers of Siva (s. Müller). Nachdem er Triberg gebaut, zog sich Kirat, Bruder des Puru, in die Einsiedelei zurück (nach dem Raj Mala oder den Annalen Tripura's).

Vyayanara, der Vyayapur erbaute, wurde von den Kiratas gestürzt. Der Dynastie des Trithi Rajah folgend, erlag Dharmapal den Kiechak oder Kiraten. Virat von Matsya heirathete die Schwester des (unreinen Asuren) Rajah von Kiechak.*) Bhul Singh's Rajputen von Janakpur, die die Dynastie Nyatamuni gestürzt hatten, wurden durch die Kiratas vertrieben und diese durch die Kshatrya Nevesit,**) denen die Newar folgten. Als die Ahiras***) (Kuhhirten) in Nepaul herrschten, fügten sie ihren Sanscrit-Namen Gupta hinzu. Die Aheja leiteten sich von der Schlange (ahi) ab. Die Newars verliessen vor den Rindfleisch essenden Feinden (den Mohamedanern) Gar Samaran und erhielten auf dem Wege nach Nepaul von Kangkali die Erlaubniss, während eines Provisionsmangels Büffel zu tödten. Nach Kirkpatrik zog sich Hari Singha (der letzte König von Gar Samaran) vor Secunder Lodi nach Nepaul (1323 p. d.). Die den Janaka in Mithila folgende Dynastie hatte den Regierungssitz von Tirhut nach Gar Samaran verlegt (jetzt in Mozufferpur). Die Kiratas oder Kichak (zwischen Sikkim und Nepaul) enthielten sich des Rindfleisches (theils buddhistisch, theils brahminisch).

Der Ahnherr des Königs von Assam war auf goldener Leiter vom Himmel†) gestiegen (Pavie). Zu den Vorfahren der

*) The inhabitants of Purnia have confused traditions of the invasions and conquests of the Kirats, Kirauti or Kiechak and mention several princes of Morong, to whom they still offer worship. Die Kiraten leiten die Völkerfamilien von sieben Brüdern ab, als Hindu, Mahomedaner, Hirwang, Kiraten, Kadir, Europäer, Mallare oder Mol. Die Häuptlinge der Kocch leiten sich von den bei ihrer Vertreibung nach Kamrup und China geflüchteten Kshatrya (Montgomery Martin). The two outcast races of Kshatryas, called Chinas and Kiratas, invaded Assam and Morung.

**) They were Tibetians and built the temple of Sambhunath. Many of them took the title of Burma or Varmas. The followers of Buddha are usually called Brahmas by the Hindus, and the word Burma, Burmah or Birmah is probably a corruption of that appellation.

***) Der türkische Stamm der Uirat oder Auirat unter den Mongolen in der Tartarei entsprach den Avaren (Aviri). Die Amdoan, an den tibetischen Grenzen Yunnans, sprechen tibetisch.

†) Den Garos lebt Saljung im Himmel (Rong) mit seiner Frau Manim. Bei

Watje in Guinea liessen sich unter Gesängen Himmelswesen hernieder an einer Kette, kehrten aber, als Streit entstand, wieder zurück (Oldendorp). Die von der chinesischen Grenze nach Assam (wo ihre Sklaven das Feld bauen) vorgedrungenen Sintipho (Singpho) wollen vom Himmel gekommen sein. Den Kukis besteht die Seligkeit der Abgeschiedenen darin, von einem hohen Berge aus die Schönheiten der Natur zu betrachten (s. Barbe). Die Bhor Khamti machen auf göttlichen Ursprung Anspruch, und so die Häupter der Koech oder Rajbongsi, bei denen die Deoshi als Priester fungiren. Die Koech aus Nordosten eroberten (XII. Jahrhdt.) Kamrup (nach den Rangtsa-Traditionen). Als die Ahom sich unter Chu-Kapha, der (nach Taylor) durch eine Reihe von 48 Königen von Indra abgeleitet wurde, festsetzten, besassen die Koech Behar die Herrschaft in Kamrup. Die Kacchar oder Rangtsa,*) von Osten kommend,

---

dem Orungu ist der Gott Makambi machtlos, verglichen mit seiner Frau Abiala, die eine Pistole hält und tödtet, wen sie will (du Chaillu). Die Nagas nennen den Schöpfer Rang Kattnck. Die Rabhas in Kamrup verehren Rishi und seine Frau Charipak im Himmel oder Rong-Korong. The Lepchas are divided into two races, the Rong or Lepcha proper and the Khamba, who came from the chinese province of Kham. The Bhotiah from beyond the snow is called Pote (by the Lepchas) and his country Poteleang, he of Sikkim: Arrat and his country Dinjong and he of Bhootan: Proh-morroh (man of Proh). Im XVI. Jahrhdt. gründete Hajo das Königreich der Koech oder Korach mit Koech Behar als Hauptstadt. Die Panih-Koech essen von keinem Thier ohne vorheriges Opfer (wie die alten Perser). According to the Orang Muka-Kuning the creator of all living things is Allah Taala, living in the sky with Nasba Mohamed (the prophet Mahmud) his wife, who destroys all living things.

*) Above Polyeul or Nepal is Tingri, wie (nach Hodgson) die Sifanesen sagen. The Mek south of the Brahmaputra (resembling the Khyen, called Mike by the Kacharis) had come from the frontiers of Bhotan or Nepaul. Die Murmis wollen von jenseits des Schnees her eingewandert sein. Die vom Berge Mugal saughta bhum stammenden Singpho verwüsteten Assam in ihren Einfällen. Among the Bors and Abors the bachelors live in the Morang or public hall. Die Mishmis leben in langen Häusern (nach Griffith). Nach Cutter gleichen die Miris, die die Sprache der Abor reden, den Karen, die von Kincaid mit den Kakhyen identificirt werden, und von Malte-Brun mit den Karians (bei Marco Polo). Nach Forrest wohnen auf Neu-Guinea mehrere Familien in einem grossen Hause zusammen.

eroberten Kamrup, bis der Rajah der Ha-tsung-tsa-Dynastie durch die Rajahs von Koch Behar (denen Brahmanen auf Kühen voranritten) vertrieben wurde. Nach der Schöpfung bevölkerte Bedo Gosain*) die Erde durch sieben Brüder, die als Stammväter in die Rajmahal-Hügel vom Himmel gesandt wurden. Die Bodo waren lange im Besitz des oberen Assam und nach der Unterwerfung Kamrups erweiterten sie ihre Herrschaft über Assam, Cachar, das Barak-Thal und Tipperah, ungefähr vier Jahrhunderte vor dem Einfall der Ahom (s. Logan). In Cachar sind die Bodo der Hügel tapfer und betriebsam, allein von den Angami verschont. Nach Jenkins wurde die Pal-Dynastie, die den Buddhismus durch Brahminismus ersetzte, von den Koech gestürzt, denen die Ahom in Kamrup folgten. Die in alten Alphabeten der Ahom geschriebenen Bücher sind jetzt nur den Pandit verständlich. Die Abor stammen von den in die Hügel**) Geflüchteten, als Krishna den Rajah Bhishmuk besiegte

*) The Bedoh Gosaih visits the Demanno or Dewang and braids their hair (growing remarkably long), which they must never cut, as they would lose the prophetic power in their dreams.

**) Als Repräsentanten der ersten Einwanderer von der Nordseite des Himalaya lassen sich die Assam-, Kamboja-, Mon- und Lao-Stämme ansehen (sagt Logan). In einer späteren Periode waren sie innig verknüpft mit der folgenden Einwanderung aus Tibet oder den eigentlich tibeto-burmanischen Stämmen. In das Irawaddy-Bassin vordringend, äusserte der Lao-Stamm einen Einfluss auf die nordöstlichen Stämme Assams (Tablung, Muthon, Joboka etc.), einige Jahrhunderte vor der Ahom-Dynastie (Logan). Die Sprache der Binua und Simang in der malayischen Halbinsel bewahrt Reste des südlichen Einflusses der Mon oder Talein (Peguer). Das Auflösen der Doppelconsonanten findet sich, wie bei dem einsilbigen Chinesischen, so bei den polysynthetischen Sprachen Amerikas. Towards the Diko, the Abor tribes are dependent on the Bori. The Bor-Duor and Pani-Duor speack the Nomsang-dialect. The Muthun are divided in three tribes, Bor, Hurn and Kholung (Logan). Auch unter den Nagas finden sich Bori-Nagas. Although partially modified by the first or Abor-Yuma movement of the Tibeto-Burmans, the Kasia (a remnant of the Mon tribes of Bengal and Assam) have been longest connected with the Bodo-Singpho tribes (Logan). The arts of the Kha-Nung (supplying salt and iron dhas) are superior to those of the Khamti and Sing-pho. Hannay beschreibt die Kakhyen als sich durch ihre langen Gesichter und geraden Nasen von den Nachbarn, den Shan, Birmanen und Chinesen, unterscheidend. Die Mon-Fan sind (nach du Halde) tatarische Lamas

(Rowland). Krishna setzte den (Osur) Norok (Sohn Prithibi's oder der Erde) zum Könige von A-sa-ma (unvergleichlich) ein. Sein Siwa verehrender Sohn Bhagadatta wurde durch Arjuna getödtet. Unter den von Plinius neben der Königstadt der Uberae

nördlich vom Likiangtufu. An der Grenze der Kokonor-Tataren oder Mongolen (in Szechuen) leben die Nu-y, an der Grenze der Königreiche Ava und Pegu die Lissu an dem trennenden Hochgebirge. Usbeken und Turkmanen bewohnen die sogdianischen Besitzungen der Ephtha-Liten (neben den Nephta-Liten). La langue Samscroutam, dans laquelle les Brames (descendus des anciens Brachmanes) ont composé leurs livres mystiques, est remplie d'expressions grecques (de la Flotte). Quid sibi volunt in mediis barbarorum regionibus Graecae urbes? quid inter Indos Persasque Macedonicus sermo? (Seneca.) Der hauptsächlich bei den Surasenern (mit den Städten Methora und Kleisobora) verehrte Herkules, der (nach Megasthenes) die Kleidung des thebanischen Herkules getragen, soll (nach den Indiern) aus der Erde geboren sein (Arrian). Die Macedonier hielten die in Felle gekleideten Siben (die ihren Ochsen eine Keule aufbrannten) für Reste aus des Herkules Heere. Arrian unterscheidet die Bewohner von Nysa (am Meros), als Reste aus des Bacchus Heer. In dem nach Herkules' mit dem aus dem Meere gefischten Weiberschmuck beschenkter Tochter genannten Lande Pandaea wurden die Weiber im siebenten Jahre mannbar und starben die Männer im vierzigsten, was Arrian in verkürzter Lebenszeit ein richtiges Verhältniss findet. Nach Megasthenes sind die Indier alle *frei* und keiner ist ein Knecht. Sie sind in sieben Orden getheilt, als Sophisten, die für nichts zu sorgen brauchen, Ackerbauer, Hirten, Handwerker, Krieger mit öffentlicher Besoldung (die im Feldzuge die Bauern ungestört lassen müssen), Aufseher und Rathgeber. Keiner darf in eine andere Kaste übertreten, ausser in die der Sophisten. Die grossen Bogen wurden mit Vorsetzen des linken Fusses gespannt. Den Königen der Kuru und der Madra wird der Titel Virag zugeschrieben. Nach Manu zeugte der zweifach getheilte Brahma mit der weiblichen Hälfte den Virag, Vater des Manu. Die Kurioi leben im Worte *Κύριος*. Die die Länder der Uttara Kuru und Uttara Madra jenseits des Himavat im Norden beherrschenden Gottheiten sind geheiligt (Colebrooke). Kiritin, als Beiname des Arjuna, erinnert an die Tiara (*Κίταρις* oder *Κίδαρις*) der altpersischen Könige. Pandu hat im Sanscrit (als weiss) keine Wurzel, und der Name des aus dem Norden eingewanderten Königsgeschlechts wurde Arjuna (oder Parthier) genannt. Pandu (gelblich weiss) von der Wurzel pand (gehen). Pand in der Bedeutung gelehrt (Pandita) ist eine Prakrit-Bildung aus pat. Krishna kämpft mit den Kalayavanas (die zur Zeit des Dasakumara ein seefahrendes Volk waren) nach dem Turana und dem Mahabharatam. Der Oberherr der Javana, der gegen die Kuru übermüthige Sauvira-König Vipula, den selbst der tapfere Pandu nicht zu unterwerfen vermochte, wurde von dem weisen Prithasohne bezwungen, und Arjuna's Pfeile besiegten den Sauvira-König Sumitra oder Dattamitra. Die weisse Farbe der Pandu wird daher abgeleitet, dass die

genannten Nationen kennt die Aitareya Brahmana die Mutibas und Pulindas, als Nachkommen der verworfenen Söhne Visvamitra's.

Die Nachfolger des das Schlangenopfer bringenden Jana-

Ambalika sich vor dem Vjâsa fürchtete und blass wurde. Von Bhisma erzogen, wird Pandu der erste der Bogenschützen, Dritharashtra an Stärke, Vidura in Gesetzkenntniss. Pandu wurde zur Ehe von der Pritha oder Kunti gewählt, und Bhishma erwarb ihm als zweite Frau die Madri, Schwester des Çalja, der als König über die Madra und Bahlika (Bahika) herrschte. Bei den Madra herrschte die Sitte, die Frauen zu kaufen. Jeder Vasu (der wie Rishi Vasishtha zur Menschenexistenz verfluchte Halbgott) giebt dem Sohne das Achtel seiner Kraft. Die Ganga warf die sieben ersten Söhne in's Wasser, der achte ist Bhishma, eine Verkörperung des Dja, welches Himmel, Aether und Tag bedeutet. Die Tumuli bei Madras bedecken das verschwundene Volk der Pandava oder Pandura. Herkules, Vater der *Πανδαίη*, trug ein Löwenfell und machte seine siebenjährige Tochter mannbar, um mit ihr das königliche Geschlecht des Landes (Pandaia) zu zeugen, wo seitdem die Mädchen den Vorzug besitzen (am südlichen Meere gelegen). Bei den Aleuten bestand früher Polyandrie. Pandu (Sohn der Pandea) vermählte sich mit Kunti. Pânduvançadêva (Gott oder König des Pandugeschlechts) folgt auf Vijaja (Sieg) in Ceylon. Das mächtige Volk der Pandae (bei Megasthenes) im Norden Indiens regierte in Guzerat (s. Lassen). Ab iis gens Pandae, sola Indorum regnata feminis. Unam Herculi sexus ejus genitam ferunt, ob idque gratiorem, praecipuo regno donatam (s. Plinius). Das Volk der Singhae wird von Plinius in Marwar gesetzt. Das Uferland des Hydaspes wird von Ptolemäus das Gebiet der *Πανδαίας* genannt (*πρὸς δὲ τὸν Βιδάσπην ἡ Πανδώου χώρα*). Ultra Sogdianos, oppidum Panda (Plinius). Strabo erwähnt neben *Ἀλεξάνδρεια ἐσχάτη* die Stadt des Koros (*Κύρα*) oder Kuruksetra. Zur Zeit Alexander's bestand ein Reich der Sogdi am Indus (Sogdos oder rein von Fluss). Çâkala im Fünfstromland ist Wohnung der Câka, der Hauptstadt der Bâhika (wie Sinhala Aufenthalt der Löwen). Das siebentheilige Çakadwipa liegt (nach dem Mahabharatam) an der nordwestlichen Grenze Indiens. Bâhika ist allgemeine Benennung der vom Kriege ohne Brahmanen und Könige lebenden Stämme des Panchanada, zu denen auch die Oxydraker und Maller, die Xudraka und Malava der Indier gehörten (s. Lassen). Sagala (Sangala), als Stadt der Pândovi (bei Ptolem.). Die Madra (mit Cakala) werden zu den Bahika gezählt. Quum Orestes post caedem matris Athenas venisset, quo tempore festum Bacchi Lenaei celebrabatur, ne earundem libationum particeps fieret, qui matrem occidisset, Pandio tale quid excogitavit; singulis convivis congium apposuit et ex eo bibere jussit, vinum non miscentes, ne ex eodem cratere Orestes biberet, neve aegre ferret, si ipse solus et separatim ab aliis biberet. Inde Choes (*Χόες*) festum apud Athenienses celebrari coepit (Suidas). *Πάνδια*: festum quoddam Athenis post Bacchanalia celebrari solitum. *Παιανιεῖς καὶ Παιονίδαι*, duo sunt pagi Pandioniae tribus

mejaja, der nach dem am Anfang des Kalijuga (beim Tode Krishna's) regierenden Parixit in Orissa herrschte, hatten mit den Khan genannten Königen der Javanen Krieg zu führen. Dann spricht die Geschiche Orissas von Einfällen der Yavanen,

quos Diodorus vocari ait Paeaniaeam superiorem et Paeaniaeam inferiorem. Μένδης, Aegyptii sic vocant Pana (Πᾶνα), quem vultu caprino fingunt, nam et hircum sua lingua sic appellant et colunt eum ut generationi sacrum, unde et eum ejus abstinent, est enim animal salax. Fuit autem etiam templum Mendesii apud Aegyptios, in quo simulacrum erat, pedibus caprinis et inguine intento. The celestial bull (Har or Niulp) had the title of Thibbi. Kurukshetra im Lande der Brahmarschis, erstreckte sich von der Saraswati bis Vrindavana und Mathura, in dessen Nachbarschaft, nach Kulluka Bhatta (Manu's Commentator) die Surasena lebten. Unter Sura (Vater Vasudeva's) wohnte der Stamm der Yadu (Yadava) in Vrindavana, während Rajah Kansa über die Bhoja herrschte. Manu identificirt Panchala, dessen Prinzessin Draupadi von den Pandavas (in Verkleidung als Brahmanen) erlangt wurde, mit Kanouj. Aus ihrem Exil nach Hastinapura (von Hastin, Sohn des Bharata, gebaut) zogen die Pandava (auf des Maharajahs Rath) nach Khandava-prastha, wo die Stadt Indra-prastha gebaut und der von Nagas bewohnte Khandava-Wald von dem Brahmanen Agni verbrannt wurde, nachdem Krishna und Arjuna den regenbringenden Indra bekämpft hatten. *Βρόμος*, propter crepitum, quem ignis edit (Suidas). Bacchus, als Früchte aus der Erde hervorbringend, hiess *Βρόμιος*, *ἡ βορά* enim fit *βόρειος*. *Βρουμάλια*, Brumalia instituit Romulus, quoniam ipse cum fratre Remo ex meretrice natus et expositus, et a muliere quadam enutritus fuerat. Turpe autem apud Romanos habebatur aliena quadra vivere. Quamobrem unusquisque illorum propinas potum et cibum ad convivia afferebat, ne cui exprobraretur, quod alienis cibis vesceretur; hac igitur de causa Romulus Brumalia excogitavit, dicens, necesse est ut rex Senatum suum aleret tempore hiemis, cum a bellis vacarent, auspicatus a primo ad ultimum. Jussit etiam a Senatu vocari milites, qui abituri tibia vesperi canebant, ut cognoscerent, ubi cibum sumpturi essent. Hoc autem Romulus ideo instituit ut ab ignominia liberaretur, convivium illud vocans Brumalium, quod apud Romanos significat, ex alieno vivere (Suidas). Die Çabara oder Kola sind als Urbewohner an der westlichen Grenze Orissas angesiedelt. Die Tudars werden von den Chola und anderen Stämmen an den Neligherri als die ursprünglichen Herren des Bodens angesehen und die ihnen verwandten Curumbars „show in their misery the condition of a people fallen from a comparative civilization." In der von Vançaçekhara (und seinem Sohne Champaka oder Vançakudamani) in Madhura gegründeten Lehranstalt wurden die Gelehrten Narakira, Bana und Kapila angestellt. Vikramadeva, König von Chola eroberte Pandja, Chola und Kerala oder Malabar mit Karnata (als Chakravartin). Seinem Nachfolger succedirte Harwarma (288 p. d.), der die Residenz nach Dalavanapura oder Talakad am Kaveri verlegte. Unter Arimardana, König von Pandja, wurde der Dienst Buddha's durch

die aus Delhi, Babul oder Persien, Cashmir und Sind, zuletzt aber zur See gekommen und mit den Königen gekämpft, die nach Bhoga, Vikramaditya und Salivahana dort geherrscht.

---

den Siva's ersetzt. Aditjavarman (von Chola) beherrschte die Fürsten von Pandja, Chola und Kera († 560 p. d.). Im Yâjnavalkiyam Kâṇḍam des weissen Yayus (worin Yâjnavalkya am Hofe des Königs Janaka von Videha alle Brâhmaṇa der Kurupançâla zum Schweigen bringt) kommen zuerst die Ausdrücke pâṇḍityam, muni und maunam vor, nach Weber, der die speciell das Feuerritual und die Anlegung der heiligen Feueraltäre behandelnden Kanda auf nordwestlichen Ursprung zurückführt. In den buddhistischen Legenden werden die Pandava, als wildes Bergvolk, in die Zeit Buddha's versetzt, und im Lalitavistara finden sich (bei Foucaux) die fünf Pandu erwähnt. Die mit rückwärts gekehrten Fusssohlen laufenden Abarimon des Imaus, die mit den Thieren lebten, konnten (nach den Griechen) nirgends sonst fortbestehen. In der Weihinschrift von Agnone wird patanai pistiai als dea fida quae patet (pandit) erklärt. Eine solche Gottheit findet sich verschiedentlich in den Indigitamenten, als Patelena (die die Aehre aus der Hülle löst), als Patella, die den geöffneten, und Patellana, die den zu öffnenden Dingen vorsteht. Auch unter den römischen dii certi (bestimmten Persönlichkeiten) erscheint eine Göttin des Oeffnens, die Panda oder (bei Varro) Ceres (unter ländlichen Gottheiten). In ähnlicher Weise findet sich auf Münzen von Hippon (und Terina) eine Göttin *Pandina* (als Panda-Ceres), auch mit Proserpina identificirt (s. Mommsen). Die Gautama-Rajputen, denen die Gautamijas als unedel gelten, leiten sich (in Gorrukpur) von dem durch Brahma geschaffenen Gautama her, der zur Zeit von Rama's Erscheinung eine Prinzessin aus der Mond-Dynastie (Ahalya, Tochter Mudgal's) heirathete. Es war nicht ein Mann, weder Perser noch Meder, noch aus unserem Stamme irgend einer, welcher jenen Gautama (Gomata) oder Gometes, den Magier (Magbush), der Herrschaft verlustig gemacht hätte (nach der Inschrift von Behistun). König Kitolo oder Kitra, unter dem sich die kleinen Jueitshi in Purushapura (südwestlich von Bolor residirend) niederliessen, beherrschte (nach Matuanlin) Baktrien, Kabulistan und einen Theil des westlichen Indien (400 p. d.). Nach den Byzantinikern beherrschten die weissen Hunnen (die kleinen Jueitshi) Kashmir (310 p. d.). Die unter Xabarata ihre Eroberungen bis Guzerat ausdehnenden Saka (kleine Jueitshi) wurden (nach den Kanheri-Inschriften) vom Andhrabhritja-König Satakarni (Gotamiputra) besiegt (221 p. d.). König Miharikula in Takkia (mit Lahore) besiegte die weissen Hunnen (525 p. d.). Die weissen Hunnen, von Khosru Anuschirwan besiegt (531 p. d.), wurden von den Türken (579 p. d.) vernichtet. Nach Matuanlin waren die Stammsitze der kleinen Jueitshi, ehe sie nach Westen zogen, zwischen Si-ping und Kangje. Auf Narendraditja († 381 p. d.) folgten die weissen Hunnen in Kashmir, bis Ranaditja (VI. Jahrhdt. p. d.) die einheimische Herrschaft wieder herstellte. Nach Theophylaktos berichtete der Khan der Türken an König Mauritius († 602 p. d.), dass er die Ephthaliten besiegt. Die Perser oder (auf den heili-

Indra Deva, Sohn des Subhan Deva, wurde (327 p. d.) von ihnen erschlagen, aber Jajati vertrieb (47[illegible] p. d.) die Eindringlinge und gründete die Kesari-Dynastie. Die Chinesen erwähnen

---

Inschriften) Parsa (als Bergbewohner von parwat oder parub, wie die Cephener von Kof oder Berg des Altpersischen im Kuhistan oder Berglande) feierten ihren Sieg über den (im Allgemeinen zu den Turaniern gerechneten, auch durch Siamek von Cajumorth hergeleiteten, aber durch Mardas oder Ulwan, den Nachkommen des Schedod, als Taal näher an Süd-Arabien der Aethioper in Aegypten angeknüpften) Dahak oder (nach dem Lebtarih) Deh-Ak (Pluraab oder Weiss-Pferd), den die Beni-Elohim (des Ostens) oder die in den Pyramiden das Grab des Idris (Hermes) oder Enoch verehrenden Sabier des Seth oder Scheith als Nomade unterstützenden Dadaneh oder Daher, dessen Zwingherrschaft, wie die der Hyksos, um das Jahr 1700 a. d. endete. Der von Minoutjeher, Enkel des (von dem Afriet oder Ifriet wieder von Soliman ben Daoud bezwungenen) Afridun (von Gao oder Khao gekrönt) oder Feridun (als Frawartish in Phraortes zum Phra führend) oder Pharadun (der den auch von fränkisch-germanischen Völkern westlicher Auswanderung nach Celtica bewahrten Titel seiner besiegten Feinde als Pharao-Dun oder Städtekönige, des *Οἶκος μέγας* oder der hohen Pforte von der Wurzel Pir oder Peri bei Brugsch, im Gegensatz zu den Hirtenkönigen angenommen hatte) als Markgraf von Hyrkanien (Kerkan) und Masanderan eingesetzte Sam schickte seinem Oberherrn gefesselte Kerketen (Kirgisen oder Tscherkessen), die (in den von der Oceanide Thia stammenden Cercopen) auch von Herkules aus dem Wege geräumt worden, während sie im attischen Cecrops die ägyptische Station ihrer Wanderungen bewahrt hatten. Nach dem Tarikh Montekheb waren die Pharaone oder Faraönah aus dem Stamme Ad. In Cajomorth liegt der König der Marder oder Meder, und obwohl die Parther oder Perser (als Flüchtlinge der in späterer Auffassung zusammengeworfenen Scythen oder Geten) sich im feindlichen Gegensatz zu denselben gestellt hatten (und den in Astyages oder Ajis-Dahaka, sowie in Dejoces oder Dahaka zum Prototyp des Tyrannen machten), bewahrten sie doch die Erinnerung ihrer ursprünglichen Verwandtschaft in der die ganze Reihe der Könige bis zu den Kaianiden in der Dynastie der Pishdadier zusammenfassenden Tradition. In der für die Griechen historischen Zeit hatte sich ein von der noch späteren Legende der Moslimen wieder in Riesen oder Cal (als der von dem Fels Dharmaul bedeckten Gaja in Behar) verwandeltes Nomadenvolk der persischen Berge (kurdischen oder curischen Ursprungs) des seit Phraortes aufs Neue an den alten Namen der Meder angeschlossenen Reiches bemächtigt und brachten im Osten und Süden durch Verbreitung des unter dem Gründer Belus noch fortgefeierten Cultus den Namen der Pehlewanen zu Ansehen, der sich im Pali der Buddhisten länger erhielt, in den Palaeogoni (bei Megasthenes) auf Ceylon, als bei den in letzter Gestalt aus weiteren Verzweigungen der dualistischen Reform des magischen Feuercultus entsprossenen Brahmanen. Auch bei den Ἰνδοῖς kennt Suidas die [illegible] [illegible] gleich den von Ammianus beschriebenen

Yavana *) in Kamrup (632 p. d.). Arrian beschreibt ein parthisches Königreich von Indus unter Nerbudda, dessen Hauptstadt Minnagara war, μητροπολις της Σκυθιας nach dem Periplus. Kapilavastu (Kiei-pi-lo-fa-su-tu) oder Janpura (die Stadt der Geburt) wurde (durch Feroz Shah) Jonapura **) genannt (nach

Drachenbannern. Nach Ibn Abbas (bei Heitham) rechnet Hamza (s. Gottwaldt) die Aditen (mit dem Propheten Houd oder Heber) sowohl, wie die Amalekiten zu den Iremiten oder Iremiden (Aramael) in Yemen (zur Zeit der Aschganischen Herrschaft), die durch den nabathäischen König Ardaban bekämpft und dann von Ardeshir Babekan unterworfen wurden.

*) Kosmas berichtet, dass sich ein Stamm der Hunnen im VI. Jahrhdt. (unter Gollas) der Städte des oberen Indien bemächtigt (als die am Indus herrschenden Ephthaliten), und der wegen Begünstigung Mazdak's von den Persern vertriebene Covad wurde (501 p. d.) von den Hunnen wieder eingesetzt. Die vom Kanak-Sena (aus der Sonnenrasse in Oude) in Ballabhi (Guzerat) gestiftete Dynastie (144 p. d.) zog sich vor einem Heere Barbaren nach Mewar zurück (524 p. d.). Nach Fazil leiteten sich die Rana-Familien in Mewar von Norshirwan her. Die Parsis pilgerten nach der Stelle, wo Banu, die letzte Tochter Yezdegerd's, verschwunden war (Maaser al Omra). Norshirwan marschirte (nach seinen Feldzügen in Ferghana) durch Mekran nach Sind († 479 p. d.). Rai Siharas II. in der Rai-Dynastie (in Sind) fiel vor König Nimroz oder Khosru Parvis (591—628 p. d.).

) Die Mohamedaner wurden bei ihren Eroberungen in Rajesthan als Mlechhas oder Asuren bezeichnet. Die Yavana, die die Könige von Andra in Warangol stürzten (515 p. d.) regierten bis zur Erhebung der Sanapati-Familie (953). Nach den Yavanen, die den Chola (denen die Regierungen Vicrama's und Salivahana's vorangegangen waren) folgten, herrschten die Könige von Andra in Warangol (XIII. Jahrhdt.). Ezechiel spricht von den Kaufleuten von Javan, die nach Tyrus handeln, und in den Uebersetzungen Daniel's findet sich Javan für Griechenland. In dem Vatican-Manuscript der Septuaginta werden die Namen für Elfenbein, Affen und Pfauen (ibha, kapi, tukeyim) aus dem Hebräischen als behauene und eingegrabene Steine erklärt. The primitive Athenians were called Jones or Jaones from Javan, fourth son of Japhet. The Yons or Youless formed the body guard of Milinda at Sagala at the junction of the rivers Irawi and Chenab. Die Orientalen nennen Alexander Al-Jounani, weil er Griechenland unterworfen habe und selbst ein Grieche gewesen sei, indem sie den Griechen im Allgemeinen den Namen Jounan geben, bis zu ihrer Unterjochung durch die Römer, worauf die Griechen bei ihnen Roum heissen (auch Alexander zuweilen Eskender al Roumi). Die Ptolemäer werden Melek al Jounanim genannt (Herbelot). In den Inschriften von Girnar und Kapurdigiri (wo sich auch Alikasunari oder Alexander findet), wird der Griechenkönig Antiochus (Antiyoka yona radja) erwähnt, sowie auch Ptolemäos (Turamara oder Turamayo), Antigonus (Antikona oder Antakana) und Magas (Mako oder Maga), auch Ptolemäus Philadelphus, Antiochus Theos und seinen Vetter oder Grossvater Jona). Die scytischen Horden der Yuechi, weissen Hunnen, Sakas etc., die während der ersten drei Jahrhunderte der christlichen Zeitrechnung den unteren Indus überschritten, um in Indien einzubrechen, liessen sich zunächst in den fruchtbaren Ebenen Guzerats nieder, schoben aber allmählich ihre Ansiedlungen weiter nördlich vor, bis nach Ajmeer und Gwalior, so dass zur Zeit der mohamedanischen Eroberung Rajputen*) den Thron von Delhi und den Canoujs einnahmen. Südwärts war die ganze Westseite in ihren Händen, bis nach Mysore, das unter den Bellalas eine ihrer Hauptniederlassungen bildete. Dwarasamudra (Hallabeed) wurde (1310) von den Mohamedanern erobert (s. Fergusson). Die Fürsten von Udayapura, der Hauptstadt Mewars, stammten von der byzantinischen Prinzessin Maria, Tochter des Kaisers Mauritzios (583—602), als der Gemahlin eines zum Christenthum bekehrten Enkels des Nurshirwan, der nach Indien flüchtete (Tod). Die Dynastie der Janaka von Mithila residirte in Janakipur.) Tirhut wurde

Magas von Cyrene. Nach Strabo schickte Antiochus Soter den Deimachus als Gesandten an Amitrochades oder Amitraghata, Nachfolger des Sandrakottus (den Megasthenes besuchte).

*) Unter Nayn-Pal oder Camdhoj wurde Agipal von Canouj durch die Rahtoren besiegt, deren Ahnherr (in Marwar) aus Indra's Rückgrat entsprungen war (rahit). When the king of Ghor and Irak crossed the Attok, the lord of Canouj (Sey Sing) to oppose the Yavana beyond the Indus, overcame (according to Chund) the Aethiopic (Habschee) king and the skilful Franck, learned in all arts. Die Seelen werden von dem Schlachtfeld nach Mandala Suryas geführt durch die Apsaras, die ihnen Becher credenzen.

**) Nach der Milindapanno wurden sechs Priesterschulen (das Puran oder Kassapo, Mokkhaligosolo, Nigunto-nathaputko, Sanjago belatti putto, Ajitakesakambali und Pakudhakacchayano) von den Yonakos dem Milinda, Rajah von Sagalanagara (in Jambudwipa) vorgeführt, aber von ihm sämmtlich in Disputationen wiederlegt, bis dann Naga-Sena vom Ketumati-Himmel herabkam. Die (bei den Arabern) Jounan (*Ion*) genannten Griechen heissen (bei den Armeniern) Ouin, wie Griechenland Tunasdan. Den Yavana oder (nach Menu) entarteten Mischlingen der Kriegerkaste waren, obwohl Mlechha oder Barbaren, die astronomischen Wissenschaften (nach Varamahira) besonders eigen (Jawa, als Renner und Boten). Nach den Tibetern sandte Bimbasara von Rajagriha seine natürlichen Söhne nach Rdo-Hjog (Taxashila), damit Hljg-med Schnitzerei und Htsho-byed Anatomie lerne (Csoma).

(1104 p. d.) durch Lakshman, König von Bengalen, erobert. Nach Dibal war von den Nachkommen Kahtan's, die die Thore Merws*) und Chinas beschrieben hatten, Samarkand der Name Chemr beigelegt. Masudi lässt die Bevölkerung Tibets zum grossen Theil aus Himyariten bestehen, mit einigen Nachkommen der Tobba gemischt, bis später die Khakan genannten Könige mächtig wurden. Ninus war auf seinen Kriegszügen von dem arabischen König Ariacus begleitet, dessen Eroberungen sich in den Traditionen Südarabiens erhielten. Nach Saba (Enkel Yarob's, Sohn des Kahtan) oder Abd-Chams regierte Himyar. Auf El Houdhad folgte der erste der Tobba,**) getödtet durch den von einer Schlangentochter geborenen Belkis. Als (nach Salomo) Yemen an die Familie Himyar's (mit Yaçir) zurückfiel, regierte (nach Chamumir) Tobba-el-Akran, dessen Sohn Malkikarib den Orient durchzog. Tobba, Sohn Hassan's, nahm das Judenthum an. Neben den Sabäern setzt Uranius (bei Steph. Byz.) das Volk der *Αβαττηνοι* an die Küste Arabiens (in's Land der Myrrhe und des Weihrauchs). Agatharchides nennt das Idiom der äthiopischen Troglodyten *τῆς Καμάρας λέξις*. Als der Grosskhan der Türken am Irtish ein Bündniss mit dem griechischen Kaiser schloss (563), zogen (unter Bajan) die Awaren, als die Reste der (558 p. d.) von den Türken besiegten Ogoren (die zu den Alanen***) von der Wolga geflüchtet) nach der Donau.

*) Moulu-tschling im Chinesischen, Mairo im Zend (nach Gutschmid). In dem durch Zerstörung der Bewässerungen jetzt verödeten Merw erlaubt der von den Ohas der Turkmanen verehrte Khalife Hasret den anderswo zum Uebertritt zum Islam gezwungenen Juden zu ihrem alten Glauben zurückzukehren.

**) Die Tataren Geugen oder Awaren (Tupa oder Herren der Erde), die sich unter Tu-Hin zwischen Onon und Selenga festsetzten (402 p. d.), waren einerlei Stammes mit den im Norden von Leatong und Corea wohnenden Sienpi. Von den Topassi als Büssern ging der Titel über, wie von den Brahmanen auf die Bahmani-Dynastien. Am Flusse Tapti kennt Ptolemäos die *Κανδαλοι* (Tschandala). Huc porro ad locum, qui vulgo Taposiris (*Ταποσιρις*) diceretur, appulit, sepulchrum Osiridos (nach Pseudo-Kallisthenes). Die Eingeborenen oder Swati heissen unter den Jussufzai als Frohnbauern Fakir, ein sonst einen Heiligen bezeichnender Name, wie Bajah sich gleichfalls in der Bedeutung ändert.

***) Die chinesische Aussprache Alans konnte im Westen Araus (in weiterer Fortsetzung Asana oder As) werden und bei zutretender Dunklung der Vocale

Das Heer Siegebert's (Königs von Austrasien) wurde durch Erscheinung scheusslicher Gespenster von den Awaren besiegt (572). Bajan, Khan der Awaren, unterstützte Alboin gegen die Gepiden (573). Als ein scythischer Bocolabras (Iko-Lama oder Hohepriester) von den Römern angehalten war, begann der Awaren-Krieg (587 p. d.). Nachdem Heinrich von Friaul die Ringfestungen erobert (786 p. d.), bekehrte sich Theudon (Chef der Awaren) zum Christenthum, und (799) vernichteten die Franken das Reich der Awaren. Die Fürsten der Ogoren oder falschen Awaren hiessen War oder Khunni. In den Iberern des Ostens und Westens liegt die phönizische Aussprache des auch auf die Nachkommen Heber's angewandten Namens der Avaren oder Babaren, die in Indien in Ophir (Saphara oder Sofala) überging (dann an die Abhira angeschlossen). Die in dem scythischen König Tanaus (in Danaus oder Armais wiederholt) oder Tanausis (Besieger des ägyptischen Vesovis) an Tanabid oder Anakhid (s. Rawlinson) anknüpfenden Hyksos oder Hakka (Kirgisen unter ihrem Ak oder Aeltesten), die in Aegypten (nach Manetho) eine ähnliche Namenwandlung untergingen, wie die Hiongnu durch kaiserliche Gnade in China, bewahrten den (in Babylon oder Birus, Stadt des Belus oder Pir) accadischen Titel*)

mit Syncope zu Iron (im früheren Anschluss an Unu, und dann die Onsol). Nach den Sagen der Osseten von der Prinzessin Badidja war es früher Sitte, die Kriegsgefangenen zu verbrennen, bis Iron es abschaffte, wie Cyrus bei der Rettung des Krösus. Seitdem (erzählt Nicolaus Damascenus) hielten die Perser das Feuer heilig, das sie nicht länger durch Leichenverbrennungen verunreinigten.

*) Erneuert in Tirhaka oder Tirhak und anderen Namen der kushitischen Könige in Napata, der aus arabischen Beziehungen am oberen Nil erbauten Stadt der Nabaer (des asiatischen und afrikanischen Meru oder Meroë), als Su-Meru im babylonischen Sumiru). Achaemenes oder (auf den Keilinschriften) Hakhamanish war Ahnherr des persischen Königsgeschlechts, durch Xerxes vom Assyrer Perseus hergeleitet. Die übereinstimmende Chronologie (2400 bis 2300 a. d.) führt die nach Choandi's Bekämpfung der Hiongnu (2700 a. d.) als Zoroaster's Meder in Mesopotamien erscheinenden Nomaden, die sich als Gothen unter König Philimer oder Ghilomer in den mäotischen Sümpfen (2500 a. d.) festsetzten, als Hirten oder Philitai (Plünderer) nach Aegypten, wo in griechischen Mythen dann Epaphus oder Apophis (auf Zeus-Poppaeus der unter Idathyrsus siegreichen Scythen zurückführend) erscheint. Der Goldname Nubiens (des mit Seth oder Sutekh, als

des Ersten (At oder Adi) oder Ak der in Iconium, der Stadt des Prometheus und später des Perseus, in Annakos (Nana oder Oannes) oder Noah erhaltene Titel der Anakien, die sich auf

Typhon, zusammengenannten Gottes Noum oder Noub) liegt im Titel des Seth-aapeti-Noub, nach dessen Herrschaft der in Theben nationalisirte Zweig der Eroberer seine Verwandten, die sich nicht zum sesshaften Leben bequemen wollten, aus dem damals nach Aigyptus, dem Eroberer Khemis oder (bei Apollodor) des Melampodenlandes, benannten Delta vertrieb und auch später ihre nach dem Orontes gezogenen Fortwanderer als Khetas (Geten oder Gupten in Kepheneru oder Pereru) oder Djeta, noch zur Zeit der Timuriden bei Samarkand bekämpfte, wodurch die (bei den Orientalen) durch Amalek vermittelte Ansiedlung in Lydien (arischen und tyrrhenischen oder arianischen und türkischen Stammes) eingeleitet wurde mit tuscischem Auszug. Die Midianiten des Propheten Schoaib (Raguel) oder Jethro (Schwiegervater des Moses) blieben als Händler unter den Arabern zurück, ohne zu ihrem Stamme zu gehören. Die neue Rasse Adam's (ursprünglich die der Rothen oder Lebenden), der Beni Asfar, der Kinder des (im Assyrischen) Adumu genannten Edom (Als oder Esau), aus dessen Nachkommenschaft die Idumäer (als Vorfahren des Romulus bei den Orientalen) nach Italien zogen, hat unter den Semiten, die ihre Mythen angenommen, in Jakob (Sohn des Isaak) ihren eigenen Patriarchen bevorzugt. Unter Phaëton wurden die Ligurer zum Eridonus geführt, zum Flusse der Rhodier (Roxl) oder Rotennu (in assyrischer Grenzheimath). Phaetonchem Hebraei vocant Phuth, Aegyptii Pheth, Aramaei Pheriton, Graeci Phaëton (Annius). Die Thutmes (den Sohn des Taauth oder Hermes) bekämpfenden Völker der thiphäischen Nebelländer (Tahennu oder Tahamu) kamen auf liburnischen Schiffen nach Libyen. Der die mythischen Zeiten der Hor-Schesu beendende Menes wurde von einem (Krokodil oder) Flusspferd (dem Symbol des Seth der fremden Reitervölker) fortgeführt, und mit der XI. Dynastie befestigte sich aus den dem Fall des alten Reiches vorangegangenen Wirren eine neue Erobererdynastie. Während in Bornu nach afrikanischer Sitte (wie schon Herodot weiss) keine Namen in Gebrauch sind, führt in Aegypten zuerst Papi (Apap oder Apappus) oder Phiops (VI. Dynastie) die ausländische Sitte ein, einen königlichen Zunamen seiner phonetischen Bezeichnung beizufügen, als Maire-Papi (oder Moeris). Don (Adon oder Adonai) oder Duon (auch in Taunis oder Dun) bedeutet Herr im Assyrischen, wie Assar-Don-Assar (Assar, der Herr Assar's) oder Assarhaddon und in Nebusaradan (s. Brandis). Mare-siri, Vater des Cheta-Siri, mit dem Ramses Miamun einen Vertrag abschliesst, wird erklärt als Herr der Assyrier. Dann würde Osiris auf die Assuren führen. Wie Ra in Brahman liegt, ist Aura-Mazda der grosse Orus. Später feindlich, ist Asura in den Veden Beiwort Brahma's (nach Lassen). San der Pra (Phra oder pi-ra, als Sonne, im Aegyptischen) wird von Rawlinson als Sonnengott in Sandon erklärt, wie sich in Sardanapal der Titel findet (gleich dem Allheit im indochinesischen bezeichnenden Sara). Sar oder San führt weiter auf Zarathustra, als ihm entsprossener

feindlicher Localität in Enakim verwandelte. Wie Nabipulozur auch Anakhauch heisst, so wird Nebukadnezzar als Anakkudirach aufgeführt. Auramazda wird im Huzaresch durch Ann wiedergegeben, und so soll Ann bei den Assyriern einst ein allgemeiner Name für Gott gewesen sein (mit „an" als Determinativzeichen der Götternamen für den Begriff Gott). Ann oder (im Babylonischen) Anna erhält als Göttin die Astarte oder Anata. Die phönizische Nymphe Ἀνωβρέτ wird erklärt, als durch Ann geliebt (s. Rawlinson) und Ἀννήδωτος (bei Berosus) als durch Ann gegeben. Als Dis ist Ann der Gott von Unka (Urikut oder Orech) oder Warka, der babylonischen Gräberstadt. Nana (Asthar der Mendäer, oder (im Syrischen) Nani (Ishtar, als babylonische Venus) heisst Anurah (die Glückliche oder Freudige). Nancia (auf scythischen Münzen) wurde als Venus von den Elymäern verehrt, und unter den Afghanen finden sich Bibi Nani genannte Plätze. Der letzte Perimaul (Sheo Ram) wurde von den Majnins (Jainas) bewogen, sich nach Mekka*) zurückzuziehen, wo Viele ihrer Secte des Handels wegen lebten (s. Day). Als der Cheriman Perimaul der von seinen Tali oder Rathgebern (der Eber-Avatare oder Varahu und der Vogel-Avatare oder Sharabu) gegebenen Vorschrift des Selbstmordes**) nicht nach-

(Ishtar oder Geber vom San), und Sar ist Sal oder Sam im Anschluss an die Salmane. Ἀρχὴν δὲ τούτων πάντων γυναῖκα ἧ ὄνομα Ὀμόρωκα, εἶναι δὲ τοῦτο Χαλδαϊστὶ μὲν Θαλάτθ, Ἑλληνιστὶ δὲ μεθερμηνεύεσθαι θάλασσα, κατὰ δὲ ἰσόψηφον σελήνη (Syncellus). Rawlinson findet Oannes oder (bei Helladius) Ὠη in Hea oder Hoa, dem Gott des Abgrundes (Zub oder Apsu), und den See, der (als Quelle des Wissens) im Schlangenschweif des Kimmah (Kimmut) die Sterne bindet, in Is (Hit) oder (bei Isidor) Ἀεί-πολις verehrt (wie hiya, als Leben und Schlange im Arabischen), als Aeone. In the samaritan Pentateuch the name of Asour or Athor is altered to Astun, und ἄστυ war Bezeichnung Athens κατ' ἐξοχήν.

*) The Jains were formerly numerous in Arabia, but 2500 years ago a persecution took place at Mekka by the king Parswa Bhattaraka, the founder of the Mohamedan faith. Nisa, das (nach Ammian) die trefflichste Pferderasse erzeugte, führt auf Nesd in Arabien.

**) Wer zu Baber's Zeit den König von Bengal zu tödten vermochte und sich an seinen Platz zu setzen, wurde sogleich als König anerkannt. Dans les États du Zamorin (souverain de Calicut) il y avait un jubilé tous les douze ans, quiconque

kam wie Ergamenes in Meroë zur Zeit Ptolemäos II.), wurde er von Kishen Rao bekriegt. Wie der König von Benin von seinen drei Grossen, hing der König der Yebus von den Oddi ab, die ihn beliebig absetzen konnten, aber König Ahaldy von Dahomey tödtete den Gross-Woodoss des heiligen Baumes von Elamina, der sich über ihn stellen wollte. Ist der König seinem Ende nahe durch unheilbares Siechthum, so hat er den Priestern seine Reichthümer zu geben, den Thron seinem Sohne und den Tod zu suchen durch Krieg oder Nahrungsenthaltung (Menu). Die Regierungszeit der toltekischen Könige war auf 52 Jahre gesetzt. Die Secte der Wischnuwedakarer oder Wischnupaddikkarer verehrt Wishnu als Perumal. Im Mujmalut Tawarikh heissen die Med oder Jat (am Indus) Nachkommen des Ham. Als sie von Duryadhana, König von Hastinapura, einen Herrscher baten, sandte derselbe seine Schwester Dassal (Gattin des Jayadratha), die in Askaland (Askaland-usa oder Uchh) residirte. Jayadratha fiel in der Schlacht bei Thanesar, wo die Dynastie des Bharata (Vorfahren des Dhritavashtra) zu Grunde ging. Als die Herrschaft an die Pandawa überging, wurde Sind von Yudhishthira auf Sunjwara (Jayadratha's Sohn) übertragen. Elliot findet in den Madras die Repräsentanten der Med. Mohamed Kasim schloss Frieden mit den Meds*) von

---

réussissait alors à pénétrer jusqu'à la personne du roi et l'assassiner, regnait à sa place. Une tentative de ce genre avait eu lieu en 1695, une autre se produisit il y a peine une demi-siècle, mais sans succès (Jancigny) 1858.

*) The Meds still exist, both to the East and the West of the Indus and those on the coast being unable now to practise piracy after the manner of their ancestors devote themselves to fishing (Elliot). Neben den Mandar und (Mandhor) Mindhor findet sich der Beluchenstamm Moudrani, sowie die alten Städte Mandra und Mandrapat auf Mandrasa und Mundra. The Magi constituted one of the six tribes of Medes, just as the Parsis did in Guzerat, at a later period and on similar occasions (Elliot). Herodotus mentions the Sigynnae, as a colony of the Medes settled beyond the Danube. The Medians are also said to have accompanied the expedition of Hercules. The Sauromatae were Median colonists beyond the Tanais or Don. The Matienoi or Matieni, the Kharimatai and possibly the Mates were Caucasian colonists from Media (Mata or Madia). Elliot legt mit Recht Gewicht auf die von Herodot erwähnten [illegible], aber vor allem sind die accumulirenden Wirkungen eines Jahrhunderte fortdauernden friedlichen Verkehrs

Saraashtra, die als Meeresbeschiffer und Piraten die Leute von Basra bekämpften. Ibn Haukal fand die Mand (Med) zwischen Multan und der See. Ein alter Repräsentant des Stammes liegt in Meri oder Moeris (Maharaja nach Bohlen oder Maurya nach Benfey), dem Könige von Pottala zu Alexander's Zeit. Ibn Haukal stellt die Budhas oder Budhyas in dieselbe Kategorie mit den Mand, und die Budii bildeten einen der sechs Stämme der Medier. Wie Elliot hinzufügt, fanden sich Sindi und Maidi am Euxinus zusammen, wie Sinti und Maidi in Thracien (und Saii oder Sapaei). In Sir (das mit Lar nach Burnes in der Sprache der Beluchen als Nord und Süd erklärt wird) findet Elliot das slavonische Wort, woraus Gatterer und Niebuhr die Sauromaten als nördliche Meder erklären. Nach Manu's Gesetzen müssen die Meda ausserhalb der Stadt von der Jagd leben. Die Sinti oder Saii erstrecken sich bis zu den sapäischen Pässen, den Mauern der Pieren oder Phagrae. Nach Cunningham sind die Meds oder Mands mit den Mandrueni (Medi und Man-

zur See und auf den grossen Handelsstrassen zu brachten. In Amdan (Nagara) den malayischen Annalen, als Mittelpunkt der Civilisation, mag eine ähnliche Umstellung der Consonanten vorgekommen sein, wie im kambodischen Angkor (statt Nakor oder Nagara). Neben den Sinten dehnen sich die Byzacier bis Carthago aus (Strabo). Die Sintan wohnen (nach Barth) im Wadi Sofedzin. In der berberischen Stammesliste finden sich die Sint. Die Ser-Chaneh bilden das Haupt der Hazzareh. The earliest notice of the Meds is by Virgil, who calls the Jhelam Medus Hydaspes. The epithet is explained by the statement of Vibius Sequester, which makes the Hydaspes flow „past the city of Media," the Euthydemia or Sagala (of Ptolemy), above Bukephala. In the Peutingerian Tables, the country on the Hydaspes, below Alexandria Bucefalos, is called Media. Nach Raschiduddin wohnten die Med (Mand) zur Zeit des Mahabharata in Sindh. The Meds are now represented by the Mers of the Aravali Range. Ihr Name wird in Merur oder Bari, in Mera, Mandra und Mandaupur gefunden und in Mandali und Multan. Nach Abu Rihan war Medhukur oder Mandhukur die Hauptstadt von Lohawar (Lahore), als der Tumulus Mirathira im Gugera-District (mit alten Buddha-Bildern). According to Wilford, the Mahrattas (a tribe of Brahman or Khattries) are aknowledged in India to be foreigners from the western parts of Persia. Bei der Geburt des Ardavazt IV., Königs von Armenien (120 p. d.), warfen die Nachkommen des Drachen (die Frauen der Nachkommen des Astyages oder Achtahag) Loose über ihn und erhoben einen Dev an seinen Platz, weshalb sie verfolgt wurden (nach Bardesanes).

dueni) identisch am Mandrus-Fluss, südlich vom Oxus. Nach Masudi kämpften die Mind mit den Bewohnern Mansuras. Bei ihrer Niederlassung im oberen Sindh (30 - 20 a. d) gaben die Med ihren Namen der neuen Hauptstadt Minnagara. Nach dem erythräischen Periplus (100 p. d.), „the ruler of Minnagara were rival Parthians, who were mutually expelling each other." Mard (Mensch), wie Scythen und Sarmaten. Nard (Mensch) kommt vom Stamme Mardo (im Armenischen). Mit den Kuru bewohnen die nördlichen Madra das Land Uttarakuru, das (jenseits des Meru) zwischen Meru und Mandara lag. Am südlichsten von all den Stämmen der Anthropophagen in Serica wohnen (in der Nähe des emodischen und serischen Gebirges) die Ὀττοροκόῤῥαι (nach Ptolemäos). Wie Turan und Iran einen gemeinschaftlichen Stammvater kannten, so Götter und Asuren in Prajapati, aber nur die letzteren bauten Städte. Kunti war die (von Sura, dem Grossvater Krishna's, aus dem Stamme der Yadava, adoptirte) Tochter des in Madura residirenden Khunti-Bhoja, Häuptlings der die Sindhya-Berge (in Malwa) bewohnenden Bhoja oder Dhar Rajas (im westlichen Dahar). Seine zweite Frau, Madri, die sich auf seinem Scheiterhaufen mit ihm verbrannte, kaufte Pandu (der, sein Eigenthum den Brahmanen schenkend, als Einsiedler im Walde lebte, unter der Form eines Hirsches) von ihrem Bruder, dem Rajah von Madra (Bhutan). Auch Madravati, Gemahlin des Parixit, stammte aus dem Land der Madra*)

*) Der nordöstliche Winkel Armeniens ist den Einwohnern die Heimath der Saken oder Scythen des Nordens (der Saracena des Ptolemäos). Nach Moses von Chorene liess Keghano in Armavir seinen Sohn Haruis in der Herrschaft dort zurück und zog an einen See (wie Sevang). Dort wurde ihm ein Sohn geboren, Sisag, ein Mann unermüdet, von hoher Gestalt, schön, beredt, und guter Bogenschütze. Der Vater bestimmte die Grenzen seines Erbes, als Land von Sisinikh (Sisagan der Perser) oder (nach Constantinus Porph.) Syne bei den Griechen. Ein Abkomme des Sisag war Arban, der (gross im Kriege und im Rathe) am Flusse Kur sass. Von ihm gingen aus die Stämme der Udier, der Khartmanier, der Zokler und die Herrschaft der Karkarier. Die Udier sassen längs dem Kur, im alten Othene, das (nach Plinius) der Araxes von Atropatene trennt. Syne ist gleichbedeutend mit Saracene, denn die Saken hiessen in alter Zeit auch Sol, Sei oder Sik. Das Othene der Alten ist das Udi der Armenier, das von dem engeren Udi um Berdaa her den Namen führt. Die Umlande um Berdaa gehören dem

(im Nordwesten). Der Name der von Megasthenes erwähnten *Μαθιανδινοι* kehrt bei der Hauptschule des weissen Yajus in den Madhyandina wieder, auch als südliche zu erklären (nach Weber).

Nach den Traditionen Maduras verlangte der von Guru Bramana Kanda auf ein Blatt geschriebene Brief des Klans Prabu Jaya (Fürst von Nusa Antara) die Unterwerfung des Angrama Wijaya, Königs von Janggala, dessen Sohn Jao Kerta Pati in einer Verkleidung die Prinzessin Dewi Sinawati von

armenischen Bardus an, von dem die Armenier die Parther herleiten (oder scythische Auswanderer nach Justinus). Othene, Uti, Otia, Utia, Udia, Udinia, Budinia (Uttia oder Vittia) ist das Wasserland (s. Wodan oder Waten). Es ist die Heimath der scythischen Wassermänner, der Woden, Othenen oder Oten, die von dort zuerst über den Kur und dann durch die Pforten des Kaukasus nach dem Norden zogen. Ihnen in Mitternacht, weiter am Kur hinauf, liegt (bei Ptolemäos) Sogarena, das armenische Sugark oder Sugarkh. Dies ist das Land der Sagorhb oder der Abkommen Sogs, des Vaters aller Scythen (Görres). Das die Festung Nenll (zwischen Chalah und Ninive) besitzende Volk heisst A-ri-eet auf den ägyptischen Monumenten (Krüger). Tyras, Nachfolger des Ninus, wurde bei den Assyriern zum Gott der Schlachten erhoben, als Ares oder Belus (s. Cramer). Die von Kadmos und Jason gesäeten Drachenzähne vereinigen sich in dem ägyptischen Ursprung bei Theben und Kolchis, und Jasus (Vater der Io) gab (im Anschluss an Jasus, Bruder des als Mehrer des troischen Reiches berühmten Dardanus) Veranlassung zu den anderswo Monumente des Sesostris genannten Jasonien, als Medus, Sohn der Medea (die ihren von Perses vertriebenen Vater Aetes wieder in das Reich einsetzte), viele Völker Mediens bis nach Indien hin bezwang. Yezd oder (bei Istakhri) Ketha (Hauma-Yezd) ist von Guebern bewohnt (unter ihrem Khet-khouda). Nach Rennell war das Königreich der Parther nur das der Perser unter einem andern Namen. Les anciens habitants (du Seistan) se divisent en Dihkans (villageois) et en Keïanides ou haute noblesse (Khanikoff). Le Seistan doit être considéré, sinon comme le berceau de la nation persane, du moins comme le théâtre où se déroula toute la période héroïque. Même bien après cette époque, notamment sous les Arsacides, l'élément national, malgré l'émigration de deux tribus considérables, les Djemchidis et les Zouris, y était encore si puissant, que le mouvement patriotique, qui porta les Sassanides au trône de la Perse, y naquit. Sous la domination arabe, c'est encore dans le Seistan, berceau des Soffarides, que s'organisa la première tentative sérieuse des Persans, pour secouer le joug des Khalifes. Der Arsacide Vagh-Archak hatte das Privilegium, die Könige Armeniens zu krönen, der Familie der Bagratiden ertheilt.

Nusa Antara entführte, aber im Kriege von Klana Prabu Jaya (der die Kleidung eines gemeinen Soldaten angenommen) erschossen wurde. Mit den in Panji verwandelten Pandya*) erhielt die Goldinsel den Namen Madura. Den in den Jungle zurückgezogenen Maharajah besuchend, unterhielten sich die Pandawas mit ihren Verwandten über die auf Kuruxetra gefallenen Freunde (wie die übriggebliebenen Asen nach dem Ragnarökr), als Vyasa ihnen beim nächtlichen Baden im Ganges die pomphaften Erscheinungen aus dem Wasser heraufbeschwört. Dann nach dem Verbrennen des Waldes folgen die ominösen Anzeichen, wie sich in Dawraka schreckbare Phantome an den Hausthüren zeigen und eine schwarzgekleidete Frau mit gelben Zähnen grinsend umhergeht (gleich den den Fall des Tolteken-Reichs einleitenden Portenta), bis der Fluch der verhöhnten Rischi den Untergang des Yadu-Geschlechts herbeiführt, worauf seine Heldenkraft von Arjuna weicht. Nachdem die fünf Brüder das Feuer ihrer häuslichen Opfer in den Ganges geworfen, zogen sie in Indianerweise hintereinander der aufgehenden Sonne entgegen, und zuletzt folgte ihnen ein Hund, wie den Siebenschläfern. Als sich Panji mit der Leiche der Angrere nach Bali eingeschifft, trat der Rajah von Nusa Kanchana (Gold-Insel) unter seiner Persönlichkeit auf (in Goa auf Celebes). Die Einführung des Kris**) auf den östlichen Inseln wird Panji zugeschrieben, von Anderen dem Hindu-Könige Sakutram oder Sa-Putram, der mit

*) Pāṇḍunāga ist ein weisser Elephant und weiss die königliche Farbe, auch der Gelehrten und Panditen oder Bandit. Mit Pente werden die Anreden an den Lehrer eingeleitet. Die Stadt Asterusia auf Panchaia mit ἄδυσα φιλίη (bei Kallimachus) wurde (nach Euhemeros) durch Ammon zerstört. Bandu sind die Alliirten und Bandula uneheliche Kinder. Banduk heisst die von den Brahminen zum Forttreiben der Dämone gebrauchte Trommel. Nachdem er Bendah, Häuptling der Sindhis, besiegt, zieht Iskander nach Nimrus gegen den König von Yemen. Im siamesischen Monosyllabismus wird Bala zu Ban, und Pho Ban (Dorfherr) ist ein König. Im Birmanischen sind Banja (Dörfler) Handwerker. Panji heist in malayischer Romanze Chekel Waning Pati. Wer in Indien einen Elephanten schenkte, durfte (nach Megasthenes) die ihm gefallende Frau geniessen.

**) On the inauguration of Pangeran Trangganu, a Kris, presented to the king, was made by the smith Sura from the iron wand, which was supposed to have wrought miracles in the war against Majapahit.

dem Dolch an seiner Seite geboren sei. Nach der siamesischen Erzählung suchte Raden Montri oder Mao (Sohn des Thaukhu Repan Kasepan) seine im Wirbelwind verlorene Geliebte im Lande des Königs von Daha (Vater der Dutsaba), in Gangalang und Sinyasari (s. Low). Vasudeva wurde früher auf der Insel Madura verehrt. Vishnu in Rama (als Sohn des Dessaraden von Ayudi in Siam), zog nach dem Berge Sitrekoudon, als Büsser*) seine Schüler von der Seelenwanderung unterrichtend; er verbreitete dann seine Religion bis nach Ceylon (Sonnerat). Im Mahabharata wird Kapila dem Bhagavat Vasudeva gleichgesetzt, welcher vermöge seiner Wissenschaft die Welt geschaffen hatte und der von den Lehrbüchern des Joga-Systems als ein in der Versenkung und Beschauung sich Freuender gepriesen wird. Aus Vasudeva (als Pakriti) geht sein Bruder Baladeva (als Sankarshana) hervor. Auf seiner Himmelsreise**) nähert sich Arjuna dem Siddhamârga oder Wege der Siddha, einen Theil der Milchstrasse (Indralôkagam). Nachdem er sich am Berge Lawu***) niedergelassen (301 p. d.) wurde Dasabahu, Sohn

---

*) The Tapyasa (religious austerity) is performed on the Asan Siddha or holy bed of the ascetic durch Ausbrennen. Die Perser unterscheiden das Feuer der Tempel, Spenesbt, des Ormuzd, Berezeseng (Erdfeuer), des Jemshid, Ferobun des Khe-Khosru, Gushab, des Zoroaster, Burzin-Meton (nach Rhode).

**) Le nom de Caer Sidi (enceinte ou la ville Sidi) est donné au zodiaque chez les Cymris. Im Scandinavischen ist Seid madr ein Zauberer, Seid kona eine Hexe. Dans le livre d'Armagh, St. Patrick et ses moines sont pris pour des sidhe par deux jeunes filles.

***) Lawu ist Feuer im Cochinchinesischen, La der Mond im Tibetischen. Die Satapatha-Brahmana warnt die Brahmanen vor der unrichtigen Sprechweise der Asuren, die im Schlachtruf he lavo (he layo) sagten, statt he rayo (arayo), wie die Griechen durch Flüche (ἀραι) den Ares anriefen. Nach Benedictus von Soracte unternahm Karl M. als Pilger einen Kreuzzug nach Jerusalem und Constantinopel. Καμβαίνειν (καταβαίνειν eplach) oder καταβαίνειν ist das Hinabsteigen zum Meer, und neben Kambaya liegt Bombay, das mit günstigem (πομ-παῖος) Winde zu erreichende Emporium (πομπεῖον). Das nördliche Kambuja (Kambujuja) oder Camoj (Kafferistans) bezeichnet Kabul (nach Rawlinson). Enoch predigte zuerst den Krieg gegen die Nachkommen Kabil's oder Kalu's. Nach der Nirukta wird Savati für das Gehen unter den Kambojas gebraucht, das Derivativum Sava (in Büchern) unter den Aryas. Aus dem Spanisch-Portugiesischen hat sich Zapatos in manche Sprache des Ostens verbreitet. Die Besiegung

des Dasavirja (Sohn eines Panditen von Kalinga), zum König erhoben. Die Buddhisten erwähnen ein Volk der Pândava als Feinde der Sakya (Kosala) und der Bewohner von Ujjayini (nach Schiefner). Obwohl andere Namen aus der Sage des Mahabharata (Yudishthira, Hastinapura, Vasudeva, Arjuna, Andhaka Vrishnaya) erwähnt werden, fehlt der des Pându. Pându-Çâkja, Sohn des Amitodhana (väterlichen Onkels des Buddha) flüchtete mit mehreren Mitgliedern der Familie der Çâkja, während der Kriege mit dem Könige Vidudhabha, aus der Heimath. Einige liessen sich im Himalaya nieder, aber Pându-Çâkja ging nach den Ufern der Ganga eine Stadt zu gründen. Da sieben Könige sich um seine schöne Tochter bewarben, sandte er sie zu Schiff nach Lanka, wohin ihre Brüder folgten. Die Pandaron, als die frömmsten Schüler Rutren's, bereiten (an der Coromandelküste) die heiligen Aschen aus Kuhmist (s. de la Flotte). Kuru *) war Enkel des Bharata, dessen Sohn (Hastin) Hastinapura gründete. Amar baute den Tempel Mahamuni mit

---

der Kambojas wird auch von den mittelalterlichen Königen des Dekhan gefeiert. Die Girnar-Inschrift in Guzerat entspricht am meisten dem Pali, die zu Dhauli in Orissa dem Magadhi (l statt r gebrauchend), während die von Kapur-di-Giri bei Peshawar das Sanscrit am meisten bewahrt. Kambyses ist Kabibaja (Sangsprecher). Die Einwohner von Kamkiu (in der Religion des Fo) verehren im siebenten Monat den Geist des Himmels, indem die Gebeine des Himmelssohnes verloren gegangen seien und deshalb unter Wehklagen gesucht werden (im Kiptschak). Die Arimphaer waren ein Volk kahlköpfiger Heiliger von den rhiphäischen Bergen, wie (zu Herodot's Zeit) die Argippäer. *Ῥεφάν* oder Raiphan (bei Amos) entspricht (nach Rawlinson) dem assyrischen Saturn oder Kivan (der Mandäer). Gott Ann oder (im Babylonischen) Anna (Ana) ist in den assyrischen Listen (nach Rawlinson) mit Anata oder Anuta vermählt.

*) Obwohl die Entstehung der Lieder des Rik in die alte Vorzeit zurückgeht, so fällt dagegen die Redaction der Riksanhita erst in die Zeit der ausgebildeten brahmanischen Hierarchie, in die Blüthe der Kosala-Videha und Kuru-Pançâla (s. Weber). Nicht jati (Geschlecht), varna (Farbe), panditya̱m (Gelehrsamkeit) ist es, was den Brahmanen zum Brahmana mache, sondern nur der Brahmavid (Brahmakundige) allein sei Brahmana, lehrt die Aptavajrasuçi (in den Upanishad des Atharvaveda). Unter den Jainas ist der Jati der Vorleser im Tempel, der Brahmane der administrirende Götzenpriester. Die Rykajoth genannten Baumplätze waren (bei den Preussen) den Göttern niederen Ranges geweiht, im Anschluss an Reiche und Edle.

den Bildern der fünf Pandu. In der ersten seiner drei Incarnationen, als Ramen, vernichtet Vishnu (an der Coromandelküste) die tyrannische Rasse der Rajas (s. de la Flotte). Die durch Duryodhana aus Hastinapura vertriebenen Söhne der mit Pandu (Sohn Pandea's) und Vyasa vermählten Kunti erwarben vom Könige von Panchalika seine Tochter Drupadevi. Durch seine Büssungen*) (Tapas) erlangte Arjuna von Param-Eswar (mit dem er in der Gestalt des Königs der Keratas gerungen) den Himmelspfeil. Nach dem Zersprengen der Yadhu-Conföderation auf den Ebenen des Caggar und Suraswati zogen die Pandus (mit Heri und Baldivi) aus ihren Besitzungen an der Yamuna nach Saurashtra, wo Arjuna's Sohn den Thron Indraprasthra's bestieg, als sich Yudisthira aus Indien nach den Schneebergen zurückgezogen. Sie verschwanden gleich dem glänzenden Meteor der kurzen Griechen-Herrschaft, vor der die stolzen Kurus der persischen Khosroes gefallen waren. In der Romanze fiel dieses vorübergehende Eingreifen der Ausländer mit dem folgenden der Sakas zusammen, wodurch sich der Name Yavana fort erhielt.

Dem auf seines Grossvaters Vyasa Rath sich nach dem Himalaya begebenden Arjuna versprach Indra die durch Büssungen zu erlangenden Himmelswaffen, die Sieg über Duryodhana und die Kauravas geben würden, wenn er sich dem Gott Siwa geneigt machen sollte (nach dem Mahabharata). Komm, Yama, zu den Weisen der tausend Gesänge, die die Sonne bewachen, zu den büssenden Rischis, der Busse (Tapas) ergeben (nach dem Rigveda). Recht und Wahrheit entsprangen vom erweckten Tapas, von dort die Nacht, von dort das Meer der Gewässer (nach dem Rigveda). Durch Tapas erwarb Indra den Himmel. Durch Büssungen (Tapas) und die Gunst der Vedas ertheilte Svetasvatara den Menschen vollste Belehrung in der höchsten der vier Klassen, dem höchsten und heiligen Brahma, der durch die Versammlung der Rischis gesucht wird (im Svetasvatara-Upanishad). Durch die Incarnation Vishnu's in ihnen galten die fünf Pan-

*) In der Karlssage zieht sich Reinold, nachdem Bayard, das treue Pferd der Haymonsbrüder, ertränkt ist, in eine Einsiedelei zurück.

davas*) oder Fünf Indras als Einheit (s. Wheeler). Ausser Khunti,**) der vom Bhoja-Rajah adoptirten Tochter Sura's heirathete Pandu die Schwester des Rajah von Madra (Madri). Die Gattin (Gandhari) des Dhritarashtra war eine Tochter des Rajah von Gandhara oder Kandahar. Draupadi***) war Tochter des Rajah von Panchala, von Manu mit Kanouj identificirt. Als Kaushika (Visvamitra) die Alles gewährende Kuh Naudini raubte, rief Vasishtha als seinen Rächer Parârama aus dem Feuer hervor. Zum Berge Catrunjaya pilgernd, wurde König Kandu von Sandrapura, der (von der Kuh Surabhi besiegt und von einem Jaxa gebunden) in der Höhle büsste, durch einen Mahamuni bekehrt. Als die Pandawas in Hatna (Hastinapura) tyrannisch

*) Yudhishthira, der Sohn seines früher regierenden Bruders, wurde anfangs von Dhritarashtra (als Maharajah) zum Yuvarajah ernannt mit Ausschluss seines eigenen Sohnes Duryodhana, wie in Hinterindien stets sich zwischen den Söhnen des ersten und zweiten Königs über die Erbfolge Zwistigkeiten erhoben. Raja Pandu was a mighty warrior and he carried on many wars, conquering many countries, so that in his time the Raj was as great and glorious as it was in the old time of Raja Bharata (Wheeler). The white complexion of Pandu was a blemish (indicative of leprosy). Der weisse Teint der als Eroberer erscheinenden Griechen gab Anlass zu jenen Lepra-Königen, die so vielfach in Vorder- wie in Hinterindien auftreten, und die unter den Händen der Legenden verschiedene Schicksale erfahren, oftmals auch geheilt werden, durchgehends aber eine hervorragende Stellung einnehmen. Auf den Philippinen heissen Albinos (nach Buzeta) hijos del Sol.

**) Koonti (sister of the prince of Mathura, who was father to Heri and Baldiva), married to Pandu, the son of Pandea (the sister of Ambea, who was grandmother of Duryodhana in the Kuru-branch) and Nyasa, conceived by Dharmaraja her son Yudishtra, by Pavana the Bhima, by Indra the Arjun and by Aswini Kumara (the twins of Surya) Nycula and Sydiva. Expelled from Hastinapoura (by Duryodhana) Arjuna gained the hand of Drupdevi, daughter of the king of Panchalica. Bei den Medern liebten es die Weiber, mehrere Männer zu haben, wenigstens fünf (nach Strabo). Die Panjkorah (fünf Häuser) sind von den fünf Stämmen der Mallai (unter den afghanischen Yusufzai) genannt. Kabul (Kabur oder Kabiya) ist (nach Rawlinson) das nördliche Kamboja (Kamo) in Cafferistan. The Georgians name the heroes of romance Kapu. Kabubija (Cambyses) ist (im Zend) Karaus (Kaus oder Kabus).

***) The custom of polyandrya was sanctioned by Kandian law, although opposed to Buddhism. Zu Polybius' Zeit geschah es oft, dass drei oder vier Brüder in Sparta eine Frau heiratheten.

einem Brahmanen seine Kuh*) wegführten, empörte sich dessen Sohn Brahmin und degradirte (nach dem Tode Kuyahurat's) die Besiegten zu Handwerker, so dass ihnen Niemand Töchter in Ehe gab. Als er auf die Ermahnungen des heiligen Kasaf oder Kasyapa (zur Sühne des Blutes) Gottesverehrung auf dem Berge eingesezt, wurde die Herrschaft dem Sunagh**) übergeben, dessen Nachkommen Bahman (unter Gustasf von Persien) stürzte, Bahmanabad oder Mansur erbauend (nach dem Mujmalut Tawarikh). Die Theokratie der Brahmanen in Kerala wandte sich für ihren schützenden Kriegsherrn an die Pandhya-Könige in Madura oder an Chera (für die Cherman-Perimaul). Nach Erbauung des Tempels des Mahamuni stellte Amar die Bilder der fünf Pandu-Söhne unter einem Pipal auf (Martin). Rajah Bhoja oder Ghatot Kaccha, der in gigantischer Gestalt auf der Brücke Elloras steht, gilt als natürlicher Bruder der Pandus. Auf die Klagen der Nighanta (Brahmanen) besiegt der Pandu-König von Pataliputra, der (als Verehrer Vishnu's) über ganz Indien herrschte, den Gabavisa, König von Dantapura,***) wegen der Verehrung eines Knochens oder Zahns, der (311 p. d.) nach Ceylon gerettet wurde. Nach Benfey wurde der Buddhismus in Ceylon aus Banga oder Kalinga eingeführt. Im Lande Pandea (auf Hercules' Tochter zurückführend) leben (nach der Alexandersage) nur Mädchen (auf die Sitte hinterindischer Frauenregimenter deutend). Unter Brüdern gelten die Frauen als gemeinsames Eigenthum bei den Koorg, von denen die Kodagas die Göttinnen ihres Hauptflusses, des Amma verehren. In der Chandhogya Upanishad der Sama Veda stehen die Kshatrya vor den Brahmanen, die von Pravahana, Kö-

*) Usubho or Kho Usupharat (of the Siamese) is king of the white cattle of Hemawa (Low). Me-Kho alludes to the cow of plenty.

**) Nach dem Shadguruslshya begannen die fünf Geschlechter der Lehrer mit Saunaka. Die Kuh Kapila's hiess Mâhâ (nicht zu tödten). Weil Thonla, nachdem Indra ihm die verheimlichte Reliquie Buddha's genommen, der Kuh gefolgt, die die Asche aufgeleckt, und ihren Mist bewahrt, ist diese noch den Brahmanen heilig (nach dem Pra Pathom).

***) It is to Kalinga, that the Javanese usually ascribe the origin of their Hinduism (Crawford). Nach de Barros trieben die Kelim von der Küste Coromandel sterndeutende Wahrsagerkünste in Siam.

nig von Panchala, belehrt werden. Kanauj (Madades oder Mittel-Land) war ebenso berühmt für die Herkunft der Pandawas, bemerkt Al-Biruni, als Mahura (Madura oder Mattra) wegen Basdeo's (Krishna's). Der achtzehnte Patriarch Sajasata, der im Lande der Mudra im Penjab geboren war, reiste zu den Jueitchi und bekehrte den Brahmanen Kumarata zum Buddhismus. Beim Untergange des Reichs der Pandu*) stiftete Açvapati (Herr der Pferde) das Reich in Delhi, Narapati (Herr der Fusstruppen) das Reich in Telingana, Chatrapati (Herr der Sonnenschirme) das Reich in Jajapur und Amara, und Jajapati (Herr der Elephanten) das Reich in Orissa. Bandu oder Pandhu-Khan, der vierte König Kashmir's, dessen Mutter im Wasser befruchtet war, verschwand beim Baden in demselben. Die Pandu-Dynastie endete in Kashmir nach 13 Jahrhunderten. Die Barondro Rarhi und Baidik Brahmanen in Bengalen beobachten die Vorschriften reinigender Sühnungen, und steht es ihnen nicht zu, bei ihren Ceremonien das Kusa-Gras (Poa cynosuroides) zu gebrauchen, sondern müssen sie statt dessen das Kese oder heilige Gras von Kamrup gebrauchen, indem die Pandu-Söhne nie so weit vordrangen und das Land deshalb unentweiht geblieben ist. Die Küste Malabars wird (nach St. Croix) von den Brahmanen gemieden, weil die Seelen der dort Sterbenden in Esel transmigriren würden. Bei den Brahmanen Mithila's dient das Prakrit Ravana's,**) als heilige Sprache (nach Hamilton). Nach Spiegel gelangte das Pali von

---

*) When his brothers had compelled the princes of Hindostan to acknowledge him as paramount monarch, Yudhishthira was sprinkled with sacred water by Dhaumya (the family priest) and his ally Krishna. Bahlika, the king of Balkh, guides a golden chariot, Sudakshina, king of the Kambojas, harnesses white horses, Sunita attends to the step, the king of Chedi holds the banner, the king of the South the armour, the king of Magadha the turban. As tribute the people of Kamboja brought cloths (of wool) and skin, presenting horses, camels and mules.

**) Obwohl auf das Drängen der anderen Götter Siwa (während des Krieges gegen Lanka) bereit war, seinen Verehrer Ravan Preis zu geben, widersetzte sich doch Parvati, bis sie durch die Schmeichelreden Rama's besänftigt wurden. The Katadis in the Dekkhan have a tradition to be the descendants of Ravana of Lanka Ravana; the Rakshasa king of Lanka, conquered by Rama in the Dekhan is a god worshipped by Sub-Himalayan tribes, as for instance the Hayus. Der Rajah Ravan liess Mond und Sonne stille stehen, um als seine Thürsteher zu

Ceylon nach dem transgangetischen Indien. Rama, auf den die Kraft Parasurama's, als letzten Repräsentanten der von diesem vertilgten Rasse, übergegangen war, errichtete einen Tempel des Linga *) in Ramisseram, zur Sühne für den Tod so mancher Rakshaka, die zugleich Brahmanen waren und in dem Kriege mit Ravana zu Grunde gingen. Nach Wilford lag Kailasa, der Berg Siwa's, im Süden des Sees von Ravana oder Lanka. Sarandip lag (nach Raschiduddin) am Fusse des Indi-Berges, und nach Tacitus ist der Name der Juden barbarische Entstellung des kretischen Ida. Malayische Traditionen erzählen von Ravana's Angriff auf die Sonne. Ravanas in Lanka und Kumbhakarnas (Khara) waren Wiedergeburten der einst von den Rishis verwünschten Thürsteher Wishnu's (Hiranjakschas und Hiranjakacipis), der jüngeren Brüder des Gottes Kuwera (Wakas oder Kranich), der in der Stadt Alaka oder Wasudhara des Sees Waswankasara am Berge Kailusas (Radschatadris oder Silberberg) mit seinem Gefolge lebt und zu den Paulastjas gehört, den Nachkommen des von Brahma unter den zehn Rishis erschaffenen Paulastjas. Als Durga findet sich Gautami unter den Rakchasi. Der heilige Agastya heisst Kumbha in seiner Beziehung zum Sirius. Rama's Zug gegen Langka befreite die Büsser, deren Haupt Agastya war, von der Furcht vor Ravana (im Dandaka-Walde). In Agastyas, Sohn des Mitra und Varuna, repräsentirt sich, als Demüthiger des Vindhya-Berggeistes, der Vertreter der nach Süden ziehenden Muni, indem er zugleich, als Kumbhajonis an Canopus anknüpft, dessen Irrfahrten (nach Ausschöpfen des Meeres) trockenen Fusses gemacht werden. Zur Zeit Parasurama's fiel Karttavirya (der Yadava-Familie) in Langka ein und nahm Ravana gefangen. Uvala (Bruder des Vatapati) täuschte die Brahmanen durch Sanscrit-Reden. Seit

fungiren. Dem Apollo-Tempel der Hyperboräer war (nach Diodor) der Mond so nahe, dass man Berge und Höhlen darauf entdecken konnte. Here bereitet Zeus die Sorgen einer weiblichen Energie.

*) The Hinduism of Java was the worship of Siwa and Durga of the Linga and Yoni united to Buddhism (Crawfurd). Die phallische Figur des ägyptischen Zeugungsgottes Min erhielt Opfer von Ramses III.

König Andhra Rayadah nahmen die Telugu-Worte Sanscrit-Endungen an. Die Lehren Ravan's von Langka verloren seit Salwahana ihre Anhänger in Mithila, aber sein Prakrit genannter Dialekt (verschieden vom Prakrit *) Bengalens, das der Bascha Mithilas gleicht) wird noch von den Pandits in Tirahut (in Prakrita Manorama und Prakrita Langkeswar) studirt (als Art des Sangskrita). Die Rawani Kahar (in Behar) stammen von Jarasandhra (XI. Jahrhdt.). Nach der Vernichtung Ravana's flüchtete Hanuman zur Busse nach Java. Janaki (Sita) anredend, vermeidet es Hanuman, von dem Sanscrit der Zweimalgeborenen zu reden, damit sie ihn nicht für Ravana halten, und spricht deshalb im gewöhnlichen Sanscrit (nach der Sundara Kanda). Um sich Siwa günstig zu stimmen, hieb Ravana neun **) seiner zehn Köpfe ab und würde auch mit dem letzten geendet haben, wenn nicht der durch diese Hingebung gerührte Mahadeo ihn um seine Wünsche befragte und sich zur Erfüllung derselben verpflichtete. Sie bestanden in Unsterblichkeit, allgemeiner Weltherrschaft, dem Lingam und Parvatti. Alle wurden erlangt, aber es gelang Vishnu, in Verkleidung Parvatti ihrem rechtmässigen

*) The princes of Kol or Chero (once the governing tribe in Bahar) appear to have been Asurs (being of the same family with Jarasandha), they probably used in writing the Hindi-language (a corruption of that introduced from Iran by the first conquerors of India). The Kol language, was one of the original rude languages called (by the grammarians) Magadhi (as also the dialects of the Bhungshar, Musahar, Rajwar etc.). The language of the Bhungshar (like that of the Musahar and Rajwar, as aboriginal tribes of Magadha) resembled that of the mountaineers of Rajmahal. During the government of the Kol tribe, Gautama was born, at whose time (according to the priests of Ceylon) writing was unknown. The inscriptions (near the residences of the Bharadratas, of the Magas and of the Kols) resemble the Devanagari. The writings of Gautama were composed in the original language of Magadha, but the Pali character was that of the aboriginal inhabitants of Matsya or Dinajpur (the Sangarides of the Greek), under whose prevalence the doctrines passed to Ava and Ceylon. The Magadhijargon (spoken by the Khol) is different from the language Prakrita or Magadhi Bhasha (in which the books of the Jain are written), which (a dialect of the Sangscrita) was the Prakrita of Rawana, lord of Langka. The Kol were strangers from the northern part of the peninsula (s. Martin).

**) The linga in Ellora is supported by the nine heads of Ravana, a devout worshipper of Siva.

Gatten, der ihren Verlust bereute, wieder zuzustellen, nachdem sie sich gereinigt hatte. Nach Ashu Gosha war Ravana tief in den Veda bewandert, und diese wurden zu seiner Zeit von den Rakshaka studirt. Ravana enthielt in seinem Nabel einen Theil des Amrita, und dort durchschoss ihn Rama mit seinem tödtlichen Pfeil, der das Unsterblichkeitswasser auslaufen liess. Da Rama wusste, dass die Entführung*) Sita's für die Zerstörung Lankas nöthig sei, so liess er sie im Feuer verschwinden und durch Ravana ein Scheinbild rauben, an dessen Stelle bei der Feuerreinigung am Ende des Krieges wieder die wirkliche Sita trat (im Sinne der Doketen). Nach den Puranas fiel der König der Yadava (in Mahishmati) in Lanka ein und machte Ravana zum Gefangenen. Side, Gattin des Orion,**) der (wie Rama) ein Meeresbeschreiter heisst, wurde von Here, der sie sich an Schönheit gleichgestellt, in den Tartarus geworfen. Der König von Patala (der Unterwelt) Mehravann (der Bruder Ravana's) machte Nachts Rama***) und Lakshman zu Gefangenen und würde

*) Die Asuras führten Krieg, um ihre Königstochter wieder zu gewinnen, die nach dem Himmel Tavatinsa oder Indra's Bhavana entführt war.

**) Durch den Weintrinker Oenopion geblendet, liess sich Orion von Gesellen aus Hephästos' Schmiede auf Lemnos, Sitz der Sintier, nach Morgen führen. Sita ist die Ackerfurche, und die gewöhnliche Erklärung von Orion's Sternbild im Osten ist Pflug. Aus der Unterwelt kehrt die Frucht im atheniensischen Symbol des Granatapfels zurück. Althochdeutsche Glossen nennen den Orion (Friggjarok) pfluoc, in rheinischen Gegenden heisst er auch Rechen (rastrum). Das spätere Mittelalter nennt die drei Mäder (des Orion) Jakobstab (s. Pfahler). Nach Hesiod dämmte Orion das Zwischenmeer Rheginms durch das Vorgebirge von Pelorias ein, einen Tempel des Poseidon bauend. Im Scandinavischen heisst Orion der Spinnrocken der Frigga. Nach Plinius haben alle Menschen ein gewisses Gift gegen die Schlangen in sich, und man sage, dass die von Speichel getroffenen davor, wie vor der Berührung mit heissem Wasser fliehen, und dränge dieser gar in ihren Schlund, so stürben sie, besonders wenn er aus dem Munde eines Nüchternen komme. Parwati drückte Siwa (Blauhals) deshalb die Kehle zusammen. Wie die Psyller in Afrika (nach Agatharchides) heilten (am Hellespont) die Ophiogenen den Schlangenbiss durch ihren Speichel (nach Varro) und die von Kirke stammenden Marser Italiens.

***) Weil sich die Andächtigen erfreuen an dem endlosen, in Wahrheit wonnigen, geistigen Atman, darum wird er als das höchste Brahman mit dem Worte Rama (der Erfreuende) bezeichnet. Nach Friedrich beginnt der Ramayana auf Java

sie ohne Hanuman's Dazwischenkunft geopfert haben. Mit einem Berge unter einem Arm und der Sonne, die Ravana um Mitternacht aufgehen liess, unter dem andern, hüllte Meghnand (Ravana's Feldherr) die Feinde in Flammen, als sein Gegner Hanuman beim Kräutersuchen (um Lakshman wieder zu beleben) abwesend war. Bei der Berathung über Krishna's Gesandtschaft kam Narada mit anderen brahmanischen Weisen, als Rischi, vom Himmel herab nach Hastinapura. Das von Kula Sechara gegründete Madura*) wurde (IX. Jahrhdt.) von Vansa Sechera (dem Stifter des dortigen Colleg) erneuert und von Trimul Naik (1621) wieder hergestellt. Die Citadelle enthielt einen alten Tempel des Kokanâtha. Beim Aufblühen der Chola-Macht nahm Vikrama Chola seine Residenz in Tanjore 827 p. d.). Fürsten von Chola liessen die Grotten der Kailasa in Ellora aushauen (1000 p. d.). Schon im V. Jahrhundert sollen politische Beziehungen mit Kaschmir unterhalten sein. Ari Vari Dewa vollendet den von seinem Grossvater Vira Chola begonnenen Tempel von Chilumbrum (1004 p. d.). Als nach dem Zuge Rama's **) Indier nach dem Süden gelangten, gründete Pandja aus dem Stamme der Velalas oder Ackerbauer das Reich Pandja (dessen

(Bali) mit der Incarnation des Gottes Rama (Vishnu) in der Familie des Königs Dasaratha. Das Ramayana des Valmiki (unter den Lehrern das Taittiriyapraticâkhya genannt) steht an der Spitze der Kavya (oder der zweiten Gruppe der epischen Poesie), welche bestimmten Kavi oder Dichtern zugeschrieben werden, während Itihasa und Purana einer mythischen Persönlichkeit, dem Vyasa (der personificirten Dieskennse) angehören (s. Weber). In den Legenden der Brahmana findet sich der Ursprung der grösseren Itihasa und Purana späterer Zeit. L'homme qui doit être sacrifié pour venger la mort d'un parent, se nomme (en Lampong) Irawan (d'après Stuart). Rawan est en Javanais le nom de la personne sacrifié par un des partis belligérants (les fils de Pandu) avant le commencement du combat (Tunk).

*) Alius utilior portus gentis Neacnidon, qui vocatur Barace ibi regnat Pandion, longe ab emporio mediterraneo distante oppido, quod vocatur Modura (Plinius). *Μόδουρα βασίλειον Πανδίονος* (Ptolemäos). Im Periplus gehört *Nelkynda* dem König Pandion. Auf Ceylons Südspitze lag Mathura. Die Geschichte des Landes Pandja (auf dem nach Osten abfallenden Hochlande des Südens) lässt sich (nach Lassen) weiter zurück verfolgen, als eines andern Staates im Dekkhan.

**) Mit seinem Bruder Bhima (als gleichfalls Sohn des Vayu oder Windes) zusammentreffend, erzählt Hanuman das Ramayana.

König Pandion Gesandte an Augustus schickte). Indess legt die Chronik ihren Herrschern einen älteren Ursprung bei. Schon zur Zeit des Manu Raivata herrschte die Dynastie des Kulasekhara (Kopfschmuck), die mit Atalakirttjhi-Pandja endete. Nach der Fluth stellte Kirttipushana-Pandja, der (unter den Nachkommen des Manu-Vaiwaswata)*) von Agastya gekrönt war, Madhura wieder her. Die Einführung des Siwadienstes**) fällt unter Kuna-Pandja oder Sundara (X. Jahrhdt. p. d.). Aber schon bei der ersten Gründung Madhuras durch Kulasekhara (Sohn des Sampanna-Pandja) waren verfallene Tempel des Siwa als Kokonajaka***) und der Durga als Minaxi Amman (Parvati †) oder die Berggöttin). Die folgende Königin unternahm einen Kriegszug nach dem Himalaya. Die Pandawa ††) des Maha-

---

*) Nach ihm erscheinen noch sieben weitere Manus bis 14. Die Orientalen sprechen von 40 oder 72 Soliman (Munis im Suryawanso). Der Div Argenk hatte (nach dem Thamurath Nameh) den Ring des Patriarchen Jared (Sohn des Malaleel und Vater des Henoch), des fünften Soliman oder allgemeinen Weltbeherrschers (Chakravartti) begehrt.

**) In den Jahren 993—1071 der Era Saka's wurden vom Könige Cholas die Jainas-Tempel zerstört.

***) Ptolemäus kennt die Stadt Kokkonagara im goldenen Chersonesos. Dem alten Buddha Kankuson war das Huhn heilig. Quetzalcoatl heisst Cocnean, Kokusan im mexicanischen Provinzialismus).

†) The sect of Kaprias (in Mhurr) worship Parvati (Kala Puri or Kaya Kuri), who is known (in Cutch) as Asa Pura and Mata. Her temple is endowed with many honours by the Raos of Cutch. The founder of the Kaprias accompanied Ramachandra (after his conquest of Ceylon) on a pilgrimage to Hinglas (in the borders of Makran) and built on the way (in Mhurr) a temple to Asapura with the monstrous image (Lala Jas Raj), which started from the bowels of the earth He appears to be an immense block of uncarved stone, the lower part of which has two uncomely swellings (like the deformed breasts of a women) and from above there grows a huge excrescence (like a leg of mutton). The sect enjoyed the protection of Raja Gada Sankas (the father of Vikramajit), who (as being cast from heaven by his parent Indra) fell on the land of Cutch in the form of a jackass, assuming the government of the country (Morey). Every Kapria must make a pilgrimage to Hinglas (as the holy land). They worship Lala Jas Raj (the founders) in the shape of the Lingan.

††) The Pandava-race is reproached by the gods of Tushita to have brought great confusion into their family descent, by calling Yudhishthira: Dharmaputra, Bhima: Nayaputra, Arjuna: Indraputra and Sahadewa: the Aswinis.

bharata residirten in Madhura an der Jumna. Die Schmiede heissen Pandi (vom indischen panda oder Vorstand), als Kunstfertige, auf Java und (im Malayischen) padei (die Geschickten). Sihabahu, der durch einen Löwen von der entlaufenen Tochter einer Prinzessin von Kalinga (mit dem König von Wango vermählt), abstammte, gründete (mit Sihasiwali vermählt) die Stadt Sihapura (im Lande Lala) und verbannte (wegen Gewaltthätigkeiten) seinen Sohn Wijayo, der sich nach Ceylon begab und Wijayi, Tochter des Königs Panduwo von Madhura, zur Ehe erhielt. Bei seinem Tode folgte, durch eine Gesandschaft (im Mönchsgewande) herbeigeholt, sein Neffe Pandawasadewo, Sohn des mit einer Prinzessin von Madda vermählten Sumitto (Sohn des Sihabahu) in Sihapura, und er vermählte sich mit der herangetriebenen Bhaddakachchana, Tochter des jenseits des Ganges zurückgezogenen Sakya Pandu, Sohn des Sakya-Fürsten Amitodano (Onkel des Buddho). Madura (sltsa) wird auf das Volk der Mattra bezogen. Auf der Stelle, wo Skanda *) der indische Kriegsgott) gegen die Asuren zu Felde lag, ist der Hindu-Tempel von Katragam gebaut, bei dem die Pfauen unverletzlich sind. Von Kartikeya's sechsfachem Antlitze (als Shadanana) richten sich vier nach den vier Weltgegenden, eins nach dem Zenith und das andere nach dem Nadir. Kartikeya führt (in der Lalita vistara) den rechten Flügel im Heere seines Vaters Kama (Iswara oder Dut von Kamadhatu), sucht ihm aber den Angriff auf die heilige Bodhisatwa auszureden. Der Beiname Supra-Mainyu wiederholt das Verhältniss Supra-Buddha's zu Buddha. Nach dem Mahavanso stand (II. Jahrhdt. a. d.) ein buddhistisches Kloster in Kailasa. Skandapura war die Hauptstadt Keras oder Chera **). Tod erklärt Kumara, den siebenköpfigen Kriegsgott

---

*) The Tunganis (in Salar) are descended from a colony of Alexander M. Der Hohepriester liess alle während des Jahres geborenen Knaben in Jerusalem Alexander benennen.

**) According to the Chola Purva Pattayam, the first Chola-Prince, the first Chera-Prince and the first Pandya-Prince were born (by command of Siva) for the destruction of Salivahana who encouraged the Bauddhas and persecuted the Brahmans. After clearing the site of Kanchi, which had become a wilderness and restoring the ancient temples of Ekámreswara and Kámákshi, they proceeded

der Rajputen, aus ku (böse) und mar (schlagen). Das Ramaianum (in Malabar) handelt von den Wundern Rama's oder Wishnu's. Das Indiraseheiddubaralam von der Geschichte des Indirotscheidda, (Sohn des ceylonischen Kaisers), der mit Romen kriegte, und Rombakarnabaralam gilt als geschichtliches Buch, die heilige Sprache der Brahmanen als Kirundum.

Wenige Jahre vor der Einführung des Islam in Majapahit, kamen dort aus Kalinga einige Brahmanen der sivaitischen Secte an, die von Browijayo beschützt wurden und bei dem Falle des Reiches unter ihrem Führer Wahu Bahu nach Bali flüchteten, wo dann die Lehre Siwa's an die Stelle des Buddhismus trat. Die Balinesen verehren Mahadeva als Brama Siwa und beten zu ihm durch Ong Siwa Chaturboja oder Anbetung dem vierhändigen Siwa (Crawford). Bhatara (ehrwürdig) oder (auf Tagala) bathala*) wird als Avatara erklärt. Die Batak, die ihre Astrologen Guru nennen, verehren Batara-guru. Den Namen des obersten Gottes (Prabu Guru Inginbur) vermeidet man im Tengger-Gebirge**) auszusprechen. Als Browijaya, König von Majapa-

against Salivahana (76 p. d.) insisting, that he should leave his capital Trichinopali and return to his former metropolis Bhoja Rayapur in Ayodhya or Andr. On his refusal, they conquered Trichinopali, put Salivahana and all the Bauddhas (except a few, who fled beyond the sea to the Eastward) to the sword. As Salivahana was a Brahman, the Rajas built temples to Siva and his bride to expatiate to sin of slaying him. According to Clem. Alex. the Allobii (among the Sarmanes) worshipped Butta.

*) Die Yebous, die in Obba-al-orons den Gott des Himmels anbeten, verehren Batala unter den Orisa oder Schutzgöttern der Hauptstadt. Die den Titel Obba führenden Könige sind dem Rathe der vier Odi unterworfen und können von ihnen abgesetzt werden, um einem Nachfolger Platz zu machen.

**) What was first known of Java was a range of hills, called Sunnong Kedang, extending along the north and south coast. It was then that the island first came into notice and at that period commenced the Era. After this the Prince of Rom sent 20,000 families to people Java, but all perished (except 20 families, who returned to Rom). In this year 20,000 families were sent to Java by the Prince of Kling (India). They prospered and multiplied, but continued in a uncivilized state till the year 289, when the Almighty blessed them with a prince, named Kano, who reigned 100 years, at the end of which period he was succeeded by

hit, sich freiwillig auf dem Scheiterhaufen opferte (wie Jeipal von Lahore bei seinen Niederlagen), wanderte sein Sohn Dewa Hagung Katut nach Bali aus (XV. Jahrhdt). Die buddhistischen

—

Basu Keti (the name of the sovereignty being called Wirata), followed by his son Mangsa Pati. Another principality, named Astina, sprung up and was ruled by prince Pula Sara, succeeded by Ablasa (succeeded by Pandu Dewa Nata). Then succeeded Jaya Baya, who removed the seat of government from Astina to Kediri. The kingdom of Kediri being dismembered at the death of its sovereign, there arose out of its ruins two other kingdoms, the one called Brambanan (with prince Baka) the other Pengging (with prince Angling Dria). In a war Baka was killed, and Angling Dria was afterwards succeeded by Damar Maya, at whose death the sovereignty became extinct, till there arrived from a foreign country a person named Aji Saka, who established himself as Prince of Mendang Kamulan in the room of Dewata Chengkhar (whom he conquered). In the year 1018 the Chandi Sewu (1000 temples) at Brambanan were completed. The empire of Mendang Kamulan and its race of princes becoming extinct, the kingdoms which rose up and succeeded to it were: Janggala (with Ami Luhur as prince) Kediri (with Lembu Ami Jaya as prince), Ngarawan (with Lembu Ami Sesa as prince), Singa Sari (with Lembu Ami Lueh as prince). These kingdoms were afterwards united under Panji Suria Ami Sesa, the son of Ami Luhur. Panji Suria dying, he was succeeded by his song Panji Lalean, who removed the seat of government from Janggala to Pajajaram in the year 1200 (1273 p. d.). Kuda or Maisa Laleau (the successor of Panji) reunited the separate authorities (at Browerno, Singasari and Kediri) under the supremacy of Janggala, but seeing his eastern kingdom dismembered (by the intrigues of Baka, his minister), he (in consequence of pestilence and the eruption of the Vulcan Klut) left his capital, to found a new kingdom in the west. According to the history of Madura (Mandura or Manduretna), Batara Rama Yana having conquered Dasa Muka of the country of Alinka, made a new settlement (Durjayapura) in the wilderness and, resigning the government to his son Butlawa, ended his days in solitude. Kunti Boja (son of Butlawa) changed the name of his kingdom in Mandura Raja and was succeeded by (his son) Basu Keti, who married (the daughter of Bengawan Adi Rasa) Dewi Sani Gatra (having fled from Jura Mataraja, prince of Nusa Kambangan) and, attacked by Jura Mataraja, defeated him with the assistance of Pula Sara, father of Ablasa (who afterwards became king of Astina). Basu Dewa (son of Basu Keti) married (the daughter of Raja Sirwonga) Dewi Angsa Wati (whom, being abducted by a giant, he had liberated), but was deprived of her by (the prince of Ambulntiga) Tiga Warna (tri-coloured) and thrown into a cave. When Astina (son of Pula Sara) wandered one day in the forest, he heard the voice of Basu Dewa, who (being liberated by him) killed Tiga Warna and recovered his wife (expressing his thanks to the king of Astina). Having succeeded his father (in the kingdom of Madura), Basu Dewa had two sons, one

Priester sowohl, als die des Siwa-Dienstes nennen sich Brahmanen. Ihre Religionslehre heisst Agama (gau oder gehen). In den Tantras wird Agama von den Offenbarungen gebraucht, die Siwa der Parwati mittheilte. Siwa heisst (in Bali) Prama oder Herr (Parama oder der Vortrefflichste). Nach Upham wird (auf Ceylon) der Titel Bura (Herr) den buddhistischen Priestern gegeben. Brah (im Pali) ist (sanscritisch) bhara.

Am siebenten Tage der Wuku gabngan (dem Batara Kamajaya heilig) feierten die heidnischen Javanesen einen Festtag für alle ihre Götter, die an dem Tage vereinigt gedacht wurden, um Gebete zu empfangen. An dem Wuku gumneg (dem Batara Sakra heilig) trug jedes Dorf zusammen, um die Erde durch ein Fest zu ehren (Puja-bhumi) Het dessahoofd van Wonosido beroemt zich op zijne afstaming in regte lijn van Boeddhistische priesters, bemerkt Kinder bei Gelegenheit der in der Residentschaft Baglen (auf Java) entdeckten Felsgrotten. In der Heptarchie Balis ist das Fürstenthum Klongkong das älteste und bewahrt noch die Regalia Majapahits. Bali war aus verschiedenen Theilen Celebes bevölkert, erhielt aber seinen Glauben und seine Regierung von Dewa Agung Katut, Sohn des Ratu Browijaya von Majapahit, der sich verbrannte, als ihm sein Bramana den Reichsuntergang verkündete. Neben dem Brahminismus in Bliling findet sich Buddhismus auf Bali. Die Balier theilen sich in die Kasten der Bramanis, Rusi oder Satria, Wisia

white (Kakra Sana), the other black (Kresna), but gave the succession to another son (Raden Kangsa), whom he had exposed in the woods (but afterwards became reconciled with). One night Raden Kangsa heard (in his dream) a voice, that, if meeting with children of Madura, white or black, he should kill them, and their father sent therefore his sons (Kakra Sana and Kresna) to Widara Kandang for concealment with Angga Gopa. The two princes, hearing of an exhibition of fighting men, proceeded with their sister (Gambadra) to the Alun alun, where the combatants were assembled and there met with Raden Aria Jenaka and Sena (sons of Pandu Dewa Nata from Astina). When Raden Kangsa heard of the arrival of the proscribed children, he ordered to seize them, but was killed by them, as well as the Patah, and Kakra Sana became king, hearing a voice in his sleep, saying: „to-morrow will I be revenged in the war Brata Yudha, there will be one of the country Champala Raja, I am he."

und Sudra, die Fürsten sind meist aus der Kaste der Bramans (oder auch der Xatria), wie der Befehlshaber (Raja Baugen Senapati) gleichfalls. Der Hauptsitz der Brahmanen ist in Baugen. Der Civilcodex heisst Degama, der criminelle Agama. Beim Schwören wird Eideswasser getrunken. Die Kampong der Fremden heissen Panggawa. Die Ausgestossenen (Chandalas) wohnen vor den Dörfern (als Töpfer, Färber, Branntweinbrenner). Die Bramana theilen sich in die am meisten geachteten Bramana Sewa, die keine Fleischspeisen (ausser Enten, Ziegen und Büffel) essen, und die Bramana Buda, die Alles essen. An den Lehmfiguren in den Tempeln administriren Sudras. Die Buddhisten, von denen sich noch einige finden, kamen zuerst nach Bali. Der erste der Bramana Sewa war Wutu Rahu, der von Telingana (über Majapahit) kam. Die büssenden Bramana essen selbst keinen Reis, sondern nur Früchte und Wurzeln. Als der wegen seines Schweinefleischessens schweinsköpfige Kabu Wihaha (der königlichen Familie in Bali) für eine Riesengemahlin nach Majapahit schickte, machte Aria Damar die Insel Bali tributpflichtig. Unter der Gottheit Sang yang Tunggal (der Herr, der Eins ist) bildet den höchsten Gegenstand Batara Guru; dann folgen Batara Brama (als Emblem des Feuers), Batara Wisnu (Emblem des Wassers), Batara Sewa (Emblem der Luft), und sonstige Gottheiten sind Dewa Gede Segara, die Gottheit der See, Dewa Gede Dalam (des Todes), Dewa Gede Bali Ajung (mit einem Tempel neben dem des Rajah Kadaton), Dewa Gede Gunung Ajung (allgemein verehrt). In Büchern wird die Gottheit Mahadewa erwähnt.

Die Seele des in der Leichenfeier Verbrannten geht in Bali sogleich zum Himmel ein, in den Indra's (Swargas), Vishnu's (Vishnuloka) oder den höchsten Siwa's (Siwaloka). Auf solche Weise ist der Verstorbene (nach Atma prasangsa) von weiteren Wanderungen befreit und kann, als Pita, im Himmel der Dewas, die Opfer seiner Hinterbliebenen in Empfang nehmen. Die Seelen Solcher, die wegen der grossen Kosten nicht verbrannt werden können, sondern nur beerdigt (mit einem über dem Grabe befestigten Korb voll Blumen und Früchten für die belästigenden Buta oder Dämone), haben verschiedenes Schicksal

und fahren meistens in die herrenlosen Hunde,*) die deshalb nie getödtet werden. Es ist die Pflicht eines der Hinterbliebenen, nach einiger Zeit die Knochen zu sammeln und zu verbrennen. Während die Leiche das Verbrennen erwartet, wird ihr ein Goldring mit einem Rubin in den Mund gelegt, die Dämone fern zu halten, und nach dem Abwaschen fünf Metallplatten, Siwa, Brahma, Vishnu, Indra und Yama vorstellend. Die Pantjaksaras oder fünf Buchstaben repräsentiren die Gottheiten. Der aufgebaute Scheiterhaufen schliesst ein Bale (gleich den im Tempel zum Altare für die Opfer dienenden Bale) ein, und die heiligen Wasser Siwa's (Padanda Siwa) und Buddha's (Padanda Buddha) werden zusammengemischt. Der Körper eines Xatriya ist mit dem Schlangenstrick (Naga-bandha) aufgebunden. Auch wird eine Schlange beim Verbrennen getödtet, weil einst ein König einen Pandita versuchen wollte und ihn fragte, was unter einem Korbe sei, worauf dieser: ein Naga, antwortete und sich auch (statt der vom Könige versteckten Gans) ein solcher dort fand, der den König angegriffen haben würde, wenn nicht von dem Pandit getödtet. Während des Herbeitragens der Leiche werden Kawigesänge gesungen und beim Anzünden Sprüche der Vedas gemurmelt. Ohne priesterliche Ceremonien kann Niemand den Himmel erlangen. Nur Brahmanen sind zu Priestern (Padanda) befähigt (in Bali). Pigafetta beschreibt das auf Bali fortdauernde Leichenverbrennen auf Java. Weiss vertritt Siwa, roth Brama, gelb Buddha, blau Wishnu und die aus diesen vier gemischten Farbe den höchsten Siwa, der die Natur aller vier vereinigt, auf Bali.**) Die balinesischen Dagan entsprechen den Bhutas und

*) Bei den Morawis oder Zluibos wandern die guten Seelen in Schlangenarten (Inhamazarumbo), die bösen dagegen in die Candue (canis adustus) oder in den Körper von Tica oder Quizumba (Hyaena crocuta).

**) The religion of Budh, as it exists in Bali, is divided into Sakalan, regarding wordly concerns, and Niskalan, comprehending duties and ceremonies of religion, the conducting of which is in the hands of the Maperwita or learned Brahmins, called Padonda. The different kinds of worship, attached to the religion, are those of Batara Permisti Guru, Batara Narada, Batara Sang yang Tunggal, and all his descendants, of all of whom images are made and to whom are dedicated temples on Gunung Agung, Gunung Batu, Gunung Batur Kabu and Gunung

diese Bhutas oder Banten-Dagan erhalten Speisen als Spendopfer. Da Prama-Siwa zu hoch ist, um angebetet zu werden, bringt man den Diwa (Dewa) Opfer. Die Seelen böser Menschen gehen in Rinder und Tiger über. Ausser viereckigen Capellen finden sich stumpf pyramidalische Tempel. Von dem Kopfputz (Djati) wird Siwa als Dhurdjati bezeichnet. Die Brahmana Buddha's tragen ein Gada in der rechten, eine Schelle in der linken Hand (während des Gebets), die Siwaiten Blumen in der rechten, Schellen in der linken. Die Buddhisten tragen lang wallendes Haar, die Siwaiten aufgebundenes. Die Buddhisten essen Alles, aber die Siwaiten enthalten sich des Ochsenfleisches. Der Hauspriester des Fürsten von Gijanjar ist ein Padanda Boedha (nach Van Bloemen Waanders). Am Tage Menjepi's tödtet jedes Dorf Rinder zum Opfer für die Buta. Die Abkömmlinge von Batu Henggong in Bali*) wurden durch den Fluch des Padanda (der in Versuchung geführt, einen Naga im Brunnen erzeugte) von Xatriya zu Waisas und dann zu Sudras degradirt. Die Sanggubu unter den Sudras, die die Vedas kennen und bei der Hausandacht fungiren, wurden von den Brahmanen wegen ihrer Verehrung des Todesgottes (Dalem moer) degradirt. Bei der Verbrennung der Leiche des Dewa Argo, Oberpriesters und Rajahs in Konkong (auf Bali), stürzten sich seine sieben Frauen mit in die Flammen,**) jede mit einer Taube

Pradung. On festivals (mabantau) all the Rajahs (with their followers) repair to Gunung Agung and invoke all the deities, the Maperwita Bramana being summoned to attend and conduct the ceremonies. On common occasions those images only of the deities, which are behind their houses are worshipped (a Maperwita Bramana officiating). At the Pembakaran (place where the bodies of the princes are burnt) are figures of the different deities. On holy days the Maperwita Bramana, called Padenda, administers (to the people) holy water (for drink and ablutions). On the day of the new year offerings are made. During the fast of Nyualata (one day and one night) food and sleep must be abstained off (1th and 15th of the moon). At the annual festivals of Tampukhandang offerings are made on account of all the different animals (s. Raffles).

*) Bala and its derivative Bali implies power and courage. Bali was also the sovereign of Mahaballipura (afterwards of Patala).

**) Auf Fiji ward die Lieblingsfrau am Grabe erdrosselt, wie bei den Russen. The Pythagoreans, whose country is divided by the river Tambuo from the country

auf dem Kopf, die, wenn sie über die Gluth davonfliegt, den Malayen ein Sinnbild der aufwärts fliegenden Seele ist (Schaaffhausen). Die Australier begraben ihre Todten nach Sonnenuntergang, und beim ersten Stern, der sichtbar wird, ruft der Priester: „Seht, dort wandelt er mit seinem Feuerstab!" Beim Tode des phönicischen Landeskönigs wurde ihm der Stern Kronos*) geweiht (nach Sanchuniathon). Nach Diodor hiess der hellenische Kronos bei den Phöniziern Helios. Obwohl die von Visvamitra gebildeten Sterne am Himmel bleiben durften, verlangten die Götter, dass Trisanku abwärts gekehrt schweben solle (wie die beiden Riesen in Babylon). Die abgeschiedenen Seelen, die vom Scheiterhaufen aus in leuchtenden Funken zum Himmel steigen, erscheinen in ihren Strahlenkörpern, am Harnische Agni's, als Sterne des Firmamentes wieder.

Die Brahmanen in Bali leiten ihre Herkunft von Pandauda**)

of the Indostanis, have a law to burn the wife at the death of her husband (s. Coverte) 1607. Brynhild liess sich mit Sigurd verbrennen. Unter den Telinga Banijigaru (bei Bangalore), die ihre Todten begraben, pflegten sich früher die Frauen lebendig mit ihren Gatten begraben zu lassen. En la ciudad de Tarrasar quemaron à los difuntos y la muger del difunto se quema viva. La misma costumbre tienen las mugeres del reyno de Pegu y de la Isla Taprobane (Puente).

*) Belus primus rex Assyriorum, quos constat Saturnum, quem et Solem dicunt, Junonemque coluisse (Servius). Belus (der Piromis oder erste Mensch) ist Bruder des Agenor (bei Apollodor). Orpheus (von den Mänaden zerrissen) wurde am Berge Olympus in Pieria (dem Sitz der Musen) begraben. Die Belochen verehren unter den Pir oder Heiligen Pir Kiri, als Gott am nächsten. Assyrii Solem sub Jovis nomine celebrant in civitate quae Heliopolis nuncupatur, ejus dei simulacrum sumptum est de oppido Aegypti (Macrobius). Nach der als ketzerisch verworfenen Reform Amenhotep IV. trat Ramses (Ra-Mes) als Sohn der Sonne auf. Wie die Fürsten der Hiongnu waren die arischen der Perser Tengri-Söhne, und (wie Herakles gegen die ihn in Libyen brennende Sonne) schoss Darius bei der jonischen Revolte einen Pfeil zum Himmel, dass Zeus ihm Rache gewähre (s. Herodot).

**) In Pandu wird der Titel der Panditen königlich, wie der der Tapass in den Tobba und der Brahmanen in dekkhanischen Dynastien, und im höchsten Gotte als Schöpfer hat sich der Name noch im Pandiwara der Singpho erhalten. Aus ähnlicher Verwendung des Titels Muni mag sich der in Westafrika allgemeine Königstitel aus den damaligen indischen Beziehungen (vor islamitischer und christlicher Zeit) erhalten haben. Im Königreich Singapura (ehe Malacca gegründet

Wahu Rawuh ab aus Kediri, im Baratawara der heiligen Lande Indiens gelegen (aber nach Java versetzt). Die herabgekommenen Götter besiegten Maya Danawa und die Dämone, um die Hindu-Religion in Bali einzuführen. Ida, als Anrede der Brahmanen gebraucht auf Bali, ist das Pronomen zweiter und dritter Person in hoher Sprache. Die Xatriyas in Daha oder Kediri, die sich nach der Art des getragenen Kris in verschiedene Familien unterschieden, hiessen von ihrer Kraft Mahisa (Kbo oder Büffel) und Rangga (Ronggo oder Minister). Dijajabaija, den die Balinesen einen König von Baratawansa nennen, herrschte (nach den Kawi-Büchern) als Nachfolger des Ajer Langia in Kediri (auf Java). Wahu (Bahu) Rawuh, der richtig Angekommene, heisst Bagawan Dwidjendra, der heilige Fürst der Brahmanen. Nach dem Oesana Java eroberte Arjadamar (als

wurde) findet sich Tapa als Titel hoher Beamten (wie gleichfalls Brahma in Hinterindien). In Susuhunan und Auawda sind ebenso heilige Titel auf weltliche Würden übergegangen, was bei den Khalifen verloren ging. In Erlaucht hat sich der Titel Boddha als erleuchtet erhalten. Ausser den Chandala, die wegen ansteckender Krankheit ausserhalb der Ansiedlungen leben müssen, finden sich ausgestossen in Bali die in der Ehe eines hochgeborenen Mannes mit einer niederen Frau erzeugt sind. Die Kinder folgen dem Vater, und sollte eine Ehe eines niedriggeborenen Mannes mit einer edeln Frau Folgen haben, so werden beide Theile mit der Todesstrafe belegt, die Frau mit der des Feuers. Wenn der Brahmane, von seinem Guru belehrt, den Stab empfängt, heisst er Padanda (oder Stabträger) oder Pandit (der Gelehrte, von Sanscrit pradjuya) und hat die Anbeter mit dem Stab zu leiten und zu berichtigen. Von den Padandas erwählt der Fürst seinen Purohita, der mit den Gebeten der Vedas die Verehrung der Pitara begleitet und stets zu befragen ist. Solche Purohitas oder Padandas, die für das ganze Reich Opfer bringen zu seinem Wohlergehen, heissen Guru Loka (Lehrer der Welt). Die Wurzel pand heisst „gehen". In Afrika hält jeder Redner einen Stab. The religion, professed by the Balinese is generally Hindooism. They aknowledge Brahma, as supreme, supposing him to be the god of fire. Next to him they rank Vishnu, who presides over rivers and waters, and thirdly comes Segara, the god of the sea. They also speak of Rama, who sprung from an island at the confluence of the Jumna and Ganga. They place images of Ganesa (with elephant's heads) and Doorga (standing on a bull) in their temples. They have a great veneration for the cow, not eating its flesh, nor wearing its skin (Moore). Outre les lamas retirés dans les Lamaseries, il y a des lamas hermites, qui vivent perchés dans des espèces de cages, sur le flanc des montagnes, voués à la vie religieuse (in Thibet).

General Madjapahits) das aufständische Bali (mit Patih Gadja Madda). Die in Sloka verfassten Sanscrit-Werke Balis sind vor dem Volk geheim zu halten. Die Vedas in Bali kamen von Java. Die Priester Balis in Majapahit stammten von Kediri. Von den Puranas ist nur die Brahmandapurana (der Siwaiten) bekannt, über die Schöpfung handelnd, die Weltalter und Genealogien. Das Ramayana ist in Bali, wo die beiden letzten der sieben Kandas Indicus fehlen, in 25 Sargos getheilt. In demselben wird gesagt, dass ein König die Vorzüge der acht Götter der Himmelsrichtungen besitzen müsse, Indra, Yama, Surya, Chandra, Anila. Kuvera, Varuni, Agni (nach Valmiki). In den 18 Parvas des in Bali bekannten Mahabharata (des Bogawan Byasa) wird Prabu Manu als der Gesetzgeber Balis genannt (s. Friedreich). Die im Sanscrit verschiedenen Buchstaben der gewöhnlichen Schrift in Bali sind kleiner als die javanischen. Die himmlischen Gurus, als Pitaras oder Geister der Abgeschiedenen, erhalten täglich Familienverehrung. Das Suryawansa enthält die auf die Sonnenverehrung bezügliche Stelle der Veda.

Unter den vier Kasten*) auf Lombok werden die Brahmanen in Idas**) getheilt oder Priester, und in Dewas oder Ab-

---

*) Of the castes in Kisser, the chief one is Marna (from which the priests and chiefs are selected), the second is Uhur or proprietor class, the third is the Akha or serf, the Ata of the Bugis and probably the Xang'ata or Ta'ata of the Southsea Islanders (Earle).

**) Der von Haben (der Opfer wegen) umkreiste Gipfel des Gross-Ydaff wurde auf Palmas als Stütze der Insel verehrt, wie der Ida auf Creta und Trojas Ida, der in Idites oder Dîsir wiederklingt. An den Hundsrück schliesst sich der Idar (sylva Jeder) und Hochwald. Idah und seine Gattin Belat Mah wurden als Gottheiten des Tigris verehrt. Der Idäus Mons (τὸ Ἰδαῖον ὄρος) oder Ida Mons (ἡ Ἴδη ὄρος) bildete die höchste Erhebung auf Kreta, mit der Höhle, worin Zeus durch Ida (und Adrastea) erzogen (Töchter des kretischen Königs Melissus). Der Berg Ida bei Troja bildet den Aufenthalt der Göttermutter Cybele (als Idäa), und auf Berg Alexandreia sprach Paris sein Urtheil. Am Fusse des Ida lag die Ebene von Thebeh (nach der alten Stadt genannt). Mit der phrygischen Nymphe Ida zeugte der Flussgott Scamander den Teucer. Den Dactylen am Ida (Eisen bearbeitend) folgten die Kureten. Venus hiess Idalia vom Vorgebirge Idalium auf Cyprus. Die Asen versammelten sich auf Idaplan (Idafeld) oder Idavöllir. Idas (Bruder des Lynceus), der Castor tödtete, wurde durch Zeus erschlagen. Idomeneus

kömmlinge von Priestern. Hinter dem Bali-Bali wird das für die Leichenfeierlichkeiten bestimmte Gebäude errichtet (nach Zöllinger). Das grosse Fest Karia Dewa Yagna zu Ehren aller Götter wird in unregelmässigen Zwischenräumen gefeiert. Die Lombok bewohnenden Sassak (Sali-Parun oder Salivahan) führen ihr Königthum auf einen beim Kronstreit um Varang Assam aus Bali ausgewanderten Prätendenten zurück.

Nach dem Oesana Java theilen sich die Brahmanen auf Java in Siwa-Brahmanen, Buddha-Brahmanen und Budjangga-Brahmanen, die Abkömmlinge des Brahmana Hadji oder Hadji-Saka, als der Gründer der indischen Era in Java. Der Name Budjjanga, eine Schlange bezeichnend, geht auf die Verehrung der Schlangen*) (Vasuki) in Bali. Ursprünglich Schlangendiener, vereinigten sich die Budjanga später mit den Siwaiten. Die Malayen bezeichnen mit Boedjang (Budjanga) einen Unverheiratheten. Nach dem Hhikajit Boedjanga Indra Maha-Rupa erhielt Boedjanga Indra Maha-Rupa auf sein Gebet von den Göttern einen Wolkenwagen, den er im Kampfe mit Brasikat Gelong Dewa besteigt. Der weitverbreitete Gottesname Rupa mit seinen Variationen hat sich aus dem Bilde (der Phra-Phuttha-Rub) erhalten, wie solches in Indien den Mohamedanern Anlass zu der allgemeinen Bezeichnung Bod gegeben hat. Die im höchsten Himmel (über dem Rupa) residirenden Arupa sind, nach den Siamesen, immateriell, als ovale Massen blendenden Lichtes.

In der Kawi-Sprache auf Java bedeutet Brahma**) Feuer

(Enkel des Minos) erhielt (nach dem Begräbniss) die Ehre der Unsterblichkeit (mit seinem Vetter Meriones). Der scythische König Idanthyrsus war Neffe des Anacharsis. Iduna war Göttin der Unsterblichkeit. Auf dem Idistavisus campus an der Weser besiegte Germanicus den Arminius.

*) The oldest Saugata works incessantly allude to the existing superstition, as the Mar-Charya or the way of the serpent, contradistinguishing their reformation thereof as the Bodhi-Charya or the way of the wise (Hodgson). Mar Thomas hat den Pfau als Symbol.

**) Selon le Shasta, l'Éternel créa premièrement Bramah, un esprit (bram) puissant (mah). Moyasour (chef de la première bande angélique) avec les autres chefs rejetèrent le pouvoir de perfection que l'Éternel leur avait accordé et

(geni oder panas), ist aber zugleich der Eigenname Bataras sowohl, wie eines Berges im östlichen Theil der Insel, und bezeichnet ferner Brahma in der Trimurti. Brahmokdyo bedeutet im Zorne entbrennen. Brahmastro (Bromo-astro) bezeichnet eine Waffe Brahma's, wie die jumparing latu tumurun angking Devo (ein von Gott gesendeter Feuerpfeil). Bramastro bedeutet einen Feuerhaufen oder wörtlich den scharfen Brahma, von ostro (oder scharf). Panditor Vadnu ist eine Brahmani (als Gattin eines Weisen). Birma bedeutet Feuer in den Dialekten der eingeborenen Stämme Indiens. Nach den Benua wird der Lebensgeist von Pirman*) aus Luft gebildet und füllt in luftiger Nichtigkeit zurück, wenn Jin Bumi (der Erdendämon) Auftrag erhält, seine Verbindung zu lösen. Die Beludschen verehren unter ihren Heiligen oder Pir besonders den Pir Kisri. Indra, bemerkt Friedreich, bedeutet ein Fürst, wie Rawana, der Fürst der Raksasa, deshalb Raksasendra heisst oder Sudjendra der Fürst der Elephanten ist. Die Xatriya auf Java führen den Titel Arja. Im gewöhnlichen Javanisch bedeutet Feuer gani-latu, im ceremoniellen brano, im alten agni-pawoko, dahono-hapi und bahni-liki; im gewöhnlichen Bali api, im ceremoniellen brahma. Ein Sklave ist Kulu in der Sunda-Sprache.

Die Secten der Buddhisten (Saugatas) und Jainas stimmen in der Lehre von den ewigen Atomen (den Elementen der Erde, des Wassers, Feuers und der Luft) überein, aus deren Verbindung die Welt hervorgeht und mit deren Verfall sie untergeht. Diese Ansicht ist ihnen gemeinsam mit den Vaiseshiken Kanadas, denen die Vedantisten oder Anhänger der Mimansa

refusèrent de se soumettre à Bramah (son vice-regent), à Vishnou et à Sieb (St. Croix). Les Bramines appellent Brahma le pouvoir créateur, ils le peignent comme un personnage, couleur de feu avec quatre têtes et quatre bras.

*) The Binua call Pirman (god) occasionally Pirman Allah, and the Dayaks have a supernatural being, called Pranian, who is the slave of Ila Taala, a contraction of the Malay (Arabic) Allah Taala. Latham erklärt Avar aus Bara in Barama (das Land der Bara). The Supreme Being, who is the Almighty God, is called (in Malabar) Barabiruma, from whom the goddess Tschadal derived her original (Phillips). Piren galt für den Vater der Io (nach Apollodor). Die Piromis Aegyptens (zur Perser-Zeit der R-Aussprache) führen auf Belus.

gegenüberstehen (Bird). Svastika*) (Friede) ist allen Hindus, aber besonders den Jainas ein glückliches Zeichen. Die Verehrung der Jainas im oberen Indien ist oft gemischt mit Formeln, die den Tantras entnommen sind, und Figuren Bhairava's und Bhairavi's, der schreckbaren Wächter Siwa's und Kali's, finden sich in Jain-Tempeln, wo zu ihren Zeiten Sarasvati und Dewi angebetet werden. Kein Gott ist erhabener als der Arhat (der Weise der Jains), keine Seligkeit der Zukunft übersteigt die

*) Dixo fray Silvestre, que avia por todo el Reyno de Camboxa muchas Cruzes y que eran tenidas en grandisima reverencia (Mendoza) 1577. The Bouddhas of Nepal admit the Pancha-Bhuta or five elements, of which the 5 Dhyani or celestial Buddhas are personifications, adding also Manasa and Dharma (the sentiant principle and conditions of merit), as the sixth Dhyani-Buddha. Zum fünften Elemente (Akasa) wurde als sechstes Manas (vajara satwa) von den Karmika gefügt. Buddha Sakya Muni challenged the authority of the gods of the earth (bhûdeva) or Brahmins (Müller). Buddha (nata or helper) was called Brachmatebrachma (great Brachma of the Brachmas) or Arka-bandu (descendant of the sun). In einer früheren Geburt unter den Göttern führte Buddha den Namen Svetaketu, welchen (nach Weber) einer der Zeitgenossen des Kapya Patanjala trägt, eine Hindeutung auf Beziehung zu den Jainas, wie sein prinzlicher Name Siddhartha. Der 24. Jina (Vardhamana oder Mahavira) war Sohn des Siddhartha. Der erste Jina (Rischabha) stammte aus dem Geschlecht des Iavaku, und so seine Nachfolger, ausser dem von Hari stammenden Nemi. Bhadrabahu giebt ein Verzeichniss von 27 Nachfolgern des letzten Jina bis zum Jahre 993. Die Parsvanatha seinem Nachfolger Mahavira (dem letzten Jina) vorziehenden Jainas in Malava verehren Adinatha. Mahavira schrieb der Seele (jiva) eine wirkliche Existenz zu. Alle Dinge werden in jiva und ajiva getheilt. Die Svetambhara folgen Parsvanatha, aber Mahavira (der Digambara) verwarf die Kleidung. Die Jainas zählen als vier Klassen göttlicher Wesen auf die Bhuvanapatis, Vyantara, Iyotishka und Vaimanika. Die Siddhas, als Götter der Arhatas, sind gereinigte Geister, die im Himmel Moksha weilen, unter Vorgang des Adi-Parameswara. Von Vardhamana's Schülern hinterliess nur Indrabhuti (oder Gautama) Nachfolger. Die Secten der Sautrantika und Vaibhasika lassen beide die Existenz äusserer Objecte (der Elemente oder Bhuta mit den dazu gehörigen Dingen oder bhautika) und einer Empfindung (chita mit den zugehörigen chaitta) zu, aber während die Vaibhasika die directe Perception anerkennen, wollen sie die Sautrantika durch Bilder dem Bewusstsein vermittelt werden. Die Kalpa-Sutras und andere Werke, mit dem Namen Baudhayana's, Apastamba's, Asvalayana's, Katyayana's u. s. w. bezeichnet, sowie die Nigama, Nirukta und sechs Vedanga nebst den Smritis Manu's und anderer sind auf menschliche Verfasser zurückzuführen (nach der Nyaya-mala-vistara) und deshalb von untergeordneterer Autorität als die Vedas.

Mutki (Befreiung), kein heiliger Platz die Heiligkeit des Sri Satrunjaya und kein geoffenbartes Buch*) das Sri Kalpa Sutra (von Sri Bhadra Bahu Swami verfasst). Von dem freudenreichen überhimmlischen Aufenthalt (vimana) in Pushpattara stieg Mahavira zur Erdeninsel Jambudwipa nieder. Der heilige Benedictus sang Hymnen im Leibe seiner Mutter (nach Gregorius). Das vedische Volk wird in den Hymnen des Rigveda als halbe Aryer beschrieben. Der Stamm der Areygat**) in Wadai will

*) Den Traum der schwangeren Devanandi erklärend, prophezeit Rishabha Datta Brahman, dass ihr Sohn die vier Vedas, die Itihasa (Legenden) und Nighanta (Verzeichnisse) aufrecht erhalten würde, mit den sechs Nebengliedern der Vedas, mit dem sechsten Philosophen-System (der Sankhya, Mathematik, Astronomie und anderer brahmanischen Schriften) wohl bekannt (nach dem Kalpasutras). Der Sophist von Paithan, der als Herausforderungsfahne einen Elephantenhauer an seiner Kopfbedeckung führte und seinen Magen (damit er nicht aus Uebermass des Wissens zerspränge) mit Eisenringen umlegte, liess sich von einem Diener begleiten, der einen Brief trug, um den Gegner vom Himmel zu fordern, und einen Hauer, ihn aus der Erde auszugraben, wenn dorthin geflüchtet. He was defeated at King's Bhoja's court by an one-eyed oilman.

**) Those chiefs (in Hawaii), who trace their genealogy to the gods, are called Arii tabu (chiefs sacred) from their connection with the gods (Ellis). Die Areito bewahrten die Nationalgesänge in Nicaragua (nach Oviedo). Die früher Arier genannten Meder erhielten (nach Herodot) ihren Namen durch Medea, die von Athen nach Colchis zurückkam und deren Sohn Medus bis Indien eroberte. Le nom Arik, qui en arménien signifie les braves, s'applique aux Mèdes (s. Langlois), als Aryaka. Nach Hellanicus hiess Persien Ἀρία. Stephan von Byzanz nennt Atropatene Ἀριανία. Auf Zamasais oder Ninyas folgt (nach Mar Apas Catina) Arios. Das Volk im Besitz der Festung Nenuli (zwischen Chalah und Niniveh) heisst A-ri-ael auf zwei Monumenten Karnak's. Die assyrischen Könige nannten sich (nach Masudi) Arier (Löwen). Die Hyndlo-lioth (die Abstammung der nordischen Königsgeschlechter betreffend) schliessen sich an die Rigsmal an, in welchen die Sage enthalten ist von der Abstammung der drei Stände (der Sklaven, der Bauern und der Herren oder Edelinge des Jarlsgeschlechtes). Unter die götterssaglichen Lieder werden die Rigsmal darum gestellt, weil Heimdallr (as-konnigr) sich auf seiner Wanderung Rigr (der Urheber der drei Stände) nannte. Nach der Vishnu Purana war Riksha der Grossvater des Kuru. Jarl (Sohn des Rig) zeugte mit der Tochter des Baron die Kinder des Sohnes, des Erben, des Abkömmlings und des Königs (Konr). Da nur Konr die zeitlichen und ewigen Runen verstand (um das Meer oder Feuer zu beruhigen und den Sang der Vögel zu verstehen), so wurde er Rig (der Reiche oder Mächtige) genannt (nach den Rigsmal).

aus Irag (Irak) stammen (nach Mohamed Ibn Omar). Nach Dzafar giebt es in Waday Gelehrte, die persisch verstehen. Ausser den Digambara (Nackten)*) und Svetambara (Weissgekleideten) kennen die Jainas noch die Secten der Bispankti (10 Wege) Tirapankti, (30 Wege) und der Durijas, deren Oberer Sripadsehjas (der sehr Ehrwürdige) heisst. Die Durijas glauben zu keiner Gottverehrung sich verpflichtet, da sie selbst Göttlichkeit erlangt haben. Als die Jainas sich bekleideten, entstand die Secte der Svetambara, aber Sahasra stellte die Sitte der Digambara wieder her. Digambara Rishabha (der Erste der Tirthankaras) war, als König, Vater des Bharat. Mahavira war ein Digambara, während Parsvanatha nebst seinen Vorgängern (Rishabha ausgenommen) sich bekleidet hatten. Im Tempel zu Pokharpuri, wo Mahavira verbrannt wurde, findet sich die Darstellung seiner Füsse als Gegenstand der Verehrung. Auf Rishabha Dewa, den ersten der vergötterten Heiligen unter den Jainas, wird die Bezeichnung Adinatha oder Adiswara angewandt (als erster Bettler und erster König, wie auch erster Tirthankara). Nachdem Rishabha seinen ältesten Sohn Bharat in die Erdenherrschaft eingesetzt, ergab sich Rishabha, der vollendete Diener Gottes und der Freund des Menschen, ganz an Gott hin. Nichts von seinem Eigenthum behaltend, nackt am Körper, mit verwirrtem Haar, einem Wahnsinnigen ähnlich, zog er, nachdem er die Asche des geweihten Feuers getrunken, in das Land der Brahmanen fort (nach der Bhagvati). Von den beiden Enkeln des Rishaba (Suryayaças und Somayaças) stammt das Sonnen- und Mondgeschlecht. Nach der Vishnu Purana zog sich Rishabha als Anachoret zurück. Im Vetâlapanchavinçatika schickt ein nackter Zauberer (Digambara) den Vikramaditja für einen Leichnam, um die Achtzahl der grossen Siddhi oder Vollkommenheiten zu erlangen. Seiden oder Herren hiessen die Fu-

*) One man, who has adopted the extravagance of a Gymnosophist (Paramhangsa) resides occasionally with the Bramachari of Bengal in Patna (Buchanan). At Rajagriha a hermit of the kind, called Tapasya or penitent has seated himself in the posture of Buddhas or Tirthank or as of Jains in an open gallery in front of a thatched hut, receiving daily alms (1807).

milienhäupter in der Nachkommenschaft Ali's. Wenn Mahavira die Augen auf die Nasenspitze fixirt, während seines Fastens, in Betrachtung versunken war, schickte Indra den Siddhartha genannten Yaksa zu seiner Bewachung ab. Nach den Jainas war Gautama*) der Lieblingsschüler des Mahavira, aber nach dem Tode des Tirthankara wurde Sridharma zum Haupte der Gemeinde erhoben. Ausser Muniswrata und Nemi aus dem Geschlechte Hari's wurden die 24 Arhat oder Jinas in der Herkunft von Ikshwaku geboren (in dem Buddha ursprünglichen Mondgeschlecht, während Gautama zur Sonne überging). Von allen Schülern Mahavira's überlebte ihn Gautama allein und auch dieser nur für ein Monat, den er in Fasten und Enthaltungen zubrachte. Die komische Figur Gosala's unter Mahavira's Anhängern war in einem Kuhstall geboren (wie Krishna). Gautama, Hauptzögling des Varddhamana, war, nach den Jainas, aus brahminischer Kaste. Nachdem der Körper Varddhamana's oder Mahavira Swami's durch Sakra und die anderen Gottheiten verbrannt war, wurden seine Knochen und Zähne vertheilt, um Monumente darüber zu errichten. Der Magier Erdaviraph (Ardja-Vira) brachte unter Artaxerxes Kunde aus dem Jenseits (wie früher Er, der Phrygier). Von den Gucbcha oder Secten der Jainas**)

*) Dans le lotus de la bonne foi, Bhagavat prédit à Mahapradjapati la Gotamide, fille de Gotama, sœur de la mère de Bhagavat, qu'elle deviendra un jour un suprême Buddha et leurs religieuses aussi. As Gautama Swami has no spiritual successors in the Jaina-sect, his followers seem to constitute the sect of Bauddha (Colebrooke). The appellative Gautama is a patronymic (derived from Gotama). His predecessor among Buddhas is likewise designated by a patronymic (Casyapa).

**) The Jainas consists of two classes, as Sadhu (subduing the passions) or priests, and Sravacas (hearer of the Siddhantas or sacred books) or laity (Sramanopasaca or followers of the Sadhus). The priesthood is divided into two classes, as Sadhus (ascetics, who retire from the world, passing their lifes in meditation and austerities) and Jatis (individuals taken from all classes of the community, who are purchased in their infancy and initiated in the order in their youth) or secular priesthood. The Sadhwis and Aryas (living separate from the males) instruct the Sravacas or females of the Vanyas (s. Miles). The Sravacas of Guzerat and Marvar are mostly of the Vaisya or Vanya class, who are subdivided into 84 Nat or tribes (including both Jainas and Maheswaris or Hindus).

nehmen die Gundwa oder Gudaya beim Gebet Gummi oder Mastic in den Mund. Zur Zeit Mahavira's gab es nur 9 Guchcha. Von seinen elf Schülern (Gandhur) bildeten acht Guchcha und die übrigen drei zusammen eine. Die Tapa-Guchcha wurde (229 p. d.) in Chitore durch Sri Puga begründet, dem unter einem Banyanenbaum fastenden Jaina-Priester. Neben den 48 Guchcha finden sich noch andere Secten, Mat oder Mitti genannt. Die Dassa Srimalis oder Powcar im nördlichen Guzerat sind theils Hindu, theils Jainas (s. Miles). Der Mann mag bei Thacurdwara zu Mahadewa beten, während die Frau den Predigten der Jatis in den Klöstern (Apasaras) zuhört. Die Buddhisten in Udjâna folgten (nach Fahian) besonders den Hinajana-Sutra (405 p. d.). Manjusri gründete die Schule einer Natur, Maitreya oder Mili (s. Wong Puh) die von den fünf Naturen. Im Jaitavana-Kloster in Sravasti erhielt Fahian die ganze Sammlung der Mahajana-Sutren (18 Theile), die er abschreiben liess (im Sanscrit), und in Ceylon die vier Agama (die in China fehlten) in der Fan-Sprache (als Sprache der Panduiden den griechischen Etymologien für die Pandioniden *) entsprechend, von παν oder, chinesisch, fan, als

---

The large figure of Rishabhadeva (at Satrunjaya or Pali-thanna) is called by the Sravaras Adi-Buddha or the first Buddha (s. Miles). The Srimali-tribe (of the Vanya) is derived from the Parmar-tribe of Rajputs, who became Vanya Samvat 222 (166 p. d.), is considered the first in rank among the Jaina Vanyas. The name of the Osawal-tribe (converted to the Jaina religion by the Jati Rattan Prabha Suri) is derived from Osi Mata (a devi or goddess, worshipped at Osianagari near Jodhpur).

*) Mit den Pandu gehörten auch die Kuru (der Sonne) zum Chandrawanso (Indrawanso). Wie der Glanz des Weissen in Arjuna, liegt in Pandu das Bleiche. Weiss gekleidet, als Prophet, entfloh König Nectabenus aus Aegypten vor den Persern. Πάνδια: ἑορτὴ Ἀθήνησιν, ἤτοι ἀπὸ Πανδίας τῆς Σελήνης (Stephanus). Das Pandia-Fest wurde dem Jupiter nach den Bacchanalien in Rom gefeiert. Πανδία perpetuum lunae epitheton est apud Maxim. Unter König Pandion (Sohn des Erichthonius), der mit Zeuxippe die Zwillingssöhne Erechtheus und Butes (sowie die Töchter Prokne und Philomela) zeugte, kamen Demeter und Dionysos nach Athen. Neben Megara (mit seinen Heroen) fand sich das Grab des Königs Pandion (Sohn des Erechtheus) aus Athen. Der Altar des mit Chtonia vermählten Butes (Ahn der Butaden oder Eteobutaden) stand im Erechtheum Athens (nach Pausanias). Πάνδεια: ἑορτὴ τις Ἀθήνησι, μετὰ τὰ Διονύσια ἀγομένη (Suidas). Von ihrer Mutter Prithi hiessen die Panduiden (besonders

Alle). Unter Cumara Pala, dem Jaina-Rajah von Pattan (in Guzerat), liessen die Brahmanen durch Sancara Acharya, mit den Jainas über den ersten und letzten Tag des Monats disputirend, einen falschen Mond durch Mantras aufgehen, und in einem durch Illusion geschaffenen Boote gingen die Jainas beim Einbruch der See unter (Miles). Krishna trieb schon als Säugling seine Possen mit den Hirten, und als Apollo wegen des Rinderdiebstahls klagte, zeigte ihm Maja den in den Windeln liegenden Hermes, der (nach der aus Schildkrötenschale gefertigten Leier) die Flöte erfand. Nach dem Srawacas (der Jainas)*) stammen die Menschen von 14 Paaren eines früheren Samens ab, die bei der Wiedererneuerung der Welt, in einer Höhle der Berge, Existenz gewannen. Diese nur 1½ Ellen hohen Zwergpaare, als Yugaliyas, zeugten Nabhi Rajah und Mora Dewa, als Zwillingspaar (Eltern). Im allmählichen Aufwachsen erreichte der (zuerst durch Einzelgeburt vom letzten Paare erzeugte) Rishabha Dewa, der erste Tirthankara, eine Höhe von 2000 Ellen (s. Delamain). Die sieben Höllen an der Basis der oberen Spindel sind Ratna prabha, Sancara prabha, Balnca prabha, Panca prabha, Dhuman prabha, Tama prabha, Tamatama prabha. Nach der Tappa Jaina Patavali brachte (im Jahre 535 der Era Vicramaditya's) Narasinha Suri Acharya 144 Bücher aus den buddhistischen Ländern östlich von Bengalen (s. Miles). Die Agamasutras war das erste durch Devadhi Chamasamma niedergeschriebene Buch der Jainas im Jahre 845 Mahavira's Vergötterung oder 375 Samvat. Nach der Lunca Patavali wurden die ersten Bücher 980 Mahavira's oder 510 Vicramaditya's geschrieben. Unter Man Dewa Suri wurden die ersten Jaina-Tempel gebaut im Jahre 882 Mahavira's oder 412 Vicramaditya's. Der in Meditation frei gewordene Heilige steigt nach den Jainas zu

Arjuna) Partha. Il est probable, que le nom d'Asgard est identique avec Asagarta, dans les inscriptions de Bisoutoun (Sagistana), laquelle dans l'énumération des provinces qui appartenaient à la monarchie de Darius est nommé immédiatement avant Parthia (Holmboe).

*) The Jains put a mark with sandal powder on the middle of their foreheads. Some have a small circlet with red powder in the centre of the sandal marks for ornament.

dem höchsten Himmel des Siddha*) Sila (dem Felsen der Vervollkommeten) auf. Die Digambara begehen ihre Ceremonien nach dem Buche Siddhanta. Für die Svetambhara versehen die Bhajak-Brahmanen die Tempel. Nach der Kalpa-Sutra war der letzte Tirthankara, nachdem er seine Existenz in der Göttlichkeit aufgegeben, zunächst im Uterus der Devananda, Mutter des Rishabhadatta, empfangen, einer Brahmanin von Brahmanacundagrama in Bharatavarsha. Indra oder Sakra indessen, von Mahavira's**) Fleischwerdung benachrichtigt, beauftragte seinen Diener Harinaigameshi, den Embryo in den Uterus der Trisala, Gattin des Siddhartha (eines Fürsten aus dem Stamme der Ikshwaku und der Kasyapa-Familie) zu versetzen, weil eine hohe Persönlichkeit nie in ärmlicher und bettelhafter Familie, gleich der einer Brahmana, geboren sein könne. Er starb am Hofe des Königs Hastipala in der Stadt Pawapuri oder Papapuri (in der Nähe von Rajagriha in Behar). Die Bilder in den verschiedenen Höhlen Ajuntas (zum Theil nackt, zum Theil bekleidet) zeigen auf dem Piedestal oder Sinhasan die Symbole der Jaina-Heiligen Abhimandanu, Padma prabha, Vasupujaya, Santi Kunthi und Malli, als Affen, Lotus, Kuh, Antilope, Geiss und Krug oder

*) Est Hibernismus spiritus hominibus in facie humana apparentes, vocantur Hibernice Fir Sidhe seu Fir Sithe (viri de montibus vel collibus) personae namque quas infestant et hinc rudis populus personam habent amoeniorem colles domicilia eis esse, quia e tubbus simulent se prodire. Seidhr (oder Sud) ist der Kesselzauber.

**) Dreissig Jahre lebte Mahavira als Haushalter, nachdem jedoch seine Eltern zum Wohnsitz der Götter sich entfernt, beschloss er seinen Vorsatz auszuführen und seines Bruders Zustimmung zu erhalten, der König geworden war. Unter dem Beifallsjauchzen der Götter wurde er nach des Fürsten Waldgarten geführt, wo der Asoka (der sorgenlose Baum) wuchs, und sich dort niederlassend, legte er seinen Schmuck ab und vollführte die Fasten der Enthaltung, um dann das Gewand der Götter anzulegen. Als ein Brahmane ihn um seine Kleider gebeten, ging Mahavira fortan nackt. Gotama Indrabhuti begleitete ihn an der Spitze der Büsser und Chandrabala der Büsserinnen. Auf seinem Lotus-Sitze dem Lesen der 55. Abhandlung (über die Folgen der Tugend und des Lasters) zuhörend und die 66. Abhandlung erinnernd, erlangte Mahavira Erlösung, in den der Leidenschaft und dem Schmerze enthobenen Zustand der Befreiung eingehend (nach dem Kalpa-sutra). Siva, Gattin des Arhat Nemi, war in der Stadt Sori (Agra) geboren.

Kumbha. Im Santipurana ist das Leben des durch eine Antilope repräsentirten Jina Santi beschrieben.*) Der Löwe ist das Symbol des Vardhamana (Vira oder Mahavira) oder Charama-thirthacrit (Sramana oder der Heilige) in Goldfarbe. Die Jainas von Aurungabad haben den Hügelaufgang bei Ellora dem Tirthankara Neminath geweiht. Der in Cosala oder Ayodhya geborene Rishabha oder Vrishabha (aus dem Geschlecht Ikshwaku) schied auf der Spitze des Berges Ashtapada vom Leben ab, der in Banarasi geborene Parswanatha (nach der Calpa-sutra) auf dem Berge Saumeya oder Samet, zwischen Bihar und Bengalen, der schwarze Nemi, in Sorijapura geboren, in Ujjinta. Sein Zeichen war die Muschel, das des blauen Parswa, Sohn des Königs Aswasena und Damadevi's, eine Schlange, der Swastika das des Suparswa, Sohn Pratishtai und Prithwi's. Als letzte der Jinas heisst Vardhamana oder Vira (Sohn Siddhartha's und Trisala's) Sramana oder der Heilige. Die Kondati-Inschriften in Salsette enthalten den Namen Gautama (nach Wilson). Gautamitra und Yadnya Sri-Sat Karni, Könige der Andhra-Dynastie, werden auf dem Felsen Kanheris erwähnt, ebenso wie Buddhagoscha**) (nach Stevenson). Der Künstler der Griechen (Yavan)

*) Das Kalpasutram beschreibt das Leben des Vira, dem Pârçva, Nemi und Rishabha (unter den Jina) vorhergehen. Es wurde (980 Jahre nach Vira's Tode) in Aenandapura (unter König Dhruvasena) verfasst (415 p. d.). Bei Varahamihira werden die Jinâs den Çakyâs entgegengesetzt. Das Kalpasutram wurde 632 p. d. verfasst. Das Çatrunjaya Mâhâtmyam (zur Verherrlichung des heiligen Berges Çatrunjaya in Surâshtrâ) wurde von dem Jainalehrer Dhaneçvara in Valabhi verfasst (unter dem Herrscher Çilâditya). Dhruvasena war ein König der Valabhi-Dynastie. Hiuenthsang erwähnt (in Valabhi) die Schule der Tsching-liang-pou (Jainas), die das Hinayena studirten. Nach Hiuenthsang liess König Çilâditya (in Malava) das Wasser für Elephanten und Pferde filtriren, damit keine Insekten getödtet würden. Das Siyuki (des Hiuenthsang) beschreibt die Jainas als Häretiker im Reiche Sinhapura (wohin Ptolemäos sein Reich der Γυμνοσοφισταί versetzt) als weisse Kleider tragend oder nackt gehend. Siladitya stellte (gleich den Jainas) sieben Statuen von Buddhas auf, während Hiuenthsang sonst nur von vier Buddhas spricht (ursprünglich 24 Buddhas oder Tirthankaras).

**) A religious assignation of an image to the lord (Bhagavan) by the compassionate teacher and venerable monument of religion's disciple, the Sakya mendicant Buddhagoscha, a sojourner on earth and a prisoner in the body, the

heisst Dhenuka-kata (Xenocrates) oder Dhanuka-kata in den Inschriften Karlens und Kanheris. Das nackte Bild des Chinadeo oder Jain-deo, von einer neunköpfigen Schlange überbäumt, ist in Mudgeery (bei Calliance) aus blauem Gestein verfertigt. Daneben sind fünf Lingam placirt, als die Macht der Natur in den fünf Elementen repräsentirend. Pantschagupta oder das fünf Glieder Verbergende ist das Lehrsystem der Bauddhas*)

---

same, who composed the institutes of the Lord Buddha (im Sanscrit). Die Pilger der Jaina wallfahrten nach Gajá in Süd-Bihar. Die elf Gaṇâdhipa oder Vorsteher der Versammlungen sind (nach Hemakandra) Indrabhûti, Agnibhûti und Vasubhûti (welche drei Brüder Gautama's waren), Maṇḍita und Mauryaputra (Stiefbrüder und Nachkömmlinge der vedischen Rishi Vaçishṭha und Kaçyapa), Vyakta, Sudharma, Champuta, Akalabhrâtri, Metarja und Prabhâsa (Nachkömmlinge vom Stammvater brahmanischer Geschlechter). Nach der Inschrift in Girinagara (in Guzerat) baute unter Maṇḍalika (König der Jalava) Nemi (der 22. Patriarch der Jaina) einen Tempel. Der früher in Gulja und Kola blühende Buddhismus war (zur Zeit des Hiuenthsang) verfallen. Nach Laonikos Chalkondylas beslegte Taimur den Tzarbatas (in Chatagia), König der Inder, die dem Apollon Pferde, der Here Kühe und der Artemis Kinder opferten (neugeborene Knaben).

*) Bei dem Aufenthalt des Parçvanâtha in Râjapura kam Içvarabhûpa verehrend zu ihm, und (seine frühere Geburt erfahrend) baute einen Tempel, in Erinnerung seiner eigenen früheren Geburt eine Hahn-Statue errichtend, weshalb das tirtham den Namen Kukkuteçvaram erhielt (nach dem Çatrunjaya Mâhâtmyam). Wegen der Macht des Duhshamâ-Zeitalters wird die Macht der Mudgala mit Gewalt, wie ein Meeresstrom die Erde überfluthend, ergreifen; Kühe, Getreide, Reichthum den Menschen entnehmend, werden die Mudgala siehen (nach Çatrunjaya Mâhâtmyam). Mudgala (Hammer) dient zur Bezeichnung eines Rishi-Geschlechtes Açval, als Xatrapeta (mit dem Charakter von Katriyas). Nach dem von Jâvada dem Vira errichteten Caitya werden die in den arischen und nichtarischen Ländern umherziehenden Muni herbeikommen. Jâvada erhält durch Geschenke von dem Fürsten von Taxaçilâ die Erlaubniss, das Bild des Rishabhasvâmin mit den beiden Puṇḍarika nach Madhuvati wegzuführen. Nachdem durch die Yana der Berg Çallendra gereinigt (und der Kapardin mit den Asura's durch den Vajra in die frühere Statue gebannt ist) wird der Tempeldienst des heiligen Bildes eingerichtet, worauf der frühere Kapardin nach dem Ufer des Meeres entflieht und in Candraprabhâsaxetra einen andern Namen annimmt. Nachdem die (durch Gegner schwer zu besiegenden) Bauddha (durch ihre Weisheit die Fürsten beherrschend) das Uebergewicht erlangt haben und, die anderen Systeme (durch Einführung ihrer Lehre) beseitigend, alle tirtha (Jaina-Heiligthümer) vernichtet haben, tritt (als der Mond des Oceans des Mondgeschlechts) Dhaneçvara (der weise, aus allen Göttern zusammengesetzte Lehrer) auf und unterrichtet den Çilâditya

oder Na's (Neinsager oder Leugner) nach den Brahmanen, die die sich selbst Wadawadin (Wahrheitsredner) nennenden Dschainas als Wakris oder Heuchler bezeichnen. Den Charvakas gilt

(Herrn der Stadt Valabhi) in der reinigenden Jinalehre, worauf die Bauddha aus dem Lande vertrieben und sieben Chaitya an den verschiedenen tirtha errichtet wurden (nach dem Çatrunjaya Mâhâtmyam). Die Tempel des Muçalin (Balarâma) und Krishna werden einfallen (in Pâtaliputra) bei der Geburt des Mlechha-Sohnes Kalkin (Chaturvaktra oder Rudra), der mit den aus dem goldenen Stupa des Königs Nanda ausgegrabenen Schätzen (nebst der steinernen Kuh Lagnadevi, die die Muni quält) die durch die Ueberschwemmung zerstörte Stadt neu aufbauen, aber (wegen seiner Verfolgung der Jaina) von Çakra getödtet werden wird. Sein Sohn Datta (von Çakra in der Jinalehre unterwiesen) wird viele Arhat-Chaitya errichten (nach dem Çatrunjaya Mâhâtmyam). *Βοῦθος περιφοιτᾷ*. Buthos obambulat, dicitur de insipientibus et stupidis. Et *Βουθοίνας Ἡρακλῆς*, cum enim Hyllus, filius ejus, esuriret, unum ex bobus aratoribus Theodamantis mactatum devoravit. *Βουθυτεῖ*, Aristophanes Pluto, dominus intus immolat, alias vero hic (de immolatione suis, hirci, arietis) dicitur *βουθυσία*, quae vox proprie ex sacrificio splendido et perfecto, quale est hecatombe, dicitur, quamque vocabant *τριττύν*. In Westphalen hat Böten Bezug auf alte Zaubermittel des Volkes gegenüber der gelehrten Arzneikunst (s. Grimm). Der Hod (Kasten) des Gottes des Westens ist zu machen (nach dem Osiris-Kalender von Dendera) aus Gold, an beiden Seiten anzubringen die Gestalt einer Mumie mit Geier-Antlitz, die weisse Krone auf dem Haupt (Dümichen). Symbolum jurisdictionis communi sacerdotis jusjudicandi habentis, Waidalote vel alii id generis, vulgari sermone Ruthus nuncupatis, talem habuit formam: Baculus longiusculus ligno simplici querci supra quam est una virga curvata in modum modi paululo inclinatae sursumque junctione una bursa pendat, sed et sigillis eorum portabunt talia symbola ut ait chronista Ruthenum. Als des Angra Mainyu Opposition kam, war die Zeit des Lebens und die Herrschaft des Gaya maretan (von Ahura Mazda geschaffen) auf 30 Jahre festgesetzt. Als dann die Opposition kam, lebte er 30 Jahre, dann sprach Gaya maretan: Wenn der Feind gekommen sein wird, werden alle Menschen aus meinem Samen entstehen, und es wird etwas Gutes sein, wenn sie gute Handlungen verrichten. Dann kam er zum Feuer und mischte in dasselbe Rauch und Finsterniss. Die Planeten schlugen mit vielen Daewas gegen das Firmament und mischten sich (im Kampf) mit der Finsterniss, und die ganze Schöpfung schwärzte er so, wie wenn Feuer einen ganzen Ort schwärzt und der Rauch aufsteigt, und 40 Tage und Nächte lagen die himmlischen Yazatas mit Angra Mainyu und allen Daewas in der Welt im Kampf. Er (Ahura Mazda) trieb sie in die Flucht und (die Yazatas) warfen sie in die Hölle, und das Bollwerk des Himmels wurde gefertigt, damit die Opposition sich nicht hineinmischen könne (nach dem Bundehesh). Vom Aufwärtsstreben der Seele hat der Mensch den aufrechten Gang (nach dem Bundehesh). Nach Herodot waren die Sagartii (Ass-

der lebendige Leib als Hauptsache, wie den Jainas der Geist. Neben der Figur Parswanatha's sind Skelette und Fakire dargestellt. Der Bilderdienst des Rishabha, durch Bahubali gestiftet, verlieh dem Satrunjaya-Berge seine Heiligkeit bei den Jainas. Die Brahmanen in Baramulla bewahren als Reliquie den Zahn eines Jin (das obere Gebiss eines Elephanten), den der betende Kasyapa dem ihn störenden Jin durch eine Ohrfeige aufgeschlagen (Hügel). Nach dem Ayeen Akberi führte Asoka den Cultus der Jainas in Kashmir ein, statt des Brahmanismus. Parswanatha, den seine Mutter Bama-rani mit einer Schlange zeugte, widerstand, unter dem Asoka-Baum von der Schlange beschattet, den Angriffen des Gottes Meghacumara und wurde Anantamalam. Als die Regendrachen beherrschend heisst Buddha Meghavahana. Vira starb 947 Jahre vor dem Regierungsantritt des Siladitya (555 p. d.) 392 a. d. (nach der Satrum gaja mahatmya) oder 980 Jahre, ehe Bhadhrabahu (411 p. d.) das Kalpasutra (unter der Regierung des Dhruvasena) veröffentlichte (569 a. d.). Nach dem Abhidhanachintamani des Hemachandra heissen die grossen Perioden (der Jainas) Avasarpini (herabschreitend) und Utsarpini (emporschreitend). Nach den Mohod Chartar haben die Tirthankara sechs Calyana oder glückliche

garta) gleichen Stammes mit den Persern, mit dem Lhasso kämpfend, wie (ausser Hunnen und Alanen) Sarmaden (bei Pausanias) und Parthier (bei Suidas). Rawlinson identificirt den Yadava-Stamm der Aswas (Aspas oder Assakanoi) oder Appagonoi (Afghanen) zwischen Oxus und Indus (in den indischen Sagen) mit den Ἄσοι (bei Strabo). Sieben Planeten stehen als Heerführer gegen die sieben Heerführer der Fixsterne, nämlich der Planet Tir (Mercur) gegen Tistrya, der Planet Vahram (Mars) gegen Haptoiringa, der Planet Auhoma (Jupiter) gegen Venant, der Planet Anahit (Venus) gegen Çatavaeça, der Planet Keivan (Saturn) gegen den Grossen inmitten des Himmels. Gurzihar und Doudu Muspar, die Schweifsterne, griffen Sonne, Mond und Sterne an, die Sonne fesselte den Muspar an ihre Bahn auf eine Weise, dass er nur wenig Schaden anstiften kann. Der Berg Harr bereziti liegt rings um die Erde und in der Mitte derselben der Berg Taera, um den sich die Sonne dreht (nach dem Bundehesh). Die bösesinnige Schlange (die mit Angra Mainyu allein übrig bleibt) wird im flüssigen Metall verbrennen. Yima duldet Schmerzen an seiner Hand, die er in den After des Angra Mainyu gesteckt, um den verschlungenen Takhmo urupa herauszuholen, bis er keine Nahrung zu sich nahm. Tyr erlegt den Muspellheimr.

Epochen in ihrem Leben. Nach den Tapas hiessen die Jainas früher Nigrantha oder Alobbi (Leidenschaftslose oder Allobier) und dann (unter Acharya Sohasti Suri) Cotic oder Corynia Guchcha. Die Jaina-Secte der Nichik Sauki wurde in Mathura von Rama San Acharya gegründet. Der Dichter, der das Satrunjaya Mahatmyam (nach dem durch Sudharman abgefassten Auszuge der Rede des Vardhamana oder Vira) verfertigte, beginnt mit der preisenden Anrufung der fünf hauptsächlichsten Jina (als Yugadiça, des ersten, Santi, des sechzehnten, Nemi, Parçva und Vira, der drei letzten), seinen Vorgänger Pundarika verehrend und dann seine Andacht auf alle Jina (Adiçvara an der Spitze), alle Muni und Pundarika, sowie die Sasanadevi genannten Wesen richtend.

Die Jainas unterscheiden Indhrabhûti Gotama oder Gautamasvâmin, den Lieblingsschüler Vira's (des letzten Jina) von Gautama Buddha*) (Gotamânvaya Buddha). Vira war, nach den Jainas, ein Kâçyapa. Im Tempel bei Puri werden die Fusstapfen des Mahavira (als Gautama Mahavira) gezeigt. Komarpal, der letzte König des Jain-Glaubens in Anhulwara, wollte sein Heer nicht in der Regenzeit marschiren lassen, eine unvermeidliche grosse Vernichtung**) thierischen Lebens vorherrsehend

*) Im Mahawamso wird Buddha (meistens als Jina bezeichnet) Mahâvira genannt (als Sohn des Siddhârtha oder Buddha). Die Frau des Vira heisst Yaçodâ (im Buddha's). Gautama erscheint in den Schriften der Jaina als Lehrer des Magadha-Königs Çrenika (Çrenya oder Bimbisâra). Die Jaina-Lehre pflanzte sich durch Sudharman (Schüler des Vira) fort. Der Stifter der Jainas starb in Süd-Bihar. Das von den Jainas angewandte Mâgadhî ist ein neuerer Dialekt als das buddhistische Pali (s. Weber). Ausser den drei Gautama (Indrabhûti, Agnibhûti und Vayubhûti) findet sich unter den Schülern des Vira auch Gautama (Akampita). Mauryaputra ist Kaçyapa. According to the Calpasûtra all ascetics or candidates for holiness were pupils in succession of Sudharma, none of the other disciples of Mahâvira having left successors (s. Colebrooke). Die nördlichen Buddhisten setzen Buddha's Tod 400 Jahre vor Kanischka. Die Era des Vira beginnt 348 a. d.

**) The two officiating priests in the temple of Parswanatha (at Samet Sikhar) had clothes tied over their mouths and underneath the chin, which were fastened to the top of the head to prevent their swallowing any thing, that had life (Franklin). Die Tirapanthi kaufen nicht Thiere oder Insekten zurück von solchen

(Tod). Rana Rajab Singh (zur Zeit des Aurungzeb) verbat in dem veröffentlichten Edict alle Neuerungen in Betreff des Jaina-Verbotes: nicht zu tödten, erklärend, dass selbst ein verurtheilter Verbrecher, der in der Nähe ihrer Wohnungen vorüberginge, amrita (unsterblich) sein würde. Wie die alten Feuerverehrer legen die Jainas beim Gottesdienst ein Tuch über ihren Mund. Die Heirathsceremonien werden bei den Jainas durch einen Nat-Guru (Stammpriester) genannten Brahmanen verrichtet. Die von den Jainas mit einer Spindel verglichene Welt wird von dem Lokaloka-Gebirge umgeben. Zur Zeit Mahavira's stiegen die Bhavanâsapati-Indra zum Himmel hinauf, die Devatas anzugreifen, die durch Vaira vertrieben wurden. Als Vrishabhanatha Tirthacar sich in den Sohn des 14. Menu Nabhiraja eingekörpert hatte, in Ayodhya, vertheilte er als Mittel der Existenz unter die Menschen Asi (das Schwert), Masi (Schrift), Crishi (Ackerbau), Vanijaya (Handel), Pasupala (Heerdenhütten). Einige der Götzen bei Bargaon sind halb*) vishnuitisch halb buddhistisch, einige sind Surrewac Jainas und andere in der Naga-Form (Kittoe). Die

die sie tödten wollen, da sie sonst für den möglicherweise durch ihre Schützlinge anderen Leben zugefügten Schaden verantwortlich sein könnten.

*) Der Vorleser im Jaina-Tempel ist ein Geistlicher (Yatis), aber der administrirende Götzenpriester, der die Opfer empfängt und die Ceremonien leitet, ist ein Brahmane. Die Widjadewis oder Weisheitsgöttinnen sind dem Menschen wohlgesinnte Genien bei den Jainas. In seiner Polemik gegen das Kastenwesen schliesst sich der Buddhist Asvagosha an die Aptavajrasuci (als Upanishad des Atharvaveda aufgefasstes Werk Sankara's) an, die Moxa oder Befreiung in der Erkenntniss der Einheit des Jiva (Einzelseele) und des Parameçvara (Allseele) erklärt, sowie die Worte tat (das Absolute) und tvam (das Gegenständliche). Die Vernichtung der Kasten und der Schrift (grantha) ist ein häufig in dem Upanishad des Atharvaveda wiederkehrender Zug (s. Weber). In manchen Tempeln (Deohara) der Srawak (unter den Jainas) ist Bhairav, ein Diener der Götter, Gegenstand der Verehrung. Die Srawaken (in Behar) verehren 48 weibliche Gottheiten und ausserdem Kshetrapal, den Städtegott. Obwohl die göttliche Natur von Sonne und Mond zugebend, erweisen sie denselben keine Verehrung. Wenn von Unglück bedroht, wenden sie sich an einen Brahmanen, dass er das Hom genannte Opfer vollziehe. Ausser den Dondhias verehrte die von Gautama gegründete Secte der Sewras oder Jati, die unter den Sravaca-vanyas (der Jainas) betteln, das Bild Parswanatha's. Nach den Digambara sind die Tirthankara nicht höchste Götter, sondern nur Parama Gurus. Die Svetambhara leugnen eine

von Gyan ben Gyan beherrschten Jin sind indifferente Mittelwesen zwischen Engel und Teufel (nach den Orientalen) in statu viae, so dass sie Verdienst erwerben oder Strafe verdienen können. Die Inschrift zu Gusserawa berichtet die Annahme des Buddhismus durch einen jungen Brahmanen (in der früheren Form der Goura oder Kutila geschrieben). Die frühesten Jaina-Inschriften*) sind die der Könige von Humchi, die 804, 819, 820 (Salivahana's) datiren. Dann folgen in Mysore die Schenkungen der Belal-Könige (XI.—XII. Jahrhdt. p. d.). Im Jahre 1367 p. d. wurde eine Einigung zwischen Jainas und Vishnuiten versucht. Von den 5000 Jahren, die Buddha's Religion dauern sollte, waren 2380 in 1837 verflossen und hatten 2676 zu folgen (s. Turnour). Nach Sueton fiel die Geburt des Augustus in ein Jahr, in welchem der Senat verboten hatte, Kinder aufzuziehen, weil die Aruspices aus Zeichen geschlossen hatte, dass die Natur in den Wehen liege, den neuen Herrscher Roms zu gebären. Die Nachrichten von der Welt und ihren verschiedenen Wechseln finden sich in dem Loka Swarupa genannten Buche der Jainas. Ein Bericht**) über Gomata Rajah ist in der Gomata Rajah Cheritra

---

weitere Theilung des kleinsten Zeittheilchens (samaya), während sie von den Digambara in's Unendliche fortgesetzt wird.

*) Ancient inscriptions in the Pali and Bauddhist character have been discovered in various parts of Rajastham of the race called Tusta, Takshac and Tak (s. Tod). The most modern of the Jaina temples on Mount Aboo was built (1197—1247) by merchant princes, the former are by the merchant Vimala Sab (Fergusson). The Bauddhas from Benares settled (III cent.) at Kanchi, but were expulsed (VIII cent.) by the Jain teacher Akalanka (in presence of the converted Bauddha prince Hemasitala and were expulsed to Kandy (788 p. d.). The Bauddha prince Kumara-Pala of Guzerat was (XII cent.) converted to the Jaina-faith. The princes of Homchi (in Mysore) were Jains (IX cent.). The Bauddha-temples at Devagond and Vellapalam were destroyed (XI cent.) by Jain princes, when the Lingawant Saivas killed Vyala the Jain king of Kalyan. In the Pandyan kingdom the Jainas rose upon the downfall of the Bauddhas and were suppressed in the reign of Kunda Pandawa (IX cent.). Kulottunga Chola founded the Chola kingdom. The country on the Kaveri (overrun by Rakshasas, whose chief Trisiras built the fort of Trichinopoli) was first cleared and cultivated by Tayaman Naik (from Oude). Vira-Chola (I cent.) founded Kanchi. At the destruction of Warior by a shower of earth, the capital was removed to Kumbhakonam.

**) Die Digambara theilen die acht Carmas in 148 Pracritas oder Naturen,

gegeben. Die Camunda Rajah Purana enthält die Geschichte der 24 Siddhas. Zum neunzehnten Male erschien eine Frau als Tirthancara. Die Svetambaras nehmen 12 Himmel und 64 Indras an, die Digambaras 16 Himmel und 100 Himmelsherrscher. Die Yatis lesen die Berichte über die Avataren und Könige aus dem Buche Bhagavat Sutra und den Bericht über die Pilgerplätze im Tara-Tambul. Die Puranas unterscheiden sich von den orthodoxen, doch werden auch die letzteren von manchen Srawacas studirt. Ebenso bekennen sich die Svetambaras zu den orthodoxen Vorschriften (smriti) der 20 Munis. In manchen Tempeln (Deohara) der Srawacas ist Bhairava (der Diener der Götter) aufgestellt. Sie verehren 48 Göttinnen (s. Buchanan). Wenn sie drohendes Unheil befürchten, so verwenden die Srawaca einen Brahmanen, um die Homa genannten Opfer zu bringen. Trotz der Bilder in den Tempeln der Srawacas richtet sich die Anbetung hauptsächlich an die Abbildung der Füsse. Die Pilger besuchen die Plätze der Zeugung (Garbha), der Geburt (Janma), der Weltentsagung (Dieshya), des Meditations-Anfanges (Inyana) und des Endes irdischer Existenz (Nirwana). All die 24 Tirthancara gelten für Söhne von Königen, ausser Nema-nath, und auch dieser stammte aus der Königsfamilie des Mondes, als Nachkomme des Yadu (Vorfahr Krishna's). Der Tirthacar Vasupujiya starb zu Champanagara unter der Regierung des Rajah

die Svetambaras in 158 (Delamaire). Auch von den Orthodoxen geben die zur letzten Stufe Fortgeschrittenen (als Paramahausa) nackt (wie die Digambara). Neben den Puranas erkennen die Svetambaras die Gesetze (Smriti) der 20 Munis, gleich denen der Orthodoxen, an. Die Jainas stellen sich zwischen die Astika (Brahmanen) und die Nastika (Buddhisten). Der Pfau ist den Jainas heilig. In Buddha's Zeit wurden in Indien aufgezählt: die nackten Digambara, die weissen Svetambara, die Sanyasi, die Panchatapa, die Padaranga-Verehrer, die Verehrer Jivaka's, die Niganthe, die Jainas, die Lokayata (als das System atheistischer Philosophie des Charvaka). Sarvajnja und Bhagavat sind gleichbedeutend mit Jina (nach Amera). Verschieden von den gegenwärtigen Kalpa residiren die Götter der vergangenen in zwei Abtheilungen von fünf und acht Himmeln, die letzte Klasse unter dem Namen Anuttara (bei den Jainas). In the Bhagavata the term Viraj implies body, collectively (Wilson). Vishnu created Viraj and Viraj created the male (Viraja or Manu), as the second interval (Antaram) or stage in creation (Brahma-Purana).

Dadhibahan (nach Kama). Hemachandra unterscheidet*) als Seele die Arhatas oder Jainas, die Saugatas oder Bauddhas und die Philosophen der Schulen (Naiyayica, Soga, Sankhya, Vaiseshika, Varshaspatya oder Nastica, Charvaca oder Lokayata). Die vollendeten Jina sind Siddha, wogegen Buddha vor seiner Verklärung Siddartha hiess. Nach den Brahmanen sind die Siddha zauberische Luftgeister, besonders in Gefolge des Kartakeya. Schid, die Sonne, wurde mit dem Namen des Königs Djem oder Jam verbunden, der die Kasten und darauf bezüglichen Kleiderabzeichen in Persien einführte, als Jamschid, wie später als Kourschid. Der später von Zohak (Neffe des Schedad) besiegte Jamschid, der durch Einführung des Niruz die Jahresrechnung regelte, fand unter dem zur Gründung von Estakhor (Persepolis) vorbereiteten Platz einen Becher oder ein Gefäss mit kostbarer Flüssigkeit, wie solche unter den Eckthürmen hinterindischer Städte vergraben werden, und soll den Wein, der seine Gattin heilte, in allgemeinen Gebrauch eingeführt haben, wie er auch für Jahre von Misswachs Getreidemagazine bauen liess, wie sie Pinto in China fand. Nach dem Humayum Namet lernte Jamschid von den Bienen die Hofeinrichtungen, und der litthauische Staat wurde nach dem Muster der Bienen geregelt. Jamas

---

*) Das Abdhidharma Chindamani Hemachandra's nennt die obern Götter (Devadhideva), Götter (Devas), Menschen, Wesen mit einem oder mehr Sinnen, Höllengeschöpfe und allgemeinen Bezeichnungen. In den zehn Klassen der Bhuwanapati sind die von je zwei Indra regierten Asuracumara und Nagacumara begriffen. Als gleichbedeutend mit einem Jina oder vergötterten Heiligen, erwähnt Hemachandra den Arhat oder Tirthancara, und unter den Göttern wird nach den Göttern indischer Mythologie (Indra, Brahma) Sugata oder Bodhisatwa (als gleichbedeutend mit Buddha) aufgeführt, indem sieben namhaft gemacht werden, Vipasyi, Sichi, Viswanna, Kukuchhanda, Kanchano, Kasyapa und zuletzt Buddha oder Sakyasinha (Servarthasiddha), der Sohn Suddhodana's und Maya (Abkomme der Sonne vom Geschlechte Gautama's). Die Jainas zählen vier Klassen göttlicher Wesen, als Bhuvanapatis, Vyantaras, Lyotikas und Vaimanikas. Aryaverta war nach Hemachandra das Land der Jainas, Charta und Arddhachalota, zwischen dem Vindhya und Himadri-Gebirge gelegen. Die drei Gebiete Carmabhumis (Bharata, Airavata und Videha) sind Secten der Jina genannten Tirthancara oder Heiligen beigelegt. Neben den 101 Tirthankaras führt Hemachandra (XII. Jahrhdt.) vier Sasvat oder ewige Jinas auf.

(Bhaskaris oder Waiwaswatas) oder Jas (Sohn der Sonne und der Sandjina (Tochter des Visakarma) hiess Dharma als Todtenrichter (auf einem Büffel reitend) und streift von den Sündern die göttliche Gestalt ab (nach dem Krijajogasaras), eine fürchterliche annehmend. Die fromme Yima führte die Perser aus ihrer vagina gentium, der Quelle der Arier, und in Yumala oder Jumala der Finnen liegt, wie Ilu, die Jule*) (Vul oder Phul im Assyrischen, Sturmgott). Die Götter**) der Arhita***) (Verehrungswürdige) oder Jainas in Mudu Biddery sind die Geister vollkommener Menschen, die kraft ihrer Tugenden von Wechsel und Leiden Befreiung erlangten und mit einander Jineswara (Herren Jina) oder Siddha (Heilige) genannt werden. Der Vornehmste unter ihnen ist Adi Parameswara. Die Seelen Lasterhafter weilen als Rakshas oder Asuras in Bhuvana (der höllischen Unterwelt). Burnouf findet Airya im Namen Armenien (arm ist Wurzel im Armenischen). Am höchsten in der Verehrung stehen Parswanath und Mahavira, der 23. und 24. Jinas der gegenwärtigen Periode. Man zählt 24 †) Tirthankara der Vergangenheit, 24 der Gegenwart und 24 der Zukunft. Einem Jina, ††) als Besieger der menschlichen Leidenschaften und

*) Joulonka ist der schreckende Meergeist (der Karaiben), dessen federgeschmückten Haupt zuweilen aus den Wogen sichtbar wird. Das später an die Ostsee versetzte Julin (des Julus oder Julius) war als Asciburgium von Ulysses begründet, dessen Fahrten nach Caledonien der Altar (graecis literis scripta) bezeugte (nach Solinus).

**) In the Sri Bhagawata the different descents and forms of the deity, as Vishnu, are made the origin of the Jain saints (Bird). The Jains, adoring the Spirit (Jin), were untinctured with idolatry until the apotheosis of Krishna, the contemporary and relation of Nemnath or the deified Nemi.

***) The heterodox Indians are divided into three sects, the followers of Jaina (on the borders of India), the Buddhas (in Tibet) and the Arahan in Siam (Maurice). Mahadeva is believed by the Jainas to have assumed the form of Arahan or Mahiman accompanied by his wife Mahamarya. Die Würdigen heissen (bei den Buddhisten) Arhat (ἄρχων), ein Titel, der sich ebenfalls in den Brahmana den Lehrern gegeben findet (Weber).

†) The worship of Jeyne and Boodh arose at the appearance of Parus Nauth, Bheem Nauth and Hagbalt Nauth, the 24th outar or incarnation of the Supreme being in his three representations.

††) The term Boodh or Boodhoo is derived by the Singhalese from the Pali

Schwächen, kommen 36 Atisayas oder übermenschliche Eigenschaften zu. Der Xatrya aus Chiampa hörte von Jainabüssern, dass der Mensch durch die Macht der Karman in der Welt umhergetrieben werde und nur durch Verehrung der Raivatâdri Erlösung erlangen könne. Dharana, der Naga-Fürst, schützte Parsnavatha als Schirm (nach der Catrunjaya Mahatmyam). Die Jainas in Canara erkennen an, dass sie zu einer der 21 Secten gehören, die durch Sancara Acharya als Häretiker betrachtet wurden. Sie verwarfen als ketzerisch die Vedas und die 18 Puranas, Werke des heiligen Vyasa, den die Brahmanen als eine Incarnation der Gottheit ansehen. Ihr Hauptlehrbuch heisst Yoga und wurde mit dem Karnata-Alphabet in Sanscrit geschrieben durch den heiligen Vrishana Sayana, der durch lang fortgesetzte Gebete die Kenntniss göttlicher Dinge erlangt hatte. Die Götter oder Geister der Vervollkommneten heissen Jineswara (Arhita*) oder Verehrungswürdige) oder Siddha (Heilige), und sie weilen im Himmel Mocsha. Neben dem bedachten Busty findet sich unter ihren Tempeln der Betta oder Hügel, ein offener Platz, der mit einer Mauer umgeben ist und das nackte Kolossalbild des Gomuta Rajah enthält, der einst als mächtiger König auf Erden herrschte. In den bedachten Busties

and implies wisdom, whilst Jayne or Jina Sanscrit means „exemption from sin" or „victorious over sin". The fourth Boodh, the last who has appeared, was Gaudama (Mitrib Boodh is the fifth). Herodot sah in ägyptischen Tempeln die Holzfiguren der Piromis (Ehrenmänner), um darnach die Genealogien zu zählen. Pir bezeichnet im Persischen einen Greis, dem arabischen Schech entsprechend, und wie dieser auch einen Herrn. Piran Veiseh, Minister des Afrasiab, verhinderte den Mord des Caicaus, und Gudarz's Sohn beklagte seinen Tod. Pir geht dann in die Vira-Formen über. Bei den Tataren ist Pir Panjal der Götterberg des Altai, bei den Grönländern Pirksoma der Gott der Strafen und Belohnungen. Der König Pire entwässerte Kaschmir. Piren war Vater der Jo und Piren (Bruder des Hipponous) Bellerophon. Piras (Pallas) zeugte mit der Styx die Echidna, dann Balas und Plinmnus.

*) According to Bhoja Raja's Commentary on the aphorisms of Patanjali's System of the Yoga, the word yoga from the root yuj, means to keep the mind fixed in abstract meditation (Ballantyne). The Jains are called Ari (Foe). Die Rachimburgi (boni homines oder hombres ricos) entsprechen (bei den Franken) den Arimanni (Freien) der Longobarden.

werden die 24 Siddharu verehrt, aber auf dem offenen Betta nur Gomuta Rajah als Bild eines Siddha. Die Tempel Vishnu's und Siwa's heissen Gudies (Gadies), als der grossen Götter der Veda-Anhänger. Brahma, ein Devata und Königssohn, ist der bevorzugte Diener des Gomuta Rajah. Buddha (Stifter der Saugatas) untergeht eine Reihe tief stehender Metamorphosen, um für die begangenen Irrthümer Strafe zu dulden. Vishnu war ein Rajah, der wegen guter Werke als Rajah Rama wiedergeboren wurde und später als Sanyassi sich zu einem Siddha oder Jina erhob. Nach Buchanan sind Mahesvara oder Siwa und Brahma gegenwärtig Devatas, aber in untergeordneter Stellung zu Indra, dem Führer der Seligen, die im 16stufigen Swarga wellen. Die Vyantara (niederen Devata) leben auf Meru, ebenso wie die boshaften Sakti. Ehe ein Sudra*) auf Befreiung von den Transmigrationen hoffen

---

*) Apastamba admits, that a Sudra, if he obeys the law, may be born again as a Vaisya, the Vaisya as a Kshatrya and the Kshatrya as a Brahman and the contrary. Althought the Jainas maintain the supremacy of Carma in the control of the happiness and misery of life, yet they aknowledge the influence of 4 other principles or original causes, maintaining, that there are five caranas or causes, which unite in the production of all events: 1) Cala or time (the Calavadis referring to the effects of time in the production and reproduction of all things). 2) Swabhava or nature (the world being derived solely from nature). 3) Nint (Bhavita vita or fate) or necessity (all being pre-ordained). 4) Carma (works) or the principle of retributive justice (life wandering through all the mutations of existence in conjunction with the eight carmas, from which only the immortal Siddhas are exempt). 5) Udyama (strength and exertion of mind) or perserverance (all being referred to energy of mind). The supporters of the five doctrines all came before Jineswara or Tirthankera of the age, stating their arguments and requesting decision. The Jineswara explained to them, that neither of these principles can do any thing of itself, but as the five fingers perform the work of the hand, so do these unite in the completion or perfection of all events; their influence being traceable in the production of every thing existing. This is the Jaina opinion on that subject (Miles). Although the change of the reasons and operations of the elements proceeds from Swabhava or nature, yet they are considered partially under the control of the Indras and inferior devinities (some of the Jainas worshipping them). The Tirthancara is a Raja, who by his virtue and piety, attains moksha and becomes Siddha or Supreme God.

kann, muss er in einer der drei höheren Kasten wiedergeboren sein, doch ist es nicht nöthig, dass er, um Brahmane zu werden, vorher dadurch gereinigt sei, dass er von einer Kuh geboren worden. Chamunda Rajah, der das Bild des Gomateswara aufrichtete, war Minister des Rakscha Malla, Königs von Madura (30 a. d.). Eine Ceremonie zwölfjähriger Wiedergeburt wurde von dem Kaiser der Khitan beobachtet.

Manilla.

Am 19. Mai gingen wir in See, sahen am 21. die Erhebungen der Insel Isilliton, am 22. die Hügel auf Borneo und liefen am 28. Mai in Manilla ein, um vier Uhr Nachmittags Anker werfend. Die Schiffe liegen ziemlich weit von der Stadt, wenn sie nicht die Barre des Passig-Flusses passiren können. Der Kriegshafen ist in Cavite. Ich logirte mich in der von einem Deutschen gehaltenen Fonda San Fernando ein und suchte dann das mir schon von meinem früheren Besuche 1853 bekannte Handelshaus Jenny & Co. auf, um mit Herrn Germann (Theilhaber dieser Firma) die Art und Weise zu besprechen, wie die kurze Zeit unseres Aufenthaltes am besten verwerthet werden würde. Nachdem die nöthigen Sachen eingekauft waren, brachte mich Herr Germann am nächsten Nachmittag in seiner Equipage nach einer Stelle des Passig-Flusses oberhalb der Stadt, wo ein für mich eingerichtetes Boot mit den gewöhnlichen Aussenrechen und Segeln bereit lag. Um acht Uhr Abends setzten wir uns in Bewegung und fuhren zwischen den Lichtern, die von beiden Seiten der Ufer aus den Häusern hervorschienen, der Laguna zu. Um die die Einfahrt erschwerenden Untiefen zu vermeiden war durch Goicoechea ein Kanal von Guadelupe nach Pateros projectirt. Beim Erwachen am nächsten Morgen befanden wir uns auf dem See und erblickten jenseits der aus den heissen Quellen der Los Banos aufsteigenden Dämpfen den in vier Spitzen sich erhebenden Berg Maquiling. Nach der Landung liess ich mich zu der sogenannten Laguna encantada (der bezauberte See) oder (bei den Tagalen) Tagaton (tagat oder See) führen, ein durch eine niedrige Erhebungslinie von der grossen Laguna*) abgeschlossener See, der am Fusse eines hohen Bergrückens in dichter Vegetation begraben liegt. An's Boot zurückgekehrt, ruderten wir nach dem Dorfe Los Baños, wo neben dem Hause des Pfarrers die heissen Quellen, Menit (heiss) von den Tagalen genannt, aus der Erde hervorbrechen und in Reservoirs abgeleitet sind, um den Kranken zu Bädern zu dienen. Die Häuser mit horizontal gelegten Firsten im pyramidalischen Dache stehen vom Boden erhaben. Die meisten an der Strasse gelegenen waren als Läden eingerichtet. Die durch ihren langen und dichten Haarwuchs ausgezeichneten Frauen tragen ausser dem von der Taille herabfallenden Gewande eine kleine Jacke, die aber nicht ganz bis zu jenem hinabreicht. Die Männer sind in kurze Hosen gekleidet. Der runde Bambushut der Indianer ist oft mit silbernen Zierathen geschmückt.

Um vier Uhr Nachmittags wurden die Segel zur Abfahrt aufgehisst und fuhren wir in den von Bergen und Hügelreihen umzogenen See hinaus. Als die Dunkelheit hereinbrach, entzündeten sich Lichter am Ufer, die auch von den auf Bergabhängen des Innern gelegenen Klöstern herabschienen. Um 9 Uhr Abends erreichten wir die Rhede von Santa Cruz, doch zwang uns das flache Wasser, in beträchtlicher Entfernung vom Lande

---

*) Die Laguna de Bay (zwischen 36—37 Leguas) schliesst die Insel Talin ein, die die Strasse von Quinabutazan herstellt (1/4 Legua breit) und bildet die Ausbuchtungen von Rinconada und Baybay. Ihre Erhöhung über dem Meere beträgt 58 Fuss 10 Zoll. Der Austritt des Pasig hat eine ungefähre Breite von zwei Leguas von der Spitze Taytay bis zu der von Bosing, und zwischen den Mündungen liegen die Inseln Tagui und Agonoy, verschiedene Kanäle bildend. Zwischen Talin und der Spitze Jalajala beträgt die Breite etwa zwei Leguas, von da bis Pila etwas weniger. Die elf Lagunen bei San Pablo de Batangas sind voll von Crocodilen. Nach Arenas finden sich in der Laguna die Kirchenruinen des früheren Dorfes Lagnna, das jetzt weiter im Innern liegt. Der Geistliche Pedro Bautista liess zuerst (1590) bei den Banos de aguas calientes y minerales bei Mainit an der Laguna (mit dem kalten Fluss Dampalit nahe) Bequemlichkeiten für Kranke bauen (Juan de la Concepcion).

zu verbleiben, so dass die Nacht im Boot verbracht werden musste.

Am nächsten Morgen begab ich mich zu dem Alcalde, dessen Wohnung der Kirche gegenüber, in einem etwas verwilderten Garten lag, in der Nähe des Marktplatzes. Er selbst war abwesend, indess gab der Capitano oder Gobernacillo, wie er genannt wurde, die nöthigen Befehle, damit mir und meinen Dienern Pferde geliefert würden. Zum Tragen des Gepäckes nahm ich zwei der Bootleute mit und fand mich um 11 Uhr auf einer durch Gärten und parkartige Einzäunungen hinführenden Strasse, die in weiterer Entfernung von der Stadt sich wellig zu heben begann. Sie war ziemlich belebt, und begegneten uns Frauen, die zwischen ihren Marktkörben zu Pferde sassen, oder Caravanen von Pack-Pferden, die Oelfässer trugen. Im Dorfe St. Magdalena (mit einer grossen Steinkirche) wurde gefrühstückt, und nahm ich beim Wechsel der Pferde zugleich zwei für die Bootleute hinzu. Die Strasse begann auf- und abzusteigen, hob sich aber im Ganzen mehr und mehr dem vor uns liegenden Gebirgslande entgegen. Sie war durch Anpflanzungen von Kokosnuss-Palmen eingefasst, und in einer derselben, wo ich wegen Reissens der Sattelgurte auf meine Begleiter zu warten hatte, fanden wir einen in der Tageshitze erfrischenden Trunk kühlen Kokosnuss-Wassers. Ein junger Spanier, mit dem ich beim Frühstück zusammengetroffen war, hatte sich angeschlossen und wusste Mancherlei über die Insel zu erzählen, in der er geboren war. Nachdem wir auf einer Mattenbrücke einen Waldbach gekreuzt hatten, erreichten wir das Dorf Majayjay, am Fusse des Berges Banajao, dessen dichte Wälder hie und da durch Anpflanzungen gelichtet waren. Von der andern Seite des niedrigen Berges St. Christobal,*) auf dem die Kirche einen

*) Al lado opuesto de la cueva (del Monte San Christobal) hay una hendidura natural del terreno que forma allí como una pared por estar cortada perpendicularmente y se llama la raja de las Almas, porque dicen que por allí salen las ánimas del purgatorio, mediante la limosna, que echan como el fuera en una alcancía; hay gotas de cera en las piedras (Arenas). Die Höhe des Banajao wurde durch verschiedene Messungen auf 2230 Varas 31 Pulgados oder

Fluss Jordan und einen See Genezareth für Pilgerfahrten localisirt hat, streckt sich eine niedrige Hügelkette hinweg. Ich liess im Postgebäude absatteln und begab mich, nachdem ich ein Bad genommen, zu Herrn Tobler, einem deutschen Pflanzer, der dort ansässig ist und mich zu einem Zimmer in seinem Hause einlud. Die Mitte des Dorfes nimmt eine grosse Kirche ein, mit einem Kloster verbunden, und von dem Balkon desselben sah man über das unter einer Decke von Kokos-Palmen zur Laguna abfallende Land mit jenseitigen Hügelketten, während sich auf der andern Seite eine mannigfaltige Bergsscenerie zeigte, aus der vielgestaltige Höhenspitzen in die Lüfte emporstrebten. Mein Wirth führte mich zu einer Oelpresse, die von einem Wasserrade getrieben wurde, und das klare Wasser von der mit dichtem Grün bedeckten Waldschlucht war zu einladend, als dass ich der Versuchung eines Bades widerstehen konnte. Daneben fanden sich die Bogen einer unvollendet gebliebenen Steinbrücke, die Puente de caprichos, die ein Cura hatte aufführen lassen, indem er die Bausteine in Flechtgewerken durch Kalk zusammenfügen liess. Ein zu Rathe gezogener Ingenieur soll von Weiterführung des Werkes abgerathen haben. Der Flecken enthält 1500 Einwohner und ist mit gepflasterten Strassen durchzogen, an denen zwischen den Naipe-Häusern auch Steingebäude stehen, mit steinernen Trottoirs davor. Die Strassen folgen den Unebenheiten des auf einem Hügelabhange gelegenen Terrains. Jeder Indianer der ganzen Provinz ist genöthigt, auch wenn er auswärts wohnt, ein Haus in dem Dorfe zu besitzen, die Kirche regelmässig zu besuchen und seine Kinder zur Schule zu schicken. Der Cura oder Pfarrer ist ein Franciscaner. Bei seiner Abwesenheit musste ich mich mit Besichtigung seiner klosterähnlichen Wohnung begnügen, wie sie die meisten dieser Cura bewohnen, obwohl sie gerade kein Mönchsleben zu führen pflegen.

Am nächsten Morgen standen ein paar Pferde bereit, auf

2347 Varas 26 Pulgados bestimmt und gilt als der höchste Berg der Philippinen. Das Kloster San Gregorio im Flecken Majayjay liegt 308 Varas 20 Pulgados über dem Niveau der Laguna.

denen wir durch den Wald den Berg hinanritten. Ein in tiefer Schlucht dahinlaufender Strom (Dalit-uiam) wurde auf einer Brücke passirt. Die Pfade wurden so eng und steinig, dass wir die Pferde, die des sicherern Trittes wegen nur an den Vorderfüssen beschlagen waren, am Zügel führen mussten. Viele der die Strasse pflasternden Steine waren glatt und blank gewaschen durch das sie in der Regenzeit überfluthende Wasser der Waldbäche, und wenn der Weg nicht diesen temporären Flussbetten folgte, war er in der Felswand ausgehauen. Nach steilem Ansteigen öffnete sich die Aussicht auf eine in Feldern und Kokosnusspflanzungen wechselndes Thal, das sich an der gegenüberliegenden Berghalde hinzog, während man auf der andern Seite über das zur Laguna abfallende Land hinwegblickte. Weiterhin trafen wir einige Hütten, von Destillateuren des Arak aus Palmwein bewohnt. Die Bäume standen in Reihen und waren in der Höhe der Blätterkrone durch überlegte und an den Zweigen festgebundene Stege verbunden, so dass der Sammler des Saftes, nachdem er den glatten Stamm einer Palme erstiegen, gleich in der Höhe von einer zur andern fortgehen konnte, ohne für jede einzelne das Auf- und Abklettern zu wiederholen. Die ausgeflossene Flüssigkeit wird täglich entfernt und kann dann zum frischen Gebrauch, zur Destillation (nach der Säuerung am vierten Tage) oder zur Zuckerbereitung verwendet werden, in welch letzterem Falle man in Indien etwas Kalk zusetzt. Wenn die Spadix halb vorgeschossen und die Spatha noch nicht geöffnet ist, wird die Spitze abgeschnitten und der mit einem Blatte zugebundene Stumpf mit Stöcken gequetscht. Nachdem (am 15. Tage) der Ausfluss begonnen, wird täglich eine dünne Schicht von der Oberfläche abgeschnitten, um ihn ununterbrochen zu erhalten, einen Monat hindurch. Jeden Monat treibt die Kokosnusspalme einen neuen Spadix.

Aus dem Walde traten wir auf einen Vorsprung heraus, der schroff und steil in einen Abgrund niederfiel, in dem die Cascade des Botocan-Wasserfalls eine Höhe von 360 Fuss hinabstürzte, in weissen Schaum zersprengt, der in der Luft aufgelöst die Sonnenstrahlen im Schimmer vielfältigster Farbenspiegel glitzernd brach, während das bis zum Fusse gelangende Wasser als rauschender Strom zwischen glatten Felswänden forteilt. Ein seitwärts entspringendes Quellchen wird durch den von unten zurückwirkenden Luftdruck am Ausfliessen gehindert. Auf dem Rückwege benutzte ich einen der krystallenen Bäche, die wir kreuzten, zum Bade, und ein zweites wurde in den Wasserschnellen unter der Brücke genommen, als wir in schwüler Nachmittagsstunde in's Dorf zurückgekehrt waren.

Nach dem Mittagessen sagte ich meinem freundlichen Wirthe ein Lebewohl und bestieg meine Hängematte, mit acht Trägern, von denen je vier wechselten. Der erwartete Regen trat ein und begleitete uns bis Santa Cruz, wo ich kurze Zeit in dem Hause eines Bekannten des Herrn Tobler verweilte und mich dann zu meinem Boote zurückbegab, das Abends neun Uhr abfuhr. Am nächsten Morgen erblickten wir seitlich den Berg Yale-Yale mit überhängendem Kegel, und fuhren dann aus der Laguna in den Passig ein, wo Fischer ihre Stecken aufgestellt hatten. Dem Wachthause vorüberfahrend, machten wir einen Halt zum Frühstück in der Nähe des Dorfes Passig, dessen Cura ein Augustiner ist. Auf dem Wege den Fluss abwärts begegneten uns mehrere Fahrzeuge mit Pilgern gefüllt, die von dem Feste Unserer Lieben Frau der Gegenfüssler (Nuestra Sennora del Antipolo) zurückkehrte. Die längs des Flusses gebauten Häuser liegen gewöhnlich an einem mit Steinplatten belegten Austritt, von dem Stufen zum Wasser hinabführen und en miniature die indischen Ghauts längs des Ganges wiederholen. Nach meinem Bade wurde mein Boot gegen ein kleineres vertauscht, das uns den Landhäusern in Santa-Anna vorüber, um 5 Uhr nach Manilla brachte, zum Hause der Herren Jenny & Co., mit denen ich mich bald darauf an ihrer Mittagstafel zusammenfand. Nach derselben, in frischer Abendkühle, wurde, wie es in Manilla allgemeine Sitte ist, eine Spazierfahrt unternommen, in der nächsten Umgebung der Stadt, nicht auf der kahl am Strande liegenden Promenade, sondern zwischen Gartengebüschen, aus denen die Lichter der darin versteckten Häuser hervorschimmern. Mir passirte dabei der Unfall, mein Portemonnaie zu verlieren, das ich noch von der letzten Excursion her für die laufenden Ausgaben ziemlich gefüllt in der Tasche trug, während der Reisende stets sein Augenmerk darauf richten muss, das Geld unter den Kleidern verwahrt zu tragen, wo es durch seine Lage sicher ist, ohne dass er daran zu denken braucht.

Am folgenden Sonntag waren Bambusgerüste vor der Kirche St. Binondo für das dortige Fest aufgeschlagen, und hatten überall Limonaden-Verkäuferinnen ihre Gläser und Krüge aufgestellt, um die Volksmenge mit dieser beliebten Erfrischung zu versehen. Abends spazierte man an dem durch Laternen erhellten Paseo des Strandes, wo das Musikcorps der Garnison spielte. Die Kirchen Manillas lagen noch zum Theil in Trümmern von dem letzten Erdbeben her, und hörte man auf allen Seiten Episoden aus den persönlichen Erlebnissen während desselben und der oft wunderbaren Rettungen aus drohendster Lebensgefahr erzählen. Das von Kaufleuten bewohnte Manilla, das Manilla der Märkte und des Volksverkehrs ist gewissermassen nur eine Vorstadt, die durch eine Steinbrücke über den Passig mit der todten und menschenleeren Stadt des eigentlichen Manilla *) der Beamtenwelt verbunden wird. Die Chinesen wohnen in einem eigenen Quartier zusammen, neben den übrigen Läden.

*) On pense généralement qu'elle doit son nom à une plante qui croissait abondamment dans ses environs et que les naturels du pays appellent Nilad (Ixora manila), mot, auquel on aurait ajouté ma, syncope de mayron, qui en tagal signifie „il y a“ (Mallat). Die Lautähnlichkeit hat weiter zu den Erklärungen, als Händchen, geführt. Magelhan erreichte am 16. März 1521 die Surigaogruppe, und Legaspi erbaute auf den von Villalobos nach dem damaligen Prinzen Philipp benannten Philippinen die Ciudad de Santo Nombre de Dios auf Zebu 1569 und 1571 Manilla (15. Mai). Der chinesische Pirat Li-Ma-Hong bedrohte 1574 Cavite, und die Küste von Cagayan wurde 1577 von einem japanischen Piraten verwüstet. Nachdem der Gouverneur Damariñas von den Chinesen ermordet war 1587, brach 1603 der Aufstand der Chinesen aus, der zur theilweisen Niedermetzelung derselben führte. Die Holländer blokirten Manilla 1609, und die Engländer eroberten es 1762, gaben es aber 1763 zurück. Als der König von Siam (in Odia) den König Lancara von Cambodia nach Laos getrieben, sendete Loys Dasmariñas (Gouverneur der Philippinen) den Admiral Gallinato nach Chordemuco (Cho-da-mukha) am Cambodia-Fluss, wo Diego Belloso und Blas Ruys den Usurpator Anacaparan (Vater des Chopinam) tödteten und dann über Tonquin

Die Häuser Manillas*) sind im unteren Stockwerk sehr massiv gebaut, um dem Erdbeben zu widerstehen, während die oberen Etagen aus leichten Balkengerüsten bestehen, das nur locker eingefügt ist, damit sie mit der Bewegung nachgeben. Das Mauerwerk ist fest genug, um leichte Stösse unbeschadet zu ertragen, wird dann aber dieser seiner Festigkeit wegen um so gefährlicher werden, wenn der schon lange dort unterirdisch arbeitende Vulcan einmal mit voller Kraft ausbrechen sollte.

---

zum König von Lao und Alanchan (Laxang) gingen, wo sie Prauncar (Sohn des geflüchteten Lancara) trafen und nach Cambodia zurückführten (wohin die Champan für Anacaparan erobernden Malayen gegen den nach seinem Tode aufstehenden Prätendenten zurückgekehrt waren) und von den Malayen Ocuña Lacsamana anerkannt wurde (bis mit Japanern verbunden). Als Coxinga in Formosa herrschte, verlangte er vom Gouverneur von Manilla Huldigung, wurde aber durch seinen Tod an Ausführung des gedrohten Angriffes verhindert.

*) Die Stadt theilt sich in das eigentliche Manilla und die sogenannten Pueblos oder Vorstädte Tondo, Binondo, Santa Cruz, Malate, San Gabriel, San Miguel, Quiapo, San Sebastian, San Palos, Santa Ana, Paco, Hermita. Dialektisch sagt sich in Manilla: no se regaño Ud. conmigo (no se enfade Ud.), yo quiero prestar con Ud. un peso (yo vengo à pedirle à Ud. un peso prestado). La de cosa? (que manda Vd.?) u. s. w. An der Spitze der Civil- und (dem Generalstabe aus dem Segundo Cabo mit fünf Obersten präsidirend) der Militär-Regierung vertritt der Capitan-General der Philippinen und Marianen, als Vice-Patron, den König. Ihm zur Seite steht als Minister der Juez inego und die Junta del Acuerdo oder Real acuerdo. Jeder Provinz ist ein Alcalde mayor oder Corregidor vorgesetzt und die Provinzen sind in Pueblos (unter Gobernadorcillos) getheilt (wobei die Chinesen ihr besonderes Recht bewahren). Die Cabezas de barangay sind mit Einforderung des Tributes beauftragt, indem Mann und Frau halben Tribut zahlen, Kinder je nach der Zahl. Jeder volle Tribut repräsentirt fünf Individuen. Der erbliche Ususfructus des Landes wird durch den König an Indianer ohne Abgabe cedirt, während spanische Pflanzer und Klöster Pacht zahlen. Die Ordenanzas de buen gobierno wurden 1768 unter Gouverneur Aguilar redigirt. Der Erzbischof von Manilla wurde 1595 durch Clemens VIII. creirt. Nach Vertreibung der Jesuiten 1771 finden sich von Mönchsorden die beschuhten Augustiner (unter einem Provincial), die Franciscaner (unter einem Provinzvicar), die Dominicaner, barfüssige Augustiner, der Orden des heiligen Johannes und Clarissinnen vom Orden des heiligen Franciscus. Der Handel wurde in früherer Zeit nur durch die Silbergaleeren mit Acapulco vermittelt, aber 1789 wurde der Hafen Manillas fremden Schiffen für Waaren aus Indien und China geöffnet. Das Privilegium der 1784 gegründeten Compagnie der Philippinen erlosch 1784. Zum Monopol der Regierung gehört ausser Tabak (seit 1781) und Palmwein (seit 1712) die Areka-

Während meines kurzen Aufenthaltes (im Jahre 1853) in Manilla wurden zuweilen Stösse von Erdbeben bemerkt, wobei Verluste von Menschenleben zu beklagen waren. Das erste Mal befand ich mich noch auf dem Schiffe und sass mit dem Capitän in der Cajüte, als wir beide plötzlich erschrocken aufsprangen, da es nicht anders schien, als ob das Schiff aufgestossen habe. Die Häuser der Indianer sind leichte Hütten aus Nipa oder Attap, die sich der Eigenthümer meist selbst aufrichtet. Sie werden vielfach durch Feuersbrünste zerstört, sind aber dann ebenso rasch wieder hergestellt. Weiter von der Stadt entfernt liegen die Hütten meist in dem dichten Gebüsche dieses tropischen Klimas versteckt, während man längs des Flusses grössere Dörfer findet, in denen eine ausgedehnte Entenzucht betrieben wird, und sind diese Thiere, wie in China, dressirt, um auf den Ruf des Herrn herbeizukommen. Durch den Fluss communicirt Manilla hauptsächlich mit dem Innern, doch sind seit dem Gouverneur Enrile*) (1831—1835) auch die Landstrassen in einem besseren Zustande. Die eingeborenen Indianer sind leicht und schmiegsam gebaut, besonders die Frauen, obwohl nicht von hohem Wuchs. Die Mestizen und Creolen neigen, wie überall,

*) Lopez de Legaspi, Gouvernenr von Manilla 1564, Labesares 1572, de Sande 1575, Peñalosa 1580, Ronquillo 1583, de Vera 1584, Dasmariñas 1590, de Rojas 1593, Dasmariñas 1594, de Morgan 1595. de Guzman 1596, de Acuña 1602, de Almansa (y la Real Audiencia) 1606, de Vivero 1608, de Silva 1609, Alcazar (y la Real Audiencia) 1616, Fajardo y Tenza 1618, de Silva (y la Real Audiencia) 1624, de Silva 1625, de Tabora 1626, Olasa (y la Real Audiencia) 1632, de Salamanca 1633, de Corcuera 1635, Fajardo 1644, de Lara 1653, Salcedo 1663, de la Peña Bonifaz 1668, de Leon 1669, Coloma (y Sotomayor y Manilla) y la Real Audiencia 1677, de Vargas 1678, Curuzealegui 1684, Fuerte (y la Real Audiencia) 1689, Cruzat y Gongora 1690, Zabalburu 1701, de Urzua 1709, Torralba (y la Real Audiencia) 1715, Bustillo 1717, de la Cuesta 1719, de Torrecampo 1721, Valdes y Tamon 1729, de la Torre 1739, Arrechederra (Obispo) 1745, de Obando 1750, Arandiá 1754, Espeleta (Obispo) 1759, Rojo (Arzobispo) 1761, Anda y Salazar 1762, de la Torre 1764, Raon 1765, Anda y Salazar 1770, de Sarrio 1776, Basco y Vargas 1778, de Sarrio 1787, Berenguer y Marquina 1788, de Aguilar 1793, de Folgueras 1806, de Aguilar 1810, de Jaraveitia 1813, de Folgueras 1816, Martinez 1822, Ricafort 1825, Enrile 1830, de Torres 1835, de Crame 1835, Salazar 1835, Camba 1837, Sardinabal 1838, Oraa 1841.

zum Dandyismus, und oft sieht man ihr gerade nicht allzu reinliches Gewand mit einem kostbaren Edelstein geschmückt, in dem sie ihr ganzes Vermögen, als die leichteste Art seiner Aufbewahrung, mit sich herumtragen. Bei den Wanderstämmen Indiens und Syriens zeigen sich die Frauen häufig mit Ketten von Rupien and Mejidis geschmückt, und die Altenburger Bauern tragen alte Reichsthaler als Rockknöpfe, wie die römischen Ritter Ringgeld zu Armbändern. An der westafrikanischen Küste dienen gleichfalls die Schnüre von Perlen und Cowris zum Schmucke des Halses oder der Lenden, bis man sie im Handel flüssig machen muss, so dass das Capital keinen Augenblick brach liegt. Eine beliebte Volksbelustigung sind die Hahnenkämpfe in Manilla, und ein darin leidenschaftlicher Indianer trägt seinen Favorit-Helden stets mit sich auf dem Arme herum. Da die Thiere mit stählernen Sporen bewaffnet werden, so ist der Ausgang des Duells meistens rasch entschieden. Die Javanesen lassen ausser Hähnen auch Wachteln kämpfen, ziehen aber bei diesen meist die Weibchen vor, weil stärker und grösser als die Männchen.

Die Spanier und Creolen Manillas sind etwas von freigeisterischen Tendenzen angesteckt und lächeln in ihrer Weisheit halb spöttisch, halb bedenklich über die bunten Processionen und klimpernden Kirchenscenen, an denen es dort nicht fehlt. Es cosa de mugeres, meinen sie, gleich den schlauen Neger-Aristokraten Afrikas. Gefährliche Ketzer, wenn sie wüssten, dass bereits Celsus die Schöpfungsgeschichte alte Weibermährchen nannte! Unter den Indianern dagegen hat die Geistlichkeit einen unbedingten Einfluss, und ihre Macht über dieselben ist weit bedeutender, als die der Regierung. Auch hat sie vielfach verbessernd auf deren Zustand gewirkt, und man erstaunt über die verhältnissmässig grosse Menge derjenigen, die zu schreiben und zu lesen verstehen; doch scheint der Unterricht nur bedächtig mit der Zeit dort vorzuschreiten, denn in einigen Unterredungen, die ich verschiedene Male mit gemischt-blütigen Unterbeamten hatte, kam es mir vor, als ob die neueren Entdeckungen, die ein gewisser Copernicus gemacht haben soll, bis jetzt noch nicht in diese entfernten Länder des Ostens gedrungen waren. Die Hauptfabrikationsartikel sind Strohhüte, Matten, Cigarrenkisten, Pinnas,

Seife u. dgl. Die berühmten Manilla-Tane werden in Santa Mesa gearbeitet, die Cigarren in der königlichen Fabrik in der Hauptstadt selbst, wo etwa 4000 Weiber beschäftigt sind. Die sogenannten Havana-shaped waren ursprünglich nur dem Gebrauch im Lande bestimmt und durften früher nicht ausgeführt werden, um den guten Namen der Manilla-Cigarren nicht zu verderben, da sie von etwas geringerer Qualität seien. Der Verkehr längs der Küste und mit den entfernten Provinzen wird durch plumpe Schiffe, die nur in den Schönwetter-Monaten seefähig sind, unterhalten und ist meistens in den Händen der Sangleys (Mestizen von Chinesen und Indianern). Producirt wird Reis, Zucker, Indigo, Baumwolle, Kaffee, Cacao, Tabak, Hanf, Kokosnussöl; die Einfuhr besteht besonders in Baumwollzeugen.

Ausser zu Sonne*) und Mond (und Regenbogen) beteten die,

---

*) Les deux grandes divinités solaires de la Polynésie, celles dont le culte était le plus généralement répandu, portaient les noms d'Oro et de Mahoui ou Maouï. Or, on retrouve tout d'abord ces noms dans ceux des dieux égyptiens. Hor ou Har (l'Orus des Grecs) et Mouï, tous deux aussi divinités solaires, et tous deux intimement alliés (Eichthal). Die ägyptische Vorzeit Hor-Schesu endete, als auf die Götterherrschaft mit Menes die menschliche folgte. La racine „ar" exprime originairement l'action de s'élever, comme le latin oriri, et le substantif qui en dérive (Araya) désigne le maître, le seigneur, celui à qui l'honneur est dû. Von der Wurzel ar (pflügen oder Landbau treiben) wird Ari oder der Hausherr (herus oder Herr) und arya oder edel abgeleitet. Wie Sita die Furche, ist der den Süden anbaubar machende Rama der Pflug (nach Weber), und Bala-Rama (im Mahabharata) führt stets die Pflugschar bei sich, womit er im Zorne die Pandawas erschlagen will. The Phoenician Dagon is translated by Sanchoniathon Σίτων, that is „bread-corn." Wie Kwasir aus dem Speichel der Götter, war Orion (Gemahl der Side) aus ihrem Urin geboren und ebenso Brahmaputra erweckt, als Santanu mit solchem den Leib seiner Gemahlin geföllt. Chaidu, Sohn des Dutumen, wurde von den Mongolen auf der Flucht unter einem Kumisskessel verborgen, der Tatarenfürst Remjabek unter einem Grabhügel, wo ihn die Polowzer fanden und tödteten. Nach Vermählung mit Kleito umzog Poseidon die von ihren Eltern (Euenor und Leukippe) bewohnte Anhöhe mit grösseren und kleineren Kreisen, abwechselnd von Land und Wasser (gleich den den Meru umgebenden Bergwällen mit Zwischenräumen). Als in seinen Nachkommen der göttliche Keim erlosch, weil er so oft und so sehr mit dem sterblichen gemischt war, begann die Ausartung (Plato). Die klagend um den Tod des Attis oder Papas umherschweifende Cybele kam, von ihrem Freunde Marsyas begleitet, zu der Höhle des Dionysus in Nysa, wo Apollo, seine Cither zurücklassend, ihren Irrfahrten bis zu

Bathala Meyecapal verehrenden, Eingeborenen der Philippinen zu dem blauen Vogel, Tigmamanoquin (Bathala) genannt, und der Krähe Meylupa (dem Herrn des Bodens), und dann zum Crocodile (Nono), als Grossvater. Der Dämon Oswang, der Kinder krank macht und sich von Menschenfleisch nährt, zeigt seine Gegenwart durch den ominösen Vogel*) Tictic an, der durch nackte Männer zu vertreiben ist, indem sie mit geschwungenen Schwertern um das Haus laufen, um das schlimme Augurium abzuwenden. Das Manaualam genannte Ungeheuer war ganz in Flammen gehüllt, der Teufel Silag frass die Leber. Der Magtatangal fliegt nächtlich umher, als Kopf, an dem die Gedärme hängen. Die Opfergaben wurden von den Catalonas oder (bei den Bissayern) Babaylan genannten Priesterinnen vertheilt, und die Beschwörer (Mangisalat) zog man bei Heirathen hinzu. Neben einer Habe stellte man einen Posten auf, um das dort niedergelegte Eigenthum zu bewachen, und der nahe gelegene Theil des Flusses durfte für drei Tage nicht befahren werden, um die Ruhe des Todten nicht zu stören. Von den Hexen sogen einige Neugeborenen das Blut aus, andere spukten in den Häusern oder dienten bei Liebesverirrungen als Entschuldigung. Um das Pontianac genannte Gespenst, das Geburten hindert, fortzutreiben, werden auf den Philippinen Gewehre über das Haus abgeschossen. Bei Pontianack fliesst der Kapuas, als Hauptstrom des westlichen Borneo. Die von den Igorotes in Luzon**) verschiedenen Aetas oder Negritos ver-

den Hyperboräern folgte (nach Diodor). The Kassyaungs (tribe of the Shans, settled in Assam) left their settlements on the Patkoe about the beginning of the XIX century, in consequence of the inroads of the Singphos and settled in the Jorhath district, where along with the Pheke and Itong, they were known as the Nora (in Buchanan's time), which designation was given to the people of Assam apparently to the Shans of Moongkong. The Kassyangs, in consequence of their original designation of Mon Nam and Mon Noe are called by the Assamese Pani Nora and Ham Nora or Highland Nora's (s. Watson).

*) Tous les matins, au point du jour, chacun (en Formose) se porte isolément au travers du sentier afin d'observer l'oiseau augural (un roitelet noirâtre). L'oiseau coupe-t-il obliquement la voie, l'augure est propice (Guérin).

**) Als, weil Ndengei's Lieblingsvogel Turukawa getödtet war, die Fluth über die Fiji-Inseln einbrach (aus der sich nur ein Kanoe auf die Spitze des Mbenga-

ehren ausser Gott (Cambunian), den Mond und die Sterne an ihren Festen. Den Donner zu beschwichtigen, opfern sie ein Schwein, und nach dem Sturme wird zum Regenbogen gebetet. Ehe sie für Reisen aufbrechen, beobachten sie die Richtung, die der Rauch des Feuers nimmt, oder den Flug der Vögel. Der Vogel Fong-Hoang (Phönix) erscheint in China nur zur Zeit guter Kaiser. Die Negritos der Berge werden (von den Tagalen) Itas (schwarzer Stamm) genannt, aber die Itas bei Jala-Jala sollen in die Gebirge geflüchtete Tagalen sein. Die bei kurzer Entfernung beendete Geburt schliesst mit einem Bade. In Attaban (auf den Philippinen) wird der Götze Cabiga verehrt mit seiner Frau Bijas, und bei den Gaddan*) der Gott Amanolay (als Schöpfer) mit seiner Frau Dahingay. Beim Opfer wird das Bild mit Blut von Büffeln, Schweinen oder Hühnern besprenkelt. Batara**) dient auf den Philippinen, um

---

Berges rettete), gingen zwei Menschenrassen zu Grunde, eine nach Hundeart geschwänzte und eine nur aus Frauen bestehende. Den unsterblichen Frauen westlich von den Fidji-Inseln ist es gefährlich zu nahen, als Hothuas. Als das Menschengeschlecht (in Loango) unter den Trümmern des eingestürzten Himmels erschlagen war, wurde von Gott ein neues erschaffen (Oldendorp). Los ex-jesuitas misioneros de las islas Filipinas han dicho, que en Mindoro hay algunos isleños que por enfermedad hereditaria tienen tan largo el hueso de la rabadilla, que no pueden sentarse en tierra sin hacer en ella un agugero, en que entre aquel (tierras). Koubilai avait auprès de lui deux lamas du Tibet, dont l'un se nomma Pasarpa, et l'autre Kinah. Pasepa avait deux dents de devant, qui étaient si longues, qu'elles l'empêchaient de joindre les lèvres (Raschid-eddin). „Il fut attaché à un poteau, où il demeura quelques heures avant l'exécution. Ce fut alors que je vis ce que jusques-là je n'avais pû croire, sa queue était longue de plus d'un pied, toute converte d'un poil roux et fort semblable à celle d'un boeuf. Quand il vit, que les spectateurs étaient surpris de voir en lui ce qu'ils n'avaient point, il leur dit que ce défaut, si s'en était un, venait du climat, puisque tous ceux de la partie meridionale de cette isle (de Formosa), dont il était, en avaient comme lui" (Struys) 1650. Den Igorroten wird der Sitz auf durchlöcherten Stühlen zugeschrieben, wegen ihres Schwanzanhanges. Die Nikobaresen sollen ihrer Tracht wegen für geschwänzt gehalten sein, und den Indianern auf Cebu erschienen Legaspi's Spanier geschwänzt, als sie aus der Ferne den Degen hervorstecken sahen.

*) Las razas de Quinanes, Gaddanes y las de Mayoyaos (en el distrito de Bontoc) se diferencian poco. Los Indios en las isla Visayas se llaman Moros y en la provincia de la Union Igorrotes. En la de Ilocos se denominan Tinguianes.

**) In the Bisaya-dictionary (1841) the word Bathala is rendered the „Infant

Gott zu bezeichnen, und wird auch von den Missionären so gebraucht. Nach dem Tungvangki (1731 p. d.) wird auf Lacsung (Luzon) Oel und Wasser gebraucht, um den Charakter Shi (+ oder 10) auf der Stirn zu zeichnen. „Sie kennen die Bezauberung von Kuhhäuten und geräucherten Schinken, die sie auf die Kleinheit eines Samenkörnchens reduciren. Wer davon isst, dessen Bauch schwillt an, bis er stirbt" (und so mögen die Schiffsprovisionen zur Verbreitung dieser Vorstellung durch ganz Hinterindien beigetragen haben, wie der Volkswitz zur Sättigung getrocknete Aepfel mit späterm Wassertrinken empfiehlt). Die Itaneg in Luzon sind mit den Chinesen, die Ifugaos mit den Japanesen gemischt, die Apayos dem Handel ergeben, die Isinay zum Christenthum bekehrt. Die Tinguianer in Iloco zeigen chinesische Mischung. Die Eingeborenen im Innern Luzons, die mit den Chinesen gemischt sind, wollen von den Resten der von Limahon gebrachten Truppen stammen, den Piraten. Die Italon bewahren die Schädel ihrer Feinde auf, die Busaos durchbohren ihre Ohren. Die Tolisan (Räuber) der Berge heissen Mangabaran oder Mangarakan bei den Tagalen. Die Sprachen der Tagalen und Bisaos sind verwandt. Als Dialekte existiren auf den Philippinen der der Pampangas, Zambal, Pangasinas, Ilocos, Cagojan, Camarines, Batanes und Chamorros. Die Busaos erweitern ihre durchlöcherten Ohrläppchen, die zum Befestigen von Blumenschmuck dienen, durch Einfügen von Holzstücken. Die Itetapanes tragen eine bunte Kappe und einen Mantel aus Palmblättern. Die Insulaner zwischen Luzon und Mindanao werden zu den Bisayas gerechnet. Combes unterscheidet auf Mindanao die Caragas, die Mindanaos, die Subanos und Lutaos. Die Anito (der Tagalen) oder Divata (der Bisayer) waren Schutzgötter der

---

Jesus" (s. Crawfurd). Der Padre Thomas de Abreu schnitt die Ausbrüche des Vulcans von Taal (auf Luzon) ab, indem er ein Kreuz auf der Spitze aufpflanzte. Bathala war Gott, als Schöpfer; Verehrung hiess Paga anito bei den Tagalesen, und die angebeteten Götzen nannten sie Anito. Der Gott Lacambui sorgte für die Nahrung, Linga heilte Krankheiten, Lachambaror hütete die Ernten, Aman Sinaya schützte die Fischer, Amaui-Coable die Jäger, Larapate war Hermaphrodit und beiden Geschlechtern geneigt. Der Dämon Tumano erbrechte als nächtliches Gespenst.

Berge und Ebenen und wurden beim Vorbeigehen um Erlaubniss gebeten, erhielten auch Speise und Trank auf die Felder gesetzt. Andere gehörten dem Meere an und wachten über den Fischfang, andere über das Haus, die Geburten zu erleichtern. Auch Vorfahren erhielten Bildnisse als Anito, ebenso Alle, die durch Blitz, durch Alligatoren oder irgend einen Zufall in einen glücklichen Zustand entrückt waren, und besonders hochbejahrte Greise, die schon halb in den Zustand der Anito sich hinübergeführt glaubten und dem entsprechend eine feierliche Haltung beobachteten, wenn die Auflösung nahte. Sie deuteten die Stelle ihrer Gräber auf dem Wege an, wo man sie von Weitem schon sehen würde und Opfer bringen würde. Der Sonat ertheilte die priesterliche Weihe (auf den Philippinen),*) der Catalonan stand den Opfern vor,

*) Nach Geburt eines Kindes wurde der Vater nach diesem (als Vater desselben) genannt (auf den Philippinen). Zur Zeit der Entbindung wird das Haus durch Bewaffnete geschützt. Die Neugriechen legen (neben Kuchen und Geld) einen Säbel in die Wiege eines Knaben (einen Spinnrocken in die eines Mädchens). Um fruchtbar zu werden, ruft die Frau die Miren (Moirai oder Parzen) an. Im Geburtshaus Krishna's wurden Waffen aufgesteckt. Neben jedem Tempel Aegyptens fand sich die Kapelle Mammisi, der Entbindungsplatz, wo die Geburt des Gottes dargestellt wurde. Bei der ersten Niederkunft (wenn es ein Sohn ist) begiebt sich die Frau (unter den Alfuren) zur Reinigung nach dem Bache. In völliger Rüstung folgt ihr der Mann, der bei seiner Rückkehr von allen Dorfbewohnern mit kleinen Stöcken bis an das Haus geprügelt wird, wo er (unter Glückwünschen für den Neugeborenen) drei Rohrpfeile über das Dach schiesst. Zuweilen wird der Neugeborene mit Schweineblut gewaschen. El Tigbalang ó Bibit corria por los montes y les describian de diferentes formas. El Patianac y el Osuang eran los enemigos de niños, se alimentaban de carne humana, y cuando sabian que ocurria en alguna casa un parto, acudian para impedir se efectuase con felicidad. Su espia y guia era el pajaro Tictic. El Manucolam arrojaba fuego de su cuerpo que no era posible apagar sino revolcandose en la inmundicia que cae de las casas al sitio llamado Silong, pero esto causaba la muerte del dueño. El Silagan se delectaba en sacar y comerse los higados de todos los que encontraba vestidos de blanco. El Magtatangal dejaba su cuerpo sin tripas y sin cabeza y esta vagaba sola de noche, volviendose de dia á reunir con su cuerpo (en las Islas Filipinas). Contaron (los Aetasò Negros) que por los montes corria el Tigbalan y que generalmente tenia un arbol en donde establecia su residencia, que este arbol se cononcia facilmente porque en su copa se veia una especie de covacha de barro y el terreno al rededor del tronco estaba muy limpio de piedras y yerbas. Neben Bathalamalno (dem Schöpfer)

der Mangagavay gab oder nahm die Gesundheit durch seine Hexereien, der Manyi Salat konnte Liebe oder Leidenschaften einflössen. Der Hodoban verursachte Tod, Unglücksfälle, der Man-

kennen die Buddums (am Tsad-See) Bakomemelm oder gute Geister (die in Stürmen schützen) und Nadjikemem oder Teufel, die die Wasser aufregen, um Schiffe umzustürzen (Rohlfs). Los Filipinos creyeron en un Dios todo poderoso, cuyo nombre era Bathala Majcapal, que vivia solo en el cielo, sowie an einen Ruheort der Guten und den Strafplatz Casanaan der Bösen. Dieser Schöpfergott war den Bisayes als Lavon bekannt (que quiere decir antiguo). Die Götzen hiessen Divata bei den Bisayas und Anito bei den Tagalen (in Bildern aus Holz, Stein, Gold u. s. w.). Tambien reverenciaban como anitos á sus antepasados, de lo cual se seguia que muchos ancianos eran sumamente orgullosos dejando de vivir en la persuasion de que iban á ser anitos, haciéndose enterrar en lugares conspicuos y apartados. Prestaban adoracion al sol, á la luna, al Tigmamanoquin que era un pajaro azul, el cuervo que llamaban Meylupa (señor del suelo), al caiman, a quien daban el titulo nono (abuelo), á arboles viejos especialmente al balete, á rocas, escollos, puntas de mar y rios. Il y a peu de maisons (en Rio de Janeyro), où il n'y ait une petite statuette de Saint Antoine, dans une niche bien parée. Les filles publiques ne feraient aucune avance à leurs amants que la porte de la niche ne fut fermée (de la Flotte). Die den (in Kebetil und Yetantl getheilten) Kamauten gleichenden Falasha never let a person die a natural death, but if any of their relatives is nearly expiring, the priest of the village is called to cut his throat, if this be omitted, they believe, that the departed soul has not entered the mansions of the blessed (s. Flad). Hector sehnt sich, das Haupt des Patroklos auf Pfähle zu spiessen. In Krankheitsfällen wurde auf den Philippinen ein neues Haus gebaut, wo die Catalone genannte Priesterin das Opfer brachte. Bei dem Jahresopfer wurde der von einer Jungfrau getödtete Hirsch von allen Anwesenden schweigend verzehrt. Das Pandoh genannte Fest zu Ehren der Anitos wurde in dem Hause eines Verwandten gefeiert. Se prolongaba la casa con una enramada llamada sibi, dividida en tres naves y la adornaban con yerbas olorosas, flores y lamparillos, colocando en el centro una muy grande. A este sitio provisional, que se deshacia despues de concluida la fiesta, daban el nombre de Simba o Simbahan, que quiere decir lugar de adoraciones ó sacrificios (wie Hoflager im Reiche des Monomotapa). Die von Kapiça stammenden Kobolde bewahren (als Piçatscha) die Grabstätten, als verächtliche Darstellung der als Zauberer gefürchteten Eingeborenen Indiens. Der als Bardius (Bruder des Kobajiji oder Kambyses) auftretende Magier Gaumata (dessen Ceremonien Darius abschaffte, um heilige Gesänge an deren Stelle zu setzen) stammte von dem Berge Aravadres in Pisiachoda, und nach Pisiachada flüchtete auch der zweite als Bardius auftretende Empörer nach seiner Niederlage, Vehdates aus Tarba (im persischen District Yutiya), bis am Berge Parga geschlagen (nach der Inschrift von Behistun).

zagayoma hexte mit Medicinen, der Pangataboan sagte die Zukunft vorher. Die Indianer Luzons rufen den Regen (Pati) als wohlwollende Gottheit an, wie bei den Bechuanas der Regen (Pula) als Geber alles Guten gilt. Bei Krankheiten wird das Götzenbild Anito im Blute der Opferthiere gebadet, während die Gottheiten (unter vorausgehendem Siggam) von der Priesterin angerufen werden. Das vorausgehende Ka hat in den Veden selbst eine Gottheit gebildet. Beim Donnern wird dem erzürnten Cabuniang ein Schwein geopfert. Dem Regenbogen wird gütige Zuneigung beigelegt. Nach dem Tode eines Häuptlings (Barnaas) wird sein Leib geöffnet, um aus den Eingeweiden wahrzusagen, und nach dem Feste legt man ihn im Friedhof auf einem, einen Büffel oder Schweine ähnlichen Monumente nieder (nach Buzeta). Unter den Igoroten (die bei Donnern dem, Hirsche fordernden, Cabuniang Opfer bringen) verehren die Attabanes den Cabiga und seine Frau*) Bujas (la palabra vida oder Bujay), die Gaddanes den Gott Amanolay und seine Frau Dalingay, die Ifugaos das höchste Wesen Cabunian mit zwei Söhnen (Sumabit und Cabigat) und zwei Töchter (Baingan und Daunguen) und, als Regengott, Pati, nebst den Himmelswesen Balitoc, Piti, Misi, Sanian, Liniantacao, Bangeiz, Sipat, Bataengan, Sandibubu, Dasinsoiat, Capaiat, Dalig, sowie die Göttinnen Libongan, Libugon und Limoan. Bei Festen berauschen sie sich mit dem aus Reis gegohrenen Getränk Siniput. Vornehme werden auf dem Badalat genannten Friedhof begraben, Andere in den Häusern und zuweilen die Leichen der Alten von den Nachbarn

*) Die Indianer auf Luzon geben jedem Gotte eine Gattin, da sie es nicht möglich denken, ohne Frau zu leben (nach Buzeta). Die Itanuat und Altasanes geben Bujan als Gattin dem Cabiga, die Gaddanes die Dalingay dem Amanolay, die Ifugaos verehren Cabunian, mit Lumabit und Cabigat, als Söhnen, Baingan und Dauagan, als Töchter. Als nur Himmel und Wasser existirte, regte ein durch Fliegen ermüdeter Vogel Streit zwischen ihnen an, so dass das Wasser Inseln emporwarf, auf denen er ruhen konnte und dann aus einem an seinen Fuss getriebenen Rohr das erste Menschenpaar herauspickte. Durch Erdbeben zerstreute Bathala Meycapal die Völker auf der Erde. Bei den Finnländern fliegt eine Ente über den Wassern des Chaos, und die Kosmogonie der Basken weist die Hauptrolle dem blauen Wasservogel Ourzo an (s. Chabo).

gegessen. Zu den Negritos*) (Aetas oder Itas) der Provinz Nueva Ecija in Luzon, gehören auch die wilden Stämme der Dumayas, Manabos und Tagaboles in Mindanao. Stets von ihren Frauen begleitet, die die Kinder auf dem Rücken oder am Halse tragen, schlafen sie auf dem Grase oder auf Bäumen, und wälzen sich zum Schutz gegen die Kälte in den heissen Aschen der angezündeten Feuer, von Wurzeln, wilden Früchten und Wild genährt. Beim Todesfall sucht der Freund aus dem Hinterhalt einen der feindlichen Indianer zu erschiessen, indem er diese als Ursache betrachtet. Ein vom Erzbischof von Manilla erzogener Negrito, der schon zum geistlichen Stande geweiht werden sollte, floh in die Wildniss zurück (wie Grönländer und Pescherähs). Die Montesinos (Montescos oder Remontados) sind aus spanischem Gebiete Geflüchtete, um keinen Tribut zu zahlen. Die durch die Tagalen repräsentirten Indianer zeigen auf Luzon grössere Verschiedenheit von den Malayen, als auf den Visayas. Von den zugehörigen Stämmen bemalen sich die Igorrotes (in der Cordillere der Provinz Pangasinan) den Körper vielfarbig und malen in die Hand eine Sonnenfigur (wie es auf Nukahiva geschieht). Die Burik prickeln sich den Körper in Aussehen eines Panzers (zwischen Igorrotes und Busaos). Die ihre Arme mit Blumen bemalenden Busaos (in den Signey-Bergen) hängen Ringe an die Ohren oder beschweren sie mit Holzstücken (wie auf Vanikoro und Taiti). Oestlich leben die Itetapanes, die die Bereitung ihrer rothen Farbe als Geheimniss bewahren. Sie haben nichts von dem chinesischen Anstrich der Igorrotes und Tinguianes, gleichen aber in ihrer Figur den Negern, während Augen und Haar auf die Tagalen führen, aus deren Mischung sie stammen. Die Kleidung der Itanega oder Tinguianes (neben der Provinz Ilocos Sur) kommt mit der der Fischer in der Provinz Fokien überein. In ihren friedlichen Beschäftigungen werden sie durch die Einfälle der die Berghöhen bewohnenden Guinaanes belästigt. Die in ihren Gesichtszügen den Japanern gleichenden

*) Los negritos son pequeños, bien organizados y ágiles, la nariz un poco aplastada, el cabello crespo (Buzeta). Ihre Hirnfeste sind mehrfach ausgemalt worden. Im Kampfe vor Theben trinkt Tydeus das Gehirn des Melanippus.

Ifugaos tödten Durchreisende, um ihre Schädel, als Trophäen, aufzustecken. Die benachbarten Gaddanes (bis zum Flusse Cagayan) sind von den Missionnären bekehrt worden. Die Calanas, im District Itabes, zeichnen sich durch ihren Tabaksbau aus, die Apayos (in den Bergen zwischen der Provinz Cagayan und Ilocos) durch ihre sorgfältig ausgeführten Wohnungen. Die Ibilaos und Ilongotes treiben sich mit ihren vergifteten Pfeilen, als Wegelagerer, in den Bergen von Nueva Ecija und Caravallo del Bael umher. Die zum Christenthum bekehrten Isinayes schliessen sich (ebenso wie Panuipuyes und Altasanes) an die Igorroten an. Die Hijos del Sol genannten Albinos werden zum Theil für Abkömmlinge einer Vermischung mit den Orang-utang gehalten. Ausser den Indianern oder Tagalen und den Negritos werden die Mestizos unterschieden, die Mallat in die zwei Klassen der Igorrotes*) und Tisiguianes zusammenfasst. Die wilden Züge der Eingeborenen in der Provinz Calamianes haben sich in den Mischrassen gemildert. Die spanischen Mestizen auf den Mariannen heissen Chamorros. Die Babailanas oder Catalonos genannten Priesterinnen besorgen die Opfer auf Luzon. Die bösartigen Dämone (Nono) hausen an Plätzen in der Nähe von Wasser. Die Calingas (ein wilder Stamm Luzons) ziehen Streifen auf ihre Arme nach Zahl der getödteten Feinde. Die Manguieer auf Mindoro erweisen ihrem Tanungan genannten Aeltesten Ehrfurcht. Die Füsse der Negritos auf den Philippinen sind durch das Abstehen der grossen Zehe markirt, so dass sie zum Greifen, wie mit der Hand, dienen können (s. Bowring). Im Norden der Philippinen leben die Tagalen, im Süden die Bisayos.**) Zur Feuererzeugung streichen die Philippiner mit einem

*) El distintivo principal de su fisonomia consiste, en que tienen mucho mas abultados los pómulos y mas desarrollada la mandíbula inferior, resultado de los esfuerzos, que tienen que hacer los pueblos que siguen una vida nómada, para mascar los frutos muchas veces verdes y duros, con que se alimentan, los indios civilizados, por el contrario, no comen mas que arroz y alimentos faciles de masticar (Buzeta).

**) On certain occasions the Battas (who write from the bottom to the top of the line and have priests, termed Gurus) tattoo their limbs with figures of beasts and birds, painting them with diverse colours (in Sumatra). It is said

harten Holz über ein anderes (nach Violinenart) und der zwischen die Ritzen fallende Staub entzündet sich, als Zunder. Die Mohren genannten Lanuns*) oder Piraten wohnen nur in der Bucht von Illanun (in Magindanao). Sie stellen sich oft, als ob sie friedliche Biajus oder See-Zigeuner wären, um sich ihrer Beute desto unverdächtiger zu nähern. In Bonné bewohnen die Lanuns (nach St. John) ihre abgetakelten Fahrzeuge. Die Expeditionen der Raya-Laut pflegten im März unternommen zu werden, wenn der Ostwind zu wehen begonnen. Die in der holländischen**) Colonie

---

that they are called Batak in the Bisayan language of the Philippines, by which term the tattooed people are known, who by the Spaniards are named Pintados (s. Prichard). Tagala ist (nach Leyden) Ta-Gala (Gala-language). Vor der Erinnerungstafel des Shuntin, der (1190) durch Kriegsmacht das Königreich Lurbu gründete, ist ein Pfeil aufgesteckt. Das Reich Borneo begriff die ganze Bisaya- und Tagala-Provinz der Philippinen. Als ein Rajow von Johore sich mit seiner von dem Sultan zur Ehe verlangten Tochter nach den Sulo-Inseln flüchtete, standen diese unter der Herrschaft eines javanischen Fürsten, der dort Elephanten, Dammhirsche u. s. w. eingeführt hatte (s. Dalrymple).

*) Under the appellation of Lanuns are included not only the pirates of Magindanao, but communities of the same race and profession in Sulu and some places on the island of Borneo, as Tuwassa, Tumbaseu and Mangala (St. John).

**) In the beginning of the seventeenth Century, both English and Dutch had considerable Commerce in the Baraghmah (Burma) dominions. The English had establishments at Syriam, at Prom, at Ava, and on the borders of China, probably at Prammoo. The Dutch by an inscription in Teutonic characters, lately (1801) found at Negrais, on the tomb of a Dutch Colonel who died in 1607, appear to have had possession of that island, of which the Natives are said to have an obscure tradition. On a dispute with the Burma-Government, the Dutch and English were expelled thence. The Dutch were never re-admitted, but the English were after a lapse of years (nach dem East-Indian Chronologist). Capitän Baker wurde 1757 durch den Gouverneur von Madras nach Ava geschickt und die Insel Negrais wurde 1757 erworben, nachdem (1680) eine Ansiedlung (der Kala) bewerkstelligt und Dod (1684) damit beauftragt gewesen. Nebst den Rajahs der östlichen Provinzen Cambojas sandte (nach Albuquerque) der Kaiser von Cochinchina Gesandte nach Magindano um Hülfe gegen Siam zu erbitten, erhielt indess von dem mit dem Hofe Siams verschwägerten Rajah von Magindano eine abschlägige Antwort, da keine Ursache zum Kriege vorliege (1600 p. d.). Während Philipp III. die Theologen über sein Recht befragte, die Königreiche von Camboja, Siam und Champan zu erobern, schickte der König von Camboja (für Hülfe und Dominikaner) eine Gesandschaft nach Manilla, die erwidert wurde. Fr. Juan de la Concepcion beschreibt seine Krone als eine aus bunter Seide gebildete Tiara,

Taïwang auf Formosa gefangenen Japaner zwangen (1624) den Landvogt Nuyt zur Herausgabe ihrer Güter und führten seinen Sohn mit sich fort. Der chinesische Seeräuber Coxinga vertrieb (1661) die Holländer aus Taïwang. Die Spanier gründeten (1626) eine Colonie auf Formosa. Der vor den Tataren auf die Inseln Eye und Guenung geflüchtete Koe-sing-Kong (Coxinga) eroberte das holländische Fort auf Formosa (1661) und bedrohte Manilla (wo die Chinesen massacrirt wurden. Der Kaiser Japans erklärte die Philippinen für einen Vasallenstaat. Seitdem der Japanese Taxardo (nach seinem Besuche Manillas) eine Invasion beabsichtigte, wurden die japanischen Colonisten von den Spaniern beschränkt, und als der Kaiser von Japan durch einen Brief Unterwerfung verlangte, versöhnte ihn der Gouverneur mit einer Gesandtschaft Franciscaner. Eine Gesandtschaft aus Camboja bat um spanische Hülfe gegen Siam (1590). Der Gouverneur

---

repartida en tres coronas (wie auf den Sculpturen). Leontius, Bischof von Cäsarea, berichtet an den heiligen Gregorius die Zerstörung der Statue des indischen Gottes Kisaneh, nach Zenob de Glag oder Klag, dessen syrische Geschichte Daron's in's Armenische übersetzt wurde. Neben der parthischen Stadt Ktesiphon, um Seleucia (bei Babylon) mit macedonischer Gesittung zu entvölkern, baute König Vologesus noch die Stadt Vologesokerta (s. Plinius). Le nom de Glag est une altération du mot Kalah (château ou forteresse). C'est un ethnique, qui se rencontre souvent dans les pays habités par les peuples de race sémitique et que les Arméniens ont emprunté à ces derniers. On trouve Hrom-gla pour Roum-Kalah (château des Grecs) et le mot gla ou kla employé seul, pour fort ou château (s. Langlois). Auf den Inschriften von Niniveh findet sich Calah, wie Niniveh auf denen von Koundjik. Ad me ex India regum legationes saepe missae sunt nunquam antea visae apud quemquam principem Romanorum, sagt Augustus auf der Inschrift von Ancyra. Nach Sueton schickten Scythen und Indier Gesandte an Augustus. Nach Orosius trafen die indischen Gesandten Augustus in Tarragon (in Hispanien). Nach Florus schickten Serer und Indier Gesandte an Augustus. Felix adeo, ut Indi, Scythae, Garamantes ac Bactri legatos mitterent orando foederi, sagt Aurelius Victor von Augustus. Nach Strabo traf die Gesandtschaft des indischen Königs Porus (oder Pandion) Augustus in Samos. Seria (der Serer) wird vom Ser-Fluss umflossen (nach Pausanias). Die Serer und die Bewohner der benachbarten Inseln Abasa und Sacäa sind Aethiopier oder Mischung aus Indiern und Scythen. Weil den Bewohnern des Mittelreiches gleichend, wurden die aus Westen Stammenden Ta-thsin (Gross-Chinesen) genannt (s. Pauthier). Einige Völker der Carakital bedienten sich goldener Zahnstocher (nach Raschideddin).

der Philippinen schickte eine Gesandtschaft nach Siam für Handelszwecke, die indess erfolglos blieb, da in der Zwischenzeit ein nach Manilla kommendes Handelsschiff der Siamesen schlechte Behandlung erfahren hatte (1717). Als die Engländer Manilla eroberten, vertheidigte Don Simon de Anda das Innere. Die gegen die Holländer kreuzenden Spanier verbrannten die von jenen beschützten Djonken Siams (1620) und bemächtigten sich des nach China für Schadenersatz bestimmten Gesandten, worauf der König von Siam einen Gesandten nach Manilla schickte (1629), gleichzeitig mit dem König von Camboja, der zur Hülfe gegen Siam Schiffsbauer erhielt. Kockebakker, Vorsteher der Factorei in Firando, unterstützte die Japanesen im Bombardement von Simibarra (1638). Nach Hinrichtung der von Macao geschickten Gesandten wurde allen Fremden der Besuch Japans verboten (1640). Nach dem Tode Dailisan's (während des Krieges mit dem Sultan von Ternate) zog sich Pagbuaya nach einem Berge im Innern Mindanaos zurück, und während er dort mit dem aus Borneo geschickten Gesandten verhandelte, hörte er von der Ankunft der Spanier. Legaspi gründete Manilla in las Filipeñas, als der bei den Tagalen in hoher Achtung stehende Raxa Matanda die Oberhoheit des Königs von Spanien anerkannt hatte. Sein Neffe Soliman, der sich später dem König von Tondo anschloss, kam in den Kriegen dieses mit den Spaniern um. Die Provinz Ilocos wurde (1818) von Juan de Salcedo erobert. Aus Manilla vertrieben, flüchtete der chinesische Pirat Limahon nach einer vom Flusse Lingayen gebildeten Insel der Provinz Pangasinan und entkam von dort durch einen künstlich gegrabenen Kanal, nachdem er seine verbrannten Schiffe reparirt hatte.

Vom Occident zurückkehrend wurde der Eunuch Onan-san-pao auf die Küste Formosas geworfen und berichtete dem Kaiser Suenti diese Entdeckung. Bei Verfolgung des Piraten Lin-tao-kien (1564) gelangte der chinesische Commodore Yu-ta-yeo nach Formosa (unter Kaiser Kiatsing). Ein japanischer Flottencapitän liess 1620 einen Theil seiner Mannschaft für eine Colonie auf Formosa zurück, wo sie durch ein von Japan zurückkehrendes Schiff der Holländer getroffen wurden und ihnen Bodengrund gestatteten, um das Fort Zelan-

(jetzt die chinesische Citadelle Nyan-ping-ching) zu bauen, sich aber dann nach Japan *) zurückzogen. Nach Vertreibung der Holländer (1661) legte Tsching-tsching-con eine Besatzung nach Ki-long-chai, ein von den Spaniern erbautes Fort. Als der Aufstand des Königs von Fokien unterdrückt und Tsong-tou-yao als Vicekönig eingesetzt war (1679), wurde eine allgemeine Amnestie erlassen und Formosa in Besitz genommen. Eine Colonie wurde 1683 angelegt, doch dürfen die Chinesen nur mit einem Pass nach Formosa auswandern, da die Mandschu etwaigen Aufstand fürchten. Im Jahre 1736 betrug die Garnison (nach Duhalde) 10,000 Mann unter dem Generallieutenant Tsong-ping. Taiwanfu, zur Provinz Fukien gehörig, begreift den westlichen Theil Formosas, **) mit den zwei Ting-Bezirken Taushwui und der Pescador-Inselgruppe oder Pangha und vier Hien-Districten (Taiwan, Fungshan, Kia-i und Changhwa). Am östlichen Theile, von den Sang-Fan oder unabhängigen Barbaren bewohnt, findet sich der Hafen So-a-u. Auf den Pescadores bildet der Hafen Makung die hauptsächlichste Ansiedlung der Chinesen.

*) Auch die Lieu-Kieu-Inseln waren früher von den Japanern berührt und über Japan zogen die Buddhisten, die an der Westküste Amerikas zahme Hirsche gesehen haben sollten, wie römische Missionäre an der Ostküste. Bei den Alemanen gab es abgerichtete Hirschkühe, und die Saalfranken jagten mit zahmen Hirschen, cervus domesticus (s. Pfahler). Seit 1621 war es den Japanern verboten, sich ohne kaiserlichen Pass aus dem Lande zu entfernen. Die Kweiying im Norden Formosas sind von den Kalib im Süden verschieden, und ausserdem soll im Innern die vermeintliche Negerrasse leben. Gargoris, König der Cuneten, (in Portugal) lässt Habis, den unehelichen Sohn seiner Tochter, auf dem Wege aussetzen (wo er, nachdem das Vieh ohne Beschädigung vorübergegangen, von einer Hirschkuh gesäugt wird), bis er dann wieder angenommen werd als Thronfolger, und den Ackerbau lehrte. Heontsi, Sohn des Tiko (in China), wurde, als Kind auf dem Wege ausgesetzt, von den Ochsen beleckt und durch die Flügel der Vögel beschützt.

**) The coal-seam (in the N.-E. part of Formosa) was embedded between layers of soft blue claystone shale, between the layers of which iron was visible, but did not appear to abound. The sandstone of the neighbourhood was fine and of an ochreish colour. The surrounding soil was composed of a reddish and oileous clay-stone (Lieut. Gordon of Her M. brig Royalist) 1848. So-a-on gilt als einziger Hafen der Ostküste.

Der am Nordende Formosas gelegene Hafen Keilung ist (nach Habersham) ein chinesischer Verbannungsort. In der Nähe wurden durch Perry Kohlen gefunden. Die Chinesen der Dörfer Ketakan und Petekkan bearbeiten die Schwefelquellen und Kohlen von Keilung. Unterhalb der letztern Ansiedlung der Chinesen auf der Nordostküste (südlich vom Fischerdorf Petow) steigt schroff vom Meere die mit Erhebungen bis zu 10,000 Fuss nach der Südspitze verlaufende Bergkette empor, die das Gebiet der Wilden abscheidet. Schetelig fand die von malayischen und chinesischen verschiedenen Schädel der Shekwan den polynesischen ähnlich. Die durch Miliz und Scharfschützen gesicherten Chinesen in Sawo oder Sooau treiben Tauschhandel mit den Eingeborenen. Die Shickhwan (Shekwan oder gezähmten Wilden) sind mehr bekleidet als die Hwan-ha oder Fremden (Chin-hwan oder rohe Fremde) in den Dörfern Lambongo und Pakhongo (sowie Polo Sinnawan mit Pfahlbauten). Bei dem südlichen Hafen Tschokeday wohnen (nach Brooker) die Tai-lo-kok genannten Wilden, die von den Chinesen des Kamphers wegen besucht werden und Fischerei treiben. Südlich von Langkeaou-Bai wurde die Mannschaft des Larpent ermordet. In Folge der Ermordung der Mannschaft des Rover (Mai 1867) schloss (im Einverständniss mit dem chinesischen Befehlshaber auf Formosa) der amerikanische Consul einen Vertrag ab mit Tooke-took, Häuptling des Kalut-Stammes, dass zum Wasser-Einnehmen dort landende Schiffe, die eine rothe Flagge zeigten, nicht beleidigt werden sollten und die Chinesen auf der Südspitze der Insel ein Fort erbauen könnten. Auf Flat-island fand sich früher eine spanische Festung. Die Eingeborenen der Süd- und Ostküste werden als Rothe bezeichnet. Die olivenfarbigen Bewohner werden mit langem Haar und schwarzen Zähnen beschrieben. Die Sprache der Formosianer, die (nach Schultze) der japanischen gleichen sollte, wurde (von v. d. Gabelentz) der malayischen angereiht. Der chinesische Tribut wird in Reis und Hirschhäuten bezahlt. Die Dörfer auf Formosa *) werden von Aeltesten regiert, und

*) Es haben vor mehr dann 900 Jahren die Inwohner der Insel Formosa von keinen anderen Göttern als von Sonn und Mond gewust, welche sie vor die

wer sich im Laufen oder in der Jagd auszeichnet, erhält Erlaubniss, sich zu tättowiren, wie die Vornehmen der Agathyrsen (nach Mela). Ochsen dienen zum Reiten. Nach der Verheirathung lebt auf Formosa das junge Paar im Hause des Schwiegervaters, als Stütze desselben, weshalb besonders Töchter gewünscht werden, während die Rajputen die ihrigen (bei der Schwierigkeit ebenbürtiger Ehe) oftmals tödten. Die Eingeborenen Formosas werden durch die zweijährige Rathsversammlung der Quaty (aus Zwölfen) regiert (1661). Die Substanz des sogenannten Reispapiers in China wird aus dem Mark (Bok-shung) einer Pflanze bereitet, die in den Moräasten der Provinz Sam-swl auf Formosa wild wächst. Rinde und Bast werden vor dem Versenden entfernt. Der Gott Tamagisangach wohnt im Süden, Menschen schaffend, seine Gattin Terarychapada im Osten (durch den Donner mit ihrem Gemahl redend, der dann Regen sendet). Der boshafte Sariafay im Norden muss durch Opfer besänftigt werden. Bei den Opfern besteigen die Priesterinnen das Dach des Tempels, die Götter anzureden, und bieten sich ihnen dann ganz ent-

höchsten gehalten; die Sterne aber sind von ihnen nur als Semidei oder als subordinirte Götter angesehen worden. Damahlen bestunde ihr gantzer Gottesdienst darinnen, dass sie Morgens und Abends dieselben anbeten, und ihnen Thiere opfferten. Nach der Hand stunden zwei Philosophi auf, welche in der Wüsten ein frommes und strenges Leben geführet, und gaben vor, dass Gott ihnen erschienen, und mit ihnen geredet hätte: Die Nahmen dieser beyden Philosophen waren Zoroaboabel, welches ein unbekannter Nahme in der Japanischen Sprach ist, und Chorhe Mathcin, so nach dem Japanesischen so viel heisst, als Creator annunciat, der Schöpffer verkündigt's, denn Chorhe heisset ein Schöpffer und Mathcin verkündiget. Diese beyde prätendirte Propheten nun kamen nach ein und andern Erscheinungen und Unterredungen mit Gott zu einem gewissen Berg Tanalto genannt, ohnweit der Haupt-Stadt, allwo das Volk versammelt war der Sonne zu opfern, und hielten eine Ansprache. Dann nach langen und demüthigen Bitten kam einer von diesen beyden Propheten und gab vor, dass er zwischen Gott und ihnen einen Frieden machen sollte, auf welchen gethanenen Vortrag sie ihn Psalmanaazaar, d. i. einen Stiffter des Friedens nenneten. Nachdem er die fröliche Bottschaft gebracht, so befahl er ihnen einen Tempel zu bauen, in demselben einen Altar aufzurichten, über den Altar einen Tabernacul zu machen und auf den Altar 100. Ochsen 100. Widder 100. Böcke und 20000. Hertzen junger Kinder so unter 9. Jahren sind zu opfern, alsdann würde sich Gott ihnen offenbahren (Pseudo-Psalmanaazaar).

kleidet*) dar, sich mit Wasser übergiessend. Der Körper verwest auf einem hohen Schaffot, worauf die Knochen in den Häusern begraben werden. Die Colchier hingen (nach Apollonios Rhodos) die Leichen in Felle gehüllt, an den Bäumen auf.

Die Häuser der Mariannen-Insulaner,**) die die Knochen ihrer Ahnen zu salben pflegten, waren auf Steinpfeiler gebaut, und Ueberreste massiver Architektur finden sich noch auf den Inseln Rota***) und Tinian. Kurz vor Ankunft der Spanier war ein Chinese, Choco mit Namen, dorthin verschlagen und soll sein Heidenthum gepredigt haben bis zur Etablirung der Mission, der er dadurch zu schaden suchte, dass er den Eingeborenen die Taufe als eine magische Ceremonie vorstellte,

---

*) All inhabitants must during three months of the year go quite naked, in order to induce the gods to give rain for their fields and prevent their rice and other productions from being spoiled (s. Lohscheid). They believe the world to have existed from eternity and will continue so without end. „Die orphische Lebensweise (*Βίος Ὀρφικός*) war die praktische Seite der Stiftungen des Orpheus, dessen religiöser Grund der Dienst des thracischen Dionysos (Zageus) war." Herodot vergleicht die Lebensweise der ägyptischen Priester mit den Orphikern und *Βακχικοῖς*, als Aegyptern und Pythagoriern. Nach Struys sind die Frauen (auf Formosa) am Kinn bärtig, wie die Männer, und verlängern ihre Ohren, besonders bei Festlichkeiten. Elles sont presque toujours suivies d'un porceau, qui leur est aussi familier, que le chien l'est en Europe. Nach Mailla wurden auf Formosa holländische Bücher (die Bibel) getroffen und sprachen einige Insaln holländisch. Nach Schultze bezeichneten die Formosianer die Gegenwart mit dem natürlichen Ton, die Vergangenheit mit dem hohen und die Zukunft mit dem höchsten. Die Kabalan in Sau-o-Bay (Ostküste Formosas) bezeichnen die wilden Eingeborenen der Hügel als Ma-tu-mai, die Chinesen als Bo-ans (Collingwood).

**) The Marian islanders (Chamorros) were punctual to their word, being accustomed to require of a prisoner taken in war a simply verbal engagement not to escape, and whoever broke his parole was put to death by his own family, who fancied themselves covered with shame (s. Freycinet). En estas islas de Ladrones ay una costumbre la mas peregrina y es que a los mancebos les tienen señalado tiempo limitado para casarse, segun su costumbre, y en todo el tiempo pueden entrar libramente en las casas de los casados y estar con sus mugeres, sin ser por ello castigados. Llevan una vara en la mano y quando entran en las casas de los casados la dexan a la puerta como señal (Mendoza).

***) Dans l'île de Rota les ruines se composent de plusieurs colonnes, placées de manière à laisser supposer qu'elles faisaient autrefois partie d'un cirque (Mallat).

die durch allmählige Krankheit tödtete. Nachdem mehrere Missionäre erschlagen waren, sandte der König von Spanien (1699) Quiroga zur Eroberung aus, und die Einwohner flohen meist nach anderen Inseln. Die Geister der Anitis sind (nach Velardez) die Seelen der Vorfahren (ähnlich den Anito auf den Philippinen). Die Marianen-Insulaner erzählten von dem Weisen Puntan, der lange Jahresreihen hindurch in den ideellen Räumen weilte, die vor der Schöpfung existirten. Bei seinem Tode beauftragte er seine Schwestern, aus seiner Brust und Schultern Himmel und Erde zu fertigen, aus seinen Augen Sonne und Mond, aus seinen Augenbrauen den Regenbogen. Der Zwinger des Bösen steht unter der Erde. Bei den Tjumbätern giebt es den Gott Merappo, den Teufel Kodok, der unter der Erde wohnt, einen Schutzgeist Ubraga und ausserdem viele böse Geister. Zur See anlangende Fremde wurden auf den Marianen unter den Adel aufgenommen.

In Folge der Kasten-Vorrechte erhielt (in Tahiti) Alles einen heiligen Charakter*), was der König (oder ein Mitglied seiner Familie) berührt hatte, so dass er sich auf den Schultern tragen**) lassen musste, um die Strassen nicht seinen Unterthanen unnahbar zu machen, als Tabuh***) für dieselben. Auf Tonga hatten die Priester in ihrem Oberherrn (Tooi-Tonga) den Vortritt vor dem Könige (wie bei den Brahmanen). Die Steine, um das Grab des Tuba-Toi auf Tonga zu bauen, waren von anderen Inseln gebracht. In Neuseeland war dagegen ein Jeder, wenn nicht Sklave, ein Rangatira oder Edler (wie in Polen), ohne königliche Autorität anzuerkennen (wie die Isländer). Auf den

---

*) Der Pascha von Amadiah wurde von den Kurden wie ein geheiligtes Wesen betrachtet, so dass sich Niemand seiner Pfeife bedienen oder ihn essen sehen durfte.

**) Il n'est pas permis à l'Empereur (du Japon) ou Dairi de toucher la terre; elle le profaneroit. On ne lui apprête jamais deux fois à manger dans les mêmes vaisseaux, on en casse toutes les pièces à mesure, qu'on les lève de sa table. Si quelqu'un qui ne fût pas de la famille impériale en usait après lui, la bouche et la gorge lui enfleraient d'abord et il s'y ferait une inflammation, qui mettrait sa vie en danger. On dit à peu près la même chose des habits (Charlevoix).

***) In Manilla wird beständig das Wort Tabi (erlaubt) als höfliche Anrede gebraucht (nach Mallat).

Freundschaftsinseln bildeten die Priester (addressed in a sort of Sanscrit or sacred language) die höchste Kaste, dann folgten die Egi, zu denen der König gehörte, dann die Matabules oder Edeln und schliesslich die Tuas oder Arbeiter (s. Lang). Der gemeine Mann auf Tahiti (Sagittaria) brannte andere Holzsorten, als der Vornehme. Die Häuptlinge von Mbengga (in Fiji), als vom hohen Range der Quali-cava-ki-lagi, erkannten nur den Himmel als ihren Oberen (wie die Kelten an der Adria nur seinen Einsturz fürchteten), wurden aber (1860 p. d.) von Rewa unterworfen. Verata hatte (1800) die Inseln vereinigt. Wenn der König von Pelew mit seinen Rupack berieth, mussten dieselben mit abgewandtem Gesicht und gedämpfter Stimme die Botschaften eines gemeinen Mannes mittheilen. Nach den Orientalen führte Cayomorth die Ceremonie Pabus (das Küssen der Füsse) ein. Gemeine Leute durften aber später nur die Erde in der Nähe der Füsse küssen (Roni Zernin) oder den Staub der Füsse (Khaki Pai), wie sich der Geringere in Siam nennt. Am carolingischen Hofe wurde noch durch Küssen der Füsse gehuldigt, und in Spanien hat sich die Höflichkeitsformel des Besar los pies erhalten. Statt zu küssen pflegte Caligula den Senatoren meistens die Hand oder den Fuss zum Kuss zu reichen (Friedländer). Wie auf ägyptischen Monumenten, und bei Thermopylä die Thebaner durch die Perser, werden in Hinterindien die Diener des Königs gebrandmarkt. Die Cunian verunreinigten in Cochin den Brahmanen auf 24 Schritt, den Nair durch Berührung, die Chogan den letzteren auf 12, den Brahmanen auf 36 Schritt. Von den Chumir müssen die Pellian beständig laut ausrufen, damit ihnen Jeder schon von Weitem aus dem Wege gehen kann, die Pariah müssen die öffentlichen Strassen ganz und gar meiden. Die Niadis verunreinigen selbst Sklaven, und die Oolabdar nicht nur die Mulcher, sondern auch Bäume durch ihre Berührung, weshalb es ihnen verboten ist, Pflöcke in dieselben zu treiben. Auch dürfen sie in bewohnten Gegenden nicht dem Wasser nahe kommen, da es sonst für alle Uebrigen unbrauchbar sein würde. Keinem aus dem gemeinen Volk oder Gegen (im Gegensatz zu den Kugo des Hofes) darf vor dem von den alten Heroen entsprossenen Mikado, als Ebenbild der

Kami, erscheinen. Der Monat, an welchem die übrigen Kami ihre Tempel verlassen, um dem Mikado Ehrerbietung zu bezeugen, heisst Kaminatsuki, als ohne Götter (wie zur Regenszeit in West-Afrika). Nach Hesiod verkehrten die unsterblichen Götter in Festgelagen mit den Menschen (wie um Calabar). In Nukahiva war der Geist eines Priesters, eines Königs und deren Verwandte ein Etua *) oder höheres Wesen, und auch der Person der Europäer wurde als solchen gehuldigt. Das übrige Volk, als göttlicher Herkunft ermangelnd, hat keine unsterblichen Seelen, so dass es todtgeschlagen und verspeist werden kann. In ihren Versammlungen fühlten sich die Tauas oft von Zuckungen befallen und in dem prophetischen Schlafe, der darauf folgte, verkündeten sie dann die Beschreibung derjenigen Menschensorten, die (wenn es ihnen in göttlicher Inspiration klar geworden) die geeignetsten sein würden, unter den obwaltenden Umständen gefangen und als Braten zugerichtet zu werden. Fiel ein Taua in Krankheit, so holte man drei Bewohner eines Bergthales und verzehrte sie. Beim Tode der Häuptlinge oder Priester wurden den Göttern Menschenopfer gebracht und die Schädel trug man

*) In Polynesien sind die Atua Götter, wie die Attas am Niger Könige. Das Zeichen für den Begriff Vater ähnelt der „at" lautenden Keilinschrift, wird aber (von Rawlinson) „ab" gelesen, wie (nach Brandis) bestätigt durch das u des Pronominalsuffixes der ersten Person na, was dem Worte angehängt ist (attua im Possessiv der ersten Person, sonst ia). Der Gesetzgeber Demonax aus Mantinea in Arcadien nahm dem Könige Battus (in Cyrene) seine früheren Privilegien und liess ihm nur die heiligen Länder und Pflichten, während die königlichen Functionen, die bisher ausgeübt waren, in die Hände des Volkes gelegt wurden (nach Herodot). The early kings of the various Grecian states, like those of Rome, were uniformly priests likewise. Aristotle says that it was their usual fate to be left nothing, but their priestly character (ἄρχων βασιλεύς in Athen und rex sacrificulus in Rom). Zu den Privilegien der spartanischen Könige gehörten zwei Priesterschaften und Opferrerbse (nach Herodot). The necessary union of the priestly with the kingly office was an idea almost universal in early times (s. Rawlinson). Rex Anius: Rex idem idemque sacerdos. Die Priester-Dynastie in Olbe (in Cilicien) leitete sich von Ajax (Sohn des Teucer) ab, und führten deshalb die Herrscher abwechselnd die Namen Ajax und Teucer. So traten in Attika die Wiederholungen von Erechtheus und Pandion auf. Bei den phrygischen Königen wechseln Midas und Gorgias, bei den cyrenäischen Battus und Arcesilaus. Aehnlich Abgar und Manu in Edessa.

als Trophäen am Gürtel, wie Scythen an den Sätteln. Die Taurer (der Krim) setzten (nach Herodot) die Schädel über ihre Häuser, damit diese unter dem Schutze derselben seien.

Architektonische Ueberreste treffen sich vielfach auf Barnalio und anderen Inseln. Die Steingebäude auf Ualau und Honabo wurden zu einer Zeit errichtet, wo ihre Standplätze ein verschiedenes Niveau*) hatten, indem jetzt das Wasser bis zu ihnen heraufgekommen ist und die früheren Wege von Canoes befahren werden. Anson fand architektonische Ueberreste (wie auf Pasquas) auf Tinian**) (der Thiniten oder Chinesen aus Tis). In

---

*) It is related that in former times the islands of Sumatra, Java, Bali and Sumbawa were united and afterwards seperated into nine different parts, and it is also said, that when 3000 rainy seasons have passed away, they will be reunited. The Mikronesians (in the Pelew, Ladrones, Barnalio and neighbouring islands) show skill in various arts and give indications of having descended from a higher to a lower civilization. They possess the art of varnishing and weaving and also understand steering by the stars. Their religion recognises the worship of parents (differing from that of the Polynesians). The Taboo is unknown (s. Hall). Die Bewohner Mallicollo's (die affenähnlichsten Menschen nach Cook) haben in ihren Zierathen neben Ohrgehängen, Nasenringen und Halsketten vier Sorten von Armbändern (s. Bietmann). Die Pelew-Insulaner hatten vor den Engländern den Gebrauch des Eisens durch verschlagene Malayen kennen gelernt. Zuniga will die Indianer der Philippinen wegen vermutheter Sprachähnlichkeit aus Chili und Peru herleiten. Quatrefages verlegt Bolotu, als Ausgangspunkt der polynesischen Wanderungen, in den maleyischen Archipelago. Segun Tornos los isleños de Palaos, echados por las corrientes à la isla de Samar, tenian consigo sus mugeres, y en viages algo largos y peligrosos las embarcaban comunmente, para establecerse en qualquiera isla à que los arrojasela tempestad sin esperanza de poder salir de ella (Hervas). The Idols of the South East resemble those of Eastern Asia, and in particular those of the Burman empire. Die Verdecke auf Neuseeland sind wie die birmanischen angelegt. Die Häuptlinge Tahitis wollten nicht in Cook's Cajüte hinabsteigen, weil ihre Diener auf dem Deck umhergingen, und die Indochinesen beklagen sich über die Nichtachtung der in der Cajüte verwahrten Buddh-bilder.

**) A une petite distance de Sonharon il existe 12 colonnes quadrangulaires, placées sur deux files les unes en face des autres, ayant la forme d'une pyramide tronquée à bases un peu différentes. Élevées d'environ 4 m. 2, elles mesurent 1 m. 22, sur la face la plus grande de la base, et 1 m. 1 sur la plus petite. Chacune d'elles est surmontée d'une demi-sphère massive de deux mètres de diamètre avec sa surface plane en dessus. Ces constructions ont été faites avec un mortier de chaux et de sable si dur, qu'au premier aspect on les prend pour du roc (sur

Hawai fand sich ein Landungsplatz, der die Abfahrt-Stelle nach Tahiti hiess.

Durch ihre alten Gesänge geleitet kamen Boote der Carolinen-Insulaner nach Guaham auf den Ladronen, nachdem sie diese Reisen mit den europäischen Entdeckungen aufgegeben hatten (1788). Cook erhielt von dem Beamten des tahitischen Königs Oberea eine Karte der polynesischen Inselgruppen mit „sailing-directions." Bei seinem Besuche der Korallen-Inseln von Radak traf Kotzebue dort einen Eingeborenen von Ulea (Namens Kadu), der 1500 Meilen weit mit seinem Begleiter in einem Canoe herbeigetrieben war. Beechey fand Eingeborene von Anaa oder Chain, die 700 Meilen weit mit ihrem Canoe verschlagen*)

---

deux rangs, formant une espèce de rue). Les traditions des Indiens de Tinian (deserte, lorsque lord Anson la visita) disent, que c'est dans ces colonnes de Sunharon (la Maison des Anciens) que se trouve la sepulture de la fille de Taga, roi de Tinian, qui vivait bien longtemps avant la découverte de ces îles, laquelle avait été enterrée dans de la farine de riz. Don Philippe de la Corte trouva une machoire et deux phalanges d'un doigt de la main (qui paraissent avoir appartenu à une personne adulte) dans une bière.

*) Il y a vingt ans environs, que quelques Indiens des Carolines vinrent à Agana, racontant que leur île natale avait été submergée, qu'une grande partie des habitants avait été noyée, tandis qu'eux, réfugiés au sommet des arbres, avaient pris leurs embarcations et s'étaient mis à la recherche d'une autre île plus stabile. Ces indigènes venaient demander qu'on leur accordât un terrain pour s'installer. On les envoya à Saypan où ils s'établirent. Dans le principe, ils vivaient en grottes, mais lorsqu'on leur eut appris à construire des cases, ils fondirent le village de Garapan (wo sie 1866 besucht wurden). Sie verehren (obwohl von katholischen Priestern unterrichtet) als Trinität den Gott Alulap (auf erhabenem Throne), seinen Sohn Lugaleng, der Fülle oder Mangel giebt, und dessen Sohn Olofat, der in der Gestalt einer Taube oder andern Thieres erscheint (nach Sanchez y Zayas). Bei ihrem nach den Sternen gerichteten Curs bedienten sie sich zur Spiegelung eines Wassergefässes. Im Feldzuge des Xerxes setzten die Phönizier auf dem Ameisenfels einen mitgebrachten Steinpfeiler auf (nach Herodot), wie Diego Cam seine Padronen. Wie die Griechen vor der Schlacht bei Salamis den Winden, opferte der mamanische Fürst (vor der Schlacht mit Temudschin) dem Geiste des Schneegestöbers, dass er den Feinden in's Gesicht blase, aber ohne Erfolg. Die Farõer-Einwohner richten sich insonderheit nach dem Sterne Bootes, weil sie mitten im Winter aus seinem Laufe schliessen, welche Zeit es ist und wie lange es noch bis zum Anbruch des Tages sei, damit sie zu rechter Zeit auf ihre Fischerei ausfahren oder ihre Hausarbeit anfangen können.

waren, auf den Korallen-Inseln. Die Tonganesen wollten früher ein harmloses und friedfertiges Volk *) gewesen sein, bis sich einige junge Leute nach den Fiji-Inseln begeben und dort das Kriegshandwerk erlernt hätten, an dem unter Finnow auch Frauen Theil nahmen. Am Jahresfest ruhten auf den Marquesas alle Stammkriege (nach Matthias), als im Gottesfrieden. Auf den Carolinen dauerte ein Krieg bis auf jeder Seite einer aus der Klasse der Häuptlinge gefallen und die Gegenpartei von seinem Fleische gekostet hatte. Die Arih oder Erih bilden die Klasse der Edlen auf Hawaii, wo Mann Vogel heisst. Als Cook die Tonga-Inseln entdeckte, lag die Gewalt grösstentheils in den Händen der Priester unter dem Tuitonga (mit dem erblichen Kriegsfürsten Tui Hatakalawa und seinem ersten Feldherrn Ata zur Seite), doch mit dem Könige und den Häuptlingen getheilt. Waffen hatten nur zur Jagd, nicht zum Kriege gedient, bis die die Fiji-Inseln für Sandelholz besuchenden Händler dort die stärkeren Kriegswaffen und die Bemalung (wie die Arier im Kriege bei Tacitus) kennen gelernt. Von seiner Colonie auf den Fiji unterstützte der Tonga-Häuptling Tui-Halu-Fatai in Hihifo den Aufstand der Brüder Finow und Tubo Neuba gegen den König Tugub Aubuh, und nach längeren Kriegen wurde Finow auf den Hapa-Inseln und Wawauh anerkannt. Mit Hülfe englischen Geschützes (aus dem Schiffe Port-au-Prince) setzte er sich auch auf Tonga fest durch Eroberung dortiger Forts, und

in Anschauung des Mondlaufes wissen sie ganz genau, wann der Neumond eintrifft, sie rathen aber solches nicht aus der eigentlichen Bewegung des Mondes, sondern sie beobachten den Fall der Ströme, und weil dieselben von dem Monde regiert werden, so können sie aus den Veränderungen der Ströme, die der Mond wirket, leicht schliessen, an welchem Tage der Neumond eintrifft (Deher). Schreiba erklärt Faröer aus Phar (Ueberfahrt) im Hebräischen, und Ohe oder Höhe. Die Faröer sind die von Norwegen weitesten Inseln (far) so lange als solche allein bekannt.

*) Hoher Rang wurde durch Feitleibigkeit bezeugt auf den polynesischen Inseln. Die Chitaler erkannten, dass Gott Chabul Chan zum Regenten geschaffen, weil er sonst nicht so viel essen und trinken könnte, ohne sich zu ekeligen oder betrunken zu werden (s. Erdmann). Wie Milon in Kroton und Theagen von Thasos zeichnet sich Herakles (Pamphages oder Adephagus) oder Buphagus, durch seinen Appetit aus.

sein Nachfolger Finnow II. schaffte beim Tode des Tuitonga die Würde dieses Priesterkönigs ab. Als der Letzte seiner drei Brüder, die ihm gefolgt waren (1810) starb, zersplitterte das Reich in kleine Staaten. Auf den Fiji-Inseln wurden durch die Einführung des Christenthums Unruhen erregt und mit dem heiligen Charakter verlor das Tabu*) auch seine politische Wirksamkeit. Bei dem vor der Schlacht angestimmten Kriegsgesang strecken die Neuseeländer die Zunge aus dem Munde und reissen die Augenwimpern hervor, so dass das Weisse einen Kreis um die Iris bildet, als Sinnbild des Oudou oder menschlichen Ruhmes. Aehnliche Verzerrungen werden von den Jagas in Afrika berichtet. Der Kopf des erschlagenen Feindes wird auf Neuseeland mit dem Haar ausgetrocknet, von den Pelew-Inseln auf Pfählen gesteckt und durch die Nukahivaner vom Fleisch und Gehirn, das verzehrt wird, gereinigt, um dann am Unterkiefer durch Schnüre zusammengebunden zu werden. Die Mokomokai (tättowirte Köpfe) werden, in einem Backofen gedämpft, bei festlichen Gelegenheiten reihenweis auf die Giebel der Häuser gestellt (in Neuseeland). Der Besitzer fragt sie, ob sie vielleicht entrinnen möchten? wo denn ihr Fleisch sei, das er gegessen, wo ihre Eltern, die er gekocht, wo ihre Weiber, die mit ihm leben, wo ihre Kinder, die ihm als Sklaven dienen? Die Schöpfung**) beginnt auf Neuseeland mit der Umwandlung

---

*) Ὁσία: justa funebria, vel dies silicernii (Suidas). Ὅσιον, justa funerum, honores qui mortuis tribuuntur. Ὅσια, res profanae seu sacrae (Suidas). Τοῖς ἱεροῖς καὶ τοῖς ὁσίοις (Isokrates), et Demosthenes hoc aperte docet. Didymus vero dicit ὅσιον duo significare et sacrum et privatum (τό τε ἱερὸν καὶ τὸ ἰδιωτικόν). Ὅσιον χωρίον: locus profanus et non sacer, quem cuivis ingredi licet. Ὅσοι ἅμα τῷ γέλωτι ὑποβλέπουσιν καὶ ξηρὸν εἶσιν ἅμα, κακίστων ἀνδρῶν τὸ σημεῖον (Polemon). Ὁσιότης: sanctitas ergo deum (ἡ πρὸς θεὸν καθοσίωσις). Qui perfidem et beneficentiam deo conciliatur sanctus et justus (ὅσιος καὶ δίκαιος) merito nominatur. Ὁσιωθῆναι: dies qui propter alicujus mortem non existimantur sacri, sedati, ὁσιωθῆναι dicuntur. Ὅσιοι: qui eam pietate conservant, quamvis non sint sacerdotes. Ὄσιρις, vom Dämon Typhon zerrissen. Tunc vero maximus Hellanodica Γαΐνᾶς parcialem Romanorum dispensavit (Eunapius).

**) La déesse de Ranto, emblème de l'antique nuit ou des ténèbres primitives, source féconde d'où sortirent une foule d'êtres vivants, fut considérée comme l'obscurité première (Champollion). Dans la cosmogénie polynésienne Po représen-

Himmels und der Erde (Uranos und Gäa), bis die Eltern durch ihre Kinder auseinander gerissen werden.

Auf den Tonga-Inseln hat der unterste Stand (die Tuahs)

---

tait la nuit primitive. Nach d'Urville heissen die Götter Fanou-po (nés de la nuit). Bhut heisst tödten (im Sanscrit). Le Sanscrit bhûta désigne une classe d'esprits malfaisants, qui hantent les cimetières et qui se plaisent à nuire. Ce mot derivé de la racine bhû (fieri, existere) ne signifie proprement qu'un être vivant en général, aussi un enfant et, comme neutre, un élement. C'est à ce nom, que se rattache celui de Daeva Bûti dans le Vendidad, démon qui trompe les hommes (Pictet). En person bothâr veut dire démon, but ou butak idole, et bûtah foetus. Bhuta (en Sanscrit) est enfant. Athene heisst *Βουδεία*. Budeios ist Sohn des Argos. Dares erschlägt den Bebryker Butes (bei Virgil). *Δωδώνη* heisst (thessalisch) *Βωδών* (Ahrens). Vom Winde Kolpia und seinem Weibe Baau (Nacht) wurde Aion und Protogonos gezeugt (Philo). Nach Valentinus emanirten aus dem Schweigen des grossen Ursprungs (Bythos) männliche und weibliche Aeone, das Pleroma zu füllen. Das Schweigen war (nach Jamblichus) der einzige Cultus, der in Aegypten der untrennbaren Einheit dargebracht wurde. Nach der keltischen Mythe (bei Apollonius) weinte Apollo den Bernstein (die Thränen der Electriden), nach der scandinavischen Freia, Odur suchend. Die Stadt *Βουθρωτόν* am See Pelodes war unter den epirotischen Thesprotiern durch Helenus (Sohn des Priamos) gegründet (mit Flüssen Simois und Xanthus). *Βουτία* est pagus tribus Oeneidis, cujus populares dicuntur Butadae. *Κυδαθήναιον*: pagus tribus Pandionidae. Kohkum begleitet Majura, wie Hansa den Brahma. Jakschi oder Tscharwi gebar dem Kuweras den Majuradscha. *Κοταβίς*: qui latebras subiit. Ille cum Ulixis instar multiplices in machinas inductae ad Gajanum (*πρὸς Γαϊανὸν*) dimissus est (Suidas). Gaïnas autem ex urbe excessit, quam commune et pretiosum sepulcrum reliquit, incolis ejus nondum sepultis (Suidas). *Ἑλλανοδίκαι*: indices sacris certaminibus praefecti. Wie (jainistische) Banyanen waren die Nabathäer kriegsuntüchtig (rechabitischer Sitten). Die Polynesier theilten sich in Priester, Häuptlinge oder Arii, Krieger oder Raa-tira und Gemeine oder Tauta. Arrians and Vabluns (in Cochin) appear indentical castes, the first fish in the sea, the latter in the backwaters. Lokman, der wegen seines Glaubens an Hud aus der Vernichtung der Aditen gerettet wurde, erbaute den Arim oder Damm von Marib (s. Kremer). Les Baxites Yndois (des Tatares) dient que le monde a ja duré plus de 30,000 ans, et dient que a chascun mille ans ils font en une pierre un nouvel ydole, lequel après dix mille ans, devient aussi noir comme se il fust brullé, et par ces ydoles dient il que ils scevent combien dans ce monde a duré leur pais (Ricold de Mont-Croix, XIV. Jahrhdt.). So stellten die Aegypter zu Herodot's Zeit die Piromis auf: „Un en y avait, le plus grand maistre deulx tous, de qui ils disaient, que il voloit, et en la verité, il fu trouvé que il ne voloit point, mais aloit en l'air assez près de la terre, et ne touchait point a la terre, et quant il s'asseoit, on ne veoit nulle chose qui le

keine Seele oder nur eine solche, die sich mit dem Körper wieder auflöst. Die Muah haben Seelen, doch ist ungewiss, was aus denselben werden wird. Die Matabulen kommen nach ihrem Tode nach Bolotuh, dem Wohnsitze der Götter, und leben dort als die Diener derselben fort, haben aber nicht die Macht, Priester zu begeistern. Die Edlen haben Seelen, die in Bolotuh nicht ihrem sittlichen Verdienste, sondern ihrem Range gemäss fortleben. Sie haben Macht, die aber viel geringer ist, als die der Götter. Ihr Verstand ist dort aufgeklärter, daher sie denn in Bolotuh keine Kriege führen, wie auf Erden. Sie verstehen dort das Rechte zu wählen, und der Streit, den sie zuweilen führen, wird mit göttlicher Mässigung abgemacht. Sie besitzen die Macht, Priester zu begeistern. Ihre Gräber auf Erden werden heilig gehalten und ebenso geehrt, wie die Häuser der Götter. Sie haben ferner die Macht, den Ihrigen im Traum zu erscheinen. Der Göttersitz*) Bolotuh ist nordwestlich von Tonga mit allerart nützlichen Früchten und unsterblichen Schweinen. Die Insel ist so weit entfernt, dass kein Kahn sie erreichen kann, und ohne den Willen der Götter kann sie Niemand erblicken, auch wenn er in ihre Nähe käme. Vor langer Zeit wurde jedoch ein Kahn auf seiner Rückkehr nach den Fidschi-Inseln nach Bolotuh verschlagen, die Mannschaft landete, konnte jedoch die Früchte nicht greifen, da sie ohne Körper waren. Ebenso konnten sie durch Häuser und Bäume, ohne Widerstand zu finden, hindurch gehen. Endlich bemerkten sie einige Götter, die durch ihre Körper hindurchgingen. Diese riethen ihnen schleunige Abreise, weil keine irdische Nahrung vorhanden, und

---

sonstenist." Lobassy est chief de tous les ydolatres (Oderic) en Tibet. Die Fomorier oder Tuatha de danau wollen aus Böotien oder Achaia nach Norden zurückgekehrt sein, und im böotischen Theben spielt die Sage von Harmonia's Halsband und Schleier gleich dem Verderben bringenden Ring nordischer Zwerge. Evadore verbrennt sich mit Capaneus, wie Nanna mit Baldr.

*) The Pehlewis (heaven-born) or Baiha (in Armenia) gave the name of Balkh (Balhara, Pulhara, Valhalla). In Oldenburg ist England die Geisterinsel, von wo die Walridersken auf Sieben (wie schottische Hexen zu Jakob's Zeit) herüberkommen, bei Nacht zu quälen, oder (nachdem gefangen) als wohlthätige Feen zu schützen (s. Stracherjahn).

versprachen ihnen guten Wind und in zwei Tagen kamen sie schon nach den Hamvah (Schiffer-Inseln), wo sie landeten, ehe sie nach Tonga zurückkehrten. Sie starben*) aber schon in wenigen Tagen, da die Luft von Bolotuh ihnen schädlich gewesen. Ausser den Seelen der abgeschiedenen vornehmen Tonganer leben auf Bolotuh noch Urbewohner, als erste Diener der Götter. Diese stehen unter den Seelen der Matabulen, haben aber in Tonga keine Macht. Von den Göttern (Hotuah) hat Talig Tubo (der Beschützer jedes Königs von Tonga und seiner Familie), auf der Insel Wawauh 4 geweihte Häuser, 2 in Lencoja, 1 in Haano, 1 zu Wiha, und andere kleine. Sein Priester ist der König, den er auch zuweilen begeistert. Tui foah Bolotuh (Oberhaupt von ganz Bolotuh) ist Gott des gesellschaftlichen Ranges, hat Häuser und 3—4 Priester, die er begeistert. Tubo Totai ist Gott der Seefahrer, Tangoloa (Gott der Handwerke**)

---

*) Als Kurannman zum Besuch auf die Erde kam, wurden die Menschen, die ihn tödten wollten, dadurch bestraft, dass ihnen die Dauer des Lebens mit dem Tode genommen und den sich häutenden Thieren gegeben wurde, erzählen die Caraiben (s. Quandt). Beim Eintritt unter die Männer verbieten die Alten den Jünglingen (zur Zeit der Pubertät), nicht zu stehlen, nicht über Schwache und Unglückliche zu spotten, keine Milch von Ziegen und Schafen zu trinken, sowie das Fleisch des Schakal und Hasen nicht zu essen (bei den Koranas). Un jour la lune dit aux hommes: „Comme moi, vous mourriez, et comme moi, vous reviendrez à la vie.“ Une lièvre, qui était présent, prit la parole et dit: „Comme moi, vous mourriez, mais comme moi, vous ne reviendrez plus à la vie.“ Les Koranas disent que la lune avait raison, et ils maudissent la lièvre. In Grönland verbieten die Mütter mit den Worten: Silla takua (der da Oben sieht es). Hina sagt zu Fatu: „Lass den Menschen nach dem Tode aufleben.“ Fatu erwiedert: „Nein, ich werde ihn nicht aufleben lassen. Die Erde wird sterben, die Pflanzen werden sterben, sie werden sterben gleich den Menschen, die sich von ihnen nähren. Die, die sie erzeugt, wird sterben, die Erde wird ein Ende nehmen, sie soll zu Ende gehen, um nicht wieder zu erstehen!“ Hina spricht darauf: „Thue, was dir beliebt, ich aber werde den Mond wieder aufleben lassen.“ Und das Hina Angehörige fährt fort zu sein, das Fatu Angehörige geht zu Grunde, und der Mensch muss sterben (auf Tahiti). Gegen Warzen sieht man den Mond an (in Lauenburg), sprechend: „Mond, so wie du zunimmst, so soll das abnehmen, im Namen des Vaters, Sohnes und heiligen Geistes.“

**) Das athenische Fest Chalkeia wurde später nur von den Handwerkern begangen. In England durfte kein Leibeigener die Schmiedekunst treiben, oder

und Künste) hat die Tonga-Inseln aufgefischt (die Zimmerleute sind seine Diener). Von den bösen Göttern peinigen die Hothua Pow die Menschen, die Hamao besuchen Nachts zuweilen die Frauen, und ihre Besuche haben oft Folgen. Alle grossen Unglücksfälle des Lebens sind besondere Strafen der Götter für begangene Vergehen, aber die boshaften Streiche der Hothua Pow werden nur aus Schadenfreude begangen. Der riesenhafte Gott Muoi trägt liegend die Erde und erregt Erdbeben, indem er sich umdreht. Da schreit man laut und schlägt mit Stöcken auf die Erde, um ihn zur Ruhe zu bringen. Alle diese hohen Wesen werden ewig bestehen. Sie erscheinen zuweilen den Menschen, um sie zu warnen oder Trost und Rath zu ertheilen. Sie fahren auch in lebendige Körper von Eidechsen, Meerschweine, Wasserschlangen, oder begeistern Menschen mit der Gabe der Vorsehung. Im Anfange war über dem Wasser kein anderes Land als Bolotuh, das sowie die Götter, die Himmelskörper und die See von Ewigkeit her waren. Beim Fischen fühlte Tangoloa einst einen Widerstand und zog einen grossen Continent auf, der aber zerbrach, indem nur die Tonga-Inseln zurückblieben (den Angelhaken besass die Familie des Tuitonga noch 1790, wo er mit dem Hause verbrannte). Er

gewann durch Ausübung derselben die Freiheit. Die Lacedämonier glichen in einer Hinsicht den Aegyptern, dass nämlich ihre Herolde und Flötenbläser, ebenso wie ihre Köche die Beschäftigungen erblich vom Vater übernahmen (nach Herodot), *ἰατρῶν παῖδες, Ζωγράφων παῖδες* sind *ἰατροί, Ζωγράφοι*. Jemshid erneuerte die Kasteneinrichtung der Mahabad (nach dem Dabistan) in Persien. Die Atlanten oder (nach Eustathius) die Ataranten hatten keine Eigennamen, sondern nur eine allgemeine Bezeichnung des Stammes (nach Herodot). Quantum a quodam mercatore intelligi potui qui longam cum his habuerat consuetudinem, nullum hic proprium nomen audias, sed omnes vel a longitudine, vel pinguitudine, aut alio quovis accidente nomen habent, sagt Leo Africanus von den Bornuern. Die in Brüderschaften (*φρατρίαι*) begriffenen Häuser (*γένη*) enthielten jedes 30 *γεννῆται* oder Familienhäupter. Neben den vier Kasten der Priester (Teleontes), Hopleten (Krieger), Aegicoreis (Ziegenhirten) und Argadeis (Handwerker) schieden sich die Athener in den mit dem König verwandten Adel der Eupatriden und ihm gegenüber in *γεωμόροι* (Landbauer) und *δημιουργοί* (Künstler). Die älteste Eintheilung des attischen Volkes war in Cecropia, Autochthon, Actaea und Paralia (nach Julius Pollux). Phanodemus leitete Sais in Aegypten von Athen her.

füllte das Land mit Pflanzen und Thieren, und befahl seinen Söhnen dort zu wohnen. Als der faule Tubo (der ältere) aus Neid seinen Bruder Waca-acow-uli todt geschlagen hatte, sandte der zornige Vater die Familie des Waca-acow-uli nach Osten (weisse Leute), wohin die Bewohner der Tonga-Inseln (die er schwarz machte) mit ihren schlechten Kähnen nicht im Stande sein sollten zu kommen. Einst kamen*) einige Götter von Bolotuh nach Tonga und zerschlugen ihren Kahn, da der Ort ihnen gefiel. Als später einige von ihnen starben, erschraken sie, aber einer von ihnen (der sich seltsam bewegt und von einem der oberen Götter von Bolotuh begeistert fühlte) sagte aus, dass sie nicht mehr zurückkehren könnten, da sie von den Landesproducten gegessen. Kalu, die allgemeine Bezeichnung für die Gottheit, diente auch in den Fiji dazu, alles Grosse und Wunderbare auszudrücken. Von den ewigen Göttern Kalu-vu wurde der vergötterte Sterbliche Kalu-yalo unterschieden. Die Zimmerleute setzen ihr Vertrauen in Rokova und Rokola, die Fischer in Rokovua und Vosavakandua. Die Krabbe wurde auf Tiliva als Repräsentation des Roko Suka verehrt. Der Aal war seinen Dienern tabuh. Der Habicht theilte das Loos des Krokodils im alten Aegypten, an einigen Orten verehrt, an anderen verspeist zu werden. Gott Kokola hatte acht Arme (wie der vierleibige Buddha in Kokosan und andere Incarnationen). Rassambasanga zwei Körper, Walavakatini 80 Mägen, der feuersprühende Roko-mbati-ndua, der die Luft durchflog, war einzahnig. An der Stelle, wo ein Häuptling gefallen, liebt man Tempel (Bure) zu bauen. Aus dem neben dem Aufenthalt Ndengei's gelegten Ei eines Habichts kamen unter einem Vasi-Baum ein Knabe und ein Mädchen hervor, als Vorfahren**) der Menschen. Der am

*) Von den um Frauen streitenden Bewohnern des Himmels wurden (nach den Laos) die Besiegten auf die Erde verwiesen, und begaben sich dort (da sie sich allein fühlten) auf den höchsten Berg, um den auf die Spitze gepflanzten Baum besteigend, ihre Frauen aus dem Himmel zu rufen, die ihnen folgten. Als sich die Nachkommenschaft vermehrte, beschlossen sie die die Erde, als schwarze Menschen, bewohnenden Dämone zu vertilgen, um Platz zu gewinnen. Kadmos' Sparter waren gehörnte Menschen.

**) Nachdem Bruder und Schwester alle Dinge geschaffen, brachten sie das

durchgängigsten auf den Fiji *) bekannte Gott ist Ndengei, eine Personificirung der abstracten Idee ewiger Existenz. Er ist frei von allen Erregungen und Gefühlen, keine Begierde kennend, ausser dem Hunger. Die von ihm erwählte Erscheinungsform ist die der Schlange, doch nur dem Kopfe nach, da der Körper von Stein ist. Er verbringt ein einförmiges Dasein in einer düstern Höhle auf Viti Levu, und schickt seinen Diener

---

belebte Wesen Oïot hervor (bei den californischen Indianern). Als der altgewordene Oïot von seinen Nachkommen vergiftet war und die Menschen nach Verbrennung der Leiche über die Erwählung eines Häuptlings beriethen, zeigte sich schwebend die Erscheinung des Chinigchinig, der mit der Erneuerung der menschlichen Natur den Gottesdienst des Tempels einführte (Mofras). Nachdem Kain aus Sammach's Beischlaf mit Eva entstanden, zeugte Adam nach seinem Bilde. Die Salivas am Orinoco glauben, dass Einige wie die Schilfe, Andere wie die Früchte der Bäume entstanden seien, die dritte Klasse der Menschen aber von der Sonne herabgestiegen wäre. Die Achaguas leiten sich von Baumstämmen oder von Königen her. Die Synd in Pisheen erkennen die Besessenheit durch einen Gin an der katzenähnlichen Röthe der Augen. Durch Exorcismus wird er durch Sprüche in einen dann zugesiegelten Topf gebannt. Die ersten aller lebenden Wesen waren Bäume, die von der Erde aufschossen, ehe die Sonne ausströmte (nach Empedocles).

*) In the ceremony Katon vere the youths of the male sex erect on retired places near the sea a miniature temple, alluring the expected gods by drumming for several weeks. The luve-ni-wai or children of the waters (of wild and fearful appearance) then come up from the sea (a jetty of loose stones being built). When it is believed, that they had left their watery dwelling, little flags are placed at certain inland passes, to stop any, who might wish to return (from the woods into the sea). The youths (decorated in uncouth form) approach with fantastic motions, led on by the Linga Vio (shade-holder), waving a sunshade (and shaking all over). As they persuade, that the god has entered them (performing extraordinary feats in breaking nuts), they present themselves to the Vunindavu to be struck on the top of the abdomen, believing, that if the god [Schutzgott des indianischen Jünglings] is in them, they cannot be wounded by the axe or spear [wie Tättowiren in Birma zum Schutz der Haut gegen Waffen dient]. These orgies are free from any pollution or licentiousness (s. William). Before Christianity had been introduced (by Aba Salama or Frumentius), half of the population (of Ethiopia) were Jews, who kept the commandments of the old testament, the other half of the people were worshippers of Sando (the Dragon). Die Provinz Quara war damals, wie später, ein Verbannungsort (für die die Bekehrung Weigernden). The peculiar language of the Falashas and the vulgar tongue of the Christians in Quara is altogether one and the same.

Uto zu jedem Fest auf Rakiraki, um ihn bei der Rückkehr um seinen Antheil zu befragen: „Das ist doch allzu niederträchtig! wir haben sie zu Menschen gemacht, wir setzten sie auf die Erde, wir gaben ihnen Speise, und jetzt, Alles was sie uns zukommen lassen, ist die untere Schale (der Schildkröten). Was soll man davon denken, Uto?" (Williams). „Ganz wie in Mokone, Herr Fiji-Gott." „Death is very easy, of what use is life? To die is rest," wird als ein Spruch auf Fiji gegeben, im Sinne buddhistischer Trauer und der Elegien des Königs von Tezcuco, dem Silen hätte Lehrer sein können. In Alus (von Athamas gegründet) fand sich der Tempel des Zeus Laphystius, des gierigen Fressers, den Xerxes umging (nach Herodot). Wie die Carthager (im Kriege gegen Gelo) verbrannten die Phönizier und Indier den ganzen Leib des Opferthieres, und erst der hellenische Geist rang sich aus diesen Fesseln orientalischer Ergebung los, indem die Griechen die nutzlose Verschwendung sparten und den Göttern nur ihren Antheil (am liebsten in süssduftendem Bratendampf) zukommen liessen, der allzu schlaue Prometheus sogar nur die Knochen.

In Bolotuh (wo angetriebene Schiffer durch Bäume, wie durch Schatten, dahingingen) waren die Hotu oder Gotteswesen in verschiedene Klassen getheilt, als die ursprünglichen Götter, die Seelen der Edlen, die Seelen der Vornehmen, die Diener der Götter, missgünstige Kobolde und schliesslich Muwi, der die Erde tragende Gott. Der mächtigste Aller war Tali-y-Tubu (warte dort, Tubu), der Schutzherr des How oder Königs. Nach Hesiod war die Erde voll von den Söhnen des Zeus, bestimmt über die Menschen zu wachen. Der Scandinavier unterschied den Gefolggeist (Fylgja, den Menschen voraufschreitend), und Hamingja, dem Körper nachschwebend. Indem alle Walys im Auftrage des Kotb gewisse Dienstleistungen zu verrichten haben, heissen sie (in Aegypten) Ashab addarak oder (als Schutzpatrone der Orte) Ashab annobet (Wächter), deren Erlaubniss beim Durchgehen des Quartiers gebeten werden muss (da sie auch aus den Maghreb sein können). Sharany sah einen mit struppigem Haar und Augen, glühend wie Kohlen. Die Fijier lassen den Fiji-Insulaner zuerst geboren werden, der schwarz und boshaft war, dann folgte der Tonganese,*) der (weil weisser und weniger verdorben) mehr Kleider erhielt, und zuletzt kam der Papalongis oder weisse Mann, dem seine Tugenden einen Ueber-

*) The contrast between the Tongan and the Feeji was somewhat like that between a well-bred gentleman and a boor. Unter Finon, König von Tonga, war ein Theil des Fiji-Archipelago unterworfen. According to the islanders on the South-Pacific the first inhabitants came from the northwestward, where Bolotoo, the paradise of Tong (East) lies. In der Kosmologie der Nassauländer folgen sich sechs Weltalter, indem in allmähliger Entwicklung die Periode des Gedankens, der Nacht, des Lichts, des Landes, der Götter und der Menschen hervortreten. In der angebahnten Vermehrung traten allmählig die Emanationen des Denkens, der Erinnerung, des Bewusstseins und der Begierde in Existenz. Dann wurde das Wort fruchtbar und zeugte die Nacht. Nachdem die Hirtenknaben um den Schwan, der sich (bei Lutatius) in eine Frau verwandelt, gestritten, hatte Smikro's Milesierin einen Traum (nach Konon), dass ihr die Sonne durch die Kehle (βραγχος) in den Leib ging, als Prophezeiung des zu gebärenden Propheten Branchos, der den Euangelos zum Verkündiger der Orakelsprüche machte. Alankova (Tochter des über die Kist herrschenden Glenbine) wird durch eine Lichtkugel befruchtet, Annewa durch die Schatten der Götter (Brama, Vishnu und Schiwa), Ila, einsam in die Wälder wandernd, vom Mond oder Buddha, dessen Schatten die chinesischen Pilger (als Eremiten) auf der Höhlenwand sahen. Die Nefes Ogil sind von Jungfrauen durch überirdische Kraft der Geister empfangene Kinder (wie die Parthenioi). Die Tochter des Brahmanen Devadit zog durch Beschwörungsformeln die Sonne zu sich herab. Nach den Tahitern blieben nur die wenigen Gipfel (aurus) der jetzigen Inselgruppen zurück, als Taaroa aus Zorn über den Ungehorsam der Menschen die Erde in die See überstürzte. Der Fischer, dessen Angel sich in die Locken des Meergottes Ruahatu verwickelt hatte, erhielt von diesem nicht nur Verzeihung, sondern zugleich den Rath, nach der von den Klippen Raiatea's geschützten Insel Toa-marama sich zurückzuziehen, um aus der Fluth gerettet zu werden. Ehe Alles von Wasser bedeckt war, wurden acht Personen durch den Gott der Zimmerleute und seinem Gehülfen Rokola gerettet (nach den Fijiern). Die Alten glaubten (nach Justin), dass die Erde im Norden höher sei, weil die Flüsse nach Süden strömten. Die Insel Thera wurde durch einen Erdklumpen gebildet, der aus der Argo gefallen. Als der Gott Mawi (auf Manga-Reva oder den Gambiers-Inseln) mit dem Stück seines abgeschnittenen Ohres Land aus dem Meere gefischt, aber es (wegen des Streitens seiner Gefährten) durch Schütteln der Leine wieder hatte fallen lassen, blieb nur Manga-Reva übrig, wo sich aber Mawi durch den nahen Himmel beengt fühlte, bis er denselben durch einen Stoss seiner Schultern weiter entfernt hatte (d'Urville). Phaeaken und Cyclopen haben dies mit den Seligen gemein, dass sie den Göttern nahe sind (ἀγχίθεοι). Der Grossvater des Magier Gobryas (beim Feldzuge des Xerxes nach Delo zur Bewachung geschickt) las (wie Socrates hörte) aus den ehernen

fluss an Kleider erwarben. Durch Zauberei (Kaha) tödteten die Bewohner Nukahivas ihren Feind binnen 20 Tagen, nachdem sie Theile seines Auswurfes oder seiner Excremente, mit dem richtigen Pulver gemischt, verzauberten. Die Brahmanen pflegen, wie die Katzen, ihren Koth einzuscharren, und auch die Essäer trugen für solchen Zweck eine Schaufel bei sich. Zu den Zaubermitteln auf Tonga gehörten die Flüche (Cabe oder Wangi), indem man dem Andern wünschte, grosse Verbrechen zu begehen, damit er Strafe erleide und im künftigen Leben unglücklich sei. Der Zauber Taninh bestand im Umherdrehen einer Kokosnuss, um den Ausgang einer Krankheit zu errathen. Um einen Dieb zu entdecken, pflegte sich der Häuptling seine Hände in einer Schale zu waschen, deren Berührung dann den Schuldigen tödten würde. Aehnliche Dienste thut das siamesische Eideswasser oder der Fetischtrank der Neger. „Mein Salz erfasste ihn," bemerkte Timur, von der Reue des aufständischen Fürsten Chir Behram hörend, da er sich des zusammengenossenen Salzes erinnert. Zambi (in Loango) hat Alles erschaffen und straft Meineid durch Krankheit. In den Gesetzen Bali's heisst es: „Wer eines Andern Namen auf ein Leichentuch schreibt oder eine Todtenbahre, oder eines Andern Bild aus Teig knetet, oder einen auf Papier geschriebenen Namen an einen Baum hängt oder in die Erde vergräbt oder an einen unheimlichen Ort niederlegt oder an einen Kreuzweg, ein solcher soll als Zauberer betrachtet und demgemäss bestraft werden. Auch wenn Jemand eines Andern Namen mit Blut und Kohle auf Menschengebein schreibt, soll das für Bezauberung gelten." Die Inachi, Feier, um den Schutz der Götter für die Früchte, besonders die Yamswurzel, zu erflehen, fand immer auf der von den Tuitonga bewohnten Insel statt, wohin die entfernteren Insulaner

---

Tafeln, die Opis und Hekaerge von den Hyperboräern gebracht, dass nach der Auflösung des Körpers die Seele in die Königsburg des Pluto komme und zunächst nach dem Wahrheitsfeld des Minos und Radamanthes, wo zu lügen unmöglich ist (nach Aeschines). Von Orion verfolgt, ward Pleione mit ihren Töchtern unter die Sterne versetzt (s. Pindar). Das heilige Feuer der Perser war auf Zoroaster's Gebet vom Orion herabgefallen.

die Früchte zeitig genug bringen müssen. Nachdem die Früchte in Procession auf dem Grabe des letzten Tuitonga niedergelegt worden sind, folgt das Cawatrinken und dann Ringkämpfe. Beim Fokkalahi-Fest bleiben Wurzeln auf dem Grabe liegen, um unter das Volk vertheilt zu werden. Beim Opfer des Tow Tow für Alo Alo (den Gott des Wetters) wohnt das als seine Braut ausgesuchte Mädchen in seinem Hause. In der Ceremonie des Kinderdrosselns (Nawgia), um einen kranken Verwandten herzustellen, bedauern *) Alle das unschuldige Opfer, halten es aber für eine Pflicht, ein Kind hinzugeben, das der Gesellschaft noch keinen Nutzen gebracht hat und vielleicht nie bringen wird. Beim Tode des Tuitonga opfert sich seine Frau, um seinem Hauswesen vorzustehen. Das Tutu-nima (Abschneiden eines Stückes vom kleinen Finger) ist ein Opfer an die Götter für Herstellung eines kranken Verwandten. Die Götter besitzen auf den Tonga-Inseln wohl besondere Häuser (viereckig), als ihr Eigenthum, aber ohne Bilder. Der Vogel Tschicola gilt als Unglücks-, Oornamoo als Warnungsvogel. Träume werden beachtet wie Niesen, Donner und Blitz.

Die Bewohner von Radack verehrten den unsichtbaren Himmelsgott Jaglack, als Anis, und legten für sein Niedersteigen am Fusse der heiligen Kokospalmen vier Balken im Quadrat. Vor dem Tättowiren brachten die Candidaten die Nacht in dem Beschwörungshause zu, und wenn das Pfeifen (das Zeichen der Zustimmung) ausblieb, so wurden die Operationen unterlassen, weil sonst das Meer die Insel überschwemmen würde. Auf der wüsten Inselgruppe Bygar weilte ein blinder **) Gott mit seinen zwei Söhnen (Rigabnill). Die dorthin Pilgenden nannten sich während des Aufenthaltes Rigabnill. Die Insel Tse-tsju war anfangs un-

*) Aegyptiorum numinum fana plena plangoribus, Graeca plerumque choreis (Apulejus). In Creta wurde Appollo's Trauer um Atymnius gefeiert.

**) Wenn Apollo unter den Göttern erscheint, zittern alle vor ihm im Hause des Zeus und fahren von ihren Sitzen auf (Schönborn). Es zittern alle Wände. Als ob Baldr käme zurück in Odhin's Saal (nach dem Eiriksmál). Die Statue der Juno, von den Gesandten befragt, ob sie nach Rom kommen wollte, neigte bejahend den Kopf.

bewohnbar, bis drei menschgewordene Geister (Liangina. Kaoina und Foina) ihrem Boden entstiegen. Zur Jagd an den Strand gehend, fanden sie einen Steinkasten, drei Jungfrauen enthaltend, sowie Füllen, Kälber und die Samen der fünf Getreidearten Von ihren Ansiedlungen war Liangma der Hauptplatz. Um 476 sandten die Bewohner zuerst ihre Landeserzeugnisse nach Petsi.

Japan.

Am 6. Juni begab ich mich wieder an Bord des Kriegsschiffes, das um vier Uhr Nachmittag aus der Bucht Manillas hinausdampfte, und sahen wir während der Nacht von den Ufern die Lichter der dortigen Ansiedlungen herüberblinken. Auch am folgenden Morgen war das Land noch in Sicht. Das Wetter war anfangs schön und ruhig, aber am 9. Juni wurden die Anzeichen stürmisch und während der Nacht wüthete ein furchtbares Unwetter mit Donner und Blitz und starkem Regenfall. Wir befanden uns jetzt in dem Kanal von Formosa, einer der gefährlichsten Localitäten in dem durch seine Typhoone und die noch nicht genügend auf den Karten niedergelegten Untiefen überhaupt berüchtigten Meere von China, da es nicht nur in fast jeder Jahreszeit heftigen Stürmen ausgesetzt, sondern zugleich, neben seinen Inseln, mit Felsen und Klippen gefüllt ist, von denen verschiedene Bänke bilden, die unter der Wasserfläche bleiben oder doch nur so schwach davon bedeckt sind, dass sich die Brandung auf denselben kaum erkennen lässt, wenn auch das übrige Meer durch Winde aufgewühlt ist. Schon einmal, im Jahre 1854, hatte ich diese Strasse unter etwas kritischen Verhältnissen passirt, auf der Reise von St. Francisco nach Hongkong, indem wir derselben durch einen heftigen Sturm entgegengetrieben wurden, nachdem ein fortdauernd bewölkter Himmel für acht Tage astronomische Beobachtungen unmöglich und deshalb unsere Position sehr unsicher gemacht hatte. Auch war es fast ein Mirakel, dass wir der vom Lande abliegenden Klippe entkamen, da nur noch eben vor Dunkelheit ihre Brandung dicht am Steuerbord bemerkt wurde, nachdem wir kaum erst Anzeichen von der Nähe des Landes durch eine die Berghöhen Formosas zeigende Wolkenöffnung erlangt hatten. Diesmal war die Lage gleichfalls, trotz der zuverlässigeren Führung, der man sich auf einem Kriegsschiffe bewusst ist, nicht ohne Gefahr. Gerade in derjenigen Stunde des Vormittags, wo wir uns der Berechnung nach an den Cumbrianreefs befinden mussten, stürzte der Regen in solchen Wassermassen vom Himmel herab, dass sich kaum durch sie hindurchsehen liess, und das vom Sturm umhergeschleuderte Schiff war fusshoch auf dem Deck überfluthet, theils durch das von Oben herabströmende Wasser, theils durch das aus dem Meere aufgeschöpfte. Das Geheul des Windes, das Geprassel des niederschlagenden Platzregens, die Explosionen des Gewitters machten ein Commando fast unmöglich, und das Schiff musste ruhig in seinem Lauf gelassen werden, da sich doch nichts unterscheiden und erkennen liess. Genau zu bestimmen, wo wir uns befanden, war natürlich unmöglich; als jedoch am Nachmittag der geöffnete Hügel des grossen Toboga-Betel Sima in Sicht kam, zeigte sich aus der nachträglichen Absteckung, dass wir genau genommen gerade über den Vele Rete Rock fortgefahren sein mussten, also jedenfalls dicht daran vorbei. Später brach auch die Küste vom kleinen Toboga-Betel aus dem Gewölk hervor, aber die ganze Nacht blieb das Wetter unruhig und die See hohl. Am nächsten Morgen sahen wir die Berge auf der Nordküste Formosas, das Wetter wurde ruhiger, die bewegte See legte sich, und drei Tage später (Juni 15.) zeigte sich, nach dem Vorüberfahren an der Insel Kokosi, die vorspringende Spitze am Eingange der Bai von Nangasaki. Ein reizendes Landschaftsgemälde erquickte plötzlich unsere bis dahin durch die Einförmigkeit des Seehorizontes abgematteten Augen, als wir um zwei Uhr Nachmittags in das geschlossene Binnenwasser hineindampften. Grüne Hügel, die in einer Mannigfaltigkeit von Gipfelerhebungen wechselten, schlugen sich in einer vielfach gewundenen Kette von vorspringenden Klippen von zurücktretenden Einbuchtungen um den klaren Meeresspiegel, und die an den Abhängen aufsteigenden Terrassen sind bald mit lachenden Anpflanzungen geschmückt, bald tritt das dunkle Laub der Fichtenbäume hervor, die besonders auf den Höhen in malerischen Gruppen beisammen stehen. Zwischen dem Pflanzenwuchs schauen niedrig langgestreckte Häuser hervor, oft an steilem Niederfall gelegen, so dass eine in die Felsen gehauene Treppe zu ihnen emporführt. Nachdem wir mehrere Inselchen passirt hatten, erschien an einer Seitenbucht die Stadt Nangasaki, am Fusse und dem Abhange einer Hügelkette gelegen. Um $3\frac{1}{2}$ Uhr wurde Anker geworfen, und begab ich mich mit dem Capitän und einigen der Officiere an's Land, zunächst nach Decima, in welchem früheren Gefängniss der Holländer sich noch jetzt ihr Consulat findet. Auch manche Kaufleute anderer Nationen haben sich, seit Eröffnung des Handels durch die Verträge, dort niedergelassen, und aus verschiedenen Gründen wird einem Wohnsitz in Decima selbst der Vorzug gegeben vor dem für Europäer bestimmten Quartier, da dieses von der eingeborenen Stadt weiter entfernt ist und geringere Sicherheit gewährt. Von Nangasaki durch eine kleine Brücke, die sich mit einem Thor schliessen*) lässt, getrennt, besteht Decima aus zwei Strassen nebst den Werften, von denen ein Pier in den Hafen ausläuft. Das holländische Consulat in Decima, eine vorgeschobene (de) Insel (sima), ist der einzige Fleck der Erde, wo die holländische Flagge nie eingezogen wurde, wo sie fortfuhr, als Banner der Nationalität zu wehen, als das Mutterland unter französischem Joche seufzte und die anderen Colonien im Osten und Westen vor den englischen Flotten gefallen waren. Als Sir Stamford Raffles von Java aus die gewöhnliche Handelsflotte nach Decima aussandte, wurde der

*) Als die Chinesen in der von den Portugiesen besetzten Insel Keang-shan vordrangen, zogen sie über den die Stadt Macao verbindenden Isthmus zur Abtrennung (1573) eine Mauer, deren Porta docerco genanntes Thor von chinesischen Soldaten bewacht und anfangs (nach Navarette) nur zweimal im Monate geöffnet wurde. Der Porto do nome de *Deos* (1583) oder Porto de Amarao wurde später Cidade do nome de Deos do porto de Macao und dann Cidade do santo nomo de Deos de Macao genannt (der Hafen Gaoumun mit der Stadt Gaouking).

holländische Gouverneur in seiner Weigerung, sie anzuerkennen, durch die damals noch in voller Kraft geltende Abschliessungspolitik der Japanesen und ihre Abneigung, mit neuen Mächten aus der Fremde in Berührung zu kommen, unterstützt. Auch die russischen Versuche zur Anknüpfung einer Verbindung endeten damals nur in der Gefangenschaft Golownin's.

Vom Consulat begab ich mich zu dem Handelshaus des Herrn Kniffler, der mich in Folge meiner Einführungsbriefe im alten Sinne colonialer Gastlichkeit empfing und mir ein Zimmer in seiner Wohnung anwies, wohin ich mir mein von Bord geholtes Gepäck schaffen liess.

Der an den Küsten Japans landende Reisende wird sich zunächst von dem europäischen Teint überrascht fühlen, den er dort antrifft, und der ebenso markirt von der bleichen Farbe der Chinesen, wie von den gebräunten Indiern oder Malayen absticht. Besonders die Haut der Frauen hat die durchsichtige Weisse, wie wir es bei den unserigen gewohnt sind, und die in den rothen Backen das Blut durchschimmern lässt. Wegen dieser europäischen Weisse ist auch der Anblick der Arbeiter oder Kulis, die, um ungehindert zu sein, gern ihre Kleider ablegen und oft genug fast ganz nackt arbeiten, ein sehr zurückstossender, während in den Tropenländern die Entblössung des Körpers nach einiger Gewöhnung kaum mehr auffällt und das Baden tahitischer Wassernymphen viel weniger überrascht, als die griechischen Venuscostüme in den Badehäusern Japans, wo der Geschlechtsunterschied noch geringere Beachtung findet, als in den schweizerischen Curorten des Mittelalters. Im gewöhnlichen Leben sind die japanischen Frauen in ein langes Gewand gehüllt, das bis auf die Füsse reicht und um den ganzen Körper geschlungen wird. Auch die Männer sind, besonders im Winter, sehr vollständig bekleidet und tragen den Zopf auf dem Scheitel befestigt.

Am nächsten Tage besuchten wir Nangasaki, das von theilweis gepflasterten Strassen durchzogen ist, die in breiten Stufen zu den höher gelegenen hinaufführen oder auf weniger schroffem Terrain nach den Unebenheiten des Bodens auf- und absteigen. Die Häuser auf beiden Seiten sind niedrig und haben ihre

Fensterthüren nach den Strassen geöffnet, wenn Waaren in den Verkaufsläden auszulegen sind. Mehr wie zwei Stockwerke sieht man selten, doch sind am oberen mitunter Erker oder Altane ausgebaut. Die Häuser der Daimio liegen von der Strasse zurück in mehr oder weniger weiten Gehöften, mit Wachen an den Thoren. Auch die Strassen können durch Thore geschlossen werden, oder sind von Ehrenbogen überspannt. Die an ihren Hufen mit Strohschuhen bekleideten Pferdchen trippeln die Strassen-Treppen munter auf und nieder, so dass man sich ihnen bald ruhig überlässt und nicht ans Absteigen denkt. Ochsen werden zum Lasttragen gebraucht. Als wir beim Hause des Gouverneurs vorbeigingen, kam gerade ein Edelmann daraus hervor, der in einem käfigartigen Palanquin getragen wurde und von einer Menge weissgekleideter Begleiter umgeben war, während ihm eine Reihe von Kulis folgte, die allerlei Kisten und Kasten auf ihren Rücken tragen. Auch für einen einfachen Besuch nimmt ein Vornehmer alle seine Paraphernalien mit sich, als ob es sich um Antritt einer langen Reise handle, wie es bei uns der gute Ton erfordert (oder doch erforderte), das Gesellschaftszimmer mit dem Hut in der Hand zu betreten. Im Hause eines Schneiders sass zwischen im Laden beschäftigten Gesellen ein Priester, der aus Büchern vor sich Gesänge ablas und mit den Klimpern einer Guitarre begleitete, um durch diese Ceremonie Krankheit und böse Einflüsse fern zu halten. Dann begegneten uns umherstolzirende Officiere, denen ein speertragender Knabe folgte, oder eine Bettlerin, die auf ihrem Gürtel eine Metallscheibe befestigt trug und diese mit einem Hammer, die Aufmerksamkeit auf sich zu lenken, schlug, oder ein Gemüseverkäufer, der schon von Weitem die Ohren mit seinem Geschrei erfüllte. An einer Strassenecke stand ein Gebete ablesender Bettler, dem ein runder Hutkorb über das ganze Gesicht, von dem nur die Augen frei blieben, gezogen war, eine Verkleidung, die besonders von entsetzten Beamten oder sonst schuldlos Verarmten gewählt wird, um unerkannt zu bleiben, die aber auch wieder vielfach von Spitzbuben benutzt wird, um unter ihrer Decke desto sicherer zu sein.

Der europäischen Ansiedlung, wo ich Besuche zu machen

hatte, waren die dem mit Böten bedeckten Fluss (den eine Brücke überspannte) zunächst gelegenen Strassen sehr belebt. Auch Bettler fehlten nicht, die sich auf Wägelchen ziehen liessen. In einem der Packhäuser wurde der Thee seinem Wiedererhitzungsprocess unterworfen, in einem andern Tabak geschnitten. Vor den Häusern höherer Beamten stehen Holzbogen, die auf Pfeilern ruhen. Auf einer Treppe stiegen wir zu einem Tempel empor, auf dessen ersten Absatz ein mit flacher Mütze bedecktes Steinbild (Jundai-Kwanno-samna) sass, von dessen sechs Händen zwei vor der Brust gefaltet waren. Zwei rothe Riesen (Niwo-Sam) bewachten die Stufen, die zu dem Tempel Kotaitsch hinaufführten. In dem Gebäude der oberen Terrasse sassen in erhabener Stellung hinter einem Altartische drei kleine Figuren, deren mittlere Shaka oder Amida repräsentirte (ein Ibis stand vor ihnen). Kahlköpfige Priester in weiten Gewändern blauer Farbe, die durch einen Gürtel zusammengehalten wurden, baten uns, vor dem Betreten der Matten die Schuhe zurückzulassen. Die Gesichter einiger Steinfiguren waren mit Papierbildern überklebt, die einen Glorienschein um das Haupt trugen. An einem andern Theil der Bildlichkeiten sass auf einem Lotus die Riesenfigur des Daii-wutsan mit geschmücktem Kopfputz in Form eines Diadems. Die glattrasirte Priesterfigur des Odaii-sama war auf Pfeiler gestellt. Holzthüren zeigten sich durch Schnitzereien verziert.

Bei einem Spazierritt durch die Stadt sahen wir an einem Thore eine Sammlung von Steinbildern, einige in sitzender Stellung. Auf den Strassen spielten Kinder, und um einige, die sich im Ringen übten, hatte sich ein Kreis von Zuschauern gebildet. Durch ein offenes Fenster blickte man von der Strasse in ein Badezimmer, wo eine nackte Gesellschaft in gemüthlicher Unterhaltung um eine Kufe heissen Wassers sass. Einige der Damen, als sie sich beobachtet sahen, schienen geneigt, einen Gürtel um ihre Hüften zu legen, und würden es vielleicht gethan haben, wenn unsere Pferde einen Halt gemacht hätten. Ausserhalb der Stadt betraten wir schmale Bergpfade, die mit breiten Steinen gepflastert, sich eng und gewunden zwischen Gartenmauern hinziehen, mit Abzweigungen auf schmalen Treppenstufen zu isolirt liegenden Landhäusern. Zwischen diesen fand sich die Villa des japanischen Nestor, v. Siebold, noch von seiner alten Haushälterin bewohnt, die uns Manches von ihrem Herrn erzählte. Ueber rauschende Gebirgswässer führten kleine Steinbögen. Auf einem an den Abhängen der Hügel entlang leitenden Wege kamen wir zu einem Friedhofe, vor dessen Grabsteinen Blumen lagen. Weiterhin fand sich ein Erholungshaus für Reisende, dessen Räume mit Matten belegt waren, während in einem Hause auf der andern Seite der Strasse Erfrischungen verkauft wurden. Reizend war die Aussicht in das Thälchen, von Reihen mannigfaltig variirender Hügel umschlossen, auf deren Spitzen Bäume in Gruppen beisammen standen, während sich an den Abhängen Terrassen angebauter Felder hinaufzogen. Auf den Aeckern standen kleine Steinbilder. Ueberdachte Gräber waren mit Opfergaben belegt. Beim Rückwege kamen wir über den Fischmarkt, der in einem Theil der Stadt abgehalten wurde. Die buddhistischen Bücher der Japanesen sind untermischt mit einer Art von Sanscrit-Buchstaben (Tien-si-ko oder indische genannt), die ebenso wie die chinesischen und einheimischen in perpendiculären Reihen geschrieben und von den Priestern zwar gelesen, aber nicht verstanden werden.

In dem von kahlrasirten Priestern bedienten Tempel der Jammabus war über der Thür einer Capelle, in der kleine Holzstücke mit weissen Fähnchen aufgesteckt waren, geschrieben: Kompira-gongen. In einer Seiten-Capelle standen zu beiden Seiten eines verschlossenen Kastens (der Schatzkammer) zwei Holzfiguren eines zusammengebückten Götzens, des Daiokokodeng oder des für Reichthum *) angebeteten Gottes. Aus dem Kasten hofft man auch Gesundheit zu erhalten. Ueber der Thür stand geschrieben: Otsame Kate masu. In einer Nische neben dem Eingang stand ein Steinbild mit gefalteten Händen, gut gegen Zahnweh, und darüber war geschrieben: Namo Amida

*) Terrena autem vis omnis atque natura Diti patri dedicata est, qui dives, ut apud Graecos *Πλούτων*, quod et recidant omnia in terras et oriuntur ex terris (Cicero).

Budo. Daneben sass ein Steinbild, das, auf der Brust mit Zierathen geschmückt, die eine Hand erhoben hatte und das in Augenkrankheiten Hülfe leistet. Zwei kreuzbeinige Steinbilder mit kahlem Kopf und die Hände in den Schooss gelegt, hiessen Diso Obosatz und wurden mit der Formel Namo Diso Obosatz angerufen. In einem Holzkäfig sass hinter einem Vorhang ein kahlköpfiges Holzbild mit der einen Hand auf die Brust gelegt, das Kobodais hiess und in Zungenkrankheiten angerufen wurde, unter der Gebetformel Nama Dais Ninjo Kongo. Ein zwischen Holzdeckeln in Zickzack zusammengelegtes Papierbuch, das von Miaco für Gebete geschickt war, trug den Titel Hannja Disibung und enthielt zwischen dem Japanischen (Niphon) Buchstaben des Chinesischen (Nangking), nebst eingemischten Phrasen des Indischen (Tinsiko), wie Daito sanso hussi bussito. Auf einer Seite fand sich ein rasirtes Bild mit Glorienschein*) und Hannya-san benannt. Zu seinen Füssen rechts fand sich Monjo-san, links Fieng-san, von 26 Figuren mit ihren Namen umgeben (Jurukseuging). Steinbilder hiessen Isosawa.

Auf dem Rückwege kamen wir an einem der offenen Badehäuser vorbei, wo sich die Badenden mit heissem Wasser beschütteten, das dann am Boden durch Bambusröhren in einen Canal ablief. Im Vorzimmer sass eine nackte Frau, die mit ihrem Kinde spielte und bei Annäherung des Pferdegetrappels aufstand, um uns den Rücken zuzukehren, während in anderen

*) Als um Fu tane's (Fu daisi) Haupt ein Heiligenschein bemerkt wurde, deutete von seinen Söhnen Pukien (Fuken) darauf hin, während Puterhing (Fosjo) lachte. Da Jakusi Ruri Kwo Njorai (Josse Lien li Kuang Shulai oder Arzt im Lasurglanz des vollendeten Buddha) den leidenden Creaturen die Arznei der Jugendlehre giebt, so strahlt er Lasurglanz hernieder. Zen mjoeju kitsi njoun Njorai hat die acht Gelübde gethan. San man to mju Buts (San wan teng ming Fu) ist der Buddha der dreimal zehntausend Lampen, die drei Wahrheiten bedeutend, die als solche in der Mitte aller Täuschung bestehen. Das Bild des Itsisi Kinrin dient bei den religiösen Uebungen des Mikado. Buts gen Huts mo oder Fu jen Fu mu (Vairatschaua) wird auch Buddha-Mutter genannt (Pau sho Fu mu oder Pradschna Buddha Matra). Zu den vier Ehrwürdigen im Osten (Tung feng ne wan) gehört Kongo Satta oder Kin kang Seto (die diamantene Wahrheit und Tugend).

Ländern eine unwillkürliche Regung der Schamhaftigkeit zu gebückteren Niederkauern veranlasst haben würde. Im Amango-Tempel stand ein beschriebener Steinpfeiler, eine Steinkugel tragend, in dessen Höhlung durch Papierfenster hervorscheinende Lampen standen. Unter dem Eintritt in einer Capelle waren bunt bemalte Bilder aufgehängt, die Schlachtscenen darstellten. Auf einem Steinpfosten stand ein steinerner Schrein, mit beweglichen Steinthüren, bei deren Oeffnung sich die Figur des Meergottes Ibes oder Ibisu zeigte, mit einem Fisch unter dem Arm. Ein anderer Steinkäfig enthielt hinter seinen Thüren eine beschriebene Holztafel. In einer vergitterten Capelle fand sich eine mit weissen Papiervorhängen bedeckte Kiste, und davor ein aus Fuchs und einer Art Giraffe gemischtes Fabelthier, Mascha genannt. Ueber der Thür stand geschrieben: Goitsch Jnai Daimio sin, als vor dem Beginn einer Reise gebetet. Auf einer Steinunterlage lag die Figur eines Stiers (Utsch). In einer andern Capelle mit mährchenhaften Löwen und bekleideten Affen war angeschrieben: Ikimash Damio sin, und dort wurden in Krankheitsfällen Gelübde abgelegt, zur Wiedererlangung der Gesundheit. Neben dem Verkaufsstand eines Zuckerbäckers hatten sich Jammabu placirt, die unter ihren Korbmützen die Flöte spielten. Bei einer Capelle an der Strasse standen Leute, die dort Räucherkerzen verbrannten.

In einem Theehaus wurde uns die Thür auf Anklopfen von Innen geöffnet, und fanden wir in der Eintrittshalle die Mädchen in Gruppen zusammensitzen. Durch den Hof gelangte man in einen Garten mit Steinbassins für Teiche, mit Zwergbäumen, mit künstlichen Felsen, zu denen Treppen aufführen, mit Blumenbeeten und schattigen Sitzen in Lauben. Zwischen den Gebüschen stand ein Capellchen, in der zwei Stücke weisses Papier in Töpfe gesteckt waren. Darunter lag ein Stein mit der rothen Figur einer Yoni und darüber war im Hochrelief eine Geissel ausgemeisselt, als um den Mädchen die Strafe zu versinnbildlichen, die ihrer harren würde, wenn sie die Stunden der Verehrung vernachlässigen sollten. Daneben stand ein Inschriften tragendes Steinbecken mit Wasser, und ein Becher, um dasselbe zu schöpfen und sich vor dem Gebete zu waschen.

Die in den Fabriken der Steinhauer verfertigten Lingam werden den Freudenmädchen verkauft, damit sie für Glück im Geschäft eifrig dazu beten. Im Umkreis des Gartens finden sich kleine Zimmerchen, reinlich mit Matten ausgelegt, als die Wohnungen der Pensionärinen. Die Fremdenzimmer liegen abseits. In einem Saale sass ein japanischer Dandy, die Guitarre spielend, von nahe einem Dutzend verführerischer Nymphen umgeben, die er sich für den Nachmittag gemiethet hatte.*) Weiterhin sahen wir die Küche, wo man Speisen bereitete und der Theetopf auf dem Feuer stand. Stufen leiteten zu einem Tempel aufwärts, wo die Balkenenden über dem Eingangsthore in der Gestalt von Elephantenköpfen ausgeschnitzt waren. Ueber dem Altartische sass Timbosan und an jeder seiner Seiten Teuschigo Bosatz, etwas tiefer Manjubosan auf einem weissen Elephanten rechts und Unebuson auf einem schwarzen Büffel links. Ausserdem fanden sich Nitschisingh genannte Bilder. In einer Seitencapelle fand sich ein Spiegel (Bidaro) aus der weissen Metallmischung Kishisonjin (Kangari). Ueber der Thür war japanisch geschrieben: Namo myohoden gescho, oder (im Tiensiko) Chaturdharmasundarichasotulang. Ein zwischen Pappdeckel zusammengelegtes Gebetbuch mit dem Titel Myohodengescho-kangdei (hibtsch) war in acht Capitel getheilt, als hitsch (erstes), Ni (zweites), San, Tschi, go, kok, Naunatz, Jatz (achtes). Der Priester Temibonsan (ein Niphon Bonzen) hatte es in Miaco aus Tiensiko in Niphon übersetzt. Neben dem Tempel fanden sich Grabsteine und Brunnen.

In den Strassen spielten Kinder mit einem Tonnenband, der mit Zeug umnäht und allerlei Geklingel behängt war, so dass er beim Forttreiben mit einem Stöckchen Geräusch machte. Andere spielten mit fünf Steinen, die in die Luft geworfen und dann einer nach dem andern wieder gefangen werden. In einem andern Spiel fassten sich fünf Kinder an der Hand, und liefen

*) Lied aus dem Theehaus: Kaawa take ya, — Uki na o naga su tori sa — Yeli mo za gai ha nareno — Oschidoreno nakani tatsu hi — Sugo sugo uto — Honoi schinkina — Koto yai I na. Der Vogel Oschido fliegt über das Wasser, er sehnt sich nach seiner Gefährtin, er ruft sie durch seinen Gesang.

umher vor einem sechsten, der den mittelsten aus jener Reihe zu greifen sucht, aber durch die beiden an jedem Ende verhindert wird. Ein Herr, der eine Staatsvisite zu machen ging, begegnete uns in der Ehrenkleidung eines grauen Mantels, mit ausstehenden Aermeln. In Holzmörsern wird mit hölzernen Klöpseln der Reis gereinigt. Auf der Strasse war ein Barbier in Arbeit. Abends sieht man die Handwerker mit Lichtern in ihren Werkstätten arbeiten. Eine Schauspielertruppe kommt zuweilen zur Stadt, um in dem für solche Zwecke vorhandenen Gebäude Stücke aufzuführen. In den mit chinesischen Buchstaben geschriebenen Büchern der Japaner wird die japanische Aussprache im Katagana zu gefügt. China heisst Tongok.

Der Tempel des Schutzgottes der Stadt heisst der kupferne Tempel oder der Tempel des edlen Gottes Siwu (Siwu Daimio Sin). Von dem früheren, der niederbrannte, finden sich noch die in zehn Terrassen aufsteigenden Treppenstufen, und sind auch die emporgekehrte Portale (Tory) tragenden Säulen stehen geblieben, von denen die untersten mit Kupferplatten belegt und beschrieben sind. Auf der oberen Terrasse leiten bedeckte Säulengänge zu einem Heiligthum, das in seiner Form einem viereckigen Kasten gleicht und verschlossen war. Hirschgeweihe waren daran aufgehängt und steinerne Löwen bewachten die Stufen sowohl, wie den Eingang. In einem Seitengebäude, wo der Thür gegenüber zusammengestellte Speere eine adelige Wohnung bezeichnen, leben die Priester mit ihrer Dienerschaft. Weiterhin sah man in einer Capelle weisse Papierstreifen in Töpfe gesteckt, die auf dem Altartische standen. In den Büschen seitlich von den Spazierwegen stand, vom Boden erhoben, eine Capelle mit beschriebenen Täfelchen. Man genoss eine freie Aussicht über die längs der Bucht hingestreckte Stadt und jenseits derselben auf die in Thäler geöffneten Hügeln. Ein enger Pfad, zum Theil gepflastert oder mit breiten Steinen belegt, begleitete einen in Cascaden herabstürzenden Bergstrom, dessen Wasser zur Bewässerung der angebauten Terrassen diente, und führte dann eine enggewundene Schlucht hinauf zum Fusse einer hohen Treppe, die von den Wohnungen der Priester an 600 Stufen anstieg, zu dem Tempel des Tschimme-san, der besonders in

Augenkrankheiten consultirt wird. Hinter einem mit Lampen besetzten Tische schied ein Holzgitter die verzierten Räumlichkeiten des Innern ab, zu denen eine Treppe emporführte, und vor demselben sassen in der Halle die Verehrer mit den Kugelschnüren der Rosenkränze in der Hand. Neben ihnen lag ein Kranker auf seinem Bette (und erwartete wahrscheinlich den augenbeschmierenden Gott, wie er in dem aristophanischen Aesculaps-Tempel umgeht). Zwei der Anwesenden schlugen eine dicke Trommel, zu denen die Anderen, die ihre Köpfe rieben und bisweilen mit dem ganzen Körper schüttelten, in zeitweisen Unterbrechungen einfielen. Mitunter begab sich einer der Verehrer nach der Treppe, warf sich dort nieder und goss Oel auf die Lampen oder stellte Thee hin. Zum Schluss warfen sich Alle nieder, um Abschied zu nehmen. Ein Seitenaltar trug einen Spiegel, ein anderer Täfelchen. In einer Aussencapelle stand eine betende Figur und neben ihr war auf einem Stein eine sitzende Figur in Hochrelief ausgearbeitet, Blumen tragend und von einem langen Gewande bedeckt. Anstossend finden sich die Häuschen für die Aufseher, und auch eine hölzerne Almosenbüchse fehlte nicht. Ein glattrasirter Priester, mit einem Strick um den Hals, brachte Opfergaben von Confect dar. Man blickte von dort über das Thal, in das der Waldbach hinab rauschte, auf die Stadt, zwischen den Hügeln und der Bai gelegen, jenseits welcher andere Höhenreihen sichtbar waren.

Beim Rückweg begegneten uns Leute mit grünen Zweigen, die zum Wasserfest Vorbereitungen trafen. Dieses Wasserfest wird von den Japanern im fünften Monat, besonders im Tempel Jammata gefeiert, zu Ehren des grossen Drachens (Drü), des Vaters der acht kleinen Drachen.

„So oft der Fürst von Simibara nach Nagasaki kommt, erwartet das Volk Regen“ (wie in Hannover am Montage des Pferdemarktes), und man erzählte mir dann von Daijingo, einem früheren Kaiser Japans, der wegen seines Glanzes der Sonne verglichen wurde, aber ausserdem im Ammenmärchen zur Beschwichtigung schreiender Kinder diene. Früher war mit den Kindern kein Auskommen, so unartig und schlecht erzogen waren sie, nachdem aber Daijingo geboren war, besserten sie sich sichtlich, und wenn sie jetzt in ihre alten Gewohnheiten zurückfallen, so schreckt man sie mit der Drohung, dass Daijingo fortgehen und in einer Höhle sich verbergen würde, so dass die Welt in Finsterniss gehüllt bleibe.

Im Tempel Suwa's findet sich keine Figur, sondern nur sein Name. Die höchst gelegene Strasse Nagasakis ist die sogenannte Tempelstrasse, in der sich ein priesterliches Etablissement neben dem andern befindet, und soll die Zahl derselben absichtlich in Nagasaki vermehrt worden sein, um nach der Vertreibung der christlichen Missionäre die letzten Reste der fremden Ketzerei desto rascher auszurotten. Es bedarf eines ziemlichen Treppensteigens, um diesen Sitz der Heiligkeit zu erreichen, doch wird man durch einen pittoresken Niederblick auf die Bai belohnt, über die Hausdächer der dahin abfallenden Stadt hinweg. Auf einem Friedhofe waren pfeilerartige Grabsteine aufgestellt mit Inschriften. In einer Capelle sass eine kahlköpfige Figur zwischen zwei anderen, und Kriegerbilder nahmen die Schilderhäuser an den Seiten der Treppe ein.

Im Hauptgebäude des besuchten Tempels stand auf einem mit Porcellanvasen, Candelabern, Lampen, Näpfen u. s. w. besetzten Tische ein Hohlspiegel*) aus weisser Metallmischung in vergoldetem Rahmen eingefasst (das durchgehende Symbol der Sinto-Tempel). Dahinter bückte sich die Figur Daiko's in einem

*) Der Spiegel in den Sinto-Tempeln ist Bild der Reinheit der Seele. In der Inschrift des Darius gilt die Lüge als der Repräsentant alles Schlechten. Der Böse heisst der Lügner. Die Mexicaner verehrten Tezcatlipoca als Gott des rauchig glänzenden Spiegels. Nach Cyrill hatte der Moloch einen glänzenden Stern auf der Stirn, der (nach Theophylact) den Hesperus bedeutete (τοῦ ἑωσ-φόρου τόπου) oder (nach Seldenus) die Sonne. Nach indischer Kosmogonie schaute der Schöpfer in einen Spiegel, um thätig zu werden, und Dionysos schafft die Welt, als er sich im Spiegel schaute. Gabriel zeigte Mohamed den Spiegel als Bild des Freitag. Tori zeigen den Weg zum Hachiman-gin (Tempel des Hachiman), den man durch das Niwomon, Thor der zwei Krüge, betritt, bei den buddhistischen Capellen Gomadi und Kaldu, sowie Kami-Tempeln vorüber. Biei-hman oder Tempel im Birmanischen wird erklärt als Vimano (Vimana) oder (im Siamesischen) Viman. Doch heisst Hman Spiegel im Birmanischen und könnte so dem Japanischen Mia eine Bedeutung geben, das aus Mi (Kami oder Gott) und Ija (Ja) oder

Reismörser zusammen und hielt Stösser und Mörser in der Hand, um aus demselben dem darum Bittenden die Fülle des Reichthums zu gewähren, die die scandinavischen Riesenjungfrauen aus den Mühlsteinen hervormahlten. An der einen Seite fand sich auf einem, von weissen Lotusblumen getragenen Elephanten die Statue des Kriegsgottes Fugin besetzt, den der Micado zu höherem Rang befördert hat, und auf der andern Seite ein löwenreitender Gott. Auf einem Seitentische fanden sich mit japanischen Buchstaben beschriebene Tafeln, vor denen Opfergaben lagen und Untersetzer, um darin Lichter aufzustecken. Ein anderer Nebenaltar trug, zwischen zwei Begleiterinnen, die Figur der Ki-tebi-bo-ying (Teufel-Kind-Mutter-Gott oder die dämonische Muttergöttin der Kinder). Mit einen Dämon vermählt, gebar sie ein Kind, das von einem wilden Thier gefressen wurde, und um Rache dafür zu nehmen, verschlang sie alle Kinder, deren sie habhaft werden konnte, bis sie auf die geeigneten Vorstellungen eines frommen Priesters Reue fühlte und jetzt, wenn darum gebeten, Kinder schützt (eine fast in allen Mythologien wiederkehrende Persönlichkeit, und in dieser Doppelnatur bekannt).

Der Estrich des Tempels war mit Matten belegt, auf denen niedrige Tischbänke standen, und jede derselben trug acht Bücher, von einem Tuche bedeckt. Am Sitze des Hohenpriesters war ein grosses Foliobuch auf ein Gestell gelegt. Daneben fand sich eine Metallschale, um daran, oder an einem hohlen Holzkopf zu läuten. Ein kahlköpfiger Priester sass vor einer weiblichen Statue an der Seite einer Trommel, die er in Pausen mit einem Klöpsel schlug und dann durch Recitationen antwortete.

In den Aussenräumen des Tempels führten Corridore zwischen Nischen hin, die für die Todten dorthin gestellte Täfelchen erhielten, mit Kerzen, Reis und anderen Speisen davor. In einer Capelle sass, die Beine gekrenzt und die Hände im Schoosse ruhend, die meditirende Figur Shaka's, der (wie ich von den

Haus zusammengesetzt sein soll, oder dem chinesischen Miao, das mit dem gleichlautenden Miao (Katze) nicht zusammengestellt werden kann. Das arabische Beyt bezeichnet gleichfalls einen Tempel (Haus).

mit mir umhergehenden Novizen des Klosters*) hörte, als Oberster der Götter oder Kami in Gnequa residire, dem lieblichsten Ort. Seine aus Tietsin (Indien) stammende Verehrung

*) Every convent of the Budsdo-doctrine has its Prior or Superior (Osjunsi or Osju) and all the superiors are subjected to the superior of Osjo, who resides in Miaco. The superiors of the Kosju-convents of the two ordres of this sect are called Sioonin. The generals of the ordre, who live in Miaco under the title of Monseki or Gemonseki (the left elated court), are of the race of the Mikaddo (the elated court), and the next in rank to him (some of the relations of the spiritual emperor having gone over to the sect of Budsdo). The buddhistic temple of the Chinese in Nagasaki stand under their general, who lives on the mountain Oobaku (near Miaco), as the successor on the archbishopric of Ingen followed in China on the stool of Darma, the first chinese pope (and 28th successor of Siaka) and came over to Japan, to assist his countrymen (1650) against the Murtohuku (heretic opponents) or christians. Being received by the Emperor (and having produced rain by his praying in the mountain Kitoo), he converted many to the religion of Buds and received for his residence the mountain Oobaku (near Miaco), where he was followed by Okuffi. The buddhistic priests of Sasen (ecstacy), if recognised as Godo (endowed with penetrating intelligence) are considered (by the Japanese) to be able by Satori (meditation) to recognize secrete truths. All the Budsdo-priests are called Siukke, as having retired from the world to convents. The priests, called Dai Nembud Siu (of the Budsdo worship), who chiefly adore Amida, visit the temple of the Siudosiu-sect, as belonging to it. The priests, called Fongnausin or Ikosin (the most rich), who (belonging to the Buddhists) visit the temple Fongunsi, are divided in Nis Fonguan Si Siu (the westerly followers of the Fonguan sect) and in Figos Fonguan Si Sui (the easterly followers of the Fonguau sect). The Bukwoo Si Siu (who agree mostly with the sect Montesiu), visit the temple Bukwoo. In the Asta (temple of the three swords) in Mia, the swords of former half-gods are preserved. The temple of Taisaraltadu was founded for the remembrance of the dragon, killing the centipede, which ate its eggs, when afterwards an evil spirit troubled the travellers. The apostel Kooei drove it out, by tying his belt round the column, he dwelt in and exhorting the people to have belief. Amongst the Sin or Cami, the first place is occupied by the Udsigami (the tutelar deity of the country) and a such is considered in Nagasaki the god Suwa Daimio Sin (the great and holy image of Suwa), whose temple stands on the Tatsa-hill. As often as Suwa obtains a higher title of the dairi, his Mia (temple) is built up higher. In the court stand the temples of Murasaki Dai Gungen (the great and upright Murasaki) and the Symios Dai Miosin (the great and holy Symios), each one having his Mikosi (an octogonal box, containing the images and relics). Near is the chapel of the lord of thousand bones. The chief festival (Matsuri) of Suwa is the Kunits (Kugunts Kokonoka), celebrated on the ninth day of the ninth month (with the theatrical representations and processions)

sei durch chinesische Priester in Japan eingeführt und werde in chinesischen Büchern gelehrt. Uebrigens bewahrt der Buddhismus in Japan mancherlei archaistische Charakterzüge, die an die früher auf Java herrschenden anschliessen und im chinesischen Foismus (auch wenn er von den Umgestaltungen des Lamathums frei geblieben) durch eine spätere Reform (wie die ceylonische in Hinterindien) verwischt sind.

Im Hofe hing eine Glocke und waren verzierte Steinpfeiler, die Inschriften trugen, aufgestellt. Die von Wandschirmen gebildeten Zellen der Priester waren mit Matten belegt. Ihre Kleider hingen an den Wänden und Fächer schienen überall ein unumgängliches und reichlich gebrauchtes Lebensbedürfniss, obwohl sie in den kälteren Ländern meistens ebenso zwecklos in den Händen getragen werden, wie unsere Spazierstöcke. In einer grossen Halle fand sich die Küche des Instituts.

---

by the laic priest, called Nege or Kuge. Besides a temple to Tensio Dai Sin, there is a temple to Ten Sio, his brother. The chief temple is attended to by Nege (laic priests), the inferior ones by Jammaboos (soldiers of the mountains), who have adopted many ceremonies from the Budsdo-doctrine (the foreign worship) or by Tendai and Singon (who try to bring the ancient religion of the country in harmony with the foreign worship of the Budsdo-doctrine), being the followers of the sect of Lanzn (according to the Chinese) or of Noosi (according to the Japanese) at the time of Koosi or Confucius (favoured by emperor Gongen). All the Nege (laic priests) of the Mia or Cami-temple recognise as their head the Dairi (the court of the Mikaddo or spiritual emperor), where the noble Josyda Donno is appointed as their chief. The Jammaboos have their own chief, who resides at Miaco. The four sects (Sensju, Siodosju, Fokke Siu and Omotheno Ikosju) of the Budsdo religion have their principal temples (Tonsi) and filial ones (Matsusi). The order of Rinsaifu belongs to the sect of Sen (Sensju), whose chief lives in Miaco (the priests belonging to them, travel about and often change the convents). In all the temples of the sect of Siudosju are placed tablets for the deceased emperor, before which the monks recite daily prayers. The temple Tsiosion is the Matsusi (principal one) of the sect of Fokke Siu. The sect of Iko is divided in Omotheno Ikosju (the first Iko) and in Aurano Ikosju (the after Iko). The temples are mostly visited by the low people and the priests often pray to the worshippers (Danna). Their doctrines are explained in popular books, called Kammo. The priests are allowed to marry and to bring up their male children in the convent (being removed to other places, if too numerous). The buddhistic priests are supported mostly by the offerings to pray for the departed souls and by the alms of the worshippers (Danna).

Auf dem Rückwege sahen wir in einer Nische an der Strasse eine kahlköpfige Figur, vor der Opfergaben lagen. Die Japanesen, erzählte mir mein Begleiter, haben Tempel für jedes besondere Körperglied, für Nase, Augen u. s. w. und beten zu denselben, je nach den durch Krankheiten afficirten Theilen. In den öffentlichen Häusern wird ein Phallus verehrt. Im Hause jedes Privatmannes findet sich eine Capelle für den Daisinghu, als der Palast des grössten Gottes, dessen Name auf Täfelchen geschrieben steht. Als Sonne oder Kamisan ist Daisinghu (der Sohn des Isa-namin-no-mikatto) der Ahnherr der ununterbrochenen Linie von Mikados, die jeden Morgen zu ihm betend, sich gegen seinen Sitz wenden in der Provinz von Itsuma, von wo alljährlich Packete mit Holzsplitter des heiligen Baumes über Japan verbreitet und verkauft werden. Er führte den Ackerbau ein und lehrte, während seiner Regierung, Künste und Wissenschaften. Nach einem Todesfall legen die Japanesen den zusammengebündelten Leichnam in einen topfähnlichen Sarg, der von den Priestern gesegnet wird, und beginnen dann ein anfangs sehr strenges Fasten, das erst später Fische erlaubt. In einer der Strassen hörte ich ein bekannt vorkommendes Geräusch und sah beim Umherblicken durch das geöffnete Fenster auf einen Fechtboden, wo Meister und Schüler in Drahtmasken mit zweihändigen Schwertern, die gleichzeitig zum Hieb und Stich dienten, gegen einander ausfielen oder parirten.

Am nächsten Tage besuchten wir einen einheimischen Buchhändler, der uns verschiedene seiner illustrirten Werke vorlegte, sowie einen Laden zum Verkauf von Porcellansachen.

Die japanischen Frauen begrüssen durch eine tiefe Verbeugung, indem der ganze Oberkörper an der Mitte der Taille niederklappt, im rechten Winkel zum aufrecht bleibenden Untergestell. Kinder werden auf dem Rücken getragen. Im Regen bedecken sich die Japaner aus dem gewöhnlichen Volk mit einem Strohüberwurf wie die Bubis in Fernando Po, während für bessere Stände ganz praktische Regenüberzieher aus Papier gefertigt werden. Die Katzen in Japan sind durch ihren eingeknickten Schwanz auffällig, und die Hunde durch den starrenden Haarwuchs. Um etwas anzudeuten, was etwas besondem Ausgezeichneten oder Grossen im Menschen bedeuten soll, erheben die Japanesen den Daumen. Die Baumgruppen auf den Spitzen cultivirter Hügel werden dorthin gepflanzt, um Regen anzuziehen.

Der Arzt des holländischen Consulates, Dr. Baudouin, führte mich in dem japanischen Consulat umher, das seiner Leitung anvertraut war, und wo er im Vorlesungsraume die kahlköpfigen Aesculapssöhne unterrichtete, die sich dort versammelt hatten. In der Nähe von Brunnen sind auf den Strassen hohe Leitern hingestellt, mit einem Dach auf der obersten Staffel, um dort für Feuer auszublicken. Eine Strassen-Capelle des bei Augenkrankheiten angerufenen Jisosan war Nachts mit aufgehängten Papierlampen erleuchtet. Unter einem schwarzen Steinbogen (mit weissen Adern durchzogen) führten Treppen zum Tempel des Kiomitz, mit einer Capelle im Hofe. Die Wohnungen der Bonzen stiessen an das Hauptgebäude, und mussten beim Eintritt die Schuhe zurückgelassen werden. Draussen hing das Gemälde einer Courtisane, im Innern stand auf dem Altar der verschlossene Kasten des Quannon. Oben seitlich war das Bild des Windgottes oder (Futing) Kadjeno gestellt, als ob sich von seinem Sitze erhebend, mit vorwärts gestreckten Händen. Er war weiter unten von einer Schaar festlich geschmückter Götter umgeben, die Kronen oder Diademe auf ihren Häuptern trugen und Schwerter oder Lanzen in den Händen. Ringsum brannten Lampen. Ein alter Priester brachte auf Nachfragen ein Buch, Budado-wo-ki betitelt, das die zum Theil einheimischen, zum Theil Indien entlehnten Götter des japanischen Pantheon zeigte, und die Namen im Chinesischen unter Beifügung der japanischen Aussprache waren über jedem mit Sanscritbuchstaben geschrieben. Die ersten drei Figuren waren Jikara-daiso (mit starrendem Haarwuchs), Sinda-daiso (mit Scepter) und Haira-daiso (mit einem Bogen). Andere Figuren des Buches waren der vielarmige Fginjinimeh auf fünfköpfigem Elephanten, Usonischai-schiosung, von dessen vier Köpfen drei dargestellt waren, Bisamondeng (mit einem Speer), Dairitsh-novai (auf einem Lotus, als Repräsentation der Sonne), Katsu-u-schinning (auf einem Ochsen), Kannon-sama (eine Kette haltend), Amida auf Lotus mit

Hendai jotzakte links und Hendai jotssimitz rechts, Ibes, der Wassergott u. s. w. Auf der letzten Seite sass Sotaklais mit Begleitern. Auf Anerbieten wurde das Buch verkauft.

Im Daiko-Kutschi genannten Tempel führt eine Steintreppe zu einer vergitterten Capelle auf, deren Mitteltisch einen Spiegel*) trägt. Seitlich sitzt links die Figur des Cha-dai-Sin, rechts die Figur des U-dai-Sin und hinter beiden sind Pfeile aufgesteckt. In dem zu den Priesterwohnungen führenden Corridor sitzt der kahlköpfige Priester Dais oder Kobodais zwischen Inschriftstafeln. Zwischen den im Garten zerstreuten Häuschen erheben sich künstliche Felsen, in Teichen gelegen, die kleine Brücken überspannten. Man blickt auf die jenseits der Bucht am Fusse der Hügel gelegene Stadt. In der Capelle einer abgetrennten Baulichkeit, die mit den anderen durch Gallerien verbunden war, stand auf dem Altartische die vergoldete Figur des Okannun

*) The Sintos imagine a single being (dwelling in heaven), which demands from men purity of soul and conscience with virtuous subjection to the laws of the country. The temples, covered only with straw (tiles and copper being forbidden) contain a mirror, as symbol of the clearness, with which the deity looks in the heart of men and distinguishes every spot in it. The principal of the Sintos-temples is situated in the province of Isje, where the dwelling place was of the first inhabitants of earth. The child receives its name in the Sintos-temples, where the priests elects one name of three, which are proposed. The name is changed three times, as child, as youth, and as man. The festivals consist in that of the new year, in that of the girls or dolls (where in the third month childish plays are indulged in), in that of the flags (where in the fifth month, boys exercise themselves in plays with arms), in that of Suwa (where in the ninth mouth the mirror is brought out from the temple to a plain and kept there till the 11th month). On the first, 15th and 28th day of the month, the Japanese go to the Sintos-temples and make vows. The Japanese designate god as Kami (lord), which word is also applied to the nobles, as owners of their possessions. With the Chinese characters, which (except on the Dairi's court) are used on Japan, the name of God or lord of heaven may be expressed in one single character, but in the ancient character of the Japanese (as used on the court of the Dairi) there are three words required, to express lord of heaven. The creator (Kalbiakfsen) is considered as sustaining the universe (Sekai). Die diamantene Welt ist aus Vairotschana's (Kongokaino daiuitsi oder der grossen Sonne der diamantenen Welt) oder King Kang kiai Tashi's fruchtbarer (schaffender) Buddha-Weisheit hervorgegangen.

mit einem Diadem um die Stirn. Seitlich fanden sich die stehende Figur des O-Shakkha oder Amida mit erhobener Hand, die sitzende des sechsarmigen Okannun und die stehende des Kudo, eine Lanze haltend. Neben der zusammengebückten Figur des Ibes enthielt eine Nische die des kahlköpfigen Priesters Odaisan, und darüber war ein Bild Dharma's aufgehängt, mit untergeschlagenen Beinen sitzend, ebenso wie die umgebenden Buddha's. Vor der centralen Capelle hing ein Gemälde, das die aufgehende Sonne, und ein anderes, das eine Procession zeigte. Im Innern war ein weisses Pferd mit zwei Menschenfiguren dargestellt (Tinsin nou ma). Eine Capelle im Hof schloss die Statue des Jidosan ein, die in der rechten Hand einen Sceptersstab. in der linken eine Kugel trug. In einer Capelle an der Spitze der Treppe stand das Steinbild Inari's mit einer Kopfbeule, die durch eine Schnur umzogen war, zwischen dem wolligen Haar. Draussen fand sich eine Reihe Steinbilder des Quannon, auf einem Lotus sitzender Figuren, langohrig und kahlköpfig, mit einem weiblichen Ausdruck des Gesichts, aber ohne Busen. Unter einer derselben, die kreuzbeinig sitzend, in der linken Hand einen Topf trug (während die rechte unter den Falten des Gewandes verborgen war), stand geschrieben (in chinesisch): Shaka kanai eising, unter einer andern, die den linken Fuss vorwärts stellte und die rechte Hand erhob (während die linke einen Ball oder einen Topf trug): Namu Jiso dai Busatz. An einer vergitterten Capelle, deren dunkles Innere nur durch eine über den Opfertöpfchen des Altars hängende Lampe erhellt war, stand (in chinesisch) geschrieben: Inari. Auf einem niedrigen Stuhl stand die Figur Quannon's, auf einem andern Timmaugan. Steinlöwen bewachten die Stufen. Die Japaner tragen Strohpantoffeln, bedienen sich aber stelzenartig erhöhter Schuhe, wenn sie in die Nässe auszugehen haben (wie die Peruaner).

Der in Isjematz (die Strasse von Isje) gelegene Tempel des Daijingo heisst Amaterasougyaz (Amata oder Sonne). Der Krieger Hatzmann oder Jawala, der grosse Ehren vom Micado empfängt, heisst Pahango Hahan bei den Chinesen. Da diese gewaltige Furcht vor ihm haben, so pflegten die Japaner früher, wenn sie zum Schmuggeln ausgingen, den Namen Hatzmann's auf ihre Fahnen zu schreiben, und wenn die Chinesen ihn sahen, so flohen sie, berichtete mit innerer Genugthuung mein Begleiter. Seine Mutter war die Kaiserin Jingokojo. Die vier Konjing sind böse Geister, die in derjenigen Richtung, wohin sie blicken, Krankheiten erzeugen.

Einem Fürsten, der durch die Strassen zog, gingen zwei Ceremonienmeister voran, die ihre mit Glocken behängten Stäbe auf die Erde stampften und allen Vorüberziehenden niederzuknieen befahlen. Edle Japaner hohen Ranges tragen zwei Schwerter im Gürtel.

Der Tempel des Fatzmann Jamata liegt in Jamata matz (die Strasse Jamata). Der Name war einer vergitterten Capelle eingeschrieben und die Figur eines kahlköpfigen Priesters sass in einer Nische am Eingange. In dem Tempel des Wassergottes fanden sich Bilder von Djonken und Schiffen in einer Halle aufgehängt, vor einer vergitterten Capelle. Ein Pfosten trug eine kleine Nische und durch ein rundes Loch in derselben blickte man auf einen Fels, an dem sitzende Figuren ausgemeisselt waren. Vom Fest lagen grüne Büsche umher. Auf einem Schiessstande übten sich japanische Pfeilschützen, die rechte Hand mit einem Handschuh bekleidet, zum Spannen des Bogens.

Im Tempel des Daijingo sah man über dem Eingangsthor der Capelle zwei Sonnenscheiben, die eine in glänzendem Gelb, die andere von Kügelchen umgeben. Längs der Wände hingen die Portraits der Micado und bunte Gemälde.

Als wir beim Theatergebäude vorbeikamen, traten wir ein und sahen über der Thür allerlei Bilder, die Kriegs- oder Liebesscenen darstellten, Könige, Krieger und Damen. Man war damit beschäftigt, die Coulissen auf der Bühne anzuordnen. Die Sitze im Parterre wurden durch Bambusgeländer abgetheilt und zwischen denselben breiteten die Zuschauer ihre Matten aus, während auf erhöhten Brettergängen Knaben unter ihnen umhergingen, um Erfrischungen oder Cigarren zu verkaufen. Zur Ansteckung dieser dienen in Privathäusern längliche Kohlenbecken. Oben lief eine Reihe von Logen umher.

In einem nahegelegenen Laden wurden Lingam verkauft, aus dicker Pappe verfertigt und besonders auf die Kundschaft der Freudenmädchen berechnet. Abends waren die Strassen durch Papierlampen erleuchtet, die man über die Thüren heraushing. Begegnende pflegen sich durch Verbeugung zu begrüssen.

Zum Spiel Goh-bang dient ein Brett mit 18 breiten und 18 länglichen Feldern, und werden auf jeder Seite 162 Steine (Goh-ish) vertheilt. Die Spieler setzen abwechselnd einen Stein an eine der Ecken nieder und suchen nun die des Gegners einzuengen, bis sie todt sind und weggenommen werden, wenn ihnen keine freie Diagonale zur Fortbewegung bleibt. Neun Punkte sind auf dem Brette noch mit besonderen Bezeichnungen als die hauptsächlichsten markirt. Vor einer Schule vorübergehend, sahen wir Kinder vor kleinen Tischbänken sitzen und ihre Lectionen hersagen.

In dem Giwon-Mia genannten Tempel waren gelbe Papiere in der Gestalt eines Baumes geformt und in der vergitterten Capelle aufgesteckt. Draussen fanden sich sitzende und stehende Figuren kahlköpfiger Priester mit Rosenkränzen in den Händen und Steinkasten, hinter deren beweglichen Steinthüren Täfelchen lagen. Eine Treppe emporsteigend kamen wir auf einer obern Platform zu einer verfallenen Capelle, deren Thor in chinesischen Buchstaben den Namen Giongi trug. Daneben stürzte schäumend eine Cascade zwischen den Bäumen der Felsblöcke herab. In einer an die Priesterwohnungen stossenden Capelle stand die vergoldete Figur Jakusi, die mit untergeschlagenen Beinen vor einem Spiegel sass und einen Almosentopf hielt; die eine Seite nahm die Figur des Isosan ein, die andere die des Quannon, und in einer Spalte auf der Brust des letzteren fand sich ein kleines Priesterbild. Innerhalb derselben Nische stand auf einem Lotus das Kupferbild des Osakka, ein die rechte Hand emporhebender Knabe, und ein Osfari von Isje oder ein Platten enthaltender Glaskasten, der in Holzthüren eingeschlossen war. Auf einem Seitentische hatte man ein Bild des Quannon mit 20 Armen gestellt, das auf einem langstengeligen Lotus ruhte, sowie das schwarze Bild des Fudsosan, ein Schwert haltend. In einem Owannyo genannten Gebetbuche waren die Namen der

Monate aufgeführt, mit den an bestimmten Tagen von den buddhistischen Priestern zu beobachtenden Vorschriften. Auf japanischen Grabsteinen finden sich oft Inschriften in den Budido*) genannten Sanscritbuchstaben.

Im Theater (Shibaya) wurde das Drama Itschkawagoemung aufgeführt, von dem Helden Itschkawagoemung (Hegensaki-

---

*) To distinguish them from the Cami or Sin (who have been worshipped since ancient times), the foreign gods are called (by the Japanese) Buded and Fotoke. According to the signification of the letters, Budsdo signifies the way of the foreign idols (the way and manner to serve the foreign idols). The native country of Buds or Siaka is (according to the Japanese) Megattiakokf or the province Magatta in the land Tenaik (the heavenly country). He was born (according to the Chinese) 1029 a. d. or (according to the Siamese) 542 a. d. His father was king of Magattakokf (or Ceylon). In the age of 19 years, Siaka left the palace and went for instruction to the hermit Arara Sennin on the mountain Dandokf, where he (sitting crosslegged and with folded hands) by deep meditation (Sasen) attained the revelation of godlike truths (Satori), exploring heaven and hell and penetrating into the power, which governs the world. After a life of 79 years, he died 950 a. d. The place of bliss is called Gokurakf (the place of eternal comfort) and every one enjoys there a pleasure, corresponding to his merits. Amida is the chief of the heavenly countries and the protector of human souls, who attain bliss by his pardon. To live a virtuous life and not to fall against the laws, laid down by Siaka, is the only way, to be received by Amida and to obtain bliss. Bad people have to suffer pains in the place called Dsigokf, where the judge Jemma (Jemma O) is informed of all deeds of men by his great mirror Syofarino Kagami (the mirror of knowledge). If the virtuous life of their relations or the endeavours of the priests to obtain Amida's pardon, have relieved the damned souls, they return from the abode of darkness, to be reborn in the shape of animals. Amongst the disciples of Siaka, the chief ones were Annan (Annan Sonaja) and Kasia (Kasia Sonaja), who collected his sayings in the book, called Fokekio (the book of selected flowers) or Kio (the book). The first Bukkio was brought to Japan 550 p. d. and 558 appeared (in the province Tsino Cami) a precious image of Amida (surrounded by glory) which had been brought from Tensiko (India) to Fakkusai (Korea) and had the temple Sanquosi in Sinano built for its reception under the reign of the Japanese emperor Kimmei, who changed the era of Cengo in that of Nengo (following the Chinese). The Gokai or five commandments of Siaka, which have to be observed by all his followers, are: Se Seo, not to kill; Tsu To, not to steal; Syain, not to whore; Mago, not to lie; Onsiu, not to drink inebriating liquors. By amplification they become ten commandments (Sikkai) and the learned ones have to observe the Go Fiakkai (500 commandments). Sinto signifies the accustomed way of philosophers, and

Koijuro) handelnd, der die Wächter des Yakonin (Edelmanns) Kunnosthatokitschi (Shaka-higasch Skosabaro) tödtet und seine Geliebte, das Theehausmädchen (Nangai-nus me) Keschefio (Itschkawaschimbi) befreit, aber von dieser an seine Feinde verrathen wird, die sie bestochen hatten, ihn heimlich seines Schwertes zu berauben. In einem Bilderbuch der Japanesen wird die Geschichte des wunderkräftigen Affen erzählt. Ihre Geschichten sprechen von einem Priester, der für buddhistische Bücher nach den östlichen Ländern Asiens geschickt wurde und mit Schiffsladungen derselben zurückkehrte. Shusanno-Shakka oder der Shakka des Waldes kam nach Japan von dem Negerlande Kolobonokunni, das Indien (Tiensiko) bezeichnet.

Ausser dem Damenspiel, das auf einem Brett mit acht breiten und acht länglichen Feldern gespielt wird, kennen die Japaner das Schach (Josin) auf einem Brette mit neun langen und neun breiten Feldern. Den König (Osang oder Taykun) umgeben zwei Königinnen (King oder Gold), dann folgt auf jeder Seite ein Läufer (Ging oder Silber), ein Springer (Keh oder Pferd) und ein Thurm (Jarru oder Speerträger). Auf dem Felde vor dem des rechten Springers steht ein Minister (Cha) und auf dem Felde vor dem des linken Springers ein Gehülfe (Kakfu). Die folgende Linie wird von neun Fu oder Kulies eingenommen. Der König bewegt sich rückwärts und vorwärts, nach beiden

Siudosja (or Siudosju in Plural) are the philosophers, who follow this rule) exercising virtue by natural laws). Koosi or Confucius, whose books were collected, as Sisio (four books) by Moosi, was the first, who taught the highest good to exist in the exercise of virtue. The philosophy to exercise virtue consists in five parts: Dsin, to live virtuously; Gi, to act righteously; Re, to behave courteously; Tsi, to govern justly; Sin, to keep a clear conscience. The souls, after death, return to the universal soul of Ten (heaven). The highest being was created as production of sky and earth (In and Io). Food is placed for the ancestors on tablets, called Riosju. Of their housegods, the Japanese place chiefly the black horned Giwon or Godsu Ten Oo (the bull-headed Prince of heaven) over the doors to avert sicknesses, and chiefly the small-pox, others place the image of a native of Jeso, carrying a sword in both hands, for protection, or dragons and devils-heads. The Japanese place sometimes a twig from the Fanna Shimmi-tree before their houses, to insure good luck, or other plants which have the power to drive away evil spirits.

Seiten und in vier Diagonalen. Die Königinnen bewegen sich vor- und rückwärts, nach beiden Seiten und in zwei Diagonalen vorwärts. Der Läufer bewegt sich in der Diagonale und kann auch vorwärts gehen, aber in gerader Linie nicht zurück, so dass er einen Kreis beschreiben muss, um nach derselben Stelle zurückzukommen. Der Springer geht in Winkeln. Der Thurm mag über eine beliebige Anzahl von Feldern geradeaus vorwärts gehen, darf aber nicht zurückgehen und wird zur Königin erhoben, wenn er die Linie des Gegners erreicht hat. Die Cha und Kakfu bestreichen eine beliebige Felderzahl, die ersteren geradeaus und seitlich, die letzteren in der Diagonale. Der Fu geht geradeaus, aber nur ein Feld zur Zeit. Die Chenfiguren bestehen in keilförmigen Steinen, mit dem Namen auf der einen, der Bedeutung auf der andern Seite geschrieben, und die Spieler unterscheiden ihre besonderen Stücke durch die Richtungen, wohin die Schärfe zeigt. Kartenspiele sind beliebt.

Im Theater (Shibaya), vor dessen Thür Wimpeln und bunte Fahnenstreifen wehten, lösten wir uns einen Sitz in der oberen Logenreihe, und die schon darin befindlichen Leute, darunter einige Bonzen, wurden ausgetrieben, um uns Platz zu machen. Auf dem Vorhange standen die Strassennamen Miacos geschrieben, wo Schauspieler gemiethet werden konnten. Gedruckte Theaterzettel liessen sich von den Logenschliessern erhalten. Das Parterre war ziemlich gefüllt, und zwischen den Zuschauern in ihren gesperrten Sitzen gingen auf übergelegten Brettern Knaben mit Cigarren und Kuchenwerk umher. Ausserhalb der Sitze war ein Gang mit Matten überlegt, und ein in violetter Seide gekleidetes Pärchen, ein Männlein und ein Fräulein, erschien auf ihm, um der Bühne entgegenzuwandeln, auf der beim Auseinanderziehen des Vorhanges sich der Eingang in ein Haus hinter einem Hofthore zeigte. Die Dame trat ein, während ihr einen Schirm tragender Begleiter, dem zwei Schwerter am Gürtel hingen, draussen stehen blieb. Eine Dienerin (wie alle weiblichen Rollen durch einen Mann gespielt), mit einem Besen in der Hand, empfing die Dame und stellte ihr auf der Balustrade einen Sitz zurecht. In einer Vertiefung der Wand hing eine Lampe über einem mit weissem Papier besteckten Topfe (dem

Platze des Schutzgottes) und daneben leitete eine Thür zu einem Cabinet, während eine andere Thür im Hintergrunde den Ausgang aus der Stube bildete. Nach einiger Zeit liess die Dame den draussen stehenden Herrn durch das Thor ein und setzte sich mit ihm, nachdem die Dienerin entfernt war, auf einen Teppich nieder, der Unterhaltung zu pflegen, die von männlicher Seite in schreiender Kopfstimme geführt wurde, da sie sich in einem fremden Dialekte bewegen sollte. Zugleich spielte eine gedämpfte Musik. In einem käfigartigen Kasten des Prosceniums sass der Souffleur, der die Stichworte und wichtigsten Sentenzen vorsagte.

Als nach länger geführter Unterhaltung das Nachtdunkel einbrach, holte die Dame aus einem Nebenzimmer Matratze und Schlafkissen, schloss die Thüren sorgfältig zu und setzte sich, nach einigen koketten Einwendungen, mit ihrem Besucher auf das Bett nieder. Die Unterhaltung wurde jetzt sehr warm und lebendig, der Liebhaber riss seine zwei Schwerter aus der Scheide und schwur, sie in der Luft schwingend, dass er keine Unterbrechung fürchte und etwaige Störenfriede übel empfangen werde. Ein Augenblick, wo er den Kopf wegwandte, wurde von der Dame benutzt, fortzuschlüpfen und die herbeigewinkte Dienerin an ihren Platz zu schieben. Der feurige Don Juan fasste die Hand derselben, in seiner eifrigen Liebeserklärung fortfahrend, und schliesslich kamen Scenen vor, die sich bei uns weder lateinisch noch in griechischen Buchstaben beschreiben liessen, denen aber die Japaner mit ihren Frauen und Töchtern in leidenschaftsloser Gemüthlichkeit zuschauten. Nach Beendigung dieses einactigen Stückes (Omigensch genannt) trat der Theaterdirector vor und kniete nach tiefer Verbeugung nieder, um in seiner Anrede dem Publikum für die erwiesene Gunst zu danken und den Titel der morgigen Aufführung anzuzeigen.

Es folgte ein zweites Stück, bei dem die Coulissen dieselben blieben. Ein auf Rädern laufendes Boot wurde durch einen Schiffer mit Rudern auf der Bühne vorwärts bewegt. Im Bug sass ein alter Kriegerkönig, Cahn-nofki, mit langfliegendem Haar schneeiger Weisse, das nur durch sein Sterndiadem zusammengehalten wurde. Ueber seine eng anliegende Kleidung aus

Purpur und Gold trug er einen weiten Mantel und gelbe Beinschienen, während sein Gürtel mit vergoldeten Schwertern und anderen Waffen glitzerte.

Am Thore angelangt, wurde der flüchtige König von einem Manne, der ihm aus dem Hause entgegenkam, hineingeführt und von dessen Frau empfangen, und das Ehepaar bediente nun auf den Knieen den auf einem erhöhten Sitz placirten König. Dieser holte eine Fliegenklappe hervor und begann, sie hin und her bewegend, eine emphatische Anrede, worin er seine Unterthanen an die Pflicht mahnte, ihm in den Streit zu folgen. Mit Einbruch der Nacht führte man ihn in ein Schlafcabinet, wo er sich niederlegte, worauf die Frau unter Weinen und Klagen ihren Ehegatten beschwor, seine Absicht, als Soldat auszuziehen, aufzugeben, und darin bestmöglichst durch das Flehen der Dienerin, die herzugekommen war, unterstützt wurde. Die Frau kniete dann vor dem Altar nieder und betete dort unter tiefen Verbeugungen mit gefalteten Händen. Als sie das Zimmer verlassen hatte, fing das Tschousing (eine mit Eisenketten von der Decke herabhängende Holztafel viereckiger Form) zu rasseln an, und als der Mann eine Fallthür aufhob, erhob sich aus der Tiefe ein Geist, roth gekleidet mit dichtem schwarzem Haar. Auf die Anrede des auf einem Bambusstuhle sitzenden Beschwörers antwortete er mit krampfhafter Bewegung aller Glieder seines Körpers, nervösem Kopfschütteln, erst auf den Füssen, dann auf den Knieen, zuletzt auf dem Rücken umherspringend und dann wieder in der Versenkung verschwindend, nachdem er ein Tuch an dem Tschousing zurückgelassen, von wo es der Mann zu sich nahm, da es ihn in der Schlacht unverwundbar machen würde. Als die Frau zurückkehrte, überliessen sich beide ihrer Freude über den glücklichen Erfolg und traten dann ab. Der Tschousing begann darauf aufs Neue zu rasseln, und aus der Versenkung erschien der gelb gekleidete Geist Matami, der in sonderbar abgestossenen Manieren zu tanzen und singen begann und dann verschwand, nachdem der erwachte König sich der Zwischenwand genähert hatte, um zu lauschen. Die Frau betrat dann wieder die Bühne und brachte ihrem Gemahl seine Waffen, als ein Officier mit zwei Lanzenträgern ankam und sich nach dem Könige erkundigte. Dieser verliess dann sein Schlafgemach und richtete eine begeisterte Rede an seine Anhänger, ehe er sich mit ihnen fortbegab. Der Mann blieb noch einige Zeit in Unterhaltung mit seiner Frau zurück, als von einem vor dem Fenster stehenden Baum herab, von einem hinaufgekletterten Dieb, ein Pistol abgefeuert wurde, dessen Knall zusammengeschlagene Bambus und umhergesprühte Funken papierener Fidibus simuliren sollten. Der herabgesprungene Räuber griff mit seinem Schwert den Hauseigenthümer an, dieser wurde durch sein Taschentuch geschützt und säbelte seinem Feinde den Kopf ab. Alle Schauspieler traten dann auf die Bühne, um sich unter Verbeugungen und Niederknieen zu verabschieden, und das Publikum entfernte sich. Wir begaben uns für einen Augenblick hinter die Coulissen, wo die Schauspieler in einem Zimmer beisammen waren und bedruckte Zeuge geschenkt wurden. Der Tschousing wird in den Häusern der Daimios aufgeschlagt, ehe sie in den Krieg ziehen. In den japanischen Rollenbildern berühmter Helden oder Frauen in ihrer alterthümlichen Tracht, tritt immer auffällig das lang ausgezogene Gesicht,*) als charakteristisch hervor.

In einer Strassencapelle sass Isosan auf einem Lotus, und in einer benachbarten fand sich ein kleines Tempelchen für Inarisan. In einer andern sah man eine bekleidete Figur Josani's.

Im Tempel Kotaisi's stand vor der grossen Statue eines sitzenden Gottes die Figur eines Vogels, der eine Lampe hielt. Einer der priesterlichen Novizen war ein lustiger Kumpan, schlug Purzelbäume und trieb andere Possen. Er sagte mir im Gespräch, dass er fortan sein Haar wachsen lassen würde, um zu fechten und das Leben eines Soldaten zu führen.

Der Oberpriester des Klosters lebte stets in einem verschlossenen Zimmer, wo er nur von Priestern besucht wird. Holzcorridore sind für Spaziergänge bestimmt. In der Bibliothek stand ein verschlossener Steinschrank, der 560 Bücher enthalten sollte.

*) Les Annamites ont le front court et petit, les joues arrondies, le bas de la figure large, et cela est frappant surtout chez les femmes, qui passent pour d'autant plus belles que ce caractère est plus prononcé (Jouan).

Die Zahl der Priester*) wurde als 102 angegeben. Aus einem Hokekio betitelten Buche, das aus dem Indischen (Tiensiko) in das Chinesische übersetzt sei, wurde mir als Tiensiko-Phrase

---

*) Les Bonzes Budsoïstes ont un grand-prêtre nommé Xaco qui consacre les Tondes ou évêques (nommés par l'empereur Cubo-Sama). Parmi les sectes de la religion des Fotoques 1) celle des Xenxus n'enseignent que la doctrine intérieure (du néant) de Xaca (comptant des adhérents principalement entre les Grands). 2) Les Xodoxins (qui suivent à la lettre la doctrine extérieure de Xaca) enseignent l'immortalité des âmes. 3) Les Foquexans (Foquekio) sont très austères (en adorant Xaca) et (dans les congrégations) méditent sur quelque point de morale, que le Superieur explique auparavant. 4) Les Negores (composés principalement par des gentilshommes) font profession de continence (défendant aux femmes d'entrer dans les villes, où ils sont établis et dont ils sont les seuls habitants). 5) Les Ixoxus font profession ouverte de magie. 6) Les Arbori-Bonzes n'ont d'autre abri que le creux des arbres. 7) Les Genguis reçoivent les pélégrins et les Guoguis les guident sur les montagnes. 8) Dans la secte des Mundiens il y a des vieillards, qui se tiennent ordinairement deux ensemble, assis à côté du chemin, ayant chacun devant soi le Foquekio (recitant quelques lignes). D'autres sont près d'une rivière, où ils repètent sans cesse Namanba, une abbréviation de Namu Amida Budsa (Amida, secourez les âmes des Trepassés). D'autres se tiennent proche des grands chemins et ont devant eux une manière d'autel, où sont placées des statues d'Amida et d'autres divinités, de qui depend la sort des âmes après la mort, avec les représentations des supplices destinés à tourmenter les âmes dans l'autre monde. Les Bonzes expliquent (en prêchant le livre Foquekio dans les temples (Tiras). Les filles recluses (Bicoris ou Bicunis) sont chargées de l'éducation des jeunes personnes de leur sexe. Dans le temple de Nara la statue de Xaca était assise (sur une rose) entre ses deux fils Canon et Xixi. Derrière étaient deux autres statues des dieux Homocundis et Zoialis, qui ont aussi leurs cieux, où ils président. A l'entrance il y a avait deux figures colossales (d'un air farouche). L'une avait nom Tamondea et l'autre Besamondea. Ces dieux présidaient chacun à un ciel et ils avaient aussi chacun un démon sous les pieds. La statue d'Amida (la tête rasée et les oreilles percées) était assise (près de Miaco) dans le temple bati par d'anciens dairys en l'honneur d'Amida et souvent renouvellé par leurs successeurs. Les vents et le tonnerre avaient aussi leur représentation. Sur les dégrés, qui s'élevaient en Amphithéâtre, étaient rangées les statues du dieu Canon (fils d'Amida). Ce dieu avait le visage fort beau et trente bras fort petits, à la réserve de quatre, qui étaient proportionés au reste du corps et dont deux étaient posés sur les reins, et les deux autres portaient des javelots. Il avait sur la poitrine sept faces d'hommes, toutes couronnées et environnées de rayons. Dans le temple, dedié au rois des démons (à Meaco), sa statue (tenant une sceptre en main) était escortée de deux autres. Celui qui était à gauche écrit les pechés des hommes et l'autre

vorgelesen: Daimokindin makakascho schinnin anurada kohinna shobayhadda dihada. Ein anderes Buch unter dem Titel: Budsdo Sezo eng me si so bosatz scho enthielt das Alphabet der Tiensiko-Buchstaben mit japanischer Pronunciation. Der Vater Shakiamuni's hiess Schobondaio und seine Mutter Maya-buni. In einem Hofe stand, seitlich von der Strasse, hinter drei Tory (in Wellenlinien aufgekehrter Portale) eine Capelle Inari's, mit langhälsigen Flüchsen gefüllt. Ein Gebetbuch, das zugleich das Alphabet und die Buchstabirmethoden des Tiensiko enthielt, war mit dem Bilde der Göttin Quannon-Bosatz verziert, in sitzender Stellung unter einem Wasserfall und mit dem Mond zu ihren Füssen, während ihr Haupt im Glorienschein glänzte und Anbeter mit untergeschlagenen Beinen sie umgaben. Auf der letzten Seite stand der Name der Strasse von Miaco, wo das Buch zu kaufen sei. Das Budtsebo song so da ra mi enthält ein Sanscrit-Alphabet mit zugehörigem Syllabarium zum Buchstabiren. Das Buch Hokekio ist von Ginso San So Ho Si in Indien verfasst. Die Einweihungsformel beginnt mit: Nabo aryabate taererokiya baratschi bisnte daiya bo dainja bate tane rokiya baratschi hissusu. Ein kurzes Alphabet war auf Holz geschrieben. Auch musikalische Noten finden sich in den Religionsbüchern.

Der vornehmste Priester Nagasakis lebt im Tempel Kotaisi's und gehört den Jensu an, wogegen der Tempel des Daikokutschi sich in der Secte Joszu findet. Im Ganzen sind acht Abtheilungen, als: Jensu mit den Roku, Ikoschu, Tendaischu, Singongschu, Jodoschu, Hokteschu. Ausser dem Katakana (der Umschrift des Chinesischen) und der Cursivschrift Firakana (als Go-syo, dem chinesischen Thsa-Ochon entlehnt) finden sich im Japanischen die Schriftarten Manyo-Kana, Yamato-Kana, Zyakseo und das dem tibetischen Landza (nach Rosny) ähnliche Bonzi.

Nach Einführung der chinesischen Buchstaben erfanden die

lit ce qui était écrit. Autour du temple étaient représentés les différents tourments de l'Enfer. Dans un autre temple, il y avait une machine (faite en manière de tour), contenant tous les livres, qu'a composé Xaca. La cinquième année du règne de Si Nin (1654—1663) commença le Hakujo ou pèlerinage aux 33 temples de Quanwon (dévotion qui depuis ce temps-là est fort à la mode).

Japaner das Katagana, um den der japanischen Aussprache zukommenden Laut zu geben, und fügten später auch eigentlich japanische Worte hinzu, die in diesem Alphabet*) geschrieben

---

*) Jusqu'au règne du 16me mikado (Ouzin-tenwo) toutes les ordonnances étaient faites de vive voix et il n'y avait pas d'écriture. En l'an 284 a. d., Ouzin-tenwo (pour introduire les charactères chinois) envoya une ambassade dans le royaume de Hakou-sai (dans la partie sud-est de la Corée), dans le but d'obtenir des gens instruits et capables d'introduire la litterature de la Chine. A son retour, l'ambassadeur ramena Wonin ou Wang-jin (descendant de l'empereur Kaoutsoo de la dynastie Han), qui fut chargé de l'instruction des deux princes. Les descendants remplirent de hautes fonctions militaires et pour son propre mérite, les Japonais lui décernèrent les honneurs divins. Depuis le temps de Wonin, les charactères chinois sont en usage chez les Japonais. Comme la langue japonaise diffère (dans la construction) de la langue chinoise et le même charactère chinois a fréquentement plusieurs significations, on forma (au commencement du 8me siècle) au moyen de parties de charactères chinois un syllabaire, appelé Kata-Kana (parties de lettres), qui s'emploie soit à côté (pour en indiquer la prononciation ou la signification), soit au milieu des charactères chinois (pour indiquer les formes grammaticales de l'idiom rendue difficile par l'emploi de charactères isolés). Selon l'ouvrage japonais Wazisi (origine des choses au Japon), Kibi composa le syllabaire Kata-Kana et voyagea en Chine, d'où il revint en 733 p. d. Après lui fleurit Koubo, l'inventeur d'un autre syllabaire (Hirakana ou écriture égale), susceptible d'être employé seul pour la langue japonaise, sans qu'il fût besoin de recourir au chinois. En l'année 1046 p. d. un prêtre de Bouddha, nommé Ziakouwo (Shohchaou) partit du Japon pour porter le tribut en Chine. Il ne comprenait point le chinois parlé, mais, comme il l'écrivait très bien, il fut recommandé de dresser une liste des charactères chinois, avec leur signification en japonais. Ce fut alors, qu'il composa des lettres pour son pays de nombre de 47 (la 48me syllabe fut ajoutée plus tard). Ce nombre fut adopté, parce que le syllabaire apporté de l'Inde en comptait autant. La collection des odes appelées les dix mille feuilles fut écrite dans le syllabaire Mango-Kana (composé de charactères chinois complets, sous la forme ordinaire et également en écriture cursive). Le syllabaire Yamato-Kana (écriture japonaise) est composé de charactères chinois, considérablement contractés. La divinité solaire (la déesse soleil), qui préside au gouvernement de l'univers Amaterasonchogami est censée de s'incarner dans la personne de chaque Mikado. Le dai-sio-dai sin (archi-saint) est le président du conseil du mikado. Le Kwan-bak (sainte personne) ou Atsourahi morou (garde des bonnets de ceremonie de l'empereur) est le régent de l'empire en cas d'un mikado enfant. La secte Sin-gon, transportée de l'Inde méridionale en Chine (648 p. d.) et de là au Japon (717) et la secte Tendai font usage des charactères Dewanagari modifiés. Cette ancienne écriture des Bouddhistes, appelée en Chine: Faudsi, au Thibet: Hlajik et en Mongolie: Estriön umöh, est désignée plus

waren. Die japanischen Bücher enthalten meistens eine Mischung aus chinesischen und japanischen Buchstaben (viereckiger Form oder cursiv), indem die letzteren für die wirklich japanischen Worte oder die aus dem Chinesischen aufgenommenen verwandt werden, während man die ersteren beibehält, so oft eine besondere Bedeutung in dem chinesischen Charakter liegt und man diese ausgeprägt zu bewahren wünscht. Das Katagana in viereckigen Buchstaben ist älter als die Cursivschrift des Chirogana. Die chinesischen Buchstaben (Kala-no-modschi) wurden von Korea eingeführt, und später erfand Kobodais die japanischen Buchstaben (Niphon-no-modschi). Die gewöhnlichen Buchstaben heissen Modschi, die Sanscrit-Charaktere der Priester dagegen Bonji.

Die Japaner schreiben mit einem dünnen Pinsel, den sie mit chinesischer Tinte anfeuchten, die für den jedesmaligen Gebrauch auf einem glatten Stein gerieben wird.

Ein Buchhändler, den wir besuchten, zeigte uns Land-

spécialement dans ces deux derniers pays sous les noms de Landsa et Landaba (lanka), mais porte en Japon celui de Sittan. L'alphabet du Sittan japonais, comparé avec celui du Fan (sanscrit) ou Landsa, s'est trouvé contenir identiquement les mêmes signes radicaux. Selon les dictionnairs japonais le Sittan est l'écriture de l'Hindoustan. Dans l'écriture (sittan) japonaise, les traits sont plus pointus et les têtes, fortement marquées dans le Dewanagari et le Landsa, se distinguent à peine ou manquent entièrement. Les funérailles du Mikado ont lieu près du temple Zin-jou-si, situé en dehors de la cour impériale (daïri) et à côté du dai Bouts (grand Bouddha). En face de ce temple coule une petite rivière, sur laquelle est jeté le pont nommé Yomi-no-oukibasi. C'est jusqu'à ce pont que le corps du Mikado est apporté accompagné de toute la pompe, que le divine empereur étale pendant sa vie, mais arrivé là il est reçu par les prêtres de Syaka et enterré suivant leur rite. Les Yama-bousi de la doctrine Syon-gen-dou, ou Syon-guen-dou (doctrine practique et investigatrice) étudient les influences célestes, les huit diagrammes (bakke ou hokke), la chiromancie, l'art de prédire la fortune, le moyen de retrouver les objets volés etc. La secte Tendai est ainsi nommée d'après une montagne et un temple en Chine (ou Hindoustan). Zyodo (syodo) signifie „terre sainte.“ Sin-gon veut dire „psalmodier.“ Ama-terasou-oho-kami sont les mots japonais que représentent les quatre charactères Ten-sio-dai-zin, lesquels signifient „le grand esprit des cieux purs.“ Les Subei sont de longues bandes de papier blanc, tenant lieu des esprits adorés, précisément comme la tablette mortuaire d'un ancêtre remplace celui dont elle porte le nom.

karten, besonders von Japan und China. Alle Länder über China hinaus, hiessen mit allgemeinem Namen (Tienso). In der Geschichte des Affen Sarihotz heisst derselbe Schüler des Shakiamuni.

Für ihre Silbenalphabete wählten die Japanesen zuerst die 47 vollkommenen chinesischen Charaktere, und zwar die dem japanischen Laute entsprechenden. So wurde z. B. für die japanische Silbe mi (etwas Weibliches) das chinesische Wortzeichen für Weiblich genommen. Koye ist der chinesische Laut und Yome die japanische Aussprache in Erklärung des Wortes. Im Königreich Tchantcheng schrieb man (nach Ytoungtche) auf Schaffelle mit Kalkwasser oder auf Bambusplatten. Die Erfindung des Sittan (Buchstabenschrift aus Hindostan) wird dem Buddhis awa Rjumyo (Lung meng), dem 14. Patriarchen des Buddhismus zugeschrieben, als Stifter der Secte Singon, die (648) aus Süd-Indien nach China und dann (717) nach Japan kam, ihre Ausbreitung dort vorzüglich dem Oberpriester Kobodaisi (775 p. d.) verdankend. Kobodaisi war der Schöpfer des japanischen Syllabars Hirakana, bei dessen Einrichtung er sich an die Fan- (Landsa) Buchstaben hielt, gleichwie der tibetische Schriftgelehrte Tongmi Ssambhoda, der (632) zur Erlernung des Devanagari aus Tibet nach Indien gesendet wurde, nach dem Typus der Landsa-Schrift für sein Vaterland eine Schrift bildete, die unter dem Namen Wudshan (Buchstaben mit einem Kopfe) im Gegensatz des nach dem indischen Bharula geformten Wusuin (ohne Kopf) als die allgemein gebräuchliche bekannt ist (Sieboldt). Nach Philo waren die ersten Buchstaben diejenigen, die (durch die Körperwindungen der Schlangen bezeichnet) in den Tempeln als Symbole der Götter abgebildet, göttliche Ehre empfingen. Hermes und (der in Schlangengestalt erscheinende) Kadmus gelten ferner in der asiatischen Mythologie als Städtegründer (s. Movers) und zeigt sich auch hier die doppelte Beziehung im Devanagari. Der erste Hermes (der Schrifterfinder Seth) oder (nach den Sabäern) der ägyptische Agathodaemon hatte (nach Abulfeda) viele Städte erbaut, wie Kadmus (nach Nonnus) in Libyen. Saribant ist schlangenartiger Dämon bei den Longobarden.

Die Japanesen haben über 14 Zahlensysteme. Bei den Chinesen erhält die vierfache Quadrillion den Namen heng hoeha (Sand im Flussbette). Buddho unterschied drei Zahlensysteme, das um zehn wechselnde, das um Hunderte wechselnde und das höchste, bei dem sich die Summen um sich selbst vermehren. La série (des Tibetains et des Singalais) s'élève jusqu'à l'unité, suivie de soixante zéros, ce qui fait dix novemdecillions. Ausser den gewöhnlichen Zahlwörtern giebt es für gewisse Zahlbestimmungen einen alten Cyclus von zehn Schriftzeichen (Denarius) und einen desgleichen von zwölf (Duodenarius). Die Combination beider giebt Zahlen von 1—60 und dient zur Bezeichnung der Jahre, sofern sie als Theile eines 60jährigen Cyclus betrachtet werden (im Chinesischen). Von diesen 22 Zeichen werden die ersten zehn die Stämme, die anderen zwölf Aeste oder Zweige genannt (s. Schott). Man setzt (in der Zeitrechnung) die Stämme vorn und wiederholt beide Reihen, wenn sie sich erschöpft haben, so lange, bis sie zugleich wieder von vorn anfangen. So kehren dieselben Combinationen nicht eher zurück, bis der Decimalcyclus sechsmal und der andere fünfmal abgelaufen ist (s. Ideler).

Die Jamato-Sprache auf Japan hat sich nur noch bei einigen Geschichtsschreibern, Dichtern, auf der Bühne und am Hofe des Mikado rein erhalten, ist aber sonst stets mit chinesischen Ausdrücken gemischt. Der Kai-sho oder sorgfältige (kai) Styl wird gewöhnlich nur in der Dichtkunst und bei Drucksachen gebraucht, der Gio-sho oder handelnde (gio) Styl dient officiellen Verordnungen und Erlassen, der So-sho oder stroherne (so) Styl wird in der gewöhnlichen Correspondenz zwischen Gleichstehenden gebraucht, wenn man den viereckigen Charakter des Chinesischen im Japanischen schreibt. Die japanische Literatur zerfällt in Uta (Distichen) und Renga (Lehrgedichte), Mai (Dramen), Soosi (Biographien der Herren), Sageo (lebende Heilige), Monogatari (belehrende und unterhaltende Erzählungen in Prosa), Taifexi (Geschichte), Gesetze und Sitten. Die Bibliothek von Kanasawa ward gegründet 1316 p. d.

Mu jaosing oder Susing, der Planet Jupiter oder Vrihaspati, hat in japanischer Darstellung auf jeder Seite ein kleines

Sternchen neben sich, als wären ihm Ohren angewachsen, und wird als Lehrer mit zwei Schülern repräsentirt.

Die japanische Geschichte *) beginnt mit der Dreitheilung

*) Swa Fikono Mikotto (Syn Mu Ten To) civilisa (comme Nin Oo ou le plus grand de tous les hommes) les habitants du Japon (Akitsusimas) et funda le gouvernement (660 a. d.). En la 51me année de son règne, 316 ans après la mort de Xaca, le philosophe Housi (vieux enfant) naquit (le 14me jour du 9me mois) à Chine dans la province de Sokokf (animé par l'âme de Kasobosatz, disciple de Xaca). Vers le même temps, on vit pour la première fois des idoles étrangères au Japon et elles furent adorées à Khumano. Sous Sui Sei (successeur de Syn-Mu) le philosophe Koosi (Confucius) naquit à la Chine (551 a. d.), 399 ans après la mort de Xaca (le 4me jour de 11me mois). La nature lui avait marqué le front d'une petite éminence, comme à l'empereur Siun et il avait toutes les marques d'un future Sesin (d'un homme d'un esprit incomparable et d'un profond savoir). Il était haut de 9 Sacks (pieds) et six Suns (demi-pieds). Sous Annei (successeur de Sui Sei), Gauquai (disciple de Confucius), dans le corps du quel l'âme de Kassobatz était passée, naquit à la Chine dans le province de Hokokf. A 18 ans il avait les cheveux tout blancs et paraissait en tout un vieillard. Sous Kookin (216 a. d.) les Chinois, envoyés par l'empereur Sinosikwo, s'établirent à Kaiyoku. Das Amt des Seogun oder Xogun wurde 96 a. d. geschaffen. En la 95me année de l'empereur Synin (29 a. d. bis 71 p. d.), Bupo (ou Kobotus) vint des Indes au Japon, où il apportait sur un cheval blanc le Kio ou livre, qui renfermait sa doctrine et sa religion. On lui erigea un temple sous le nom de Fakubasi (le temple du cheval blanc). A la troisième année du règne de Fitatzu ou Fintatz (572—586 p. d.), l'apôtre Sotoctais naquit à la cour de l'empereur. Songeant que le Saint Guso-bosatz renaîtrait en elle, sa mère se trouva enceinte et accoucha le 12me mois d'un fils, qui fut nommé Fatsisino et après sa mort Tais ou Sotoctais. Les os et les reliques de Xaca parvinrent d'une manière miraculeuse entre ses mains. Depuis ce temps le culte de ce dieu s'accrut et il arriva des pays étrangers d'outre-mer une grand nombre d'Idoles, de statuaires et de prêtres. L'empereur ordonna, qu'au 6 jours chaque mois toutes les créatures vivantes soient mises en liberté. La 8me année la première image de Xaca fut apportée au Japon et placée à Nara dans le temple de Kobusi. Un certain Moria, l'ennemi des Fotoques (qu'il brula) perit au bout de deux ans sous l'empereur Joo Mei (586—588 p. d.) et on batit en mémoire le temple de Sakatatina à Tamatsukuri. L'Imperatrice Suiko ou Siko (593 p. d.) fit jeter en fonte une statue en bronze de Xaca. On apporta de Fakkusai un livre de religion, intitulé Rekkotomo. Sous l'empereur Dsiomo (629 p. d.), Sienno Giosa, fondateur des hermites (Jammabus) naquit. Die Era Nin (seit Synmu) wurde (645 p. d.) durch Kotaku in die Era Nengo verändert. L'empereur Tent Sii (662 p. d.) erigea le temple See Guansi et le principale Idole, ouvrage du statuaire Casuga. L'empereur Ten Mu batit le temple Midera et le livre sacré Issai-Kio (formulaire

der Himmelsgötter (Teng-jin), Erdengötter (Zi-jin) und Jinno oder menschlichen Kaiser. Der Erste der sieben Teng-jin ist Kunuitokotateinna-Mikotto, der, in die Existenz springend, das

---

des prières) fut apporté de la Chine au Japon († 687 p. d.). Sous l'imperatrice San Mei (708 p. d.) le temple Koobokusi fut bati pour une idole de Xaca, formée d'un melange de bronze et d'or, ouvrage du statuaire Taisoqneu. Sous l'imperatrice Gensioo (715 p. d.), il y avait d'apparition miraculeuse des dieux Khomano, Gongin, Amida, Jakusi, Sensio, Quanwon et Bissamonten en differents endroits. L'imperatrice Sioomu éléva le grand temple de Daibods (718 p. d. bis 724 p. d.) Tandis que l'imperatrice Kooken (749—759 p. d.) bâtit le temple Foo Daisi, on Gilogio implora l'assistance de Barramoon, une divinité des Indes, qui apparut à l'instance. L'Empereur Koonin (770 p. d.) ordonna (pour apaiser les tempêtes), qu'on célébrat dans tout l'Empire des Matsuris pour apaiser les Jakusis (ou esprits malins, qui règnent dans l'air et dans les campagnes). La 5me année le prêtre Kobotais naquit. Sous l'empereur Kwan Mu (782) le général Tammmar tua Troji, le général des étrangers (Tartares), qui étaient venus à Japon. Sous l'empereur Sei Wa (859 p. d.). les livres de Confucius furent apportés à la cour du Japon. La 5me année naquit dans la province de Jamatto Isje, fille de Taike Kugu, prince du sang. Cette princesse savante a composé des ouvrages. Sous l'empereur Murakami (947) il y avait une assemblée sur les affaires de la religion, où les chefs de toutes les sectes se trouvaient. Jorimassa, sous l'empereur Konjei (1142 p. d.) tua (avec l'aide de Fatsmann) le dragon infernel Nuge dans le palais du Dairy. Kijomari trat in's Kloster († 1182 p. d.). Sous Kamme Jamma (1260—1278 p. d.) mourut Siuran, chef de la secte Ikosio, qui avait été disciple de Foonen Seonin, fondateur de la secte Seodosju. Die von Kublai-Khan († 1273 p. d.) geschickte Expedition litt Schiffbruch. Les Camis excitèrent une furieuse tempête, qui fit perir toute la flotte du général Tartare Monko (1284 p. d.) Sous l'empereur Cubo-Sama Jietsaiako († 1674 p. d.) le docteur Ingen arriva de la Chine au Japon pour y publier une nouvelle secte. Sous l'empereur Keikoo une nouvelle isle sortit du fonds de la mer. Elle fut nommée Tsikubasima et consacrée à Nebis (le dieu de la mer). Trois ans après on y batit le temple Tajanomie avec des prêtres (71 p. d.—131 p. d.) L'imperatrice Singukogu (Dain Guukwo Guu) repassa (de la conquête de Coréa) au Japon et accoucha d'un fils (Wakono Ooai). On le mit après sa mort (270 p. d.) au nombre des déesses sous le nom de Kasiuo Dai Miosin. Elle fut succedée par son fils (Wakono Ooai ou Oosin Ten Oo), qui fut illustre dans la paix et la guerre. Après sa mort (313 p. d.), il fut honoré du titre de frère de Tensio Dai Sin. On lui donna aussi le titre de Jewatta Fatsmann (le dieu de la guerre de Jewatta). L'empereur Nieitoku (313 p. d.—400 p. d.) fut adoré sous le titre de Naniwa Takakuno Mio Kouesirano Dai Mio Dsin dans le temple à Tsinokuni. La 12me année du règne de Kei Sei (507—534 p. d.) le prophète Dharma (le troisième fils de Kasiuwo et le 28me, qui occupa le siége de Xaca) arriva à la

Land Japan erschuf. Der siebente der Teng-jin (Isanami genannt) zeugte mit seiner Gattin Isanagi als ältesten Sohn den Tengsogo Daisingo, den ersten der Zijin sowohl, wie den Ahnherrn der Mikado (nebst der Kuge) und schuf dann alle Menschen, die von seinen anderen Söhnen stammen. Der Letzte der fünf Zijin war Vater des Zimbu-tenno, des ersten Kaisers. Geister guter Menschen steigen nach dem Tode zum Himmel auf, wo Teng-teh, der Gott des Himmels, herrscht und sie bei sich aufnimmt. Böse Geister treiben sich unstät umher. Unter den Göttern der verschiedenen Dynastien wird nur Daisingho angebetet, als Erster der Menschen. Sein Geist weilt in Japan, in den Mia oder Tempeln, um das Land zu schützen. Sein Körper schien glänzend hell, über die ganze Erde strahlend, und wurde deshalb mit der Sonne verglichen.

Das Jindayno-makki oder das Werk (makki) der Zeiten (day) der Götter (Jin) handelt von den himmlischen und irdischen Dynastien der Götter, das Buch Nakatomi-Ssarai von den Handlungen der Götter (in der Shinto-Religion). Kami ist das japanische Wort für den chinesischen Charakter, der Shin ausgesprochen wird. Der chinesische Charakter Foe wird von den Japanern Buds ausgesprochen.

Die japanische Geschichte ist in dem Buche Nibong-gwaisi oder Geschichte (gwaisi) Nipongs (Nihong oder Japan) abgefasst. Die Stadt Nagasaki wurde durch den Fürsten Nagasakki-jinsaimon gegründet.

Chine, venant de Seitensikn (contrée méridionale céleste) ou le continent de l'Inde. Sous l'empereur Kin Mei ou Kimmei, il y avait à Tsiutensiku ou dans le Tensikn mitoyen (la presqu'île d'endeçà du Gange) un illustre Fotoque, nommé Mokarra, disciple de Xaca. Vers le même temps la doctrine de Jambadan Gonno Riorai (d'Amida), le grand dieu et le protecteur des âmes separées des corps, s'introduisit à Fakkusai (la Chine). Elle pénétra à Tsiookoni (Japon) et s'établit à Naniwa, où l'idole d'Amida parut à la bonde d'un étang, environnée des rayons dorés. En mémoire de cet événement l'empereur institua le premier Nengo. Cette statue fut conduite au temple de Singuosi, où sous le nom de Singuosi Norai (Norai ou Amida de Singuosi) elle opéra une infinité des miracles. L'Empereur (540 p. d.—572 p. d.) favorisa la religion des Foës ou du Budsdo, et bâtit plusieurs temples à ceux Foës, dont il fit faire à la Chine quantité de statues.

Das Quannon-kio oder Buch Quannon's gehört zum Fokekio, einem in acht Theilen von Shakiamuni geschriebenen Werk, und enthält Anrufungen (Darani) im Tiensiko oder sanscritischen Buchstaben, denen die japanische Aussprache beigefügt ist.

Der Priester Kobodaisi wurde vom Kaiser nach China gesandt, um von dort die chinesischen Buchstaben (Kala-modschi) und die Religionsbücher zu holen. Bei seiner Rückkehr nach Japan fügte er die japanischen Buchstaben (iroha-modschi) hinzu, um die Aussprache zu geben. Früher war eine andere Weise der alphabetischen Bezeichnung (iroha) von den Japanern gebraucht worden, die jetzt abgeschafft, aber noch unter dem Namen mukasino modschu (alte Buchstaben) sich erhalten hat.

In Folge meiner vielfältigen Besuche in den Tempeln, wo ich verschiedene Bücher gekauft und noch nach anderen gefragt hatte, fand sich eines Nachmittags eine Gesellschaft junger Bonzen zur Gegenvisite ein, die manche Befriedigung ihrer Neugier in meinen Sachen oder dem Ameublement eines europäischen Hauses fanden und mir zugleich verschiedene Notizen brachten, die ich gewünscht hatte.

Ein umherziehender Japanese zeigte künstlich abgerichtete Vögel und rief durch Schellen mit einer Glocke die Aufmerksamkeit auf ein Bildergestell, wo die zu erwartenden Aufführungen abconterfeit waren. Der Nephrit wird in Japan hochgeschätzt, wie in China.*) Ein Leichenbegängniss zog durch die Strassen, und beschriebene Papiere wurden auf Flaggenstöcken vorangetragen. Nach den Lampenträgern kam der Norimon oder Palanquin mit dem Leichnam. Dann folgten weissgekleidete Mädchen, die Stirn mit Schleiertuch verhängt, und hinter ihnen ein im grauen Ehrengewande gekleideter Leidtragender mit einem Schirm. Als man den Tempel erreicht hatte, wurde der Norimon

---

*) The Chinaman who sold the bangles showed the Committee (in Rangoon, a specimen which he assured them would fetch in China sixty times its weight in silver, and that the really first-rate is sold for as much, as forty times its weight in gold; this appears incredible, but all enquiry tends to show, that the Chinese would give almost anything for fine jade (International Exhibition) 1862 (s. Watson).

dort niedergesetzt. Zu beiden Seiten hatten sich grau gekleidete Priester dort aufgestellt, und ihre recitativischen Gesänge wurden durch ein Getöse von Trommeln und Muscheln beantwortet. Ein alter Priester, vor dem Götzenbilde sitzend, sprach Gebete und begab sich dann nach dem Altar, wo zwischen Lampen und wehenden Fähnchen eine Gedenktafel aufgestellt war. Die Eintretenden nahten sich unter tiefen Verbeugungen, und die Procession begab sich dann nach dem Kirchhof. Am Ausgangsthor des Tempels stand ein Priester, der beim Vorübertragen des Norimon seine Glocke schlug, und dann begannen in unisono alle Glocken des Tempels zu läuten.

Ein für Sanscrit-Lesen bestimmtes Buch, das die japanische Aussprache der Buchstaben beigefügt hatte, hiess mit seinem chinesischen Titel: Sang darani. Das Quannon-jio genannte Gebetbuch enthält Anrufungen, die alle mit Ong oder Om beginnen und unter verschiedenen Ueberschriften aufgeführt werden, als: Sinju-Quannon, Sho-Quannon, Bato-Quannon, Soitschemeng-Quannon, Junte-Quannon, Noirinjing-Quannon. Ein buddhistisches Gebetbuch mit wiederholten Anrufungen des Namu Amida Budso, die nach musikalischen Noten modulirt waren, enthielt eine Mischung japanischer und chinesischer Buchstaben, wie: „Himmel (Jeng rakn koku in chinesischen Buchstaben mit beigefügter Aussprache im Japanischen) ist des Menschen Ersehnen (o negao stho in japanischen Buchstaben) Das Quannon-jio genannte Gebetbuch enthält mit Ong oder Om beginnende Anrufungen unter den Ueberschriften: Sinju-Quannon (Ong basarata lama kiriku), Sho-Quannon (Ong arodigia sohaka), Bato-Quannon (Ong aniritao tohangha ung batsta sohaka), Soitschemeng-Quannon (Ong maka kialo nikia sohaka, Junte-Quannon (Ong shia rei sorei song dei sohaka), Noirinjing-Quannon (Ong bang doma shindamani jimbara ung). In Capitalbuchstaben ist zugefügt Ma-ni. Die Musiknoten (Fuds) sind zwischen den Linien bezeichnet.

Es giebt 3000 Buddhas, 1000 der Vergangenheit, 1000 der Gegenwart und 1000 der Zukunft. Die grössten der jetzigen sind Amida, Quannon und Shakyamuni. Von diesen ist Shakyamuni der letzte, Quannon der früheste. Quannon, obwohl mit dem Gesicht einer Frau, ist männlich und heisst Shinso-Quannon, weil mit 1000 Händen begabt. Shakyamuni, der Sohn des indischen Königs Shobondaio und der Dame Maya (Maya-Fusing), wurde vor 2850 Jahren im Lande Makada-Kokfu zu Indien (Tiensiko) geboren und predigte Amida, der im Westen lebt (Sai-bo). Quannon hat keinen bestimmten Aufenthalt, da er sich überall findet. Ausser dem Buche Jokekio wurde auch das Buch Quannonsimbo von Shakiamuni verfasst und dann in das Chinesische übertragen. Amida*) ist ein Hotoque oder Buddha. Man betet zu ihm, für Glück in dieser Welt sowohl, wie für eine heilige Existenz nach dem Tode. Die Seelen guter Menschen begeben sich zum Himmel (Teng), wo sie mit der Sonne (ki) und dem Monde (ski) leben. Böse fallen in die Hölle (Siyoku), wo Jemmo-Oh regiert. Die Zahl der Himmel ist 33. Der Geist**) Quannon's belebte Dharma, der nach Shakiamuni in Tiensiko lebte.

*) Im glücklichen Lande des Westens. Die Gebeine des heiligen Jacobus, Bischof von Medzpin (Nisibis), wurden (während des Krieges der Griechen mit den Persern) nach Amida gebracht (eine Stadt in der Provinz Aghdznikh am Tigris im Lande Diarbekir), später Sitz der Patriarchen. Die Monophysiten leiteten sich als Jacobiten von Jacob Baradäus oder Zanzalus her und gaben ihren Bischöfen den Namen Ignatius.

**) Fanwang (Brahma) gilt den Buddhisten als Herr des Himmels der ersten Beschauung und gehört, als solcher, noch der Welt der Begierden an. Tischi ist Indra. Po-lo-men ist der Brahmane. Ananta (der Unendliche oder der Ocean) ist der König der Lung oder Nagas (Drachen), als Personification der Flüsse und Quellen. Jetscha (Jaksha) sind die Tapfern, Gewaltigen. Garuda ist König der Kialeulo (Garura oder Flügelschnellen) oder Sternschnuppen. Aeleulo (Asura) sind nachgeborene Riesen. Kinnalo (Kinnare) sind Halbgötter im Dienste Kuvera's. Die zehn Sphären oder Welten (Shi Kiai) sind: die Sphäre eines Buddha (Fo), eines Bodhisatwa (Pusa), eines Selbstdenkers (Juenkio oder Nidana), eines (unterrichteten) Schülers (Shingwen), der (bramanischen) Götter (tien tao oder der Götterweg des tien schang oder himmlischen Ochsen), des Menschen (Shin-tao), der Asuras, der Thiere, der hungernden Dämone, der Verdammten (in der Hölle). Da Titsang Pusa (der gegenwärtige Heiland der Buddhisten) oder Kschitigarbha ein Bodhisatwa unendlicher Barmherzigkeit ist, so theilt er sich in sechs Gestalten, um die Vernunftwesen der sechs Klassen zu leiten und zu erlösen (Dsizo). Fokwo wo dsizo (Fong kuang wang Titsang (der die Strahlen austheilende König), den Krummstab führend, gewährt Wünsche (Regen gebend und die Feldfrüchte reifend). Kengo ß dsizo (Kin kang pei Titsang oder Patron

Sansohoshi brachte vor 2000 Jahren das Buch Fokekio von Indien nach China mit 5000 Büchern des Budsdo (Buddhismus), und später, vor 900 Jahren, kam das Fokekio von China nach Japan. Die Japanesen handelten früher mit Kara (China), Kosi, (Cochinchina), Jakatra (Java) und Kambodtja (Kambodia), wie es sich in der Geschichte Nagasakkis (Nagasakki-sasje) beschrieben findet, ein nur im Manuscript existirendes Buch, fünf Bände stark.

Ikaitsoda verfertigte die Figur des Senkoje-norai, des Gottes im Tempel Senkoje. Der Geist des Gottes Khumano pflegt in der Gestalt des Vogels 'Gov (in Khumano-Gov) herabzusteigen, wie es in den Häusern aufgehängte Gemälde (um gegen Krankheit zu schützen) darstellen. Es giebt fünf grosse Kokudo.

---

des diamantenen Erbarmens) erlöst die Thiere. Daiejo Fudo (der Ueberwinder der bösen Geister und Leidenschaften) wird im Urlande (des Buddhismus) als Vairotschuna Buddha verehrt. Nigite (Schöpferhand) wird als Hieroglyphe der Gottheit verehrt. Als 1300 Jahre nach (Sakja's) Buddha's Hingang (351 p. d.) 100 Dämone in das Reich Miti (Mitila) einbrachen, liess der König die Bildnisse der fünf gewaltigen Bodhisatwa (Gudairiki Bosats oder Mahabala Bodhisatwa) malen, worauf (unter Fasten und Opfern des Volkes) die erschreckten Dämone über die Grenze entflohen. Die Bildnisse (ursprünglich Siwa-Bilder) hängen in einer Capelle des Tempelhofes Sumijosi (bei Ohosoka). Go san se Mjowo (Jakusi) steht mit dem linken Fusse auf Tee-tsai-tien (Bava) und mit dem rechten auf der Königin (Göttin) Uma. Dai gen siu (Ta jueu so) oder der grosse erste Herzog (des Sternenheeres) und der General der Lichtkönige, ist der Klostergenius der durch Bodhidharma aus Südindien nach China verpflanzten, beschauenden Secte (Shen-tsung oder Sen-sju), als Regent des Morgen- und Abendsternes (identisch mit Jzed Mithra der Zend-Sagen). Von den San sju nitsi ß Buts (die geheimen Buddhas der 30 Tage) ist der des ersten Tages Dsjokwo Buts (Tin kuang Fu oder Buddha des unwandelbaren Glanzes) oder Shenteng Fu (Dipankara Buddha oder Buddha der brennenden Lampe). Dipankara ist der erste der menschlichen neun Buddhas. Als Zi kak dai si (dritter Prior des Sanrak-Klosters) auf dem Berge Fijeisan seinen religiösen Uebungen oblag († 864), erschien ihm jeden Tag einer der San sju ban zin (30 periodischen Geister der Tiendai-Secte) oder Dai Mjo zin (Ta Ming Schin oder Lichtgeister), als Beschützer. Fatsiman Dai Mjo zin gilt als Manifestation Amita's. Kamo Dai Mjo zin (Lichtgeist des Kamihofes zu Kamo) gilt als Manifestation Kuanin's. Amaten Kojaneno Mikoto ist eine Manifestation Sakja's. Ten sero kwo Dai zin (die Sonnengöttin) wird identificirt mit dem vollendeten Buddha der grossen Sonne. Kibune Dai Mjo zin schützt das Centrum beider Geschlechter.

Unter den sieben Göttern, die die Sterne im Himmel repräsentiren, ist Bisamonteng der vorzüglichste.

Der Mann Sandoke mit seiner Frau Miadoki, die auf dem Berge Jawato lebten, wurden durch Jakunojoga nach dem Berge Omine gebracht. Der Gott von Alters her (Suro genannt) wird als ein Greis dargestellt. Ibis ist Gott der Fischer. Zur Göttin Funatamago beten die Seeleute. Shakshosi-senning lebt fastend in den Bergen. Der Eremit Katsin (Katsin-senning) reitet auf einer Ziege. Akkusin-shenning bot dem Kaiser Chinas Nüsse an, die von diesem zurückgewiesen wurden, aber einem andern Empfänger ein Leben von 300 Jahren gewährten. Der chinesische Arzt Henjako erhielt sein Buch über Heilmittel von einem Eremiten (Senning).

Die Götter der zwölf Jahre im Cyclus werden mit ihren symbolischen Thieren dargestellt, von denen zuweilen zwei einen Gott begleiten. Die Tengsing oder Himmelsbewohner deuten die ängstliche Unruhe an, wenn das Vergnügen seine Kraft verliert.

Die zehn grossen Schüler sind: Saribotz, Mokknkengreng, Daikano, Anajitzo, Subodai, Furona, Kassingjeng, Ubarimitzo, Ragora, Ananda. Wenn Nanda Regen wünscht, so regnet es rasch und das Getreide wächst empor. Batsa-Nanda, durch die Luft fliegend, gab Wasser, damit der Körper des neugeborenen Shakyamuni zu waschen war. Jennojosa, der sich in dem Berge Jamato mit Waldnüssen nährte, reitet durch die Luft, die Wohnungen der Einsiedler zu besuchen, und nahm seine Mutter mit sich nach China. Einige beten jeden Morgen zur Sonne und bitten um ein glückliches Leben für den kommenden Tag. Als von Jedermann gesehen, hat die Sonne weder Tempel noch Priester. Da die Sonne Alles sieht, so giebt sie denjenigen, die Unrecht geduldet haben, Trost und wird als Zeuge des verübten Frevels auftreten. („Die Sonne bringt es an den Tag"). Der Mond (Sin), wegen seines geringeren Glanzes, empfängt geringere Verehrung, als die Sonne (Nitschering). Aus einem Felsen hervortretend, bevölkerte Daisingho das Land Japan.*) In seinem

*) Wakajafuki-awasesuno-mikoto, der letzte der fünf Erdengötter (Dai-sin-godai), hatte mit Tama-jori-hime, der Tochter des Drachengottes Lin-sin, vier Söhne

Tempel finden sich keine Figuren, er wird aber durch die Papierguirlanden (Gobe) symbolisirt oder durch den Ochalaisan, einen Papierkasten mit einem Holzstück darin, das beim Schütteln klappert. Suwa ist die Personification der Schlange, und in der Nähe seines Tempels ist es verboten, Schlangen zu tödten, da dieselben Suwa's Diener sein könnten oder Suwa selbst. Früher waren die Schlangen zahlreich in dem Teich, der neben dem Tempel liegt, als dieser indess vor zehn Jahren niederbrannte, zog sich der über die in Nagasaki zunehmende Menge der Fremden ärgerliche Gott nach Simibarra zurück, wo er jetzt um so eifriger verehrt wird.

Meistens finden sich in japanischen Häusern unter der Decke der Stube an der Wand ein kleiner Kasten befestigt mit

gezeugt, von denen der jüngste (Kamu-jamato-iba-re-bikono-mikoto oder Sa-mono-mikoto) in der Herrschaft folgte, als Zin-mu-ten-woo (der göttliche Krieger, himmlisch verklärte Herrscher) und auf Anrathen seines alten Dieners (Siwo-tsutsunno-odsi) auszog, um seine Herrschaft über die im Osten gelegenen Länder von Japan auszubreiten, geleitet von dem in dem Schilde einer Schildkröte fischenden Wudebiko (von Bungo). Von Naga-sune-biko (in Jamato) zurückgeschlagen (und im Meeresstorme seine Brüder opfernd) empfängt Zinmu (durch Taka-Kura-isi) das Schwert des Donnergottes (Take-miko-tsutsino-kami), und von dem achtköpfigen Raben der Sonnengöttin (Ama-terasu-oo-kami) geleitet, besiegt er Jekuwesi (in Uda). Nach Erbauung eines Tempelpalastes, feiert er ein Fest der Sonne und übergiebt das Reich Aki-tsu-sima (Japan) seinem Sohne Ta-gisi-mimno-mikoto. In alter Zeit, als Himmel und Erde nicht geschieden, das Trübe (In) und Klare (Joo) nicht getheilt waren, war Tai-kijok. Das Klare, Durchsichtige (Yong) schwebte als das Leichte nach Aussen und wurde Himmel, das Schwere, Schlammigtrübe (Yen) gerann im Wasser zum Niederschlage und wurde Erde. Als Himmel und Erde nicht geschieden waren, entstand in der Mitte des Chaos ein Ding, dessen Gestalt einer Asi-Knospe glich und aus dem Schlamme auswuchs. Aus seiner Umgestaltung ging ein menschenähnliches Wesen (Kuni soko-tatsino mikato) hervor. Als Himmel und Erde entstanden waren, erschien Panka in der Schöpfung des Urmenschen. Von den Maga-Xams (gekrümmten Edelsteinen) der alten Zeit finden sich drei Arten in den Ausgrabungen (als Sitogi der Ainos). Als Somnoonomikoto zum Himmel aufstieg, beschenkte ihn der Gott Akatsmanomikoto mit einem glänzenden Edelsteine Akarumagatama. Die Aegypter (nach Herodot) scheuerten täglich ihre Messingbecher. Tensjoodaisin (Göttin der Sonne) übergab ihrem Nachfolger Amano-osiho-nino-mikoto (als drei Schätze) Ja-saka-sino-magatama (einen Edelstein), Kusa-nagino-tsuruki (ein Schwert) und Ja-tano-kagami (einen Metallspiegel).

einem Papierstreifen oder mit einem Bäumchen aus weissem Papier, vor dem kleine Lampen brennen. Auch werden solche zwischen Blumentöpfe vor dem vergitterten Kasten gestellt, der eine Reihe der länglichen Papierlosen enthält, die (als von Isje gebrauchte Verzeihungskasten oder Ochalai) Tempel (Tela oder Mia) genannt werden und mit japanischen Buchstaben beschrieben sind.

An den Strassen finden sich Kapellchen für den Gott Jisosama, der dem ursprünglich aus Stein entstandenen Menschengeschlecht Seelen zuertheilte. Das Bild des Fudosama, aus dessen Schultern Strahlen vorbrechen, wird vor die Hausthüren gehängt, um böse Geister (Warika-Kami) abzuhalten. Der Gott Matzima Daimio Sin beschützt den untern Theil des Körpers, und wer an Leibbeschwerden oder Kolik leidet, begiebt sich zu seinem Bilde im Tempel Itschinosche und fegt den Estrich, indem er unter Verbrennen von Räucherkerzen Gelübde für den Fall der Genesung darbringt. Waseta ist der Gott, der die fünf Sinne ertheilte. In Zeiten von Dürre hält man theatralische Umzüge ab, um Regen zu erhalten. Die Sonne wird in den Gebeten als Chisama angerufen. Neben der Stadt liegt das Zollhaus, mit japanischen Schreibern in verschiedene Zimmer vertheilt. Ein Bonze, der Kuchen zum Geschenk erhalten, trug sie in den weiten Aermeln seines Gewandes. Die Ingago sind Fechter. Das Schachspiel heisst Shoghi.

Soldaten in der Schlacht werden von Giwon beschützt, der als Kami oder Gott in Japan weilt. Kendatzuba-Oh (der General Kendatzuba) lebt zuweilen in Kongo-Kutzo, zuweilen in Jiposan. Der Musikant der Götter ist Kinnara-Oh. Die guten Götter heissen Jen-sing, die schlechten Aku-sing. Makora vermag nicht aufrecht zu wandeln, sondern nur auf dem Bauche, wie ein Drache. Kissibo ist die Mutter des Sanjetano. Manche Gefangene in der Hölle befreite Batso-schemning und brachte sie auf die Oberwelt. In Dako lebt Kompira-Oh. Die Surorakan oder 16 Rakan (Anhänger Shaka's) sind: Batsuradashasonja, Dakkaharita-sonja, Chattakasha-sonja, Schinda-sonja, Takkora-sonja, Kari-sonja, Hatstura-sonja, Hutstara-sonja, Siuhakasonja, Ragora-sonja, Handaka-sonja, Nakasaffna-sonja, Inkadasonja, Asta-sonja, Hatsunabasi-sonja, Chindabanlaka-sonja. Kenntniss wird durch Daibengkadokoteng gegeben, Macht, wenn darum gebeten wird, durch Birorakusa-jenseng, dem Sohne des Wassu-ikitz und seiner Frau Kuset zoten. Böse Handlungen werden durch Mitzakongo verhindert. Narai yenyengo schützt gute Menschen. Tohoteng hütet den Osten (tobo), Birorakusa den Süden, Birubakusa den Westen, Bisamonteng den Norden. Karau heisst King-tsi-tscho, weil mit goldenen Flügeln begabt. Asura-Oh, riesige Giganten, waren die steten Widersacher des Himmels, mit dem sie kämpften. Die Itschi dai mamoritousan, die Schützer des Lebens, repräsentiren die zwölf Jahre des Cyclus. Von den Jakusi-juni-nuso (den zwölf Befehlshabern der Jakusi) ist Jikara-Daiso der erste. Zu den Sangjo-sangzo-utz-Quannon (den 33 Lobpreisern bei der Einkörperung Quannon's), gehört Wassin okadera, der Gott des Tempels Okadera in der Provinz Wassin, Kosin-issigamadera, der Gott des Tempels Issigamadera in der Provinz Kosiu u. s. w. Die Juniko-Buds (12 Hotoke oder Buddha)*) sind: Maidjoko-Budso, Muhengko-Budso,

---

*) Primus fuit totius superstitionis faber et architectus sceleratissimus Brachman, imbutus Pythagoricis disciplinis, quem Indi: Rama, Sinae: Xe Kian, Japones: Xaca, Tunckinenses: Chiaga vocant, natus in Mediae Indiae loco, quem Sinenses narrant Tien Truc Gnor, monstruoso prorsus parto, ajunt enim matrem ejus in somno elephantem album, ex ore primum deinde per latum sinistrum emergentem vidisse. Unde fabula de elephanto albo tanto pretii apud Reges Sian, Lai, Trinchini, Chinae orta. Natus itaque Xaca, primum, quod perpetrasse dicitur, facinus fuit, occidisse matrem, deinde praeter se alium sanctum neque in Coelo neque in Terra existere, clamasse fertur. Xacan 80,000 transmigrationum in omnis generis animalibus, ultima fuit in elephantum candidum, quam Luban hoc Laenses et Tranluan, id est Rotam vocant. Putant enim animas ex uno in aliud animal veluti rotatione quadam per sex poenas transmutari, donec tandem sexta rotatione peracta in statum omnis mutationis expertem deorum consortio aggregentur, Pagodes facti. Metamorphoses multas adducunt, tyrannides in tygrides, reges in elephantes etc. etc. transmutatos. Qui vero sublimius philosophari videntur, dicunt, hominem intellectu in id, quod concipit, objectum transmutari realiter, ita ut cessante operatione nulla homini vita supersit, quod non de intellectu tantummodo et voluntate, sed et de potentia cognoscitiva, appetitiva et phantastica intelligunt. Addunt, ubi homo tantum intellectu profecerit, ut quasi extaticus et in immobilem stupiditatem reductus videri possit, tum tandem in summum id, quod desiderari potest, ultimam videlicet felicitatem conversus dici possit, atque inter

Mujeko-Budso, Mutaiko-Budso, Jennoko-Budso, Chosoko-Budso, Quaujiko-Budso. Zijeko-Budso, Judangko-Budso, Nanaiko-Budso, Mossoko-Budso, Zonitschiyoatsko-Budso. Zu den Quannong-nien-

---

Numina relatum Pagodem eidei, unde similes Pagodes etsi nec videre, nec audire, nec ullius alterius ministerio, utpote ex materialibus rebus fabricata, fungi videantur, audiunt tamen, uti ajunt, videntque suo modo, numine videlicet, velut extasi quadam et raptu in illis absorpto (s. Kircher). Brachmanes originem suam Scriptores Indi, dualiter dicunt ex Cechian sive Xaca. Brama, Vetsen, Butren etc. sunt praecipui, quibus subordinantur 33 milliones deitatum. Out of the different members of Brama were created 14 worlds, according to the different inclinations, vices or trades of men, following out of his origin. Brachmanes in mundo ponunt 7 maria, in aqueo ponunt 5 Paradisos, in lacteo Religiosos et Sacrificulos quos Jogues vocant, quae gloria Jiven dicitur. In tertio, quam gloriam divenderen dicunt, voluptatibus corporeis deditos, in quarto, quae est gloria Brumae felicis sortis, in quinto, quae est gloria Visnu, misericordes, in sexto, quae gloria Caelasan dicitur, Eleemosynarios, in septimo, quae gloria Vajacundam dicitur, omni bono affluentes (Kircherus). Personae Trinitatis (apud Gentiles Indianos) sunt: Brahma, Besno, Mahex. Dicunt, totam rerum universitatem consistere in Samexi et Bexxi, universali et particulari. Deducunt, nullam esse nec genericam, nec specificam distinctionem in rebus creatis, sed omnia esse unum et idemque Ens, nec naturam universalem, individuatam per particulas, quarum unaquaeque assumit vel figuram hominis, vel lapidis, vel arboris. Materiam his particulis divisis supervestitam dicunt nihil aliud esse, quam deceptionem, unde eandem naturam divinam vocant, Ram, id est Indeutem (s. Roth). The incarnation of the second person of the Trinity are 1) Narsen (son of Jagexoar), who, of great strenght, was present everywhere and adored; 2) Ramixander (son of Bal), who, although of great strenght with his bow himself, sent his brother Laxtman to liberate the world by the death of a giant; 3) Matxantar, killed in the form of a fish, the giant Bhenxaser, who was going to violate the goddess Bhavani; 4) Barhautar, who killed as boor the giant Harnacass (with the head of a stag); 5) Narseng, who killed as lion (coming out of the column) the king, who punished his son (repeating the name of god Ram) by tying him to the column; 6) Dabasar (king of Zallaol), mortem in domo suo ligatam servabat, ventus ipsi serviebat. Was killed by Latxman (brother of Ramixander) with the assistance of the monkey Hanuant; 7) Jagarnath totum mundum cum incolis omnibus capiti imponens alio ferre voluit, sed pondere tanti oneris, pedes et bracchia illius fracta tandem computruerunt. Jam colitur, pictus sine manibus et pedibus, quos amore mundi amisisse dicitur. Ille dicitur filium successorem suum, a matre ex ovo genitum, per mare in insulam transportasse qui assumptis deinde canis, ibidis et draconis forma, toti Mundo dominatus est; 8) Krexno, who killed the giant Kans (who had emprisoned his mother Jesodha; 9) Bhavani, quam dicunt esse Xarte seu Potentiam hujus maritum dicunt Xarteunt, id est, potentem. The tenth incarnation

hatschi-Busjio (den 28 Wandlungen Quannon's) gehört Batsosohenning, Naraijeng-gengo, Daibengkudokuteng, Missakongo, Daibongtenno, Makeijserao, Faisakotenno u. s. w. Das Buch Kouwaitzschetzioyohakkatato (Tokaitzschetziohakatzo) enthält eine Beschreibung Japans und der Gebräuche des Landes, mit Illustrationen, denen ein alphabetisch geordnetes Dictionär folgt. Eine Weltkarte (Shikaibangkohunosu) ist beigegeben, und eine andere Karte Japans, die Pläne der Städte enthält, die Wappen der Daimio, die Siegel (Kudoshin-modschi), verschiedene Spiele u. s. w. Unsoretohnitschidi ist ein mit Medicinen beschriebener Heilstein.

Die Priester*) oder Kaminusi (Gotteswirthe) sind verheirathet und ihre Frauen unterstützen bei gottesdienstlichen Handlungen. In den Kamihöfen finden sich Pferdeställe mit Pferden für die Priester und mit dem Kamipferde, das bei Processionen den Gohei trägt (heilig wie das altpreussische). Ebenso Reinheitsseide und Strohhalme. Am Eingange des Tempels (Mia) findet sich der heilige Vogel Foo. Die achteckigen Nischen der Mikosis werden in den Matsuny umhergetragen. Die Studirenden erhalten ihre Grade im Eidechsentempel zu Minco (nach Froez). Die im Tempel aufgestellten Almosenbüchsen dienen dazu, hungernde Dämone zu füttern. Familien pflegen Privataltäre für ihre Schutzpatrone in den Hallen des Tempels aufzustellen.

In future time, as Har (first a peacock and then a horse) will kill all Mahometans. In building houses or entering bodies the Chinese have to consult first about head, tail and feet of the various dragons, living under ground, as the cause of all good or ill luck (s. Trigautius).

*) Die Tebeth und Chesmir (Tibeter und Kashmirer) genannten Priester oder Bakshi, die den Palast des grossen Khan bei Gewittern schützen, lassen Pferdemilch auf die Erde und in die Luft spritzen, um alle Geister zu nähren (Marco Polo). Le mot bakhschi n'a pas été inconnu aux historiens grecs du moyen âge, qui l'écrivent *Μπαξῆς* (Quatrem.). *Σολιμα μπαξις* (Solimambaxi) war (nach Pachymère) Schwiegersohn des der persischen Religion der Magier ergebenen *Κουτζιμπαξῆς* (Kouzibaxi oder Khodjah-bakhschi) oder Koutzi-baxi (Haupt der Magier). Sous le règne de Mangou, Namo (père de Ouatotchi) fut declaré chef de la religion des lamas dans tout le royaume avec le titre de docteur et maitre de l'empereur (Quatremer). *Ἰουλεῖς οἱ Ῥωμαῖοι, ἀπὸ τοῦ βασιλέως, ἀφ' οὗ καὶ ὁ μήν, ἢ ἀπὸ Ἰουλίδος* (Steph. Byz.).

Die Form des Tori-wi*) (Ehrenbogens) in Japan gilt für eine Nachahmung des chinesischen Schriftbildes Thian (Himmel). Bei den Sinsju, den Anhängern der Sinto-Religion, wird der Tempel Mia (Jasyro) oder Sia (Sinsju) genannt und die Götter Sin oder Kami.**) Bei den übrigen Secten heissen die Tempel

*) On the portals, called Tory, leading to the Mia (temple), the name of the god is written on a tablet. On the roof of the temple are some large beams laid crossing each other in imitation of the architecture of te temple in Isja. In the highest point of the temple is placed a box (called Fongu), including the image of the Cami (and his relics), who his only taken out (to be carried about) on the great feast-day (every hundred years). Joining the chief-temple are angular chapels (called Mikosi), where on the Jennitz (festival of the god) the Camusi (attendants of the temple) celebrate the Matsuri (carrying about the image of the Cami). The ornaments, placed as offerings (in sickness or misfortune) are called Jemma. The Mia (the Sinto-temples) are not attended to by priests, but by laics (Camusi or Sianuin or Negi), who are supported by the legacies of the founder, by the salary of the Mikaddo or by the presents of the pious. The Camusi wear over their secular dress a white garment, in the fashion used at the Mikaddo's court and never intermix (as being of an older race) with the common people. In spiritual affairs, they obey the Mikaddo, but in profane ones, they are subjected to the two officers Dai Sin Bugios, appointed by the wordly emperor. Amongst the Sintoists, the sect of the Joitz retains unchanged the worship of their ancestors, but the sect of the Riobu have mixed up their doctrines with buddhistic ones. According to the Riobu the soul of Amida (the saviour of the Buddhists) has become incarnate in the greatest of their gods Ten Sio Dai sin (originated from the light of the sun). According to the Sinto-religion, the souls after death go to dwell in a place (beneath the 33 heavens of the gods), called Takamano farra (high fields under heaven), but the souls of bad people have to err outside, till, after expiation, they may enter. The evil spirits (called Ma) are incarnate in the fox, as an animal, which is very injurious. Who becomes unclean (Fusio) by shedding blood, cannot visit the temples for seven days.

**) Le nom de Kami (seigneur) s'écrit en caractère différent, selon que les Japonais le donnent à leurs chefs, ou à l'être suprême (s. Fraissinet). Von dem Orakelgotte Ammon in Siwah, dessen Bild im Nachen umhergefahren wurde, bemerkt Curtius: Id quod pro Deo colitur non eandem effigiem habet, quam vulgo Diis artifices accommodaverunt. umbiculo maxime similis et habitus smaragdis et gemmis coagmentatus. Ausser Wein sollen die Ansayrier bei ihrem Sacrament Fleisch gebrauchen. Der Pir oder Ali Allahus oder Chiragh Kushan (Lichterlöscher) unter den Kurden in Persien theilt den Eingeweihten das Fleisch des Schafes aus. The inhabitants of the neighbouring district were worsted and ascribed their defeat to a whistle, with which I had been accustomed to summon

Sisia Tira und die Götter Fotoge. Alle aus der Fremde in Japan eingeführten Götterbilder galten für Bosatz oder Budz (wie den Arabern in Indien für Bod). Shintao oder (japanisch) Sintoo ist die chinesische Uebersetzung von Kami-sio-mitsi, der Weg der Kami oder Götter. Die erste unter den fünf Pflichten des Sinto-Glaubens ist die Bewahrung des reinen Feuers, als Sinnbild der Reinheit und Mittel der Reinigung. Neben dem Spiegel, in den kein beschämtes oder niedergeschlagenes Gesicht blicken darf, enthalten die Tempel das Symbol der rein weissen Papierstreifen (Gohei). In den Tabernakel der Sinto-Tempel (Buds-gan oder Göttersitz) pflegt man die Ifaï (Denktafeln) zu stellen. Der Gottesdienst des Buttoo ist aufgestellt, um das Volk in seiner Dummheit zu erhalten, bemerkte ein Japaner. Wunderbar, wie viel die Fabel von Jesus Christus einbringt, rief Papst Leo, als er das für die Peterskirche gesammelte Geld erhielt. Als der Grosspriester Fondaisi (mit seinen Söhnen Fousjoo und Fouken) von China nach Japan kam, erfand er (in Construction des Rinsuh) das Drehen des Gesetzrades, und autorisirte seine Schüler (je nach ihrer Frömmigkeit) dazu, eine Viertel-, halbe oder auch Dreiviertel-Drehung machen zu dürfen, selten dagegen zu einer ganzen, da diese dem Verdienste eines völligen Durchlesens der heiligen Bücher gleich gekommen sein würde. Bettelpriester (ἀγύρται) und Wahrsager schleichen um die Thüren der Reichen

my servants. They said that I had been seen riding on my white mare at the time of the fight, and that I had blown my whistle, which brought small birds upon them and in some way or other their balls were made to fall short, while their adversarie's balls reached them, erzählt Lyde, als Missionär unter den Ansayriern (1860). In Krankheitsfällen ändern die Ansayrier die Namen (s. Lyde). Ein Sheikh der Ansayrier fand durch Rechnung (hasab), dass der ihn besuchende Knabe in früherer Geburt ein Sheikh gewesen und von ihm gekannt sei, ihm als sündenlos gestattend, bei Festen Almosen zu nehmen. As in the case of the Mohamedans, nothing blue is placed in the grave (of the Ansayree). Die Leiche wird in ein ungenähtes Tuch gewickelt (s. Lyde). Der maryandinische Jüngling Bormos, der (beim Wasserholen für die Schnitter) verschwand, wurde von Landleuten in der Erntezeit mit Gesängen beklagt, die seinen Namen führten. Kukusus liegt (im Itin. Ant.) in Cataonien, verschieden von Kappadocien, das Land der Beter oder Kapi (wie Kapi, Sohn des Priyabrata, König von Antarbeda), als Kapi-desa.

und manche glauben, ihnen sei von den Göttern die Macht verliehen, durch Opfer und Lieder, unter Lust und Festlichkeiten, die Sünden der Lebenden und der Verstorbenen zu sühnen; ja sie verkünden sogar Ablass im Voraus für noch zu übende Gewaltthätigkeiten um geringe Kosten (s. Plato). Les Pères Jésuites ne pouvaient plus paraitre nulle part (à Miaco), qu'ils n'essayassent des huées et qu'on ne les appellat mangeurs de la chair humaine (1560 p. d.). „Ist es ein Wunder, dass er, da bei uns mit der Erweiterung des Handelsverkehrs nur die Betrügerei zugenommen, diejenigen herrlich und die Allergerechtesten nennt, die am wenigsten Handelsverkehr und Geldgeschäfte treiben, sondern Alles, nur nicht Schwert und Becher, gemeinschaftlich haben, sogar (nach Platonischer Lehre) Weiber und Kinder?" fragt Strabo hinsichtlich des Contrastes der wilden Scythen zu Homer's herrlichen Hippomolgen, Galaktophagen und Abiern, den Gerechtesten der Menschen. Auch Aeschylos redet von Scythia's gerechtem Volk der Pferdekäsesser.

Seitdem der heilige Stifter der Sintoreligion, der auf dem Berge Fusiyama residirte, gestorben,*) wird seinem Geiste die Fähigkeit zugeschrieben, Gesundheit und andere Segnungen denjenigen auszutheilen, die die Pilgerfahrt zum Andenken seines Namens nach dem Krater auf der Spitze unternehmen. Die Sintotempel heissen Mia, die buddhistischen Tiras. Die Spitzen der Berge werden in Japan als Wohnsitze des Waldgottes betrachtet und mit der heiligen Fichte bepflanzt. Im Tempel des Kompirasama (des gnädigen Herrn Windgottes) wird auf den Bergebenen das Drachenfest gefeiert (in Nangasaki). Bei der Verehrung des Feuers wurde auf Jesso ein Tropfen Wasser an verschiedenen Stellen hineingespritzt, als Opfergabe. Man stellte

*) Die Birmanen unterscheiden in dem Sae-khyin-skyoung-lae-pa (den vier Todesursachen): Ayukkhae, wenn frühere Tugenden nicht, aber das natürliche Jahresziel vollendet ist; Ubeekkhae, wenn frühere Tugenden und das natürliche Jahresziel vollendet sind; Kammakhae, wenn frühere Tugenden, aber nicht das natürliche Jahresziel vollendet ist; Uparzadakakon, wenn weder frühere Tugenden noch das natürliche Jahresziel vollendet sind, aber doch in Folge eines früheren Verbrechens plötzlicher Todesschlag die Person trifft, so dass sie ohne Aenderung der Stellung stirbt.

abgeschnittene Stöckchen auf, mit kleinen Fähnlein darauf, wie solche auch in den Häusern aufgehängt wurden. Wenn Jemand in Krankheit fiel, befestigte man ihnen Holzschnitzel auf den Kopf und an den Armen.

Nach der esoterischen Lehre der Kamusi (des Sinto) flossen im Anfange *) alle Dinge im Chaos, Fischen gleich, die voll Lust umherschwimmen. Dann kam aus dieser Masse eine Spitze hervor, beweglich und Gestalten verändernd, und dies Ding wurde zum Seelengeist als Kuuitokodatsno Mikotto. Dieser erste Mikotto war als reinste Essenz aus den Substanzen des Chaos in ihrer Bewegung hervorgegangen. Die ursprünglichen **) Götter

*) Die Japaneser glauben, dass ihr oberster Gott denen untern Göttern befohlen, ein Ei von Ertz zu schmieden, und in dasselbe die 4 Elemente, als Wasser, Erde, Luft und Feuer zu thun, ingleichen die 4 Haupt-Farben, roth, gelb, blau und grün einzuschliessen. Aus diesem Ei wären nachgehends die 4 Elemente und Haupt-Farben so häufig herausgeflossen, dass davon die ganze sichtbahre Welt durch ordentliche Vermischung entstanden (Montani). Der Ewige schuf zuerst den Brahma (Birmah), Vishnu (Bistnoo) und Schiwen (Sib), dann den Moisasur und die übrigen Geister, die höchsten Würden dem Brahma, Vishnu und Schiwen gebend. Freude und Harmonie umringte den Thron des Ewigen, bis sich der Neid des Moisasur und Rhaaboons bemächtigte, den Gehorsam versagend. Nachdem sie durch Schiwen in die Onderah (Hölle) gestürzt waren, zog sich der Ewige zurück (Brahma die höchste Gewalt übergebend), bis er auf die Bitten der guten Engel (nachdem die Planetenwelt der Dunnrahundah geschaffen) Vishnu hinabzusteigen und die aus der Onderah erlösten Geister auf den niedrigsten der 15 Bohoons (in Körper eingeschlossen) zu versetzen befahl. Die Schlechten sollten durch Schiwen in die Hölle gestürzt, die Guten durch Vishnu zum Himmel gebracht werden, und die Engel erhielten die Erlaubniss, den Körper der Mhurd annehmend, hinabzusteigen und Bekehrung zu predigen (s. Holwell). Als Gott den Adam erschaffen, waren in seiner Seele alle anderen Seelen vereinigt, die nach dem Sündenfall von ihm getrennt worden (heisst es im Emek Hamelech). Der Sohn bringt dem Vater die Todtenopfer nach dem Seelenläuterungsgebet (nach Rabbi Akiba). Unter den zehn Sephiroth (für die zehn Gottesnamen, zehn Engelorden und zehn Glieder) präsentirt der neunte Sephiroth (bei den Kabbalisten) den Gottesnamen: Kraft des Lebens, den Engelorden der Cherubin und (am menschlichen Körper) die Geschlechtstheile (s. Nork). Den Indiern dienen beim Beten die zamalli genannten Kränze (Rosenkränze). Die Dii complices (Dii consentes) waren zusammen geboren und mussten zusammen enden, als nicht unsterblich (nach Arnobius) mit dem Weltalter (im Ragnarökr) sterbend.

**) Nach Valentinus emanirten aus dem Bythos oder Urvater (bei dem der

sind die Tensin Sitsi Dai (oder die sieben Geister des Himmels) und die Dai Siu go dai (die Reihe der fünf Geister auf Erden), die Nachkommen des Saanagi, des letzten der Himmlischen.

Gedanke seiner selbst Sige oder Stillschweigen ist) nach einander 15 männliche und weibliche Aeonen. Aus dem leidenschaftlichen Bestreben des letzten Aeons, Sophia, sich mit dem Bythos zu verbinden, entsteht ein unreines Wesen (die niedere Sophia oder Achamoth), das ausserhalb des Pleroma (oder der Gesammtheit der Aeonen) umherirrt (in Lebenskeimen der Materie eingehüllt) und den Demiurgos aus psychischen Stoffen bildet, der die Welt erschafft. Um die gestörte Harmonie im Pleroma wieder herzustellen, entstanden, als zwei neue Aeonen, Christus und das pneumatische Princip. Aus allen Aeonen emanirt Jesus, der (als Soter oder Retter) die pneumatische Natur in das Pleroma zurückführen soll. Nach Basilides entwickelten sich aus dem Urwesen sieben Principien, das erste Geisterreich bildend, daraus gingen neue Reiche hervor, bis die Zahl der Geisterreiche sich auf 368 beliefen, indem jedes folgende unvollkommen war. Der Inbegriff aller Geisterreiche war der geoffenbarte Gott. Der Gott an und für sich hiess Abraxas. Die sieben Engel des untersten Himmels (mit dem Archon oder Judengott) waren die Weltschöpfer. Zur Rettung verband sich aus dem höchsten Geisterreich die νοῦς mit Jesus bei der Taufe. Der über dem irdischen Sein stehende Gott (Kneph oder Urlicht, Athor oder Urmacht, Phtha oder Urfeuer, Mendes oder das Weibliche im zweiten Grade, Neith oder das Weibliche im dritten Grade, Pan oder der Himmel, Sonne und Mond) war nicht in das Körperliche eingetreten, wie die zu Menschen gewordenen Götter (von Osiris und Isis beherrscht), die von der Anfechtung des Typhon zu leiden hatten, bis am Ende des Weltjahres (in der astronomischen Periode) ein Brand das Vorhandene verzehrt, um eine neue Schöpfung hervorgehen zu lassen (bei den Aegyptern). Elion a de Bérouth, son épouse, le ciel et la terre (d'après Sanchoniaton). C'est à dire: Le très-haut a créé (Bara) le monde (Rougemont). Aehnlich wird Beresehith als Schöpfer in der Genesis erklärt (statt: Im Anfang). Zoroaster kam lachend zur Welt, aber Christus parvulus vagiit in der Höhle, wo Veneris amasius plangebatur (Heer). Als der ursprüngliche Stier das Schöpfungsei (der Japaner) zerbrochen, stiess er an eine Citrone, die sich in eine Frau verwandelte und durch untere Götter die Mutter der Menschen (Ponrang) wurde (nach Montanus). Als sich aus dem Schlamme die Wasser der Erde gebildet, stiegen die Burchane (bei den Kalmükken) auf dieselbe herab und erhoben, als stützenden Grundpfeiler, eine Säule, konnten aber nicht nach dem Himmel zurückkehren, als sie von der Pflanze Schime gegessen (nach Pallas). Den Urschlamm (Moth), aus dem Alles entstanden, erklärt Plutarch als Isis. Bei Sanchoniathon war Aion und Protogonos von Kolpiah mit der Baau gezeugt, die Movers mit der Venus Beeth zu Aphaca und der ägyptischen Buto identificirt. Jupiter Deus est, habens potestatem causarum, quibus aliquid fit in mundo (Varro). Sed si praeponitur Janus, quoniam penes Janus sunt prima, penes Jovem summa.

Nach dem grenzenlosen Wesen folgte der grosse Schluss oder Tai-ki (nach Tscheou-lieu-ki). Nach Lo-pi schliesst der grosse Schluss die grosse Einheit und das grosse Y ein, welches (im Hi-tse) das doppelte oder J hervorbringt, und dann weiter dieses die vier Bilder der acht Symbole. Zur Stunde Tse öffnete sich der Himmel, um die Stunde Tscheou erschien die Erde, um die Stunde Ye wurde der Mensch*) geboren (bei den Chinesen). Nach Puan-ku, der nach der Trennung von Himmel und Erde herrschte, folgten (in den drei Hoang) die Tien-hoang (mit Schlangenleib) oder Kaiser des Himmels, dann die Ti-hoang oder Kaiser der Erde (aus Mädchen, Schlange und Pferd zusammengesetzt) und dann die neun Brüder der Gin-hoang, die auf einem von Vögeln gezogenen Wolkenwagen (aus der Thalschlucht hervorfahrend) Städte und Mauern bauten. Nach den sechs Ki**) oder Perioden (von 178 Sing oder Familien) und den drei Ki (von 52 Sing) beginnt der zehnte Ki mit Hoangti. Innerhalb des neunten Ki folgte auf Kaiser Vou-Hoai-Chi, unter

*) Of the first dynasty (in Japan) the first was Kuni Toko dai Sii no Mikotto (produced by the Chaos). Then followed: Kuni Faisu Tsii no Mikotto, and Tojo Kun Nau no Mikotto; afterwards came: Ui Sii Nino Mikotto and (his wife) Sufitsi Nino Mikotto, Oo Tonsoo Tsino Mikotto and (his wife) Oo Tonsa Fe no Mikotto, Oo Mo Tarno Mikotto and (his wife) Oo Si Wote No Mikotto, Isanagi no Mikotto and (his wife) Isanami no Mikotto. The son of the last pair was the first emperor of the second dynasty, as: Tensio Dai Dsiu (le grand esprit répandant des rayons célestes), identified with the sun. Tous les Japonais se prétendent issus de lui et ce qui fonde le droit héréditaire des Dairys au trône impériale, c'est qu'ils viennent de l'ainé de ses fils. His successors in the second dynasty were: Oo Si Wo ni no Mikotto, Ni no Ki no Mikotto, De Mi no Mikotto, Awa Se dsn no Mikotto. The posterity of the last are gradually degenerated and the Mikotto became Mikaddo (small Mikotto).

**) Nach Yuen isao fon entstand Kuibing (als siebenter Ki) zugleich mit der Materie (im Reiche Chou herrschend). Mit Niou-oua (Frau und Schwester des Fo-Hi) regelte Kuiling die Jahreszeiten. In der zweiten Familie des achten Ki oder Yuti (mit dem Kaiser Tschin-fangchi, der die Menschen in Felle kleidete, beginnend) folgte Chou-chan-chi (im Lande Chou). Chou ist der Westen, als Provinz Se-tschouen. Chou ne savait point qu'il y eut des Chinois au monde et les Chinois n'avaient point entendu parler de Chou (s. Desguignes). Unter der dreizehnten Familie des achten Ki bediente man sich der Knoten als Schrift. Tsangkie, erster Kaiser des neunten Ki (Chentong), erfand die Buchstaben.

dem Alle in grösster Glückseligkeit bis in's hohe Alter lebten, Fo-Hi, der die acht Symbole niederzeichnet. Tchin-fang-chi. Stifter der Yuti im achten Ki, hatte vier Brüste. Nach Tchang-ling hat Fo-hi Himmel und Erde gemacht, während die fünf Drachen die Berge bereiteten. Zwischen den drei Hoang und Fohi zählt Hoang-tsing-tschouen die neun Teou, die fünf Long oder Drachen, die 59 Che, die drei Ho-lo, die sechs Lien-tong, die vier Su-ming, die 21 Sun-fei, die 13 Yn-ti, die 18 Chan-tong, die 14 Chon-ki (s. Amiot). Yao (2105 a. d.) liess durch seine Minister Hi und Ho den Kalender nach den Sternbildern ordnen (nach den Chou-king). Die Hiongnu (zur Zeit des Han) verehrten auf dem Berge Ki-lien den Herrn des Himmels (Tien-chan). Fo ist der erste der San-hoang-ki oder drei Herrscher (nach Se-ma-tching). In Tong-chin (bei Lopi) folgen auf die Sanling (drei Weisheiten) die drei Hoang der Mitte (Himmel, Erde und Mensch). Yao herrschte 2357 a. d. (nach Gaubil). Nach Hon-on-fong erschien Pounnkou (Hoentun) im Anfang *) der Zeit. Unter den Ti-Hoang oder irdischen Kaisern (die auf

*) Du chaos primitif s'éleva un dieu suprême (créé de lui-même), Ame-no-mi-naka-nusino-kami, qui établit son trône au plus haut des cieux. Ensuite s'élevèrent deux dieux créateurs, qui du chaos formèrent l'univers, qui fut gouverné par sept dieux successifs. Le dernier (Iza-na-gino-mikoto), qui se maria avec une compagne (Iza-na-mino-mikoto) trempa (pour former une terre habitable) dans l'eau sa lance ornée de joyaux, et les gouttes d'eau troublé tombant de l'arme, lorsqu'il la retira, se congelèrent et formèrent une île (Onokoro sima ou Kiousiou). Iza-na-gi-mikoto appela à l'existence huit millions de divinités, créa les dix mille choses (yorodzou no mono) et en confia le gouvernement entier à son enfant favori, sa fille, la déesse du soleil (Amaterasou oho Kami ou Ho-hirou-meno-mikoto) ou Ten-sio-dai-zin). Ten-sio-dai-zin regna 250,000 ans et fut suivie de quatre dieux ou demi-dieux (les dieux terrestres), qui gouvernèrent successivement le monde pendant 291,042 ans, dont le dernier, ayant épousé une femme mortelle, laissa sur la terre un fils mortel (nommé Zin-mouten-wu) ascendant immédiat du mikado. Les Kamis (esprits médiateurs pour adresser prières à Tensiodaizin) sont divisés en supérieurs et inférieurs, 492 étant nés dieux et 2640 étant des hommes deifiés ou canonisés. Von den sieben himmlischen Geistern oder unbefleischten Göttern (Ten Dsin Sitzi Dai oder der himmlischen Götter sieben Geschlechter) waren die drei ersten unverheirathet, aber die vier späteren hatten Gemahlinnen, und der letzte derselben, Isanagi Mikotto, seine Gemahlin (Isanami Mikotto) fleischlich erkennend, zeugte das Geschlecht der fünf Halbgötter (Dsin

die Tien-hoang oder himmlischen Kaiser folgten) wurden die Jahreszeiten (wie auf den Lieou-kiou-Inseln) nach den Pflanzenerscheinungen bezeichnet und nannte man ein Jahr den Blätterwechsel. Nach den Ti-hoang folgen (mit den irdischen Kaisern oder Gin-hoang, die die Gesellschaft unter den Menschen begründeten) die zehn Ki und im Kieou-teou oder neunköpfig (dem ersten der sechs Ki) herrschte Ginhoang oder Tai-hoang (der grosse Herrscher), auf dem Berge Hingma geboren. Im zweiten Ki herrschten die fünf Fürsten der Planeten, als Drachen der Wolken. Nach dem dritten Ki (Nieti), vierten Ki (Ho-Lo), fünften Ki (Lien-tong) sechsten Ki (Su-ming) folgt mit Kaiser Kin-ling (dem grossen Weisen) das siebente Ki (Sun-fei). In der Dynastie Hia bekämpfte Kaiser Chou (der in Yueu und dann in Lao-kieou residirte) den Osten. Gleich dem chinesischen Mittelreich schützten

---

Sin Go Dai oder irdischer Götter fünf Herrscher), von denen der älteste (Tensio Dai Dain) der Stammvater der Mikaddo (kleinen Mikotto) oder Dairi wurde (in der Hauptstadt der Provinz Isje regierend). Zin-muo-ten-woo oder Oo Dai Sin Oo (der erste der geistlichen erblichen Kaiser), der 660 a. d. regierte, ordnete die Verfassung Japans (Jih-pun-quo oder Königreich des Ursprungs der Sonne im Chinesischen). Die Saros-Rechnungen der Chaldäer zeigen das indische Bestreben, den hypothetischen Anfang durch hohe Zahlencyklen zu umgeben. Jarbas, König der Maziken und Numider oder (bei Justin) der Maxitaner, heisst (bei Cato) Japon, als libyscher König. Hunsju, daughter of a rich man on the Riusagava (birds river), being married to Symmios Dai Mioin, was delivered (after her prayer to the Cami against sterility) of 500 eggs, which she set afloat on the river. Found by an old man and old woman, these eggs were hatched in ovens and 500 boys came out of it, who afterwards recognised by her mother, had a great feast prepared for them. Her mother was afterwards in heaven worshipped, as the goddess of riches, under the name of Bensaiten. According to the Japanese, Teusio Dai Sin, descended from the gods of heaven, was the first inhabitant of the earth. Sen Mou Ten Oo was the first Dairi (Lord) of Japan (660 a. d.). The office of Sjogfoen (general of the troops) was instituted by the Dairi (85 a. d.). The Sjogfoen Joritomo, in assisting the Dairi (spiritual emperor) against the rebellious nobles, established the power of the temporal Emperor (1160—1170 p. d.). Emperor Taiko (1580 p. d.) united all the provinces of Japan and conquered Corea. He was succeeded (1598 p. d.) by the minister Ijejasor Daifoesama (deified after his death under the name of Gongen), who, having been appointed the regent for the young prince Fideiri (who was born in his place at Osakka), usurped the throne and was followed (1616 p. d.) by Fide Tada or Taitokfoemi (his second son).

die Perser (bei Herodot) die Nationen je nach der Nähe zu sich um so höher, und der König von Persien war das Centrum des All, wie der Mikado von Japan, der Sohn der Sonne. Die parthischen Könige nannten sich Solis fratres et Lunae (s. Anm.).

Als Tensio-Dai-Sin in Zorn und Missvergnügen sich in eine Höhle zurückzog und so die Welt*) des Sonnenlichtes beraubte, suchte man durch musikalische Klänge den Beschützer des Landes zu besänftigen. Nach Titsingh hatte sich Tensio-Dai-Sin mit ihrem Bruder, dem Monde (Susan-No-Ono-Mikotto), erzürnt und deshalb in eine Höhle verschlossen. Ein Diener zündete

*) In dem chaotischen Raume Taka-mana-bara bildete sich Ameno-mi-naka-nusiko-kami (mitten im Himmel, als der Höchste, thronend). Ihm folgte Taka-mi-musu-bino-kami (der hocherhabene Schöpfungsgott) und Kamu-mi-musu-bino-kami (der geistig erhabene Schöpfungsgott), als die drei Stammgötter (Hasirano-kami). In der schlammigen Masse der Erde erhob sich unter dem Himmel ein Stoff, ähnlich einer Knospe des Schilfes Asi (Erianthus japonicus). Umasi-asi-kabi-biko-dsino-kami (der edle Erdengott des schönen Schilfkeimes) trat in's Leben, und Ameno-soko-tatsino-kami (der Baumeister des Himmelgewölbes) begann und vollendete seine Schöpfung mit den Amatsu-kami (fünf Göttern des Himmels). Zwischen Erde und Himmel entstand aus der Entwicklung der Asi-Knospe der Schöpfer des festen Landes, Kuni-soko-tatsino-mikoto (der den Boden der Länder bildende Gott), dessen Andenken durch einen Tempel in der Landschaft Oomi verewigt wird. Ihm folgte Kuni-sa-tsutsino-mikoto und dann Tojo-kumu-suno-mikoto (mit einem Tempel in Oomi). Darauf erschien Wu-bidsi-nino-mikoto mit Suo-bidsi-nino-mikoto als Gehülfin (im Tempel zu Isje verehrt), später Oototsino-mikoto mit Ootobeno-mikoto als Gehülfin, und dann Omotaruno-mikoto mit Kasikoneno-mikoto als Gehülfin. Izanagino-mikoto, auf der am Himmel schwebenden Brücke (Amano-ukí-basi) stehend, tauchte, im Gespräche mit seinem Weibe (Izanamino-mikoto) seine Pike in die See und die Oojasimanokuni (acht Inseln) mit sechs anderen erhoben sich (die übrigen Länder sind allmählig durch Abschwemmung der Fluth entstanden). Die von Izanagino-mikoto geschaffenen Götter begannen die Entwicklung, und Izanamino-mikoto schuf den Feuer-, Metall-, Wassergott u. s. w. Ueber die Schöpfung ward dann Oo-hiru-meno-mikoto (die Göttin der grossen Sonne) als Herr gesetzt. Die Bewegungen des Vogels Isitaki lehrten die Begattung. Das älteste der Kinder, die Tochter Ama-terasu-oo-kami (der himmelerleuchtende grosse Geist) oder Ten-sjoo-dai-sin herrschte (als Thronerbin) mit ihrem Bruder Tsuku-jo-mino-mikoto (der durch die Nacht schauende göttliche Mond) und übergab dann das Reich ihrem adoptirten Neffen Amano-osi-ho-mimino-mikoto, dem sein Sohn Ninigino-mikoto folgte (auf dem Berge Taka-tsi-ho in Hiuga herrschend).

bei der Dunkelheit ein grosses Feuer an, um das er mit seinen Gefährten unter Musikbegleitung tanzte, und als die neugierig gemachte Göttin zum Ausschauen den Stein ein wenig verschob, schleuderte er ihn mit beiden Händen in die Luft, so dass das Licht hervorströmte. Obwohl jetzt die Helle bleibt, soll sich die Göttin doch auf's Neue in eine andere Höhle verborgen haben, wo sie täglich von vorsichtig mit abgewandtem Gesicht nahenden Priestern reine Opfergaben hingesetzt erhält. Als Geburtsstätte Tensio-Dai-Sin's wird ihr Tempel in Isje besucht.

Der 60jährige Cyclus wird in China durch Kaiser Hoangti (2637 a. d.) eingeführt und gelangte nach Japan. Der japanische Kaiser Tsuna-yosi gewährte einen besondern Schutz den Hunden, die er täglich füttern liess, weil das erste Jahr seiner Regierung unter dem Zeichen des Hundes gestanden. Die Nengpo genannten Epochen werden vom Dairi nach wichtigen Ereignissen bestimmt. Die Era Nin-O beginnt 660 a. d. mit der Regierung des Synmu Ten On. Sechs Jahrhunderte vor Sannon oder Zinmon (der, von der Südspitze nach dem Norden der Insel schiffend, nach Nippon zur Eroberung übersetzte und Miako erbaute) war (von Formosa oder China) der Fürst Taipe oder Taifak nach Kiousiou gekommen. Die von Zinmon (667 a. d.) angetroffenen Eingeborene (in befestigten Städten, mit Bogen und Säbeln bewaffnet) zerfielen in eine herrschende und dienende Klasse. Im Jahre 543 p. d. schickte der Hof von Petsi dem Mikado ein kostbares Instrument in dem „Rad, das den Süden anzeigt."

Die Seefahrer von Tapobrane bedienten sich der Vögel zur Richtung (s. Plinius), wie Viking Floke Vilgedarson (nach dem Landnambook) der Raben auf dem Wege nach Island (868 p. d.). Ein Rabe zeigte den Auswanderern*) aus Thera den Weg nach

*) Die Kaufleute in Korea verehren (als Thao dsü kung) Fanli, der von Kiutsien (König von Jue) nicht hinlänglich (nach dem Kriege gegen die Dynastie U) belohnt, sich vom Hofe zurückzog und, Kaufmann werdend, grosse Reichthümer erwarb. Kitse gründete Loyong in Tschao-sien. Anfangs hatte das Land der koreischen Halbinsel keinen Fürsten, als zu Zeiten des chinesischen Jao ein Mann von übernatürlichem Wesen erschien, unter einem Santelbaume

Libyen, Tauben den Chalkidiern nach Komae und Aeneas nach Italien, den Argonauten die Durchfahrt der Symplegaden, dem Deukalion (bei Plutarch) das Wetter, dem Noah das Ende der Fluth. Xisuthros benutzte Raben und Tauben. Wie das Kameel das Schiff der Wüste heisst, nannten die Griechen die phönizischen Schnellsegler ἵππους oder Pferde (des Meeres), als Symbol des Poseidon.

Die Sitsi-kwan-wau sind die sieben Kwanwau (Kwan-gu) oder Menschen erhörende Gottheiten. Die Kwan wa ni szu hats bu sju sind die 28 Unterthanen des Kwan-wau, die San sju san yao no utsi Kwanwou sind die Kwan-wan der 33 Wallfahrtsorte. Die Jakusi sind himmlische Arzneimeister. Die Jammaboo, die das Bild des schwarzen Vogels Khumano Gu als Talisman vor ihre Thüren hängen, haben einmal in jedem Jahre den Berg Fusijama zu besteigen. Den Urtheilen des Höllenrichters*)

(tan mu) sich niederliess und von den Eingeborenen zum Oberherrn erwählt wurde. Man nannte ihn Tan-kiün oder Santelfürst, und er gab dem Lande den Namen Tschao-sien (Morgenhelle). Er gründete sein Hoflager in Pingshang, verlegte es aber in der Folge auf den Pejo oder weissen Berg. Um das achte Jahr Wuting's (1317 a. d.) ging Tan-kiün in das Asta-Gebirge und ward wieder ein Geist. Zur Zeit der Gründung der Herrschaft Tscheu zog (nach dem nordwestlichen Theile Koreas) der Chinese Kitsü (ein Glied des Königshauses Schang), der am Flusse Palschin unter der Bevölkerung vom Stamme Sienpi die Hauptstadt Ping-shang baute, und (als Wang oder König von Tschao-Sien) dem Kaiser der Dynastie Tscheu (1119 a. d.) huldigte. Nach der Sage im Lande Kosi (Jetslaeu) halten sich auf der Nordküste der Insel Sado (am Cap Minobe) Leute (von der Nation Suschin) in einem Schiffe auf, die (Sommer und Frühjahr) Fischfang treiben und von den Bewohnern der Insel Sado für Gespenster gehalten werden.

*) Tetzel sah in Jüterbogk die Seele des verstorbenen Schwiegervaters seines Hauswirthes (Hans Geserick) deutlich zum Himmel fahren, als seine Verwandten noch einen Ablassbrief für ihn erkauft hatten (Heffter). Früher konnte man Aehnliches in dem Hause des Kriwe Kriwaitu sehen. Nach dem Murschid arzowar (Wegweiser der Gräber) erschien die verstorbene Mutter dankend dem Sohne, der gebetet hatte, dass die Verdienste seiner Koranlesungen seiner Mutter zu gute kommen möchten. Die Ismoshasch fürchten sich, den Namen des verstorbenen Vaters zu nennen (s. Barth). Die armen Seelen des Fegefeuers sitzen (nach dem Volksglauben in der Oberpfalz) als Kröten in den Wagengeleisen und leiden viel, wenn eine vorübergehende Fuhre schwer geladen hat, weshalb man diese

(Jemma-O) mag man mit Hülfe der Bonzen durch Meditation an Amida entgehen, wenn man den fünf Vorschriften Xaca's gemäss gelebt hat. Niemand, wenn nicht im Zustande völliger Reinheit, darf die Pilgerfahrt nach Isje unternehmen, und die buddhistischen Priester, die beständig mit Leichen zu thun haben, bleiben deshalb davon ausgeschlossen. Auch wer sich durch Sorgen und Missgeschick bedrückt fühlt, würde es nicht wagen, die heitere Seligkeit der Götter durch seine Gegenwart zu trüben. Wer verhindert ist, selbst zu gehen, beauftragt einen Stellvertreter von den Kamusi, die Schachtel Ofarrai auf seine Kosten zu kaufen. Vor dem Hause eines abwesenden Pilgers wird ein Stück blaues Tuch gehängt, damit keine Unreiner eintrete und dadurch seinen Bestrebungen entgegenwirke oder ihn in Träumen quäle. Bis zur Zeit der Auferstehung geniessen die Seelen der Gläubigen schon einen Theil späterer Seligkeit in einem der unteren Himmel, während die Ungläubigen in die siebente Erde hinabsinken. Die Propheten gehen ohne solchen Mittelzustand (Barzakh) sogleich in das Paradies ein, während die Martyrer den Leib grüner Vögel bewohnen, von den Früchten des Paradieses sich labend. Unter den Priesterinnen von Isje *)

Thiere vorher aus dem Wege hebt (Schönwerth). In dem Tempel der aus Todtenknochen aufgerichteten Beinhäuser sah Pinto ein Kolossalbild der Gottheit, die jedem der Todten seine Gebeine wieder zuzuertheilen habe (bei den Tataren). Jeder Kirchhof hat (nach deutschem Volksglauben) seine unsichtbare Wache, die von dem zuletzt Begrabenen abgehalten wird, bis ihn sein Nachfolger ablöst. Trifft die Reihe ein Weib, so heisst sie die Frau Todin und nach dem Rechen, den sie für das kleine Gebein braucht, die Zammrecharl (s. Rochholz). Nanak steigt (nach dem Dabistan) in die Hölle, die Sünder zu befreien, Gott will sie aber nicht in den Himmel lassen, bis sie sich durch Wiedergeburt auf Erden gereinigt, indem jener ihnen erscheine und predige.

*) Parmi les prêtres attachés au service des temples dans la province d'Isye (ou Isé), on trouve toujours un fils du mikado, qui occupe le poste de grand prêtre à Niko, lieu de la sépulture de Gonghen, chef de la dynastie actuelle de Siogouns, et où son ifai (ou tablette mortuaire) et celles de ses successeurs sont conservées, (comme le primat du Japon). Un autre fils du mikado est grand prêtre d'Ouye-no à Yedo. On désigne ces deux princes de l'Eglise par le titre de mya-sama. Il n'est pas permis de prononcer leur nom. Le Sinsyou (foi des dieux) est divisé en deux sectes, l'orthodoxe (youitu) et le riobou sintou (culte

findet sich fast immer eine der Töchter eines Mikado unter dem Titel Saï-koo. Der Pilger, der alle Ceremonien im Tempel von Isje und im Miya durchgemacht hat, empfängt von dem Priester gegen eine Gratification eine Bescheinigung des Sündenerlasses (Oho-haraki). Wer in Isje eine Fusio (Unreinheit) begeht, wird durch den Sinbatz (Zorn der Götter) gestraft. Von der Tempelspitze sieht man die zur Zeit des Tensio dai-sin aus dem Meere gestiegene Insel. Amitaba, der Unendliche, oder Kiao-schi-kia, der Erbarmungsvolle, bildet mit seinen beiden Söhnen Avalokiteswara und Mahastanaprepta die Trias der drei*) Ehrwürdigen

Kami à double forme. Après une période de 300 ans, pendant laquelle le bouddhisme avait vainement essayé de prendre racine au Japon, une idole de Bouddha et quelques livres bouddhiques furent introduites, pour la première fois, à la cour du Mikado (552 p. d.). En 579 p. d. un bonze venu de Corée, représenta Ten-sio-dai-sin comme ayant été un avatar (incarnation) d'Amida ou bien Bouddha comme une incarnation de Ten-sio-dai-sin, et un enfant (petit-fils du Mikado régnant), comme un avatar de l'un des Kwan-won, ou saints divinisés, protecteurs de l'Empire. Il fut chargé avec l'éducation de l'enfant, qui, devenu homme, refusa d'accepter la dignité de Mikado, quoiqu'il prit une part active au gouvernement de sa tante, élevée plus tard à cette dignité. Il fonda plusieurs temples bouddhistes et mourut bonze. Le Bouddhisme se mêla bientôt avec le Sinsyou, d'où résulta la secte appelée Riobou Sinsyou. La secte Ikkosyou ou Syodo-siou-sjou (nouvelle secte de syodo) fut fondée par un Japonais d'illustre naissance, le bonze Siuran (1174—1264 p. d.), qui avait d'abord appartenu à la secte Iendai. Le culte dans les temples d'Ikko-syou est celui (de Mida) d'Amida (sauveur, charitable, vénérable) ou Ku-bon-no-mida (Mida sous une nouvelle forme). La doctrine Ikko-syou est la seule (parmi celles du Bouddhisme) que révère la partie éclairée de la nation, et la seule qu'avaient reçue les Aino de l'île de Yézo.

*) Les Japonais donnent à l'idole Denis ou Cogi trois têtes et quarante mains, pour exprimer la trinité des personnes et l'universalité d'opérations. Von Kanou (Amida's Sohn) wurde Sonne und Mond geschaffen. Mit Amida auf den Lippen sterbend, sind die Japaner der Seligkeit gewiss, wie peruanische Christen durch Jesus Maria. Xaca (né d'une reine de Deli dans l'Indostan) parlait souvent dans ses livres d'un prophète plus ancien, que lui et qui avait fait son séjour dans le royaume de Bengale. Les Chinois le nomment O-mi-to et les Japonais Amida (Charlevoix). Un jour, qu'il considérait l'étoile du matin, Xe ou Xakia comprit en une instance l'essence du premier principe et parût comme inspiré par la divinité même, ce qui lui fit donner le nom de Foe (s. Couplet). Selon les Brahmans, Vichnou après avoir pris différents formes et visité le monde

(San-tsun). Im Oratorium der Mutter des Cubo Sama in Miaco war Amida als Kind dargestellt, mit einem Diadem auf dem Haupte und mit Strahlen gekrönt. Das zwölfarmige Bild der Göttin Quannon soll die Geburt der Götter symbolisiren. Quanong *) gilt als Name Buddha's. Quan (Kan) oder Heioke ist der Sarg im Japanesischen. Am 50. Tage wird der auf das Grab gestellte Sarcophag (Quan) durch den Denkstein (Si-seki) ersetzt. Hinter dem Butsgan (Göttersitz) thront Amida in den japanischen Tempeln der Ikkoju-Secte. Die Kwanwon (als pferdeköpfige Schutzheilige) beschirmen Pferde. Die Götzenbilder des Batu-Kwannon haben drei Köpfe. Dreiköpfig und vielarmig steht Marisiten bewaffnet auf einem dahinstürmenden Eber. Jebesu, der in der Verbannung drei Tage unter Wasser lebte, wird von Fischern und Seeleuten verehrt in einem Angel und Fisch haltenden Bilde. Daiso, der Weggötze und Patron der Reisenden, ist beim Ausgange der Stadt Nagasaki an den Felsen des Weges neunmal hintereinander ausgehauen. Das Hauptbild in Miako trägt die indische Thika an der Stirn. Der dickbäuchige Jattei wird von Kindern um Gesundheit gebeten. Von Kaufleuten verehrt hat Daikoku die Macht, mit seinem Hammer

---

jusqu'à huit fois, parut sous la figure d'un Negre, nommé Saint, homme sans passion, et seigneur. Les Ceylonais l'appellent Badhum, les Chinois et les Japonnais Sacka ou Siaka (Fotoge ou Idole), ajoutant Si-Tsun (Grand Seigneur). Amidaba, la déesse des fleurs (chez les Calmoucs) les change en homme par sa seule volonté (Chappe d'Auteroche). Die bei ihrem dreifachen Zustand (der Geburt, des Lebens und des Todes) Tridaça genannten Götter niederen Ranges (Amara oder Unsterbliche) heissen (im Gegensatz zu den Asura oder Dämonen) Lekha und Sura oder (gleich den oberen Göttern) Dewa (und Dewi) oder Wibudha.

*) Das sitzende Bild Quannon's in Miaco hat 40 Arme. Die fünf Fahrten (Usching) oder fünf Beschauungsarten (Ushen) sind die des Faufu (Laien), Wai tao (Heterodoxie), Siaoshing (kleine Fahrt), Tashing (grosse Fahrt), Tsin schang sching (höchste Fahrt). Die Pratjekabuddha ist auf der Stufe der Herzerleuchtung (Ming sin). Ommanipadme hum ist die Gottheit einer edlen Lotus Amen. Unter Kwan-on, deren das Pantheon von Nippon eine Reihe von sieben und eine von 33 aufzählt, wird eine Hülfsgottheit verstanden, die die Bitten der Menschen erhört und ihnen Beistand leistet. Die eigenthümliche Kopfbedeckung, ein Schleier, der über beide Schultern herabhängt, ist ein besonderes Kennzeichen dieser Hülfsgottheiten, die über die Brust einen herabhängende Halsschmuck tragen.

Reichthümer und Güter hervorzuschlagen. Tossitoku wird bei Geschäftsabschluss angerufen. Der auf einer Kuh reitende Kami heisst Dainitz-no-rai (die grosse Erscheinung der Sonne).

„Die Japaner behaupten, Seiacca*) und Amidaba, die ihnen die Chinesen als Sciequia und Omitofe wollen gebracht haben, von Siam erhalten zu haben.“ Nach den Lauzu kam Leu auf einem weissen Drachen auf die Erde und wurde fetirt von Ciam (a Mago quodam in spelunca), der während seines Essens den Drachen bestieg, um als Himmelskönig zu herrschen, aber Leu einen hohen Berg als Wohnsitz erlaubte (Trigautius). Die Kreuzverehrer in China heissen (bei den Sarazenen) Terzai, wie die armenischen Christen in Persien. Das Zeichen des Zickzack-Kreuzes auf der Brust des japanischen Buddha ist das Zeichen der beiden Leiber der Tugend und der Vergeltung (fa pao ots schin). Wenn an der rechten Hand der Daumen den Zeigefinger berührt, so giebt es das Zeichen für ing shin oder den, einem vollendet verklärten Buddha zu Gebote stehenden Leib. Der Bodhisatwa Avalokiteswara konnte über 32 dienstbare Leiber verfügen, zum Zweck der Erlösung. Der Dharmakaya, Leib der Tugend, Sambogakaya, Leib der Vergeltung, und Nirmanakaya, Leib der Individualität, sind die Leiber eines verklärten Buddha. Wahrsagen wird von priesterlichen und anderen Adepten geübt. Mit den Bosat, hülfreichen Wesen in weiblicher Form, fand sich ein weisser Elephant am Sterbelager Sjakai's**) ein. Von den übrigen Thieren war nur Katze und Schlange nicht erschienen. Nach Almeyda waren Hirsche

*) Les Bonzes du Japon, se ventent d'estre Disciples des Talapoi, sectateurs de Xaca, qui se rendirent de Lau, ou de Siam, au Jappon, où ils communiquerent ce qu'ils en auoient appris: en sorte qu'encor aujourd'hui ceux de Siam vont à Lau comme dans une Universite pour y apprendre les maximes de Xaca, qui sont au moins le plus en reputation, si elles ne sont pas entierement conformes à l'ancienne tradition.

**) The soul of the holy Kasso or kassobazats, the chief disciple of Siaka, entered the body of Howal, the old child, born 604 a. d. in der chinesischen Provinz Sokuhf (s. Kaempfer). Kaiser Riako wurde (457 p. d.) mit grauen Haaren geboren in Japan (wie der Pehlevaun Zab und Laotse in China). Xaca est appellé Budha (Bude) par les Brahmins qui le croyent une partie essentielle de

und Tauben dem Xaca heilig. Als nach Anfstellung des von dem Könige von Petsi dem Mikado geschickten Bildes des Buddha Siaka durch den Minister Iname (552 p. d.) eine Pest ausbrach, wurde es gestürzt, bis eine Revolution jenem die Regierung verschaffte. Der Mikado Kuau-mu liess sich mit dem Wasser Kanno die buddhistische Taufe verleihen, zur Vergebung seiner Sünden. Schuld zu entdecken stellen die Jammabu*) ihre Beschwö-

Vistnou ou Vichnou. „Das Werkzeug (unter den den Aussprachen vorhergehenden Bewegungen) empfindet zuerst in seinem Innern eine sanfte, wohlthuende Wärme, welche nach und nach zunimmt und endlich den ganzen Körper durchströmt, ein magnetisches An- und Einziehen, wodurch auch wohl die Sprache, der Athem eine Zeitlang gehemmt wird, ein wundersame Umspannung der Brust, als ob ihm ein Brustharnisch von innen angelegt würde, einen aufsteigenden angenehmen oder widrigen Geruch (z. B. Todesgeruch), ein Blitzeln und Feuern der Zunge, als von einem scharfen Gewürz, eine plötzliche Umnebiung und Eingenommenheit des Kopfes, wie von einem starken Dunst oder Getränk, mannigfaltige Züge und Lineamente, die manchmal wie ein Blitz Haupt, Mund, Augen und Ohren durchfahren. Dann folgt Ziehen und Dehnen von innen durch den ganzen Leib, Schnaufen der Nase, Schütteln des Kopfes, Schleppern des Mundes, Zucken der Achseln, Schlottern der Kniee, Strampeln mit den Füssen, Schlagen mit den Händen, Erschütterung und Aufhüpfung des ganzen Körpers," nachdem die Prophetengabe der nach Halle geflüchteten Camisarden sich auf, die Brüder Pott übertrug (bei den Inspirirten von Isenburg). Cybebe mater quam dicebant magnam, ita appellabatur, quod ageret homines in furorem, quod Graeci Κύβηβον dicunt (Festus).

*) The most secret Sin (sorcery) of the Jammaboo consists in the interwinding of the hands in the manner to represent Si Tensi () as the four most powerful gods (Tammonden, Taigokten, Sosioten, Kamukten) of the 33th or last heaven. Looking through the middle Fingers, which represent Fudo Mio Wo, or the holy great Fudo (a pious Giosia, who used to sit in the midst of fire without being burnt), the Jammaboo recognise, what kind of Kitz (fox) or Ma (evil) spirit has entered the possessed one. The Jammaboos, founded (600 p. d.) by Gienno Giosса (who, having retired as hermit to the mountains, discovered in the wilderness many places, fit for settlements, and many short cuts to the great advantages of the villager in their travels) are divided in the Tosanfa, who had to ascend yearly the high mountain Fikosan in the province Busen (from where impure people would return as idiots, being possessed by the fox or devil), and the Fonfanfa, who ascend yearly the high mountain Omine in the province Jostsyno (where impure people would fall down the precipices or would be punished by sicknesses and misfortunes), living (during the pilgrimage) only on herbes and bathing (winter and summer) in cold water. On their re-

rungen vor dem in Feuer dargestellten Götzen Fudso an. Wer unbeschädigt über glühende Kohlen geht oder seine Hände nicht verbrennt, hat seine Unschuld bewiesen. Auch dient der Khumano-Su genannte Trank aus einem mit der Figur eines schwarzen Vogels bezeichneten und dem Siegel der Janmabu aus der Provinz Khumano versehenen Papier. Wer davon trinkt, ohne unschuldig zu sein, wird im Leibe gequält, bis er gesteht. Vor Aufnahme in den Orden muss der Candidat längere Zeit von Kräutern leben, täglich sieben Mal kalt baden und 780 Mal sich mit den Händen über den Kopf vom Boden erheben. Der Gott der Winde wird auf dem Berge Fudsi verehrt. Im Tempel Sotaktais war das Bild des Gottes zwischen seinen Begleitern durch vier Figuren der Elemente umgeben. Das Dosiapulver, um die Leichenstarre zu verhindern, wird in den Tempeln der Sintu zu Kidjo verkauft, wo die Lehren seines Erfinders (Kobon-Daysi) geübt werden. Die Priester verschaffen ihren Vorrath vom Berge Kongosen oder Kinbensen in der Provinz von Yamatto. Die Priester der Artemis pflegten jährlich in Procession von dem Berge Moschylos auf Lemnos die röthliche Erde zu holen, aus der die als Wundarznei*) verkaufte terra sigillata verfertigt wurde (Galenus), ähnlich wie die Erwerbung des

turn, they have to offer to their general (in Miaco) a present, which the poorer people have to beg, and are then raised to a higher rank. In praying they shake the iron-rings of the Sakkudelo (the staff of the god Dsiso). To announce themselves in begging to the pilgrims, they blow a shell (called Foranokai). The lenght of the ornaments on the cord (Dasaukake), worn round the neck denotes their rang. The Paternoster (das Taka no Dsinsu), consisting in rough balls, was introduced in after-times (and not spoken off in the statutes). Some have the hair cut short, some grow it long and tie it up, some shave it (in imitation of the Buddhists). Some live in their houses, others in temples. Others go about begging. Before setting out to the pilgrimage they have to abstain from intercourse with their wives. Die Iaje Mia beim Dai-Sin-Su.

*) Nach dem Mudjmel-altewarikh war das (mongolische) Verbrennen der Schulterknochen (zum Wahrsagen) schon zur Zeit Turk's (Sohn des Japhet) bekannt. Jornandes lässt Attila vor der Schlacht mit Aetius Thierknochen befragen. Nach Rubruquis untersuchte der Khan durch Feuer geschwärzte Knochen. Abagakhan wurde aus Schulterknochen sein Sieg über Borak vorhergesagt. Aus Schulterplatten fand der Magier, dass Argun-khan's Krankheit durch Zauberei

rothen Pfeifenthones bei den nordamerikanischen Indianern und die der rothen Erde zum Bemalen in Australien mit religiösen Ceremonien verknüpft. Von dem Orden der Blinden wurde der der Bassenatos von einem Sohn des Mikado, der der Fekisado von dem General Kakekigo gegründet.

Die Japaner glauben, dass es den Seelen drei Jahre nimmt, den Weg zum Paradiese*) zurückzulegen, und da sie jedes Jahr während dieser Reise zu ihren Familien zurückkehren, ist der 13. Tag des siebenten Monats ihrem Empfange geweiht. Die Verwandten richten ein Gastmahl an und empfangen ihre Freunde mit jeder Art von Höflichkeitsbezeugungen, eine Unterhaltung mit ihnen beginnend. Vor jedem Hause in der Stadt sind Lichterchen längs der Strassen, die zu den Kirchhöfen leiten, aufgesteckt, damit die Seelen ihren Weg richtig zurückfinden, und ausserdem pflegen die Bewohner Steine auf die Dächer zu werfen und mit geschwungenen Stöcken durch die Zimmer zu laufen, damit keine etwa zurückbleibe und später als Gespenst spuke. Bei den Japanern werden die besten Seelen Kamis, die guten nehmen Antheil an den Leichenfesten, die schlechten irren

---

veranlasst sei. Ebn-Arab-shah nennt Wahrsager aus Schulterplatten unter den Zauberern im Heere Tamerlan's; Sultan Kelaun in Aegypten verstand (nach Ebn-Ferat) aus Schulterplatten wahrzusagen. Khan Abu-Said von Kashgar verstand aus Knochen zu prophezeien (s. Quatremère). Vor dem Aufbruche Hulagu's gegen Bagdad wurden die Knochen befragt (nach Raschid-eddin). Nach Jenkinson weissagen die Tataren von Buchara, nach Reineggs die Tataren von Kuban aus Knochen. Die aus Knochen wahrsagenden Zauberer der Kirghisen heissen Jauruntschi (nach Pallas) oder Dallatschi (nach Bergmann) bei den Kalmükken. Bei der Expedition Omari's nach Nubien erwähnt Makrizi das Befragen der Schulterblätter durch einen Afrikaner. Nach Nowairi war Mound die Herrschaft seiner Nachkommen aus Schulterblättern vorhergesagt. Nach Masudi wahrsagen die Berber aus Schulterblättern. Pouqueville sah die Albanen die Schattenreflexe des Lichtes auf Schulterblättern untersuchen.

*) Les Bonzes (qui vendent jusqu'aux mérites de leurs bonnes œuvres, en se réservant néanmoins le principal) donnent des lettres de change, qui doivent être payées comptant aux diables dans l'autre monde. On les brûle ou les enterre avec le corps (Charlevoix). Nach dem Verbrennen des Todten legen die Japanesen eine Schrift mit seinem Namen und dem des von ihnen verehrten Gottes in die Aschen-Urne.

umher, und die schlechtesten gehen (im Wurzelreich) in Füchse ein oder in Menschen, die dadurch gequält und krank werden. Beim Jahresfest Malala ehrten die Jaggas in Congo die Abgeschiedenen. Der Priester der Batta lässt das Blut des geopferten Huhnes auf die Leiche*) tröpfeln und schlägt die Luft mit Zweigen, um die bösen Geister fortzutreiben. Von den Schatten (Liriten) heissen die als Gespenster zurückkehrenden Seelen Litutsela (bei den Basutos), und wenn sich ein Verstorbener in Erscheinung gezeigt hat, geht ein Priester zum Grabe, sprechend: „O, lass uns schlafen und besuche uns nicht!"

*) Die Morduanen opferten (nach Pallas) dem höchsten Wesen (Skai oder Himmel). Ordinarely (in ancient Babylonia) the bodies seem to have been compressed into urns and baked or burnt (Rawlinson). L'âme de l'homme, (selon les Japonais) c'est comme une vapeur flottante, allongée, indissoluble, ayant la forme d'un têtard et un mince filet de sang, qui va du sommet de la tête à l'extrémité de la queue. Si l'on y prenait garde, on la verrait s'échapper des maisons mortuaires, à l'instant où le moribond rend le dernier soupir. En tout cas, il est facile de distinguer le craquement des châssis sur son passage. Die die Erde verehrenden Derbiccae (Derbices) in Margiana tödteten (nach Strabo) die Siebzigjährigen, damit der nächste Verwandte beim Fest ein Opfermahl halte, und begruben die Greisinnen nach ihrer Erdrosselung. Auf Dionysos' Ausspruch, dass nach der Tödtung des Königs Lycurgus das Land wieder Frucht tragen werde, opferten ihn die Edoner auf dem Pangäischen Berge, von Pferden zerrissen (nach Apollodor), wie die Schweden, und auch die Khond zerreissen, welche Befruchtung des Ackers sich aus Afrika im Dionysosdienst verbreitete, aber in Europa später durch Mysterien modificirt ward, während die Handlung selbst auf den Feind übertragen wurde. Erechtheus führte bei Misswachs in Attika Getreide aus Aegypten und die Mysterien der Demeter ein. La cérémonie de la naissance se célébrait à la fin de tous les douze ans, à compter depuis le jour de la naissance (unter den Khitan oder Leao der Famille Ye-liu). Der Ceremonienmeister betete um das Herabkommen der verstorbenen Kaiser, an deren Bildern ein Baum aufgestellt war. L'empereur passait trois fois sous l'arbre à trois fourches, suivi seulement des jeunes enfants. Toutes les fois, qu'il y passait, les sages-femmes, en faisant des invocations, le nettoyaient et le vergettoient. Les jeunes enfants passaient sept fois sous l'arbre, l'empereur se couchait cependant à côté de l'arbre. Alors le vieillard frappant le carquois qu'il tenait, disait: „Il est né un garçon." Le principal Prêtre couvrait la tête de l'empereur, qui se relevait (Visdelou). Die Kaiser der Khitan opferten dem Piao-lou (Gott der Hirsche) vor der Jagd. Die Mutter des Apaohki (Stifter der Khitan oder Leao) empfing ihn durch eine in ihren Busen gefallene Sonne. Le royaume de Ta-cha (d'Arabie) envoya payer tribut à l'empereur (924 p. d.)

Die Fliegenwedel der Inaul genannten Hobelspähne (in Kamtschatka) werden verehrt, um damit die krausen Haare des Gottes darzustellen (s. Steller). Die Aino*) der Kurilen bringen Opfer und Gebete dem Kamui, den sie durch ein aus Hobelspähnen verfertigtes Gohei in und bei ihren Wohnungen vorstellen, als Kotan Kara Kamui (Gott des Hauses und Hofes) mit dem Jnao. Für den Dienst der Kami ist es den Japanesen vorgeschrieben, reines Feuer zu unterhalten, im Herzen Glauben und Wahrheit zu tragen, frische und reine Opfergaben darzubringen, um Gesundheit und Wohlergehen zu beten, sowie um Verzeihung der Fehler, damit des Sünders Seele gereinigt sei und alles Uebel fern bleibe. Yeddo bezeichnet nach der japanischen Schreibweise Fluss-Thür, Yokohama Kreuzküste, Fusiyama des reichen Schülers Gipfel, Tayeun grosser Herr, Nippon Aufgang der Sonne. Um den bösen Geist Jekine aus-

*) L'Aino adresse tous les jours la divinité (Kamoi) en prières. La divinité protectrice est appelée Kotan Kara Kamoi (dieu de la maison et de la cour). Le symbole, qui la représente, est nommé Inao, un pieu, enfoncé dans la terre, dont la partie supérieure est fendue en plusieurs copeaux très minces et pendants. L'enfer est la résidence du Nitsne-Kamoi. L'autre dieu demeure dans le soleil. Auf der Insel Krafto ist es Sitte, dass die Frauen über die Männer befehlen und jede Hausfrau ihren verschiedenen Männern häusliche Arbeiten aufgiebt. Stirbt eins von den Oberhäuptern (auf Krafto), so werden die Eingeweide (aus dem geöffneten Leibe herausgenommen) ausserhalb des Hauses auf ein Gerüst gelegt und werden von den Frauen mit Wasser begossen. Dann trocknet man sie in der Sonne (Fäulniss verhindernd). Diese Weise, die Leiche zuzubereiten, heisst Ifal und dauert oft ein Jahr, und am Ende bekommen die Frauen ein Geschenk. Wenn es nicht gut ablief und die Leiche roch, wurden die Frauen früher getödtet. Die Koiachtschitsch, als Männer in Weiberkleidern, werden von den Kamtschadalen neben ihren Frauen gehalten. Die Aino bewohnten noch (im achten Jahrhdt.) den nördlichen Theil von Nipphon. In alter Zeit war es in Japan gebräuchlich, dem Jünglinge beim Eintritt in das Mannesalter feierlich eine Ehrenmütze (Kamuri) aufzusetzen. Dieser Gebrauch hat sich nur noch am Hofe des Mikado, bei dem Stande der Kuge und bei den Sinto-Priestern erhalten. Bei den übrigen Ständen findet bei der Mündigkeit des Jünglings die Haarfrisur (Sakijaki) des Mannes statt (s. Siebold). Die Santaner treiben einen stillschweigenden Handel mit den Ainos in Krafto. Als Zeichen der Trauer tragen die Aino eine eigenthümliche Mütze, damit die Sonne nicht ihr Haupt (das während der Trauerzeit unrein ist) bescheine.

zutreiben, der in Nagasaki eine Pest hervorgerufen hatte, wurden die Kranken in Booten unter dem Geschrei Nembatz und Namanda (Namo Amida Budsu) umhergeführt. Bei Epidemien in Russland werden Heiligenbilder um die Städte getragen. Weil das Volk in Italien glaubte, durch Flucht der Beulenpest entgehen zu können, standen die verlassenen Häuser leer, nur von Hunden gehütet (Paulus Diaconus). Ebenso fliehen die Karen vor Ansteckung aus ihren Dörfern. Tat ist der den meilenlangen Scolopender tödtende Drache, der in Wasserhosen erscheint und von den Japanesen verehrt *) wird.

In der dem Frühling vorhergehenden Nacht pflegen die Japanesen (zur Austreibung des Winters) geröstete Bohnen gegen die Wände und den Boden ihrer Häuser zu werfen, indem sie dreimal laut ausrufen: Oniwa soto (Fort von hier, böser Geist), und dann leise hinzufügen: Foukouva antche (Tritt ein, o Gott des Reichthums). **) Im Zendavesta gilt der Winter für das grösste aller Uebel. Ben Schonah beschreibt die Festceremonie Rokub al Kaousaye, als eine persische Austreibung des Winters und Herbelot vergleicht damit das Segar la vecchia in Italien. Ausser dem Schöpfer und dem bösen Wesen verehren die Madagesen (nach Struys) den Gott des Reichthums (Dian-Manan), der die Menschen beglückt. Nachdem Mutter und Kind sich mit den Tafa-ko oder Vina genannten Puppen gerieben haben, um alle Ansteckung zu entfernen, werden dieselben in das Meer ge-

*) Wir kennen nur Tupa, der nach den Sternen zu lebt, sagte ein Guarani zu Renger. Au Japon, le Cami qui préside aux tonnerres se nomment Topan et Tuppa est le nom du dieu suprême à Bornéo (Rougemont). Die japanischen Steininstrumente, die den Kami zugeschrieben werden, heissen Blitzsteine und, wenn pfeilartig, Waffen der Sturmgeister (s. Franks). Als der englische Pflug in Indien reichere Ernten, als früher, brachte, wurde er in die Tempel gestellt, um Verehrung zu erhalten. Im Jahre 1161 wurde der tatarische Admiral durch die Kanonade der chinesischen Flotte besiegt. Die Feuerwaffe wurde unter der Dynastie Thang, die bis 907 p. d. dauerte, eingeführt, und 970 p. d. unter der Dynastie Soung verbessert. Kanonen wurden 1232 gebraucht bei der mongolischen Belagerung von Khai-fum-fu.

**) Kuwera (Gott des Reichthums) heisst Içasakhis, als Freund Iça's (Içana's), oder Içwaras (Siwas). Kama (Eros) ist Ia (als durch keinen Andern entstanden). Ized oder Izdan wird jetzt von den Persern als Khuda angerufen.

worfen, seitdem Gensi-no-kimi auf Rath des Wahrsagers von Sima-no-Moura ein Kähnchen auf das Wasser gesetzt, um von den bösen Einflüssen des fremden Klima frei zu werden. Als man den Mikado fragte, welche der vier Farben (weiss, schwarz, roth und grün) die des Teufels sei, entschied derselbe, dass es Teufel von allen vier Farben gebe. Die Constellation des Inkai wird für Glück und langes Leben angerufen, zusammt seiner jenseits der Milchstrasse weilenden Gattin Tana-bata. Die jährliche Stadtreinigung*) ist, wie in Afrika, in Hinterindien verbreitet. Ehe der Japanese ein Haus baut, hat er einen Dansi (einen Altar zu Ehren eines der im Lande verehrten Götter) aufzustellen, und seine Nachbarn sind verantwortlich dafür, dass es geschieht. Wenn die chinesischen Djonken**) in Nagasaki landen, werden die Götzen in Procession nach dem chinesischen

*) Weil am Mittwochsabend die Hexen ausfahren, so ist dann die Begegnung fremder Thiere gefährlich, und ein Sprichwort sagt: Mittwochskatze, Teufelskatze (Rochholz). In Böhmen lässt man (nach Grohmann) etwas von der Donnerstagsmahlzeit auf dem Tische stehen mit umhergestreutem Mehl und schreibt die Spuren der Hauskater, die den nächsten Morgen darauf zu sehen sind, dem Hausgott (Lar) zu. Die katholische Bevölkerung der Oberpfalz glaubt, dass die armen Seelen besonders an Samstagen aus dem Fegefeuer in ihr Wohnhaus zurückkehren dürfen und da unter den Thürangeln zu sitzen pflegen, weshalb die Thüren nicht hart zugeschlagen werden dürfen (nach Schönwerth). Dans la langue divine la couleur safranée désignait l'amour divin revelé à l'âme humaine, l'union de l'homme à dieu (Portal) unter den symbolischen Farben. In der bernischen Stadt Biel hatte der Reformator Thomas Wittenbach den Frauen wegen ihrer Unterstützung den Vortritt in der Kirche gegeben.

**) Das Gebälk aus dem heiligen Dickicht (im Ida) soll die (in Antandros gebauten) Schiffe (Trojas) gegen Unfälle sichern; sie sind kein todtes Holz, sondern von Geistern beseelt, wie die der Phäaken (Klausen). Gewöhnlichen Schiffen wurde nur ein Kiel von heiligem Holze gegeben (zum Schutzgeist in Siam). Der oberste Bodenraum unter dem Dachfirst (im alemannischen Hause) heisst Knochengalgen, und die heidnische Sitte, Knochen und Haut des geschlachteten Thieres geordnet auf der Neidstange aufzustecken, wurde gleichfalls Knochengalgen genannt (s. Rochholz). Beim Todtenfest setzt der Japanese Abends die am Tage auf den Gräbern liegenden Speisen in die Gewässer. Die am Allerheiligentage (in den bairisch-schwäbischen Kornebenen) aufgeschlagene Todtenburg oder Trauertomba wird zum Gedächtniss und Heil der Verstorbenen etagenweise mit allen möglichen Victualien beladen und garnirt, als Aufsatz zum Opfer (s. Rochholz). Bei dem Einrücken der Franzosen in Nidwalden fielen über 100 Frauen in der Vertheidigung (1798).

Tempel gebracht und bei der Abreise wieder abgeholt. Um den günstigen Tag zur Feier des Ahnenfestes (Zisay) zu erfahren, rathen die Japanesen aus aufgeworfenen Muscheln. Der Gott der Ehe wird mit einem Hundekopf und ausgebreiteten Armen dargestellt, Fäden in der Hand haltend. In vorgerückter Schwangerschaft übernahm die Wittwe des Mikado Zingon-Kwo-Gu die Führung des Heeres, um Korea zu erobern, und liess bei ihrem Tode den Thron ihrem nachgeborenen Sohn, der (285 a. d.) den Geistlichen Wo-Nin aus Korea berief, um die chinesischen Charaktere in Japan einzuführen.

Die japanischen Inseln wurden von den Chinesen zuerst Yang-Kou (das Packhaus der Sonne) genannt, dann Nou-Kone (das Reich der Sklaven) und schliesslich Ge-pen (der Sitz des Tages). Zur Huldigung kamen die Japanesen zuerst 58 p. d. Vom Kaiser Ti, der die Quelle der Jugend suchen liess, sollen die Inseln Japans (209 a. d.) colonisirt sein. Im VIII. Jahrhdt. verbrannte eine chinesische Flotte den Königspalast auf den Lieou-kiou oder Oghii-Inseln, und unter den Ming wurde eine huldigende Gesandtschaft von dem Könige des Familiennamens Huon-Szu (mit dem Beinamen Kho-la-teou) geschickt (s. Klaproth). Si-pen*) oder der Sonne Wurzel (Ursprung), wird im Dialekt von Cantou zu Jäppun (Jätpnu) oder Jäppon (Japan). Von Joritomo besiegt, ertränkte sich 1185 der 81. Mikado Antok mit seiner Pflegemutter Nijeno-ama im Meer von Simonoseki.

In Würtembergisch-Hohmlett haben die Frauen in der Kirche den Vortritt, weil sie Dr. Luther, der dort predigen wollte, mit Besen bis nach Mühlhausen jagten.

*) Ni-pon signifie le fondement (pou) du soleil (ni ou feu), le royaume de Japon étant considéré comme le plus orientale. Marco Polo prononnced Nipon as Cipon (Zipanga). Japon vienne du chinois Gepnan (le royaume du soleil levant). Les Japonais appellent leur terre Tenka (empire qui est sous le ciel) et l'empereur Tenka-Sama (le monarque qui est sous le ciel). Japan est nommé Sinkoke ou Kamino-Kuni (le pays ou l'habitation des dieux) ou Tontelo (le véritable matin). L'ancien nom du Japon est Awadsima ou l'ile (sima) de l'écume (awa) de la terre (Dsi). Le premier des sept esprits célestes remua le cahos ou la masse confuse de la terre et du bout du bâton, dont il s'était servi pour cela, il tomba, quand il l'eût retiré, une écume bourbeuse, qui se condensa et forma les isles du Japon (Charlevoix).

Prinz Jorimassa tödtete mit Fatzman's Hülfe den, Kaiser Konjei belästigenden, Drachen (1142 p. d.), fand aber seinen Untergang in den Bürgerkriegen zwischen den Feki und Gendsy, während welcher Joritomo, der erste Seogun, seine Macht durch Unterstützung des Dairi befestigte. Die vier Dynastien der Seogun sind die des Yoritomo, die des Faka-usi, des Taïko und des Songin. Die Bürgerkriege unter Go-Daigo (1319 p. d.) sind im Buche Teifeki beschrieben. Dschaosian (Heiterkeit des Morgenlandes) wurde nach Korea (Kaoli) als einem der drei Reiche San-chan genannt, als der Koräer Wangkiang die beiden übrigen Khane (Petsi's und Sinlai) sich unterworfen. Quabacondono, der alle die kleinen Fürstenthümer von Japan unterworfen, hat jetzt solchen Schreck auf Koray geworfen, dass der König Gesandte zur Huldigung nach Miaco gesendet, erzählt 1590 der Mönch Lewis Frois. In Korea*) tragen die Männer das Haar in der japanischen Frisur, die Frauen tragen Zöpfe. De Conto spricht vom Handel der Siamesen nach Japan. Unter der Regierung des Kwan-Mu (782 p. d.) kam ein fremdartiges Volk, von den Chinesen verschieden, nach Japan und suchte

*) Der (koreische) Führer (des in Nippon landenden Schiffes), ein Horn auf der Stirn tragend, gab sich für den Sohn eines Königs vom grossen Kara-Volke (Oon Kara Kuni) aus (33 a. d.). Arasi, von einem Greise zum Dorfe geführt, wo sein verlorener Ochse geschlachtet war, erhielt den weissen Stein (für dessen Geist er geopfert war) zum Schadenersatz und wurde dann von ihm, in eine Jungfrau verwandelt, nach Japan geführt (von Korea ausschiffend), wo dann Kami eine Capelle in Naniwa errichtet wurde. Ein Sprössling der Familie des Prinzen Amano Fiboko, der 27 a. d. nach Japan gekommen war, wurde (61 p. d.) nach Korea geschickt, um die zeitlosen aromatischen Aepfel (Toki sikuno kakumi) zu holen, als Pomeranze (Jafo ja kake). Der freie Stamm der Kuma-oso in der Provinz Figo (auf Kiusiu) vertrieb, durch Sinra (Korea) unterstützt, die tributfordernden Truppen des Mikado (82 p. d.). Als der Mikado Tsiuaï im Kampfe gegen die Kuma-oso in Tsukusi (auf Kiusiu) gefallen war (200 p. d.), rief sein Minister die verwittwete Gattin Oki naga Tarasi fime (Zingu kwo go) in's Lager, und eine Flotte ausrüstend, eroberte er Sinra (Korea), die mit den Feinden im Bunde waren. Der nach dem Siege geborene Sohn bestieg bei seiner Mutter Tode den Mikado-Thron. Die von Japan (239 p. d.) an den Hof Weï (in China) geschickte Gesandtschaft wurde durch eine Gegengesandtschaft erwidert, die (mit dem Königsdiplom) das Insiegel (als Emblem der Vasallenschaft) brachte (als Siegel).

sich, trotz des Verbotes, dort festzusetzen, bis durch den General Tamamar ausgetrieben. General Fatzmantaro bekämpfte (1087 p. d.) die Atanma Yebis oder die Barbaren im Osten Nipons. Alle Höflinge des Mikado sind über ihren Augen mit zwei schwarzen Flecken bezeichnet, und so auch der Tayeun, dessen Zopf unter der Spitzmütze aufrecht getragen wird. Die japanischen Feldherren tragen ein Horn, als Helmputz (wie Dhulkarnein, der Gehörnte). Der Selbstmord der Diener beim Tode des Herrn wurde 1663 in Japan verboten. Die Macht der Kronfeldherren gewann ihre Ausdehnung besonders durch den Gebrauch, dass die Mikado oft schon so frühzeitig abdankten, dass die Herrschaft auf unmündige Söhne überging und der Vater dann meistens für diese die Regentschaft weiter führte. (In Tahiti dankten die Könige schon bei der Geburt ihres Sohnes für diesen ab.) Als Yoritomo die Sache des abgetretenen Monarchen zu der seinigen gemacht, wurde er nach dem Siege zum Sioidai Zingun erhoben (gegen die Barbaren kämpfend). Amano-murakumo (Sohn des Mikado Kei-ku-ten-wu), der Held der Gebirgsgegend Jamato-take, tödtete den achtköpfigen Drachen, der eine edelgeborene Jungfrau als tägliches Opfer verlangte. In Yesso werden die in der Schlacht*) Gefangenen auf die Erde gelegt,

*) Wenn die Madagassen in die Schlacht ziehen, müssen sich die Frauen gut pflegen, um ihre Männer zu stärken, dürfen aber, damit diese nicht verwundet werden, keine Untreue begehen (Struys), wie die der Scythen. Ebenso bei den Tasmaniern. C'est la coutume des Siamois de ne s'allier que dans leur famille, où toute alliance est permise, excepté entre le frère et la sœur, encore ceux-ci se peuvent-ils marier ensemble, pourvu qu'ils ne soient que demi-frères ou demi-sœurs (Struys). In Berry (in Frankreich) werden vor der Hochzeitsmahlzeit alle Frauen ihrer Schuhe und Strümpfe entkleidet und auf den Rücken gelegt, mit einem Tuch bedeckt, ausser über die entblössten Waden, aus denen der Neuvermählte die Beine der seinigen herausfinden muss oder sonst noch einen Tag warten (s. Poyat). Die ausgegrabenen Gebeine des Anchises mit sich führend, sieht sich Diomedes von so vielen Unfällen getroffen, dass er sie dem Aeneas zurückgiebt. Die arcadischen Künstler hatten oft den Gott Pan auf dem Berge Mänalus die Flöte spielen hören. Das 1623 bei Babylon geborene Kind, das sogleich bei der Geburt ging und sprach, wurde für den Antichrist gehalten (Buddha). Der weise Uthlakanyana wurde als altes Kind geboren (unter den Zulus). Gemäss der Wahrheit wissen wir nichts und von nichts, sondern einem

und einer der Krieger versetzt ihnen mit seiner Axt erst einen Streich auf den Kopf und dann zwei Hiebe den Rücken entlang (wie die Normannen den Adler ritzten). Die Bonzen (in Japan) beschrieben Xavier, den Missionär,*) als einen Zauberer, aus dessen Munde ein Dämon spreche, und der sich von Leichen

---

jeden strömt die sinnliche Wahrnehmung ein (Demokrit). Statt Knaben aus den edelsten Familien opferten die Carthager später angekaufte und (wie bei den Albanern) für die Opferung gemästete Kinder (s. Movers). Unter den priesterlosen Secten Russlands halten besonders an dem Anomismus und der fanatischen Verwilderung älterer Zeiten fest die Skokzi oder Eunuchen (die sich nach Erzeugung eines Sohnes selbst entmannen), die Selbstverbrenner oder Soshigateli (die den freiwilligen Feuertod als das einzige Mittel zur Reinigung von Sünden und Befleckung der Welt ansehen) und die Wanderer oder Straunliki (die das Heil in ewiger Flucht vor der Welt und steter Wanderschaft suchen). Die langlebende Völkerschaft der Pandore in Indien hatte in der Jugend weisses Haar, das im Alter schwarz wurde (nach Ktesias). Am Flusse Jurna leben die Tachiuara oder Ameisen-Indianer, Magnary oder Storch-Indianer, Parana oder Affen-Indianer, Cauana oder (zwerghafte) Schildkröten-Indianer, Urubu oder Geier-Indianer. San-Esmun oder (Sam.) Dan-Jaan wurde als Pan in der Grotte von Paneas verehrt (s. Movers). Als die Raben Apollo die Nachricht brachten, dass Coronis ihn für Ischys verschmäht, wurde er durch den Fluch des Gottes schwarz (Apollod.). Soma oder der Mond, der Sohn des Atri (Sohn des Brahma, der aus Narayana's Nabel gewachsen), wurde durch Brahma als Herr der Pflanzen, Brahmanen und Sterne eingesetzt. Der in den Augen Atri's geborene Soma (Somatwa) durchdrang die zehn Weltgegenden (nach dem Vayu-Purana). Nach dem Bhagavata war Soma von Atri's Augen geboren. Von Devahuti's Töchtern war Anasuya dem Atri vermählt. Prschemischl (der Voraussehende oder Prometheus) wurde durch Libussa's Schimmel als König angezeigt (wie durch Wagen Kambodia). Ein tungusisches Mädchen, das seine jungfräuliche Ehre einbüsst, wird mit verbundenen Augen, in Begleitung der ganzen Gemeinde, hinausgeführt bis an den ersten Baum, auf den sie stösst, und der die Grösse ihrer Strafe bestimmt, indem alle Zweige desselben zu ihrer Züchtigung verbraucht werden, wodurch dann ihr Vergehen abgebüsst ist (nach Kosmin). Dans la fosse carrée (mundus), creusée dans le sol (image du templum, tracé dans le ciel), représentant le monde souterrain, les Etrusques jetent les prémiers de tout ce qui devra servir aux besoins des habitants de la ville nouvelle, puis autour de cette fosse on trace l'enceinte de la ville.

*) According to Meylan, a brahminical sect was introduced into Japan, which taught as doctrines the redemption of the world by the son of a virgin, who died to expiate human sin, thus insuring to man a joyful resurrection. It also taught a trinity of immaterial persons, constituting one eternal omnipotent God, the maker of all things, who was to be adored as the source of all good (Cl p. d.).

nähre, die er Nachts ausgegraben. Die japanischen Frauen färben die Zähne schwarz, um sich zu verhässlichen, da jeder Adlige das Recht hat, die Frauen seiner Untergebenen zu sich zu nehmen. In Herodot's Zeit war der Babyloniern mit Eneti gemeinsame Gebrauch, die Mädchen mit Abschätzung ihrer Schönheit feil zu bieten, ausser Gebrauch gekommen, und das Volk erzog die Töchter meist zu Buhlerinnen, um sie dadurch vor gewaltsamer Entführung durch die Herren zu schützen. Sching-ming-wang, König von Petsi, sendet (552 p. d.) an den japanischen Hof eine eherne Statue des Sakya Buddha,*) Flaggen, einen Baldachin und Bücher nebst einem Briefe, sagend: „Diese Lehre ist die beste

---

*) Der koraische König Sching-ming schickte (552 p. d.) an den Mikado Kin-mjoo einen Flaggenhimmel, buddhistische Bücher und ein Götzenbild des Buddha, das in dem Tempel Zen kwoo-zi (zu Miako) als Bild des Nijorai (Sjaka) verehrt wird. Unter Bitats (572—585) kamen die heiligen Bücher des Sjaka, Götzen, Mönche, Nonnen und Bildhauer aus Korea nach Japan herüber. Im Jahre 579 kam ein Bonze aus Sinra (in Korea) an den Hof des Mikado, und den (nach dreizehnmonatlicher Schwangerschaft in der Nähe eines Pferdestalles geborenen) Sohn des Kaisers (sechs Jahre alt) sehend, erklärte er ihn (von Heiligenschein umleuchtet) für einen wiedergeborenen Kwan-non (Schutzgott des Reiches) und liess ihn durch den Bonzen Jesi (Chny dsu) erziehen. Als Sprecher zu gleicher Zeit hörend, wurde er Hats-mi (der Achtohrige) genannt und (den Gegner des Buddhismus, Morija tödtend) wurde nach seinem Tode (als der erste Hohepriester) unter dem Namen Sjoo-tok-dai-si (der heilige, tugendhafte Erbprinz) verewigt. Seitdem bestimmte der Mikado seine Kinder zu Vorstehern von Tempeln und Klöstern, und nahm selbst den Titel Ho-woo (Fa-wang) oder Fürst des Gesetzes an. Unter dem Mikado Suiko (613 p. d.) erschien Bodai Darma (Boddhi Dharma) in Japan und stiftete die Buddha-Secte Sen-sju (Schen-Dsung), als der dritte Sohn eines Fürsten in Hindostan, oder dreizehnte buddhistische Patriarch (409) und der Nachfolger des Trahasya Dara (Prajna Dara). Im Jahre 520 kam Dharma nach China, wo er der erste Patriarch des Buddhismus wurde. Er hielt sich in Schao-lin (ein Tempel der Provinz Cho-non) auf (im Gebirge Sung-chan), wo er neun Jahre sitzend (mit dem Gesicht gegen die Wand) zubrachte und dort bei seinem Tode (528) begraben wurde. Drei Jahre später wurde er von chinesischen Gesandten wieder in Hindostan (auf einer Pilgerreise nach dem westlichen Indien) angetroffen. Dann erschien dieser Dharma auch in Japan, wo ihm (nach seinem Tode) der Grabhügel Dharma-tsuka auf dem Berge Kata-oka errichtet wurde. Die buddhistischen Mönche (die häufig den Palast des Mikado in Brand steckten, wenn er ihnen Widerstand leistete) gaben vor, dass die japanische Sonnengottheit (die höchste im Kami-Dienst) unter der Maske eines indischen Gottes in Schina

von Allen. Was selbst einem Kungfutsu Räthsel und Geheimniss war, wird durch sie geoffenbart. Sie verschafft uns Glückseligkeit und Vergeltung ohne Maass und Grenze und macht uns endlich zu einem unübertrefflichen Boddhi. Sie ist gleichsam ein Schatz, der Alles, was das Herz wünscht, in sich fasst und Alles leistet, was zum Heil dient. Und da er zugleich der Natur und der Seele sich so innig anschmiegt, wird der Werth verdoppelt. Betet oder macht Gelübde, nach der Stimmung des Gemüths, und nichts wird mangeln. Die Lehre kam zu uns aus dem fernen Indien. Der König von Petsi theilt sie dem Reich des Mikado mit, auf dass sie dort verbreitet und somit erfüllt werde, was in Buddha's Büchern geschrieben steht, dass seine Lehre sich nach Osten verbreiten werde." Als der Mikado (Kin-mjo) mit seinen Ministern consultirte, rieth Iname dem Beispiel der westlichen Nationen zu folgen, wogegen Mononobeno wokosi durch Einführung eines ausländischen Cultus die 180 Kami des Landes zu erzürnen fürchtete. Da man des Herzens Wünsche gewähren müsse, gab der Mikado Erlaubniss, das Bild zu verehren, an Iname, der eine Capelle darüber baute, aber es in den Fluss werfen musste, als bald darauf eine Seuche ausbrach, die als Strafe angesehen wurde. Als Japaner (584 p. d.) aus Petsi zwei Buddha-Statuen brachten, erbat der Minister Mumako (Sohn des Iname) sich dieselben vom Mikado und erbaute ihnen einen Tempel an der Ostseite seines Hofes, wo er einen Buddhapriester (aus der Provinz Halima) Kumano Jebin und drei junge Nonnen aufnimmt. Der Buddha-Cultus trat dann in's Leben. Der Mikado, der chinesischen Literatur und Lebensphilosophie des Kungfutsu ergeben, war der indischen Religion abhold, aber sie wurde eifrig befördert durch seinen Neffen Sjotok daisi. Die Buddha-Priester Huitze (der Liebreiche) aus Kaoli und Huitsung (der Einsichtsvolle) aus Petsi kamen (595 p. d.) nach

angetroffen sei, wo sie erschien, um feindliche Anschläge von ihrem Schutzlande Japan abzuwenden. Sie zeigten den Götzen der in China auferstandenen Sonnengöttin vor und suchten darum nach, ihm einen Tempel zu bauen. Der Priester Kobo Daisi, Stifter der Secte Singon-zju (Dschin-yang-dsung) beförderte (im Butto-Dienst) indische und chinesische Literatur (804).

Japan (zur Ankunft des Erbprinzen Sjo tok dai si). Atogi (Sohn des Königs von Petsi), an den Mikado (mit einem Gespann Pferde) gesandt (als der erste, der in Japan Schrift verstand), unterrichtete den japanischen Erbprinzen (284 p. d.) und liess dann (zu dessen fernerer Ausbildung) den gelehrten Wangshin (285 p. d.) aus Korea nach Japan kommen. Atogi brachte die chinesischen Werke Sking und Schan hai king und (von confucischen Schriften) Hiao-king und Lün-jü. Sein Lehrer Wangschin brachte ein Buch von tausend Charakteren (Tsien tsü wen) nach Japan (aus der Epoche Han Tschang-ti's, das später durch das von Wanghi verfasste verdrängt wurde), unter dem Mikado wo zin (270—313), der in Karusima residirte.

Auf der koraischen Halbinsel war zur Zeit, als Wangshin in Japan auftrat, die Schreibkunst noch nicht in das Leben getreten. Wang sching war chinesischer Abkunft (von Kaoti, Stifder Dynastie Han, stammend) und hatte erst kurz vorher sich in Petsi niedergelassen. Wie in Japan, so hatte auch dort sein Unterricht sich nur auf den engen Kreis des Hofes beschränkt, und erst nach einem Jahrhundert begann das (bis dahin schriftlose) Volk die chinesische Schrift zu üben. Erst 374, als Petsi's König Kin Siao Ku wang den Chinesen Koo hing zum Lehrer der chinesischen Literatur anstellte, fing man mit der Verbreitung von Büchern an und führte auch die Lehre des Confucius ein, der (ein Jahrzehnt später) der Buddhismus folgte. Unter der Regierung Siao schen wang (König von Kaoli) sandte Fakien (König von Tsin) einen Buddhapriester (Namens Schüntao) mit Buddhabildern und Büchern nach Kaoli (372 p. d.). Junge Leute wurden in letzteren unterrichtet und das Buddhathum nahm so in Kaoli seinen Anfang. Auch höhere Schulen (ta hio) wurden zur Bildung der Jugend dann errichtet. Die beiden Häuptlinge der (289) in Japan eingewanderten Chinesen werden, um Näherinnen zu werben, in's Land der Kure (U) geschickt. Kuon in tschi li, ein in Japan eingewanderter Künstler (von den Nis ino Aja oder westlichen Han) wurde nach Petsi geschickt, um eine Handwerkercolonie anzuwerben und nach Japan überzuführen (unter dem Mikado Juliak) 463 p. d. Aus Kaoli werden zwei Baumeister (Sulki und Tolki) nach Japan berufen, die eine Zunft zu Nukada in Jamato gründen (403 p. d.). Saifu, von dem Tschin-Kaiser Schihoang ti (mit 3000 Knaben und 3000 Mädchen) nach dem unzugänglichen Geisterberge im Meere*) (Pong lai schan, von einem Heiligen bewohnt) geschickt (für das Kraut der Unsterblichkeit), liess sich auf dem Fusi (in Japan) nieder, Mina Motono Jori Tomo, zum Reichsfeldherrn (Tou ka no tsu tsui fu si) ernannt, tritt (unter dem Mikado Go Toba) seine Regierung zu Kamakura (in der Provinz Sagami) an (1186 p. d.). Fo sjo no Tsune toki setzt den Sjogun Joritsune ab (unter dem Mikado Go Saga) und erhebt an seine Stelle

*) Der nordöstliche Theil der Insel Nippon führte bis zur Zeit der Regierung des Mikado Sai-mjou (654 p. d.) den Namen Sebisno-Kuni (Land der Wilden) oder Mitsino-oku (Weg zum tiefen Lande) oder Mutsu-Jezo. Empörungen der wilden Bewohner (Atsumajebis) fanden statt 121 p. d., 368 p. d. 581 p. d. Der Fürst von Jetsigo, Abehirafu, durchzog das wilde Land (658 p. d.) und setzte dann nach Watari-simano-Jezo (Jezo) über. Die Bewohner der Liukiu-Inseln kamen (1451) zum Handel mit Satsuma und wurden (1602) zinsbar. Die Gruppe der Munin- (Bonin-) Inseln wurde (1675) durch einen japanischen Kaufmann (vom Sturm verschlagen) entdeckt. Die Nan-ban (Südwilden) beunruhigten Japan 1020 und brachten Tribut 1412 p. d. Die Westwilden (Sei-siu) erschienen (999) auf Japan. Die Räuber im Gebirge Suzuga-jami (in der Provinz Oomi) sprühten Feuer und Rauch aus ihrem Munde. Die schwarzen Wilden wurden (nach vielen Kämpfen) vertrieben (aus Japan). Unter der Regierung des Sjogun Ijejas (1603) zählten die Japaner 16 Völker auf, mit denen sie in Handelsbeziehungen standen. Als die Portugiesen (1543) nach Japan kamen, wurden sie von dem Chinesen Gohon als Nan ban bezeichnet. Die Dai sin oder Erdengötter (die Voreltern Zinmu's) wohnten seit Jahrtausenden im Gebirge Takatsiho in der Landschaft Hiboga oder Fuiga (in Kiusiu oder Tsukusi), wo sich auch ihre Altvordern (die Ten-sin oder Himmelsgötter) schon vor Millionen Jahren niedergelassen hatten. Unter der Herrschaft der Dai sin drangen die vergötterten Helden, Kasima und Katori, weit nach Osten und Norden, in das Land der Wilden Jebisunokuni vor. Zinmu (mit seinen Kriegsfahrzeugen) von Hiboga nach Usuki segelnd, setzte nach Jenomiza (in Nippon) über (667 a. d.) und eroberte (nach harten Kämpfen) Jamato, sich in Kasikara (am Fusse des Berges Wunebi) einen Palast bauend. Der kriegerische Stamm der Kuma-oso (in Satsuma, Fiuga und Obosumi), der sich häufig gegen den Mikado empörte, stammte aus Korea. Der erste Beherrscher von Liukiu (ein auf dem Meere treibender Drache) stammte vom Himmel und die Dynastie hiess Ten son si (Abkömmlinge des Himmelssohnes). Kiusiu hiess Tsukosi von dem rothen Steine (Zinnober). Zinmu's Mutter war die Tochter eines Seedrachen (aus Liukiu stammend).

Jori Asuga (1214 p. d.). Beim Tode Fosjo no Firo toki (1315 p. d.) wird die Bibliothek in Kanasawa gestiftet. Nits dano Josi sata erobert Kamakura, tödtet Taka toki und vernichtet das Geschlecht Fo sjo (1333 p. d.). Morijosi Sinwo wird (unter dem Mikado Go Dai go) nach Kamakura versetzt (1334 p. d.). Minamotono Akira sje und Nitsdano Josisata erobern Kamakura (1337 p. d.), während die Herrschaft des Mikado Go Dai ko im südlichen Hof (Nan tsjo oder Fon in) des alten Mikadohauses (in Josino) und des Mikado Kwo Mjo (Tojohito) im nördlichen Hof (Fok-tsjo oder Sin in) des neuen Mikadohauses (in Miako). Der Mikado Go dai ko entweicht nach Josino in Jamato und stiftet den südlichen Hof (1336 p. d.). Mitsakane, Resident von Kamakura, stirbt (1410 p. d.). Die Rebellion des Motsi udsi, Resident zu Kamakura, wird unterdrückt (1439 p. d.). Fidejosi lässt den Tempel Dai buts den bauen (1586 p. d.) Das Schloss zu Jeddo wird erbaut (1606 p. d.).

Kieu ma lo schi (Kumaradschiva), ein in allen Fächern der buddhistischen Literatur wohlbewanderter Indier, kam (nach Sijü auswandernd) auf seinem Zuge nach Osten in's Reich Kieu tse, dessen König den goldenen Lehrsitz (Kin sse tse tso) für ihn erbaute. In China hatte damals Fukien (von der Dynastie Tsin) die östlichen und westlichen Horden unterworfen. Von diesem durch Boten im 9. der Jahre Tai jüen (384 p. d.) berufen, kam Kumaradschiva nach Kuan tschung (Singanfu in Schensi), liess sich dort nieder und übersetzte die „Blume des Gesetzes" aus dem indischen Text in's Chinesische. Nach der Hauptstadt Tschangngan ziehend (401), starb er (409) und ward verbrannt (mit Ausnahme der Zunge), seine Uebersetzung der 300 Bände heiliger Bücher (King, lun auf die Nachwelt vermachend. Tieu ken Tengu (himmlischer Hund oder Götterhund) ist die Personification der unter Geheul und donnerähnlichem Geräusch fallenden Meteorsteine. Der Affenfürst Hanuman wird von den Japanern beschrieben als der in Yunnan und Cochinchina einheimische Affe Semnopithecus entellus (sing sing). Im Altjapanischen heissen die Aerolithen himmlische Füchse (Amatsu Kits ne) und ihre Lichtstreifen Idsuna (Schusseile). Garuda auf dem Fuchse heisst Idsuna Gongen, als die Manifestation (gongen) der

Gottheit in der Erscheinung schiessender Seile (idsuna). Unter den Shitatitse (10 vornehmsten Schülern Sakja's) war Ta kia she (Mahakas jopa) durch seine Eltern vom Baumgeiste erfleht. Ananto (Ananda oder der Wonnige) war Sohn des Königs Hof an wang. Lohenlo (Rahula), der sechs Jahre im Mutterleibe lag, wird, als die Asuras den Mond verschlingen, Lo hen lo (Rahu), was einen Verhüllenden, einen Bedecker des Mondlichts bezeichnet (der erste im mystischen Werke und der Schmacherduldung), als Sohn Sakja's. Von den Mohan und Lohan (Rahans) wohnt Pan no kia im Himmel Taoli (der Sitz der 33 Götter). Amitabha, der während der Erscheinung des Buddha Pao tsang (Pao seng oder Ratnasambana) über die Länder herrschte, als Wu tsing nien wang (König der unreifen Gedanken), bekehrte sich (mit seinen beiden Söhnen) zu diesem Buddha, und (der Welt entsagend) wurde zu der Würde eines Buddha unter dem Namen Amitaba erhoben. Dem ältesten Sohne verlieh der Buddha die Würde eines Bodhisatwa unter dem Namen Avalokiteswara (der beschauende Herr), weil er, das Loos der Wesen zum Gegenstande seiner Beschauung machend, aus Mitleid Alle zu befreien wünschte. Wenn Amitabha's Lehre untergegangen, soll er zur höchsten Erleuchtung eines Buddha gelangen, als der Allglänzende, wohlthätiger Bergkönig und vollendeter Buddha). Dem zweiten Sohne, der das Universum in seinen Schutz zu nehmen wünschte, verlieh der Buddha die Bodhisatwawürde mit dem Namen Mahastaus prapta (grosser Machthaber) und verkündete, dass er nach seinem Bruder die Buddhawürde erlangen sollte, als Schen-tschu (schin pao Schu lai. Sen zju Kwan won (Tsien scheu kuan in) oder der beschauende Herr mit 1000 Händen, wird dargestellt mit 40 Armen (und 25 Händen an jeder). Das ursprüngliche Sinnbild ist das des neunköpfigen Drachen. Er heisst auch Vielhändiger, Vieläugiger und Tapei kuan schi in (mitleidiger Beschauer). In dieser Vorstellung erscheint Avalokiteswara als ein Dhjani Bodhisatwa, die Schöpfungskraft der höchsten Intelligenz repräsentirend. Bato kwan won ist der Beschauer mit dem Pferdekopf (als Planet Mars). Zju itsi men Kwan won (Schii mien Kuan in) ist der Herr der Beschauung mit elf Gesichtern (die fünf himmlischen und sieben irdischen Buddhas repräsentirend). Der Buddha zu oberst auf dem Scheitel ist Kwo kiu tsching fa ming Sehn lai (der vollendete Buddha des Lichtes der echten Lehre der Vergangenheit) oder Tni ko hing in (Urheber der einander bedingenden Gestalten). Sjo kwan ze won hält eine unentfaltete Lotusblume, da er die Lotusblume der wundervollen Lehre bei jenen entfalten wird, denen sie noch verschlossen ist. Zjun tei Kwan won zerbricht die Schranken der Menschheit, Buddha's Natur offenbarend. Fu ku ken sak wirft den Fangstrick der Lehre aus. Jorin Kwan won ist der beschauende Herr mit dem Weidenzweig. Die Sonne (das Sinnbild des höchsten Buddha, als selbstständig und beglückend), beglückt mit selbstständigem Lichte die Welt, der Mond (das Sinnbild Dharma's oder der Tugendlehre) ist die Bestimmung, während die brennende Lampe (im Buddhatempel hängend) auf den in frommer Betrachtung aufwärts strebenden Gläubigen anspielt. Mon zju siri Bosatz (Wen tschu sse li Pu sa oder Mandschusri Bodhisatwa) ist der grösste Lehrmeister in der fernsten Vorzeit, die Mutter der geoffenbarten Erkenntniss aller Buddhas der Vergangenheit, Gegenwart und Zukunft, der Bodhisatwa der Herzenserschliessung der vollendeten Buddhas aller Enden. Als Welterneuerer und Schöpfer der 64 Vidjas (Wissenschaften) bildet er eine Trias mit Samantabadra und Sakja. Wenn dieser Bodhisatwa einst Buddha geworden ist, wird er (als Bekehrer der Dämone) den Namen Lun tschung tsun (Ehrwürdiger der Drachensippschaft) erhalten. Fugen Bosatz (Samantabadra oder Viswabadra Bodhisatwa) oder Puhien Pusa ist der Ganz-Vortreffliche. Die Gesang und Tanz aufführenden Bodhisatwa (Kowu Pu sa) sind die 25 Jaden-Mädchen, die, als Bodhisatwa, die Musikinstrumente führen und sich zu Gesang und Tanz erheben. Avalokiteswara gilt als der Stellvertreter des letzten, irdischen Buddhas (Sakja muni), dessen Lehre er schützt und zu deren Verbreitung er unter mancherlei Formen erscheinen kann, bis er selbst als Buddha auftritt. Avalokiteswara (iswara oder Herr und swara oder Stimme) wird übersetzt als Kuantze tsai (Kwan si sai oder beschauender Herr) und als Kuan schi in (Kwanze won oder vox contemplans saeculum) oder Kuan in (Kwanwon oder Kwanon). Darani-Bosatz (der beschauende Herr der esoterischen Lehre) ist identisch mit Kwanwon. Njo-i-rin Kwanwon (Shuilun Kuan in oder der beschauende Herr mit dem Rade der Willkür), der (alle Barmherzigkeit den Menschen zu schenken) nicht Buddha wird, heisst Fa Fan schin jnen Kuan schi in (der nach ausgezeichneter Brahmanen-Weise in tiefe Beschauung Versunkene).

Fudaisi oder Fu ta szu (buddhistischer Lehrer in China), unter der Dynastie Liang (502–556 p. d.) lebend, sah (sich im Wasser erblickend) einen Heiligenschein über sich. Er erfand den achtseitigen Drehschrein (Lün dsang oder Rin soo) zum Bewahren der Religionsbücher, in deren chinesischen Schriftzeichen Worte aus der alten heiligen Schrift Devanagari (mit japanischen Katakana erklärt) eingeschaltet sind. Die Haupthandlung am Geburtstage Sjaka's (in einer Begiessung und Abwaschung seiner Bildsäule mit Kräuterwasser oder Theeaufguss bestehend) heisst (Gottestaufe) Kwan buts (Libation über dem Buts) oder Buts no ubu ju (erstes Bad des Buts) und wird von Trinken des Amatsja (Himmelsthee) genannten Theeaufgusses begleitet (im 8. oder 4. Monat). Am Sterbetage Sjaka's (15. des 2. Monat) wird (unter Verzierungen mit Azalienblumen) das Fest Nehan we oder Nehan- (Niepan oder Nirwana) Versammlung gefeiert. Sjaka wurde von Maya, Gattin des Sjoo banwoo (König von Kapila in Mittelindien) geboren, als Sappa Silats (Sapho Si tat). Bei der Rückkehr aus dem Gebirge Tan tok san (Tan the schan), bestieg Sjaka (in Makata) auf dem Pu ti tschang (dem Sammelplatz unter den Blumen der Erkenntniss) den Lehrstuhl. Im 33. Jahre des Dschao wang (1020 a. d.) kam (am 8. des 12. Monats) mit der Erscheinung eines glänzenden Sternes die philosophische Erkenntniss in ihrem ganzen Umfange in ihn und die geistige Erwachung entstand, das (Kegon, Agan, Hoo too, Hanja und Kehan) Ke yan king. O chan king, Fang teng und Phan jo (Pran ja, Fa chua und Nie pan (Nirwana) predigend. Im 53. Jahre des Kaisers Mu wang von der Dynastie Dschen (949 p. d.) kehrte Sjaka in das Nichts (Nirwana) zurück, am Flusse Batei (Po ti) bei der Stadt Pao bu na (Benares) unter zwei Sarabäumen. Amida (Omito) oder Mida bedeutet den Ewigen und wird in den Wörterbüchern durch Wu liang schen (unbegrenzte Lebensdauer) gedeutet oder Wu liang kuang (unermesslicher Glanz). Von den neuen Menschwerdungen der Gottheit (worunter Amida dargestellt wird) erfüllt sich die neunte und letzte des Buddha in dem Tsiu bou ge sjoo-no mida. Sakja, der Tüchtige, Taugliche, ist der Name des Geschlechts, woraus der Stifter des Buddhismus*) stammt. Wer das für die grosse

---

*) Zum Unterschiede von der niederen Glaubenslehre (die sich auf Götzendienst beschränkt), beruht die höhere Glaubenslehre von Buddha (in Japan) auf den folgenden Grundsätzen: Der Mensch ist aus Nichts hervorgegangen und hat nichts Böses in sich. Die Eindrücke der Aussenwelt bringen erst das Böse hervor. Den menschlichen Körper belebt eine Seele (als Ausfluss der Gottheit). Indem der Mensch den Winken der in ihm verborgenen Gottheit folgt, mag er sich gegen die schädlichen Einflüsse der Aussenwelt schützen. Der menschliche Leib, aus Nichts entstanden, kehrt durch den Tod in Nichts zurück, die Seele wird fortleben. Die des Bösen schwebt ewig im unendlichen Raume, die des Guten lässt sich im Palaste des einzigen Gottes nieder, wo sie so lange ruht, bis sie den Erdenbewohnern (wenn sie der Hülfe guter Menschen bedürfen) unter einer menschlichen Gestalt wieder zugesendet wird. Buts (Fu) oder Fotoke ist ein Attribut derjenigen Wesen, welche aller Dinge Ursache auflösen können. Sjaka, der den Menschen eine Offenbarung mittheilte, wird Buts oder Fotoke (Offenbarung) genannt. Sakja-muni oder Buddha (Fu oder Futho) ist der göttliche Religionsstifter des Buddhismus. Amida, die höchste Gottheit, bewohnt das Land der himmlischen Freuden (dargestellt in der Riesenbildsäule des Dai Buts). Von den vielen Gestalten, unter welchen Amida (die aufnehmende, helfende, rettende Gottheit) den Menschen erschien, ist die vorzüglichste Ku bonno Mida (Mida unter neun Gestalten). Als Schirm- und Hülfsgötter werden die Jakusi, Bosatz, Daisoo, Fotoo, Kwanwon etc. verehrt. Der Rjobu-Sintoo fügte noch hinzu die Gongen (unter menschlicher Gestalt wiedergeborene Gottheiten) und die Mjoozin (verklärte Geister abgeschiedener Märtyrer). Ausser den Unsterblichen (Sen nin) erweist man den Schülern und Aposteln Buddha's göttliche Ehre und verehrt die Stifter der Secten und grossen Tempel als Heilige. Der Flammenkönig Emawoo (der durch seinen Spiegel die Handlungen der Menschen sieht) sendet zum Paradies (Gokurak) oder zur Hölle (Teikok). Ihm zur Seite stehen zwei dienstbare Geister, Doo soo ziu (der Scharfhörende) und Doo mei sin (der Scharfsehende), die Handlungen der Menschen (die ein dritter Geist in's Thatenregister der Welt schreibt) belauschend und erspähend. Das neugeborene Kind wird in den Tempel des Familiengottes, Udsi Kami, gebracht, und eine Kami-Priesterin bestimmt mit dem Gohei durch das Loos seinen Namen, unter Taufen durch Besprengung mit Wasser und dem heiligen Chor (Kagura). Zinmu baute den Tempel der Sonnengottheit in seinem Dairi zu Kasibara (als irdischer Thron errichtet), als aber unter der Regierung des Sui-nin (5 a. d.) zwei Edelfrauen (Jamatohime

Fahrt bestimmte Fang teng king liest, geht in das höchste Leben ein. Amitabha (der Ewige) kommt von Amita (ungemessen, unendlich) und ba (Dasein oder Licht). Von der Ankunft dieses vollendeten Buddha bis auf die Jetztzeit sind zehn Kalpen verflossen. Amita weilt im Reich der ruhmvollen Wonne (Amita Buddha's Reich der höchsten Wonne). In dem Buche vom gepriesenen Lande der Reinen (Seligen) kommt ein Verehrungswürdiger der Welt vor, dessen Name unendliche Existenz oder unendlicher Glanz bedeutet. Die Darstellungen des Kubonno Mida unterscheiden sich durch die Haltung der Hände und Finger. Wer das Reich der höchsten Wonne erreicht, wird gepriesen von Amita Buddha mit den beiden Bodhisatwas Avalokiteswara und Mahastanaprata (und 500 in Buddhas Verwandelten). Die Tugendhaften empfangen Amitabha und die Bikschus mit Lotusblumen. Die Formel Nanmu Amita Fu verwandelt in einen Buddha. Die Mantra (in der Ursprache) heissen Tschinjen (echte Worte) oder Toloni (Dharani). Wer die Leiden der

und Tajounki) Reinigungsfeste feierten, baute Jamatohime zu Isje den Tempel der Sonnengottheit in der Halle Naï gu (mittleren Halle). Die Pilger erhielten dort vom Oberpriester einen Ablassbrief (Obo bar ahi). Als der Mikado Gosonteo zu Ohosaka die Halle des Nin-tok (eines seiner Vorgänger) besuchte, erschien ihm, als Ährentragender Greis, Inari dai mjoo zin (ine narari oder Reiserzeuger). In dem Jasiro (zu Miako) des heiligen Haines (Giwon) wird der Gott des Mondes (Sosano ono mikoto) und seine Gemahlin (Inada hime) mit ihren acht Kindern verehrt. Der Rjoboo-Sintoo stellt in ihnen einen wiedererstandenen Fürsten des nördlichen Hindostan (und dessen Gemahlin mit ihren acht Kindern) vor, als Go dsu ten woo (stierköpfiger Himmelsfürst), der sich dem Bonzen Kibi dai si (bei seiner Rückkehr aus China) als Beschützer der Thronstadt des Mikado offenbarte (734 p. d.). Das Gohei (ein aus Papierstreifen bestehendes Geräth, als Sinnbild der Gottheit) hiess früher Mitegura oder Nigite usw. Man hatte dies Geräth mit weissen Streifen (sira nigite), mit grünen (ao nigite) und später mit fünf Farben (Goheï). Die löwenähnlichen Figuren (Koma inu oder koräische Hunde) vor den Thüren der Kami kamen, nach dem Feldzuge der Kaiserin Zinkoo, aus Korea. Im Sintoo ist der Spiegel (Kagami) Sinnbild der Reinheit, im Buttoo ist er aufgestellt zur Bespiegelung der Menschen und ihrer Thaten. Saruta hiko und Karasino tengu bewachen die Tempel. Unter dem Namen Ra kou (Lochan) finden sich in dem buddhistischen Werke Buts zjoo dsui 16 und unter dem Namen Dai tesi (ta ti dsu) grosse Schüler, 10 buddhistische Lehrverbreiter dargestellt.

Existenz und moralischen Schwächen in Götter und Menschen heilt, heisst Josse. Meo-Kwan-jats-tsi no Mida (Miao Kuan tscha tschi Mito oder Amita der erforschenden Weisheit) oder (Vipasji oder Piposchi) Kiso Schikia (der erste der sieben irdischen Buddhas) war von Tschu sching miao jen, Gattin des Jue schaug tschuen lun sching waug (der heilige König, der über dem Monde das Rad dreht) geboren und (auf den Thron verzichtend) wurde Mönch, als Fatsang Pikieu (Dharma koscha Bikschu) oder der tugendvolle Bettelmönch. In der Vorstellung des Mandarano Mida (Mantschalo Mito oder Amita der mystischen Sprüche) sind die Zeichen der drei Leiber (san schin) ausgedrückt. Gokosijui no Mida ist Amita in Beschauung der fünf Kalpas. Als die Gestalt des Jamagosino Njorai (der über die Berge schwebende vollendete Buddha) auf der Kuppe des Jokogawa am Sei san (in Japan) erschien, betete der Bonze Gen sin dieselbe an und bildete sie auf seinem weissseidenen Aermel ab. Njorai (Schulai im Chinesischen) ist Tathagata (im Sanscrit). Ta fo Njorai erschien im reinen Reich der Kleinodien. Kango Kai no dai nitsi ist (Vairotschana) die grosse Sonne der diamantenen Welt (der Buddhi oder reinen Intelligenz). Taizokai no dai nitschi (die grosse Sonne der gebärenden Welt) ist Vairotschana (der vollendete Buddha). Finokami (Shi schin oder Surja) ist der Genius der Sonne, die auf Buddha's Befehl der Bodhisatwa Paoing machte. Tsu ki no Kami (Jue schin oder Soma) ist der Genius des Mondes, den (auf Buddha's Befehl) Kisiang Pusa machte. Der Geheimcultus der Tao-Secte (die Miao hien im Cultus des Sternenopfers verehren) wurde durch Lin sching (einen Prinz aus Petsi) in Japan (611) eingeführt, beschränkt sich aber auf den Clan Obotsi. Buddha (Schin jao sing oder Wasserstern), der Regent des Planeten Mercur, wird unter dem Bilde eines Staatsmannes (Tsai siang) vorgestellt. Der Sjogun Joritomo (1220—1223) liess die Bilder von Loheu und Kitu (Rahu und Ketu) mit einer Statue des Josse fu aufstellen. Die Gabenspenderin, als Regentin der Venus (Sukra), wird stets auf einem Fusse stehend abgebildet, um den wechselnden Stand des Planeten zu bezeichnen. Das sechssilbige Mantra des Lichtkönigs ist Om Mani Padme Hum oder die Anrufung des Bodhisatwa

Padma Pani (als Lichtkönig repräsentirt). Der pferdeköpfige Kuan in wird als Beschützer des Viehes verehrt. Aus der Verbindung des Mondkönigs (Susanowo oder Schnellwandelnden) mit Inadafime (Göttin der fruchtbaren Erde) entspringen (als acht Kinder) die Leitgeister (Patsinng schin oder himmlische Generale) der Planeten. Der Metallgeist (Kin schin) oder Schetu kischin (Geist des Schlangengift-Hauches), das Oberhaupt der bösen Dämone, ist identisch mit der achtköpfigen Riesenschlange (Jojn matano worotsi), die vom Mondgotte (Susanowo) erschlagen und ihres (im Schwanze geführten) Schwertes beraubt wurde. Kieu-sieu oder Kaksjuk (die Herberge zum Horn), durch zwei Sterne (in der Jungfrau) bezeichnet, steht der Entwicklung aller Dinge vor und macht weit des Fürsten Macht und Wahrheit. Die Pa fang tien (Götter der acht Weltseiten) sind: Indra, Isana, Jama, Agni, Varuna, Nairrita, Kuvera, Vaju. Kitano Tenzin (der himmlische Geist des Nordfeldes bei Miako) ist der Geist des nach seinem Tode (903 p. d.) vergötterten Staatsmanns und Gelehrten Mitsi sane oder Kan sjo zjo, in welchem die Buddhisten eine Manifestation des Kuanin mit elf Gesichtern erkennen. Kibi dai Mjo Zin oder der grosse Lichtgeist Kibi (identificirt mit Titsang) ist der Held Kibitsutako fiko, ein Sohn des Mikado Korei, der sich (88 a. d.) in den Feldzügen gegen die freien Stämme des Innern als Feldherr auszeichnete. Wenn die Kami-Priesterinnen oder Kannakine (begeisterte Jungfrauen) ihre Ceremonien in seiner Capelle verrichten, ertönt die eherne Pfanne von selbst, Glück oder Unglück weissagend. Mairoja ist der zukünftige Buddha. Josino Zowo Gongen (auf dem Berge Kinbusan) ist die Manifestation der männlichen Zeugungskraft*) der Natur. Koja dai Mjozin (der grosse Lichtgeist von

*) Kuri Kara Fu do (Kiu li kia lo Pu tung) oder Krikara Akschara (der schaffende Unbewegliche oder das Alpha der Schöpfung) hat, in Krikara-Gestalt sich manifestirend (als der Unbewegliche), die 95 Ketzerlehren überwunden (repräsentirt durch ein Schwert, umwunden von einem Drachen, als Strick). Miao hien Pusa (der schönblickende Bodhisatwa) entspricht (auf dem Rücken der Schildkröte aufrechtstehend) dem Axenpunkt oder Gnomon der unter dem Bilde der Schildkröte repräsentirten Welt. Kwa jen Mjo wo (Hujen Ming wang) oder der flammende Lichtkönig) hat, in die flammende Samadhi (Verzücktheit) eingehend,

Koja) ist der Baum- oder Holzgeist (Kuku notsino Kami). Unter Mikado Mon mu brachte ein Jüngling, als Bote des Gottes Tischi (Indra) das Keng-schin (Keng oder Erz und schin

die drei Gifte (Habgier, Zorn und Thorheit) vernichtet. Maitreja, der einst als irdischer Buddha auf Sakja Muni folgen soll, befand sich (unter dem Namen Adschita) unter den Schülern desselben. Mirok Buts (Mi le Fu) ist Maitreja oder der von Mitra stammende Buddha (am fünften der 30 Tage der geheimen Buddhas). Mi le ist ein Geschlechtsname und bedeutet Tse schi oder vom Freunde (Mitra) stammend, weshalb Tse tsun oder Zi son ein Titel Buddha's ist, als der freundlich Ehrwürdige. Er heisst auch Aitta (Aito oder Adschita) oder der Unübertreffliche, weil er an Energie alle Menschen übertraf. Buts mo dai kn zjak Mjowo (Fu mu ta kung tsio Ming wang) ist die Buddha-Mutter, als der grosse Pfauenkönig, und wer dessen Anrufungsformel hersagt, verkündet die Verheissung eines hundertjährigen Lebens. Dai gen siu (Ta juen so) oder der grosse, erste Herzog (des Sternenheeres), als der General der Lichtkönige, ist der Klostergenius der durch Bodhidharma aus Südindien nach China verpflanzten beschaulichen Secte (Schen tsung oder Senrjo), identisch (als Regent des Morgen- und Abendsternes) mit Ized Mithra der Zend-Sagen. Kosin sjo men kon go oder der Diamantene mit blauem Antlitz (als Siva), hält in einer seiner sechs Hände eine weibliche Figur bei den Haaren. Aka dosi (der rothe Knabe) oder Ama osifo mine Mikoto kam als Bote der Sonnengöttin auf den Berg Takatsifo (in Fiuga) herab und wird als Urahne einiger fürstlichen Häuser (unter dem Namen Kasuga Dai Mjosin) verehrt. Dem Sei ta ka dosi (Tschi to kia Tung tse), der in der Linken den dreizinkigen Scepter, in der Rechten einen Stab trägt, entspricht Maitreja Bodhisatwa. Dai jorak oder Tschi ing lo (die Guirlandenhalterin) ist identificirt (im Fa hoa pi fa king) mit Avalokiteswara. Kotai oder Kaoti (die Verkündigerin der Wahrheit) ist identificirt (im Fa hoa pi fa king) mit Mandarbasri. Sani (der Regent des Planeten Saturn), als Tujnosing (Erdstern) und Tschin sing (Grenzwächter-Stern), wird unter dem Bilde einer Jungfrau (mit einem Eber auf dem Kopfe) dargestellt. Kuei siou oder Kisjuk (die Herberge zum Gespenst in der Sänfte) ist (unter den Constellationen der Mondherbergen) das Auge des Himmels, das der Menschen böse Anschläge erspäht und über die Todtenopfer herrscht. Unter den Constellationen der Mondherbergen ist dem Ten sien oder To sjuk (die Herberge zum Scheffel) als der Typus von Mahesa Sakti (Maheswari), das sanscritische Ma (m) beigefügt. Die Japaner versetzen den Regengott (Ameno Kami) in die Pisieu oder Fitsjuk (Herberge zum Gabelnetz) unter den Constellationen der Mondherbergen. Unter den zwölf Palästen (des indischen Thierkreises) ist Kasya der Palast zu den beiden Mädchen (Schuang niu kung oder So njo ku). Vidja deva (Weito tin oder Widaten), als der Schutzgott der Klöster, bekämpft und stürzt die bösen Geister der Klöster. Schin sche schin (Zin sja sin) ist der Geist des tiefen Sandes (in der Wüste). Das Inao oder Inau, als das Symbol des Kamui (des Schutzgottes der Aino) besteht

oder Affe) in der entsprechenden Stunde des Cyclus, in den Tempelhof der vier Himmelskönige in Osaka (701—703), wo Siwa mit Orgien verehrt wird. Vor dem Bilde des Ko sin sjo

aus einem Pfahle von Weidenholz, an dessen Oberende ein oder zwei quirlförmige Büschel Spähne befestigt sind. Es gleicht dem He oder Gohei (im Kami-Dienst der Japanesen), welches aus einem Pfahle vom Holze des (Hinoki) Sonnenbaumes (Retinispora obtusa), an dessen Oberende man Papierstreifen befestigt, verfertigt. Das Grabmal der Aino-Häuptlinge, deren Leiche (nachdem die Eingeweide durch den After herausgenommen sind) getrocknet wird, gleicht (in der Bauform) einer japanischen Kami-Capelle (Mia) in dem Dache. Nivu Dai Mjozin (der grosse Lichtgeist zum Berge Nivu in Jamato), als der Sonnengöttin jüngere Schwester (die Göttin des Wassers), wird als Mutter und Ernährerin aller Dinge verehrt. Sekisen Dai Mjozin (der grosse Lichtgeist des Rothberges) ist der in den grossen Bären versetzte Chinese (Taischan Fu Kiun), der eine Apokalypse über die Hölle schrieb (die buddhistische Manifestation des Tilsang). Natsi firiu Gongen, die Manifestation in dem Wasserfalle bei Natsi zu Kumano (einem Minister der Sonnengöttin) ist eine dem Drachenkönige zu Gebote stehende Verwandlungsform. Hakusan Meori Dai Gongen (die grosse Manifestation der hehren Vernunft auf dem weissen Berge) ist der beschauende Herr mit elf Gesichtern, der in dem ihm zu Gebote stehenden Leibe eines neunköpfigen Drachen dem Bonzen Taitso erschien, als dieser nach Ersteigung des weissen Berges (Hak san), in Lesen versunken, allein sass. Natsino Gongen (die Erscheinung in der Natsi-Capelle in der Nähe des Kami-Hofes zu Kumano in Kii) ist Kuan in, der in der Gestalt eines Fürsten aus dem Lande Kitan dorthin geflogen ist. Der japanische Weise Mitsi sane trat, als Toto Tenzin, nach seinem Tode (903) in's Kloster Kingschan in China, um sich unter der Leitung des Bonzen Wu tschün der Beschauung zu widmen und den Mönchsrock zu nehmen. Von den unterweltlichen Königen wird Pien tsching wang (Fen sjo wo) bei der sechsten Todtenfeier angerufen. Darani Bosats (To lo ni Pusa oder Dharani Bodhisatwa) oder der Bodhisatwa der Segensprüche, ist identisch mit Kwan won (Avalokiteswara), als der beschauende Herr der esoterischen Lehre (Nioteching kuan shi in Pusa). In der vergangenen Zeit des Buddha mit den Lasurstrahlen lebte der Mönch, genannt Sonnenbehälter, dem ein Grosser der Erde (Glanz der Sternenhäuser oder Sing siu kuang) bei Anhörung seiner Predigten kostbare Früchte und Arzneien reichte, weshalb er Arzneikönig (Jo wang) genannt wurde, während sein Bruder (Tien kuang ming oder Blitzstrahl) aus Milch gegohrenen Trank und köstliche Arzneien zum Opfer brachte, als Jo schang (Darbringer von Arzneien). Juke kwan non (Jeu hi kuan in) ist der Herr der Beschauung, wenn er auf Wolken ruhend lustwandelt. Ta ki mi no Kwan won ist Kwan won in Betrachtung eines Wasserfalles. Gjoran Kwan won (Julan Kuan in) ist Avalokiteswara, wie er, auf einem Fische umhertreibend, den bösen Geistern erscheint. Sei deu Kwan won (Tsing teu Kuan in) ist Avalokiteswara der Blauköpfige. Iva to Kwan won (Jen hu Kuan in) ist Avaloki-

men kong o (Keng schin tsing mien kin kang oder der Diamantene mit dem blauen Antlitz) stehen drei Affenbilder, wovon das eine mit beiden Händen seine Augen, das andere seinen Mund, das dritte seine Ohren zuhält, als bildliche Mahnung, um Auge, Mund und Ohr (die Pforten der drei Todeswürmer) der Sinnlichkeit zu verschliessen. Godoten, der König der Gandarbas, der Vater der zehn Rakschasis (Lotsa), wohnt auf der Südseite des Weltberges Meru. Kisibozin (oder Kuei tse mu tschin) oder Daitja matri (Diti oder die Mutter der Titanenrace der Daitjas) fand ihren jüngsten Lieblingssohn heimlich von Buddha erzogen und gelobte dann selbst, das Buddhathum zu schützen und nichts Lebendes zu tödten oder schaden. Als Schutzheilige (die Kinder giebt und Gebärende schützt) verehrt, wird sie (mit dem Steinschmuck Inglo auf dem Haupte) dargestellt, mit einem Kind im Busen und Kinder an den Seiten sitzend (einen Glücksapfel in der Hand haltend). Sakra, der Regent des Planeten Venus, wird als Kinjao sing (Metallstern) oder Taipe (der sehr Helle) unter dem Bilde eines himmlischen Herzogs (Tientsiang) vorgestellt, Lucifer dient als ein Bild Padmapani's, während Buddha und Dharma in Sonne und Mond, und die an einen hinfälligen Körper gebundene Seele im Licht der Lampe versinnlicht erscheinen. In Isono Kami Turmno jasiro (der Kamihof von Furu in Jamato) verehrt man ein Schwert, das, den Waldbach Furu herabschwimmend, Stein und Gehölz auf seinem Wege zerbrach und endlich in den Kleidern eines Mädchens, das im Wasser wusch, hängen blieb. Hanuman (Sing sing) wird mit einem langgestielten Weinschöpfer dargestellt. Aus dem Uräther (Taiki) entstand durch Gegensatz von Bewegung und Ruhe das Ying

teswara in der Felsgrotte. Kwan won mit einem Lasursteine (Huri Kwan won oder Lieu li Kuan in) erschien in dieser Gestalt im zweiten Jahre Tien ping unter der Regierung der östlichen Hoei in China. Tata sou Kwan won (To lo tsun Kuan in) ist Avalokiteswara, der ehrwürdige Pilot. Sja siu Kwan won (Schai schui Kuan in) ist Avalokiteswara der Regenträufelnde. Miu sau lik ku Bosats (Wu wei schi li ben Pusa) ist Bodhisatwa der Furchtlose, mit zehnfacher Kraft Brüllende. Dem Hjow Aisen Mjo wo (Liang tau ngai shen Ming wau oder der doppelköpfige, Liebe erregende Lichtkönig) ist die Macht gegeben, Liebe zu erregen.

und Yen, das Klare und Trübe, Himmel und Erde. Usi ni scha Tsui sching tsun (Uzuni sja Sai sjo son) ist der triumphirende Ehrwürdige mit dem Turban. Tora Bosatz (To lo Pu sa) ist (als Göttin Tora) die Sakti des Dhjani Buddha Amoghasidda. Tao pa Pischa mun (To vats Bisja mon) oder der Ruhmreiche (Vaisravana) mit den acht Säbeln, als Sching ti Pischa mun (die Feinde besiegender Vaisravana ist eine Vereinigung Vaisravana's, als Personification des Ruhmes, mit Mahadewa dem Fünfköpfigen. Jen mowang oder Jen ma wo (Jamaradscha oder Jama) wird als König der Gerechtigkeit (Dharmaradscha) mit zwei Gesichtern (einem strengen und einem freundlichen) dargestellt, als Doppel- oder Zwillingskönig (Schoang wong), der mit seiner Schwester Jamuna (die über die Frauen herrscht) in der Unterwelt richtet. Titien oder Dsiten (Pritivi oder die Göttin der Erde) wird mit einer Schale voll Kuchen dargestellt. Fungtien oder Fu ten (Vaju oder der Windgott) wird mit einem Fähnchen dargestellt. Schuitien oder Sui ten (Varuna oder Gott des Wassers) wird als neunköpfiger Drache dargestellt. Lotschatien oder Ra sets ten (Nirrit oder Gott der Rakschasas) wird mit einem Stabe dargestellt. Fan tien wang (Bon ten wo) oder der König der brahmanischen Götter (Brahma, als der Allerhöchste, der Gipfel), weilt in dem Himmel der ersten Beschauung. Schi ki oder Siki (die Feuerflamme), oder Sikin (eine Haarlocke auf dem Scheitel tragend), meint den höchsten Gipfel (Tating) ausmachend. Ische na tien oder Isja na ten (Isana oder Siwa) hält den Dreizack und eine Schale. Jnotien oder Gwatsten ist Tschandsi (die Mondgöttin), als Soma oder Tschandra. Pi scha mun tien oder Bi sja mon ten (Vaisravana oder Kuvera) schützt die Nordseite. Shitien (Nitsuten) ist Aditja oder Surja (der Sonnengott). Hotien oder Kwaten (Agni oder Feuergott) wird dargestellt von Flammen umgeben. Jenmotien oder Jemmaten (Jama oder Gott der Unterwelt) trägt einen Menschenkopf auf einem Pfahle. Den Gipfel des Weltberges Meru umgeben vier Pike, auf deren jedem sich acht himmlische Regionen erheben (32 zusammen). Die mittelste, welche Indra oder Sakradewa (Tischi tien wang oder Dai sjak ten wo) inne hat, ist der 33. Himmel, der die Gegend um den Nordpol (den Palast der rothen

Ringmauer) begreift mit den Polstern (als Thron des himmlischen, höchsten Kaisers) in der Mitte. Von den vier Himmelskönigen (Sse tien wang oder Si ten wo) ist Towentien oder Tamonten (der Schützer der Nordseite), der Gaben spendet, Pischamun oder Bi sja mon (Vaisravana oder Kuvera). Tschi kue tien wang oder Deikok ten wo (Dritarashtra), der Fürst der Gandarba und Pisatscha, schützt den Osten. Tseng tschang tien wang (Zo tsjo ten wo) oder Virudaka (Pilienletscha oder Biruroksja) im Süden, schützt gegen die Kienpau tscha (krugförmigen Dämone, die im Alp drücken) und die Pilito (Vorväter, als die geringsten unter den hungernden Dämonen). Kuang mo tien wang oder Kwo mok ten wo (Pilienpotscha oder Virupatsha) im Westen wendet Seuchen und Hungersnoth ab Mali tschi tien oder Marisi ten (Maritschi Dewa oder die Personification des Lichts) wird als der dreifältige Schlachten- oder Kriegsgott (Sanzenzin) verehrt. Ta sching kuan hi tien oder Dai sei Kwan gi ten (Ganesa oder der Gott der Weisheit) wird im Urlande durch Kuan in oder Avalokiteswara vertreten. Ta hoa tse tsai tien oder Ta ke zi zai ten (Herr der gestaltenwechselnden Creaturen) ist, als Poschepoti (Pasupati oder Herr der lebenden Geschöpfe) der Todeskönig. Wei to tien oder Widnten Vidja Dewa oder Gott der Weisheit) schützt die Klöster. Shnlai hoang schin oder Njo rai kwo zin (der rohe Geist des vollendeten Buddha) ist die Personification der in Symbole sich hüllenden Buddha-Erkenntniss. Der Pu ti schu (Bodhitaru oder Erkenntnissbaum) ist der Baum Pipalo. In Japan nahm man zum Baum der Buddha-Weisheit eine chinesische Tiliacee (Tilia Bodaizju) vom Tientai-Kloster in der Provinz Tschekiang, welche der japanische Pilger Jeosai (1220) in Japan einführte und als Bodai zju (Baum der Buddha-Weisheit) in einem Tempelhof zu Miako anpflanzte. Den Tempel der Göttin Ugano Kami, die (auf ihrer Insel) den Drachen besänftigte, weihte der Kobodaisi (835) der Göttin Benzaiten (als Lautenspielerin). Der Bonze Nitsiren (Stifter des Ordens*)

*) Der Bonze Sinran (1174–1264) stiftete die Secte Ikkoo-zju (I-chiang-dsung) oder Sjootoo sin zju (neue Secte des Sjootoo), und der Bonze Nitsiren (1222–1283) stiftete die Secte Hokke-zju (Fa-chua-dsung). Der Cultus des

Foke siu) erläuterte (in der Hymne San mien ta he tsan wen) den Cultus des dreiköpfigen Gottes (Makialo tahejap oder Makara dai kok hei), der dem Bonzen Dengjo daisi bei Stiftung des

Buddhismus vermischte sich bei der Entstehung des Liang-pu-schin-tao (zweiseitiger Kami-Dienst) oder Rioobu-Sintoo mit dem Kami-Dienst. Die Religion der Sjutoo (Shu-tao) beruht in der Moralphilosophie des Khung-fu-dsu, dessen Werke in den Jahren 50 und 285 p. d. nach Japan kamen. Die Kami (durch deren Vermittlung zur Sonnengottheit gebetet wird) heissen Sju-go-sin (Beigötter, bewachende, beschützende Geister) und werden in jedem Naturereigniss (und auch Thieren) erkannt. Die Vergötterten heissen im Rioobu-Sintoo grosse, glänzende Geister (Dai-mjoo-sin). In der Person des jedesmal regierenden Oberherrn aus dem Hause des Zinmu lässt der Sintooglaube den Geist der Sonnengottheit leben. Um seinen Thron versammeln sich einmal jährlich die Landesgötter. Seine Seele ist unsterblich. Dem Guten wird (in Japan) das Paradies Taka-ma-naka-hara zu Theil und er geht in das Reich der Kami ein. Die Bösen werden in die Hölle (Nenoo-Kuni) hinabgestossen. Um den Kami zu dienen, muss man reines Feuer unterhalten. Feierliches Anzünden des Feuers durch die Priester im Vorhofe der Tempel macht meistens den Anfang der Jahresfeste (Matsuri), die den vorzüglichsten Kami gefeiert werden. Da Feuer und Wasser den Aether und die Kröge reinigen, werden die Sinnbilder dieser beiden Elemente als die Gottheiten Hi-no-Kami und Midsu-no-Kami (die Schutzgötter gegen Feuer- und Wassersgefahr) an den Thoren der Kami-Hallen aufgestellt und bei den Processionen den Kami-Thronen (Mikosi) vorgetragen. Im Zustand der Unreinheit (Fu-sjoo oder pu-ds-ing) zeigt der Sintoo den Weg zur Reinigung durch Bussübungen (Monoimi). Der Stand der Jetori oder Jeta (die Vieh schlachten, essen und verkaufen) sind im Zustande steter Unreinheit. In der Sänfte des Mikosi werden die Geräthe, Waffen, Harnische und andere Ueberreste des Kami (der mit Gebet und Musik verehrt wird) bewahrt. Zinmu weihte der Sonnengottheit (Ama-Xerasu oho Kami) einen irdischen Sitz im Dairi und brachte ihr ein Dankfest (657 a. d.) auf dem Berge Tori-mi-jama. Der von Pilgern besuchte Tempel in Isje ward von Siu-nin (5 a. d.) gebaut. Da bei der Geburt des Woo-zin (Sohn der Heldin Zinkoo) sich acht Kriegsfahnen am Himmel zeigten, wurde er Ja hata oder Hatsi man genannt und als der Kriegsgott verehrt. Der Abgott von Suwa ist Take mina katano mikoto, ein Sohn des Obo ana mutsino mikoto. Er regierte in der Landschaft Sinano (im Bezirke Suwa), wo er als mächtiger Kami verehrt wird. Die Lehre des Rioboo-Sintoo erhob ihn zum Dai-mjoo-zin. An vielen Orten sind ihm grosse Hallen (Obo jasiro) errichtet. Er ist der Schutzpatron vieler Städte (besonders von Nagasaki). Im heiligen Garten (Gi won) zu Miako sind dem Mondgotte Gosano wono mikoto und der Sonnengöttin (unter dem Namen Inada hime), den Erzeugern der acht Kinder, die unter dem Bilde des achtköpfigen Drachen dargestellt werden, Hallen errichtet, wo jährliche Feste gefeiert werden. Dem Wassergotte (Midsuno-Kami) werden (beim Eintritt der Regenzeit) auf einem

Klosters auf dem Berge Fijeisan (788) erschienen war. An dem Ufer des dreifachen Stromes, der zur Unterwelt führt, weilt ein altes Weib (Toipo), die den Todten die Kleider auszieht und sie einem Greis (Huen iong) giebt, sie an einem Baum (Hingschu) aufzuhängen. Nach Ablauf der siebenmal sieben Tage wird die Todtenfeier am 100. Tage wiederholt, nach dem Zwischendunkel (tschung jin). Die Meng fu schi wang sind die zehn Unterweltsgötter. Der chinesische Pilger Hiuen tsang (Huen tsang san tsang oder Gen sjo san zo) übersetzte die Pradja paramita aus dem Urtext in das Chinesische. Po sen sien shin oder Ba so sen niu (der Anachoret Bhasava) befreite Sünder aus der Hölle. Fungtien oder Futen (Gott der Winde) fährt auf einem Windschlauch in die Wolken. Luitien (Luischin) oder Rai den (Donner und Blitz) fährt auf Gewitterwolken. Der im Mausjahr geborene Mensch hat den tausendhändigen Kuan-in zum Schutzheiligen seines Lebenslaufes. Die Utschi Shu lai oder Go tsi no Njorai (die vollendeten Buddhas der fünffältigen Intelligenz oder die Dhyani Buddha), verehrt in dem blumenreichen Kloster (auf dem Berge Gotsi san in Jetsigo), sind Tasbishulai (Vairotschana), Atsushulai (Akschobja), Paosengshulai (Ratnasambava), Amitoshulai (Amitaba) und Pukungtsching tsien shulai (Amogasidda). Die sieben menschlichen Buddhas (Manushi Buddhas) oder sieben Buddhas der Vergangenheit (Kuo kiu tsi Fu oder Kwa ku sisi Buts) sind Piposchi (Vipasji),

mit einem Gohei verzierten Opfertische Esswaren dargebracht. Zu Kamo (bei Miako) ist der Sitz des Gottes Wake-ikatsu-tsino-Kami (der Gott des spaltenden Blitzes), der über das Fatum des Mikado wacht. Unter der Gestalt des Fuchses begleitet ein Neben- oder Schutzgott (Sju-go-sin) den Mondgott. Er war gefürchtet und auch verehrt. Seine Eigenschaften liessen in ihm einen Beschützer des Landbaues gegen Diebstähle und gegen Feuersgefahr erkennen und der Rjobu-Sintoo gestaltete ihn um, als den Reisähren tragenden Greis (Inari). Der Fuchs blieb ein dienstbarer Geist des Schutzheiligen Inari. Jebisu, ein jüngerer Bruder der Sonnengottheit (wegen seiner Missgestalt von seinen Eltern verstossen), lebte vom Fischfang und (grosse Reichthümer erwerbend) wurde (nach seinem Tode) als Seegott (und einer der sieben Götter des Reichthums) verehrt. Dem Jahresgotte (Tositoku) werden Opfer gebracht, damit er ein langes Leben gewähre, und man stellt am Hochzeitstage das Sima-Dai (ein Sinnbild des glücklichen Alters) auf (Siebold).

Schiki (Siki), Pischefen (Viswabu), Kinbosun (Karkutschanda), Kuinahas (Kanaka), Kiasche (Kasyapa), Schikia (Sakja). Das (wegen einer Seuche) in's Wasser geworfene Buddha-Bild (das von Korea geschickt wurde) wurde später auf des Mikado Befehl wieder ausgefischt. Das (aus Mittelindien stammende) Buddha-Bild des Inaba im Tempel zu Miako wurde in dem Netze eines Fischers gefunden (an der Küste von Karu). Der japanische Bonze Tennen brachte von China eine Copie des vom König Jeu tien wang (in Kausambi) gefertigten Buddha-Bildes nach Japan. Jebisu (der Patron der Fischer) war (als Incarnation Maitreja's) ein mit seinem Futtersacke umherziehender Bettelmönch (von Ningpo), bis er neben demselben todt gefunden wurde. Neben dem Alten vom Südpol, einer Emanation des Lao shi sing oder Sternes der Greise (verkörpert in der Person eines Tao-sze), finden sich, als Attribute, ein weisser Hirsch oder Kranich, um (nebst dem übermässig hohen Scheitel) hohes Alter zu bezeichnen. Die von den chinesischen Schiffern verehrte Fischerstochter Mu shang niang (Tschuen ju kung) war eine Verwandlung von Kuan-in. Die beiden Tempelwächter (ursprünglich Statuen der Götter Brahma und Narajana), als Wächter vor den Pforten buddhistischer Klöster, sind die zwei Könige des mystischen Aum (O Hen orl wang oder Aun no ni wo), als Schin-kin kiang schiu (Götter mit diamantenen Sceptern) oder Kin-kang li sze (diamantene Athleten). Von den zur Linken und zur Rechten stehenden Diamantenen (Tso fu kin kang und Jeupi kin kang) ist die Thätigkeit des einen (Narajana oder Nalojenkien kai, als Schöpfer des Menschengeschlechts) auf Hervorbringung des Guten, die des andern (Mitsche kin kang oder der in Geheimniss gehüllte Diamant, als die Lehre der Buddhas schützend) auf Vernichtung des Bösen gerichtet. Fa sien (ein Meister der Contemplation) malte in dem Kloster zum Pfosten der Ruhe (in Nanking oder Kien-nie) die Bilder der Götter oder Genien von (Kapila) Kiapilo (151 p. d.). Einem König gebar seine erste Gemahlin 1000 Söhne, die alle Buddhas zu werden wünschten. Von den zwei Söhnen seiner zweiten Gemahlin wünschte der erste Fanwang (Brahma) zu werden, um nach den Buddhas, seinen 1000 Brüdern, das Rad des Gesetzes zu drehen. Der zweite that das Gelübde, er wolle (als der in Geheimniss gehüllte Diamantene) seiner 1000 Brüder Lehre schützen. Die athletischen Gestalten an den Klosterpforten stellen bildlich den Begriff des zweigeschlechtigen a-u (o heu) vor. Um Maheswara, dem Ehrwürdigsten in dem Palaste des dritten und vierten der sechs Himmel, versammeln sich (im zweiten und achten Monat) die Götter, wie es das Aufblühen und Hinwelken des Lebensbaumes andeutet. Die Kinnara (Tschintolo) tragen Pferdeköpfe auf menschlichem Leibe. Der Name Asura bezeichnet solche, die nicht (wenn Götter) Wein tranken, also auf bösem Wege sind. Nanto und Ponanto (Nanda und Fananda), als die beiden Schlangen- oder Drachenkönige (Nanda, Upananda), die die Buddha-Lehre beschützenden Brüder, gossen bei Sakya's Geburt (in der Luft erscheinend) das Bad über ihn aus. Sie lassen regnen und die Feldfrüchte gedeihen, als Beglückende (Nanda).

Brahma, der Selbstglänzende in höchster Seligkeit und die allein einzige Wesenheit, nimmt unwirklich die Gestalt der Welt an, durch die Wirkung seiner eigenen Illusion oder Maya (nach den Vedantisten oder Brahma-Vadis). Nach den Logikern oder Mimansakas, die den Beginn der Welt lehren, entsteht das All aus den vier Atomen, die, zu je zwei zusammentretend, ein Ei Brahma's werden, so dass früher nicht seiende Wirkungen durch die Handlung eines Bewirkers in's Sein*) treten. Nach der Evolutions-Theorie (der Sankhyas, Yogas, Patanjalas und Pasupatas) wird, aus drei Gunas oder Eigenschaften (sattva, rajas und tamas) bestehend, Pradhana (Prakriti oder Natur), durch aufeinanderfolgende Stufen (Mahat oder Verständniss, Ahankara oder Bewusstsein u. s. w.), in der Form der Welt entwickelt, so dass früher flüchtig Existirendes durch die Ursach-

*) Wenn die Seele die körperliche Hülle abgeschüttelt hat, steht sie nackt da (nach dem Buche Sadder). Fünf selige oder paradiesische Schwestern (Pervardaghân genannt), deren jede einzelne ihren besondern Namen hat, weben und nähen, und sorgen für die Kleider dieser nackten Seelen, um sie mit einem königlichen Gewande (Stola) zu versehen. Der nach der Vereinigung der geläuterten Seele mit dem Urmenschen rein materielle Rest, ὕλος, des menschlichen Körpers kehrt (als Erzeugniss des Reiches der Finsterniss) nach der Hölle zurück (nach Mani).

wirkung sich manifestirt (s. Madhusudana). Nach Haug bedeutet das Neutrum Brahma, als Wachsthum, die Naturseele und Zeugungskraft. Als die Mimansa von der Welt in ein weltliches System des Atheismus (Lokayata) verkehrt worden, rühmte sich Kumarila, das System*) in die Bahn des Deismus gebracht zu haben (nach Banerjea).

Nach Musäus seien die Brachmanen**), ein Volk, das sich

*) Von den drei Klassen der Atharvopanishad untersuchen die der ersten Klasse direct das Wesen des Atman (Allgeistes), die der zweiten neben der Versenkung (yoga) und der Meditation darüber, die Mittel und Stufen, das völlige Aufgehen im Atman zu erreichen, während die der dritten eine von den vielen Formen substituirt, unter welchen die beiden Hauptgötter, Siva und Vishnu, im Laufe der Zeit verehrt worden sind (Weber). Indem Buddha alles Daseiende als ein den Gesetzen der Geburt, der Veränderung und der Vernichtung Unterworfenes betrachtete, war das Nichtsein des Ich (sowohl das individuelle, wie das allgemeine) ein Grundprincip seiner Lehre (s. Palladius). Wer mit ebenmässigen Augen sich selbst in allen Wesen sieht und alle Wesen in sich, seine eigene Persönlichkeit opfernd, geht in dem selbstleuchtenden Brahma auf (nach Manu). Aus den fünf Elementen, der Schöpfung des höchsten Gottes, entstand Paraprouman, der die Göttin Ischasatty hervorrief (an der Küste Coromandel). Tonmi Sambodha, Erfinder des tibetischen Alphabets, brachte (VII. Jahrhdt.) die Formel Om mani padme hum aus Indien. Um das (von Nebukadnezar bei der Zerstörung Jerusalems verbrannte) Gesetz Gottes wieder herzustellen, lässt sich Esra von Schnellschreibern begleiten, und nachdem man ihm einen vollen Becher gereicht, wird sein Mund geöffnet (wie der des Viraf). Zu Mahomed's Zeit nannten die Juden Esra den Sohn Gottes (Dozy). Die Bemerkung des Ezechiel (der noch Theile des alten Pentateuch vor sich hatte), dass die Juden erster und zweiter Generation nach dem Auszuge den Götzen gedient hätten, ward von der Redaction durch Esra fortgelassen, ebenso wie das Verbrennen aller (auch menschlicher) Erstgeburt in den von Jehovah anfangs gegebenen Gesetzen, die derselbe selbst für schlecht erklärt.

**) Aristobulus sophistarum, qui Taxilis sint, se vidisse dicit duos, Brachmanes (*Βραχμᾶνας*) ambos, alterum seniorem tonsum, alterum juniorem comatum, utrumque discipulis comitatum fuisse (s. Strabo). Sie erhielten auf dem Markte Gaben und der Aeltere setzte sich dann der Sonne und dem Regen aus, während der Jüngere auf einem Fusse stand, ein Holz emporhebend. Onesicritus erzählt (bei Strabo) von den Sophisten, dass er sie in der Nähe der Stadt nackt umherliegend oder stehend gefunden. Nearchus de sophistis ita loquitor: Brachmanum nonnullos rem publicam gerere et reges sequi et eorum consiliarios esse, ceteros vero, quae ad naturam pertinent contemplari (*σκοπεῖν τὰ περὶ τὴν φύσιν*), et ex his Calanum fuisse (s. Strabo). Die Inclusi und Reclusi schlossen sich in

nicht aus eigenem Entschlusse (wie die Mönche) absondere, der Welt entsagend, sondern dieses Loos vom Himmel und auf Gottes Anordnung erhalten hätten, beim Gebete nicht nach Sonnen-

Zellen ein, mit drei Oeffnungen für Licht, Nahrung und Abendmahl. Die Brachmanen der Oxydraken waren Gymnosophisten, in Hütten und Höhlen wohnend (nach Pseudo-Kallisthenes). Brachmanes enim non insiliunt in ignem, ut Onesicritus narrat, qui ardentem vidit Calanum, sed rogo exstructo prope astantes immoti (ἀκίνητοι) ustulari se patiuntur. *Τοὺς γοῦν γυμνοσοφιστὰς καὶ θανάτου καταφρονεῖν, φησὶ Κλείταρχος* (Diog. Laertes.). Albirouni erklärt Soumenat als Beherrscher der Männer von Nat (Herr), Man und Sum. Die nackten Brachmanen oder Gymnosophisten lagen (im Lande der Oxydracontan) nackt, nur mit leichtem Ueberwurf bedeckt, in ihren Hütten und Höhlen, während Frauen und Kinder in der Nähe die Heerden weideten (nach Pseudo-Kallisthenes). Nach Plutarch ist es das Verdienst Alexander's, dass Asien Homer im Urtext lesen kann und die Söhne des Perser, Susier und Gedrosier, die Tragödien des Sophocles und Euripides recitiren. In Scythien finden sich achaische Städte und Asien ist voll von Athenern (nach Seneca). Julian (bei Libanius) beabsichtigte (nach der Eroberung Persiens) den Gebrauch der edlen Sprache (der Griechischen oder Römischen) in Susa durch Schulen wiederherzustellen. Lorsque les gens de Meilili (des Arabes), qui se trouvaient à Alger entendaient parler les soldats allemands de la legion étrangère, ils croyaient assister (disaient-ils) aux conversations des Touâregs (Renou). Arsaces, der in der Stadt Pahl Aravadin (im Lande der Kouschan) herrschte, stammte von Abraham in der Nachkommenschaft der Ketura (nach Mar Apas Catina). Von ihm hiessen seine Thronfolger Arschagouni (Arsaciden). Nach den Arabern war Abraham's Frau Ceturah oder Kenturah türkischen Ursprungs, und von ihrem Enkel Dadan (Sohn Jakschan's) stammte (durch den Medianiten Raguel oder Safuun) Saphourah oder Sephora (Tochter des Schoaib oder Jethro), die zingiescher Herkunft heisst. De bevolking van de Residentie Amboina kan in drie klassen verdeeld werden: 1) Zij, di door christendom, burgerschap enz. onder den collectieven naam van Amboinees kunnen worden samengevat, waartoe verreweg het grootste gedeelte van de bewoners der Specerij-eilanden behoort, benevens enkelen op de strandposten van Ceram en Boeroe. 2) De Klasse der Alfoeren, meer in het bijzonder uitmakende de eigenlijke bevolking van Ceram en Boeroe, en verreweg het talrijkste. 3) De veel minder beteekenende Klasse van Mohamedanen, benevens Arabieren en andere vreemde oosterlingen (Ludeking). Op Ceram en Boroe treft men den waren Alfoer alleen man met zwaar kroeshaar, dat even als het haar der Papoes van Nieuw-Guinea spiraalvormig als een kurkentrekker gedraaid is en ruim een voet lengte bereikt, maar duidelijk van dat der Afrikanen verschilt. Hoezeer men Alfoeren niet sluik haar beschrijft, zijn dit zeer waarschijnlijk geen Alfoeren, maar afstammelingen van de vermenging met vreemde stammen, die zich op hunne stranden hebben gevestigd. De Alfoer heeft een grooten, krachtigen en slanken ligchaamsbouw,

aufgang sehend, sondern nach dem Himmel, ohne auf die Veränderung des Sonnenaufganges zu achten. Nach Dandamis bilden die Erde, die Fruchtbäume, das Licht, die Sonne, der Mond, die Sterne, der Luftstrom und das Wasser das Eigenthum der Brahmanen (bei Pseudo-Kallisthenes). In weiter Entfernung von den nackt in Hütten und Höhlen lebenden Gymnosophisten sah Alexander ihre Weiber und Kinder, wie sie Schafheerden weideten. Als Alexander auf dem Zuge gegen die Indier das Land des Helios erreicht hatte, setzte er sich unter die heiligen Bäume, aus denen weissagende Stimmen seinen Tod verkündeten. Aber die Possen der geschwänzten Einflüsser, die, nachdem sie losgelassen, auf die Felsspitzen sprangen und ihn verhöhnten, vertrieben seine Schwermuth. Nach Palladins errichtete Alexander im Lande der Serer, wo die Seide erzeugt wird, die Grenzsäulen seiner Züge. Nach der malayischen Geschichte (Hhikayat) von Iskander Dzoe l' Kharnein zieht Alexander*)

---

zwaar kroeshaar, donkere oogen, sterke spieren, eene groote vlugheid en woestheid, goed bemeden gelaat, weinig vooruitstekende jukbogen en matig dikke lippen (op Sumatra als Lorbus en Koebus bekend, op Borneo, Celebes, Flores, Timor, Borroe en Ceram als Alfoer, op Nieuw-Guinea als Papoea). De volgelingen van Mohamed, die in den tegenwoordigen Maleijer voortleben, nadessen in hunne type den Siamers en Indo-Chinees, vooral in hunne lichtere gelaatskleur. De volgelingen van Hindoe en Islam, die zich naar de andere eilanden overplaatsten, waren de grondvesters der bedendaagsche Strandbevolkingen, waaronder men geen Alfoeren aantreft (Lindeking). Die Alfuren erkennen als Ahnherren Uli Siwa (neun Brüder).

*) Die Strasse von Gibraltar (an den Säulen des Herakles) war (nach Edrisi) das Werk Alexander's. Moni (Sohn der Sonne) war Gott von Sebenuytus (Gemnuti), als Sem oder Gem. In Alcides und Alcmene liegt *ἀλκή*. Hercules may be related to the Semitic 'har or harh (heat or burning), the teutonic har or fire, and perhaps to aor (light) in Hebrew, or to the Hor (Horus) in Egypt. Herkle oder Ercle (bei den Etruskern). In the Hebrew, Samson recalls the name of Sem, the Egyptian Hercules. In dem Semnuthis betitelten Werke beschrieb Apollonides oder Semnuthis die Kriege der Götter gegen die Giganten. Hercules ist Nilogenitus (bei Cicero). Heracleopolis ist durch die Tumuli von Anasieh (Hnes) angezeigt (s. Wilkinson). Maui ist der Hercules der Maori in Neuseeland. Die Banyanen (Banig-jana oder Handelsleute) enthalten sich des Fleisches. Die Banjaras (Kornhändler des Dekkhan) unterhalten mit ihren Caravanen von Lastochsen den Verkehr über die Pässe der Ghauts (in die vier Stämme der Rhatoren, Bur-

erobernd durch die Welt, um die Verehrung des Propheten Abraham, Gottes Freund, auszubreiten. Nach dem Hhikajat Emiro 'l moeminina Hhamzah (die Geschichte von dem Führer des treuen Hamza) wandert Hamza, der Sohn des Abdul Mothalib, mit seinem Freunde Omar Amiah Zamrih umher, um die Götzenbilder umzustürzen und die wahre Religion Abraham's aufzurichten.

Die eigentliche Pflicht eines Brahmanen würde sein, sich der Meditation über das Heilige hinzugeben, und sein Unterhalt sollte nur durch Betteln erworben werden, als Bhikshu. Da indess die unteren Klassen der Gesellschaft in dem gegenwärtig entarteten Zeitalter sich nicht mildthätig genug den heiligen Klassen beweisen, so haben sich diese weltlichen Beschäftigungen unterzogen, als Lovadica oder Lokika, und mögen als solche noch immer Heirathen mit den Vaidika eingehen, oder denjenigen Brahmanen, die der eigentlichen Aufgabe ihres Standes nachleben. Dagegen würde selbst der niedrigste Lokika sich nicht entschliessen, in die Familie eines Brahmanen zu heirathen, der das Priesterthum in den Tempeln Vishnu's oder Siwa's*versähe (bei den mit Blut befleckten Altären niederer Gottheiten würde kein Brahmane Dienste versehen). Am höchsten stehen unter den Brahmanen solche Vaidika, die sich durch ihre Büssungen ganz der Gottheit ergeben, die ihr Haar schneiden, gelbe oder rothe Gewänder anlegen, nur einmal des Tages essen, sich der Frauen enthalten und in Pagoden oder Matam (Klöster) leben, wo sie (wie in Vellore) ihre Schüler zu Sanyassi erziehen, indem sie dieselben im Lesen des Sanscrit unterrichten und mit den Lehrsätzen ihrer Secte bekannt machen

tiah, Dschauhan und Powar getheilt). Das Guzerati, das die Banyanen reden, ist die Handelssprache auf indischen Märkten. Unter den Brachnas am Senegal bildeten (nach Leo Africanus) die Assani oder Hassani die Kriegerkaste, als versprengte Schiiten oder Beni Hassan. Bei dem Feldzuge in dem Sudan bis zum Maghreb vordringend, errichtete der yemitische König Abraha Doul Menar (Vater des Afrikis) Pfeiler (Menar) am Wege, um bei der Rückkehr zu leiten (s. Caussin), wie Memnon. Der yemitische König Yacer (Onkel der Belkis) errichtete am Ende seines Feldzuges nach dem Maghreb eine Inschrift in Musnad, als äussersten Wanderpunkt.

(s. Buchanan). In Ronggapur in Bengalen scheiden sich die Brahmanen in die Secte der Tantriker, die Siwa nach den Anordnungen des Agomvagis (XIV. Jahrhdt. p. d.), verehren, und die Baidiker oder Vishnuiten, die von den Werken des Vyasa besonders dem durch Vopadewa commentirten Sri-Bhagavat folgen. Die Goswamis in Bengalen erkennen als Stifter Odwaito (1232 p. d.), Nityananda (1483 p. d.) und Chaitomiyo. Die unter den Pala begünstigten Yogi, die Lieder im Preise des Gopichandro singen, werden mit dem Ehrentitel Nat (Herr) angeredet.

Die erste Colonie der Brahmanen (aus Mithila) wurde durch den Rajah von Komotopur*) (XIII. Jahrh.) in Rungpur (des nordöstlichen Bengalen) eingeführt. Die Colonie der Kamrup Baidiks (von der Kanjakubga-Nation) kam unter Viswo Singh (XVI. Jahrhdt.), als Magier. Rajah Nilodhoj, der durch den die Fussohlen lesenden Brahmanen aus dem Sklavenstande**) erhoben war, führte zuerst Brahmanen aus Mithila in Assam***) ein und bekämpfte die Mohamedaner. Dann folgte die zweite

*) On the conquest of the city of Komoteswari by the Moslems, the amulet of Bhogodotto retired to a pond. Under the government of Pran Narayon, the fisherman Bhona, not being able to draw out his nets, was informed in a dream and instructed the Raja. A Brahman was sent upon an elephant and, having found the amulet, placed it in a silken purse (to be concealed), for it is quite unlawful for any to behold the emblem of the goddess. The Raja appointed priests (1665 p. d.) to the temple built, from among the colony of Brahmans, that had been introduced by his ancestor Viswo, but he was informed by a dreamer, that this was not agreeable to the goddess, and that her priests must be selected from among the Maithilos, by whom she had been served formerly. The Maithilos have ever since been the Purohits of the family and superintend all its ceremonies, while the Baidiks of Kamrup have only been able to retain the office of Guru or religious instructor. By a succeeding Rajah (who chose the Kashi Brahman for his spiritual guide), they were dismissed from the office of Guru. The Kamrupis were never well established, and some of the Rajahs have choosen to return to the ancient guidance of the Kolitas.

**) Den Kuhhirten Kapila Bhavarliet, der von einer Hutschlange im Schlafe umwickelt und gegen die Sonne beschützt wurde, adoptirte der König von Orissa, der ihn als Rajputen erkannte, an Sohnes statt.

***) About the middle of the XV century a revival of Hindooism appears to have been carried out in Kamaroopa by the introduction of Brahmins from Gour (Hannay).

Colonie der Kamrupi-Brahmanen (aus Srihotta). Kasyapa, Sohn Marichi's, führte eine Colonie Brahmanen nach Kashmir. Die Gebräuche der Brahmanen in Mithila wurden geregelt unter dem Kshatrya Nanyop Dev, der (1089 p. d.) die Herrschaft Tirahuts erwarb. Die den Tantras folgenden Brahmanen Mithilas*) begehen den Dienst des Bam Acharya (und Pasu Bhau) im Trunk, durch ihre Göttin Varuni Befreiung von den Transmigrationen erlangend. In Nepal und Mithila wird Bimsen verehrt. Die Mithilas wagen sich nicht nach Magadha, da Solche, die in diesem unreinen Lande sterben sollten, in Esel transmigriren würden (wie in Malabar). Nach dem Dakshinsarcha Tantra Rajah Kasinathi zerfällt der Bali in Rajasa oder blutige Opfer (wie bei der Sakti-Verehrung) und in Sattoika, die eigentlich allen Brahmanen zustehen sollte. Nach Ziegenbalg theilen sich die Brahmanen in vier Klassen (Tscharigue, Kiriguey, Jogum und Gnanum). Die Gnanigueul (sagt La Croze) enthalten sich nicht nur weltlicher Verrichtungen,**) sondern auch des Götzendienstes. Unter den, ärztliche Praxis in Puranya ausübenden, Brahmanen verwerfen die Misra oder Sakadwipa genannten den Gebrauch der Mantra als Medicin. Keiner der eigentlichen Magadha-Stämme gehört zu den Sakadwipa.***) Ausser den Magas oder Brahmanen finden sich (in Sakadwipa) Magadhas (Krieger), Ma-

*) Janak, Rajah of Mithila (father-in-law of Raman) taught the art of war to Suyodhan, brother of the emperor of India, who was deprived of his kingdom by Yudisthira.

**) The Palliwal-Brahmins are the remains of priests of the Palli-race, who in their pastoral and commercial pursuits have lost their spiritual power (Tod).

***) The Sakadwip-Brahmans assume the title of Misra, as persons who have acquired a mixture of all kind of learnings (Hamilton). Der bei Multan fliessende Fluss in Sindh heisst Mihran bei Al Istakhri (als Indus). According to the traditions of the Arabs, the first king of Egypt was Tabili, who built the town of Miçr, which was afterwards destroyed by the deluge. König *Μεσφρῆς* baute nach Plinius die ersten Obelisken. Hammer erklärt *μυστήριον* vom altpersischen Miad, als unblutiges Opfer. Als Al-Magist benutzten die Araber des Ptolemäos *ἡ μεγίστη σύνταξις*. In der Atharva-Veda hält jeder Yatu seinen Gegner für einen Zauberer, sich selbst aber für den wahren Priester. Die Waica, die für reine Gallas gelten und sich nur unter einander verheirathen, sind Seher, die fluchen oder segnen.

nassasar (Kaufleute) und Mandagas (Arbeiter). Die Magahi-Bhunghar oder Zemindar-Brahmanen in Bhagalpur sind (nach Hamilton) Abkömmlinge der alten Nation der Brahmanni und verstehen ihr Eigenthum tapfer zu vertheidigen. Die militärischen Brahmanen in Behar sind Sakadwipi. Der von Jamblichus auf seiner Rückreise besuchte König von Palibrotha hatte grosse Achtung vor den Griechen. Siladitya, der Maharajah Kanjakubgas, wurde vom Bodhisattva Avalokiteswara beschützt und berief eine Versammlung der Priester (643). Als Ragjapala (1017 p. d.) von Mahmud besiegt war, wanderten viele Bewohner von Kanjakubga nach Baris oder Badi am Ganges. Nach Wilford liess sich die erste Colonie der Brahmanen aus Sakadwipa in Kikata (Süd-Behar) nieder und nannte das Land Magadha von ihrem Ahnherrn Maga. Mahmud hatte bei der freiwilligen Unterwerfung des Rajah (1017) Canouj unbeschädigt gelassen, aber unter Shahab-u-din wurde Benares und Canouj erobert (1194) durch seinen Feldherrn Kutb-u-din, der den Rahtore-Rajah (Jeya Chandra) erschlug und seinen weissen Elephanten*) erbeutete. Nachdem schon die Plätze der alten Cultur in den Ebenen und an den grossen Flüssen in mohamedanische Gewalt gekommen, hatte die gebirgige Natur das (470 p. d.) durch die Rahtoren eroberte Canaenbya oder (nach Elphinstone) das alte Panchala der Brahmanen noch geschützt, die sich dann (bei dem Einfall aus Ghazni) noch weiter westlich zogen und, als auch Mithila vor dem Hause Lodi gefallen war, in den Bergen Nepauls oder den Sümpfen Bengalens (und dann weiter in Hinterindien) Schutz suchten. Unter Siladitja war Canouj noch buddhistisch gewesen (VII. Jahrhdt.), aber die gerade damals zunehmende Unsicherheit gegen mohamedanische Einfälle wird den Brahmanen (die zur Zeit des Feuerdienstes in Hoch-Asien auf der grossen Heerstrasse der königlichen Pässe eingewandert waren und in die Mitte des Landes sich verbreitet hatten) an den Rand des schützenden Schneegebirges gedrängt haben, hinter den sich die vorgeschobenen

*) The possession of a white elephant is thought lucky by the Malay paddy-growers in Penang (Vaughan). Als Fetisch des Königs, wird der Elephant in Judah oder Whidah nicht gejagt (s. Labarthe).

Posten der tibetischen Geistlichkeit vor ihnen zurückzogen. Besondere Verstärkung werden sie nach der Eroberung Lahores (bei Japal's Niederlage) 1001, sowie des goldenen Hauses in Multan (1004) aus dem Siege über Anang Sal (1008) erhalten haben, worauf dann bald Canouj selbst angegriffen wurde. Der im büssenden Einsiedlerleben der Munis und Rischis begründete Buddhismus bildete sein System, als die auf überlegene Bildung trotzende Anmassung brahmanischer Kasten-Aristokratie*) die einheimischen Fürstengeschlechter beleidigte und eine Reac-

*) Bei den Chaldäern pflanzte sich die Weisheit vom Vater auf den Sohn fort (nach Diod. Sic.). „Die Chaldäer, die immer auf demselben Punkt in ihrer Gelehrsamkeit bleiben, empfangen die Ueberlieferungen unverändert. Bei den Griechen aber, die immer an Gewinn denken, entstehen immer neue Secten, die sich widersprechen und ihre Schüler verwirren, so dass diese zuletzt gar nichts glauben." In Tonga folgte meistens der Sohn dem Vater unter den durch Kawi- oder Awa-Trank des Taomelpfeffers begeisterten Priestern, deren Häupter (der Tuitonga und der Weachi) von hohen Göttern stammten, die die Insel besucht hatten. Bei den sicilischen Kotyttis wurden Kuchen und Nüsse an Baumzweige gehängt (s. Jacobi). Wie Plato die Anbauung am Meere als Verderben bringend betrachtet, so rechnen Dicäarch und Aristoteles das Bekanntwerden der Nomadenvölker mit dem Meer als die vorzügliche Veranlassung ihrer Verschlechterung. Auf die Mony (den dritten Grad) folgt die höchste Ekstase der vollendeten Geister (Heiligen oder Siddyken), die bereits über die Seelenzustände (ahwâl) und die Verzückung (makâmât) hinausgelangt sind und deren Verständniss schon für alles Andere ausser Gott verschlossen ist, so dass ein Solcher seiner selbst entäussert ist, dass er seine eigenen Seelenzustände und Werke nicht mehr kennt und wie sinnbetäubt sich versenkt in den Ocean der Gottesanschauung (shohud). Diesen Zustand pflegen die Sufys (nach Ghazzalys) mit dem Ausdruck der Vernichtung (fanâ oder nirvâna) zu bezeichnen (s. Kremer). Nach Sohrawardy (1180 p. d.) wird in den geläuterten Seelen (annofus almogarradah) ein Abglanz des Lichtes Gottes reproducirt und es sammelt sich in ihnen schöpferisches Licht (nur-challâk) an. Auch das böse Auge ist einschlagende Lichtkraft. Die Sufys (achwanstiagryd) werden von Lichtwirkungen verschiedener Art (zuerst von blitzendem Licht oder ahl albadaja) erleuchtet. Die Welt ist nie ganz ohne Prophet, als Stellvertreter Gottes auf Erden (Chalyfat Allahi fylard). Omar (bei Bochany) nennt die Beduinen die Wurzel der Araber und den Kern des Islam. In der Offenbarung (Kashf) sah Ibn Araby alle jene Dinge mit Augen, an deren Existenz in der oberen oder unteren Welt er bisher geglaubt hatte. In der kahnförmigen Arche der Aegypter wurde der Sonnenkäfer durch die Flügel der Göttin Thmei (Wahrheit) überschattet (den Cherubim der Juden). Das Bild des Gottes von Papremis (Mando) oder Mars (Rampo und Anta, als Gott und Göttin des

tion hervorrief, die in Indien zwar durch das politische Uebergewicht fremder Machthaber (bei denen die Brahmanen Einfluss gewannen) oder durch Volksaufreizung (wie in Parasu-Rama's über die Kschatrya) herbeigeführte Katastrophen gebrochen wurde, aber in Tibet festen Boden und dort symbolisirt. einen weiteren Mittelpunkt der Verbreitung fand. Nach Raschiduddin (X. Jahrhdt.) waren die Leute von Sindabur, Faknur, Manjarur (Mangalore). Hili, Sadarsa, Jangli und Kulam Götzenverehrer und Samanisten. Nach Ibn Haukal trieben die Budhiten*) ihren auf Kameelen geführten Handel in Kandabil. Zu Masudi's Zeit war Bauura (Bovora) oder Budha ein allen Königen von Kanouj gemeinsamer Titel. Die von Balhara beherrschten Bewohner von Nahrwara enthielten sich des Schlachtens und pflegten kranke Thiere (nach Idrisi). Nach Al Biruni glich die Sprache der Indier in Malabar der in Khanbalik bei Rum gesprochenen (als Sammanis). Kaiser Huenti (68 p. d.) empfing buddhistische Schriften von einem Geistlichen der Ansi (Asi in Bokhara). Nach Marsden schickte der König Siams (950 p. d.) Priester nach Indien, um religiöse Bücher zu holen. Um die Schriftzeichen des Fohi zu verbessern, betrachtete Tsangkie (unter Kaiser Hoangti) die Linien auf der Schale der Schildkröte und copirte den Fusstritt der Vögel, um Charaktere zu erlangen. Als ein Fürst der südlichen Barbaren dem Kaiser Jao eine Schildkröte zum Geschenk brachte, deren Schale mit den alten Charakteren beschrieben war, fand man darauf die früheste Geschichte des Reiches geschrieben. Davon leitet sich nach Gützlaff der gute Ruf, den die Schildkröten noch geniessen, und werden sie viel in Wahr-

kriegen) wurde von den Priestern auf einem Wagen gefahren (nach Herodot). Das heilige Ichneumon hiess Nims oder Got (Kot Pharaon oder Pharao's Katze).

*) Gentiles, qui in Sindia degunt, sunt Bodhitae, et gens quae Mund vocatur. Bodha nomen est variorum tribuum (Gildemeister). The Budis of the median tribes (Busae, Paraetaceni, Struchates, Arizanti, Magi) are the Putiya of the Persian, and the Budu of the Babylonian inscriptions, probably identified with the Phut of Scripture (Rawlinson). Die Herero nennen Fremde Takoma (weil nur ihre Sprache fliessend sei) oder die Stotternden (s. Hahn). Fremde heissen in Indien (nach Weber) varvara (Barbaren) oder Stammelnde. Slavi enim homines latine loquentes vlachy (balbus) appellabant (Miklosich).

sagungen gebraucht. In der sich an das Maitram (Brâhmanam) anschliessenden Maitrâyana-Upanishad (des schwarzen Yajus-Veda) wird König Brihadratha, der aus der Nichtigkeit irdischer Dinge sich der Betrachtung hinzugeben wünschte, von Sâkâyanya über das Verhältniss des Atman (Geistes) zur Welt belehrt und zwar erzählt ihm derselbe, was Maitraya über diesen Gegenstand gesagt hatte, der seinerseits wieder nur die Belehrung der Balakhibja darüber durch Prajâpati selbst berichtete. Indem sich König Brihadratha (Vater des Jarâsandha) unter den Vorgängern der Pandu (im Mahabharata) findet, so könnte (nach Weber) der Umstand, dass ein Magadhakönig durch einen Sakayanya Belehrung empfängt, mit dem Umstand in Verbindung gebracht werden, dass in Magadha gerade die Lehre des Sakyamuni*)

---

*) Die zu Gunsten des Jüngsten, Jantu (dessen Mutter das Wahlrecht gegeben war), verstossenen acht Söhne des Königs Okkaka zogen mit ihren Schwestern nach dem Himawant, an dem Aufenthaltsorte des Kapila eine Stadt bauend, wo sie sich, um Geschlechtserniedrigung zu vermeiden, mit ihren Schwestern vermählten. Die als Aussätzige fortgesandte Schwester traf den König Rama, der nach der Heilung in der von seinem Sohne an der Stelle eines hohlen Kolom-Baumes (Nuclea cordifolia) erbauten Stadt (Kolanagara oder Vyagghapajja) Söhne zeugte, die die verwandten Prinzessinnen der Sakya beim Baden raubten. Als nach der Zeit des Bhagawant über die Bewässerung der Felder aus dem Flusse Rohini Streit entstand, diente die Vermischung mit den Schwestern, sowie das Leben in hohlen Bäumen zur Anfachung des später durch Bhagawant geschlichteten Streites. Als Rp'hags-skyes-po, König von Kosala, die Stadt Kapilavastu zerstörte, flohen einige der Sakya nach Nepaul, der verbannte Shampaka aber ging nach Bagnd, eine Stadt zu gründen. Philostratus nennt neben Nysa (am Parnassus bei Juvenal) oder (bei Plinius) Scythopolis des nysäischen Dionysos (in Indien) den Hügel Meros. Nach Hesychius fand sich Nysa und nysäischer Berg an vielen Plätzen, als Arabien, Aethiopien, Aegypten, Babylonien, Erythea, Thracien, Thessalien, Cilicien, Indien, Libyen, Lydien, Macedonien, Naxos und beim Pangaeum (in Syrien), sowie in Euböa, Phöacien, Phrygien am Sangarius (s. Wilkinson, der nisi oder nisisi als Iseum erklären möchte), oder in Karien, *πρώτη ἐν Ἑλικῶνι* (bei Steph. Byz.). Die Guebres behaupten, dass ihre Deri genannte Sprache (von dem Parsi verschieden) n'est qu'un travestissement artificiel de la langue persane pure, dans le genre du Balaibalan des Arabes, und dass sie die Guebres erst zur Zeit der musulmanischen Invasion bildeten, anfangs um von ihren bekehrten Landsleuten unverstanden auf den Schulen zu reden, bis der Dialekt dann allgemein wurde (s. Khanikoff). Nach Lucian erbat sich ein pontischer Fürst von Nero einen Dolmetscher, um mit

(der Buddhismus) Eingang gefunden habe. An der Spitze der Taittirigasutra nennt Mahadeva das Sutram des Baudhâyana, als das älteste. Plutarch nennt Mithra den Mittler (Μεσίτης), als zwischen Oromazan und Areimanios stehend (als Sonne*) ver-

---

fremden Stämmen in der Geberdensprache zu reden. In der Dulva bewohnen die Sakyas, als Nachkommen des Hindu-Königs Ikshwaku, das Land Kosala (Oude), an das Kailas-Gebirge grenzend (Csoma). Sakra (Sakko) oder Indra ist Saha-saka, als Gott des Firmaments. Nach dem Mahabharata war Sakala die Hauptstadt der Bahikas (Arattas), die ohne Beobachtung ritueller Vorschriften lebten. Auf den Sculpturen der Sanchitope wird Sakyamuni's Nirwana (s. Cunningham) durch seine Bootfahrt auf der See (vor Klagenden am Ufer) dargestellt (gleich der Abreise des Quetzalcoatl). Die Mexicaner verwenden Klassenworte bei den Numeralien. In der Zeit Alexander's war Sagala die Hauptstadt der Kathai. At Fahian's time Sha-chi (Sanchi) was one of the principal places of the kingdom of Sanakamika. Nach Isidorus Characenus (36 p. d.) gehörte Sagala den Sacae oder Scythen. Ferishtha lässt dem Rajah von Sagala dem Afrasiab Hülfstruppen gegen Khai Khosru zuführen. Nach den Tibetern regierte Milinda in Sagala oder Euthydemia. Nach Porphyrius wurden (in der Seelenwanderung) die Mysten (des Mythra) Löwen genannt, die Frauen Hyänen, die Diener Raben, die Väter Adler und Habichte. Der in den Grad der Leontiker (Arier von Aria oder Löwe oder Sinha) Eingeweihte wurde mit allerlei Thiergestalten bekleidet (s. Porphyrius). Nach Tertullian wurde in den Mysterien des Mithra die Stirne bezeichnet und Brod dargebracht. Nach Porphyrius waren (in den Mysterien des Mithra) die Mischgefässe (für das Wasser) Symbole der Quellen. Wenn dem in den Grad der Persika einzuweihenden Perser Honig gebracht wurde, als Bewahrer der Feldfrüchte, so wurde damit die Eigenschaft des Bewahrens symbolisirt (nach Porphyrius), indem die Götterspeise des Honigs als Nectar und Ambrosia um die Nase der Gestorbenen geträufelt wurde, um sie vor Fäulniss zu schützen. Nach Porphyrius wurde den in die Leontika Einzuweihenden, statt des Wassers, Honig auf die Hände gegossen, um dieselben rein zu erhalten. Sie bringen dem Mysten die dem reinigenden Feuer eigenthümliche Waschung dar, das Wasser, als dem Feuer feindlich, vermeidend. Sie reinigen aber auch die Zunge mit Honig von aller Sünde. Die Darun (Draono) genannten Brode werden von den Parsen dargebracht. In Aegypten peitschten sich die Priester zu Ehren der Götter (s. Herodot) und legten sich (nach Epiphanius) eiserne Halsbänder um, die Nase durchbohrend, um Ringe daran zu hängen. Cunningham erklärt die Tabasi Magorum und Tabaso gens, östlich von Ujain (bei Ptol.) als Tapasyas (Ascetiker). Der Chaityagiri-Hügel Wessanagara (Besnagar), der Ruheplatz Asoka's, heisst (bei Mahanamo) Chetiya.

*) Aus den Löchern in den Casas grandes betrachtete der Hombre amargo (Montezuma) oder der strenge Herr die Sonne beim Auf- und Untergange (Rivera), wie die Wenden auf dem Tanzberg bei Jüterbogk (s. Heffter). Als Incarnationen der Sonne herrschten Pan, Ari und Kai nach Pikah.

ehrt). Nach Epiphanius stritt Terebinthus mit den Aedituern und Priestern des Mithra, vorzüglich mit Parcus und Labdacus, den Propheten, über die zwei Principien. Die Römer lernten die Mysterien des Mithra aus dem Orient durch die von Pompejus bekämpften Seeräuber kennen. Die Metragyrten sammelten (nach Suidas) Almosen für die grosse Mutter der Götter. Hammer stellte Anaitis oder Ζαρητις mit der Mithra Urania (Artemis persica und Diana phosphora) zusammen und mit der babylonischen Mylitta (Astarte phönizisch). Nach Epiphanius war Epimenides der Priester des Götzen Mithra bei den Cretensern gewesen. Mitra und Varuna, die beiden schönhändigen Könige, bewahren in den Wolken das kostbare Amrita (durch dessen Trank die Eingeweihten die Unsterblichkeit erlangten). Der zerstückte Körper des Bacchus (Mitrophor) wurde von Demeter gesammelt. Die Perser, mit den Griechen um den Leichnam streitend, wollten Alexander als Mithras ausrufen. Als Mittler zwischen Ahriman und seinen Geschöpfen fliegt Mithra (mit 1000 Ohren und 10,000 Augen) zwischen Himmel*) und Erde, seine Keule zum Schutz gegen das Böse gehoben und die Seele vor der Berührung böser Geister bewahrend, während er zugleich in Leitung der Sonne Licht hervorquellen lässt, den Lauf der Gewässer regelt, Ruhe auf der Erde und Ordnung im Gesetz bewahrt. Die von der Septuaginta υἱοὶ τοῦ θεοῦ genannten Ban Elohim der Genesis heissen Engel bei Bardesanes. Die Wohnung des Himmelsgeistes ist im Himmel, die der irdischen Geister auf Erden, und

*) Alle himmlischen Heere stehen unter der Botmässigkeit des (chaldäischen) Matarasch (Welthüter) oder (bei den Indiern) Metatron (Mithra der Perser). Metraton (Fürst des Gesetzes, der Weisheit und Stärke), dessen Namen (in der Zahl) dem Allmächtigen (Schaddai) entspricht, ist Engel des Todes, befasst sich aber nur mit den Seelen der Rabbinen, indem seine Unterfürsten (Sammael und Gabriel) die anderen Sterbenden holen. Jehuel (mit seinen Gehülfen) ist (nach den Rabbinen) Vorsteher des Feuers, Ariel des Wassers, Jechiel der wilden Thiere, Gabriel des Donners, Galgaliel der Sonne, Ofaniel des Mondes, Ruchiel der Winde u. s. w. Der Samen des aus der rechten Seite des Urstieres (aus dessen linker Goschorun, Repräsentant der Thierwelt, hervorging) hervorgegangene Kajomors (Urvater der Menschen) liess (durch die Sonne gereinigt) aus der Erde den Baum der Menschenpaare hervorwachsen. Kukkuta ist Huhn (im Sanscrit), Kohá in Grebo.

die Riesen bringen wolkenähnlich Elend und Verderben auf die Erde (nach dem äthiopischen Buche Enoch). Die Galaxias, via Sancti Jacobi (von den zum Himmel führenden Pilgerstrassen) oder (ungarisch) Hadakuttya (via belli, weil die Ungarn aus Asien einwandernd dieser Constellation folgten), heisst der Weg der Seelen (bei den Irokesen) oder (bei den Türken) Hadjiler juli (Weg der Waller).

Die Königin Sandodewi's flüchtete von Mithila nach dem Lande Zanbanago, wo von einem Pona der Phaya-Alann Zanekka geboren wurde. Der ungarische Taltos (weiser Mann) kommt wie sein Tatos (weises Pferd) mit Zähnen auf die Welt (Ipolyi). Die Verdienstkraft der Zanekka liegt in den Zähnen. Die vom Sohne Jarasandha's gestiftete Fürsten-Dynastie in Magadha oder Behar ging mit der Ermordung Nanda's durch den Brahmanen Chanacya, der Chandragupta (aus der Maurya-Race) auf den Thron setzte, unter. Nach Anuruddhako, der auf Udayibhaddako (Nachfolger des Ayasatthru, Sohn des Bimbisara) folgte, bestieg Mundo den Thron und dann Nagadasako, der von Susunago*) (dem Hurensohn der Lichnawi-Fürstin) gestürzt wurde, worauf (nach Kalasoka) die zehn (neun) Nanda herrschten, deren Reich Chandragupta beendet. Neben Sib verehren die Mithila-Brahmanen meistens die Sakti. Der Rajput Hari Singha theilte sie in vier Secten. Die Ganapatyas in Chinchar verehren Ganesa**) als Ganpati, eingekörpert in den Gossayn Muraba. Laxmanasena, König von Bengalen, eroberte (1104 p. d.) Mithila

*) Raden Rahmat (of Champa) assumed (in Java) the title of Susuhunan (Susunan or Sunan), which no matter its literal signification, meant in its early use apostle, but when assumed by the temporal sovereigns, is more appropriately explained Caliph, as its was applied to the temporal and spiritual successors of Mahomet (Crawfurd). The most active and distinguished of the leaders in the work of conversion throughout the island, are known by the name of the nine Susuhunans or apostles, of whom many fabulous and puerile tales are related. Auch die neun Nandas scheinen als Anandas oder Yahandas auf eine priesterliche Reform hinzudeuten, die auf Kalasoka's Concil folgte, aber durch die brahmanische Erhebung der Zanekka unterbrochen wurde. Sin (die grosse Schlange) oder Apophis (der Riese) wurde von Horus durchbohrt.

**) Ganesa wurde durch die Frauen des sechs Rishi (die auf ihren Bruder eifersüchtig waren) bewogen, in der Gestalt einer schwach belebten Kuh zu er-

und Tirhut. Adisur (Vater von Ballal-sen) befreite Bengalen von der Herrschaft der Könige von Magadha (XII. Jahrhdt.). Die Mundas*) und Uraons zogen sich vor der Unterdrückung der Brahmanen durch die Hügelwälder von Kochang nach Singbhum und dem Kolehan zurück. Nachdem das frühere Geschlecht der Kshatrya**) vernichtet war, erhob Visvasphatika im Königreich Magadha die Kaivarttas Yadus, Pulindas und Brahmanen anderer Kasten (nach der Vishnu-Purana). Die Verehrung Vishnu's, als einer Incarnation des Sadasheo,***) wird in Kumaon an die

scheinen, die von Gautama mit einem Strohhalm geschlagen, sogleich starb, weshalb Siva zur Reinigung den Ganges erzeugen musste.

*) The four Kole dialects and the Ho (the language of the aboriginal Koles or Mundas, spoken in India before the Tamulian conquest) are spoken in the same locality with the other Kole dialects, belonging to the Tamulic family (s. Müller).

**) After Parasurama had extinguished the impious kings of the warrior race, Visvamitra recreated on Mount Aboo the Chetries. On pronouncing the sajiran mantri (incantation to give life) first the figure of Pramar (mar, mar: slay, slay) emerged from the flame. The new born warrior of the Agnicola destrayed the Dytes, who were watching.

***) When the Pandawa proceeded to Haridwar for worshipping Sadasheo, that god, being alarmed, fled in the shape of a buffaloe to Kedar (abundance of water) or Kedarnath, where he appeared under ground, leaving only its posteriors visible above (Trail). Auch der wilde Wüstengott, dem beständig der Text zu lesen war, dass er seinen unnatürlichen Appetit bezähme und nicht ein ganzes Volk auffresse, zeigte dem lästigen Moralprediger seine Herrlichkeit von hinten. Whatever fiction any one may invent, the credulous Hindoos consent to it by saying: God can do anything. They believe in their credulity, that Avatars have come from heaven and that Swayambhus have sprung up out of the earth. How can any one expect to remove such silly superstitions by telling that a virgin brought forth a son, and that a new star was created to herald its birth, that Jesus walked on the sea, and that this Jesus, the Saviour of the world, was tortured and murdered, and such like stories? If Jesus was produced in any different form of generation, then why not believe the same things as told in the Hindoo shasters. Why not believe the account of the generation of Shaliwahan, who has also been said to be born of a virgin, not yet twelve years old. In what is the relation of the death of Krishna by the arrows of Kalwartah less remarkable, than the death of Jesus? Why is it incredible that Ramachandra made stones float on the sea, if you allow that Jesus walked on the water? If you disciples of Christ say that Jesus was an incarnation because he was perfect

Erscheinung der Pandawa angeknüpft. Nach der malayischen Geschichte (Hhikajat) Sri Rama's incarnirte sich Vishnu in Rama, als Ravana, nach Vertreibung Indra's aus dem Himmel, seine eigene Verehrung eingesetzt hatte. Sri Ramavikaram ist der erlauchte Rama, der Tapfere (vieramat). Apramasya-sura bezeichnet einen Helden ohne seines Gleichen, Pakrama-wira den tapfern Helden. Huitzilopochtli trat gewaffnet aus dem Leibe seiner Mutter hervor, um ihre Brüder (die Centzon Vitznahua) zu bekämpfen. Mann und Frau derselben Gotram verheirathen sich nicht bei den Brahmanen, und dasselbe beobachten die Coramas (bei Bangalore) in ihren Familien, vier an Zahl, als Maydraguta, Cavadiru, Maynapatru und Satipatru. Nach dem Hadat oder Battas dürfen Leute desselben Stammes (Suku) nicht mit einander heirathen. Cunningham vermuthet in den Löwenfiguren der Sanchi-Tope Einfluss griechischer Künstler am Hofe Asoka's. Die nördlichen Brahmanen verachten die südlichen, weil ihre Frauen sich öffentlich zeigen, die südlichen werfen den nördlichen vor, dass sie Fische essen und blutige Opfer bringen. In Athen durfte nur mit Erlaubniss der Sophisten ein Mantel getragen werden, nach dem Bade der Studentenweihe. Die Brahmanen von Tinnevelly erlangten erst durch das Vorhersagen einer Ecclipse hinlängliches Ansehen, dass ihnen die Niederlassung erlaubt wurde. Die Vedas sprangen von selbst aus den Svayambhu durch die Kraft der Bestimmung (adrishta) und sprossen (nach dem Sankhya). The worship of fire was repudiated by the Buddhists and one of the principal objects of the assembly of the third Synod was the expulsion of fire-worshippers from the

in his life and wrought miracles, why do you find fault with those, who call Ramachandra an incarnation because he was powerful and holy? There are prophecies about Ramachandra as well as about Christ. There were may man of spotless lifes amongst the Hindoos. If believing the things written about the wanton sports of Krishna, why disbelieve the disreputable things written about Jesus by some famous authors and accept only those, who wrote concerning his virtues. If Rama could not be a God, because his wife was stolen by Rawan and he had to collect an army, how can you say that Jesus was seized by his enemies? Instead of such vapid stuff prepare for the Hindoos books of sterling Value (in the Prabhakar-paper, written in Mahratta at Bombay, 1861).

Vihara. Die Feuerverehrung auf dem Sanchi-Tope gilt Vairochana oder Licht.

Nach Masudi war die alte Religion der Chinesen ein Shaminah genannter Glaube, ähnlich dem von den Koreischiten vor dem Islam geübten Gebrauch. Als Araber und Buddhisten beide Samanäer waren, behaupteten sie (nach dem Mefatih-ol-olum), dass die Welt keinen Anfang gehabt, an die Seelenwanderung glaubend und dass die Erde beständig abnehmend sei. Die Jainas wollen in Arabien*) zahlreich gewesen sein, bis durch

*) The Jains, as Vedlavan man of secrets or knowledge, are believed by their opponents, to be possessed as magi, of supernatural skill and it is recorded of Cumara, author of the Cosa or the dictionary, that he miraculously made the full moon appear on Amavas (the ides of the month, when the planet is invisible). Das Zeichen Siva's ist ein Halbmond an der Stirn seiner Verehrer, die das Haar in eine Tiara aufflechten, mit Kränzen von Lotus. From Shemya (heaven in Persian), Shamioah is explained by the Syriac word Barhani Kaalla (light or understanding). Nachdem das Kali-Alter mit Kalki geendet, wird das Krita-Alter auf's Neue beginnen, und durch Devapi aus der Race Puru's und Maru aus der Familie Ikshwaku's, die durch ihre Frömmigkeit im Dorfe Kalapi am Leben blieben, wird das Geschlecht Manu's in den Dynastien der Kshatriya erneuert werden (nach der Vishnu-Purana). „Gelebt, dann todt, dann wieder aufgelebt," nannten die Araber (vor dem Islam) das Geschwätz Chorafa's (nach Scharisthani), der den Glauben an die Seelenwanderung aus der allhundertjährigen Wiederkehr des Vogels Hama zum Grabhügel folgerte. Nach Theophrast kehrt die Seele durch die Leiber von Rind, Hund, Vogel, Fisch schliesslich in den Leib zurück, von dem sie ausgegangen. Nach dem Beresith Rabba suchte Hadrian vergeblich das Beinchen Lus im Rückgrat des Menschen, woraus er hervorgegangen, zu vernichten. Rhamses XII. (1150 a. d.) hatte sich mit der Tochter eines mesopotamischen Häuptlings vermählt und sandte auf Bitten seines Schwiegervaters (da der Arzt aus Theben nicht helfen konnte) die heilige Lade des Gottes Chons, wodurch die Besessenheit seiner Schwägerin geheilt und der Geist ausgetrieben wurde. Während drei Jahre und neun Monate hielt der Häuptling die Gotteslade bei sich zurück, sah aber dann im Traume den Gott als goldenen Sperber nach Aegypten fliegen und fühlte sich zugleich von einer plötzlichen Krankheit befallen, so dass er das Heiligthum nach dem Tempel Thebens zurückschickte. Unter den Sculpturen der Sanchi-Tope findet sich ein female holding in her hand a round looking-glass similar in shape to those found in the Etruscan tombs. *Καὶ τῶν Βραχμάνων οἱ δὴ σοφισταὶ τοῖς Ἰνδοῖς εἰσιν* (Arrian). Die Sophisten oder Gelehrten opferten für das allgemeine Beste in Indien und mussten auch bei Privatopfern zugezogen werden, da sonst die Götter solche nicht annahmen (nach Arrian). Brachmanes mortem contemnunt et vivere nihili faciunt, credunt enim

Bharattaka vertrieben. Die Jainas entnahmen ihre Sprache aus dem Maharasthi-Dialect (im Prakrit). Die religiösen Bücher sind in dem Magadhi genannten Prakrit verfasst und wegen der Dunkelheit dieser Sprache die Commentarien im Sanscrit geschrieben.

esse regenerationem, aliqui autem colunt Herculem et Panem. Qui autem ex India vocantur Σεμνοί (honesti ac venerandi) nudi totam vitam degunt. Hi veritatem exercent et futura praedicunt et colunt quandam pyramidem sub qua existimant alicujus dei ossa reposita. Neque vero Gymnosophistae, nec qui dicuntur Σεμνοί, id est venerandi, utentur mulieribus. Virgines dicuntur Σεμναί (Clem. Alex.). Gleich den Encratiten, enthielten sich die Allobier (unter den Sarmanen) der Ehe (nach Clem. Alex.). According to the statement of the Tapas, the Jainas were first called Nigrantha or Alobhi (exempt from all passions or desire), there being then no difference of sect among them. In the time of Acharya Sohasti Suri (345 after Mahavira) their name was changed to that of the Cotie or Conynia Guchchha (s. Miles). Nach Megasthenes (bei Strabo) nahmen die Brahmanen ausser den vier Elementen eine fünfte Natur an, von der Himmel und Sterne kämen. Sie erfanden, wie Plato, Fabeleien über die Unsterblichkeit der Seele und Höllenstrafen. Nach Bardesanes (bei Porphyrius) waren die Brahmanen alle demselben Stammes, als von demselben Elternpaar in Vater und Mutter herkommend. Zum Beweise, dass die Philosophie in alten Zeiten bei den Barbaren geblüht und von ihnen zu den Griechen gekommen sei, führt Clem. Alex. die Propheten der Aegypter an, die Chaldäer der Assyrer, die Druiden der Galater, die Samanäer der Bactrier, die Philosophen der Celten, die Magier der Perser, die Gymnosophisten der Indier, als die Sarmanen unter den Allobiern und die Brahmanen. Dann verehrten andere Indier den Butta als Gott wegen der Trefflichkeit seiner Lehren. Wenn der Jaina durch Fasten und Bussübungen seine Zeit erfüllt hat, geht er in einen der paradiesischen Lusthaine ein, entweder als Herr (Inda) oder als gleichberechtigter Genosse eines Herren (Samaniya-Deva). Brahma hat keinen andern Tempel (an der Küste Coromandel), als die lebenden der Brahmanen (Sonvamy oder Herren), die in ihren Agrarno genannten Wohnungen Almosen annehmen, um den Gebern das gewünschte Glück zu gewähren (de la Flotte). Die Banianen, die auf dieselben Rechte als die Brahmanen Anspruch machen, glauben an die Seelenwanderung. Von den vier Seelen der Khouds verbindet sich eine mit Bura, eine wird im Stamme wiedergeboren, eine wird gestraft und eine stirbt mit dem Körper (Macpherson). Nach Hamza Ispahanensis bewohnen die Saminijûn (Samanäer oder Schamanen) den Osten, und ihre Ueberreste befinden sich in den Gegenden Indiens und im Lande China. Die Einwohner Churâsâns nennen sich Schamanân (im Plural) und einen einzelnen Samanäer: Schaman. Masudi nennt die Alschamaya die Sabier Chinas mit ihrem Meister Budasp (Buddha). Die Ueberreste der wirklichen Samanen finden sich in Indien und China (nach Chuwârazmi). Die Menschen waren in alter Zeit Samanäer und Chaldäer, und die Samanen sind Götzendiener (nach Chuwârazmi). Der gute

Nach dem prophetischen Theil des Satrungajamahatmya wird Kalkin 1914 Jahre nach dem Tode Vira's, als Sohn eines Mekha, geboren werden, unter den Namen Kalkin, Budra, Chaturvaktra. Die Avatare Kalki's wird sich im Hause des Brahmanen Bisbenjun (mit Awejsirdenih vermählt) incarniren. Die Kolitas*) sind die geistlichen Führer der Kacchar und wurden auch unter den Kocch begeistert, bis diese mit Einführung der Kamrupi-Brahmanen den Titel Rajbongsi erhielten. Unter dem Sohne des Bara Gohein flüchtete eine Colonie von Assamesen vor den Kolitas an den Sri Lohit. Bei den Kacchar wählt sich jedes Dorf aus den Kolitas**) oder Priestern einen Achar, um Ueber-

---

Vater umgab den Urmenschen mit der aus sich geschaffenen Macht (virtus, δύναμις) als Lebensmutter (μητηρ της ζωης), um die Archonten (Fürsten) der Finsterniss zu bekämpfen.

*) Buddhism triumphed over Brahmanism for several centuries but there was a reaction by the Agni-Kools in favour of Brahmanism, which took the form of an exterminatory war (in the second century a. d.), ending successfully in the establishment of the Pramara-dynasty one of the four Agni-Kools, which ruled over the whole of Central-India. Hansa, die heilige Gans der Brahmanen, ist das Emblem des Gottes Seb (Vater des Osiris) in Aegypten, mit dem Welt-Ei (orphischer Kosmogenie), das (nach Aristophanes) durch die schwarzflügige Nacht erzeugt war. „I am the Egg of the Great Cackler, I have protected the Great Egg, laid by Seb in this World," in the funereal rites (s. Hincks). Veteres asae dicebant, postea immutata litera s in r aras dixerunt (Servius). Die Griechen setzten die Sphinx aus Frau und Löwen zusammen, während die Androsphinx Männerkopf und Löwenleib zeigte bei den Aegyptern, die ausserdem die Criosphinx (mit Widderkopf), Hieracosphinx (mit Habichtkopf), Sphinxe mit Schlangenköpfen, mit Flügeln kannten, sowie das Sak genannte Fabelthier mit Habichtkopf, Löwenleib und in einer Lotusblume endendem Schweife, oder geflügelte Leoparden mit Menschenkopf, geflügelte Gazellen, das Einhorn u. s. w. A foreign sphinx has the crested head of the Assyrian „nisr" (Wilkinson). There is also the square-eared quadruped, the emblem of Seth.

**) The Kolitas and most of their followers have taken the part of Krishna and assume the title of Bhokot or Bhokto (worshippers), as alone following the true god. The Gorasuis worship chiefly Kamakya. Nach Dhaneçvara wird (1914 Jahre nach dem Tode Vira's) Kalkin (Katurvaktra) oder Rudra (Rudra) geboren werden (als Sohn eines Mlekha). Die Tempel Muçalin's oder Balaráma's und Krishna's in Mathura werden von ihm zerstört werden und Landplagen sich einstellen. Bei seiner Thronbesteigung wird Kalkin die goldenen Stûpa des Königs Nanda ausgraben und die ganze Stadt für Schätze durchwühlen. Bei dieser Ge-

tretungen zu bewachen. Die Kolitas leiteten ihre Kenntniss von ihrem Ahnherrn Borunya ab, der in der Absicht sich zu vergiften, von dem Weisheitswasser der Sarasvati getrunken, das dem von seiner Frau als einfältig verachteten Kalidasa gegeben und von ihm unter der Signatur Gift aufbewahrt sei, damit er es für sich bewahre. Von Kaula (einer adeligen Familie entsprossen) benennen sich die Kaula-Brahmanen, denen der Ehre wegen viele Mädchen angetraut werden. Am Ende des Kaliyuga, wenn die Gesetze der Veda ihre Geltung verloren haben, wird ein Theil der ewigen Gottheit von dem Geschlechte des Brahmanen Vishnuyaças im Dorfe Sambhala geboren werden, als Kalki, der, mit acht unwiderstehlichen Fähigkeiten ausgerüstet, alle Mlechha und Dasa vertilgen wird. Am Ende des Kaliyuga wird (nach dem Padma Purana) dem Brahmanen Dharmabhushana ein Sohn geboren werden, der mit dem Gesicht eines Pferdes, einen Dolch in der Hand, als Reiter erscheint, die Bösen zu strafen, die Guten zu belohnen, in der zehnten Avatare Vishnu's. Die Hindu glauben, dass der Körper Aurengzeb's von dem bösen Genius Kal-Yunum (Krishna's Feind) belebt sei, und dass die letzte Avatara als Kal auf weissem Pferde, in seiner Person erscheinen wird. Der siegreiche Saoshyas wird aus dem See Kaçvi oder Zareh (in Segestan) geboren werden, da die Fravasi den entfallenen Samen Zoroaster's beschützt haben. Im Nom Garschoi Todorchoi Tolli wird Chonchim-Bodhisattwa der zehnte Erden-Bodhisattwa genannt (als zehnte

legenheit wird eine steinerne Kuh (Namens Langnadevi) zum Vorschein kommen, durch welche viele Einwohner bestimmt werden, die Stadt zu verlassen, der erzürnte Kalkin wird dann die Gaina verfolgen, jedoch durch die Schutzgöttin zurückgehalten werden. Durch eine Ueberschwemmung gezwungen, Pâtaliputra zu verlassen, wird er diese Stadt mit Hülfe von Nanda's Schätzen wieder aufbauen. Wenn er später die Gaina verfolgt (durch Ketzer), wird Çakra oder Indra in Gestalt eines Brahmanen sich der Bedrängten annehmen und (nach Kalkin's Tode) seinen Sohn Datta in der Gaina-Lehre selbst unterrichten, worauf derselbe (unter Leitung des Prâtipada) viele Arhat Chaitja erbauen lässt und überall (den Anweisungen seines Guru oder Lehrers folgend) in den arischen und nicht-arischen Ländern den Gaina Tempel erbauen lässt. The god Buddwas was considered by the Welsh, as the dispenser of good (Cunningham).

Verkörperung des Vishnu). Um auf seinem Rücken Menschen, die sich in der Gewalt feindlicher Geisterwesen finden, zu befreien,*) erfolgt die Verkörperung des Chomchim-Bodhisattwa in

*) Als die Reliquien des heiligen Johannes des Täufers (Megnerditch) nach Armenien gebracht wurden, brachen sich die Thore der Hölle, von denen das eine in der Bergkette liegt, die sich von Taurus bis zu den Thoren von Pahl (Bahlav oder Bootrien) in Persien verlängert, und der heilige Gregorius (nachdem er den Götzen Kisanes und seinen Bruder Temedras zerstört hatte im Thal der neun Quellen) baute eine Capelle mit den Reliquien des Vorläufers (Garabed) Johannes und des Märtyrer Athenogenes (Athanakinee) auf dem Orte, wo sich (nach einer Offenbarung des heiligen Geistes) der Eingang in die Hölle fand (s. Zenob von Glag). Leontius, Bischof von Casarea, empfiehlt dem heiligen Gregorius den herbeizurufenden Geistlichen die geheimen Stellen anzuzeigen, wo er die Reliquien niederlegt, damit jene an ihrer wirklichen Auffindung nicht zweifelten. Für die in Rom erhaltenen Reliquien des Apostels Andreas und des Evangelisten Lucas wurde Gregorius (nach Anrufung in der Kirche) durch einen Engel zu dem passenden Platz im Taurus geführt, wo er ein Kloster baute. Beim Umstürzen des Kupferbildes des Kisanes entfernten sich (von den Gebeinen der Todten vertrieben) die fliegenden Dämone, wie in Menschengestalt mit Flügeln, andere fielen gleich einem Wespenschwarm oder Regen auf die Priester, die davon erkrankten, aber durch Gregor geheilt wurden. In der erbauten Kirche wurde nach Einfügung der durch Nägel am Winkel des Arsaciden-Thores angedeuteten Reliquien eine Inschrift aufgesetzt, jeder Frau den Eintritt in die Kirche verbietend, damit sie nicht auf die heiligen Reliquien treten und dem unversöhnlichen Zorne Gottes anheimfallen können. Auf Gregor's Gebet, dass die mit Frömmigkeit um Genesung Betenden von den Reliquien Heilung erhalten möchten, versprach eine Stimme vom Himmel, dass Niemand sie auffinden würde, um sie fortzunehmen. Die zur Bekehrung in's Gefängniss gesetzten Kinder der Priester indischen Stammes waren schwarz und missgestaltet, mit wolligem Haar. Die Priester hatten ihr Haar wachsen lassen, wie das auf dem Kopfe des Kisanes, und als der Fürst von Siounie das Abschneiden befohlen, liessen sie ihren Kindern zur Erinnerung eine Locke stehen. Wegen Rebellion von ihrem Fürsten Tinasbkes vertrieben, flüchtete Temedras und sein Bruder Kisanes aus Indien zum armenischen König Vagarshag und erbaute in dem ihnen überlassenen Landstrich Daron die Stadt Vischab oder Drache, indische Götzen aufstellend. Nach ihrem Tode wurden die Bilder des Kisanes und Temedras von ihren Nachkommen (nach Zenob von Glag) auf dem Berge Karkeh aufgerichtet, wo sich (nach Agathanges) der Tempel der Mutter des Goldes (Anahid), der Göttin Astghig (Aphrodite) und der Tempel des (unter dem Bilde eines Drachentödters dargestellten) Vakakn fand, der (nach Moses von Khorene) das Land von Ungeheuern befreit. Auf der Stelle, wo Artzan (der Oberpriester des Kisanes) erschlagen, wurde zum Andenken ein Stein errichtet. Nachdem der König von Norden oder der (scythisch-sarmatischen) Paragh oder

dem König der Pferde oder das Balhi (Kalki oder Kalkbin) genannte Wunderpferd (Schmidt). Nach Pallas verwandelt sich Schagkiamuni in das Pferd Balacho, um 500 seiner Schüler den Verführungen von 500 bösen Geistern (die sich in schöne Weiber verwandeln) zu entziehen. Hermode reitet auf dem achtfüssigen Sleipnir über die Höllenbrücke. Paracelsus zappelte schon als ein kleines Kind, starb aber, als man das für neun Monate bestimmte Lebenspulver schon nach sieben fortnahm. Die von Lokman seinem Diener übergebenen Flaschen Lebenswasser wurden zerbrochen (nach Olearius). Der vom Markgraf Hans zu Schwedt halb gegessene Fisch wurde wieder ganz. Die Quelle Mariboe belebte Todte (Rocholz). Der allein aus den Maurja (die vor dem Könige von Kosala nach dem Himalaya flohen) übrige Chandragupta wurde von den Brahmanen Vishnugupta oder Chanakya (aus Taxila) erzogen, um an Nanda Rache zu

---

Parsil erschlagen, opferten Tiridates und der heilige Gregorius weisse Stiere, Böcke und Schafe, auf der Stelle, wo der heilige Vorläufer niedergelegt war, dessen Reliquien Evangelist Johannes in Jerusalem aufgefunden. Indem der heilige Gregorius, der zwei Kriege mit den heidnischen Priestern geführt, an der Stelle des von ihm gestürzten Vahakn verehrt wurde, bildete sich die Legende des heiligen Georg um so leichter, weil die das Land vorher infestirenden Dämonen in Schlangengestalt gedacht wurden, wie sie auch in solcher (oder als Eber) die Könige besassen und aus den Schultern des Rab (wie aus denen des Zohak) hervorzüngelten. Jam vero Mithram nonnulli Solem esse dicunt, in cujus etiam honorem festa celebrabantur, ac praesertim apud Chaldaeos. Et quidem ii qui ipsius sacris initiandi erant per duodecim cruciatus docebantur, nimirum per ignem, per frigus, famem, sitim, flagra, itineris molestiam aliaque id genus (Elias von Kreta) gleich den Leiden Christi auf der Via dolorosa. Hic Mithra apud Persas sol esse existimatur, eique victimas immolant ac sacra quaedam in ipsius honorem faciunt. Nullus porro ipsius sacris initiari potest, nisi primo per quosdam suppliciorum gradus transivit. Sunt autem tormentorum grados LXXX, partim remissiones, partim intentiones. Primum enim levioribus suppliciis, deinde acrioribus afficiuntor, atque ita post decursa omnia tormenta ipsius sacris imbuuntur (s. Nonnus). Gregor von Nazianz kennt die Martern in den mithraischen Mysterien. Quibus suppliciis si supervixerit, tum demum sacris Mithriacis initiatur (Nonnus). Tertullian spricht von Löwen des Mithra. Die Schrecknisse der Mysterien sollten (nach Tertullian) die Krieger des Mithra stählen. Auf mithraischen Inschriften sind Persica, Heliaca, Gryphica genannt, dann pater et hierocoraz und sacra hiarocoracica.

nehmen. Nach der Mudra-Raxasa schloss Chandragupta ein Bündniss mit Parvataka oder Parvatakeçvara, dem Könige des nördlichen Gebirgslandes, sowie mit Kamboja, Bahlika, Parasika, Saka und Javana, um Pataliputra zu belagern. Raxasa verbindet sich mit indischen Truppen und mit Megha (μεγας βασιλευς), König der Mlekha, ging aber, Verrath fürchtend, zu Chandragupta über. Die Calingae mit der Hauptstadt Parthalis gehörten (nach Megasthenes) zu den Unterthanen des Sandracottus in Palibrotha. Sein Sohn Vindusara (von Daimachos besucht) setzte seinen Sohn Asoka zum Gouverneur von Ujjajini ein. Die Dynastie der Maurja*) gehörte zu dem Geschlecht der

*) Mit Menander, der bis zum Isamus (zwischen Jumna und Ganges) vordrang († 180 a. d.), zusammentreffend, verfolgte Pushpamitra, der (nach dem Tode des Asoka) die Mauras stürzte (auf Anlass der Brahmanen von Pataliputra am Ganges und Sakala im Penjab), den Buddhismus, bis zu seiner Herstellung durch Nagarjuna (unter Rajah Milinda von Sakala). Während der Scythe Manas im Sindh und Pendjab herrschte, wurde das griechische Reich in Indien (unter Hermäus) durch den Scythen (Kadphizes) Kadaphes (des Khoran-Stammes) beendet, dessen Herrschaft vor der der parthischen Fürsten Vonones, Spalygis und Spalirisas erlag (mit Hülfe des arsacidischen Königs Mithridates), bis der Scythe Azilisas, Nachfolger des Azas (Nachfolger des Manas), seine Eroberungen ausdehnte, so dass die Saken oder Scythen ganz Khorassan, Afghanistan, Sindh und Penjab unter ihre Gewalt vereinigten, aber durch die Yuchi oder Tochari-Scythen (unter Kadphises des Hienmi-Stammes) aus dem Penjab vertrieben wurden, während Vikramaditya (von Ujain) die Sakas am unteren Indus unterwarf (als Sakari oder Feind der Saka). Kanishka (des Khoran- oder Gushang-Stammes), Nachfolger des Kadphises, besetzte Kaschmir (33 a. d.) und nahm die Lehren Nagarjuna's an, der (mit den nach Rakshita-Tal in Hemawanta vertriebenen Buddhisten zurückkehrend) den Rajah Milinda von Sakala bekehrt hatte. Zu Apollonius' Zeit herrschte der Parther Bardesanes bis zum Indus, Phraortes in Taxila und ein Thiertödtung vermeidender König am Ganges (50 p. d.). Bis zum III. Jahrhdt. p. d. regierten (nach den Chinesen) die scythischen Tochari oder Indo-Scythen (222 p. d.), die (nach Ptol.) das Indus-Thal besetzten (150 p. d.), in Nord-Indien (als Buddhisten). Die zu Hiuenthsang's Zeit in Magadha herrschende Gupta-Dynastie (der Keuto oder Gutto) war 319 p. d. von Maharajah Gupta gestiftet. Von Samudra-Gupta auf der Inschrift von Allahabad wird der Shahan-shah (der Sassaniden) erwähnt. Fahian fand den Buddhismus in Palianfu oder Pataliputra, Hauptstadt von Mokietbi oder Magadha, unter Chandragupta (400 p. d.), Vater des Samudra. Auf Nara Gupta Baladitya, Nachfolger des Takta Gupta von Magadha, folgte Vajra, als Siladitya (König von Malwa) Magadha eroberte (als Buddhist) und Geschenke nach China

Sakja, die, durch einen König von Kosala vertrieben, im Himalaya Zuflucht gesucht hatten. Das aus Indien nach China gelangte Bildniss des am Ganges geborenen Schigemuni oder So, der über alle Einwohner an Weisheit und Grösse hervorragte (so dass er mit dem Kopfe an den Bogen des Stadtthores anstiess), wurde in Tibet gegen einen gewebten Rock ohne Naht ausgetauscht*) (s. Pallas). In abgelegenen Gegenden Indiens

schickte. Mit den Maurjas (Medern) des Chandra-Gupta oder Sandra-Kottus, die (nach den auf Alexander's Kriege folgenden Wirren) in Indien einfielen, kam der schon von den Sakya (zur Zeit des persischen Vordringens im Norden) eingeführte Buddhismus zur Geltung, der sich dann durch die Indo-Scythen bis zu der Gupta-Dynastie (deren Begründung in Indien das Erscheinen der Gothen in Pannonien 380 p. d. folgte) forterhielt. Eyre bemerkt die tatarische Physiognomie an den Sculpturen der Sanchi Tope und Cunningham den tibetischen Schmuck der Frauen.

*) Da man sich um den Körper des Allen werthen Königs Halfdan stritt, wurde (nach Snorro) eine Vertheilung unter verschiedene Haug vorgenommen (die Halfdanhaug oder Erdhaufen des Halfdan). Unter einem niedrigen Strohdache liegt im Sonthal-Dorfe das Andenken eines früheren Mangi oder Gouverneurs begraben, und dort versammeln sich die Aeltesten für ihre Berathungen. L'autore di questa mala secta nell' India si chiama Rama (idolo più moderno dell' O-My-To), nella Cina Xe-Kia, nel Giappone Faca (Xaca), nel Tunchino Thic Ca (Marini). Trat ein falscher Zeuge vor Salomon's Thron, so erhoben alle Thiere ihre Stimme, ihn zu verwirren, und ähnlich erzählt Const. Porphyr., dass die Löwen am Throne gebrüllt und die Vögel gesungen hätten, wenn ein Gesandter Geschenke gebracht. Buddha ascended to the Tavatinsa (a mountain which touches with its summit the Constellation of the Alligator) to visit the spirit of his mother (Low). Nach der Edda wurde Siggi (Odhin's Sohn) Herr im späteren Frankenlande und (in der Volsungasaga) herrscht er über Hunaland. The adoration of Tienhou (Queen of heaven) or Shingmu (holy mother) is taken by the Buddhists from the catholic worship of the Virgin, there being a tradition in Fokien of a virgin, who saved her kindred from naufrage. Nach der unter Kanghi abgefassten Geschichte der Götter und Genien wurde die Mutter des Yaysoo (Jesus) nach seiner Auferstehung in den Himmel erhoben und als Kaiserin über die neun Ordnungen gesetzt, indem sie zugleich mit dem Schutze der Menschen betraut wurde. The Buddhist-Christians (under Sachristian) worship the Virgin, occasionally making offerings in the temples of Buddha (in Ceylon). Salivahana, dessen 5 p. d. erfolgte Geburt (als Prophet des westlichen Indien) 1000 Jahre früher (nach der Vicrama Charitra) vorhergesagt war, wurde (nach der Vamsavali) von einer Jungfrau geboren, und der gegen seine Mutter entstandene Verdacht wurde durch lobpreisende Engel beseitigt. Wie die Indier

wird noch jetzt die Verfertigung der europäischen Kleider bewundert und aufmerksam examinirt. Wenn das Buddha Sanghâta (doppelte Kleid) vor dem Heiligthum in Udjana ausgebreitet wurde, folgte Regen (nach Fahian). Fahian (399—414 p. d.) erwähnt mehrere den Mahavaipulyasutra oder Mahayanasutra eigenthümliche Lehren, als Gegenstand des Studiums in Indien.

Unter den Tausenden und Myriaden von Fuh rufen *) Menschen nur den Namen des Omitoh-Fuh an, weil er unter seinen 48 Gelübden auch schwor, alle seinen Namen Wiederholenden zu retten, auf Gefahr, seine Gottheit zu verlieren (nach den Chinesen). Dem Chomschin-Bodhisattwa zersprang bei solcher Gelegenheit sein Kopf in sieben Stücke, und der auf Auffindung des Zauberers Santisila durch König Vikramaditya vom Sinsipa-Baum geholte Leichnam des Vetala droht Zerplatzen des Kopfes dem, der sein Räthsel nicht löst. Boa ist der Kaiser von Birma und Oudee-Boa der Kaiser von China. Bho bedeutet Grossvater (im Birmanischen). Beim Hersagen der Veda trennen die Schüler schwierige Worte durch die Anrede des Guruh, als Bho oder Herr (Bhagavat, im Slavischen Bog). Im chinesischen Buche

die Reliquien Menander's (gleich denen Buddha's) vertheilten, wurde Osiris in Abydos oder This (Geburtsort des Menes) begraben und die Philänen zum Schutz der Grenzen. Bran was the son of Lyr, king of Britain, and said to be the first convert to Christianity (Bendigad or the Blessed). His head was buried, looking towards France, in the Gwnonyn or White Mount, site of the Tower of London. And this was called „the third good concealment of the Isles of Britain" for that no invasion from across the sea came to this island, while the head was in concealment. Arthur, the blameless king, had it disinterred, refusing in his pride, to trust to the charm. And this the Triads term the third ill fated disclosure of the Isles of Britain, invasion and general disaster following it.

*) When taking an oath the people of Ladagh or Leh invoke Kanja-Sum or the triple god (Kanja). Pinto hörte davon in Calaminha. Lam in Tibetan means a road, and Lameh, he who shows the way (Izzet Ullah). In Amida hat der Jacobitische Patriarch seinen Sitz, der dem Moslem gegenüber auch für die Schemsi oder Sonnenanbeter eintritt. Die Eingeweihten der Ansairier (die sich aus Persien im nördlichen Syrien bei Tripolis angesiedelt) theilen sich in die Grade der Schamsi, Kamari, Kleisi und Schemali, Sonne und Mond als Emir-el-Nahal (Fürst der Bienen) verehrend, gleich einem von den Sternen umkreisten Bienenstock.

Kung-Kwo-Kih, sind die Verhältnisse der Verdienste und Irrthümer in Listen ihren Werthen nach aufgezählt. Nach der Lalita-vistara begleiten den in einem sterblichen Weibe incarnirten Buddha eine Zahl Suddhavas-Kayika-Devaputra (gereinigte Götter) zur Erde (s. Lenz). Beim Fest zu Amida wurde (nach Ammianus) ein Jüngling, wie Adonis, bestattet. In Siam wird Buddha's Geburts-, Todes- und Verklärungstag an demselben Jahresfest gefeiert, und am Epiphanienfest (in dem sich die Erinnerung von der Erscheinung der Magier, die Taufe im Jordan und das erste Wunder in Cana vereinigen) beging die orientalische Kirche früher auch das Fest der Geburt, bis sie sich später dem abendländischen Weihnachten (das seit Ende des IV. Jahrhunderts allgemein geworden war) anschloss.

Gautama gilt als priesterlicher Beiname des Geschlechts der Sakya, die den alten Rishi Gotama unter ihre Ahnen zählten. Im Radjputen-Geschlecht der Gautamiya findet sich noch eine Landschaft, in der einst die Sakya geherrscht haben sollen. Die Sakya waren Xatriya, die wegen Familienstreitigkeiten aus Potala (Tatta) am Indus-Delta in das Land von Kosala einwanderten. Da sie dort, durch nordöstliche Religionsanschauungen der Eingeborenen beeinflusst, ihren anfangs bis zur Schwesterheirath führenden Kastenstolz verloren, wurden sie von den in der Heimath zurückgebliebenen Brahmanen als Ausgestossene verflucht. Die Hindu glaubten, dass Akber's Körper durch die Seele eines indischen Gymnosophisten belebt sei. Nach der früheren Stelle seiner Büssungen (Tapasya) am Zusammenfluss des Yamuna und Ganges gehend, grub er dort die Geräthschaften seines Anachoreten-Lebens aus, die Zangen, Trinkgefäss und Hirschfell. Als Abdallah in Chorasan umkam, behaupteten Einige, dass er noch lebe und wiederkehren*) würde, wogegen Andere (die Harithya) sagten, dass sein Geist auf Ishak Ibn

*) According to the Bouteas no religious truth can possibly be more certain, than the regeneration of the three principal Lamas, the Lam-Sebdo, Lam-Geyney and the Raja Lam-Rimbochy (Davis). The supreme deity in Boutan is called Sijamony, Mahamony and Sejatnba, said to have been brought by one of the superior lamas from Benares (Davis). Le cheikh Ada avait un portier, nommé

Zaid Ibn al-Harith al-Anfzari übergegangen sei (nach Sharistani). Es gehörte zu den Lehren des Abdallah (in einer Secte der Haschimija), dass die Geister von einer Persönlichkeit zur andern übergehen und dass der Lohn oder die Strafe auf diese Persönlichkeiten (in menschlicher oder thierischer Form) komme. Er behauptete, dass der Geist Gottes von Einem zum Andern gewandert sei, bis er zu ihm gekommen, weshalb er das Verborgene wisse (s. Haarbrücker). In den vier Stufen der Seelenwanderung ist die oberste Stufe die Engelschaft oder das Prophetenthum und die niedrigste die Eigenschaft des Satans oder eines Dschinn. Nach den Sabalja wanderte der Theil der Gottheit durch Ali nach den Imamen von Einem zum Andern. Dunan nennt den Donner die Stimme, den Blitz das Lachen Ali's, der in den Wolkenschatten kommen werde. Im Kaukasus wird dem Elias, als Gewittergott, geopfert (als St. Georg). Die Secte der rothen Gewänder in Bhutan heisst Dad Dukpa oder Glauben an den Donnerer, weil sie den heiligen Djorje oder Varja verehrt. Ihr Papst ist der Dharma Rajah oder Jigten-Gonpo, während die Lamas in Lhassa und Tashi Lunpo gelbe Gewänder tragen (wie die Secte Gelupa). Nach Hiuenthsang liess Siladitya (643 p. d.) eine grosse Versammlung der Geistlichkeit in Kanjakubga abhalten. Unter den zehn Nationen der Brahmanen ist die der Kanojiya die zahlreichste, in die Svarwariya, Sanauriya und Autarvedi zerfallend. Von den 19 Pangti der

Hasan. Les Adevis croient que, quand le cheikh fut près de mourir, il mit son dos contre le dos de ce portier, et lui dit, que sa souche était transportée à lui. Comme il ne laissait pas d'enfant, les Adevis croient, que la famille du cheikh Ada a été propagée par celle du portier Hasan, ils la tiennent en grande honneur et lui présentent leurs filles, dont ceux de la famille du cheikh Hasan jouissent en présence de leurs pères et de leurs mères, ils croient par là se rendre agréable à Dieu (nach Makrizi). Die Anagnidagdas sind durch Feuer unzerstörbare Vorэltern der Brahmanen. Die Seele bleibt mit dem Körper vereinigt und wenn derselbe in Staub zerfällt, bleibt die Seele mit diesem vereinigt (Nasafy). Die dem Pentateuch unbekannte Auferstehung der Leiber erscheint erst im Talmud, als Glaubensartikel im Tahljat hametym. Wer ohne Vergehen gelebt hat, kommt mit dem Tode zu Gott, die anderen Seelen aber müssen in verschiedene Leiber nach einander eingehen, bis sie genug gebüsst haben (nach Karpokrates aus Alexandrien) 160 p. d.

Svarwariya (die sich als einzig rechtmässige Gegenstände der Verehrung Pujyaman nennen) sind die drei höchsten die Gotra oder Garga, deren Abkömmlinge Sukla heissen, die Gautama (die als Gautamujas den Titel Misra*) annehmen) und die Sandilya (Tripati oder Tiwari). Die den Rishis und Munis unbekannte Scheidung der Brahmanen in zehn Nationen wird Vyasa (Verfasser des Sri Bhagavat) zugeschrieben. Von den nicht zu den zehn Nationen gehörenden Brahmanen sind die Magas von Sakadwipa die zahlreichsten in Gorrakpur. Die (gleich den Bhat) auf Prithu's Ansuchen geschaffenen Kathak oder Musiker zerfallen in die Magadhas und die Gautamiyas. Bei Manu heissen reisende Waarenhändler Magadhas. In Ghorka sind die Brahmanen Ackerbauer, die Khas oder Magars Krieger. Die ersten Brahmanen in Nepaul waren die Yajur-vedi-Brahmanen. Samba, Sohn Krishna's, holte auf seinem Vogel aus Sakadwipa die Magier,**) als Misr genannte Brahmanen, zu denen in Jambudwipa. Die Ketzer behaupten, dass der Gott Isvara drei Körper habe (nach dem San-tsang-fu). Unter den Panchagotren oder fünf Stämmen der von Kanjakubga durch Adisur in Puranya eingeführten Brahmanencolonie war der von Gaur der bedeutendste. Die brahmanischen Familien, die das heilige Feuer hüten, leiten sich von den sieben Rishis her. Im obern Indien wird dauerndes Feuer von den Agnihotras unterhalten. Bei Herodian findet sich Feuer den römischen Kaisern vorgetragen

*) Josephus calls the image of Nisroch (in whose temple Sennacherib was slain by his sons) Arascus (Asarak or *Μεσοραχ*). The word Nisr signifies in all the Semitic languages an eagle (Layard).

**) *Και εν Βακτροις των Περσικων Σαμαναιοι, και παρα Περσαις οἱ Μαγοι, και παρα Ινδοις οἱ Γυμνοσοφισται.* Magiam Plato Machagistiam (*μαγαγιστειαν* i. e. *μαγων ἁγιστειαν*) esse verbo mystico docet, divinorum incorruptissimum cultum, cujus scientiae saeculis priscis multa ex Chaldaeorum arcanis Bactrianus addidit Zoroastres, deinde Hystaspes rex prudentissimus Darii pater (Ammian. Marcell.). König Kuschtasf liess (nachdem er ein Magier geworden) den Götzentempel bei Isfahan in einen Feuertempel verwandeln (Asch-Sharistani). Manudschehr baute den Tempel Au-Nubahar in der Stadt Balch auf den Namen des Mondes. Die Madschus verehren das Feuer, weil es Ibrahim verbrannte. Mani, dessen Vorgänger Budas von einer Jungfrau geboren war, gehörte zum Stamme der Magier.

(Lipsius). Der Lehre der Akniwatrya (die das Feuer als das grösste Element verehren) sind die meisten Könige der Indier zugethan, sagt Asch-Sharistani. Die Mithila-Brahmanen folgen meist den Tantra-Lehren. Sânkarâchârya (aus der Kaste der Namburi in Malabar) theilte seine Anhänger (800 p. d.) in zehn Klassen (Dasanâmi). In Assam wurzelt die Tantrika- und Sakta-Verehrung. Die Kichak oder Asurgar verehren (in Puraniya) Janaka von Mithila*) (den Schwiegervater Rama's). Toglakh-Sah übergab das eroberte Tirhut (wo die Janaka in Mithila geherrscht hatten) an Achmet-Khan. Nach dem heiligen Epiphanius flüchteten die dem Abraham von der Kethura geborenen Kinder, die aus dem Hause verbannt waren, nach Magodia**) (im glücklichen Arabien) und dann nach Indien. Von Kambyses verfolgt, zogen sich die ägyptischen Priester nach Indien.

---

*) The wealth collected by Rama, Nala Pururava and Alarka was preserved in a tank and guarded by a serpent, which was destroyed by Nanyupa Deva the builder of Simroun Garh (the capital of Mithila), 1097 p. d.

**) There is some curious matter in the last chapters (of the Bhavishya Purana) relating to the Magas, silent worshippers of the sun, from Saka-dwipa, as if the compiler had adopted the Persian term Magh and connected the fire-worshippers of Iran with those of India (Wilson). The title of the Brahman priesthood in their original country being Maga, it was on their arrival in India as a new colony, that they received the name Brahman (Buchanan). Brahman (in the languages of India) is not exclusively applied to the priesthood, but (as among the Burmas) to the new inhabitants of any land. The Saurs never eat, till they have worshipped the sun and fast, when the sun is entirely covered with clouds. Der Tempel von Delos schloss einen ovalen See ein, wie der von Sais. Indra stosst den Güter besitzenden Maghava, der den Kava folgt, zurück (beim Soma-Pressen). Tambirans rank higher, than Brahmins and inferior only to the invisible gods (Buchanan). Godama war ein Mensch in einem Dorfe Zabudwipa's, wo er mit 32 Gefährten Wege (der Religion) besserte und gute Werke verrichtete, bis er endlich Gott wurde (Sangermano). The congregation of Ram Mohun Roy is called Bromha Sobha. Bromios war ein Weihegrad in den Mysterien des Sabazios. Diejenigen Menschen, die sich des Heirathens enthielten, wurden (von den Birmanen) Manussa Biamma genannt. Asch-Sharistani bezweifelt die behauptete Herleitung des Namens der Barahima (Brahmanen) von Ibrahim, weil sie die prophetischen Gaben durchaus nicht anerkannten. Sie seien von Barham benannt, der die Lehre der beiden Principien von dem Licht und der Finsterniss aufgestellt.

Nach dem Tode des Kalanus, der die Ansicht seines Lehrers Pythagoras in Indien verbreitete, wurde sein Schüler Brahmanan das Haupt aller Indier, den Schöpfer als reines Licht verkündend, das sich in der aufgehenden Sonne manifestire (nach Sharistbani). Dandanus nahm von Alexander's Geschenken nur das Oel, um es in's Feuer zu giessen unter einem Hymnus auf den unsterblichen Gott. Mahidhara erklärt den Mâgadha im weissen Yajus (wie im Epos) als einen Minstrel, den Sohn eines Vaicya und einer Xatriya. Maghkhaz war im Armenischen königlicher Titel (Langlois). Pausanias spricht von den Magiern Indiens als solchen, die zuerst die Unsterblichkeit der Seele gelehrt haben. Nach Ptolemäos wohnten zwischen dem Sardonix und Bettigo-Gebirge die Tabassoi (Tâpasja), ein Volk der Magier, im Süden des Tapti-Thales. Der alexandrinische Geograph erwähnt der brahmanischen Büsser, als eines Volkes (s. Lassen). Die Gymnosophisten waren zahlreich am Himalaya, zwischen Jamuna und Ganges. Nachdem der Brahmane Rama Anuja die von der Dämonin Brimma Raeshaca besessene Tocher des Bellalla-Rajah geheilt*) (1025 p. d.), besiegt er die Jainas im Disput und zerstört ihre Tempel.

---

*) The whole Shallay formerly wore the Linga, but a house having been possessed by a devil and the sect of Samay Shalay having been called upon to cast him out, all their prayers wear of no avail. At lenght ten persons having thrown aside the Linga and offered up their supplicatious to Vishnu, they succeeded in expelling the enemy, and ever afterwards followed the worship of this god, in which they have been imitated by many of their brethren, as the Padma Shalay. The descendants of those men (Sadana Ashoria or the celebrated heroes) never work, and having dedicated themselves to the service of God, live upon the charity of the industrious part of the cast, with whom they disdain to intermarry (Buchanan). Nach der Matsya lehrte Brihaspati den Söhnen Raji's die Jina dharma oder Jaina-Religion, um sie durch Verachtung der Brahmanen irre zu führen und Indra wieder einzusetzen, der seit der von Raji gegen die Daityas gewährten Hülfe als Vasallenfürst im Himmel geherrscht. Abram oder Abraham (von Ur oder Feuer, als der von Djemjid erbauten Stadt Ner, kommend) bedeutet (mit vorgesetztem Vocal) den Gott Brama, indem das hebräische bramah (in der Höhe) die himmlische Abkunft andeutet. Der erste Lha, der aus Indien zu den Brahmanen in Tibet kam, erhob sich durch persönliche Incarnation zu einem Gottpriester, als Buddha (s. Nork). Die mit Sarah identificirte Saraswati hiess

Auf der Tope*) von Gomagasa giebt Buddha seinen Körper einem hungrigen Tiger preis und auf der Tope Chutyasira bringt er seinen Kopf zum Opfer (nach Hiueng Thsang). In der Nähe der Stupa (wo Mei-tha-li-ye die Geschichte Buddha's erhielt, fand sich Pan-lo-ni-sse oder Benares), wo Sakya Bodhisatwa die Geschichte Kasjapa's erhalten. Die Commentatoren des Alkoran erklären Touba oder Thouba für ein äthiopisches Wort, das Paradies bezeichne (Herbelot). Mit Ananda von Kapilawatti nach Kuschinagara wandernd, musste sich Buddha oftmals niederlegen, einer Krankheit des Rückenmarkes wegen, an der er sein ganzes Leben gelitten (wie Mahomed an der Epilepsie). Die termini technici haben sich zwischen Buddhisten und Jainas in ihren Werthverhältnissen verschoben. Der hohe Titel der Arhanta

---

Brahmi, als Sakti Brahma's. Die Bergbewohner des Hemawanta (wohin Kasyapa-Gotra die Mission übernahm) zogen (nach den chinesischen Pilgern) die praktischen Lehren der Vinaya den esoterischen Doctrinen des Abhidharma vor. Die Pali-bücher Birmas sprechen (nach Low) von dem Seecapitän Kakabhasa, der zur Zeit des Asoka nach Takkasila handelte.

*) In the topes (Chaitya or Chhod-tens), dedicated to the celestial (Adi) Buddha, the Divine Spirit, who is Light, was supposed to occupy the interior and was typefied on the outside by a pair of eyes, in contradistinction to the Dagoba or (tibet.) Dongten, built in honour of the Manushi (or mortal) Buddhas (s. Cunningham). The (Sanchi) Tope itself was in existence not long after the period of the second Synod 443 a. d. The massive stone railing was erected in the reign of Asoka (250—240 a. d.) and the gateways were added in the reign of Sri-Satakarni (between 19—37 p. d.). According to Berdashef, the Kara-Kirghizen worship fire, and celebrate this religious rite on the night of Thursday. Grease is thrown over the flames, round which nine lamps are placed (Michel). Des Ulgön drei Töchter, die über den stolpernden Kudai gespottet, nehmen des Steines Schärfe und des Eisens Härte, um Feuer anzuschlagen (am Altai). Nu faert de Olde all wedder do bawen an haut mit sen Ex anne Häd, sagt man in Ditmarschen bei Gewittern. In der von Buddha dem Pindola Bharaddwaja mitgetheilten Erzählung zeigt der in den Priesterstand getretene Chandala Matanga, der den Bewohnern von Benares als Maha-Brahma erscheint, das Wunder des gespaltenen Mondes. Die Babylonier rechneten den Tag von Sonnenaufgang, die Athener von Sonnenuntergang, die Umbrier von Mittag, die Römer von Mitternacht (nach Aul. Gell.). Der Palmzweig war Symbol des Jahres in Aegypten. Die Griechen theilen (bei Homer) den Tag in ἠώς, δείλη, μέσον ἦμαρ, später (nach Chrys.) in πρωΐ, περὶ πλήθουσαν ἀγοράν, μεσημβρία, δείλη oder περὶ δείλην, ἑσπέρα, und die Araber in subh, dahe, dohr, asser, mughreb (und Eshet).

ist in den Jainas, als Arhitas, zum Allgemeinen geworden. Nachdem der Jainas erwacht ist (samouddhe) hat er noch erst unter Büssungen und Fasten in voller Entkräftung zu sterben (Kalaano), um mit gänzlichem Hinschwinden und Vernichten des Körperlichen sich zu vollenden. Der Buddha dagegen ist im Augenblicke der Transfiguration schon der volle Gott, und obwohl seine Seele auch dann noch bis zum natürlichen Tode im Körper weilt und mit demselben verbunden bleibt, kann sie doch jetzt nicht länger durch die Lüste desselben zum Fall herabgezogen werden. Die Büssungen werden selbst verboten, als das geistige Vermögen schwächend, und die irdische Erscheinung*) der Gottheit hat dann zu den weiteren Theorien der Incarnationen und lebenden Seelenverkörperungen in hierarchischer Fortpflanzung geführt. Nur während der vollendete Buddha mit dem Körperlichen verbunden bleibt, wirkt er als Gottheit, indem er nach der Vollendung in das allgemeine Weltgesetz des gegensätzlichen Nirwana übergeht, wogegen die Jainas auch an dem Fortbestehen des Puggala festhalten. Die Schüler des Mahavira führen alle den Namen Gotama, als aus dem alten Geschlecht des Gautama, der schon früh als abtrünniger Brahmane erwähnt wird. Bei den Buddhisten**) ist die

*) Der Spross erscheint, indem der Same verdirbt. Das ist der (Welt-) Process, indem alle Gestalt (fort und) fort untergeht. „Wenn Du so sprichst, so kommt dabei ein Untergang (doch nur) für die Gestalten (der Dinge) heraus und Du hast Deine eigene Behauptung, dass Alles unbeständig sei, vergessen und bist zu einem Djaina geworden," wirft der Sivait dem Buddhisten ein (s. Graul).

**) Mya (the architect of the giants) having built moveable cities for (the three sons of Tarukasoor) Viddoormaly, Tarukaksha (whose son obtained from Brahma a nectar well to reanimate dead bodies) and Kamalaksha, the gods petitioned the help of Roodra, who slew (in his attack) great number of the giants. However their wives came and touched them with their hands, sprinkling water over their persons, and they awoke from their sleep, for their wives being virtuous women, could give life to the dead. To corrupt their virtue, the gods were sent by Roodra to Vishnoo in Vicont. Then it came to pass, that the wives of the Trepoorasoors were dancing round the Uswuttum, which is the king of trees, and endeavouring to obtain the fruit, which hung from its lofty branches. Vishnoo assuming the form of a priest, told them, they would not be able to procure the

Vermittlung des Sakyamuni mit den Gautamiden eine künstliche durch seine Tante Gautami. Kappa oder Kalpa als Ordnung wird bei den Jainas örtlich für Himmel verwandt, statt, wie sonst, zeitlich. In Kappadesa oder Kappadokien klingt der alte Name des ceylonischen Kapua, der sich auch sonst im Archipelago findet. Die Armenier, die Pahl (Bablav oder Bactrien) in Parthien (Bardav) setzen, bezeichnen Kappadocien als Kamir. In der Nrisinhatapaniyopanishad (des Atharvaveda) findet sich der Ausdruck Bauddha für den höchsten Atman, wie sich derselbe auch bei Gaudapada und Sankara erhalten hat

fruit, unless they danced round the tree naked. On their obeying his injunction, Vishnoo pervading the tree, as he pervads all things in heaven and earth, shook it with a noise like thunder. The women, being frightened, clung naked round the tree, which immediately assumed the form of a naked young man, in whose embraces they enjoyed the fruit of their desires, but lost the virtue, which gave immortality to their husbands, and Roodra destrayed the cities of the giants (according to Padma Puran). Vishnu incarnate as a naked man is called Boodha, who etablished the science (called Boodha Sastram), which taught the abolition of the worship previously paid to the Deota under the names of Vishnoo, Seeva and Brahma, prescribing the adoration of the godhead under the name of Boodha, and the observance of the new commandmends contained in the Boodha Sastram. Vishnoo (after the promulgation of this new covenant) told the gods to rejoice (over the destruction of her enemies) and returned to Vicoont, the religion of Boodha having since them become prevalent in the world (s. Havenshaw.) On Brahma's boon of three cities to the Dityas, Meya Ditye built a golden one for Tarekakshe, a silver one for Kemalakshe and an iron one for Veedhenmale. The dityas (learned in the Vedas and deep in the Smritis) became so powerful, that none of the Devatas could resist them, till Vishnoo created the filthy figure of Moondee in a dervise's garb (his mouth bound up with a white cloth), to disseminate the 16.000 sloras (textes of Scriptures), which (created by Vishnoo's Maya) were entirely false, unworthy of belief and contrary to the Vedas and Smrites. When Tripura was completely filled with the baseless doctrine (no vestige of goodness, of the Vedas, of the Sastras remaining), Siva (whose temples had filled the cities) had his war-chariot put in order by Vaeshwacorma, and approching the city, finished the work with one arrow, shooting the three Treepoor, when they were all in one line. Assisted by Seryeman (Scanda or Kartikeya) the Devatas conquered the Ditye Tarekee. Krüger identificirt den medischen König Kardikejas, Sohn des Mithraius (bei Eusebius), mit Shangal or Shenkol, king of Canouje, who having refused tribut) was defeated by Afrasiab (king of Iran) in Bengal, succeeded by his son Bhoat (according the Ferishta).

(s. Weber). In Chola,*) wo sich ein Sthupa Asoka's fand, lagen die buddhistischen Klöster meistens in Ruinen, und unter den Brahmanen, die viele Tempel besassen, blühte besonders die Secte der Nirgrantha (zur Zeit Hiuenthsang's). Als Mihirakula, König von Tsekia, die buddhistischen Priester ausrottete (weil keiner ihn zu belehren fähig war), wurde er von Baladitja oder Siladitja (von Bellabhipura) besiegt. Der Brahmane Kumârila Bhatta, der eine Erklärung der Mimânsâsûtra des Jaimini verfasste, bewog (VII. Jahrhdt.) den König zur Verfolgung der Buddha (vom Himalaya bis zur Brücke Rama's). In Pattan zeigt man den Fleck (Lachochar), wo Sancara Acharya die Jainas vernichtete. Vijaya Narasinha Bellala, der Nachfolger des Vishnu Berddana-Bellala, verlegte seine Residenz nach Hullabeed (1145 p. d.) und wurde durch Ram Anuja vom Jainaglauben zum Hinduismus übergeführt. Die unterirdischen Tempel in Guzerat entstanden bei Verfolgung der Hindu durch die einfallenden Mohamedaner (nach dem Mirat-i-Ahmadi), wie die Krypten wegen Verfolgung. Nach Edrisi verehrte Nehrwala (in Guzerat) Buddha, und Hemachandra lässt Kumara Pala, König von Guzerat, von dem Apostel des Jainismus bekehrt werden. Unter den Pâla begünstigte Mahipala und sein Sohn Sthirapala (1021—1036 p. d.) den Buddhismus, die verfallene Tope von Saranatha (bei Benares oder Varanasi) wieder herstellend. Harchadeva, König von Kaschmir, begünstigte die Buddhisten (1102 p. d.). Die Chalukyas bekannten sich zum Jainismus (1058 p. d.). Unter Anugavercha, König von Conjeveram, wurde der Jainismus**) durch Jina Sena Acharxa (IX. Jahrhdt. p. d.) erneuert. Sakrâditja und Buddhagupta (in Bhopal und Bhandalcund) begünstigten den

*) The term Chola is employed in a much wider sense than it legitimately expressed and is adopted by princes of districts considerably removed from the original Chola-country. The fame of the Chola-princes seems to have led the Rajahs of other provinces to assume the title (Wilson). Im Kali-Alil werden sich die Opfer südlich vom Vindhya am Godhavori finden nach den Gesetzbüchern, wo auch Vyasa dann den nördlichen Brahmanen die Opfer fehlen lässt.

**) The title Jaga-Set (bankers of the world) was given by the court of Delhi to a member of the Jain-family, who possessed unlimited influence at Moorshidabad, until the Exchequer was removed to Calcutta (1772).

Buddhismus (435—540 p. d.). Die nach Rama Anuja's Sieg in China zurückgebliebenen Jaina Banijigas verehren Vishnu. Bis Prutap (Sohn des Seway Jaysingha), zur Verehrung Vishnu's übertrat (von einem Brahmanen die Upadesa annehmend) waren die Fürsten von Jayuagar bei der Religion der Jainas verblieben. Zu Hiuenthsang's Zeit blühte in Dravida besonders die von Katyayana gestiftete Schule der Arjasthavira der Religion Sakyamuni's. Manikjavasaka, Minister des Arimardana (Königs von Pandya), substituirte den Dienst Siwa's für den Buddha's (Mitte des VI. Jahrhdt.), nach einem Streite mit den buddhistischen Priestern Ceylons (im Tempel von Kidambaram). Von dem Jain-Priester Akalanka widerlegt, wurden die Bauddha in Kanchi vertrieben. Nach seiner Bekehrung zum Jainismus verfolgte Vara Pandja von Madura die Bauddhas. In Guzerat folgten Bauddhas den Jainas. Govindaraja, der König von Chera, nahm von dem Stier*) Naudi den Namen Nandivarmau an (650). Durch Malladewa (König von Chera) wurden die Jainas begünstigt (878 p. d.). Die in Chola einflussreichen Buddhisten wurden durch die Jaina (besonders durch Akalânga und Nishkalânga) vertrieben (V. Jahrhdt.). Später unterlagen die Jaina den Brahmanen. Gleich den übrigen Rajputenstämmen waren die Chalukyas (in Mysore und Guzerat) Jainas, ehe sie zum Hinduismus übertraten. Nach den Jainas wurde der Dekkhan in der Zeit Byjala-Rajahs in Kalayana durch die Sadapramanen oder Anhänger der Vedas erobert. Vishnudharma nahm die Lehren Ramanuja's an, weil die Jainas die von ihm gebotene Speise (wegen seiner Fingerverstümmelung) verschmähten. In den Jahren 1307—1385 Salivahana's blühte der Jainismus in Viyayanagara,**) das (auf Geheiss der Göttin Bhuvanesvari, von Sangama oder Madhavakarja (aus der Kaste der Ku-

*) Auf den Säulen vor dem Kloster Jatavana in Sravasti stand links ein Rad, rechts das Bild eines Ochsen (Fahian).

**) Das während der unter Mahmud Toghlak ausbrechenden Unruhen gegründete Königreich Bijayanagar war eine Wiederherstellung des alten Staates von Carnata, den die Bellala-Rajah beherrscht hatten. The worshippers of Vishnu are divided into four schools (Sampradas), called Rudra, Sri, Brahma and Sanak.

ruba oder Schafhirten) gegründet war (1301—1312 p. d.) oder (auf Rath des Eremiten Madhavarkarja) durch Bukka und Harihara, die besiegten Feldherren des Hasan Gangu oder Alaeddin, der 1347 die Brahmanen-Dynastie in Kalberga gegründet. Der Buddhismus wurde im VII. Jahrhdt. p. d. besonders durch Kumarila Bhatta bekämpft, der das auf die Vedas gegründete Philosophen-System der Mimansa vertrat (angesteckt durch den Fanatismus für das geoffenbarte Wort*) im Islam). Die Bauddha-Vaishnava, die bei den Festen keinen Kastenunterschied erlauben, betrachten die höchste Gottheit oder Vishnu theils als Nirguna (frei von Eigenschaften), theils als Saguna (mit Eigenschaften begabt) und glauben durch frommes Leben die Mukti**) zu erlangen, mit einem Wohnsitz in Vaikuntha oder Vishnu's Himmel (1300 p. d.). Sie halten Buddha für die neunte Verkörperung Vishnu's und heissen (Vaishnavavira oder) Vishnubhakta, weil sie Vishnu im Tempel von Pandhaupur an der Bhima unter dem Namen Pauduraug oder Vithal (Vetala) anbeten. Vitoba ist die Vermischung eines Jaina-Heiligen mit

---

besides various routes (Panthas), by which diffrerent doctors have pointed out the way to heaven (in Behar). Some few of the Kanphatta Yogi reside at Patnas and are the sages, who instruct the weavers called Yogi in the worship of Siva under the name of Bhairav. At Gaya resides a woman, who acts as a sage (Guru) for some of this sect. Although the Ramawats are of the school of Ramanuj (Sampradа), they worship Rama by forms taken from the Tantras, while those who strictly adhere to his sect worship Narayan by the forms that are to be found in the Vedas The Ramanandis instruct their followers in the worship of any god of the side of Vishnu, but Rama and Sita are considered as the proper deities of this sect. Their dandis retain their hair and thread, continuing to worship the god, while the Dandis, who follow Sankar, shave their heads and consider themselves as a portion of the deity (the worship becoming superfluous).

*) Die Thora, als die heilige Schrift Mosa's, ist das erste Buch, das vom Himmel herabgesandt ist, denn dasjenige, das dem Ibrahim und anderen Propheten gegeben war, führte nicht den Namen Buch, sondern Blätter (Sharistani).

**) Krishna (adored as Paramatma by the followers of Chaitanya) has assumed various shapes, in Avatars or descents, Ansas or portions, Ansansas or portions of portions and so on. The chief ritual of the Bhakti is the Nama Kirtana or constant repetition of any of the names of Krishna, of all obligations, the Guru Padasraya (servile veneration of the spiritual teacher) is the most important.

Krishna durch die Bauddha-Vaishnavas. Nach der Bhagavata Purana stieg Buddha in der 21. Epiphanie Vishnu's, als Sohn Augana's, des Weltelephanten aus Tushita in Maja, herab. Die schändliche Charvaka-Lehre wurde durch Dhishana gelehrt, während Vishnu in der Gestalt Buddha's, um die Daityas zu vernichten, das falsche System der Bauddhas lehrte, die nackt gehen oder blaue*) Gewänder tragen (nach der Vishnu-Purana). Du tadelst, o wunderbar Gewaltiger, den ganzen Veda, wenn Du in Deiner Herzensgüte das Thierschlachten für Opfer vorgeschrieben siehst, o Caesava, in Buddha's angenommener Form.**) Sieg mit Dir, o Heri, Herr des Alls (im Jayadeva bei

---

*) Die blaue Secte wird in der Geschichte Kashmirs, wie in der Ceylons erwähnt. Nach Vijnana Bhixu sollte in den Systemen Axapada's (Gotama's) und Kanada's, sowie in den Sankhya und Yoga der mit den Vedas nicht übereinstimmende Theil von allen Anhängern der Vedas verworfen werden. Vishnu's Blendwerk, als Bauddha, lenkte die Dämonen Tripuras vom Pfade der Tugend ab, so dass sie von Siwa erschlagen werden konnten. Bhairava wird oft mit einem Hundskopf dargestellt (Germann). Die Kauma-purana empfiehlt Zuflucht bei Mahesvara, dem Brahma ohne Anfang und Ende. Indem jede Manwantara ihre eigene Offenbarung hat, die im Ausdruck, aber nicht im Sinn von dem vedischen Texte abweicht, so gelten diese Offenbarungen als Erinnerungen der Rischi (Goldstücker). Converting Sila into a cloak and Phana into a breastplate, the Buddha Kassapo covered mankind with the armour of Dhammo, lehrte Sakyamuni (s. Tournour). Der Apostel El Khasibih wird bei den Ansayriern als Rab (Herr) angerufen (s. Lyde). Im Charak-Puja der Charak Sanyasa officirt ein Gajaneja-Brahmane als Priester. Das Kala-Chakra-System wurde (X. Jahrhdt.) aus Calapa, der Hauptstadt Shambalas oder Rdehbyung in Central-Indien, eingeführt (s. Körösi). Jeder der Brâhmana (des Riksambita) ist noch ein Aranyakam oder Waldtheil (der im Walde zu studiren) angefügt (s. Weber) und bestehen die durch Tiefe der Speculation und mystische Versenkung ausgezeichneten Aranyaka zum grössten Theil aus den Upanishad, die durch eine kühne und gewaltige Denkkraft charakterisirt sind.

**) Narada, der nur die Mantras (mantra-vid) kennt, wünscht von Sanatkumara die Kenntniss der Seele (atma-vit) zu erlangen, da nur der damit Begabte den Kummer überwinde (nach den Chandogya-Upanishad). Asuri, (Schüler des Yajnavalkya) ist Lehrer des Asurayana (im weissen Yagus). Die Polemik in dem letzten Adhyaya (der auch als Upanishad betrachtet wird) in der Sambita des weissen Yagus ist (nach Mahidhara's Commentar) theilweis gegen die Bauddhas gerichtet. Die vornehmsten Pilgerplätze in Gaya sind der Tempel des Vishnu pad (Fuss Vishnu's), Gadâdhar's (des Keulenträgers, als Beiname Vishnu's) und

den Gesängen der Avataren). Nach der Vegutnva-Avatara rottete Vishnu (von seiner Mutter Ellammai als Parasurama geboren) die Religion zweier Nationen, der Buddhisten und Samaner (Jainas), aus.

In den Mahavaipulyasutra (der nördlichen Buddhisten) ist Buddha meist von Göttern oder Bodhisattwa umgeben, und findet sich in ihnen (neben mystischen Zauberformeln und magischen Sprüchen) die (den einfachen Sutra) unbekannte Verehrung des Amitabha, Manjusri, Avalokiteswara, Adibuddha, das (nach Weber) in den von Gaudapada herrührenden Theilen der Mandukyopanishad in einem andern Sinne vorkommt, und der Dhyanibuddha (s. Burnouf). Nach Schiefner könnte Buddha Amitabha, der in das westliche Land Sukhavati *) versetzt wird,

Gayeswari Devi's. Nach der birmanischen Inschrift in Buddha-Gaya war der Tempel Asoka's durch den Priester Naih Mahanta (oder Herr Penthagu-gyi) neu gebaut. The Vedanta philosophy would appear to have passed from India into Arabia and with the Arabs into Spain, where its professors were known as the Adumbrados. Die Kapporalls oder tausenden Priester des Kattagram müssen Brahmanen sein, während der Priester des Vishnu, Nata-Samou und der Gottheit Patine aus den Guwanse oder Pattea sein muss. Bei Sariputra's Nirvana weinte Khourmousda (mit den Göttern in der Luft) Regen (nach dem Uligerün dalai).

*) Die Brüder des von Abgar auf den persischen Thron eingesetzten Ardashihr erhielten den Titel Pahlav und die in ihnen, als aus königlichem Blute (in der Abstammung von Valarsaces, Bruder Arsace's M.) regierten Satrapie sollten als die edelsten des Landes gelten. Nach dem Tode des Königs bildeten die Brüder das Geschlecht Garen Pahlav (der Gamsarier), Souren Pahlav (aus dem der heilige Gregor stammte) und Ashahabed Pahlav ihrer Schwester (nach Laroubna). Amida (Emed oder Syrer) oder Amid (der Araber) bezeichnet onusta oder beladen (gleich einem Lastschiff) als kornreich, wegen der fruchtbaren Umgebung. Amit (der Armenier) oder (bei Syrern) Hamith (Emet) ist Kara-Amid der Türken (s. Ritter). Nach Southgate ist Amida von der Fürstentochter Amid genannt. Constantius erweiterte Amida (nach Amm.) Ἄμιδα: ἰδέσματα (ἄμμα μεθόδ.). Ἀμιδης: Trojanus (Suidas). Ἀμιδας = τὰ ἐπηρεια. In Aegypten stellt Diodor Ackerbauer und Krieger in die zweite Kaste zusammen, und in Indien findet sich die Beziehung zwischen ausgetheiltem Feld und Rajah (der Rajputen), wie Balarama die Pflugschaar führt, aber in späteren Zeiten wurde es für die Kshatrya entehrend, zu pflügen. Sesostris gab bei der Theilung des ägyptischen Landes ein Drittheil den Kriegern. Cunningham identificirt mit den buddhistischen Sramanas die in Oreinoi, Gymnetai, Politikoi und Proschorioi getheilten Pramnae (bei Klitarch) oder die Γερμανες (bei Megasthenes), als Hylobii (alo-

mit Amyntas identisch sein, dessen Name auf den Münzen Amita lautet (sowie der Name Basili mit βασιλεύς). Nach dem Trni-Phum liegen in der Nähe Tibets verschiedene Königreiche,

bhiya), Jatrikas (Pratyeka) und Epaltal (Bettler oder Bhikku). Die indischen Vegetarier (bei Herod.) heissen (bei Nicol. Dam.) Aritonii (Arhanta). The wheel is the central emblem on the summit of each of the Sanchi-gateways (Cunningham). Fahian erwähnt einen Pfeiler mit einem Rade (und einen mit einem Stier) bei Sonari. Dem raddrehenden Kaiser nähert sich ein goldener Wagen (nach dem Fa-Kwe-ki). Das Rad zeigt die bei vollendeter Kunst erfundenen Wagen der Nomadenvölker und dient als Sonnensymbol zur Erzeugung des Nothfeuers. Das Wort Upanishad findet sich erst in der späteren Upanishad, während in den früheren und den Brahmana die später mit diesem System bezeichneten Lehren in Vermischung mit denen entgegengesetzter Ansicht stehen, und unter demselben Namen, als Mimansa (wie die Wurzel man oder Speculation), Adeça (Lehre), Upanishad (Sitzung) u. s. w. aufgeführt wird. Die Hauptträger der Sankhya-Lehre sind Kapila (der als Kapya Patançala im Yajnavalkiyakanda des Vrihad-Aranyaka die brahmanische Wissenschaft vertritt und im Svetasvataropanishad die göttliche Würde erhalten), Pançasikha und Asuri, die auch in den Anrufungen der Väter, als Theil des gewöhnlichen Ceremoniels, eine sehr ehrenvolle Stellung einnehmen, sowie der neben ihnen genannte Vodha oder Bodha (s. Weber). Im VI. Jahrhdt. sind Isvarakrishna (der Verfasser der Sankhyasutra) und Gaudapada Hauptlehrer des Sankhya-Systems. Neben Patanjali (Nachkomme des Kapya Patançala) findet sich Yajnavalkya (die bedeutendste Autorität des Satapatha-Brahmana), als Hauptbücher des Yoga-Systems. Die äusseren Mittel der Yoga-Praxis finden sich im Atharvopanishad. Die Hauptblüthe des Sankhjajoga zerfällt in das erste Jahrhdt. p. d. Das Werk des Patangali wurde (XI. Jahrhdt.) durch Albiruni in das Arabische übersetzt, ebenso wie das Sankhyasutram. Die Vorschriften über die Werkthätigkeit bilden den Gegenstand der Purvamimansa, die davon auch Karmamimansa heisst, die Lehren dagegen über das Wesen des schaffenden Princips und sein Verhältniss zur Welt bilden den Gegenstand der Uttaramimansa, die davon auch (von Badarayana verfasst) Brahmamimansa (Çarirakamimansa oder Verkörperungslehre) oder Vedanta (Ziel des Veda) heisst. Nach der Sankaravijaya war Vyasa (Badarayana) Vater des Suka, dessen Schüler Gaudapada der Lehrer des Govindanatha (Lehrer des Sankora) war. In dem logischen Sutra des Kanada und Gotama (dessen System eine besondere Nyayasutram heisst) wird die Entstehung der Welt aus Atomen hergeleitet, die durch den Willen eines feststellenden Wesens sich vereinigten (s. Weber). Porphyrius (der die Gymnosophisten in Brachmanes und Samanaei scheidet) held that Reason or Intellect (Buddha) was superior to Nature (Dharma). Kukusos oder Kukuson lag am Passe über den Taurus nach dem östlichen Cilicien. Japan heisst Abasa oder Sacala (bei Paus.). Sacus herrscht in Panchaea, als Abassi in Tibet (bei Abhomara in Kaschmir), wie Abasi im Himmel der Calabaresen oder Obassi unter den Fetischen in Fetu.

als glückliche Länder (an Gold, Silber und Juwelen reich), deren immer glückliche Bewohner keine Krankheit kennen und von der Erde freiwillig sprossende Nahrung erhalten. Kinder sind ohne Geburtswehen geboren und saugen Milch aus dem in den Mund gesteckten Finger. Um die Erde nicht zu verunreinigen, trägt ein Vogel die Todten fort, und die Absterbenden gehen direct in den Himmel ein (s. Miché). Nach Badarayana haben die Götter Wunsch für endliche Erlösung, wegen der Unsicherheit ihrer Macht und ihrer Fähigkeit, eine Kenntniss des Brahma zu erwerben, weil sie körperliche Wesen sind, und ein Hinderniss, die Erwerbung göttlicher Kenntniss zu hindern, liegt nicht vor. Nachdem Pururavas (in dem Wunsche, sich wieder mit Urvasi zu vereinigen) von den Gandharvas (um ihnen gleich zu werden) das Feuer erhalten und die Bäume, woraus es zu reiben, vor sich gesehen, erkannte er (im Anfang des Treta-Alters) die dreifache Veda, während es sonst in dem einsilbigen Om nur eine Veda gegeben (nach den Bhagavati-Purana), als Anspielung auf die Vermittlung des weihenden Feuercultus durch die Hochlande Kandahars. Nach der Vishnu-Purana lehrte im Krita-Alter Vishnu in Kapila's Form die Kenntnisse, und nachdem das höchste Wesen im Treta-Alter die Uebelthuer bezwungen, theilte Vyasa im Dvapara-Alter die vierfache Veda. Wie in den Smriti mitgetheilt, haben Vyasa und Andere von Angesicht zu Angesicht mit den Göttern verkehrt (nach Sankara). Die Itihasas und Puranas, auf den Hymnen und Arthavadas basirend, beweisen die Körperlichkeit *) der Götter. Nach

---

*) Le sanscrit Mâyâ, magie, illusion, mais dans le Vedas sagesse, d'où mâyavin, sage et plus tard, comme mâyin ou mâyika, conjurateur, jongleur, dérive de man (putare, cogitare, scire) comme gâya, femme, de gan, gignere, âyu, vivant, de an, spirare etc. De man vient aussi mantra, prière ou formule magique. Manthra (dans le Zend) est un incantation contre les maladies (s. Pictet). Le grec μαγεια, μαγος est emprunté à l'ancien persan. Nach der Vedanta ist die Existenz der Welt ein Scheingebilde der Maya, da das Sein nur Brahma zukommt. Yoganidra (die Krishna bei seiner Geburt vor der Tödtung durch Kansa bewahrt) erscheint in der Form von Durga aus dem zerschmetterten Mädchen. Indra nimmt (nach der Vishnu-purana) die Milchopfer auf, um sie als Regen wieder auszuströmen. From Mula Prakriti or radical nature, in which

den Ägyptischen Priestern (bei Herodot) hatten wie die Menschen über Aegypten die Götter geherrscht (mit den Menschen zusammenlebend), wie in Japan. Nach Hesiod verkehrten die unsterblichen Götter in Festgelagen mit den Menschen (und ebenso in Calabar). Die frommen Weisen des Alterthums, die sich mit den Göttern über heilige Wahrheiten unterredeten, lebten im Eheverbande (nach dem Rigveda).

Im Anfange, als Alles Maha-Sunyata (die grosse Leere) war und die fünf Elemente noch nicht existirten, da offenbarte sich Adibuddha, der Selbstseiende, in der Form des Lichtes, als Buddha oder Adi-Nath, aus dessen tiefer Betrachtung (Dhyana) das Weltall emanirte. Die Lehre der Sunyadas, die das All als unwirklich und leer betrachten, ging vom Muni Charvaka aus (s. Roer). Alle Sachen haben ihre Ursache (hetu), diese Ursache ist Tathagata,*) und die ,Ursache der Existenz

Purusha or soul was inherent, Budhi or Intelligence (in a female and inferior form) was brought forth, according to the Sankhyas (of Kapila) who asserted that nothing can be produced, which does not already exist, and that effects are educts and not products (s. Cunningham). Nil fieri ex nihilo, in nihilum nil posse reverti (Lucretius). Die Welt und Alles, was darin geschieht, wird von den Malabaren unter die 64 Spiele oder Komödien gerechnet, in denen Gott sich gefällt. Nach dem Bhagavata war Soma von den Augen Atri's (Sohnes des Brahma) geboren. Als Krishna 21 Tage mit Jambavat, König der Bären, in seiner Höhle (um das Syamantaka-Kleinod) kämpft, wird er (da sein nach Dwaraka zurückkehrender Gefährte von seinem Tod berichtet) durch die Speisen und das Wasser der Todtenopfer (Sraddha) gestärkt, während sein Gegner täglich an Kraft verliert (nach der Vishnu-Purana). Da Dasanana beständig an Krishna dachte (obwohl nur in Feindschaft), wurde er beim Tode doch in Vishnu's Substanz absorbirt (nach der Vishnu-Purana).

*) Nach dem Verzeichniss der 28 buddhistischen Patriarchen starb Káçjapa 905 a. d., Ananda 868 a. d., Cánavásika 805 a. d., Upagupta 760 a. d., Dhritaka 683 a. d., Mikkhaka 619 a. d., Vasumitra 688 a. d., Buddhanandi 533 a. d., Buddhamitra 495 a. d., Párçvika 418 a. d., Punjajaças 376 a. d., Açvaghôsha 382 a. d., Kapimala 274 a. d., Nágárdschuna 212 a. d., Kanadêva 157 a. d., Rāhulata 113 a. d., Sanghânandi 74 a. d., Gajaçáta 13 a. d., Kumárata 23 p. d., Gajata 74 p. d., Vasubandhu 125 p. d., Manorata 167 p. d., Padmaratna 240 p. d., Arjasinha 253 p. d., Náçaçata 325 p. d., Purjamitra 400 p. d., Pragnátara 457 p. d., Bodidharma oder Tamo 495 p. d. To the expounders of the Abhi-Dharma pitaka shall be assigned 12 cells, to those who preach from the Sutra

ist auch die der Vernichtung, sagen die Aiswarikas. Als Alles grosse Leere (Sunya) war, wurde in Aum das Wort der drei Charaktere offenbar, in welchem sich der Allgegenwärtige, mit den drei Kleinodien (Tri Ratna) begabt, durch eigenen Willen schuf (nach dem Aiswarika-System). Die Leerheit (Sunya oder *Κενον*) oder Chogosun (im Mongolischen) ist die Identität des Daseins, Denkens und Nichtseins. Der Selbstseiende, der sich im Sunyata, wie in einem verschwindenden Punkte, abbildet, besitzt seine ihm eigenthümliche Wesenheit im Nivritti, ist aber für die Schöpfung der Pravritti in den Zustand Panchajnyanatmika übergetreten, die fünf Buddha schaffend. Nach dem Yatnika-System (in der Lalita-vistara) schuf Adi-Buddha (Svabhava der Svabhavikas oder Isvara der Aisvarikas) den Bodhisatwa, der, nachdem er alle Existenzformen durchlaufen, in Sakya-Sinha als Lehrer der Menschheit auftrat. Prajna*) dewi oder (als Mutter

---

pitaka 7 cells, and to each of the resident priests, as read the Vinaya pitaka 5 cells with food and raiment (according to the inscriptions in Mihintalle) 262 p. d. (in Ceylon). Prithagdjana (der Abgesonderte) heisst der natürliche Mensch, der noch nicht in dem Pfade eingegangen, im Gegensatz zum Arya (Ehrwürdigen), der die vier geistlichen Wahrheiten erkannt hat. Die Oberpriester der Congregationen (zwischen den Klöstern der Secten) heissen Sanátschârya oder (in Ceylon) Mahanayaka. Als Bewahrer und Ueberlieferer der Disciplin nennen die Singhalesen (als Nachfolger Buddha's) Upâli, Dásako, Sónako, Siggavo und Tissa moggaliputto. Die Singhalesen nennen als Ueberlieferer der offenbaren Worte Buddha's (in der Reihenfolge von Sthaviras) Sáriputto, Bhadaji, Tissokôsyaputto, Siggavo, Moggaliputto, Sudatto, Dhammiko, Dásako, Sónako, Revato. Upali (says Gautama), being the first in the knowledge of Wineyo, is the chief of my religion. Die Boddhavansa war von Çakjamuni selbst gesprochen. Die japanische Encyclopädie schliesst die Reihe mit dem 33. Patriarchen, nach dessen Tode sich Niemand zu seinem Nachfolger würdig fand. Die chinesischen Verzeichnisse reichen bis zu der Dynastie Ming (1362—1644 p. d.) hinab. Vasumitra (Präsident des vierten Concils) und Nagardjuna (Gründer der Madhjamika-Schule) waren (Anfangs der christlichen Aera) Zeitgenossen des Juetschi-Königs Kanishka (sowie auch Parçvika und Açvaghósha). Nach Wassiliew diente der Name Nágárdschuna zum Ausdruck der Periode, welcher die Hauptschriften der Maháyána-Lehre ihre Entstehung verdanken. Fahian (400 p. d.) erwähnt keines buddhistischen Patriarchen in Indien.

*) With the Aisvarikas, Upaya is Adi-Buddha (the efficient and plastic cause) and Prajna is Adi-Dharma (plastic cause). With the Prajnikas, Upaya is the energy of Prajna, the universal cause (s. Hodgson). Siddhi und Buddhi sind die Frauen

Adi-Buddha's) Jinendra-Matri (aus deren Wunsch die Weltschöpfung floss) ist (nach dem Saraka Dhara) jedem Buddha vermählt. Nach dem Sadhana Mala offenbarte sich Adi-Prajna in dem Dreieck der Yoni. „Quivelinga ist ein rund Ding mit drei Schellen, woraus die drei Götter Bramma, Vistnum und Quiven*) (Ixora) hervorgingen.“ Nach der Ashta-Sahasrika (der Svabhavika-Lehre) werden bei der allgemeinen Auflösung aller Dinge die vier Elemente in Sunyakar-akash verfliessen, Erde in Wasser, Wasser in Feuer, Feuer in Luft, Luft in Aether (Akasa), Akasa in Sunyata, Sunyata in Tathata (Satya juyan), Tathata in Buddha (Maha Sunya), Buddha in Bhavana oder Bhava (Satta), Bhava in Svabhava. Wenn dann die Existenz sich auf's Neue hervorzuwickeln beginnt, so springen aus Svabhava, dessen Eigenschaften der Unendlichkeit auf Akasa übertragen werden, die Buchstaben hervor und aus diesen Adi-Buddha und die übrigen Buddhen mit den Bodhisatwen, die die fünf Elemente mit ihren Vija-mantras hervorrufen, und dann auf's Neue wirbelt das Weltall (Sansara), zwischen Pravritti und Nirvritti schwankend, gleich des Töpfers drehender Scheibe. Nach den Bramines wird die Welt immer kleiner und kleiner, und endlich wie ein Tröpflein Wasser werden, bis nichts übrig

---

des Ganges. The female divinity Adhi-Prajna or Adi-Dharma (characterised by the Yoni or Lotus) is represented amongst Bauddhas under the form of water (Bird). Mahomed stellte den Monotheismus wieder her, nachdem Amr-ibn-Lohei (III. Jahrhdt. p. d.) die Vielgötterei eingeführt. Jehovah wurde als Bock (Chron.) und in Micha's Bilde als Stier verehrt. Die von Moses aufgerichtete Schlange wurde von Hiskias zerbrochen. Im Deuteronomion ist das Volk Israel aus dem Felsblock gezeugt und zu Jeremia's Zeit glaubte man an die Herstammung von Baum oder von Stein (s. Dozy). Der Stein zum Bau des Altars durfte nicht durch den Meissel (im Exod.) entweiht werden (wie der göttliche Baum durch die Axt verletzt wird). Der in einer Höhle (s. Beer) geborene Abraham oder Abram (hoher Vater) war als Ramas (Hesych.) oder (in der Inschrift von Ophara) Rabromos (s. v. Richter) höchster Gott in Byblus (s. Movers). Abraham ist nicht der Name eines Mannes, sondern der eines Gottes (Dozy) und wurde bei der babylonischen Gefangenschaft den Juden bekannt, als der in Ur Casdim geborene Zoroaster (dessen Feuercult sich auch mit den Brahmanen nach Indien verbreitete).

*) Le chefs du Darien et des côtes d'Urraba prenaient les titres de Queví et de Saho, qui correspondaient à ceux de prince ou de roi.

bleibt, als Ixoretta (die Göttlichkeit). Dann wächst sie wieder an, grösser werdend, indem Ixoretta, dünn geworden wie ein Tröpfchen Thau, einen Laut wie eine Grille von sich giebt, quen-quen (quiven) sprechend. Dann wächst sie an, erst zu einem Senfkorn, dann zu einer Perle, dann zu einem Ei, aus dem die fünf Elemente hervorkommen, mit sieben Schalen, worauf beim Zerbrechen aus oberer Hälfte der Himmel sich bildet und aus der unteren die Erde (Balditas). Nach den Aegyptern entstanden aus dem Nilschlamm thierähnliche Menschengebilde (Ζωφασημιν) in Form eines Eies. Als Kasyapa den Himmel Galdan (Tushita) verliess, um sich in Buddha zu incarniren,*) setzte er den Bodhisatwa Dam-pa-tog-dkar (Shakya) als Stellvertreter dort ein.

---

*) Wenn Brama stirbt, bleiben aus den Gewässern nur das Kallosam und Walkondon übrig (indem alle anderen Andons bersten). Wishnu nimmt dann ein Blatt von dem Baume Allemaron (Arbre admirabilis oder Pagoden-Baum) und setzt sich als kleines Kind, an seiner *Zehe* saugend, hinauf, im Milchmeer schwimmend, bis Brama auf's Neue aus seinem Nabel emporwächst. Das was zerstört und neugebildet wird, ist Loka (sagt die Janawanso). Es heisst Loka (die Welt), da es zerstört und neugebildet wird in einer ununterbrochenen Reihe von Folgen. In dem Bramanen, der die Worte Agam-Brama (je deviens Brama) ausspricht, verkörpert sich Brama (de la Flotte). The buddhist worshippers of the mundane egg (as Debgop) were called the partisans of Anda (egg). Ita per saeculorum millia gens aeterna est, in qua nemo nascitur. Tam foecunda illis aliorum vitae poenitentia est, sagt Plinius von den Essenern. Auf die Klagen der überladenen Erde (als von Asuras bedrückt) körpert sich (um einen Theil ihrer Last zu erleichtern) der im Milchmeer angerufene Hari (mit seinem weissen und schwarzen Haare, als Balarama und Krishna) in Menschenform ein, während auch die von Brahma geführten Götter vom Berg Meru niedersteigen, um am Kampfe Theil zu nehmen. Bei den in Wagen umherziehenden Hirten führte Krishna statt des für sie nutzlosen Cultus Sakra's oder Indra's die Verehrung der Rinder ein und des Berges Gavardhana, dessen Geister die Wälder durchwandern und sich für Böse in Löwen und Tiger verwandeln. Auf die Bitte des seine Macht anerkennenden Indra (auf dem Elephanten reitend) verspricht der durch Garuda versinnbildlichte (und die Schlange Kaliya aus der Yamuna in das Meer verweisende) Krishna seinem Sohne Arjuna (in welchem sich ein Theil von ihm findet) so lange er bei ihm ist, Sieg zu verleihen. Krishna tödtet den als *Pferd* erscheinenden Dämon Kesin, indem er ihm seinen Arm in den Hals steckt und durch Anschwellen desselben in zwei Stücke zerreisst. Zwei Klassen der Philosophen unterscheidend, als *Βραχμανας* und *Σαρμανας*, rechnet Megasthenes zu den letzteren die *Ὑλοβίους*. Strabo kennt

Nach dem Yatnika-System zeugte*) Iswara**) durch Yatna die fünf Jnyana, aus denen die fünf Buddha entsprangen und aus diesen die fünf Bodhisattwa, die wieder die Dewatas hervorbrachten. In den älteren Stellen der Vedas heisst es, dass die Welten mit Hülfe der Metra (um die Harmonie des Weltganzen zu erklären) festgestellt (stabhita skabhita) seien, und erst später entwickelt sich die Vorstellung von einem Sarjanam, Entlassen, Schaffen, derselben (s. Weber). Als durch die Karma des Manas hervorgebracht, heisst die Welt Karmika. Aus Manas (in der Verbindung von Upaya und Prajna entstehend) fliesst***) Avidya, dann Sanskara, dann Vinyana, dann Nama-

---

noch die Πραμνος. Harischandra, Sohn des Trisanku, gab sein ganzes Reich dahin, verkaufte Weib und Kind und schliesslich sich selbst, um den Geldforderungen Visvamitra's, des in den Wissenschaften bewanderten Brahmanen, zu genügen (nach der Padma-Purana). Kapila setzte das starke Schiff der Sankhya schwimmend, auf dem der nach Erlösung suchende Mensch den Ocean der Existenzen kreuzte (nach der Bhagavata-Purana). Die in der Vedanta mit mehrfachen Scheiden (Kosa) bekleidete Seele wandert zunächst nach dem Monde. Nach den Australiern stirbt der Schwarze, um als Weisser wieder aufzuleben, indem sich der Körper im Tode entfärbt. Die Peraten (unter den Gnostikern) wollten durch die Erkenntniss die Vergänglichkeit überwinden (διελθεῖν καὶ περᾶσαι τὴν φθοράν). Believing that objects cease to exist, when no longer perceived, the Buddhists (Sautrianthas and Vaibashikas) are designated Purna or Sarva Vainasikas by the orthodox Hindus. Ozair oder Esdras, den Gott 100 (statt sieben) Jahre sterben liess, um ihn nach dem Tode wieder zu erwecken, wurde (wie Buddhagosa) in Abschrift der heiligen Bücher geprüft.

*) It is fabled, that Prajapati, the lord of Creation, did violence to his daughter. But what does it mean? Prajapati, the lord of Creation, is a name of the sun, and he is called so, because he protects all creatures. His daughter Ushas is the dawn. And when it is said, that he was in love with her, this only means, that at sunrise the sun runs after the dawn, the dawn being at the same time called the daughter of the sun, because she rises, when he approaches, erklärt Kumarila (s. Müller).

**) In admitting the existence of a divine Being (Isvara), in whom the good qualities belonging to man reach their limit, the Yoga, hence named the seswara Sankhya, differs from the Sankhya of Kapila, which is known as the niriswara (Ballantyne). The Madhyamika (of the Buddhist) maintain, that all is void. Im Commentar zum Vajasneyi Brahma Upanishad lehrte Sankara Acharya die Einheit Brahma, der allgemeinen Seele, mit der individuellen (als Upanishad).

***) From nature emanates Intellect, from Intellect Egoity (Ahankara), from

Rupa, dann Shadayatana, dann Vedana, dann Trishna, dann Upadana, dann Bhava, dann Jati, dann Jaramarana oder Jati-Rupya-Manas mit der Zehnheit der Tugenden und Laster. Das so aus Manas durch Avidya hervorgehende Sein verschwindet, wenn Avidya enden sollte, und das von seiner Täuschung*) befreite Manas kehrt dann in Upaya und Prajna zurück aus Pravritti (der durch Avidya beeinflussten Existenz) in Nirvritti**) beim Aufhören der Avidya***) (Unwissenheit oder Irrthum). Die Sankhya-Lehre des Isvara Krishna (700 p. d.) unterscheidet von dem Entwickelten das Unentwickelte oder Prakriti (Erzeugerin oder Natur) und den Kenner oder das Grosse (den Geist oder

Egoity the eleven organs and the five subtile elements, from the five subtile elements the five gross elements and vice versa. This circle of emanation and re-absorption is eternal, nach der Sankhya (s. Roer).

*) It is merely a delusion to think, that the soul is bound; on the contrary, it is nature, which binds herself and when the true knowledge arises, that soul is different from nature and that it is ever free, the delusion of its bondage disappears and the soul is liberated for ever (nach der Sankhya).

**) Nach den lauteren Brüdern steigt die vom Körper gelöste und nicht durch schlechte Handlungen verderbte Seele zu den Sternen auf. Liebt sie dagegen den sinnlichen Leib, so bleibt sie in der Welt der Gegensätze unter dem Mondkreis, im Grunde der wandelbaren, aus Gegensätzen bestehenden Körper, die einmal vom Entstehen und Vergehen und ein andermal vom Vergehen zum Entstehen sich wandeln. Hierfür heisst es im Koran: „So oft ihre Haut reift, geben wir ihr an der Stelle derselben eine andere, auf dass sie ihre Strafe koste" (Dieterici). Im religiösen Symbolismus ist die durch Häutung verjüngte Schlange das Bild des wechselnden Kreislaufs auf Erden und im Dualismus deshalb das böse Princip, gegenüber dem frei sich emporschwingenden Vogel, dessen Kopf der Himmelsgott trägt. In der Vedanta ist Brahmaloka die höchste der Welten, aber nur frömmste Tugend erwirbt Befreiung vom Wechsel in Mukti. Nach Origines (der jedem Gestirn ein Metall beisetzt) lag in den Mysterien des Mithras eine symbolische Darstellung der zwei Umläufe am Himmel, der Fixsterne und der Wandelsterne, mit dem Durchgang der Seele durch dieselben, als dem Symbol einer hochthorigen Stiege mit dem achten Thore über ihr. Julian glaubte von der Seele Alexander's M. belebt zu sein.

***) The world is created by ignorance, which the Vedantists describe as existent and non-existent and altogether dependent upon Brahma. According to the Sankhya it is necessary to admit that besides soul, something else exists, which is opposed to it, and while soul is intelligent and not creative, that there exists an irrational and creative principle, which is nature.

Menschengeist). Aus dem Drange der dreifach erzeugten Schmerzen entsteht das Verlangen, die Art kennen*) zu lernen, auf welche dieselben zurückgetrieben werden. Die Schmerzen haben einen dreifachen Ursprung, theils kommen sie aus der Menschennatur selbst, zu welcher Leib und Seele sich einen, theils von den Geschöpfen (Menschen, Thieren u. s. w.), theils von den Genien und Dämonen. In der Brahmavaivarta-Purana erhält die schöpferische Kraft den Namen Ikkharupaka oder die Gestalt des Wünschens (zum Schaffen) besitzend, und der Schöpfer den von Svekkamaja oder mit dem allgemeinen Schöpferwunsche verbunden. Nach der Saukhya-Philosophie ist die Prakriti oder Mulaprakriti die ursprüngliche, mit den drei Eigenschaften ausgestattete Schöpfer-Natur, das allein thätige Princip, während der Geist (Purusha) unthätig und wahrnehmend ist. In jeder Schöpfung nimmt die Mulaprakrita die drei Formen Ançarupini, Kalarupini und Kalançarupini an. Nach der Brahmavaivarta-Purana erschafft Krishna, als höchster Gott, alle Dinge und Wesen durch die Kraft seines Willens, welcher Mulaprakriti oder die schöpferische Urnatur ist, fünf Göttinnen hervorbringend. In dem mit Svadha (Selbstsetzung) allein seienden Geiste wurde durch Kama (Verlangen oder Liebe) der ursprünglich schöpferische Samen gebildet. Ohne Hauch athmete das göttliche Wesen (nach dem Rigveda), bis mit dem Entstehen des Wunsches der zeugende Samen gebildet wurde. Als der erste Windhauch seine eigenen Principien und Liebe begehrte, entstand eine Mischung. Diese Verbindung wird Verlangen (ποθος) genannt, selbiges ist aller Dinge Anfang. Der Windeshauch erkannte aber seine Schöpfung nicht (Sanchuniathon). Die erste Bewegungsursache war den Gnostikern die über Chaos brütende ψυχη ἄλογος. Nach Valentinus flösst der Soter (Horus oder Lytrotes), die zur Verbindung (Syzygia) bestimmte Weltseele, die plastischen Ideen ein. Das Siwa-Prakasam setzt die Erinnerung in Putthi, den Sitz der Seele in den Nacken. Als aus dem ersten Leben (Hajje quad maje)

*) Perception is defined (by Gotama) to be the knowledge derived from the contact of the senses with their objects (in der Nyaya).

und dessen Bilde (Demuthcb, als Gattin) emanirt,*) wird zwar das zweite Leben (Manda de hajje) das reine (Dakja) genannt, ist indess wegen unreiner Gedanken vom Glanz-Aether aus-

---

*) Der Stifter der Sankhya meinte, dass die Existenz eines ewigen Isvara in Uebereinstimmung mit der Lehre der Laukayatikas geleugnet werden müsse, weil die Menschen sonst verhindert werden würden, die vollkommene, ewige und fehlerlose Gottheit zu betrachten und, indem die Herzen dort hängen blieben, nicht die Unterscheidungen zwischen Geist und Materie studiren möchten. The language of the Nyaya is moulded on the Verb „to be" and that of the Sankhya on the verb „to make" (Ballantyne). The productions are held to be no other than the producers modified and the producers (all except the first of them) are but modifications of the first the mula-prakriti (in the Sankhya). In der Svetasvara-Upanishad des schwarzen Yajus-veda, die die Sankhya-Lehre von den beiden Urprincipien mit der Yoga-Lehre von dem einen Herrn vermischt, erscheint Kapila, der Gründer des Sankhya-Systems, zur göttlichen Würde erhoben (s. Weber). From the want of a root in a root, all is rootless (according to the Sankhya). „Even if there be a succession of causes there is a halt at some one point and so it is merely a name" (natura or matter being the one point is therefore the root of all). Matter is eternal in atoms (according to the Nyaya-system). The definition of an atom, as given by Kanada (the founder of the system) is: „something existing without a cause, without beginning an end. It is contrary to that has measure". All objects and products are traced back to by substance (time, space, soul, mind, ether, air earth, fire, water). The mote in a sunbeam is the smallest perceptible quantity. It is a substance, an effect, and is therefore made from something less than itself. This something is also an effect and is a substance. It is composed of something smaller and that smaller thing is an atom. It is simple, else the series would be endless. If so, every thing, great or small, would contain an infinity of particles and all would therefore be alike. The first compound consists of two atoms. One cannot form a compound and there is no argument to prove more than two. The next consists of three double atoms. If only two were conjoined, magnitude would not result, since that can consist only from the number or size of the particles. It cannot be size since they are atoms, it must be number. There is no argument for four, because three such double atoms are sufficient. The atom then is equal to $^1/_6$ of the mote of a sunbeam. Two earthy atoms brought together by some cause, make one double atom. Three double atoms equal one tertiary atom, four tertiary atoms make one quaternary and so on, thus it is by aggregation that the gross earth is produced. In like manner from aqueous atoms come forth by aggregation all watery substances, organs and organisms. So also from the atoms of light and air. The compounds classed among them. Pressure and velocity produce an union of the integrant elements. Disjunction separates them. The qualities of the original atoms attend them in compound substances (s. Colebrooke).

geschlossen (nach den Mandäern). Die Sidonier setzten (nach Endemus) erst die Zeit, das Verlangen und den Nebel (*Χρόνον καὶ Πόθον καὶ Ὀμίχλην*). Aus der Vermischung des Verlangens und des Nebels entsprang die Luft (*ἀήρ*) und der Lufthauch (*αὔρα*), wodurch die Sonnenstäubchen in Rotation gegen einander geführt werden. Nach der Atomenlehre der Kanadas muss auch das feinste Stäubchen im Sonnenstrahl, als Substanz, theilbar sein und aus Partikeln bestehen, bis schliesslich ein Einfaches und Nichtzusammengesetztes erlangt wird. Die vier erhabenen Wahrheiten (aryani satyani) sind das Vorhandensein des Leidens, der Grund des Leidens (in den Passionen, Wünschen, Irrungen liegend), das Aufhören des Leidens (im Nirvana)*) und das Mittel zu diesem Endziel zu gelangen (durch die Magga oder Wege). Die Heilsmethode zerfällt in acht Theile, als die Richtigkeit der Anschauungen, des Urtheils, des Benehmens, der Andachtsübungen, der Gedanken, der Erinnerungen, der Sprache und der Meditation. In Mildthätigkeit, Reinheit, Geduld, Standhaftigkeit, Ergebenheit und Weisheit ist die sechsfache Zahl der

*) Nirvana se compose de nir, qui exprime la negation, et du radical va, qui signifie souffler. Le Nirvana est donc l'extinction, c'est-à-dire l'état d'une chose qu'on ne peut pas souffler, qu'on ne peut plus éteindre, en soufflant dessus, et de là vient la comparaison d'une lampe, qui s'éteint et qui ne peut plus se rallumer (St. Hilaire). Nach dem Nefhatolins (Hauch der Menschheit) ist die Vernichtung (Fena) das Fortschreiten zu Gott, die Fortdauer (Haka) das Fortschreiten in Gott (gleich der Samati). Abu Ali Dschusdschani lässt den wahren Heiligen in seinem vergänglichen Zustande vernichtet sein, um nur in der Anschauung Gottes fortzudauern. Auf Nasut (Grad der Menschheit) oder Beobachtung der positiven Religionsgesetze in äusseren Andachtsübungen, und Tarikat, dem Wege zur Vollkommenheit an der Hand des Meisters, folgt der dritte und vierte Grad in Aarif (Erkenntniss) und Hakikat, wodurch der vollendete Sofi den Engeln gleich wird, nach der Vereinigung mit Gott. Porphyrius zeigt in *θεωσια* und *θεωρια* den Unterschied des doppelten Weges zur Vollkommenheit. Nirvana wird im Panoya-panas-jataka-groto als höchste Glückseligkeit erklärt. Nach Beendigung der Seelenwanderung wird der Mensch in's Paradies in Kylass eingehen, lehren die Hindus (nach dem Ayeen Akberi). According to the Buddhists by a spirit of philosophy and true knowledge (*ἡ γνῶσις τῶν ὄντων* of Pythagoras) the perfection which assimilates with the deity is reached. Sich auf den Sammeta-Saila begebend, wurde der Bhagavant (Parcvanatha) durch monatliches Fasten erlöst (nirvrittah).

transcendentalen Tugenden (Paramitas) begriffen, die an die Schwelle des Nirvana führen. Die wechselweise Verkettung der Ursachen geht von der Unwissenheit zum Alterstodte, oder von diesem zu jener. In der Mundaka Upanishad unterscheiden die Anhänger der Atharva-veda zwei Wissenschaften, die untergeordnete derjenigen Abtheilungen der Vedas, die sich auf die Ceremonien beziehen und nebst den sechs Anhängen nur als Werkzeug dienen, um mit den Pflichten bekannt zu machen, während auf der andern Seite die Upanishad, die in der Kenntniss Brahma's zum höchsten Ziel des Menschen führen, die höchste Wissenschaft darstellen. Nach Alwis wird Nibban einer Stadt verglichen, und kann von Niemanden geschaut werden, ausser einem geheiligten Arahanta. Von den Pantcha-shad-abhidjnyah (der Kenntniss der Fünf und der Sechs) begreifen die Fünf die Verbote des Tödtens, Stehlens, Hurens, Lügens, Weintrinkens (sowie für Priester: nicht hoch zu sitzen, Blumen zu tragen, Schauspielen beizuwohnen, sich zu schminken, am Nachmittag zu essen), die Sechs die Dana (Mildthätigkeit), Sila (Andacht), Kshanti (Ergebung), Viriya (Standhaftigkeit), Pradjna (Kenntniss), Upaya (Umsicht). Endzweck der Sankhya, von Kapila begründet, ist Befreiung von Schmerz. Die 613 Vorschriften Moses' wurden durch Jesaiah auf sechs, dann von Micah auf drei, von Jesaiah weiter auf zwei, von Amos auf eine reducirt und von Habakuk zusammengefasst (nach dem Talmud). Die von Kasyapa verfasste Prajna-Paramita wurde im IX. Jahrhundert von den indischen Pundits Jinamitra und Surendra Bodhi mit Hülfe des tibetischen Dollmetschers Ye-shes-de-drang-srong (Rischi) übertragen. Der erhabene Herr durchdringt in seiner Weisheit die Herzen Anderer (nach dem Kahgur). Buddha's Lehre ist die Unterscheidung erklärter Moggaliputto, um auf Asoka's Wunsch die Streitigkeiten beizulegen. In den Aphorismen oder Sutras begriff Buddha-Muni die Hauptsache seiner Lehre*) (agama). Einen Sohn wünschend, opferte Manu dem

*) Die Sankhyapravachana, Sammlung von Sutras, des Kapila, Stifters der theoretischen Sankhya-Schule, wurde durch Panchasikhas veröffentlicht (nirisvara oder atheistisch). Die Sankhya, welcher das Handeln (Karma) zur ersten Be-

Mitra und Varuna. Da aber die Anrufung des Priesters fehlerhaft gewesen, wurde eine Tochter (Ila) geboren, die durch Mitra's und Varuna's Güte in einen Sohn Manu's (als Sudyumna) verwandelt wurde, dann aber in Folge des Zornes Siwa's in das weibliche Geschlecht zurücktrat, worauf sie, in der Nähe der Eremitage Buddha's (des Sohnes des Mondes) wandelnd, mit diesem den Sohn Pururavas zeugte (nach der Vishnu-Purana). Der Geist erschafft sich selbst die verschiedenen Geburtsstätten (nach dem Jagnav. Dh.). Plotinos lässt die Seele ihrem Körper erzeugen. Nach dem Bhagavat kam Budha (ein Weiser oder Patriarch) nach Bharatkhand, um Büssungen zu üben, und heirathete dort Ella, mit der er Prurarwa zeugte, den Gründer Mathuras. Der in der ersten Incarnation Vishnu's aus der Fluth gerettete Manu schuf durch Gebet seine Tochter Ila (oder Ida). Cybele ist Idäa von dem Wohnsitz auf Ida. Mit der phrygischen Nymphe Ida zeugte der Flussgott Scamander den Teuker, zu dem mit Dardanus das durch dessen Mutter Electra vom Himmel

---

dingung macht und als theistisch (seswaras oder mit dem Geist) den Urgeist der Vedas als Gott anerkennt, stammt von Patanjalis, auf den das Hauptwerk Yogasastra zurückgeführt wird. Verschieden von allen Büchern, besitzt der Veda Autorität, weil er ohne Willensanstrengung hervorgebracht wurde, gleich dem Athmen des Menschen (Sankara). The only historical connexion, which all the systems (of Hindu philosophy) profess, is with the Upanishads, upon which they profess to be founded. The orthodox systems of the Hindus (Purva Mimansa, Uttara Mimansa. Sankhya, Yoga, Vaiseshika and Nyaya) are deposited in six sets of Sutras, which are ascribed to divine authority (s. Roer). Two sets of Sutras are ascribed to Kapila (the founder of the Sankhya school), the Sankhya Tattva Samasa and the Sankhya-Pravachana-Sutras. In the Sankhya-Pravachana-Sutras reference is made to a work of Panchasikha, the disciple of Asuri, whose teacher was Kapila. The composition of the Sankhya-Pravachana-Sutras is of a comparatively recent date (about the first century after Christ). The Sankhya-Karika by Isvara Krishna is founded upon the Sankhya-Pravachana Sutras. Das brahmanische System (oder Philosophie) Vaiçeshika ist benannt von Viçesha (die unendlichen Besonderheiten der Atome) und in der javanischen Mythologie findet sich ein göttliches Wesen (Viçesha), das vor der Erschaffung des Himmels und der Erde und nach dem allmächtigen Schöpfer war, und dem die höchsten brahmanischen Götter (Vischnu, Mahadeva und Çambhu) untergeordnet sind (s. Lassen). Cultivators of the earth adore their landmarks (sila), nach dem Vishnu-purana (s. Wilson).

gebrachte Palladium kam. Nach dem Rig-Veda wird Ila von den Göttern zur Lehrerin der Menschen bestellt. Nach der Bhavishyapurana haben die Parsen (Maga) vier Vedas, den Vada (Yaçanu), Viçvavada (Viçpered), Vidut (Vendidad) und den Angirasa. Der erste Körper, den der Mensch erhielt, war von Adi-Buddha geschaffen und damals noch nicht von Karma berührt. Als er aber einen folgenden annahm, war dieser schon den Werken des vorhergehenden unterworfen,*) und so bei allen späteren. Nach dem Sher-chin wurde die Prajna-paramita von Shaky gelehrt, und 400 Jahre später von Nagarjuna oder Klusgrub das Madhyamika-System, das (die höheren Principien erklärend) die Mitte hielt zwischen den Anhängern ewiger Dauer und der völligen Vernichtung. Patangali betrachtet den Purusha oder Geist (mit den Keimen der Allwissenheit), als das Höchste. Buddhi (Vernunft) ist Eigenschaft der Gottheit. Die Yogacharya-Schule**) wurde (nach Körösi) von Arya Sanga (VI.—VII. Jahrhdt. p. d.) gestiftet. Menandros (Minanda auf den Münzen) wird für identisch gehalten mit Milinda, König von Sagala oder Çâkala. Die Kahgyudpas in Tibet begnügen sich mit Beobachtung der Dho oder Sutras, ohne nach dem Transcendentalismus esoterischer Weisheit im Sherchin oder Prajnaparamita zu streben. Die beiden ersten Jana, das der Çravaka und der Pratyekabuddha, gelten nur für die Abtheilungen des Hinajana (Wassiljew). Nach dem Vichitra Nadak besitzt nur die Zeit, als

*) Es halten die Litthauer dafür, es sei ein Fatum stoicum, deswegen, wenn Einer auf dem schwachen Eise gegangen und ertränkt, urtheilen sie, es sei eine Nothwendigkeit (Likkimmas), dass er ersoffen, wenn Einer stirbt und wird gehangen, sagen sie, er habe nothwendig durch Gottes Zwang stehlen und also hängen müssen (Lepner).

**) Die sechs Tarkikas (sechs Philosophen oder Sophisten) oder (mongolisch) Tirtikas, die von Buddha besiegt wurden, waren die sechs Schulen der Sankhja, Sankhjajoga, Njaja, Vaiseshika und die beiden Mimansa. Die Freiheit des Geistes (als Befreiung von der Materie und den Entwicklungsgesetzen der Natur) ist nur dann für die Ewigkeit dauernd, wenn der Geist sich über das Brahma erheben kann, in das dritte Dhjana (die Regionen der vollgültigen Verdienste) und das vierte Dhyana (die Regionen der Buddha-Offenbarungen) eintretend. Der letzte der (mit Krakutschtschanda beginnenden) 1000 Buddhas der Bhadrakalpa (unter denen Maitreya von Singha gefolgt ist) heisst Rotscha (s. Schmidt).

Gottheit, Unabhängigkeit. Sanchoniathon nennt die Zeitgöttin Hora neben der Heirmarmeneh. Kapila nennt das höchste Princip avjakta oder unentwickelt, weil Alles enthaltend. Nach einer jüdischen Legende soll Moses auf dem Berge Sinai nur ein Auge des Allmächtigen gesehen haben. Im Bauche eines Fisches versteckt, belauscht der Lokeswara Padmapani (als Matsyendra Natha) Siwa mit der von Adi-Buddha gelernten Yoga Paravarti unterrichtend. Der König berief ihn (V. Jahrhdt. p. d.) nach Nepaul. In Indien gilt er (nach Wilson) als Schüler des Gorak-nath. Amitabha mit seinem Boddhisattva Padmapani wurde als fünfter unter den sieben Manuchi-Buddha von Adhibbuddha geschaffen. Unter Svayambhu, als Retna Lingeswara (Haupt der acht Viharagnas), erscheint Maitreya als Flamme, Anantaganja als Lotus, Samantabhadra als Fahne, Vajrapani als Wasserkrug, Manjunath als Chouri, Vishkambhi als Fisch, Kshitigerbha als Schirm, Khagerbha als Muschel. In Surate ist Buddha (ohne Vater noch Mutter) unsichtbar, zeigt aber, wenn er erscheint, vier Arme, in tiefer Betrachtung dasitzend (Balditus). Als Buddha in Meditation (Samadhi) versunken sass, entströmte die Flamme Purva buddhanupasmityasanghajnanalokalankara seinem Haupt (nach der Lalita vistara). Die Vaiceshika-Schule lässt aus Dharma Weisheit und Seligkeit folgen. Silla (Pirksoma) weckt die Grönländer zum ewigen Leben. Jupiter gewährt dem Endymion (Selene's Geliebten) ewiges Leben im ewigen Schlummer. Im Gegensatz zum Hinajana ging der Mahajana aus den Schulen hervor, die (100 a. d.) Nagarjuna als Madjamika und 100 Jahre später Arjasanga als Jogatchara stiftete. Die Einwanderung der Sakya aus dem westlichen Potala am Indus nach dem Lande Kosala (neben den Lichnawi in Videha) bezieht Körösi auf die Sakas oder Indo-Scythen, die (nach den griechischen Prinzen von Bactrien) Pattalene besassen. Die Lehre von der Nichtigkeit*) der Welt, die (im Maitrayana Upanishad) Sakayana vor-

*) According to the Brahma Jala, at the destruction of the world, many beings obtain existence in the Abassara-Brahma, or spiritual beings and self resplendent. Upon the reproduction of the world the Brahma world, called Brahma Vimana, comes into being, but without an inhabitant. At that time a Being, in

trägt, war (nebst dem Leben von Almosen, als Pravajaka oder Bhixu, im Lande der Kosala-Videha durch Yajnavalkya und ihren König Janaka verbreitet (s. Weber). Als König Okkala

consequence either of the period of residence in Abassara being expired or in consequence of some deficiency of merit preventing him from living there the full period, ceased to exist in Abassara and is reproduced in the unhabited Brahma Vimana; after being there a long time alone, his desires are excited, that another being might be dwelling in that place. The another being either an account of a deficiency of merit or an account of the period of residence being expired, ceases to exist in Abassara and springs into life in the Brahma Vimano. They are bath spiritual beings, sel-resplendent and happy. Then in him who was first existent in that world, the thoughts are: „I am Brahma, Maha-Brahma, the Supreme, the Invincible, the Omniscient, the Ruler, the Lord of all, the Maker, the Creator. I am the Chief, the disposer of all (dividing the stations of the military tribe, the Brahminen, the merchant, the cultivator, the Cayman, the priest, and then of the camel, the ox etc.), the Controller of all, the Universal father of all." Those beings also, who afterwards obtained existence thought: „This illustrious Brahma and Maha-Brahma, the Creator and Supreme. We were created by him, for we see, that he was first bere and that we have since then obtained existence" the, who was the first that obtained existence, exceeds in beauty and is possessed of immense power, but those who followed him, are inferior. Then it happens, that one of these beings, ceasing to exist these, is born in this world and afterwards retires from society, becoming a recluse. Being thus a houseless prist, he subjects his passions and by mental tranquillity recollects his immediately previous state of existence (but none prior to that). He therefore says, that illustrious Brahma is Maha-Brahma, the Chief and Universal father. Kanishka (aus dem Stamme Turushka), Fürst der kleinen Juetschi (in Kaschmir), besiegte die Ansei (Parther) und eroberte Indien (bis Patalipotra). Der Buddhist Aschwagoscha war der stete Begleiter des Kanishka, der in Hapina und Kantara heilige Thürme erbauen liess. Auf den Betrieb Baschba's liess Kanishka die dritte Versammlung der Buddhisten abhalten, worauf der Buddhist Nagartschuna die erste Schule der Mahajana (die von den bis zur Kaschmirischen Versammlung im Buddhismus herrschenden Ueberlieferungen der Chinajana sich entfernte) stiftete. Bald nach dem Tode des Kanishka erschienen die (grossen Juetschi) Massageten, die (das Gebiet nördlich von Kabul besetzend) die Verbreitung des Buddhismus zu den westlichen Regionen jenseits des Bolargebirges vermittelte. Die auf der (mit Kanischka) abgehaltenen Versammlung verfasste Walbaschia wurde (trotz des Verbotes) aus Kaschmir nach Indien verbreitet durch den eingeschlichenen Buddhisten Wasass-ubadra, der seinen angenommenen Wahnsinn den Mitgliedern der Versammlung bewies, indem er sich (die Ideen des Buddhismus erläuternd) auf den Ramajana berief. Unter den Turkmanen findet sich (nach Karelin) der Sakar genannte Stamm. Buddamita behehrte einen (mit Wahrsagerei beschäftigten) Nigranta (der dann einen Lobgesang auf

hörte, dass seine fortgezogenen Söhne sich mit ihren Schwestern im Walde der Sâka-Bäume vermischt hätten, rief er aus: „Fähig (sakyâ), fürwahr, sind meine Prinzen" (Fausböll). Im Satapatha-Brahmana werden die Sakayanin citirt. Die frühere Na-

---

Buddha schrieb). Mit Vornehmen redend, wenden die Aegypter der Sculpturen den Kopf ab und halten die Hand vor den Mund, dass der Athem nicht verunreinige. Die Religion des Gottes Bud oder Buddha hat in Indien aufgehört. Nur einige Familien sind, von den übrigen Kasten abgesondert und verachtet, der Verehrung des Buddha treu geblieben und wollen die Religion der Brahmanen nicht anerkennen. Eine halb im Sande versunkene Statue (die an Gestalt und Umriss dem Sommonakhadom der Siamesen gleicht) bei Pondichery wird von den Tamulern, die sich nichts mehr aus ihr machen, Boruth (Buddha) genannt. Seine Verehrung und seine Feste hätten aufgehört, seitdem die Brahmanen sich des Volksglaubens bemächtigt hätten (Le Gentil). Aus der Inschrift einer Pagode schliesst Chambers auf eine ehemalige Gemeinschaft zwischen den Siamesen und den Indiern der Küste Commandel (Klenker). Nagarjuna (der seine Lehre auf die Prajnâparamitâ gründete) hatte (in der Schule der Madhjamika oder Mitte) Arjadeva und Buddhapalita (in Nagabodhi) als Schüler. Seine Lehren wurden vorgetragen in der Karika (Vinajasutra oder Vinajapâtra) genannten Schrift. Der zu erkennende Gegenstand hat eben so wenig Realität, als das erkennende Subject oder das Bodhisattva (intelligente Wesen). Der Name Buddha's selbst ist nur ein Wort und Alles Traum. Der Gedanke bildet sich nur durch Wahrnehmen eines Dinges und hört mit dessen Verschwinden auf. There are some gods, named Khiddha Padusika who live in the enjoyment of laughter, sport and sensual pleasure, till their intellect becoming confuse, they transmigrate from that state of existence. Some, born here and forsaking the world, become recluses. As houseless priest, subduing his passions, he remembers by mental tranquillity his immediately previous state and says: those illustrious Gods, who are not debauched by sensuality, do not spend a long period in laughter, sport and sensual enjoyment, their intellects remain free from perturbance. These Gods do not migrate from that state, but are ever during, immutable, eternal and remain for ever unchangeable the same. But we are debauched with sensuality and spent a long time in laughter, sport and sensual pleasure, so that our we intellects become confusedand then from transmigrated pose that state. We are impermanent, unstable, short lived and, being subject to transmigration, have been born here. This is another reason, why some Samanas and Bramins hold the eternal existence of some things, but not of others and teach concerning the soul and the world, that some things are eternal and other kings not eternal. There are some gods, named Mano Padusika, who (living irritated against each other) become evil disposed (in their minds) against each other, their bodies become weak and their minds imbecile, therefore they transmigrate from that state of being. It then happens, that one of these beings born there retires from the world and becomes

tion der Schammauer in Malabar machte keinen Gebrauch von geweihter Asche (s. Phillips). Kam (syam) oder Zauberer (der Kirgisen) findet sich zur Zeit der Thang-li der Chinesen (s. Schott). Im Satapatha-Brahmana wird Bhadrasena, Sohn des Ajatasatru, von Arui, Zeitgenossen des Janaka und Yajnavalkya verflucht.

Bei den Buddhisten ist Ajatasatru (Vorfahr des Bhadrasena), König von Magadha. Ajatasatru findet sich als Beiname des Yudhishthira. Im Vrihad-Aranyaka und der Kaushitaki-Upanishad ist Ajatasatru (König von Kasi) Zeitgenosse und Nebenbuhler des Janaka. Unter den Aikschwaka-Fürsten (des Ikshwaku) nennt die Vishnu-Purana (als Sohn des Sanjaya) Sakya, Vater des Suddhodana (Vater des Ratula). Die auf die Sungas (deren Stifter die Dynastie der Maurya, zu denen Chandragupta, Vater des Asokavardhana, gehört, stürzt) folgende Dynastie der Kanwas fällt bei der Empörung der Andhra oder (bei Plinius) gens Andarae (in Telingana), von denen Yajnasri oder (bei den Chinesen) Yuegnai in Kiapili regierte (408 p. d.) und Holomien oder Paloman in Magadha (621 p. d.). Dann folgen (nach der Matsya) die Abhiras oder (bei Wilford) die Schafhirten-Könige Nord-Indiens am untern Indus, wo bei Abiria (Ptol.) das Geschlecht der Abirs (von Guzerat) sich findet (s. Elliot). Unter den folgenden Dynastien-Wechseln regieren (nach dem Vayu) die Naka-Könige (als Rajahs von Bhagulpur) in der Stadt Champavati (und die Nagas in Mathura, bis die Gupta alle Länder unter ihre Herrschaft vereinigen. According to Wilford there is a powerful tribe, still called Nakas, between the Jumna and the Betwa (s. Wilson). Darius heisst auf den persischen Keilinschriften Naqa wazanka (der grosse König). Die Kurus führen auf die Kosroes und Kureten (Kouroi) Kretas.

Nimi*) der Sohn Ishvaku's, begann Opferhandlungen, die

a recluse. Subjecting his passions he by mental tranquillity, remembers his immediately previous state of existence (s. Gogerley).

*) Als Nemi-Natha, seine Hochzeit vorbereitend, grossen Hinschlachten thierischen Lebens voraussah, zog er sich, der Welt überdrüssig, als Einsiedler nach dem Hügel von Girnar zurück (nach den Jainas). Nemnath or the deified Nemi,

Flüchtigkeit der Welt erkennend, und da sein geistiger Führer Vasishtha von Indra in Anspruch genommen war, so behielt er Gautama nebst Anderen bei sich, um die Ceremonien zu vollziehen. Bei seiner Rückkehr verflucht Vasishtha den König, seine körperliche Form zu verlieren, und der sterbende König schleudert den Fluch zurück auf Vasishtha, dessen Kraft in die

the pontiff of Buddha, was called Arishta or black, like Krishna, his relation. Herem ist das einer Gottheit Geweihte, das ihr nie wieder entnommen werden darf. Dasselbe kann ein Mensch sein oder ein Stück Vieh, ein Stück Land oder Alles, was man nur will. Was jedoch der Gottheit einmal als Geschenk dargebracht ist, das ist und bleibt für immer ihr Eigenthum, darf nicht losgekauft werden, ist hochheilig (qodes im Hebr.). Auch die Feinde der Gottheit werden ihr geweiht (durch den Tod). Die Stätte, die vor (bei) oder nach der Ausrottung der Feinde der Gottheit dieser geweiht ist, trägt selbst den Namen Herem oder Horma und darf von keinem Fremden oder Uneingeweihten bei Todesstrafe betreten werden (s. Dozy). Neder bedeutet sowohl Gelübde, als dasjenige, was in Folge eines Gelübdes der Gottheit geweiht wird. Vor dem Anfang der Schlacht gegen die Kanaaniter von Sefath legten die Stämme Simeon und Juda vor der Schlacht ein Gelübde ab (vor Jehovah), dass, wenn er ihnen dieses Volk auslieferte, sie ihre Städte zu Herem machen würden (wie die Simeoniter und Ismaeliter das Land der Minäer Katura's am Petra Makka's). Unter Lalitaditya († 732 p. d.) wurde ein Bild Jina's aus Magadha in Kashmir eingeführt. Nach seinen Eroberungen stellte er in die Hauptstadt Parihasapur das Bild des Garuda (halb Mensch, halb Adler) auf einer Säule auf. Rajah Avanti Varmma verbot für zehn Jahre jedes Thiertödten in Kashmir (854 p. d.). Rajah Kshema Gupta vertilgte (nach Kalhana) die Verehrung Buddha's in Kashmir, die Viharas verbrennend (950 p. d.). Asoka, der den Tempel Siva's, als Vijayesa, in Kashmir wieder herstellte, gründete die Jaina Sasana. Nach dem Rajah Taringini erhielt Asoka für die Vertreibung der Mlechhas von Bhutesa (Siva, als Elementenbeherrscher) einen Sohn. König Dalvajnya von Kashmir verehrte Siva (Jyeshta Rudra) besonders als Nandesa. Unter der Regierung der drei Tatarenkönige (Hushka, Jushka und Kanishka) wurde Kashmir vom Brahminismus zur Buddha-Religion bekehrt, deren Vorsteher der Bodhi-Satwa (Nachfolger Buddha's) Nagarjuna war, als Bhumeswara oder Herr der Erde (150 Jahre nach Sakya-Sinha). Die Hindu verloren den einfachen Glauben ihrer Väter, als in Kashmir, der Werkstätte magischen Aberglaubens, die Verehrung der Götzen und der Gestirne eingeführt wurde (nach Ferishta). Auf die Turushka-Könige Kashmirs folgte Bodhisatwa, der mit Hülfe Sakyasinha's die Herrschaft an sich riss und Buddha's Religion einführte. Sein Nachfolger Abhimanya zerstreute die Bauddhas und stellte die Lehre der Nilapurana wieder her. The dervishes at Old-Cairo have the shoe of their founder, which might almost vie for size with the sandal of Perseus (Wilkinson).

Mitra's und Varuna's einging. Der einbalsamirte Körper Nimi's wurde, seinem Wunsche gemäss, von den Göttern auf einen allen Wesen sichtbaren Platz gestellt (Nimisha oder im Augenblick). Seit Hinscheiden des Manuschi Buddha Sakyamuni*) schützt Padma-Pani-Bodhisatwa, Sohn des Dhyani Buddha Amitabha, den Glauben auf Erden, als Arjawalokiteswara oder Lokanatha, bis der zukünftige Manuschi Buddha Maitreya erscheint, worauf Wiswa Pani, Sohn des Dhyani Buddha Amogha Siddha, an seine Stelle treten wird (Schmidt). Nach der Suwarna Prabhasa (unter den Mahajana) haben alle Tathagathas drei Naturen (als der Verwandlung, der vollkommenen Herrlichkeit und der verborgenen Eigenthümlichkeit). Behufs Reinigung der Seele von Verschuldung nahm Empedocles eine Wanderung durch Pflanzen und Thierkörper an, bis die geläuterten die Seligkeit erwarben. In den Dhyana-Buddhen vermittelt sich der Uebergang des lebenden Patriarchen zu den Manen der Vorfahren, indem, nach Abscheiden des Menschen, für Schutz zu der Emanation seines Dhyani gebetet wird oder seinem Jin, welche Geisterklasse unter anderen Auffassungen in feindliche Dämonenwelt übergegangen ist, wie schon früher But selbst. Das fortdauernde Walten der Gottheit auf Erden kann dann ferner durch lamaitische Incarnationen vermittelt werden oder auch durch Erblichkeit, wie in den Brahmanenkasten und politischer Herrscherwürde. „Der König, mein Vater, dieser Welt müde, stieg auf, eine bessere zu regieren, und ich, sein Sohn, sitze jetzt auf seinem Thron," sagt der König der Buraghmah's (1760) in seinem Brief an den Gouverneur von Madras.

Buddha ist (bei den Indiern) eine Persönlichkeit in dieser Welt, welche nicht geboren ist, kein Weib berührt, nicht isst, nicht trinkt, nicht alt wird und nicht stirbt. Der erste Buddha,

---

*) L'école des religieux buddhiques est appellée l'école de Chi (Çakya) par Chenkwa (wie bei den Laos XI den Priester bezeichnet). „Glory to the exalted Buddha, conqueror of the invincible, possessor of the fame of all purity," is the radical prayer (vija mantra) of the Bodhisatwa Champa or Maitreya (s. Csoma), nach dem Kahgur. The Chelas or scholars are instructed by their teachers in the Dhyan, by meditating on the blue lotus.

welcher in dieser Welt erschien, trug den Namen Sâkjamuni oder der hohe Herr (5000 Jahre vor der Hedschra). Unter dem Buddha steht die Stufe des Budisatja (Bodhisattwa) oder der Mensch, der den Weg der Wahrheit sucht (durch Geduld und Almosen erreicht). Nach Zahl der Ströme der Ganga (sieben) sind Buddha gekommen (die Wissenschaften verleihend), aber nur im Lande der Indier möglich. Buddha gleicht dem Al-Chidhr (Elias) des Islam (Asch-Scharistani). Die Basnawija (Vaishnava-Anhänger) glauben, dass ihr Gesandter ein Engel geistiger Natur*) sei, der vom Himmel in menschlicher Gestalt kam, um die Anbetung des Feuers zu gebieten, das Schlachten verbot, einen Strick von der rechten Schulter nach der linken zu tragen befahl, die Lüge und das Weintrinken verbot, die

*) Schon vor dem selbstgeschaffenen Schöpfer war eine Ursache des Seins (in der jav. Kosmogonie). Die Maimansaka (oder Mimansa) des Khumarila Bhatta (680 p. d.), der die wahre Bedeutung der vedischen Texte in dem symbolischen Sinn der Mantra und Brahmana zu erforschen sucht, stellt die Dharma (Pflicht) als das höchste Ziel der Forschung auf. Die Vedanta (oder Uttara Mimansa) des (Çankarakarja) Sanka Acharya (Mitte des achten Jahrhunderts) stellt, als das höchste Ziel der Forschung, das Brahman (das Göttliche) hin und bezeichnet dieses als Endziel (anta) der Veda. The central Shastra (Chung-lun) sets out with proving, that creation was not the act of the great self-existent god (Ishvara-deva), nor of the god Vishnu (Venu-deva or Ve-shi-nu), nor did concourse and commixture or time or the nature of things or change or necessity or minute atoms cause the creation of the universe. Nach Juan de Concepcion wurde in Camboja von den spanischen Missionären ein Japaner getauft, der dorthin gekommen, weil er von den Bonzen seines Landes gehört hatte: que sus dos mayores Dioses Jaca y Amida eran naturales de Camboja y de Siam. Tres sectas principales son las dominantes en Tunquin, una de Confucio, celebre philosopho de la China, otra de Chacabut que dogmatizó en la transmigracion, fué un Hermitaño famoso, á quien sigue la mayor parte de el pueblo; la tercera es de Lanthu insigne Magico (Juan de Concepcion). Bardesanes, vir babylonius, in duo dogmata apud Indos Gymnosophistas dividit, quorum alterum appellat Brachmanas, alterum Samanaeos (Jovianus). Personen weltlicher Stände treten niemals in die weisse Geistlichkeit, die sich ausschliesslich aus sich selbst recrutirt (in Russland). Ausserhalb seines Standes zu heirathen, war dem russischen Geistlichen unmöglich, und gewöhnlich wurde die Ehe sogar innerhalb der Eparchie gefordert. Das Gesetz, welches die zur Rechtsgewohnheit gewordene Erblichkeit der Pfarrstellen aufhebt, untersagt, dass einem Candidaten das Einheirathen oder die Versorgung der Familie seines Vorgängers zur Anstellungsbedingung gemacht werde (1867).

Buhlerei aber erlaubte, damit die Nachkommenschaft nicht ausstürbe. Ein Götzenbild von seiner Gestalt angefertigt, wird umkreist, die Rinder werden verehrt und bei Reue gestreichelt. Sie dürfen nicht über die Ströme des Ganges setzen (s. Asch-Scharistani). Buddha signifies a holy man and Sacya means a feeder on vegetables (s. Maurice). Die Vorstellung von der Verbindung der Gottheit mit Ali und den Imamen seines Geschlechts entstand aus der Verbindung der magischen Religion mit dem Islam, nach der Eroberung Persiens (nach de Sacy). Die schiitische Vorstellung von einen Imam ist durchaus dieselbe, die die Tibetier sich von ihrem Gross-Lama bilden, die Birmesen von den Bodhisatwas. Die Ansairier nehmen die Ilhulool an oder die Herabkunft der Gottheit in menschlicher Form (nicht die Incarnation oder die Annahme menschlichen Fleisches). Der Frosch war in Aegypten Sinnbild des Menschen als Embryo. Obwohl einfach in seiner Wesenheit, vervielfacht sich Gott vor den Augen der Menschen, nach den Sabäern, die eine Herabkunft seiner Wesenheit oder eine Herabkunft der ganzen Gottheit und theilweise Herabkunft oder Herabkunft eines Theils seiner Wesenheit annehmen (nach Schahristani). Im Gegensatz zur wörtlichen Erklärung (des Iz-Zahir) oder Tanzil, folgen die heretischen Secten einer allegorischen Erklärung (Tawil), indem sie einen allegorischen Sinn (Il Batin) suchen. Die Shemseh ehren die Sonne, aber verehren sie nicht, während die Kumrih dem Mond mit der Sonne Ehre zollen. Die fünf Welten vor dem Menschen waren von den Verehrern Ali's (Djann, Bann, Tamm, Ramm und Djan) bewohnt. Die Bhutas (roth, klein und dick) mit den Kopf umhängenden Haarzöpfen, die (mit Löwenzähnen im Munde) von den Göttern zu ihren Diensten gebraucht werden (als Bhutagana oder Bhuta-Schaar), wurden nicht wie die Menschen geboren, sondern auf einmal erschaffen (nach den Malabaren). Die Muhamedaner schreiben ihre Erschaffung Adam zu (s. German). Den Ansairiern*) wird das unmoralische Fest Buk-

*) Zu Adam's Zeit erschien Hamza als Shatnil, zu Noah's: als Pythagoras, Abraham's: als David, Moses': als Schoaib (Jethro), Jesus': als Eleazar, Mahomed's: als Sabrian-il-Faresi, Said's: als Saleh. Ali als Abel nahm Adam zum Schleier, als

beyshih oder Bokhech (Greifen) zur Last gelegt. Als Adam, trotz der Warnung Gottes, dass der Genuss des Weizens heftiges Purgiren und Urinfluss verursachen würde, davon im Paradiese ass (weil er so nach des Teufels Einflüsterung vor Alter bewahrt bleiben würde), wurde er nach Ceylon getrieben, wo er den mitgebrachten Samen ausstreute (nach einer mohamedanischen Legende). Nach dem Ying-hwan-che-ke begab sich Buddha (Shih-Kah) von der Insel Kalon (den Gärten Buddha's oder Jeto) nach dem hohen Berge Seilans und liess dort den Eindruck *)

Seth nahm er Noah, als Joseph: Jakob, als Joanab: Moses, als Asaf: Salomon, als Peter: Jesus, als Ali: Mohamed, (Ali, Sohn des Abu Taleb) nach dem Katechismus der Ansayrier (bei Catafago). Pasht oder (die als Mond durch die Katze repräsentirte) Artemis (Buto in Bubastis) wurde (in Speos Artemidos bei Beni Hassan) als Löwin (die Höhlenfrau) dargestellt und in Theben mit Löwenkopf.

*) Dieu descendit du ciel sur la terre, lorsqu'elle était encore à l'état de boue. Il en prit un peu et en forma deux frères et deux soeurs. Les Padams (Abors) descendent de l'ainé et la tribu de Miris du cadet (s. Krick). Die Mishmis löschen bei der Leichenfeier alle Feuer aus, um neues zu schaffen. Ihre Priester (Grai) vertreiben die Teufel. Le dieu Ossa Polla Maupe Dio (créateur du ciel et de la terre) envoye d'autres dieux sur la terre pour executer ses ordres (en Ceilan), les âmes des hommes de bien, qui vivaient autrefois sur la terre. Ces démons, qui causent des maladies, sont les âmes des mechants. Ils ont un autre grand dieu, qu'ils appellent Buddou, auquel appartient de sauver les âmes. Il est venu sur la terre, s'asseyant sous l'arbre sacré Bogahah. Il sortit de ce monde étant au haut du montagne Pico Adam (où il y a encore l'empreinte d'un pied). Il ajoute le titre Hauml (de haute dignité) aux noms du soleil (Irri) et de la lune (Handa), âme divinisée. Les Tirinanxes (et Gonni) sont prêtres du dieu Buddou. Les Koppuhs sont prêtres des autres dieux (Dewals), auxquels ils sacrifient. Les Jaddeses sont prêtres des Esprits Dayautans dans les Cauwels, où il met des armes. A grande feste au Jacco, le Jaddese se rase toute la barbe. Les malades envoyent guérir le Jaddese pour sacrificer un coq rouge au diable. Lorsque le peuple a envie de s'acquerir de quelque chose à leurs dieux, le Prestre mit sur son épaule des armes et des instruments des dieux qui sont dans leurs temples. Après cela il feint d'être enragé (Pissowetiteh). Alors l'esprit de dieu est en lui et le peuple lui parle avec le même respect, que s'il parlait à dieu (Knox). Tenant l'arc par deux bouts, ils prononcent les noms de tous les dieux et tous les diables. Et lorsqu'ils nomment celui, qui leur a envoyé la maladie, l'instrument tourne (en Ceylon). Il y a neuf divinités (Gerehah ou Planètes), d'où procèdent leurs fortunes (en Ceylon). L'image de Buddou n'est pas dieu avant que les yeux soient faits (Knox). La fortune de l'homme est écrite en sa tête (en Ceylon).

des Fusses, den die Chinesen auf den ersten Menschen (Panku) beziehen, für dessen Thränen sie die dort gefundenen Edelsteine halten. Odoric spricht von den Quellen, die auf Ceylon durch die um Abel's Tod von Adam und Eva geweinten Thränen entstanden. Da die Naiyayika die ununterbrochene Ueberlieferung der Vedas wegen den zwischenfallenden Weltzerstörungen bezweifeln, so nehmen die Mimansaka an, dass sie während derselben im Gedächtnisse Brahma's bewahrt seien. Die Buddhisten lassen den Keim des neuen Menschengeschlechts, seinem höhern Adel nach, in den Brahmanen-Himmeln überdauern. Empedocles dichtete die Katharismoi, wie Schuld zu läutern und die Rückkehr zu den Unsterblichen zu ermöglichen, von denen er für 30,000 Jahre verbannt gewesen. Aus dem einen Auge Aryavalokiteswari's (Padma-pani's) ging die Sonne hervor, aus dem andern der Mond, aus der Stirn Mahadeva, zwischen den Schultern Brahma, aus der Brust Vishnu, zwischen den Zähnen Jarnswati, aus dem Munde Vayu, von den Füssen Prithu, aus dem Nabel Varuna. Louko schafft bei den Caraiben die Menschen aus Hüften und Nabel. Die Naturkraft (Buddhi) oder das Grosse (Mahat) ist (als ewig vorhanden) die active, durch die drei Qualitäten modificirte Naturkraft, die von Anbeginn an sich aus dem materiellen Urgrund entwickelte (nach den Sankhya).

Der Pusa (Bodhisatwa) Kuan-she-yin oder Kuan-yin wird von den Chinesen als lotusäugiger oder lotusgeborener Buddha mit dem sanscritischen Padma-pani gleichgesetzt, die zweite Person der Trinität in weiblicher*) Form, die über die Schöpfer-

*) Vor dem Genuss des verbotenen Weizens waren die Körper Adam's und Eva's mit einer Fellhaut bedeckt, von der jetzt nur die Nägel übrig sind. Der Pfau sündigte, weil er Eva nach dem Platze des Weizens führte (nachdem der durch die Schlange an dem Wärter Ridhwan vorbeigetragene Eblis sie verführt, da sie nicht direct das Verbot erhalten). Als Adam (dem Gabriel das Säen und Brodbacken gelehrt) nach dem Essen sich übel fühlte (bei Tabari): Gabriel passa son aile sur la partie inférieure du dos d'Adam et sur sa cuisse, pour ouvrir un passage à la nourriture et à la boisson (s. Zotenberg). Das Feuer stieg in der Gestalt des Simurg auf die fetten Schafe Abel's hinab, berührte aber nicht die schlechten Kornähren Kain's. Abou derr Ghaffari hörte vom Propheten, dass es 124,000

thätigkeit Reue fühlt. Nach den Siamesen hatte Buddha noch kein Recht, in's Nirvana oder Nirbritti einzugehen, und erlangte diese Würde nur, indem er seinen ältern Bruder Yakaro Ariya betrog*) (während er selbst der fünfte war), durch heimlichen Austausch des aufgeblühten Lotus, der als Zeichen dienen sollte (Low). Zounkaba ist nach den Kalmükken der Gott der Diebe, während Scackmoyny den Diebstahl verbot, und als sie Gott durch ein Zeichen um Entscheidung baten, nahm Zounkaba heimlich die vor Scackmoyny aufgeblühte Blume fort, um sie sich anzueignen (Chappe d'Auteroche). Nachdem Sankara Acharya (Siwa-Margi) die Buddhisten in Indien vernichtet, kam er nach Nepaul und fühlte sich sehr angeekelt von dem Gross-Lama, der nie badete und bei der körperlichen Nothdurft keine Waschungen anstellte. „Mein Inneres ist rein," sagte der Lama, seine Eingeweide zur Besichtigung hervorziehend und dann wieder an ihre Stelle setzend. Für die Antwort stieg Sankara, kraft seiner Yoga, zum Himmel hinauf, aber der Gross-Lama, den Schatten hinschweben sehend, stiess sein Messer hinein, und Sankara, herabstürzend, schnitt sich den Hals durch. In Schottland gelten diejenigen für die besten Zauberer, die keinen Schatten werfen (s. Rochholz).

Ausser den Anhängern der Brahmanen finden sich in Nepaul

Propheten auf Erden gegeben und (von Adam bis Mahomed) 113 Apostel. Seth's Nachkommenschaft war die zahlreichste. Die Brüder des Edris oder Enoch (der die Bücher Abraham's las) glaubten ihm nicht, als Feueranbeter. Der Gebrauch, die Wochentage auf die sieben Planeten zurückzuführen, entstand bei den Aegyptern (nach Dio Cassius). Die unter dem Aufgehen des Hundsgestirns Geborenen ertranken in der See (s. Cicero).

*) Narada thut Busse im Feuer (bei den Malabaren). Der Prophet Gautama thut in folgender Weise Busse: „Unten auf die Erde hat er einen messingenen Wasserkrug gesetzt, auf demselben liegt eine Lemone, auf der Lemone steckt eine spitzige, grosse Nadel, auf die Spitze der Nadel hat er seinen Kopf gesteckt, reckt den Kopf und Leib stets in die Höhe und hat die Hände zusammengefaltet." Vedavyasa thut knieend Busse und hat die Hände zusammengeschlagen, Gott stets anrufend. Der Rishi Agastya büsst am Berge Pothiyamamalei (s. Ziegenbalg). Die Siddhas sind unsichtbare Geister, die in der Luft umherfahren, und sein können, wo sie wollen (nach den Malabaren), als Propheten mit grossen langen Haarzöpfen und weisser Haut.

die von den tibetischen Lamas unterrichteten Daryem, die an Festtagen das Götzenbild Baghero in Lelit Pattan auf einem Karren umherziehen. Die Priester Bhutans gebrauchen menschliche*) Röhrenknochen als Trompeten zum Blasen. Dem Buddhismus ging in Nepaul die Verehrung des Bhim Sen voraus (nach Buchanan). Die Dangra, die Priester der Newar, verehren Swayambhu. Unter den Shwamorg Newar, die Mahadewa verehren, werden die Mantra von den Achar (der höchsten Kaste) gelesen. Die Got oder Gärtner verehren dagegen durch Leute ihre eigene Kaste Bhawani in Maskeutlinzen.**) Das höchste Princip begreift das Sat und Asat (Seiende und Nichtseiende). Da der Mensch die Einheitspunkte und das Centrum aller Naturen ist, so kehren in der Auferstehung alle Naturen zunächst in die menschliche Natur zurück und erst durch diese in ihre Primordialursachen in dem göttlichen Wort (nach Skotus Erigena). Nach Abammon ist es den Menschen gegeben, sich auf mystische Weise mit allen höheren Wesen zu vereinigen. Die Aisvarikas

---

*) The Kuki keep the bones of their parents (washed and dried) in a bowl, which they open on every sudden emergency and fancying themselves at a consultation with the bones pursue whatever measure is prompted (Rawlinson). Les Bramins font accroire au peuple, que le roi (de Boutan) est un dieu en terre. Lorsque le roi a satisfait aux necessités de sa nature, ils ramassent son ordure pour la faire sécher et la mettre en poudre, sagt Tavernier, der (1648) armenische Kaufleute traf, die in Danzig Götzenbilder aus Bernstein für den König von Boutan hatten verfertigen lassen. Nach Sankara war der Buchstabe Om der geeignetste Name der Gottheit (Paramatma oder höchster Geist). En la mitologia azteka figura igualmente un genio del mal, al que llamaban hombre buho (Pimentel). At the ceremony, called Bhut Chaturdashi, lamps are lighted and fireworks let off, to be preserved from the malignant influence of evil spirits (bhut). Nach den Malabaren üben die Jogi das Anhalten des Athmens (als Lebensverlängerung), indem sie zugleich mit dem Anus Wasser aufziehen und es nach Reinigung der unteren Eingeweide beliebig wieder ausspritzen. Nach Damascius ist der Urgrund aller Dinge das Unaussprechbare. Nach Wolfram von Eschenbach gelangt die Seele im Anschauen Gottes zu der himmlischen ewigen Ruhe und Frieden, erlöst von dem Kummer, der Noth und Mühseligkeit, womit sie auf Erden beladen war. Das Streben nach Gemeinschaft mit dem höchsten Gott bildet das Hauptziel der Philosophie (nach Porphyrius).

**) Bei den Tänzen des Vandoux trinken die Negerinnen ein Gebräu, dans la composition de laquelle entraient la belladonne et la verveine bleu (Elequr).

glauben durch Tapas und Dhyan zur Moksha Adi-Buddha's aufsteigen zu können. Nach den Swabhikas sind die Bildungskräfte der Materie innwohnend. Die Dhyani stehen als Anupapadaka (elternlos) den sieben Manushi oder sterblichen Heiligen gegenüber (in Nepaul). In Folge seiner fünf Weisheits-Eigenschaften heisst Adi-Buddha: Panchajnyana Atmika. Die Buddhas (zahlloser als der Sand im Ganges) kamen (nach der Aparimita Dharani) theils in Existenz aus anderen Buddhas, theils aus den Akas, theils aus Lotus. Nirvana erlangend, werden die Buddhas (nach den Aishwarikas) in Adi-Buddha absorbirt, (nach den Swabhavikas) in Akash oder Sunyata, (nach den Prajnikas) in Adi-Prajna. Wie Adi-Buddha (nach den Sambhu-Purana) in der Form einer Flamme (Jyoti-rupa), manifestirt sich Adi-Dharma (Prajna) im Wasser (jal surupa). Adi-Buddha, wie den fünf Dhyani-Buddha, werden Chaitya errichtet, dem Sapta-Buddha-Manuschi dagegen Vihas. Nach Edrisi verehrten die Balhara-Könige (an der Malabar-Küste) Bodda.*) Das tibetische Dictio-

*) Of the God Baouth they know at present no more in India, than the name, but the statue (buried in the sand near Pondichery) belonged to this old kind of worship on the coast of Coromandel and in Ceylon (Gentil). In Java heissen die steinernen Buddha-Bilder Pandita Sabrang oder fremde Pandits: The Javanese attach no very distinct, meaning to the word Buddha or Boda, using it vaguely as an adjective, implying what relate to ancient times (Crawford). About the origine of the Idol Fuh, the Chinese are not certain. According to some it is a mere apparition, according to others he was born in a country of India. Im Arackanischen bedeutet kyen Mond und kye alt. Auf gleiche Weise nennen die Samojeden den Mond ira, iree, welches der Alte bedeutet, und bei den Ostjäken von Lumpokolsk heisst der Mond iki (der Greis). Im Greis der Luft verwechseln die Finnen den Sonnengott mit Ukko oder Grossvater (Pott). El Budeshir ben Caftorim war der Erste, der Magie trieb und wahrsagte (nach Macrizi). Von Bodhe sagen die Banianen, dass er weder Vater noch Mutter gehabt und dass er an sich selbst unsichtbar sei, in Beschaulichkeit sitzend, wenn aber geschaut, mit vier Armen erscheinend. Au delà du Ganges vers les montagnes de Naugrocot il y a deux ou trois Rajahs, qui comme leurs peuples ne croyent ni dieu ni diable. Leur Bramins ont un certain livre, qui contient leur créance et qui n'est rempli que de sottises, dont l'auteur qui s'appelle Baudou donne point de raison (Tavernier). Als Schandrin, der von seinen 27 Weibern (Töchtern des Takin) keine Kinder hatte, Tarre (Frau seines Gurus Peramadi) raubte, aber von den Dewerkels gezwungen wurde, sie zurückzugeben,

nair führt Purna-Kasyapa, Maskari, Goshaliputra, Sanjayi Vairatiputra, Ajita Kesehakambalah, Akuda, Kalyayana, Nirgrantha Inyati als atheistische Lehrer auf. Von den 18 Secten der Heretiker, die ihre Lehren den sechs Büchern schlechter Art in den Puranas entnahmen, gestand Sankara Acharya sechs davon noch einige längere Existenz zu, den Pashandi (die den Lingam tragen), den Charvaca (die den Ochs verehren), den Buddha (von Coorg in Codagu), den Jainas (in Chinrayapattana), den Ganapatyam (die Vedas und Shastras für Fabeln erklären) und den Pashu. Nach dem Ying-hwan-che-ke war Buddha in Ceylon geboren. Durch Opfer werden die Götter geehrt und senden dafür Regen den Menschen (nach der Vishnu-Purana) Vishnu als unvergänglich heisst Achyuta (Chyuta oder gefallen). Die von Nagarjuna*) (im Gegensatz zu den alten Secten) gestiftete Schule der grossen Ueberfahrt wurde auf dem vierten Concil**) anerkannt (Anfang der christlichen Zeitrechnung). Etwa 500—600 Jahre später wird die Schule des Mysticismus oder der Tantras auf Açamgha oder Aryasangha zurückgeführt, als Jogatschara.***) Die der grossen Ueberfahrt entnommenen Sätze,

entlud sich die Gemahlin (ehe sie zu ihrem Manne zurückkehrte) des von einem Fremden empfangenen Kindes und gebar so den schönen Buda, der zum Stammvater der Könige aus dem Geschlechte des Mondes wurde (s. Sonnerat). Brama in Pondichery wird (in Tanjore) Brahma ausgesprochen und Bremaw oder Birmah in Orissa. Im Hause eines reichen Dasyu lebend, wurde der Brahmane Gautama durch diese Nachbarschaft der Dasyu zu der Stellung eines Dasyu erniedrigt, obwohl er von einer guten Familie aus dem Mittellande stammte (nach dem Mahabharata). Im Altpreussischen meint Bude wachen (budinti aufwachen im Litthauischen), butas ein Haus (butsargs einen Haushalter), wyrs einen Mann, deiwas Gott (deiwuts selig). Böten ist Besprechen in Norddeutschland.

*) Le livre Pantschakrama de Nagarjuna est redigé d'après le principe du Yogatschara (Burnouf). Mit den vier Vedas nicht befriedigt, liess sich Nagasena durch Rohana oder Rabbajli (Arhit) von den Leidenschaften befreien.

**) When Dhammasoka's council being held, Raja Naga felt his palace becoming warm, he ascended and caught by Garuda, was dropped down at the clapping of hands of a young priest, who had been sent to call the holy thero Utthakhni.

***) Nach den Arrijadhijat (propädeutischen Studien) der lautern Brüder in Bassora (X. Jahrdt.) sagt Pythagoras in seinem goldenen Briefe (Testament): Wenn du thust, was ich dir sage, o Johannes, so trennst du dich von diesem Körper,

die sich auch in dem Hinayana der südlichen Buddhisten finden, sollen durch die Vermittlung Buddhagoscha's dorthin gelangt sein. Im Gegensatz zu den Gnostikern entsagten die Gnosimachen (VII. Jahrhdt.) jeder Erkenntniss, da Frömmigkeit genüge. Im Benares-Almanach wird Nagarjuna als der Stifter der künftigen Saka-Era, der letzten des Kali-Zeitalters genannt. Nach den Tibetern waren Aryadewa und Buddha Palita die vornehmsten Schüler des Nagasena (Nagarjuna), der Rubin ge-

dass du in der Luft weilst, dann schwebst du hin und her, kehrst aber nicht mehr zum Menschenthum zurück und nimmst den Tod nicht an (s. Dieterici). Das erste Concil Kassapa's hätte ohne Ananda nicht abgehalten werden können (nach dem Mahawanso). Der João genannte Heilige war Schüler des Thomas Modeliar, wie Plato in Calaminha hörte. Der Fürst der Schlmnne ist der natürliche Gegner der von Buddha gepredigten Erlösungslehre. Plotinus tadelt die Gnostiker, dass sie ihre eigene Seele über die Himmelskörper erhöhen, und Irenäus spottet über die aufgeblasenen Gnostiker, dass Jeder bereits im Himmel, nicht mehr auf Erden zu wohnen glaube, als schon dem Pleroma angehörig. Les Bonzes (en Chine) regardent Confucius comme une espèce de divinite, les Lamas ne le régardent guéres que comme un homme de lettres ou comme un moraliste (l'Étondac). The Swabbavika Buddhas deny the existence of immateriality. Nach Mohammed Missirih ist der Mensch die grössere Hälfte (nubal kubra), die Welt die kleinere Hälfte (nubal sogra) in Gottes Schöpfung. The first effect of Nature is Buddhi, intellect, the great principle, from which all other principles are created (nach der Sankhya). According to Mahasaby, the founder of Sufism, the Yeqyn (intuitive knowledge or that which is certain) is the very essence of faith (Sprenger). Die Malabaren stellen sich Glück unter dem Bilde des Anlandens vor, die Küsten des Reiches der Seligkeit erreichend. Omar Suhrawardy lehrt ekstatische Zustände und Erkenntniss Gottes durch dieselben (Dikr), sowie ascetische Uebungen. The Hebrew word Nahash (to use enchantments) is the same as the Arabic for serpent. The ceremony (15. Octob.), called Bodhan (awakening) is performed for the purpose to awake the goddess, who with the other inhabitants of heaven are supposed to be asleep since the festival called Shayan Shadashi (celebrated in July). On the following day (Oct. 16) the ceremony called Sunkalpa (vowing) takes place. The officiating priest offers to the goddess and make, a promise, that on the succeeding day worship of Durga will be performed. At the Pranpratishta (giving life to the idol) the priests, touching (under incantations) the eyes, forehead, cheeks and breast of the image with his 2 forefingers, prays: „Let the soul of Durga long continue in happiness in this image." The Durga-festival (15—19 Oct.), instituted by king Surab (in the spring) was changed by Ram to the autumn. On the festival, called Sayan Ekadasi (24 July) Jagannath is laid to sleep for 4 months and a strict fast is kept.

wann durch seine Disputationen mit Milinda, Rajah van Sagala oder Euthydemia, durch den bactrischen König Euthydemus bei seinem Einfalle Indiens gebaut. Die Mathura-Brahmanen wollen aus dem Schweiss Krishna's entstanden sein. Der erste Rahtor in Kanouj war aus dem Rückenmark (rahl) des Indra gezeugt, unter dem nominellen Vater Yavanasiva (Tod). Die Kraungschadwipas-Brahmanen (in Behar) treiben Astrologie, die Brahmanen Kashmirs werden für ihre Gelehrsamkeit geschätzt. Die Arya-Brahmanen von Aryabhumi führten die Hindureligion in Malayalam ein. Die Mahratten heissen (im Dekkhan) Arny oder Arier (nach Buchanan). Die Gandhara-Brahmanen werden (im Rajatarangini) sündhafte Mlechhas gescholten. Sollte ein Tantri*)-Brahmane einen Coorg verfluchen, so würde er Gehör und Gesicht verlieren, oder vielleicht selbst sein Leben. Die Nambori, die (gleich den Smartal) Siwa, Brahma und Vishnu als einen unterschiedslosen Gott betrachten, wurden von Sankara Acharya verflucht und unter die ihm anhängigen Brahmanen degradirt, weil sie sich geweigert hatten, mit den Puttar (fremden Brahmanen) zu essen. Unter den Panch-Dravada oder fünf Nationen der Brahmanen in Südindien findet sich besonders Sankara's Secte der Smartal, die die Trimurti als Eins betrachten, Rama Anuja Acharya's Secte der Sri Vaishnavam, die Iswara (als Haupt der Rakshaka) verabscheuen, und die Madual-Brahmanen, die Vishnu folgen, dem Vater Brahma's, aber auch Siwa ehren, als den Sohn Brahma's. In Bengalen dagegen überwiegt die Secte Siwa's oder Mahadewa's unter dem Volk, während die Secte Vishnu's unter den Grossen ihre Anhänger zählt. Die Brachmanen, deren vornehmster Lehrsatz die Ewigkeit Gottes war, wurden die Priester des Sonne, Mond und Feuer anbetenden Volkes, dem sie durch Almanache Regen und Wind verkündigten, für ihre Büssungen Verehrung erwerbend. Die Brahmanen, die später diese Secte ausrotteten, führten die Verehrung der drei Haupteigenschaften des Schaffens, Erhaltens und Zerstörens

*) The greater part of the Tantras, which contain the *forms* of worship of Vishnu and his Avatars (although supposed to have been composed by Siva) are believed to have been divulged by Narada to Gautama.

(in Brama, Wischenu und Schiwen) ein (Sonnerat). Die Bramanen verbreiteten sich erst seit der Epoche, worin Vishnu unter dem Namen von Rama seine Lehre in Indien predigte, über das Land, so dass die Lamas, die Bonzen des Foe, die Bonzen *) in Siam, Tunkin und Cochinchina, die Talapoins in Pegu und Ava, die Priester von Ceylon sich nur als Nachfolger der alten Bramanen und ihre Schüler ergeben. Die einzigen Saniassi allein (eine Art indischer Mönche) sind die wahren Abkömmlinge der Brachmanen. Schraman bedeutet jeden Kämpfer, der in einem streng ascetischen Leben sich vervollkommnet (Palladius). Nach Bardesanes findet sich bei den Indiern, den bei Tausenden und Zehntausenden gezählten Brahminen **), seit Tau-

*) Visdelou traduit (sur le Monument de Singnanfu) Sem par Bonze. C'est le nom propre des Bonzes, que les Chinois appellent Hozam (Hocham). Ce mot n'est pas chinois; il est parvenu de l'Inde à la Chine avec la religion indienne. Der ägyptische Priester oder Sem trug ein Leopardenfell und Sam herrscht in Nimruz oder dem Lande des Leoparden.

**) Sunt similiter et apud Bactros in regionibus Indorum immensae multitudines Bragmanorum, qui et ipsi et traditione majorum moribus legibusque concordibus, neque homicidium neque adulterium committunt, neque simulacra colunt, neque, animantia edere in usu habent, nunquam inebriantur nunquam malitiose aliquid gerant, sed deum semper colunt, et quidem haec illi, cum caeteri Indorum et homicidiant et adulteria committant et simulacra colant et inebrientur atque alia hujusmodi flagitia exerceant. Sed et ipsius Indiae nihilominus occiduis partibus regio quaedam est, ubi hospites cum incident, capti immolantur et comeduntur (Recogn. Clem.). Die in Parthien, Medien, Aegypten und Phrygien zerstreuten Magier oder (nach Clemens) Magusaei folgen (nach Bardesanes) den Gesetzen ihrer Väter in Persien. Bei den von den Germanen verehrten Zwillingen Alci bemerkt Grimm, dass Jolk im vermländischen Dialect einen Knaben bedeute. The Asp or Nais was the emblem of the Goddess Ranno, and was chosen to preside over gardens from its destroying rats and other vermin. Altars and offerings were placed before it, as before dragons in Etruria and Rome. It was also the snake of Neph or Non and apparently the representative of Agathodaemon. In Hieroglyphics it signified Goddess, it was attached to the head-dress of Gods and kings and a circle of these snakes composed the asp-formed crowns. Being a sign of royalty, it was called *Βασιλισκος* (Basilisk) or royal equivalent to the Egyptian name uraeus from ouro or king (Wilkinson). Als das Wasser von Kashmir der Kufe (Sutty-Sir) der Sutty (Gattin Mahadeo's) abgeflossen, brachte der strengbüssende Kashup (Kasyapa) Brahmanen dorthin, und das sich vermehrende Volk erwählte einen Herrscher, von dessen Nachkommen Owgunnd (2848 a. d.)

senden von Jahren das Gesetz, welches zu tödten verbietet, Götzen anzubeten, zu huren, Fleisch zu essen und Wein zu trinken, als νόμος δὲ καὶ παρὰ Βακτριανοῖς ἤτοι Βραγμανοῖς (nach Cäsarius) oder νόμος δὲ παρὰ Βακτριανοῖς, ἤτοι Βραχμᾶνες καὶ Γυμνοσοφισταὶ (nach Georgius Hamartolus). Hieronymus erwähnt unter den zwei Kasten der Gymnosophisten ausser den Brahminen auch (wie Origenes und Clemens Alex.) die Samanaei oder (nach Porphyrius) Σαμαναῖοι, aber diese Namen finden sich nicht im syrischen Text des Bardesanes (nach Langlois). Unter den nicht zu den Brahminen gehörigen Indiern finden sich dagegen (nach Bardesanes) Götzendiener und Andere, die Menschenfleisch essen. Zu Abgar's Zeit wurde der Apostel Simon nach Persien geschickt (nach Leroubna).

Von den 32 Himmels-Regionen gehören zehn der Welt der Gelüste an, den Himmel der Sonne und des Mondes, den Himmel der vier Könige und den Himmel der 33 im Paradiese Indra-Shakra's einschliessend, sowie das Yama-Paradies, das Tushita-Paradies, das Nimala-Paradies (hwa loh) und das Para-

dem Baladeha (Krishna's Bruder) erlag. Nachdem Ashowy die Riten der Brahmanen durch die der Jyen (Jains) ersetzt hatte, zog sein (die Lehre Bowdh's begünstigender) Sohn Rajah Jelowk erobernd bis zur Küste und seine Astrologen führten eine grosse Schlange bei sich, die in wechselnder Gestalt erschien, bald als Greis, bald als Jüngling (in den Wiedergeburten des Buddhismus). Damuder wurde durch den Fluch eines Geistlichen in eine Schlange verwandelt trotz seiner Frömmigkeit (wie Nahusch), und unter Rajah Norkh erlangten die Brahmanen wieder die Oberhand über die Buddhisten (nach dem Ayeen Akberi). Nach dem Radjatarangini war Nagarjuna der Zeitgenosse des Königs Abhimanju († 1182 a. d.), die Bauddha schützend. Im Heere des Königs Milinda, mit dem Nagarjuna zusammentraf, fanden sich Yavana. Nagarjuna lebte unter Kanishka (23 p. d.) und er wird im Norden 400 Jahre nach Buddha gesetzt, von den Singhalesen 500 Jahre, von den Chinesen 800 Jahre. Simeon wird (wie Ismael, Gott hörte) von dem Worte sama (hören) abgeleitet (s. Dozy) im Anschluss an den ägyptischen Bonzen Sem und (neben den Bramanen des Abram oder Rabramos) an die Samanäer. Die von Osarsiph oder Moses (Gemahl der äthiopischen Prinzessin Tharbis von Meroë) geführten Hebräer aus Avaris waren ein afrikanischer Stamm, der (nach längerem Aufenthalt in Aegypten) von den aus Asien vertriebenen Hyksos mit fortgerissen wurde und seinen blutigen Cultus an den zu Horeb geweihten Orten einführte. Terif (Vater des Salih), der über zwei Berberstämme herrschte, gehörte zum Stamme Simeon (nach Bekri).

dies Paranimita (ta hwa tsi tsai). Die Himmels-Region *) des Trajastrinsat, durch Buddha besucht, ist die der 33 Götter der Vedas. Die 32 Bilder, die Vikramaditja's Thron trugen, wurden unter Bhoja's Fluch erlöst (nach Bathisch Sinhasan). Zu den acht Vasu, der Elfzahl der Rudra, der Zwölfzahl der Aditya fügen die Brahmana Indra und Prajapati um die auch dem Avesta bekannte Zahl von 33 Göttern voll zu machen (s. Weber). Als der für Heilmittel gegen Tod und Müdigkeit (auf Vishnu's und Ixora's Geheiss) im Milchmeer von den 33 Göttern **) und

*) The seven appearances of the divinity from Abel to Ali are said (by the Ansaireeh) to have taken place in seven Kubbehs (domes) or periods, such as the period or dome of Abraham, the Persian dome, the Arabe dome or dome of Mahomed (Lyde). Bonaventura unterscheidet zwischen cogitatio (aus der Imagination entspringend), meditatio (aus der Vernunft) und contemplatio (aus der Intelligenz). Je nach den sechs Stufen des Aufsteigens zu Gott in der Contemplation sind auch sechs Seelenkräfte zu unterscheiden, in deren Bereich die einzelnen Contemplationsstufen fortschreitend sich bewegen, als der Sinn, die Einbildungskraft, die Vernunft (ratio), der Verstand (intellectus), die Intelligenz (intelligentia) und endlich die Synteresis, das Akme des menschlichen Geistes (apex mentis). Von den Seelen der Caraiben hat die Yuanni genannte ihren Sitz im Herzen. Die Ars magna des Lullus besteht darin, alle Fragen apriorisch lösen zu können. Nach den Lullisten ist der alte Bund dem Vater, der neue dem Sohn, die Lehre des Lullus aber dem heiligen Geiste zuzuschreiben (s. Stöckl). Nachdem Xisuthros in Armenien auf fester Erde gelandet war, begab sich Sim, einer seiner Söhne, nordwärts, um das Land auszuforschen (erzählt Olympiodor). Nach dem Fusse eines Berges gelangend, von dessen Hochebenen die Ströme nach Assyrien abflossen, verweilte er dort eine Zeitlang und begab sich dann von diesem Sim genannten Berge nach Süden zurück. Von seinen Söhnen liess sich Darpan mit seiner Familie an den Ufern dieses Flusses Sim, der dann den Namen Daron empfing, nieder, an dem Orte Tzrouk (Zerstreuung) wohnend, wo sich seine Kinder gänzlich von ihm trennten. Sich nach den Grenzen des Landes der Baktrier begebend, blieb einer seiner Söhne dort, und haben sich die Namen Sim, Zerouan und seines Bezirkes Zarouant im Orient erhalten (s. Mos. Chor.). Bei Plinius heisst der persisch-armenische District Zarauant (s. Langlois), Zoaranda oder Zoroanda. Nach Moses Chor. hatte Julius Africanus Auszüge aus den Archiven Edessas gemacht. Im alten Armenien wurden die Chroniken der Tempel (Mahenagan badmouthioun) bewahrt, wie sie Olympius (Oghioub), Priester von Ani, schrieb (nach Mos. Chor.).

**) Yajnavalkya zählt 33 Götter im Sakalya. Neben den Halbgöttern nehmen die Indier noch 33 Korus (10,000000) von Dewerkels an, die als reine Geister sich in Sorgon aufhalten (als Söhne des Kassiler und der Adidi), in Zünfte getheilt. Die erste Zunft enthält die Wassukals oder Ashta-Wassukels (8 an Zahl),

66 Adires (mit Hülfe des Affen Bali) durch die Schlange Hatagu oder Sesha gedrehte Berg Mahameru umfiel, legte sich Vishnu als Schildkröte zur Stütze darunter und umflog dann, als Vogel, seine Spitze, weil zu hoch.

Nach Wilson bezeichnet der Berg *) Meru das Hochland der Tartarei im Norden des Himalaya. Das Plateau Pamer wird als Upa-Meru verstanden und Aristoteles' Parnasus in Central-Asien als Parapanisus oder Para-Nysa. Die Zendtexte nennen Nisaya unter den von Ormuzd geschaffenen Ländern. Kashmir oder (bei Hekatäos) Kaspapyr (Kasya-pur) heisst (nach Trayer) Kasyapa-mar oder Wohnung des Kasyapa. Von Maru, Wüste, wurde der Name auf's Meer übertragen. In der Wüste zwischen Balkh und Khorasan lag die fruchtbare Oasis Merw (Mouru). Im Bhishmakanda des Mahabharata bezeichnet der Meru **) (nach Humboldt) eine Anschwellung des Bodens, die

---

die zweite die Marutokels, die dritte die Gineters (Götter musikalischer Instrumente), die vierte die Gimhanaders (Götter des Gesanges), die fünfte die Schidders, die sechste die Wikiaders, die siebente die Geruders (die Flügel haben, mit einer Nase, wie der Schnabel eines Adlers), die achte die Granduwers (von grosser Schönheit, mit ihren Weibern auf Flügeln in der Luft schwebend), die neunte die Pidnrdewadegals (Beschützer der Todten). Die Geister der Naturgegenstände und ihrer Erscheinungen heissen Nant-o-ma (Okki im Singular) bei den Indianern Nordamerikas. Für die Seelen der Mexicaner waren neun Plätze bestimmt, deren hauptsächlichster in der Nähe der Sonne war, als der für Könige. Die andern dienten zur Aufnahme von Kindern, an Krankheiten Sterbenden, Ertrunkenen u. s. w. Wie Temiya in jedem Jahre durch eine besondere Qual mit Hinblick auf die Hölle geschreckt wurde, so zeigen die mexicanischen Hieroglyphen (bei Purchase) in jedem Jahre die Kinder in besonderer Strafweise der Eltern. Die Sânkya-Lehre nimmt 8 Stufen der Wiedergeburt (die höher liegen als die menschliche) an, als die Piçâtschas, Râkschasas, Jakschas, Gandharvas (als dämonische) und (als göttliche) Indra, Sôma, Pratschâpati und die höchste des persönlichen Brahma. Nach den Buddhisten giebt es nur eine Lehre oder Gesetz, das des Dharma, worin alle Religionen wurzeln. De plaats na daar dit zalige Volk hunne gelukzaligheyt zal besitten, wort genoemt den hemel, en wel den derden hemel ook den hemel der hemelen (Schutz).

*) Tod pronounces the Meru to be of Batti orgin and derives their name from Meru, „a mountain."

**) Above the mount Meru, the crescent is the abode of the Supreme being, round which perpetually revolve the sun, moon and other celestial bodies. According

die Quellen des Ganges, Irtysch (Bhadrasoma) und des gabeltheiligen Oxus mit Wasser versorgt. Den Phöniziern war der Karmel (Carmelus deus oder Mons et Deus) heilig (und der Kasius am Orontes). Auf Berg Sumeru mit den 33 Millionen Dewatas thront (nach den Nepalesen) Praja-Paramita in der Lalitan-asan genannten Positur. Nach dem Phal-chen erscheint Shakya auf der Spitze des Berges Ri-rab oder Meru. Unter Buddha stehen die sechs Klassen der Geschöpfe,*) als Droba-Ricksdruck (sechs Vorschreiter), Lha (Götter), Lhamayin (Halbgötter oder Asuren), Mi (Menschen), Dudro (Thiere), Yidak (Preta), Myalba (Verdammte).

to the Khamti of Gadiga, the supreme being (called Soarl Mittla by the Singphos) destroyed the vicious world by the seven suns of Meru (Nui Sao Pha) having given shelter to four holy Gohelns, who afterwards descended from heaven to repeople the earth (Neufville).

*) The two Tamil works, the Tattuva Kattalei (the Law of the Tattuvem) and the Tattuva Pirakasam (the Elucidation of the Tattuvem) are constructed on the principle, that man is a miniature universe complete (Hoisington). Sullmunel Nadi rises above and proceeds ad genitalia, where it several times encircles the mystic Om, the symbol of the productive power of deity. There its main part, called sldem, runs directly to the head (to Maka-Meru or golden mountain in the human microcosm). The upward branches of Idei and Pinghalei run diagonally and meet in genitalibus, where they encircle Sullmunel, forming an arch over Om. This is Brahma's throne. These two Nadi proceed thence diagonally to the sides of the pelvis and return, meeting in the region of the navel, where they again encircle Sullmanel, forming a canopy. This is Vishnu's Seat. Proceeding thence diagonally upwards, as before, these Nadi meet in the region of the heart or the stomach, where they encircle sullmunel forming another atharam or seat. This is the throne of Ruttwam or Sivam. Then proceeding as before they meet and encircle Sullmanel in the back of the neck. This forms the seat of Mayemram. Again, passing on as befor they meet on the forehead between the eyebrows. In this region of light, they form the throne of the Illuminator Sathajivan. From thence they proceed and terminate in the nostrils. Each circle forms a Lingam or Om. La déesse Meru est une forme de Nou, mère d'Ammon (Chabas). Le mot Merut (meros) des papyrus est en rapport avec les habitations des hommes. Die Endungen, wie sie sich in den vereinzelten, aber gerade bei den mythologisch so bedeutungsvollen Namen Meru und Manu in Indien findet, ohne doch im Sanscrit ihre philologische Erklärung zu haben, kommt regelmässig dagegen bei den Eigennamen der nabathäischen Inschrift Petra's vor. Ausser der Stadt Irahi gründete Thahmuras (in Khorosan) Meru und Amida in Mesopotamien.

Als die von Vishnu in Ebergestalt zurückgebrachte Erde sich im Süden höher als im Norden fand, verbesserte der heilige Agastya die Ungleichheit, indem er sein Bach auf den Süden legte. Nach Anaxagoras war die Erde in gemeiner Ansicht platt, allein die Götter hatten es so gestaltet, dass sie mittagswärts sich senke und biege, um einige ihrer Thäler bewohnbar zu machen. Aehnlich dem Abfall am Cap Nun hörte Marco Polo von einem solchen südlich von Madagascar, und Conti bei der Strasse Amboynas. Indem der Dämon der Nacht den Berg zwischen Cook's Hafen und der Tabou-Bucht auf Eimeo forttrug, liess er ihn beim Erscheinen des Tages liegen. Als Phra-Phai den von Thao-Xomphu-Papakat gestützten Meru nicht umzublasen vermochte, hieb er ihm das Haupt ab, das als Unterpfand (wie das Adam's) unter dem Thalok-Baum begraben wurde. Nach den Mohamedanern wurde der Berg Koff geschaffen, um die durch die Meereswogen bewegte Welt zu stätigen. Der Berg Albordsch umfängt kreisrund die ganze Erde. Die Oberfläche der Erde ist eine Scheibe mit der Neigung nach Süden (nach den Mandäern). Das umgebende Weltmeer ist im Norden durch das Türkisgebirge abgeschnitten. In der jenseits liegenden Welt (Meschunna Kuschta) wohnen in steter Glückseligkeit die frommen Aegypter*) (die durch Artawan und seinen Bruder Pharao dahin entrückt wurden) mit ihren Nachkommen (bis sie in das Lichtreich übergehen). Am Ende des Weltmeers ist das Ende der sieben Himmel. Nach dem Tode fliegt die Seele zuerst auf das Türkisgebirge und dann an das Grenzmeer, um übergesetzt zu werden. Nach den drei unnahbaren Götterbergen am östlichen Meere, wo Genien in silbernen und goldenen Palästen weilen, sandte der chinesische Kaiser**) Tsi-huang für den Trank der Unsterblichkeit seinen Arzt Siufu, die Flotte aber ging ver-

*) Die aus Bagdad nach Ahwas getriebenen Mandäer wurden durch den bei Aussprechen seines Namens (Scham ban her Dschedschaua) gefangenen Dew nach dem glücklichen Lande Begadbye (in Afrika) transportirt.

**) Unter dem Gouverneur Pedro kamen chinesische Mandarine mit einem in Ketten geschlossenen Wegweiser nach Manilla (1608), um die goldene Insel Cabit (Cavite) im Auftrag des Kaisers zu sehen (Argensola).

loren. Nach Ktesias landeten die Indier für Gesundheit an der Felsenquelle Ballade (nützlich) oder Balada (Stärke gebend). Nachdem er die wahren Brahmanen befragt, die nackt auf der Erde als Bett und unter dem Himmel als Decke lebten, liess Alexander (auf Rath der Mobed) ein Schiff nach dem leuchtenden Berge*) senden, der aus dem Meere aufstieg, doch wurde dasselbe von einem Seeungeheuer verschlungen und der Berg verschwand (nach Firdusi). Dionysos, den Herodot in den Zimmtländern (das heilige Taprobane) geboren werden liess (von Iswara, der Dewa des Lingam, in Aegypten der weiblichen Form nach als Isis aufgefasst), in der der keuschen Astarte gegenüberstehenden Magna mater oder der orgiastischen Anaitis, wurde in der Vorstellung des unter den Geschlechtswandeln des Mondes indifferenten Buddha (im Gegensatz zu dem heitern Weingott, der, für die Eingeweihten, seine Symbolik in den Mysterien bewahrte) zur Maccabäer-Zeit nach Palästina getragen, um auf der Wurzel des in der Periode der Gefangenschaft mit orientalischen Religions-Ideen durchdrungenen Judenthums sich in neuer Incarnation zu verklären, worauf die gleichzeitig ausgebildeten Hierarchien des Buddhismus (in seiner Phase als Mahajana) und Gnosticismus sich in ihren Berührungspunkten gegenseitig ergänzten und von einander entlehnten. Vor der mit den Geten verknüpften Einwanderung zu den Odrysen in Thracien verehrten die Eingeborenen des alten Thracien das in den Bergen der Satrae (Satyrn) gelegene Orakel des Dionysos, den die Bessi bedienten, als Dio-Bessi (bei Plinius) mit dem homerischen Epithet ihres Gottes bei den Pelasgern als δῖοι (wie sich der

*) Ceylon wurde Ilma (Gold in Tamul) genannt, nach der Legende, dass die Insel aus drei Spitzen des Meru gebildet sei, der bei einem Streite zwischen der Erdschlange Sesha und dem Windgotte Vasudeva in's Meer geschleudert (Tennent). Malayan magicians have discovered by their supernatural sight, that there is in the midst of the ocean an enchanted island, approximating the empire of China. A transparent rock in it encloses an enchanted female of rare beauty (being human the upper part and bird down below). At certain periods, large flocks of birds, called Dudow, take their course towards this island, where they butt against the crystalline fortress, but having failed till now to break it, vast heaps of bones of such as perished, are piled up there (auf den Chinchas).

Volksstamm der Dii in Thracien fand). Nachdem Cadmus, der die Sparti oder schlangenartigen Eingeborenen der Erde besiegt, nach Gründung des aus ägyptischer Reminiscenz benannten Theben phönizische Cultur mit der Schrift verbreitet, wurde (nach ägyptisch-phönizischer Anschauung der dann in Palästina concentrirten Göttergeburten) der Ursprung des Dionysos*) der

*) Als Dionysos oder (in Thracien) Bassareus (s. Homer) war Osiris am Meru in Nysa geboren, und seine Mysterien, die von Orpheus nach Thracien gebracht wurden, schlossen sich an den weitverbreiteten Cultus des Meria-Opfers an, um durch die zerrissenen Stücke des geweihten Gottmenschen die Erde für Fruchtbarkeit zu heiligen, wie es auch dem weiblichen Geschlechte oblag, in den von dem Weinrausch der Orgien freigehaltenen Mysterien der Demeter, die Erechtheus bei einem Misswachs mit Getreidezufuhren aus Athen brachte. In Dionysos' Namen als Dimetor liegen (nach Diodor's Erklärungen) beide Auffassungen, indem man einmal schon in der aus der Erde gesprossenen Pflanze (die Metamorphose des Hiawatha bei den Indianern) den immer auf's Neue wiedergeborenen Gott erblickte, dann aber zum zweiten Male in der Begeisterung des Rauschtrankes (wie die Indier im Soma) das Walten des Gottes fühlte. Wie die durch Typhon zerstreuten Glieder des Osiris, wurden die des durch Erdensöhne (die Hyperion tödtenden Titanen) zerfleischten Dionysos durch Demeter zusammengesucht und neu aus sich geboren. Von Ammon, als Sohn der Amalthea, in Nysa verborgen, besiegte der (wie Sesostris) mit seinen Jugendgefährten aufgewachsene Dionysos (während seine Erzieherin Athene die Weiber anführte) den über Ammon (der nach Kreta oder Idäa geflüchtet) siegreichen Kronos und feuerte die gefangenen Titanen durch Trinken des Opferweins, als Hypospondoi. Der Rest der Titanen (wie nach den Priestern von Sais die von den Athenern besiegten Atlantiden) ging in der Schlacht auf Kreta zu Grunde, wo ausser dem von Dionysos in Aegypten eingesetzten Zeus auch Dionysos und Athene dem Ammon zu Hülfe gekommen. Bei Zabirna (Zabe oder Msilah in Mauretania Sitifensis) war das Ungeheuer Kampe erlegt, und die Insel des tritonischen Sees (neben dem später carthagischen Cerne der Atlantiden) verschwand in einem Erdbeben. Die die Zamzummin vertilgenden Ammoniten galten für Kinder des Lot. In der westlichen Version der Sage herrschte Kronos, als Musterbild des Gerechten, im glücklichen Zeitalter, während die Titanen (sechs Männer und fünf Weiber) in Knossus lebten, bis Zeus mit Hülfe der Gesittung einführenden Kureten (die den Dactylen des Ida gefolgt waren) seine Herrschaft von dem (zuerst durch Kretes oder Kres beherrschten) Kreta aus weiter ausdehnte, die Giganten in Phrygien nicht nur, sondern auch in Macedonien und dem italischen Phlegräum oder Cumäum besiegend. Das Geschlecht der den Kurus feindlichen Krishna ging zu Grunde, weil in die Schilfstäbe, die auch Dionysos von Narthex statt der hölzernen eingeführt, Eisen eingesogen war, so dass sie bei der Schlägerei im Rausch tödtliche

königlichen Familie vindicirt, indem Zeus oder (bei Lacedämoniern Sparta's) Διος der Semele (nicht wie anderen Geliebten in Verkleidung, sondern) in voller Göttlichkeit genaht. Der melancholische Grundzug thracischer Religionsphilosophie, der (von Silenus ausgesprochen) auch in den Sängern Orpheus, Thamyris, Eumolpus, sowie in ihren Mysterien, wiederklang und sich von Usendama bis nach Hispanien erstreckte, wurde nun mit einem südlichen Element orgiastischen Weinrausches gemischt, wie es Herodot bei ägyptischen Festen beschreibt und es sich im phrygischen Sabazius-Dienst (des Evoe Sahoi) bei den Bacchanten wiederholte. Talbot meint auf den assyrischen Inschriften den Götternamen Dian-nisi oder Richter der Menschen (nisi) zu lesen. Der megarische König Nisus, Sohn des Pandion (Sohn des Schlangenfürsten Cecrops), verlor mit seinem goldenen Haar

---

Wunden ertheilten. Bei der Rückkehr aus Indien zog Dionysos (wegen des bei seiner Geburt erschallenden Donners Bromios genannt) auf einem Elephanten in Theben ein, als Mitrephoros, und die später zum Diadem gewordene Kopfbinde war ursprünglich, wie Diodor bemerkt, des Katzenjammers wegen um die schmerzende Stirne gelegt. Mit Aphrodite zeugte er den Priapus, den Vertreter des Lingamdienstes. Bacchus tritt als Stier auf (Raoul-Rochette), und Tura nennt man im Zend und Pa-zend einen Stier, welcher auf Arabisch bakkar heisst (s. Hussein Ben Chalfa). Wie in Comana in Pontus, dessen (zuweilen auch die Tempel des Zeus Abrettenus verwaltende) Oberpriesterschaft den Galatier Dyteutus (Sohn des Adiatoris) in ihre Listen einschloss, wurde von den Hierodulen der cappadocischen Comana die Göttin Enyo (Ma oder Men) oder (wie Orestes' Haupthaar) Comana verehrt. Im Kanneri ist Kamani (Koma-nde) Gott, Komadogu das Meer, Taidi die Erde, Samme das Licht. Mene in der am tritonischen See heiligen Stadt Mene (die die nach Samothrace oder der heiligen Insel weiter ziehenden Amazonen verschonten) erhielt zum Trost der Basilea den Namen der vergötterten Selene, die im Schmerz um ihren Bruder Helios gestorben. Mit Titäa, Gattin des atlantischen Uranus, und Tithonos, dem bei fliehender Jugend trotz seiner Unsterblichkeit hinschwindenden Gemahl der Aurora, hängt in Teoti und Teut die Reihe der Titanen zusammen, durch Tethys nach Osten versetzt. Von Rhea, Gemahlin des Kronos, wurde der jüngere Zeus als Weltbeherrscher (s. Diodor) geboren und (im Gegensatz zu den Daitya oder Danawa) stammten die Aditjas (Unsterblichen oder Amara) oder niederen Götter (Ribhu oder Söhne der Ri) von Aditis (Karawiri) oder Ri. Der bärtige Dionysos Indiens hiess Lenäus (als Kelterer), und in Griechenland zeichnete Linus mit pelasgischer Schrift die Thaten des ersten Dionysos auf. Die Augen Balarma's oder Sirin's (Bruder des Krishna oder Chakrin) rollen in Walalust (nach dem Vishnu Purana).

sein Leben, beim Einfalle Minos'. Das bruttische Pandoria war Hauptstadt der Könige von Oenotria, das epirische (der Canopäer) eine Colonie von Elis. Neben Shilo (bei Nablus), wo (im Stamm Ephraim) Arche und Stiftshütte (nach dem Fortzuge aus Aegypten) von Josua aufgestellt wurden, finden sich (nach Robinson) viele Felsengräber, und Silenus (dessen Bild auf den Münzen von Flavia Neapolis erscheint) sollte im Lande der Hebräer begraben sein, wo Reliquien unter den Pyramiden lagen und dann von den Samanäern mit Pagoden verehrt wurden. Auf Meru *) residiren die vier Chatumaharaja der Weltgegenden. Unter dem Meru liegen die sieben Höllen-Regionen Patala Talatala, Rasatala, Mohatala, Sutala, Vitala und Atala. Mit dem Rade seines Wagens zog Priyavrata (Sohn des Svayambhu) die Furchen, die in sieben Seen die Continente schieden (wie Poseidon's Kreise auf der Atlantis). Bharata Varsha oder Indien hat nach den dortigen Geographen die Form eines Kreissegmentes. Im Çatrunjaya Mâhâtmyan (des Dhaneçwara) erzählt, auf Bitten Indra's, der letzte Jina, Vardhamâna oder Vira, die an den Berg Çatrunjaya, dem ersten**) Jina Rishabha geweiht, ge-

---

*) Meru war die Hauptstadt der Besitzungen des Sultan Sandjer (nach Abdul Kherim). Die Reste der ursprünglichen Bevölkerung in Rajasthana werden Mere oder Aeipler genannt. Die Chinesen bezeichnen den Westen als Pehou (weisser Tiger), den Osten als Thsangloung (grüner Drache), den Norden als Hiounwan (schwarzer Krieger) und den Süden als Fing-niao (Sternenvogel). Such matter (not proveable either by perception or by inference) are the existence of Indra the king of the gods, the northern Kurus, the golden mountain Meru, the nymphs in Paradise (Hallautyne), nach der Tattwa Samasa. Der Gipfel des Weltberges Meru, umgeben von vier Gipfeln, auf deren jedem acht Regionen enthalten sind mit Indra oder Sakradewa (Tischi tien wang oder Dai sjak ten wo) in der Mitte, bildet die 33 Himmel. Both Bauddhas and Jainas address their prayers to the Deva-dik-Pals (ten regents of the heavenly quarters).

**) Swayambhuva, als Manu, Yamas, als Götterkönig, Marichi u. s. w. als Rischis (7). Swarochisha, als Manu, Vipaschit, als Götterkönig, Urja u. s. w. als Rischis. Auttami, als Manu, Susanti, als Götterkönig, Saptarchis u. s. w. als Rischis. Tamasa, als Manu, Sivi, als Götterkönig, Jyotirdhama u. s. w. als Rischis. Raivata, als Manu, Vibhu, als Götterkönig, Hiranyaroma u. s. w. als Rischis. Chakshusha, als Manu, Manojova, als Götterkönig, Sumedhas u. s. w. als Rischis (7). Vaivaswata, als Manu, Purandara, als Götterkönig, Vasishtha u. s. w. als Rischis (7). Ikhswaku und andere Könige sind die Söhne des Manu, während der Götterkönig

knüpften Legenden. Nach den Aitareya-Brahmana ist das Land der Kurus das heilige Land der Götter, das kein Sterblicher erobern kann. Jenseits der Uttara-Kuru liegt der Ocean (nach dem Ramayana). In der Mahabharata kommt Arjuna zu den Uttara-Kurus in Harivarsha.

über die Adityas, Vasus und Rudras herrscht (nach der Vishnu-Purana). Abel, als Maana, Adam, als Ism, Gabriel, als Bab. Seth, als Maana, Noah, als Ism, Jael ibn Fatim, als Bab. Joseph, als Maana, Jacob, als Ism, Ham ibn Kusch, als Bab. Joshua, als Maana, Moses, als Ism, Dan ibn Sabacht, als Bab. Asaph, als Maana, Salomon, als Ism, Abdullah ibn Schamaan, als Bab. Shemmaan (Peter), als Maana, Jesus, als Ism, Rizobs ibn Merzaban, als Bab. Ali, als Maana, Mohamed, als Ism, El Chiddne, als Bab. Von den fünf Itam (Weisen) war (in der ersten Periode) Michael der Erste, dann (in der zweiten) Aukil, dann Jabud, dann Jahudan, dann Schacira, dann Jean fum esmbab, dann Kendl. In der ersten Periode erschien Ilmeir als Kaseb ibn Mellnch, in der siebenten als Hamdan (bei den Ansayriern). Von Abel bis Ali, Sohn des Abu Taleb, hat Gott sich sieben Mal manifestirt, als Maana und gleichzeitig als Ism (aus dem Licht der Wesenheit geschaffen) mit seinem Geschöpf Bab. Mit Abel, als Maana (Bedeutung) ist gleichzeitig Adam, als Ism (Name) und Gabriel, als Bab (Thor). Mit Seth, als Maana (Bedeutung) ist gleichzeitig Noah, als Ism (Name) und Yayil ibn Fatim, als Bab (Thor). Mit Joseph, als Maana (Bedeutung) ist gleichzeitig Jacob, als Ism (Name) und Ham ibn Kush, als Bab (Thor). Mit Josua, als Maana (Bedeutung) ist gleichzeitig Moses, als Ism (Name) und Dan ibn Usbant, als Bab (Thor). Mit Asaph, als Maana (Bedeutung) ist gleichzeitig Salomon, als Ism (Name) und Abdullah ibn Simaan, als Bab (Thor). Mit Simon is Safa (Cephas), als Maana (Bedeutung) ist gleichzeitig Jesus, als Ism (Name) und Rozabah-ibn-il-Merzaban, als Bab (Thor). Mit Ali, als Maana (Bedeutung) ist gleichzeitig Mohamed, als Ism (Name) und Salman il Farisee, als Bab (Thor). Nach Ali, als erstem Imam, manifestirte sich die Gottheit in seinen Nachkommen, als Imame. Die zweite der sieben Hierarchien (deren erste die Thore bildet) sind die Aytam (Weisen). Zur Zeit Adam's (mit Gabriel als Thor) waren die fünf Engel, Michael, Israfeel, Azrael, Malik und Rudwan die Thore. Unter die Weisen Rozaba's, die Thore zur Zeit Jesus' (wo Peter, als Simon Cephas oder Shamum Safa die menschliche Form der Gottheit in dem Maana bildete) rechnen die Ansayrier noch Matthäus, Paul, Peter (Butmus), El John, Chrysostomus. Ali heisst Haiderah (Löwe) bei seiner Mutter, das grosse Gesetz und Simon is Safa bei den Mönchen, auf der Kanzel Aristoteles, im alten Testament Baria (schaffend), im neuen Testament Elias, bei den Priestern Bawla, bei den Hindus Kankara, in den Psalmen Aria, bei den Griechen Butrus (Peter), bei Aethiopiern Habina, bei Abyssiniern Batrik, bei Armeniern Afrika.

In Nangasaki*) hatte ich gehofft Gelegenheit nach dem Amur zu finden und von dort die Rückreise durch Sibirien anzutreten. Russische Kriegsschiffe, die häufig eine solche Fahrt unternehmen, hatten sich indess in dem laufenden Jahre nicht an der Küste gezeigt, wahrscheinlich um zu vermeiden, in die Verwicklungen der übrigen Mächte Europas mit den Japanesen hineingezogen zu werden. In Yokuhama organisirte sich eine aus Engländern, Franzosen und Holländern zusammengesetzte Expedition gegen die Strasse, und da der „Amsterdam," auf dem ich von Batavia heraufgekommen war, gleichfalls nach Yokuhama bestimmt war, bot mir der Capitän nochmals seine Gastfreundschaft an, um diese Gelegenheit zur Ueberfahrt zu benutzen. Postdampfschiffe zwischen beiden Plätzen existirten damals nicht, und würde ich, um diese zu benutzen, gezwungen gewesen sein, erst von Nangasaki nach Shangay zu gehen, und mich dort wieder für Yokuhama einzuschiffen. Am Nachmittag am 28. Juni gingen wir an Bord, wohin uns der französische Consul begleitete, um uns bis zum Verlassen der Bai Gesellschaft zu leisten. Am nächsten Morgen zeigten sich Inseln in Sicht und passirten wir das südliche Cap von Kiu-siu, das in einer grünen Hügelspitze endet, mit zerstreuten Felsen umher. Am andern Morgen sahen wir das Land, aber am folgenden fiel ein dichter Regen und verdeckte ein nebliger Dunst jede Umsicht. Da beides auch am nächsten Tage fort-

*) Die Industrie Nangasakis bezieht sich besonders auf die Verfertigung von Porzellan, Bronzen und Lackwaaren. On fait spécialement à Nagasaki des contrefaçons de ce qu'on appelle des laques burgotés. Les objects ainsi dénommés étaient autrefois faits avec des morceaux de nacre de perle qu'on sculptait, on les incrustait ensuite sur des boites ou d'autres objects, on recouvrait le tout d'un laque transparent et solide qui permettait aux morceaux de nacre de donner des reflets brillants et changeants, suivant le jeu de la lumière. Comme le commun des acheteurs veut, avant tout, le bon marché, les Japonais ont inventé une sorte de papier aux couleurs changeantes et brillantes qu'ils collent sur les objets à burgoter, puis, passant une couche de vernis laqué, ils obtiennent des reflets ayant quelques rapports avec celui que donne la nacre de perles (du Pin). Le caractère de noble simplicité, de pureté de ligne, de travail consciencieux, qu'on remarque partout dans les belles et anciennes productions du Japon, les fait distinguer à première vue des œuvres de même nature qu'on trouve en Chine.

dauerte, so wurde unsere Position unsicher, und da wir zu der durch die Logrechnung angezeigten Zeit das Land nicht in Sicht bekamen, so liess der Capitän wenden. Auch die Lothungen wollten nicht recht stimmen und waren die Kartenaufnahmen der japanischen Küste damals überhaupt noch unvollkommen. Wir suchten von Fischern, die wir in in ihren Böten antrafen, Nachrichten über die Richtung des Landes einzuziehen, konnten aus ihren Zeichen aber nur wenig entnehmen. Kurz vor Sonnenuntergang erblickte indess ein scharfes Seemannsauge den Pic des Fuzi Yama hoch in den Wolken, in einem kurz dauernden Riss derselben, und jetzt konnten bestimmte Peilungen genommen werden, um die Nacht unter Hin- und Herlaviren vorübergehen zu lassen. Am folgenden Morgen zeigte sich die im Cap Idu auslaufende Hügelreihe, mit einer Felsinsel davor, an der Küste Niphons. Walfische wurden gesehen. Nachdem die Insel Oho-Sima passirt war, fuhren wir in die Bucht von Jeddo ein, wo verschiedene Schiffe vor Anker lagen und Nachts Lichter von der Küste herüberschimmerten, als wir Anker warfen. Am Morgen darauf (Juli 4.) dampften wir dann in den Hafen Yokuhamas hinein, wo die Ankunft des „Amsterdam" durch das Flaggen der übrigen Kriegsschiffe und von Bord erwiderte Salutschüsse begrüsst wurde. Nach dem Landen suchte ich das Handelshaus*) der Herren Reis & Mohr auf,

*) Die japanischen Münzen sind die goldenen Kobang, silbernen Itsibu und kupfernen Simong. Die Seidenproduction Japans wird auf 120,000 japanische oder 80,000 europäische Ballen berechnet, von denen 1862—63 von Yokuhama 25,890 Ballen ausgeführt wurden. Die bedeutendsten Seidendistricte liegen um Yokuhama. Als Sorten werden unterschieden: Maibashi, Sinchio, Ida, Sodai, Oshio, Coshio, Hachiodgi, Itsisen, Goshoo, Nagahama u. s. w. Beim Thee unterscheidet man Ordinary, Good ordinary, Common, Good common, Fair to good, Fine, Finest. Die feinsten Theesorten des Marktes kommen (Anfangs September) aus dem District Yamasiro oder Dojee. Die Ausfuhr aus Yokuhama vertheilte sich (1862—63) unter London (2,600,258 Pfd.), Amerika (1,172,150 Pfd.), Shanghai (1,842,819 Pfd.), Hongkong (160,801), und Nagasaki 4,043,780 Pfd. (nach Brennwald). Weitere Ausfuhren sind Kupfer, Eisen, Steinkohlen, Fischöl oder Fischthran, Rapsaat oder Rübsen und Rüböl, Seegras, Kampher, vegetabilisches Wachs, Bienenwachs, Galläpfel und Gallnüsse, Schwefel, Salpeter, Cassia vera, Zucker, Tabak, rohe Baumwolle, Hanf, Lumpen, Papier, Porzellan, lackirte

wo mir Herr Reis die Gastlichkeit seines Hauses anbot. In dem Geschäft arbeitete ein Bremer Landsmann, Herr von der Heyde, der durch seine treffliche Kenntniss der japanischen Unterhaltungssprache mir während meines dortigen Aufenthalts vielfach mit seiner Hülfe zur Hand ging. Auch mein Vetter, Herr

Waaren, Perlmutterschalen, getrocknete Fische, Soja, Getreidefrüchte, Hülsenfrüchte, Holz, Seidenwaaren. Baumwolle wird an den Küstenstrichen von Nippon (mit Ausnahme der nördlichen) und in Yesso gewonnen. Beim Spinnen benutzt die Arbeiterin (ungleich den europäischen Spinnerinnen auf Rocken) nur die Hände. Bei der Weberei in den Bauernhäusern wird meistens nur im Faden gefärbtes Garn verwendet, da der Landmann nur dunkle Stoffe trägt. Die Bedeutung des Seidenwurms soll zuerst durch Shuw-tokoo Saishi entdeckt worden sein, der ein Buch über die Züchtung des Seidenwurms verfasste. Die 8 Arten der Würmer kriechen zu verschiedenen Zeiten aus (zwischen den Monaten April bis November).

Während des Jahres 1863 betrug:

		Die Einfuhr:	Die Ausfuhr:
unter englischer Flagge	Lst.	635,731	2,149,291
„ holländischer „	„	72,671	171,434
„ amerikanischer „	„	70,458	161,708
„ preussischer „	„	19,712	95,177
„ französischer „	„	10,176	46,789
„ russischer „	„	2,398	13,810
	Lst.	811,146	2,678,509

Total der Ein- und Ausfuhr	Lst.	3,449.655
Einfuhr von Goldbarren aus Peking	„	225.351
Verkauf von engl. Dampfern an die Japaner	„	175,000
	Lst.	3,850,006

Die Importen (auf deutschen Schiffen) bestanden in Camlots, Long Ells, Baumwollenstoffen, Zinn, Blei, Zink, Blech, Wein, Butter, Pariser Artikel, Häuten, Verschiedenem (Totalwerth 78,849 Dollar), ausserdem Wollenwaaren, Velvets, Tuche, weisse und rohe Shirtings, Chintzes, Taffachellas, Waffen, Medicinen, Proviant, Spirituosen, Zinnober, Mehl, Elfenbein, Garne, Quecksilber, Schafe, Zucker, Oele. Im Jahre 1866 belief sich der Werth der Importe aus Grossbritannien auf Lst. 1,447,070, der Exporte dafür auf Lst. 273,745. Das Gesammteinkommen der 266 Daimios beläuft sich auf 361,653,920 Francs (s. Brennwald). The combined federal army (of the Daimios) amounts to 370,000 infantry and 40,000 cavalry, to which must be added the Imperial army, kept up by the Tycoon or Sovereign, which amounts to 80,000 infantry, cavalry etc. (Whitaker). Die hauptsächlichsten Goldminen finden sich auf der Insel Kinakassn nordöstlich von Nippon, die Silberminen auf einer Insel südlich von der Insel Hirado und nördlich von Kiusiu.

E. Bohlens, war durch seinen längeren Aufenthalt in Japan mit den dortigen Verhältnissen auf das Beste bekannt, so dass ich bei ihm jede wünschenswerthe Unterstützung finden konnte.

Von einem Theehause auf einer vorspringenden Klippe genoss man einen weiten Umblick über die Bai und das umliegende Land, dem der mit Schnee gestreifte Kegel des Fuzi-Yama seinen überall auf japanischen Bildern erkennbaren Charakter giebt. Die Statue des auf Fazo-Yamo lebenden Wettergottes Shengen stand in einer Capelle mit verschlossenem Kasten, und vor demselben beteten von Fuzi-Yama kommende Pilger, deren Kleidung mit Sentenzen beschrieben war. Das Modell eines neuen Tempels, der gebaut werden sollte, war aufgehängt, und fanden sich auf Tafeln daneben die Namen derjenigen, die Beiträge geliefert hatten. Neben dem sechshändigen Bildniss des Koschin-soma, auf einem Pfeiler, stand Onomo-jakko, der Gott der Nachtwachen. Auf einem Gemälde war, von Priestern (unter Sonne und Mond) umgeben, Koschin-sama in einem Flammenmeer dargestellt über Teufel (Unio), zwischen denen Affen (saru) weinend dasassen. In der Thür des Tempels hing eine Metallscheibe, die mit einem knotigen Strick geschlagen wurde, und in viereckige Nischen waren Speiseopfer gestellt. Thee wurde im Tempel verkauft. In der Bildermappe eines Malers war Tinjing-sama dargestellt mit einem Haarknoten, Inari-sama auf einem Fuchs reitend, Ximosin-sama mit geknotetem Haar, das lang an den Seiten hinunterfiel, Soko-botz mit runder Kopftracht, Kotoshama-sama mit Hörnern auf dem Kopf, Moreroesen auf dem Kopf eines Fisches stehend, Sikko-bosatz mit einer Fliegenklappe, Sotobodais mit langausgezogenen Ohren, Kobodais mit geschorenem Kopf, Shaka-norai mit im Kreis umherrasirtem Kopf, Jagejo-bosatz mit hinten aufgebundenem Haar, Kanseom-bosatz mit hohem Muschelputz in den Haaren, Fungeinj-bosatz auf einem Elephanten, Diitso-bosatz mit einem eisernen Ringstab, Nisosaiiya dogodaiseise-bosatz auf einem Lotus. Wangoyen war durch ein ältliches Paar mit einem Kind dazwischen repräsentirt, Tiensiko-Daisingho oder Tinto-sama stand zwischen Hatzmann-Dai-bosatz zur Rechten und Casseyadaimiosin zur Linken.

In dem Matsung des Benten-Sama, als das die Beendigung des Sütens feiernde Sommerfest, durchzog eine Procession*) die Strasse, einen Baum in einem Kasten tragend. Von hohen Stangen hingen beschriebene Fahnen nieder, und von Kindern geleitet sangen und schrieen die Umzügler, mit dem Fächer vor dem Munde, und dem im Innern mit Spiegeln ausgekleideten Heiligthum des Miacusi vorangehend, dessen Glasdach mit Muscheln umwunden war. Die wie Betrunkene agirenden Träger wankten nach allen Richtungen umher, bald laufend, bald springend. Dann folgten zwei vergoldete Köpfe von Wildschweinen (Shishi), deren Körper durch Zeugstreifen geformt wurde, während dahinter gehende Personen den Schwanz trugen. Die mit Metallscheiben versehenen Fahnen heissen Shijunken und zeigen bald einen Hahn, bald ein anderes Thier. Die Japanesen lieben es, einen Hahn oder eine Henne (besonders weisser Farbe), in den Häusern zu halten. Zu Miacusi wird bei Pockenkrankheit gebetet. Der in einem Garten zwischen Morästen gelegene Tempel des Benten-Sama war mit Zeugen verziert und durch Spiegel umhangen. In einer Seitencapelle waren herzförmige Holzstücke in einen Topf gestellt, draussen fanden sich Steinfüchse und Papierschlangen im Innern. Die Processionisten hatten auf ihren Hüten, deren Stroh lang herunter hing, rothe Blumen aufgesteckt. In den Häusern waren auf Stufen, die mit rothem Zeuge bedeckt waren, Reiskuchen gestellt zwischen grünen Zweigen, und ebenso im Tempel. Im Bazar hatte jedes Haus eine Blume über die Laterne des Thores aufgesteckt. Bei einem Spaziergang am Nachmittag sahen wir die Ausstellung eines Gärtners, der in Lauben zwischen Zwergbäumen und Felsen Thiere, die aus Zweigen und Büschen geformt waren, aufgestellt hatte, so einen Löwen, dessen Augen von gelben Blumen gebildet wurden. Die Strassen waren gefegt und mit Wasser bespritzt. An dem Wasserteich eines Tem-

*) Die Wagen werden meist mit Strohseilen umzogen, die auch die Heiligthümer schützend umgeben, gleich dem das Heiligthum des Poseidon bei Mantinea versperrenden Wollfaden, durch dessen Zerschneiden Aegyptos erblindete, da ihm die aufwogenden Salzgewässer in die Augen spritzten.

pels sass eine Frau, die den Vorüberkommenden das Wasser austheilte und ein Handtuch neben sich hängen hatte, damit sie nach dem Waschen ihre Hände trockneten. In einer Umzäunung standen Steinpfeiler. Auf dem Rückwege passirten wir einen Circus für Ringer und auf der Strasse einen Poleinellokasten, wo ein alter Mann durch laute Anpreisungen einen Haufen Kinder um sich versammelte. Wir traten in den Laden eines Buchhändlers, derselbe führte uns jedoch in ein Hinterzimmer und schloss vorher sorgfältig die Thür, da es für ihn bedenklich sein würde, wie er sagte, die Bücher, nach denen wir fragten, zu verkaufen. Einige der Japanesen waren an Arm und Rücken tättowirt, besonders Zimmerleute oder Pferdejungen. Die Frauen tragen Stäbchen im Haare. Verheirathete Frauen*) schwärzen ihre Zähne und rasiren die Augenbrauen.

Am andern Tage wurde ein Karren mit einem in der Mitte aufgesteckten Mast durch die Strassen gezogen, auf dessen verschiedenen Etagen Musikanten sassen, Maskirte auf der andern und Jaknnen auf der höchsten. Ein Spaziergang führte uns längs eines Hügels hin, von dem belaubte Thäler zwischen Feldern überblickt wurden. Wachthäuser standen am Wege. Unter einem Baum am Ufer eines Baches standen in der Nähe eines Reisfeldes zwei Steinfiguren (Jisu-sama), von denen die eine einen Stab hielt, die andere auf der Schulter eine langstengelige Blume. In der Nähe eines Wirthshauses war in tief gelegenem Grunde zwischen einer Baumgruppe eine Stein-Plattform aufgebaut, vor der ein Wässerchen durch eine Steinbrücke überwölbt war. Weiter zurück stand das Haus des Schliessers, neben dem Leute in den Reisfeldern beschäftigt waren. Auf jeder Seite der getrennt verlaufenden Triumphbogen stand eine vergitterte Capelle und unter Strohdach ein grosser Holzkasten

---

*) Quand le gouvernement veut punir un de ses employés, il envoie sa femme passer quelque temps dans une des maisons publiques (Gankiro à Hoko-hama). Le mari qui veut punir sa femme agit de même à son égard. Quand le temps de la punition officielle ou de la correction maritale est passé, ces femmes reprennent, dans le domicile conjugal, la place qu'elles y occupaient auparavant (de Pin).

in der Gestalt einer Capellnische mit eingeschnitzten Arabesken von Drachen, Schlangen u. s. w., während die über dem (durch eine enge Treppe erstiegenen) Thore hervorsehenden Balken in Löwenköpfen endeten. Das Ganze stand auf einem gekreuzten Pfahlwerk. Die geöffneten Capellen zeigten im Innern zwei Papierstöcke, auf einem Tische vor dem verschlossenen Kasten stehend, der nur einmal jährlich bei dem Jahresfeste des Gottes geöffnet wird. Bunte Gemälde des Berges Fuzi-Yama, eines Hahnes u. s. w. waren aufgehängt. In der Nähe der Capelle des Sano-sama (auf dessen Tafel Sainodaigojin geschrieben stand) fand sich auf dem Lotussitz unter einem Baume die Steinfigur des Fotoke-sama (mit kurzgeschorenem Haar) und die sechshändige Steinfigur von Koschin-sama (mit chinesischen Buchstaben, deren ein neuer mit jedem neuen Jahr zugefügt wird). In der Nähe der Capelle des Inari-sama (mit Saitschi inari daimio sin auf der Tafel geschrieben) fand sich die rasirte Steinfigur des Isakka-sama mit einem Stabe. Die Baumzweige über der Figur waren in Folge von Gelübden mit Papierstreifen beknüpft. Wir belohnten das Oeffnen der verschiedenen Thüren mit einem kleinen Geschenk und folgten dann durch morastige Reisfelder hingewundenen Pfaden. In einem abwärts gelegenen Gebüsch fand sich eine Steinfigur, hinter einer Steinlampe. Die Landhäuser waren von Hecken umgeben. Dünger wurde in Körben getragen und in Löchern gesammelt. In einem Tempel war Menschenhaar auf einem Stein aufgehäuft. Das japanische Ningo, auf Anordnung des Mikado eingeführt, wird durch die Buchstaben des Alphabets bezeichnet. Am Neujahrstage hängen die Japanesen Hummer zwischen grünen Zweigen, Pflanzen, Reis, Kohle u. s. w. über den Thüren ihres Hauses auf, als Symbole von Erfolg und Ueberfluss an diesen Dingen. An die Figuren des guten und bösen Principes vor den Tempeln werfen die Japanesen Papierbälle, die stecken bleiben. Bei der Abendtafel machte ich die Bekanntschaft des Herrn von Brandt, des damaligen preussischen Consul. Auch Père Maurique und den Missionär Brown lernte ich kennen.

Auf einem Spazierritt fanden wir Gruppen von Steinfiguren zwischen den Bäumen eines Hügels. Die Häuser des Dorfes

Odanau erstreckten sich an beiden Seiten der Heerstrasse (Tokaido). Ein Bach war durch einen Holzbogen überbrückt. Die zu Kanagawa führende Strasse, an der Häuser zerstreut umherstanden, sowie Läden und Schenken, waren von Kulies, Gepäck Reisender tragend, belebt. Durch die Tannenwälder eines aus sumpfigen Reisfeldern aufsteigenden Hügels kamen wir zu Dörfern, wo die Arbeiter auf dem Felde thätig waren, und dann zu dem Tempel von Bokin, auf die verschiedenen Terrassen des beholzten Hügels in seinen Baulichkeiten vertheilt. Breite Steinstufen führten zu dem grossen Tempelgebäude, das mit Stroh gedeckt war und durch Schiebethüren geschlossen. Zwei Reihen niedrige Sitze (mit Büchern) standen vor dem geschmückten Altar, der die Tafeln trug. Durch die Parkanlagen des Hügels führten gewundene Pfade zu den oberen Hügelterrassen, aber die dortigen Tempelgebäude waren verschlossen und keiner der Mönche zu sehen. Zwischen der von Priestern bewohnten Häuserreihe lief eine von Gärten eingefasste Strasse. Einige Steintreppen führten zu der Spitze, auf der eine kleine Capelle stand. Auf dem Rückwege öffneten sich in dem Gebüsch vielfach freie Blicke auf die Bai von Kanagawa, in der einheimische Schiffe vor Anker lagen, bis sie sich mit der Bucht von Yokahama und der dortigen Flotte europäischer Schiffe verband. Einige Edelleute mit einem langen Train von Begleitern, die zum Theil Ersatzpferde führten, begegneten uns. An der Strasse war eine Theaterbühne aufgeschlagen, wo maskirte Schauspieler unter Musikbegleitung agirten. Die Fischer pflegen auf dem Boden des Bootes zu trommeln, um die Fische in's Netz zu jagen. In dem Hinterhof eines Hauses fand sich die mit Schnitzwerk verzierte Holzcapelle Inari's, mit Füchsen davor, an den künstlichen Felsen eines runden Wasserbeckens, das umpflanzt war.

Durch die Strassen der Stadt schlendernd, traten wir in eins der Badehäuser, bei denen derselbe Eingang, in dem der Einnehmer sitzt, zu dem der Männer und dem der Frauen führt, nur durch eine halb offene Wand von einander geschieden. Um in jenes zu gelangen, musste man erst dem dieser vorübergehen, und da die Kleidergestelle der Frauen unmittelbar neben der

Thür standen, so hatten dieselben beim Herauskommen aus dem Bade kein anderes Gewand, als das Eva's, ehe sie ihr eigenes wieder herabnehmen konnten. Wir fanden das Bad voll von Mädchen (zum Theil vielleicht die Insassen eines nahe gelegenen Theehauses)*) und waren diese um das gemeinsame Waschbecken gelagerten Naiaden theils damit beschäftigt, sich selbst zu waschen, theils in den Händen eines Badeknechtes, der ihnen mit Bürsten und Tüchern den Rücken abrieb. Da wir eingetreten waren, hatten wir auch das Badegeld zu entrichten, eine unbedeutende Kupfermünze. Statt aber dem nach ihrem Departement hindurchgehenden Männern zu folgen, zögerte unser Führer, der als Künstler zu Modellstudien verpflichtet zu sein behauptete, so lange an dem Kleiderschrank, dass er uns fast gezwungen hätte, die Rolle Krishna's auf dem Baume zu zu spielen, als er den Milchmädchen die Kleider gestohlen. Ganz ohne Verlegenheit ging es für die jungen Japanesrinnen nicht ab, doch trugen sie durchschnittlich eine grössere Nonchalance zur Schau, als ihre Gegenfüsslerinnen bei gleicher Gelegenheit gezeigt haben würden.

Donner und Blitz wird durch einen Riesen verursacht, der mit einer Eisenkeule in die Wolken schlägt. In die Sonne ist ein Huhn, in den Mond ein Kaninchen gemalt, Reis reinigend mit Stösser und Mörser. In der Schule (Gakkamonzo) von Sedo (in Yeddo) ist die Figur des Kusi (Confutzius), als des Patrons der Gelehrsamkeit, aufgestellt. Wenn die Knaben mit sieben Jahre die Schule betreten, so lernen sie für die ersten drei Monate das Hiragana und dann die grösseren Charaktere des Gjotscho, in Mischung des Chinesischen mit Hiragana, nur selten dagegen die kleineren Charaktere das Kaitscho. Das Katagana wird den Mädchen gelehrt. Die Priester der buddhistischen Tempel (tira) heissen Oscho, die der Sintu-Tempel Kamnus. Auf Grabsteinen im Friedhof zu Yokuhama finden sich Inschriften in Tiensiko-Charakteren. Die Geschichte Chinas findet

*) Aller coucher chez le baigneur équivalait à passer la nuit dans un mauvais lieu (Dufour).

sich in dem Tschin-jio genannten Buche beschrieben. Der grösste Gott der Sinto-Religion ist Ten sho-ko-dai-jin-gho, früher ein Kaiser. In jedem Hause findet sich ein Holzgötze des Hotoka, in einer Nische (to danna) aufgestellt und dort durch Frauen und alte Leute verehrt. Die Gottheit der Sonne heisst (Tinto-sama) Tien-oh-sama (Himmels gemeinsamer Herr) oder Nitsche-ri-no-sama (der Sonne heller Herr) und wird, weil männlich, von Männern verehrt. Die Gottheit des Mondes, Hotzkisama genannt, wird von Frauen verehrt, weil weiblich. Jeder Japanese, wenn er morgens aufsteht, betet (nach dem Waschen des Gesichts) zu der Sonne, indem er um Reichthum und Gesundheit bittet (wealth and health). Dai-jin-gho (der erste Mensch) kam aus einem gespaltenen Baum hervor und bevölkerte das von Isananagimikotto geschaffene Japanerland, wo Tenshodaysin als erster Kaiser herrschte. Jeder Kaiser Japans heisst Tienshi (Himmelsohn). Das Land der dunkeln (schwarzen) Gesichter (wie Java und Nachbarschaft) heisst Krambo bei den Japanesen. Auf einer japanischen Karte*) lag das Königreich der Weiber (Nujingko) zwischen Indien und Moskau. Zwischen Indien und Japan fanden sich die Länder Toqnin, Kose, Toroh, Hingtang, Annang, Tang, Liko, Smandara, nebst den Inseln Manera, Amacho, Russero, Cera, Enna, Makarosav, Fruneki. Südlich lagen die Inseln Dai-Java (Gross-Java) und Ko-Java (Klein-Java), nördlich England u. s. w.

Konitokotatschimikotto theilte zuerst die Ten-shi-jin oder Himmel (tan), Erde (shi) und Mensch (jin). Japan hiess anfangs Aschawarikokke, aber nachdem die Berge geebnet waren, um bewohnbar zu sein, wurde es Jamato (Wurzel oder Thal der Berge) oder Jama-ato genannt.

Bei Totakano-hanno (die Höhlen von Totakano) finden sich Höhlen mit Sculpturen verziert. In der Trauer lassen die Japanesen ihr Haar lang wachsen. In den Wirthshäusern

*) Da Pio liess sich die chinesischen Namen japanisch lesen und brachte dann die einheimischen Karten mit den auf europäischen Seekarten bestimmten Punkten in Uebereinstimmung. Les cartes japonaises indiquent: 68 provinces, 597 cantons, 21,806 villes ou villages, 159 forts ou châteaux.

werden oft Pilgerinnen angetroffen, die Laute spielend und singend. In den mit Matten ausgelegten Zimmern sieht man Gesellschaften beisammen sitzen, vor ihren kleinen Schüsselchen mit einer Mannigfaltigkeit von Gerichten. Die japanische Küche ist für uns fremdartig, obwohl nicht ganz so abschreckend, wie die der Chinesen, die mit Asa foetida würzen, wie die Alten mit Sylphium. Bei einer theatralischen Aufführung auf einer Strassenbühne liess man Vögel fliegen und wurden Papierschnitzel umhergeworfen. Ueber einen Besuch des alten Kamakura s. Illustr. deutsche Monatshefte XXIII (in den Beilagen).

In den chinesischen Büchern für Japanesen werden oft den Charakteren die Bezeichnungen zugefügt, die Umstellung nach der japanischen Syntax zu zeigen. Das Katagana wird nur der Kürze wegen benutzt. Die japanischen Bücher bestehen aus eingebundenen Blättern, wogegen die Sanscrit-Bücher in Zickzack zusammengelegt sind. Nicht nur auf Grabsteinen, sondern auch an Häusern finden sich Sanscrit-Buchstaben. Nachdem die Kinder das ganze Papier mit Schwarz gefüllt haben, im Niederzeichnen der Charaktere, so schreiben sie auf's Neue auf die schwarz glänzende Oberfläche, da die Dinte vor dem Auftrocknen sichtbar bleibt.

Eine springende Figur mit rothem Haar, die einen Weinlöffel hält, findet sich oft auf Gürtelschnallen eingegraben unter dem Namen Dsojo. Der Greis des hohen Alters (Dro-sin) wird mit hoher Kahlkopfs-Stirn dargestellt. Gohei bezeichnet die verehrungswürdige Fünf. An der hügeligen Kuppe mit einer Baumgruppe auf der Spitze in der Nähe Kanasavas findet sich ein Tempel mit erigirten Lingams gefüllt, zu denen Frauen beten, um Kinder zu erhalten. Das Theater in Yokuhama lockte durch lange, wimpelartig herabhängende Zettel an. Ehe die Vorstellung begann, zeigten sich die Künstler vor dem Vorhang, um sich dem Publikum vorzustellen.

Um nach dem Amur zu gelangen, hätte ich noch den Versuch machen können, mich nach Hakodadi zu begeben; doch auch dort würde es nur reiner Zufall gewesen sein, wenn sich eine Gelegenheit geboten hätte. Da ohnedem der Herbst herannahte und der Hafen von Nikolaiewsk oft schon im September von Eis geschlossen sein soll, so entschied ich mich für eine Rückkehr nach China, um, wenn es ausführbar sein würde, die Landreise von Peking aus zu unternehmen, und engagirte deshalb einen Platz auf dem nächsten Mailsteamer nach Shangay.

Beilagen.

Der höchste Theil der Welt (als die oberste Spindel), die auf der Hälfte einer andern ruht, ist (nach den Jaina) die Wohnung der Jina. Dann folgen fünf Vimâna (Götterwagen, nach den Brahmanen), den Mittelpunkt bildet die Region Sarvârthasiddha zwischen den Regionen Aparâgita, Gajanta, Vaigajanta und Vigaja (deren Bewohner diese Regionen durch ihren Besitz der höchsten Erkenntniss und der vollkommensten Tugend zum Wohnsitze erkämpft haben); dann folgen neun (in stufenförmigen Terrassen geordnete) Welten (von göttlichen Wesen bewohnt), als Aditja, Prithukarma, Saumânasa, Somânasa, Sâviçâla, Sarvatobhadra, Manorama, Supprabaddha und Sudarçana. Nach diesen himmlischen Regionen setzen die Digambara 16 (oder zuweilen 12) Regionen (in acht Stufen über der Erde geordnet), als Akjuta, Aruna, Pranata und Anâtha, Sahasrâra, Cukra, Lântaka, Brahmâ, Mahendra und Sanatkumâra, Içâna und Sâdhâma, welche Regionen (Vimâna genannt) von den (zwölf) Kalpavâsin (von welchen zwölf Göttern jeder einer Kalpa oder einer Periode vorsteht) bewohnt werden. Als Götter niederen Ranges unterscheiden die Jaina vier Klassen, die Vaimânika (die die Vimana in den zwölf Welten des Himmels bewohnen), die Bhuvanapati oder Herren der Welten (von deren zehn Abtheilungen je fünf von den brahmanischen Götterkönigen Indra beherrscht werden), die Gjotisha (Gestirne, Planeten, Mond und Sonne) und die Vjantara (die bösen Geister der Piçaka, Râxasa, Gandharva u. s. w.). Da Sonne, Mond, Planeten und Sterne bei der Umkreisung so viel Zeit gebrauchen, verdoppeln die Jaina ihre Zahl. Zu den Bhuvanadati gehören (nach den Jaina) die Asurakumâra, Nâgakumâra u. s. w. Alle Götter gelten für sterblich, mit Ausnahme der Gotisha. Die Priester und frommen Männer heissen Sadhu (Guten), die Laien Çravaka (Hörer). Zum Unterschied von den Digambara (deren Bekleidung der Raum ist) sind die Sâdhu weltliche Geistliche. Die Frommen heissen (wie bei den Brahmanen) Büsser (Jati). Von den Nachfolgern der letzten Jina giebt die Kalpasutra ein Verzeichniss von 27 bis zum Jahre 993. Die Jaina, die (wie die Brahmanen) die vier Kasten anlassen, lassen die heiligen (Samskâra genannten) mit der Geburt anfangenden und sich bis zur Heirath erstreckenden Gebräuche (wie die Brahmanen) vornehmen und verehren einige Hausgötter (der brahmanischen Secten). Im südlichen Indien versehen Brahmanen für die Jaina die gottesdienstlichen Handlungen. Die Feste der Jaina sind besonders dem 23. Gina (Parçvanâtha) und dem 24. Gina (dem Vardhamâna oder Mahâvira) an solchen Stellen gewidmet, wo zum Andenken an ihre Thaten Tempel erbaut sind. Ausserdem feiern sie auch von den übrigen Indiern begangene Feste, wie die Vasanta-jâtrâ oder das Frühlingsfest. Während der Varsha oder Regenzeit leben die frommen Jaina (wie die Buddhisten) ruhig dem Nachdenken und Studiren. Die Vaiçja (unter den Jaina) beschäftigen sich nur mit dem Handel, während die Namen Brâhmana, Katrija und Çûdra bei ihnen andere Beschäftigungen bezeichnen. Während des ersten Zeitraumes der Regenzeit fastet die Çvetâmbara-Secte (in weisser Bekleidung), während des zweiten die der Digambara. Mahâvira (als Digambara) verwarf die Kleidung der Çvetâmbhara (Weissgekleidete) des Pârçvanâtha. Mahâvira schrieb der Seele (giva) eine wirkliche Existenz zu, indem sie die einzelnen Körper belebe und alle Leiden der Wanderung in den verschiedenen Formen ertrage, bis sie durch Einsicht und Tugend von diesen Banden befreit sei. Der Materie schrieb Mahâvira eine Realität zu. Die heiligen Männer (Sâdhu), heiligen Frauen (Sâdhvi), die der Purna genannten heiligen Schriften kundigen Frommen (Çramana), die der Grenzen der Vorschriften kundigen Geistlichen (Avadhignânin), die handlungslos der Beschauung gewidmeten Frommen (Kevalin), die Besitzer der Weisheit (Manovid), die in die Führung der Streitigkeiten Geschickten (Vâdin), die männlichen Laien (Çravaka), die weiblichen Laien (Çrâvikâ), bilden die Anhänger des Mahâvira (s. Lassen). Von den elf Hauptschülern des Mahâvira überlebte ihn nur Indrabhûti und Sudharma oder Sudharman. Die Schriften der Anga und Upanga werden (bei den Jainas) als von der mündlichen Belehrung Mahâvira's und seines Schülers Gautama herrührend betrachtet. Ausser dem Magadhi (das nicht ganz mit der von den Verfassern von Prakrita-Grammatiken mit diesem Namen benannten Sprache übereinstimmt, sondern mehr mit der Çauraseni, welche die Grundlage der Pali-Sprache ist) bedienen sich die Jaina auch der heiligen Sprache der Brahmanen, und es giebt nur wenige indische Volkssprachen, in welchen sich (besonders im Süden) nicht Schriften der Jaina finden. Alle Dinge werden zusammengefasst unter zwei oberste Kategorien, welche giva (das Vernünftige und Empfindende) und agiva (was der Seele entbehrt) heisst. Im engeren Sinne bezeichnet Giva die Seele, die drei Zuständen unterworfen ist, als: nitjasiddha (stets vollkommen) oder jogasiddha (durch Versenkung vollendet), mukta oder muktatma (befreit durch strenge Befolgung der Vorschriften), baddha oder baddhatma (durch Handlungen gefesselt und noch in einem Zustande verharrend, der der letzten Befreiung vorhergeht).

Agiva bedeutet im engeren Sinne die vier Elemente. Die sechs Substanzen der Jaina sind: Giva (Seele), Dharma (Recht oder Tugend) Adharma (Sünde), pudgala (Materie in Farbe, Geruch, Geschmack und Fühlbarkeit), Kala (Zeit), Akaça (der unendliche Raum). Die höchste Befreiung (oder moxa) ist nur durch die höchste Erkenntniss oder durch vollkommene Tugend zu erlangen. Die Jaina unterscheiden den andarika (fortdauernden), vaikarika (verwandlungsfähigen) und akarika (aus dem Kopfe eines Weisen entstandenen) genannten Körper (in den äusseren).

During the first age, there were born 24 Tirthancara in the world (besides the 24 from the brothers of Krishabhanata Swami), as the Tirthacara of Atitacala (past times), 1) Nirmana (Nirvani), 2) Sagara, 3) Mahanatha (Mahayasa), 4) Vimalaprabha, 5) Sridhara, (Sarvanabhuti), 6) Sudanta (Datta), 7) Amalabrabha, 8) Udara, 9) Angira (Suteja), 10) Sumati (Swami), 11) Sindhu (Munisuvrata), 12) Cusumanjari, 13) Siwaganga (Siwagati), 14) Utsaha, 15) Ganeswara, 16) Parameswara, 17) Vimaleswara (Anila), 18) Yasodhara, 19) Crushta (Critantha), 20) Ganamurti (Jineswara), 21) Siddhamati, 22) Sribhadra, 23) Atricanta, 24) Santi. According to the prophecies future Tirthancara will be incarnate, as 1) Mahapadma (Padmanabha), 2) Suradewa, 3) Suparswana (Suparswaca), 4) Swayamprabha, 5) Sadatmabhuti (Sarvanabhuti), 6) Dewaputra (Dewasruta) 7) Culaputra (Udaya), 8) Udanca (Pethala), 9) Crusta (Pottila), 10) Jayacirti (Satacirti), 11) Munisuvrata, 12) Ara, 13) Nepompa (Amampa), 14) Nishcashaya, 15) Vipulaca, 16) Nirmalla, 17) Chitragupta, 18) Samadhigupta (Samadhi), 19) Svayambhu (Sambara), 20) Anuvartaca (Yasodhara) 21) Jaya (Vijaya), 22) Vimalla, 23) Dewapala, 24) Ananta Virya. The thousand names of Doorga (Bhuvanee) are celebrated in the Bhuvanee-Sahusru-namen (the 1000 names of Bhuvanee). The list of the names of the Gurus, from the last Tirthancara of ancient times down to the present Guru of Belligola (Charu cirtipandit Acharya) begins (after Vardhamana Swami, the 24. Tirthancara) with Gautama (Sudharma, Jambunatha etc.). As the Jains profess not to put faith in oral testimony and only believe what is perceptible to their own organs of sense, they therefore do not believe, that god is in the heaven above (because no one ever saw him) and they deem it impossible for other's to see him, but they believe in their Tirthancars, as their ancestors have seen and given a full description of the first prophet or Guru, who attained the station of Nirvana by his perfections and actions to the satisfaction of mankind till to the present. The spirit is distinct from the body, which is composed of five elements. God (comparable to an image of crystal) has a likeness and no likeness. He has 8 good qualities (wise, all seeing, origin of all, enjoying eternal bliss, without name, without relation, infinite, undescribable) and is exempt from 8 evil qualities (ignorance, mental blindness, pain, the distinction of name, the distinction of tribe, delusion, mortality, dependence). He who possesses these good qualities and has overcome the evil ones, is the God of Jains or Jineswara, being incarnate in the shape or body of one of the Gurus or Tirthancars. The Jains worship the images of the Gurus, as the means of attaining the stations of Saloca (where God is beheld at a distance), of Samipa (near to God), of Sarupa (familiarity with God), of Sayoga (union with God). The first is that of the Grihasta, the second of the Anuvrata, the third of the Mahavrata and the fourth (or highest) that of the Nirvana. A man, who leads an evil course (according to the law) is given to Naraca (hell). The Jainas reckon according to the Saca of Raja Vicramarca (observed by many excellent people) and the year of Salivahana with the year of the cycle. The formula, used by the Jains of the Carnatac (on beginning to perform their ceremonies) is spoken „in the holy religion of Adi-Brahman, of the philosopher, who was created by the supreme power of God." The Jains worship the serpent Naga, on the festival of Anantachaturdasi (the same as the other Hindus). The Mathadhipas (chief Pontiffs) of the Jains live at Penugaida, Conjeveram, Collapur and Delhi (their Sanyasis having long resided in these places). Sravana-Belligola is the principal residence of the Jain Gurus (with the image of Gomateswar Swami). The image of Padmanabhpur was inundated by the sea (and can still be seen). According to the Pontiff at Belligola (in Mysore) the foundation of ages and times is countless. The origin of Carma or passion is inconceivable, for the origin of the soul or spirit is too ancient to be known, therefore it is to be believed, that human kind is ignorant of the true Knowledge of the origin of things, which is known only to the Almighty or Adiswara, whose state is without beginning and end, who has obtained eternal victory over all the frailties of nature and wordly affections. In the ages, where mankind subsisted on the Calpavricshas (celestial trees) 14 Manus were born, as 1) Pratisruti, 2) Sanmati, 3) Cshemancara, 4) Cshemandara, 5) Srimancara. 6) Srimandhara, 7) Vimalavahana, 8) Chacshusman 9) Yasaswi, 10) Abhichandra, 11) Chandrabhi, 12) Marudewa, 13) Prasannajita, 14) Nabhiraja. The last Manu, having married Marudewa, begot a son, named Vrishabhanatha Tirthancar (in Ayodhya), who (on the disappearance of the celestial trees) saved mankind (from ruin) by his instructions for heaven and dearth. The Jains put a mark with sandal-powder on the middle of their foreheads. Some have a small circlet with red powder in the centre of the sandal marks (for ornament). The holy books, when becoming unintelligible, were translated in several languages. When the ascetic attains the second rank (as Mahavrata), he does not shave his head with rasors, but employs his disciples to pull out the hairs by the roots (and thus originates the curly or woolly appearance on the heads of the images). After having written the sacred books (Prathamanuyoga, Carananuyoga, Charanannyoga and Dravyanuyoga), Vrishabhanatha Tirthancar became king (over all mankind) and established the religion of the Jains (in four classes). On his departure (from the world) to Mocsha (the state of the Almighty), his image was venerated as Jaineswar (Lord of the Jains). His elder son (from Asasvati) reigned over the earth (Bharatacshetra) in Ayodhya (Oude) and afterwards appointing to the throne his younger brother Gomateswara Swami (from the mother Surandadewi), abandoned the (carma) actions or affections of mankinds and obtaining the fruits of his sacred contemplation, proceeded to Mocsha (heavenly salvation). Having ruled for some time (in Padmanabhpur) Gomateswara Swami attained (Nirvana) beatitude in heaven and departed thither (worshipped as Jineswara or God). From that period 24 Tirthacars have passed during the age of Avasarpini, up to the end of the Dwapara-yuga. The mortal bodies of mankind and devatas perish, while the Vimanas (abodes of deities) endure. According to Hemakandra, Bhadraçrit is the 24. of the future Jinas. In former times, the Jains*) being without a Guru (to guide them in the good course of life) Vrishabhanatha Tir-

*) The Jainas or (in Hindustan) Syauras conceive the soul (Jiva) to have been eternally united to a very subtil material body or rather to two such bodies, one of which is unvariable (Taijasa-Sariram), and consists of the powers of the mind, the other is variable and is composed of passions and affections (Carmana Sarira). The soul, so embodied, becomes in its successive transmigrations, united with a grosser body (Audarica), which retains a definite form (as man or other mundane beings) or it is joined with a purer essence, varying in its appearance at pleasure, as the Gods and genii (Vaicarica). A fifth kind of body (Aharica) is explained as a minute form, issuing from the head of a meditative sage, to consult an omniscient saint, and returning with the desired information to the person, whence that form issued or rather, from which it was elongated (as the communication was not interrupted). Die Sindhet meinten, im Menschen müsse die Vernunft da ihren Sitz haben, woher die Stimme hervorbricht, also im oberen Theil der Brust, nicht im Kopf. The soul is never completely separated from matter, until it obtains a final release from corporeal sufferance, by deification, through a perfect disengagement from good and evil, in the person of a beatified saint. Intermediately, it receives retribution for the benefits or injuries, according to a strict principle of retaliation. A person who had devoted himself to religious contemplation and austerity, is called Yati and Sramana. The Abhidhana Chintamani, a vocabulary of synonymous terms by Hemachandra Acharya, is divided into six chapters (Candas), containing: 1) the superior deities (Devadhideva), 2) the Gods (Devas), 3) men, 4) beings with one or more senses (Indriya), 5) the infernal regions, and 6) terms of general use. The first chapter begins with the synonymes of a Jina or deified saint, as Arhat, Jineswara, Tirthancara etc. In the subsequent chapter (about inferior gods), after noticing the god of Hindu-mythology (Indra and the rest, including Brahma etc.), he states the synonyms of a Buddha, Sugata or Bodhisatwa and afterwards specifies seven (as Vipasyi, Sichi, Viswabhu, Cracuchhanda, Canchana, Casyapa), with Buddha (Sakyasinha or Sarvarthasiddha) as the seventh, calling him a son of Suddhodana and Maya, a kinsman of the sun, from the race of Gautama. Der Pythagoriker Numenius macht (nach Eusebius) die zweite Gottheit zum Sohne der ersten und nennt die dritte Hypostasis Ἀπόγονος oder Enkel (Manifest). Excepting Munisuvrata and Nemi, who sprung from the race of Hari, the remaining 22 Jinas were born in the line of Icshwacu. Rishabha (Rishabha-deva) or Vrishabha (of the race of Icshwacu), the son of Nabhi (by Marudeva), is figured of a yellow complexion (born in Cosalai or Ayodhya) with a bull for his characteristic. As the first, he is called Prathama (Raja, Bhikshacara, Jina or Tirthancara). Ajita, son of Jitasatru (by Vijaya), has an elephant for his characteristic, Abhinandana is represented by the ape, Padmaprabha by the lotus, Suparswa by the Swastica-sign, Chandraprabha by the moon, Sreyan by a rhinoceros, Vasupujya (red) by a buffalo, Ananta by a falcon, Dharma by a thunderbolt, Malli (blue) by a jar, Munisuvrata

tharar was incarnate in the terrestrial world, and (reforming errors and making laws) took upon himself the office of Guru of the Jains (of whom 5 sects existed, as the Sanchya, Saugata, Charvaca, Yoga, Mimansa). After composing some books, the Guru (whose son of Bharata Chacravarti conquered the whole earth) appointed his disciple Ajita in his place (and departed from the world). The principal Tirthancars or pontiffs incarnate are: 1) Vrishabhanata, 2) Ajita, 3) Sambhava, 4) Abhinandana, 5) Sumati, 6) Padmaprabha, 7) Suparswa, 8) Chandaprabha, 9) Pushapadanta, 10) Sitala, 11) Sreyansa, 12) Vasupujva, 13) Vimala, 14) Ananta, 15) Dharma, 16) Santi, 17) Cunthu, 18) Ara, 19) Malli, 20) Munisuvrata, 21) Nami, 22) Nemi, 23) Parswa, 24) Vardhamana. Up to the Kaliyuga the world reigned by 12 Nara Chacravarti in succession (being Jains), as 1) Bharata, 2) Sagara, 3) Machavan, 4) Sanatcumara, 5) Santi, 6) Cunthu, 7) Arasubhuma, 8) Subhuma, 9) Padma, 10) Harishena, 11) Jaya, 12) Brahmadatta. The 9 Ardhachacravarti (half-Sovereigns) who reigned besides them, were called Vasudevacula, as 1) Aswagriwa, 2) Taraga, 3) Meruca, 4) Nisunbha, 5) Cattabha, 6) Bali, 7) Prahavana, 8) Ravana, 9) Jarasandhra. Their government was by overthrown by the race of Prati-vasudeva-cula, as 1) Triprishtra, 2) Dwiprishta, 3) Swayambhu, 4) Purushottama, 5) Purushavara, 6) Pundarica, 7) Datta, 8) Lacshmidara, 9) Narayana. The title of the other inferior kings was Mandaladhisa. Indrabhoti, the eldest disciple of Vardhamana (the 24. Tirthancara), was surnamed Gautama, because he was of that family of Gotra. Sudharma was the only one of Vardhamana's disciples, who left successors. In ancient times there was at Belligola an image, self formed from earth, under the shape of Gomat Iswara Swami, which Ravana, the monarch of the Racshasas worshipped, to obtain happiness. Ramanuja (the Vaishnava reformer), after having worsted (at Belligola) the Jains (in their disputations on religion and law) erected a pillar (with the symbols of the Sancha and Chacra inscribed), cutting of a piece of the finger on the left hand of Gomat Iswar Swami. The Sannyasis (who have relinquished the world and all carnal pleasures) become (after death) Siddha (and do not worship the devatas, as their inferiors). The Sannyasis (of the Jains) never shave, but pull out all their hair by the roots. The Basti (covered temples) contain 24 sitting images. The Bettu (open area) contains the gigantic image of Gomata Raja, who (while on earth) was a powerful king. The Arhatas are frequently confounded by the Brahmans (who follow the Vedas) with the Saugatas (worshipers of Buddha), but so far are the Arhatas from aknowledging Buddha, as their teacher, that they do not think.

(black) by a tortoise etc. etc. Nemi (Arishtanemi), son of king Samudrajaya by Siva, of the race Harivansa, is described of black complexion (with a conch as his sign). Ein Arracanese verschlang ein Buddhabild, das die in dessen Hut gelassenen Fische nicht gegen die Vögel vertheidigte (s. Malcolm).

he is now even a Devata, but allege, that he is undergoing various low metamorphoses, as a punishment for his errors. The Jains deny the creation of man, as well as of the world. They allow, that Brahma was the son of a king, and that he is a Devata and the favourite servant of Gomata Raja, but they deny his creative powers. Brahma and the other Devatas are represented in a posture of adoration, whorshipping the Siddha, to whom the temple is dedicated. The chief book of the Arhatas (Jainas) is called Yoga (written in Sanscrit and the Carnata-charakter) and is explained by 24 puranas of the Rishi Vrishabha Sayana. The Gods of the Arhatas are the spirits of prefect men, who by their great virtue became exempt from all change and misfortune. These Siddhas reside in the heaven Moccha and it is by their worship only, that future happiness can be obtained. The first person, who by his virtue arrived at this elevated station, was Adiparameswara (Jineswara or God) and by worshipping him, the favour of all the Siddhas may be procured. The servants of the Siddhas are Devatas or the spirits of good and great men, who, although not so perfect as to obtain an exemption from all future change, yet live in an inferior heaven, called Swarga, where for a certain lenght of time. they enjoy great power and happiness, according to the merit of the good works, which they performed as men. Swarga is situated higher in the regions of the air, than the summit of Mount Meru, and its inhabitants ought to be worshipped by men, as they possess the power of bestowing temporal blessings. Vishnu (of the Vedas) was (according to the Arhatas) a Raja, who for the performance of good works was born again a Raja, of the name of Rama, and (being first a great hero and conqueror) afterwards retired from the pleasures of the world, became a Sannyasi and lived a life of such purity, that he obtained Siddhi (beatitude) under the name of Jina (which the had assumed, when giving up his earthly kingdom). Maheswara (Siva) and Brahma are at present Devatas, but inferior in power and rank to Indra (the chief of Swarga). The heaven of Swarga contains 16 stages with 10 many different kinds of Devatas, who live in proportional bliss. An inferior kind of Devatas, called Vyantaras, live on Mount Meru. The various Saktis are Vyantaras living on Mount Meru, but of a malevolent disposition. Below Maha Meru and the earth is situated Bhuvana or hell (in 10 stages) the residence of the spirits of wicked men (Rashas and Asuras). Except the earth (Arya or Bharata) which is liable to renovation and destruction, the world is eternal. During the 24. Tirthancar (Vardhamana Swami) the Mandaladhias, called Srenica Maharaj, who reigned in Rajagrihapur, protected the people and the religion of the Jain-sect. Afterwards the kings Chamundaraya, Janantaraya and others (9 Cholarus and 9 Ballols) governed the dominions of Hindustan to the time of Bijjalraya, who ruled in Calyana. Afterwards the Dacshin was conquered by the Sabdapramans (who admit the authoritz of the Vedas). Then the kingdom was ruled by Pratap-

Rudra, Raja of Vorangall and after his death by the kings of Bijayanagar called Rayil, till the time of Krishna Raja and Rama Raya (when the Muhamedans conquered). The Agama Sastra of the Jainas treats of the prayers and religious duties. The Brahmans are called (by the Jainas) Sabda pramanas, because (in following the Vedas) they believe on hearsay, what they cannot know or demonstrate to be true from the evidence of their senses. The Jains worship the fire in the ceremony of marriage and in that of initiation (upanayana). The student (Brahmachari) should only tie a thread round his loins (covering his nakedness with a rag) till he becomes householder (grihastha) of the three classes of Yati (ascetics), the Anuvrata cuts off his hair, the Makravrata uses only a rag to cover his nakedness, and the Nirvana goes intirely naked. The Nirvan is worshipped as God (as being his likeness) by his tribe. The Jainas adore the images of the Nirvana-naths (the ancient Nirvans or Gurus) as Gods. To taste honey occasions expulsion from the caste. God only is exempt from Carma or the frailties and inconveniencies of nature. Nach den Inschriften der Kalukja-Dynastie von Kaljani waren die Jaina während der Regierung Pulakeçi's (485—570) sehr einflussreich. Von Vahara Mihira werden Gina dem Câkja und Buddha dem Arhatâm-dewa gegenübergestellt (6. Jahrhdt.) und die Nacktheit der Jaina hervorgehoben. In dem Pakatranta, das (500 p. c.) in die Husvaresh-Sprache übersetzt wurde, werden mit den Gina und Ginas (in Pâtalipulra) die Jaina gemeint. Die Sammatya-Schule der Buddhisten gründet ihre Lehrsätze auf die Hinajana-Sutra, welche Gattung von Literatur den Jaina ganz fremd ist. Nach Hiouenthsang fand sich in Taxaçilâ die Çvetavâsa oder Çvetâmbara genannte Secte der Jaina. Mahavira oder Vira, der letzte der 24 Tirthancara, wird im Çatrungajamâhâtmja des Dhaneçvara erwähnt. König Kalukja (Kumarapala) war ein Beschützer Hemakandra's und der Jaina (1144) Vastupala gehörte einem der Jaina-Lehre eifrig ergebenen Geschlecht an, dem der Kâlukja in Kandravati (verwaltet im 12. Jahrhdt.). Vikramarka wird (466 Jahre nach Pankamarka, Schüler des Vira) nach der Belehrung des Siddhasena, der Gina-Lehre gemäss, die Erde beherrschen und, die Jaina-Era verdrängend, die seinige verbreiten. Dhruvasena herrschte (nach den Inschriften) 632—650. Der Tirthancara Vira starb 358 a. d. (392) oder 569 a. d. (349). Der 23. Gina, Pârçva oder Pârçvanâtha (der Stifter der Jaina-Secte), wurde (als Sohn des Königs Açvasena und der Vama oder Bhamani) in Varanaci geboren (aus dem Geschlecht des Ixvaku). Er starb (100 Jahre alt) auf dem Berge Sumeta Çikhara (im südlichen Behar), 250 Jahre vor dem Tode seines Nachfolgers Vardhamana oder Mahavira. Das Leben des Mahavira ist beschrieben im Kalpasutra des Bhadrabahu. Der Vater des Mahavira hiess Siddhârtha (aus dem Geschlecht des Ixvaku) und seine Mutter hiess Triçâlâ. Seine Frau hiess Jaçodâ. Im 28. Jahre entsagte Mahavira der Welt und erreichte in zwei Jahren den Rang eines Gina. Nach sechsjährigem Wirken setzte er sich in dem Dorfe Nalanda (in Magadha), wo er (unter den Schülern) auch den Goçala gewann und Vardhanasena (einen Anhänger des Kandrakarja) bekehrte. Nach Wanderungen an den Ganga und in Kauçambi erreichte er unter harten Kasteiungen die höchste Stufe der Weisheit und Heiligkeit. Drei in Magadha geborene Söhne des Brahmanen Vasubhuti aus dem Geschlechte des Gautama, Namens Indrabhûti, Agnibhûti und Vajubhûti, glaubten die Lehren Mahâvira's widerlegen zu können, wurden aber von ihm besiegt und nachher seine eifrigsten Anhänger. Mahavira begab sich dann nach dem Hofe des Königs Hastipâla in (Papapuri oder Pavapuri) Apâpuri (in der Nähe der alten Hauptstadt Râjagriha), wo er 72 Jahre alt (nach seinem Tode) verbrannt wurde. Die Anhänger Parcvanâtha's, der die Kleidung zum Theil zuliess, hiessen Çvetambara (Weissgekleidete), die des Mahavira, der sie ganz verwarf, hiessen Digambara (denen die Kleidung der Raum ist). Mahavira starb 1169 vor dem Uebertritt des Kalukja-Königs Kumarapala zur Lehre der Jaina, und das Kalpasutra wurde 980 Jahre nachher zuerst vorgelesen. Mahavira schrieb der Seele (giva) eine Existenz zu und behauptete die Realität der Materie. Der Verfasser des Çatrungajamahatmja legte seine Schrift dem Mahavira (als dem Verbreiter der Jaina-Lehre) in den Mund. Von den Nachfolgern des letzten Gina giebt Bhadrabahu ein Verzeichniss von 27, von denen der letzte im Jahre 993, (als Vertreter der Jaina-Religion) folgte. Die Jaina-Lehre verbreitete sich von Magadha über Indien. Die Jainas waren einflussreich (oft mit Buddhisten gemischt). In Kola fanden sich Gaina im 6. und 10. Jahrhdt.). Kuna-Pandja, König von Pandja, der anfangs die Jainas begünstigte, trat später zum Çivaismus über (9. Jahrhdt.). In Guzerat wurden die Jainas durch den Ballabhi-König Ciladitja beschützt (645—695). Mandika, von den Jadava, die im 12. Jahrhdt. in Guzerat herrschten, verehrte Nemi (den 22. Gina). Von der unter der Oberhoheit der Baghela-Dynastie in Kandravati (am Arbuda-Berge) regierenden Familie der Kalukja beschützte besonders Tegapala und sein Bruder Vastupala die Jainas (und stellte ihre Vorfahren mit Gattinnen und Söhnen, als Regenten der zehn höheren Sphären, ihren Altherrn Kandapa anschauend, in dem Tempel auf). Die Jainas in Malava nennen die höchste Gottheit Adinatha und ziehen Parçvanatha (den vorletzten Gina) dem letzten Gina (Mahavira) vor. Eine der Inschriften von Guzerat rührt von dem der Jaina-Lehre eifrig ergebenen Daçakarmascha unter dem Kaiser Akbar her. Einige der Felsentempel in Ellora gehören den Jainas. Dhaneswara, Verfasser des Çatrungajamâhâtmja, unterrichtete den Ballabhi-König Çilâditja von Vallabhi in der reinigenden Jaina-Lehre und veranlasste ihn, die Bauddha aus dem Lande zu treiben, sowie eine Menge von Chaitja an den Tirtha zu errichten (420—555 p. d.). Nach dem letzten, prophetischen Theile des Çatrungajamâhâtmja wird Kalkin 1914 Jahre nach dem Tode Vira's, als Sohn eines Mekha geboren werden und die

Namen Kalkin, Hudra (Rudva), Chaturvaktra erhalten. Die Tempel Muçalin oder Balarama's und Krishna's in Mathura werden von ihm zerstört werden und viele Landplagen folgen. Nach 36 Jahren wird Kalkin König werden und die goldenen stupa des Königs Nanda ausgraben, um goldene Schätze zu gewinnen. Bei dieser Gelegenheit wird eine steinerne Kuh (Namens Lagnadevi) zum Vorschein kommen, durch welche viele Einwohner bestimmt werden, die Stadt zu verlassen. Der erzürnte Kalkin wird dann die Jaina verfolgen, aber durch die Schutzgöttin zurückgehalten werden. Eine Ueberschwemmung wird ihn mit vielen Gläubigen und Ungläubigen zwingen, Pataliputra zu verlassen, welche Stadt dann mit Nanda's Schätzen wieder aufgebaut wird. Gegen Ende seiner Regierung werden die Jaina durch Ketzer verfolgt werden. Çakra oder Indra nimmt sich dann in Gestalt eines Brahmanen der Bedrängten an und Kalkin wird in seinem 87. Jahre sterben. Sein Sohn und Nachfolger Datta wird von Çakra selbst in der Jaina-Lehre unterrichtet werden, und unter der Leitung des Pratipada wird er vielen Arhat Chaitja bauen lassen. Er wird auch wieder Heiligthümer aufführen, besonders auf dem Berge Çatrungaja in Sarashtra, und in dem arischen und nichtarischen Indien überall den Jaina Tempel erbauen lassen, der Anweisung seines Guru oder Lehrers in den heiligen Dingen Folge leistend. Vira's Schüler Pankamara starb drei Jahre nach dem Tode seines Lehrers, und dann lebte Vikramarka oder Vikramaditja 466 Jahre und Çiladitja 477 Jahre nach ihm. An der Stelle des Tempels Parçvanatha's (auf dem Berge Samet Sikhar) erlangte Gina (sterbend) seine Befreiung. Der Tempel Mahavira's (in Apapapuri in Bihar), wo Mahavira oder Vardhamana starb, wird viel von Pilgern besucht. In dem Tempel von Puri werden die Fusstapfen Mahavira's (der dort Gautama Mahavira heisst) gezeigt. In den dem Tirthancara Mahavira geweihten Tempeln von Narvada (in Bihar) wird die Reinigung und Ausschmückung, sowie die Aufnahme der Pilger durch Bhugak-Brahmanen besorgt. Die Priester und frommen Männer der Jainas heissen Sadhu (die Guten), die Laien heissen Çravaka (Hörer). Die Büsser werden Jati genannt. Die Benennungen Muktambara, Muktavasana und Digambara gelten nur von denjenigen Mitgliedern der Secte, die die Gesetze der Nacktheit streng befolgen. Die Jainas lassen vier Kasten zu und beobachten die Sankara-Gebräuche. Im südlichen Indien nehmen Brahmanen für die Jainas die gottesdienstlichen Handlungen vor. Die Feste der Jainas sind besonders dem 23. Gina, dem Pârçvanâtha und dem 24., dem Vardhamana oder Mahavira an solchen Stellen gewidmet, wo Tempel zum Andenken an ihre Thaten erbaut sind. In den Tempeln sind kolossale Statuen (in Marmor) dieser beiden Gina aufgestellt. Auch von den anderen Indiern begangene Feste werden gefeiert. Parçvanatha wurde Luñkitakeça genannt, weil er (als er in den geistlichen Stand trat) fünf Handvoll seiner Haare abschnitt. Vira starb 980 Jahre vor der Veröffentlichung (411 p. d.)

von Kalpasutra durch Bhadrabahu unter der Regierung Dhruvasena's. Die Jaina haben 24 Jina (wie die Buddhas Buddhas). Die Jainas nennen das höchste göttliche Wesen Tirthankara von tirtha (eine heilige Wallfahrtsstätte). Die Buddhisten bezeichnen ihre Gegner als Tirthja und Tirthika. Die Jainas bezeigen auch sterblichen Menschen, als ihren Lehrern, göttliche Verehrung und stellen ihre Statuen in den Tempeln auf, besonders die des 23. Jina oder Tirthankara Parçvanatha. Die Jainas gehen so weit in der Ahinsa (Nichtverletzung aller lebenden Wesen), dass einige ihrer Jati (frommen Männer) die Strassen erst mit Besen kehren, um keine Insecten zu tödten. Die grossen Perioden der Jainas sind avasarpini (abschreitend) und utsarpini (emporsteigend) und mit der Geschichte der Dynastie der Pandava, des Krishna und des Königs von Çrâvasti Prasenagit, ausgefüllt. In den Charitra werden Legenden und Wundergeschichten von den Tirthankara berichtet. Das bedeutendste Werk in den Puranas der Jainas wird dem Jina Suri Akarja zugeschrieben (der zur Zeit des Königs Vikramaditja lebte). Nach der Tradition des südlichen Indiens war Jina Suri Akarja der geistliche Lehrer des im 6. Jahrhdt. in Kanki residirenden Fürsten Amoghavarsha. Die Anga (Glied) und Upanga (Nebenglied) genannten Titel bezeichnen (nach Hemachandra) die eigentlich heiligen Schriften der Jainas. Selon Fa-Hian (voyageant dans le Madhyadeça ou l'Inde centrale) ceux qui ont un maître d'Apithan rendent leurs hommages à l'Apithan, ceux qui ont un maître en fait de préceptes, honorent les préceptes. Chaque année il y a un service de ce genre, à chacun d'eux à son tour. Les devots au Mahoyan (Mahayana) rendent hommage au Pançjopholomi (Pradjnaparamita), à Wen tchu sse li (Mandjuçri) et à Kouan chi in (Avalokitesvara). Nach Abammon ([illegible] p. d.) ist es dem Menschen gegeben, sich auf mystische Weise mit allen höheren Wesen zu vereinigen, deren Dasein deshalb keines andern Beweises bedarf, weil der Mensch durch diese unmittelbare Vereinigung mit ihnen sich davon überzeugen kann. Die überall gegenwärtigen Götter belehren die Theurgen über die Art ihrer Verehrung. Aus dieser höheren Mittheilung, welche Hermes den Priestern, diese den griechischen Weisen überlieferten, werden die Geheimnisse des Götterdienstes und dessen mystische Bedeutung abgeleitet. Der mit heiligem Enthusiasmus erfüllte Mensch wird unempfänglich gegen Feuer und Wind, sowie gegen Wunden jeder Art. Nach Abammon ist in dem Materiellen auch Immaterielles auf immaterielle Weise gegenwärtig, weshalb es eine reine und göttliche Materie geben musste, deren sich die Götter bedienten, um sich eine angemessene Wohnung zu bilden. Virag (der Ausstrahler) nimmt (im Atharvaveda) eine höhere Stellung ein, als Parameshthi (der Herr der Geschöpfe oder Brahma). Das griechische Nomos entspricht dem Dharma, als Tridi im Namo Buddha. There is a striking ressemblance between the Semitic nef (breath) and the Coptic nibe, nifi, noufi (spiritus), and between the hieroglyphic num (with the article: pnum) and the πνεῦμα, which Diod. says was the name of the Egyptian Jupiter. He was the „soul of the world" (mens agitat molem, et magno se corpore miscet). The ram, his emblem, stands for bai (soul) and hence the Asp also received the name of Bait. The K of Kneph is a corrupt addition, as Knoub for Noub (s. Wilkinson). Selon le Svayambhu purana, la vallée du Népal était primitivement un lac de forme circulaire, rempli d'une eau très profonde et nommé Nagavasa (l'habitation des Nagas). Toutes sortes de plantes aquatiques croissaient dans ce lac, sauf le Nymphaea. L'ancien Buddha Vipaçyin, étant venu de l'Inde centrale sur les bords du lac, y jeta une racine de lotus, prophétisant: dans le temps que cette racine produira une fleur, alors de cette fleur sortira Svayambhu sous la forme d'une flamme, et le lac deviendra un pays peuplé et cultivé. Après vint le Buddha Çikhin avec une suite de Radjas et individus des quatre castes. Voyant Djyotirupa Svayambhu (Svayambhu sous la forme de lumière), il se précipita dans les eaux, et saisissant la tige du lotus, il fut absorbé dans l'essence de Svayambhu. Dans le Tretayuga, le Buddha Viçabhu (accompagné des disciples, religieux, Radjas et cultivateurs) vint au lac, prophétisant: dans ce lac sera produite Pradjnasurupa Guhyeçvari, c'est un Boddhisattva, qui la fera sortir du sein des eaux et le pays se remplira de villages, de villes, de lieux sacrés et d'habitants. Mandjuçri dans le Pantchaçircha parvata (montagne du Mahatchiwa deça) découvrit, par le moyen de sa science divine, que Djyotirupa Svayambhu avait apparu au centre d'un lotus, croissant dans le lac. Rassemblant ses disciples, les habitants du pays et le roi Dharmakara, il partit (prenant la forme du dieu Visvakarman) avec ses deux devis ou reines au lac. Nagavasa, fendant la montagne et appelant la vallée desséchée Nepala (protégée par celui qui conduit au ciel). La conception mythologique de Svayambhu (Adibuddha) date du 10. siècle p. d. Dharma Radja est le titre du chef spirituel du pays de Bhotan. Mandjusri naquit 897 a. d. (ou 498 a. d.), portant le titre de Kamara (prince royale). The Sankya system (the most schismatic of the indian philosophies) starts with declaring, that the Vedas have failed to communicate means of absolute and final liberation. Indra and other Gods declare, that by drinking soma-juice, they have become immortal, but in another place they say, that many thousands of Indras and other Gods have passed away in successive ages, a different method is therefore necessary, „consisting in a discriminative knowledge of perceptible principles and of the imperceptible one, and of the thinking soul." The Sankya-System originated with a philosopher, called Kapila, who had migrated through many states of existence and remembered the Vedas in one of his former lives. Thinking that soma-draughts, fire-worship and the sacrifices enjoined by the Vedas, procured only happiness of limited duration, he expounded aphorisms to secure eternal liberation. Kapila's aphorisms are still extant, but alone are unintelligible. His pupils made and collected commentaries and put the whole in verse, called Karika and the Sankya-Karika (memorial verses of the Sankhya) is the source to know this system. Its leading principles are, that knowledge discriminates 25 principles, as the soul (unchangeable and one), nature (Prakriti) as the material creation, Buddhi (Intellect), Egotism (ahan-kara) or self-consciousness, the 5 subtile elements (producing the senses), the 11 organs and the 5 gross elements. Nature has the 8 qualities of good, bad (or perturbed) and dark (pleasure, pain and indifference in its effects). The intellect (Buddhi) which is produced by nature, partakes of these qualities. If it be good its properties are virtue (Dharma), knowledge, calm, self-control and supernatural power (aiswarga), so that through goodness the intellect attains the absolute subjugation of nature (obtaining whatever the will proposes). Whoever wishes to escape the charge of egotism, has not merely to avoid talking about himself, but must not even distinguish himself from other things or other things from himself. The soul is described by negations (only to be perceived, when the transitory is destroyed). The soul (a passive, unexpressible spectator of joy sorrow, duty, power and knowledge) extends (clotted in subtile matter) over the space of the heart the size of a finger or, invested in subtile matter, hovers over a man like the flame of a lamp over a wick. When the spirit (big as a thomp) has quitted the body, pain ceases, and therefore the business of live is to acquire immunity from further lives and transmigrations. Self-consciousness and its associates must learn the nothingness of phenomena. Then soul becomes satisfied and lulls nature to repose by acquiring absorption. In the Yoga (concentration) of Patanjali (Kapila's pupil) the attention (to cast off ignorance) is to be fixed upon that description of soul which is called Iswara (Lord), joined to Om. The first division (Vaiseshika or particulars) of the Nyaya treats upon Physics, the second (Nyaya or reasoning) upon Metaphysics. The author of the physical division is Kanada, teaching the doctrine of atoms (including ether). In the Nyaya system a man must possess Dharma and also knowledge of substance, qualities etc. The first division (Purva Mimansa) of the Vedanta is strong in praises of (virtue) Dharma (taught by Jaimini), the second division (Uttara Mimansa) which is taught by Badayarana (Vyasa) declares Brahme (primordial soul) to be the only axis, centre, root or origine of the phenomena in the universe. To confirm its assertion that nature or matter (and all consequent phenomena) are necessary attributes of Brahme, the Vedanta appeals to the Veda (Upanishads) as Sruti (that which has been heard). By „that" (self-existent) the Veda means Brahme. According to the Vedanta-Sara (essence of the Vedanta) human souls are a portion of the Universal Soul (Brahme), and the aim of life must be to free the soul from the encumbrements (which envelope it). This is to be done by knowledge or by learning, that Budhi (intellect) and all human faculties are ignorance and delusion. Budhi (intellect) takes the chief part in this diverting itself of its enveloping sheaths and then discriminating that „all is God only." All that is not Brahme, it perceives to be ignorance, and ignorance is nothing, therefore the act of the understanding, which rightly recognizes the Indivisible (Brahme) is itself a nonentity and disappears in the act of recognition. The consequence is that man has no individuality, for so long as he perceives his own existence he is in ignorance. The removal of ignorance is like the removal of a mirror, in which a countenance was reflected. In removing the mirror, nothing remains, but the countenance (or Brahme). Nothing exists besides the Indivisible (or Brahme). The habit of thought itself must be got rid off, there must be no object, the subject alone must remain. Amongst the means to attain this end is the meditation called Samadha, the contemplation, called Dhyana, the postures of Padma and Svastika, and suppression of breath.

The twenty two superior mansions (except the habitations of mortals) are (according to the Siamese): 1) Chatu Maha Racheka, 2) Tawatingsa, 3) Yama, 4) Tusita, 5) Nemanarate, 6) Paranc Metta Sawate, 7) Paranametta wasa wat teeno, 8) Bhrama pari sachha, 9) Brahma Parohita, 10) Maha Brahma, 11) Paritabha, 12) Appamanabha, 13) Abhasara, 14) Parita Subha, 15) Appamana Subha, 16) Subha Kinhaka, 17) Wehaphala, 18) Awiha, 19) Attapa, 20) Suthasa, 21) Suthasse, 22) Akanithaka (Akanishta Phrohm). In the 22th heaven, or the superior one, is the Traï Lok of the Siamese and the Saha Lacar of the Hindus (s. Low). Die glücklichen Geister sind (nach den chinesischen Buddhisten) in 28 Himmel vertheilt, die sich über den Berg Su-mern (in Abtheilungen und Welten) erheben. Die erste Abtheilung (die erschute Welt oder Jui-sze) begreift sechs Himmel, als 1) die Sui-thian-wan oder vier obersten Geister, an den Abhängen des Berges, 2) Indra mit 32 Geistern (die seinen Hofstaat bilden), 3) Maidari (die künftigen Buddhs), 4) Mowan oder Mara (der die ganze erschute Welt beherrscht mit Geistern, die essen, trinken, heirathen und sich kleiden). Die zweite Abtheilung oder die Gedankenwelt (Welt der Formen oder Sse-sze) begreift 18 Himmel, in vier Schweigen (Einsamkeiten oder Tschan) getheilt, von denen jedes der drei ersten Schweigen drei Himmel umschliesst, das letzte neun. In der Gedankenwelt giebt es keinen Unterschied der Geschlechter und werden keine Kleider getragen, indem man sich ergötzt und ernährt durch Beschaulichkeit (Tschan-din). In den drei ersten Himmeln *) (im ersten Schwei-

*) The highest of the mansions (Bhuvanas) of the universe is Agnishtha Bhuvana, as the abode of Adi-Buddha. Then follow the 13 Bodhisatwa-Bhuvanas (the work of Adi-Buddha), as Pramudita, Vimala, Prabhakari, Archishmati, Sudurjaya, Abhimukhi, Durangama, Achala, Sadhumati, Dharma-megha (Samanta-prabha, Nirupama, Jnyanavati). Below are 18 Bhuvanas, as Rupya-Vachara (subject to Brahma), Brahma-Kayika, Brahma-parohita, Brahma-prashadya, Maha-Brahmana, Paritabha, Apramanabha, Abhaswara, Parita-subha, Subhakirshna, Anabhraka, Punya-prasava, Vrihat-phala, Arangi-satwa, Avriha, Apaya, Sudriksha, Sudarsana, and Sumukha (s. Hodgson). Then follow the six Kama-Vachara of Vishnu, as Chatur-Maha-Raja-Kayika,

gen herrscht) Brama, einer von den 20 Beschützern der niederen Wesen (ein Geist von strengen Gesetzen und hoher Erleuchtung). Die letzte Abtheilung oder die unvorstellbare Welt (die undenkbare Welt oder U-lse-sajo) begreift vier Himmel (mit reinen und vollkommenen Geistern). Wenn sie ihre festgesetzte Frist ausgelebt haben, sterben alle diese Geister und werden in einem entsprechenden Zustande wiedergeboren. Ueber die Grenzen der Wiedergeburt hinaus beginnt die Provinz (oder das Reich) des eigentlich reinen Geistes, als die Leere oder Nirwana. Chesehan (Fan-jui im Sanscrit) bezeichnet (bei den Chinesen) den Oberen einer allgemeinen Zufluchtsstätte, aber auch im Allgemeinen Jeden, der buddhistisch gekleidet ist, weshalb auch die buddhistische Lehre die Chesehan-Lehre genannt wird (s. Gurius). Die Lehre der Da-oss heisst U-wei bei den Chinesen. Let the states of equilibrium and harmony exist in perfection and a happy order will prevail through heaven and earth, and all things will be nourished and flourish (according to the Chung-Yung). Auf die an die Hölle angeschlossenen Welten Magadalam, Saladalam, Dasadalam, Sondalam, Vedalam, folgt als siebente Adallam und dann die Erde, über welche sich die Luftregion erhebt, dann Xorgan oder das Paradies, und weiter Magologam, Geneloga m (der Riesen), Sabalogam (der Büsser) bis zur vierzehnten, als Brumalogam oder Chatialogam. Die höchste Region ist Melampadamam, wo Paraprouman weilt, und die Seligkeit dort besteht, in Savittiam, Sonnippiam, Saneham, Garouppiam, Salochiam, qui signifient (nach de la Flotte) présence, approximation, mélange, amour et vision. Lanfrancus erörterte (in seinem Elucidarium) die Fragen, welche Art von Seelen in den Himmel kommen könnten und in welcher Körperstellung die Verdammten in der Hölle sässen (1043 p. d.). Magum lingua Gallica domificatorum dici. Zu einer jeden Jiva gehören fünf nothwendige Substrate (atthikaya), das Verdienst oder das Nichtverdienst der früheren Werke, ein Aether-Substrat, die Lebenskraft und der atomische Stoff (nach der Dogmatik des Mahavira im Bhagavati). Der Atomstoff (poggala), wie der Lebensgeist (jiva) sind in Vergangenheit, Gegenwart und Zukunft unendlich und dauernd, und zwar in inniger gegenseitiger Verkettung, ebenso die Verbindung mehrerer Atome zu einem Conglomerat (Khandha). Die Lebenden sind theils in Samsara (Weltkreislauf) befindlich, theils demselben entrückt (als

Trayastrinsa, Tushita, Yama, Nirmanavati, Paranirmita-Vasavarti. Then follow the three Bhuvanas (Arupya-Vachara) of Mayadeva, as Abhoga-Nitya-yatnopaga, Vijaya-yatnopaga and Akinchanya-yatnopaga (as the heavens designed for pious Siva-Margis). Below these mansions follow Indra-Bhuvana, Yama-Bhuvana, Surya-Bhuvana and Chandra-Bhuvana, together with the mansions of the fixed stars, of planets and others, which occupy the space down to the Agni-Bhuvana (or Agni-Kund). Below is Vayu-Kund and then Prithi (earth) with 7 Dwipas. Below is Jala-Kund or the world of waters (the earth being on the waters as a boat). Below are the seven Patalas, six of which are the abodes of Daityas (the seventh being Naraka in eight abodes of hell). From the 18 Bhuvanas of Brahma down to the eight chambers of Naraka, all is the work of the (architect) Manjmari (the author of the 64 Vidyas).

Vollendete oder Siddha). Die darin Befangenen zerfallen in 24 Gruppen, von den Höllenbewohnern aufwärts, bis zu den Vemaniya-Göttern hinsteigend. Zwischen ihnen findet auf Grund ihres Handelns, Kamma (Karman) ein stetes Auf- und Niedersteigen statt. Mit dem Eintritt in den Sansara beginnt der Schmerz, dessen Ende zu erreichen das einzige Ziel fortan sein muss. Und zwar hat man sich deshalb von jedem Thun (Kiriya) fern zu halten. Wem dies gelingt (durch Fasten und sonstige Ascese das Sinnliche abtödtend), der geht in festen Stufenfolgen (nach Erfüllung der Zeit) in die Gotteswürde in einem der Lusthaine ein oder schliesslich in die Mahavideham-vasam oder den Ort der grossen Entkörperung (s. Weber). According to Hogdson, the mansions or Agnisbtha Bhawana (on Meru) are: 1) That of Adi Buddha, the creator or Light before all, 2) 10—15 mansions, 3) 18 Bhawana or Rupa Vachara, subject to Brahma, 4) 6 other mansions, subject to Vishnu or Kamavachara, 5) 3 Bhawana of Maha Dewa, 6) Indra's Bhawana, 7) Yama's Bhawana, 8) Surya's Bhawana, 9) Chandra's Bhawana, 10) fixed stars and planets down to Agni, 11) Agni Bhawana, 12) Vayu Khund (wind), 13) Prithvi (earth), then Jala Kund (world of water), 14) seven dwipas, 15) seven Seas, 16) eight Parvatas, 17) seven Patalas, the seventh being hell or Navaka, divided into eight abodes (s. Low). Die Tschatur maharadja kayika sind das Gefolge der vier grossen Könige (Maharadschas oder Lokapalas), als Dhritaraschtra (König der Gandharvas im Osten), Virudhaka (König der Kumbhandas im Süden), Virupâkscha (König der Nagas im Westen) und Dhanada (König der Yakschas im Norden). Die vier Geister des Norden, Süden, Osten und Westen hatte der Jossakid (der Chippeways) auf der Birkenrinde-Tasche des Häuptlings Loonfort abgebildet (s. Kohl). Den Himmel (Swarga) Indra's bilden die 33 (Trâyastrimças), als die acht Vasus, (Geber des Guten, deren erster Indra ist), die elf Rudras oder Stürme, die zwölf Adityas oder Lichtgötter, die zwei Açvin (oder Lichtstrahlen, die der Morgenröthe vorangehen). Den dritten Himmel (als die erste Region über Sonne und Mond) bewohnen die Jâmas (Beschützer der Tageszeiten) oder Kampfeslosen (als jenseits der Angriffe der Asuras. In Tuschita (dem Himmel der Zufriedenen), über den jetzt Mâitreya präsidirt, wohnen die zum Buddhathum designirten Bodhisattwa. Im fünften Himmel leben die Nirmânarati (die sich in ihren Verwandlungen Ergötzenden), die willkührlich jede Gestalt annehmen können. Im sechsten Himmel der Paranirmita Vaçavartin (der über die Verwandlungen anderer Willkühr Ausübenden) ist Mâra (als Herr des obersten Divalôka und damit der gesammten Welt der Sinnlichkeit) König, der (als Kama) den Trieb personificirt, oder die Materie von Anfang an in Bewegung setzt, durch Zuneigung und Zerstörung alle Formen durchlaufend. Zu Sahalokadhatu (Welt der Geduld) oder Ssava Jirtintschu (Weltgefäss) worin die Leiden und Prüfungen der Seelenwanderung erduldet werden, gehören (ausser der Welt des Verlangens) nur die Uebergangsregion des ersten Dhyana (die drei Himmel Brahma's). In der Streitschrift zwischen Jaso und Papiscus (bei Aristo) fand Moses Chor. sieben Himmel aufgeführt. Zu den acht Klassen der Wesen gehören (bei den Chinesen) 1) die glücklichen Geister *) (die 28 Himmel bewohnend), 2) die Drachen oder Lun, die (als Wächter der Paläste und Tempel in den Himmeln) die Erde beschützen und mit Regen begiessen, 3) die Jakma oder Je-tscha (ohne Flügel fliegende Wesen, die

---

*) At the base of the Sumeru-mountain reside the Shins and Yakshas. Half way up is the paradise of the 4 kings of Devas. On the summit is the Tau-li or Trayastrinsha (thirty three) heaven (the paradise of Shakra, king of the gods). The rest of these celestial abodes are fixed in vacancy. The next tier of these paradisiacal regions consist of eighteen. They are called heavens of form, denoting that the senses are still in activity there though there is freedom from that influence of the passions which is felt in the regions of desire near the world of men. Of the stages of contemplation, three belong to the 1th, 2th and 3th stages and nine to the fourth. The first stage is appropriated to the Brahmas, divided into three classes, the (Mahabrahma or) king, officers of state and people. Each of these classes has a paradise assigned to it. The heavens above these have various names, compounded of the ideas of purity, light, virtue, abstraction and tranquillity. In the highest of them all (Akanita) resides Maha-ishwara or Maheshvara. The uppermost tier of four „formless," derive their names from the notions of vacancy, knowledge, destitution of all properties and negation of all thought. Of these 28 heavens five are inhabited only by sages, twenty-five by sages and common men together, and two by common men alone. One of the latter is the paradise of Mahabrahma. A wise man can never be born in the abode of Brahma (according to the Buddhists), because that deity, in his ignorance of causes, asserts that he can create heaven, earth and all things. In the paradise of abstraction, those heretics, who disbelieve in the Nirvana, but aim to gain a perfect mental abstraction, will hereafter be born (enjoying a life of mindless vacancy), but since they will not tread the path of the Nirvana evil desires must afterwards arise and they must be born subsequently in hell. Im Mittelpunkt der von Sakya-Muni beherrschten Saha-Welt findet sich der Sumeru-Berg. One of the higher worlds is assigned for the residence of those disciples of Buddha, who have attained the rank of Anagamine and Lohans. Those, who are shortly to become Buddha are first born into the Tushita paradise. Mara, king of the Demons (Mo Kwei), resides in the space below Brahma's heaven. These heavens are inhabited by Devas. The hells (Niliya or Naraka) of Ti-yuh (earth prisons) are situated under the region, inhabited by men. Im Pul-Gebirge, zwischen Rapes und Fusara, wurde die nach Art eines Schiffchens ausgehöhlte Stelle gezeigt, wo das letzte Glied der Familie Skanderbeg-Leo in die Luft flog, um im fernen Venedik ein neues Reich zu stiften (J. Müller). Der Berg Sumeru steigt 3,360,000 Li empor und um ihn kreist nur eine Sonne, die alle vier Weltgegenden erleuchtet. Die Himmel beginnen auf halber Höhe (zwei Himmel in der Ausdehnung von 1,680,000 Ward), indem die Abstände der Himmel stufenweis zunehmen, so dass erst, wenn man den gegenseitigen Abstand der beiden ersten tausendmal vervielfältigt, dies die erwähnte Welt ausmachen würde (3,040,000,000 nach alten Rechnungen, als der kleine Chiliokosmos, der abermals mit tausend vervielfältigt den mittleren Chiliokosmos (bis zum mittleren Schweigen) giebt. Der mittlere Chiliokosmos wieder tausendmal genommen, stellt die Anschauung des grossen Chiliokosmos dar, der nur das vierte Schweigen ausfüllt, und dieser grosse Chiliokosmos muss noch dreitausendmal genommen werden, um die Weite der 28 Himmel völlig zu erschöpfen. Dieser unermessliche Raum, von zehn Millionen Sonnen durchkreist, heisst Seacha oder Saa-po, als die Provinz, in welcher gegenwärtig Shakyamuni als Buddha weilt. Aber dieser Raum erschöpft den wirklich vorhandenen Weltraum nicht. Er ist in der Welt nichts anderes, als ein Punkt, ein Tropfen im Meere, denn in der Richtung der Weltgegenden nach Osten, Westen, Norden und Süden giebt es unzählbare Mengen ähnlicher Abtheilungen und in einer jeden erscheinen Buddhas, die Lehre verkündend.

in den Himmeln die Stadtmauern, Kanäle, Thore und Thürme bewachen), 4) die Kadagarwa oder Gan-da-po, die (als Musikanten und Gärtner das Gefolge Indra's bildend) sich vom Dufte der Blumen nähren, 5) die Asur oder A-sju-lo, als unförmliche Geister, die desselben Glücks genlessen, als die durch Schönheit und Form ausgezeichneten Geister. (In den früheren Wiedergeburten waren sie ein tugendhaftes Volk, jedoch sehr heftig und jähzornig, und hat gleich die Tugend sie zum Glücke geführt, so hat doch der Jähzorn sie der Schönheit beraubt), 6) Garuda oder Zeja-lju-lo oder Vögel mit goldenen Flügeln (die sich von Drachen nähren), 7) Kinnara oder Zin-na-lo (Geister von menschenähnlichen Gestalten mit Hörnern, die Leichtigkeit und Geschwindigkeit der Geister besitzend), 8) die Maharaga oder Mo-cho-lo-zsja (irdische Drachen oder Schlangen). Als einst im Garten Zsi-gu-du der Fürst der Meerdrachen menschliche Form annahm und sich unter die Bhikschu setzte, aber beim Einschlafen in seiner natürlichen Form erschien (nach dem Aufwachen jedoch wieder als Bhikschu dasass), unterrichtete Buddha diesen Drachen Bhikschu und schickte ihn in sein Reich zurück, verbot aber, Drachen in die Zahl der Brüderschaft aufzunehmen. According to the Shihka-Ju-loi Shing Taou-hi (s. Beale), the 18 Brahma heavens are in the first Dhyana 1) Fanchung (Brahma kayika), 2) Fan-fu (Brahma purohita), 3) Tai-fan (Mahabrahman); in the second Dhyana 1) Shan Kwong (Parittabha), 2) Moleng Kwong (Apramanabha), 3) Kwong yin (Abhaswara). In the third Dhyana 1) Shan Tsing (Parittasubha), 2) Moleung Tsin (Apramana subha), 3) Pien tsing (Subhakritsna). In the fourth Dhyana 1) Fuhsing (Anabhraka), 2) Fuh ngai (Punyaprasava), 3) Kwang kwo (Vrihatphala), 4) Moseung (Avriha) 5) Mo fan (Atapa), 6) Mo Jeh (Sudrisa), 7) Shen-in (Sudarsana), 8) Shen-kin (Sumukha), 9) Shikkankeng (Akanishtha). Die Region der 33 Götter (ghutschin gurbon tegri oder Trajatriusa) ist von dem Schutzgeist der Erde (Chormusda) und seinen 32 Genossen bewohnt, als 1) die acht vornehmsten Götter der Güter oder guten Gaben (erkin naiman edun tegri), 2) die elf furchtbaren oder schrecklichen Götter (arban nigen dokschin tegri), 3) die zwölf Söhne der Sonne (arban chojar naran Köbegün), 4) die zwei jungen Götter (chojar salagho tegri). Der ganze Himmel wurde (nach Martianus Capella) in 16 Regionen getheilt, in denen die Götter vertheilt wohnten. In der ersten Jupiter mit Consenten und Penaten, der Salus, den Laren, dem Janus, den Favores, Opertanei und dem Nocturnus. In der zweiten Praediatus, Quirinus, Mars, die Kriegslaren, Juno, Fons, die Lymphae und die Novensiles. In der dritten Jupiter Secundanus, Jupiters Opulentia, Minerva, Discordia, Seditio und Pluto. In der vierten Lympha sylvestris, Mulciber, Lar Caelestis und Familiaris, Favor. In der fünften Ceres, Tellurus, der Vater der Erde, Vulcanus und Genius. In der sechsten Pales, Favor und Celeritas, die Tochter des Sol, Mars, Quirinus und Genius. In der siebenten Liber, Secundanus Pales und Fraus. In der achten Veris Fructus. In der neunten der Genius der Juno Sospita. In der zehnten Neptun, der Lar omnium cunctalis, die Neverita und der Consus. In der elften Fortuna, Valitudo, Pavor, Pallor und die Manen. In der zwölften Sancus. In der dreizehnten die Fata und die Götter der Manen. In der vierzehnten Saturn und seine Caelestis Juno. In der fünfzehnten Vejovis und die Dii publici. In der sechzehnten Nocturnus und die Thürhüter der Erde (Janitores terrestres). Nach den Lehren der Auspicien war der Sitz der Götter im Norden (s. Varro). Zur Beschreibung des Templum waren der Cardo und Decumanus zu ziehen, welche durch ein Kreuz auf dem Boden bezeichnet wurden. Die Römer machten am Eingange der Tempel ein Kreuz zur Abtheilung von Antica und Postica. Darnach wurden dann die Tempelwände gerichtet, einen quadratischen Raum einschliessend.

Nach Al-Kaljal gab es drei Welten, die obere, niedere und die menschliche. In der obern Welt nahm er acht Orte an, der erste, der Ort der Orte, ist ein leerer Ort, den Existirendes nicht bewohnt und ein geistiges Wesen nicht ordnet, als das All umgebend (durch den Thron bezeichnet). Unter ihm ist der Ort der höchsten Seele, darunter der Ort der thierischen Seele, darunter der Ort der menschlichen Seele. Die menschliche Seele wollte zur Welt der höchsten Stufe emporsteigen. Sie stieg also hinauf, die beiden Orte (die Thierheit und die Vernünftigkeit) durchwandernd. Als sie aber dem Ankommen in der Welt der höchsten Seele nahe war, war sie müde und matt, und fiel im Zustande der Verrenkung in die unterste Welt, wo Ringe und Kreise an ihr vorübergingen, hinab. Dann erschien die höchste Seele und goss über sie einen Theil der Lichter aus, und so entstanden die Zusammensetzungen in dieser Welt (Scharastani). In the bengalese part of Bhagulpore many people hoist a Camp and bunch of sweet Basil (tulasi) at the end of a bambu (on the month Kartik). Nach den Arabern wohnt Saturn im siebenten Himmel (*Κρονος* [illegible]). Israel hiess (nach Philo) Kronos bei den Phöniziern (s. Eusebius), als der den höchsten Standpunkt einnehmende Planet Saturn. In sacris haec religiosi arcani observatio tenetur, ut cum sol in supero, id est, in diurno hemisphaerio est, Apollo vocitetur, cum in infero, id est nocturno, Dionysius, qui est Liber pater, habeatur (s. Macrobius). Shiwa mit Bhawani is Nisha. Jehovah, in der Form des goldenen Stiers (der Wandlung der Io) oder des goldenen Bockes verehrt, wurde nach dem Exil monotheistisch gefasst. Die Posaunen waren Widderhörner (Wilkinson). Neben den goldenen Gazellen, die die Gorhum im Brunnen Zemzem begraben, fand Abd-al-mottalib Brustharnische und Schwerter (wie Joe Smith neben seiner goldenen Bibel). Der Engel, der bei Berehoth (im Hadhramauth) über die Seelen der Ungläubigen gesetzt ist, heisst (bei Qazwini) Duma, wie (nach Buxtorf) der Todesengel der Juden (s. Dozy). Tibban Asaad, der letzte Tobba (im Sirat resoul), unter dem das Reich der Himyariten endete (nach Tabari), begab sich (nachdem er beim Zuge gegen Mekka den abrahamitischen Hanefa-Glauben der Juden angenommen) nach Indien (nach dem Kitab Aldjouman), im Lande Falsian sterbend, als Bekämpfer von Porus' Sohn (nach dem Hamedun) in Indien (380 p. d.). Der letzte Perimaul ging auf Aurathen der Jainiten um dieselbe Zeit von Indien nach Mekka in Arabien. Tomni Sambodha, vom Könige Tibets nach Indien gesandt, nahm (632 p. d.) die runde Varto-Schrift der Nagas (der Erdhäuser bewohnenden Butanesen, die sich seit den Maurya mit dem Buddhismus über das Gangesthal verbreitet), als Muster des Gchar, für das Kehab dagegen die Landsa-Schrift oder das Devanagari der Götter (arisch-semititischer Verehrer Brahma's oder Abram's im Pendjab). Im Santhal heisst Man-o-i Mensch, Manoijanam, von Menschen geboren. Maue Seele und Manete denken.

Der mit Wunderkraft begabte Imam *) der persischen Ismaeliten, der in dem Dorfe Khekh des Districtes Kum residirt, wird durch Pilger vom Ganges und Indus besucht, indem sich die Ismaeliten bis Indien ausgebreitet haben (nach v. Hammer), wie in Siam die Fremde repräsentirende Mohamedaner Kek heissen. In Kum (südlich von Teheram) oder Dar-el-Aeman (Glaubensort) am Zauberberg (Giden-Gelmas) oder Kuh-Telisma (wegen wechselnden Ansehens von verschiedenen Standorten) besitzt ausser dem Grabmal der heiligen Fatime (El-Mazuma oder der Sündenlosen), Tochter des Imam Musa Kazim (und Schwester des Imam Reza), die sich vor der Verfolgung der Khalifen aus Bagdad dorthin flüchtete, die Gräber der 444 Imam Zadeh (Sejid) oder Heiligen, von Pilgern (Zawwar) besucht. Wie die Buddhisten bei den Indra entthronenden Magha machen die Jainas bei allen Himmelskönigen den vorherigen Büsserstand eines in Entkräftung sterbenden Heiligen zur Vorbedingung und bei den Kämpfen der durch Streifzüge der Dewa ihrer Kleinodien

*) Die Mani oder Mani (in West-Afrika), die Atua (Devata oder Tesius) in Polynesien, die Pande (Panditen oder Sterndeuter, wie am Hofe der ost-afrikanischen Fürsten und der alten Sabäer, sowie Babylonier), die den Jainas geläufigen Tapas oder in Feuerglanz Büssenden in den Königsreihen der Tahiti, die Brahmaol-Dynastien in Hinterindien und dem Dekkhan, die Kava im persischen Kai, die Verwandlung von Phatiha oder Phrabat in Ehrennamen der Indochinesen, die Ananda in den Nanda, die Phra in den Pharaonen und Fraorten, die Samäer ägyptischer Sem (in Verbrüderung mit Melchisedek oder Jasion's Samothrace), die Sabu-Fürsten u. s. w. zeigen das Stereotypwerden religiös-weltlicher Titel, wie bei den Rosnhemen, Khalifen, Mikado u. s. w. Die Könige Edessas (Osrhoes) wiederholten in Abwechslung die Titel Manoes oder Maanaos (mit Abgar). Gregor der Erleuchtete zog sich nach der Höhle Manes zurück. Der Cazike von Mani (Tutul-Xiu), der sich 1541 den Spaniern unterwarf, war der letzte Abkömmling der in Mayapan residirenden Könige von Maya oder Yucatan. Les enfants de Tanchu (rouge) ou Phut prirent le nom de Man et peuplèrent le littoral du golfe d'Oman et une partie de l'Arabie (Hicque). Die römischen Vasallenfürsten im Orient hiessen Toparchen, wie sich Abgar in seinem Briefe τοπάρχης Ἐδέσσης betitelt. Afridun (Feridun) setzte nach der geographischen Chronik (bei Vakthang) in den (östlich vom Volke von Nebrod lebenden Persern) unterworfenen Ländern Eristhawi oder Volkshäupter ein. Herodot fand Aehnlichkeit der Lacedämonier mit Aegyptern, weil ihre Herolde, Flötenbläser und Köche erblich seien (wie die Priesterschaften der Jamiden und Telliaden in Elis, der Talthybiaden in Lacedämon, der Telliniden in Gela (auf Sicilien). Somit waren Tempelhörige in Aegypten.

(aber nicht der Apsaras) beraubenden Asura (unter ihrem Fürsten Camara) scheinen sich die Krieger der Wein hassenden Araber (oder früher der Turanier) mit den üppigen Persern wieder zu spiegeln, wie sie im Munde der schon in Südarabien mit den Jainas verbundenen Parsen (die vor allen den Stolz reiner Abstammung gewahrt wissen wollten) während ihres Aufenthaltes in Indien verschiedentliche Versionen empfingen. Nach Wegführung der (schon durch Tiglath Pilesar deportirten) Israeliten, versetzte Shalmanassar Kuthäer nach Samarien. Von den durch Nebukadnezar Weggeführten kehrten (unter Cyrus) die Joudaioi zurück und erhielten (unter Artaxerxes Longimanus) ihre Gesetze durch Nehemias und Esra. Aus der persischen Reformzeit brachten sie die Sagen des Abraham (in Indien) oder Zoroaster mit (neben den philosophischen Jehovahsystem aus Chaldäa). Die orthodoxe oder Hanefiten-Religion (die Religion Abrahams), zu der sich (nach Masudi) die Bewohner Mekkas (zur Zeit der Djorhamiten) bekannten (ehe Amur ben Lohai den Kult der Idole einführte), wurde von dem Tobba, der die Kaaba geschmückt hatte, in Yemen eingeführt (durch zwei Schriftgelehrte vom jüdischen Stamme der Benu-Koraïdha in Medina belehrt). Als der Tobba (Asad-Abu-Carb) sich nach Indien begab, fiel das Volk (nach dem Kitab aldjuman) von der neuen Religion Abraham's wieder ab und wandte sich unter Amru (Mörder des Hassan) dem Judenthum zu. Der reine Jehovah-Cultus kam erst mit Esra (die Wiederholung des Moses) zur Geltung. Jeremia's Aufforderung zur Verehrung Jehovah's setzte das Volk sein Beharren beim Cultus der Himmelskönigin entgegen. Mahomed erklärte nach (Al-Beidawi), von der Religion Abrahams zu sein, und liess die Einwendung, dass dieser ein Jude gewesen, nicht gelten. Verschiedene Städtenamen im südlichen Arabien (wo die Völker arabische Indier heissen) erklären sich nur aus dem Sanscrit (nach Bohlen). Beidhawi stellt die (dem Glauben Noah's anhängenden) Sabäer oder (nach Aschai) Kharanäer (Karnas) zwischen Christen und Magier. Nach den Schriften Henoch's hatte zuerst Brahma (den zwar die Araber mit Abraham vermischen, aber dennoch auf ungewöhnliche Weise mit Abraham statt Ibrahim bezeichnen) den Schöpfer von der Sonne unterschieden. Einige Sabäer nehmen später den Glauben Abraham's an und dies sind die Brahmanen, die von den Kharanäern unterschieden werden (s. Rühl von Lilienstern). Nec magis injurii erga Deum suum Banu Hanifae seu Hanifidae, quos Idolum e massa quadam contectum quod diu coluissent, annona tandem caritate oppressos devorasse, refert Al-Jauharius (s. Pocock).

Nach dem Niti Sastra Kawi währte das mit Vishnu's Vertreibung aus dem Suralaya beendete Kerta Yoga 100,000 Jahre, das Treta Yoga, das von der Einkörperung Vishnu's in Arjuna Wijaya (Königs von Mauspati) bis zum Tode Rama's (zur Zeit Sakri's) währte 1000 Jahre, das Duapara 1000 Jahre, und das Sandinika begann 78 p. d. Der Tag Brahma's (der Calpa von 4,320,000,000 Jahren) zerfällt in 14 Mauwantaras oder von einem

Menu regierte Perioden, deren jeder aus 71 Maha-Yugas zusammengesetzt ist, in je vier Abtheilungen, von denen die Satya-Yuga 1,728,000 Jahre dauert, die Treta-Yuga 1,296,000 Jahre, die Dwapar-Yuga 864,000 Jahre und die Cali-Yuga 432,000 Jahre (Elphinstone). Der Cali-Yug beträgt 432,000 Jahre und ein Maha-Yug 4,320,000 Jahre. Nach Berosus regierte Alorus, der erste König Chaldäas, 10 Sari (36,000 Jahre), und die Regierung der zehn Könige einer Aera begriff 120 Sari, also 4,320,000 Jahre (s. Mill). Nach der Sündfluth folgt ein einheimisches Königsgeschlecht (86 Könige) in der Dauer von 33,091 Jahre, dann das medische Zoroaster's (2400 a. d.). Zu den 27 Lokapâlas (im Mahâbhâratam) gehört Çeschas (Herr der Schlangen), Wasukis (Herr der unterirdischen Schlangen), Takschakas (Herr der Vipern und Ratten), Suparnas (Herr der Raubvögel), Garwias (Herr der übrigen Vögel), Waiçwânaras (Herr der Pitris), Mâhadewas (Herr der Matris), Vamadewas (Herr der Apsarasas) u. s. w. Mangalas oder Angarakas (Sohn des Çiwas) hat den Dienstag geheiligt. Budhas oder Ekângas (der Eingliedrige) ist (Gamângas oder schwärzlich) von schädlichem Einfluss (Rodhanas), heisst aber auch Prabarschanas (der Erfreuer). Wrihaspatis oder Dhischanas (Sohn des Angirâs) heisst als Lehrer der Götter Indredschjas (der von den Göttern zu Verehrende). Çukras oder Uçanâ (Sohn des Bhrigus) war Lehrer der Daitjas und Regent des Planeten Venus (mit dem Freitag heilig). Die Grahas genannten Dämone tödten Kinder*) gleich den römischen Lamiae oder den finnischen Waiwiotan und Raijkonnes.

---

*) In Serbien verwandelt sich die Hexe Nachts in einen Schmetterling, Henne, Indian u. s. w., fliegt über die Häuser weg, am liebsten Kinder in der Wiege tödtend. Männer berührt sie mit ihrem Stäbchen an der linken Brustwarze, die Brust öffnet sich, sie frisst das Herz, worauf sich die Oeffnung unkennbar wieder schliesst. Solche Menschen müssen bald sterben, je nachdem die Hexe mehr oder weniger vom Herzen gegessen hat (Kanitz). In Kreta entzaubern alte Weiber die Folgen des bösen Auges durch Messen eines Tuches und Exorcismen unter Gähnen. Bei der Pest von Jüterbogk (1581) glaubte das Volk, dass ein vorher gestorbener Vornehmer nicht richtig begraben sei und nun wie ein Vampyr nachwürge, weshalb man ihm den Hals mit einem Spaten abstossen wollte. Vampyre werden von den Rumänen besonders in verstorbenen rothhaarigen Männern vermuthet, die als Hund, Frosch, Floh, Wanze u. s. w. erscheinen, um schönen Jungfrauen das Blut auszusaugen. Der Teufel (Djavolo) wird (in Serbien) aus convulsivisch Besessenen im Kloster gebannt (s. Kanitz). Die Mercau-Indianer (am Japura) pflegen sich am Ende ihres Festes zu hysteriren (wie in Mexico bei Tampico). Im Mittelalter war es obrigkeitliche Pflicht, unverschlossene Nonnenhäuser den offenen oder wandernden Frauen als Frauenhäuser zu bauen. Bei den Kamtschadalen heissen Huren, auch wenn sie Kinder geboren haben, immer noch Jungfrauen. Männer halten sich Männer in Frauenkleidern, Frauen treiben mit Frauen Unzucht, auch mit Hunden. Die weiblichen Männer der Guaycurus heissen Cudinas (Verschnittene). Nach Ens war in Florida der Hermaphroditismus häufig. Die dem Peccato nefando unterworfenen Amerikaner tragen (nach Oviedo) einen Baumwollenmantel (como muger). Bei den Jumanas im Josai hat der Häuptling das jus primae noctis. Das Familienhaupt der Guatos hat vier bis zwölf Frauen und duldet keinen andern Mann in der Hütte. Statt der sonst üblichen Tacanhoba (Indumentum partis viri), einem cylindrisch zusammengewickelten Stück Palmblatt, tragen die Männer der Mundrucus einen Holzring (Canitseau), an die bei nordamerikanischen Indianern übliche Infibulation erinnernd (s. v. Martius). Olen pries die (mit den Jungfrauen Arge und Opis) von den Hyperboräern (zu Leto's Entbindung) gekommene

Die zehn Wiçwadewas wurden besonders bei Begehung der Todtenfeier für die Vorfahren angerufen. Die neun Klassen des indischen Pantheon begreifen die zwölf Aditjas, zehn Wiçwadewas, acht Wasus, 36 Tuschitas, 64 Abhâswaras, 49 Anilas, 220 Mahârâdschikas, zwölf Sâdhjas und elf Rudras (s. Wollheim). Die buddhistische Eintheilung in 23 Götterklassen begreift die Tschaturmahârâdschika's, die Trajastrinça's, die Jâma's, die Tuschita's, die Nirmânarati's, die Paranirmitawaçâwartin's, die Brahmakâjika's, die Brahmapurohita's, die Mahâbrahman's, die Paritâbha's, die Apramânâbha's, die Abhâswara's, die Paritaçubha's, die Apramânaçubha's, die Çubhakritsna's, die Anabhraka's, die Punjaprasawa's, die Wrihatphala's, die Awriha's, die Atapa's, die Sudriça's, die Sudarçana's und die Akanischtha's. Als die durch ihre Frömmigkeit siegreichen Asuren (Sundas und Upasundas, Söhne des Nikumbhas) alle Brahmanen tödteten, liess Brahma (der ihnen versprochen, dass sie sich nur untereinander tödten könnten) den Wiçwakarma ein schönes Frauenbild (die Apsarasa Tilottamâ) machen, in dem Streit um welche sie fielen.

Die Zwölfgötter, zu denen Herakles gehörte, entstanden aus den Achtgöttern, 17,000 Jahre vor Amasis. Von Bacchus bis Amasis wurden 15,000 Jahre gerechnet (bei Herodot). Herodot setzt Bacchus (Enkel des Cadmus) 2100 a. d., Heracles 1400 a. d., den trojanischen Krieg 1800 a. d. Nach Manetho regierten vor den Menschen die Götter, zuerst Vulcan, Sonne, Agathodaemon, Kronos (Saturn), Osiris, Typhon (Seth), Horus. The royal autority then continued through a long succession to Bytis (Bites), occupying 13,900 years. Auf die Götter folgten die Heroen 1255, andere Könige 1817, 30 Könige von Memphis 1790, zehn Thiniten 350, Manes und Halbgötter 5813 Jahre. Eusebius rechnet 24,000 Jahre von Vulcan bis Menes. Nach Syncellus regierte Vulcan $727\frac{3}{4}$ Jahren aus 9000 verkürzt, Helios $80\frac{1}{6}$ Jahr aus 992 verkürzt, Agathodaemon $56\frac{7}{12}$ Jahr aus 700 verkürzt, Kronos $40\frac{1}{2}$ Jahr aus 501 verkürzt, Osiris und Isis 35 Jahr aus 433 verkürzt, Typhon 29 Jahr aus 359 verkürzt, Horus der Halbgott 25 Jahr aus 309 verkürzt, Mars der Halbgott 23 Jahr, Anubis 17 Jahr, Hercules 15 Jahr, Apollo 25 Jahr, Ammon 30 Jahr, Tithoes 27 Jahr, Zosos 32 Jahr, Jupiter 20 Jahr. Vom zweiten (Zwölf-Götterkreis mit Herakles (der auf den ersten der acht Götter mit Pan und Leto folgte) stammte (in Aegypten) der dritte Götterkreis mit Osiris (nach Herodot). Nach Manetho regierten drei Dynastien von Götter vor dem Beginn der Menschenherrschaft unter Menes. Horus, Sohn des Osiris, war der letzte Gott, der vor Menes in Aegypten herrschte. Von Ilu (dem höchsten Gott) emanirten (als Triade) Oannes (mit Fischkopf und Adlerschwanz), von ihm Ao (durch die Schlange symbolisirt) und von ihm Bel oder der

---

Eileithyia (die göttliche Spinnerin) für älter, als Kronos (auf Delos). Quand l'arbre de vie était découvert par les dieux inférieurs, le serpent Chiven répandit une grande quantité de poison, que Chiven avala.

Vater der Götter (mit gehörnter Krone), mit den entsprechenden Göttinnen Anat oder Anaitis. Tauth (die grosse Frau) und Bilit oder Mylitta (Lilit). In weiteren Emanationen folgte die zweite Triade Samas (Sonne), Sin (Mond) und Ao als Luftgott, und dann die Emanationen der fünf Planetengötter Ninip (Saturn), Merodach (Jupiter), Nergal (Mars), Istar oder Nana (Venus) und Nebo (Merkur). Nisroch, der Gott des Flüssigen, stand (bei den Assyriern) den menschlichen Geschicken vor. Im Zikurat oder Beobachtungsthurm der Priester waren die sieben Stockwerke nach den Farben der Gestirne bemalt (in Assyrien). Kajomorth's Herrschaft wird zwischen 4258 und 4050 a. d. gesetzt. Unter den Vorgängern des des Kayomorth folgte nach Mahabad's Dynastie die jyanische mit Jy oder Jy-affran. Der Bundehesch berechnet den Zeitraum zwischen Thraetona, der 600 Jahre regierte, und Alexander M. auf circa 900 Jahre, so dass das Ende des von Dahaka beherrschten Milleniums*) auf 1700 a. d. fallen würde. Die Gothen setzten sich unter König Philomer oder Ghilomer in den mäotischen Sümpfen fest, nachdem sie die Scythen besiegt hatten (2537 nach der Erschaffung der Welt).

1) Kâçjapa (Brahmane) † 905 a. d. (Mahâkaja), 2) Ananda (Sohn Çuklodana's) † 868, 3) Çânavâsika (Vaiçja aus Mathura) † 805 a. d. (Shang-na-ho-siu), 4) Upagupta (Jeupokiuto oder Urakikta) war ein Çudra † 760 a. d., 5) Dhitaka (Titokia oder Daitaka) bestieg (683 a. d.) den Scheiterhaufen (Reliquien gesammelt), 6) Mikkhaka (im südlichen Indien) oder Mishcka verbrannte sich 619 a. d., 7) Vasumitra (Pasmmi) aus dem Ge-

---

*) Indictionen (deren Cyclus ursprünglich eine Steuer-Periode war) heissen die einzelnen mit Sept. 1 beginnenden Jahre eines 15jährigen Zeitkreises (das Dreifache des römischen Lustrums, die man in stets wiederkehrender Ordnung fortzählte, indem man, ohne Rücksicht auf die Anzahl der seit irgend einer Epoche abgelaufenen Cyklen, einfach angab, dass Etwas in der oder in jener Indiction geschehen sei. Das Chronicon Paschale setzt den Ursprung der Indictionen auf 49 a. d. Die constantinischen Indictionen begannen mit Sept. 1 312 p. d. Nach Noris bediente sich die lateinische Kirche vor Annahme des neunzehnjährigen Cyclus der Alexandrier eines vierundachtzigjährigen. Der Palmzweig war Symbol des Jahres in Aegypten. Zum Orakeln breitet man an windstillen Tagen ein Tuch zwischen den Palmen aus und stellt sich zwischen einander nahestehende Bäume, um zu sehen, wie die Zweige gegen einander bewegt werden (nach dem Talmud). Ausser aus den Maulwürfen, die auf den Hinterpfoten sitzend, mit den vorderen die Augen bedeckten, und aus der Schildkröte (die auf dem Rücken liegend ihren Leib mit Staub bewarf und den Urin zum Himmel spritzte), erkannte Dharifat-al-khair die Anzeichen des bevorstehenden Deichbruches (Sail al Arem) aus den bei windstiller Mittagsschwüle ihre Wipfeln abwärts neigenden Bäumen. Dias, años y siglos fueron contados por periodos de trece partes, bemerkt Perez von dem Origen de la Triade calendas in Yucatan. Die aus der Fluth geretteten Hayder finden den Menschen Con-El, der stumm ist. Diod. Sic. hält die allegorische Erklärung der Mythen für nothwendig. Diod. giebt historische Erklärungen, Plutarch sucht tiefere Sinn. Théagène (au temps de Cambyses) était le premier à expliquer les fictions d'Homère par des allégories physiques et morales (Limburg). Phérécyde représente le temps produisant le feu, l'air et l'eau (s. Damasc.). Suivant le scholiaste (d'Aristide) Phérécyde (qui d'après Hermias appelait Jupiter l'éther et Saturne le temps) tâcha d'expliquer la fable de Bacchus comme une allégorie physique (attribuant le froid à Saturne, la chaleur à Mars, l'humidité à Bacchus).

schlecht der Bharata (im nördlichen Indien) † 588 a. d., 8) Buddhanandi (Fo-Tho-nan-ti) im Reich Kamara (aus dem Geschlecht der Gautama) † 533 a. d., 9) Buddhamitra oder Budhamita (Vaiçja) im Reich Tikia, verbrannte sich 495 a. d., 10) Pârçvika oder Hie (im innern Indien) verbrannte sich 418 a. d., 11) Punjajaças oder Funajashe (in Pushpapura oder Pataliputra) aus dem Geschlecht der Gautama, † 401 a. d., 12) Açvaghosha (Ma-Ming oder Pferde-Stimme) oder Dewa Bodhisattva (in Polonai) † 332 a. d., 13) Kapimâla (Kabimara) im westlichen Indien, verbrannte sich 274 a. d., 14) Nâgârguna (Lung-shu oder Drachenbaum) oder Nâgasena (Brahmane im südlichen Indien) † 212 a. d., 15) Kanadeva (als Taï-sse oder grosser Lehrer) reiste im Lande Kapila, † 157 a. d., 16) Râhulata (Ragurata) in Çrâvasti † 113 a. d., 17) Saughâuandi (im Lande Mati des Penjab) † 74 a. d., 18) Gajaçâta (Kajasheta) reiste zu den grossen Jueïtchi (brennend 13 a. d., 19) Kumârata (im innern Indien reisend) † 23 p. d., 20) Gajata (Shajata) im nördlichen Indien † 74 p. d., 21) Vasubandha (in Falojnei), nach Nati reisend, verbrannte sich 125 p. d., 22) Manorata (Manura), im westlichen Indien (und Ferghana) reisend, † 167 p. d., 23) Padmaratna (Holena), Brahmane (im innern Indien reisend), † 240 p. d., 24) Arjasinha (Sse-tzeu-tsun-tshe oder ehrwürdiger Löwe), brahmanischer Büsser, † 253 p. d., 25) Nâçaçata (Brahmane) in Kipin oder dem nördlichen Arachosien (nach Indien reisend) † 325 p. d., 26) Punjamitra (Sohn des Königs Thiaut-te oder himmlische Tugend), im südlichen Indien, 27) Pragnâtara (Bannejadara) im östlichen Indien, verbrannte sich 457 p. d., 28) Bodhidharma oder Bodhidhana (Sohn des Königs von Mawar in Süd-Indien) starb (495 p. d.) in China am Berg Sung in Horan. Vairotjana, Akshobhya, Ratiasambhava, Amitabha, Amoghasiddha, sind fünf Dhyani-Buddhas; Saman tabhadra, Vadjrapani, Ratnapani, Padmapani (Avalokitesvara), Viçvapani, fünf Bodhisattwas; Vadjradhatwi, Lotjana, Mamukhi, Pandara, Tara, fünf Sakti (of Dhyana Buddhas). Ueber die Zeit des Açvaghosha (Maming oder Stimme eines Pferdes), der zuerst den Titel Dewa Bodhisattwa (oder eines göttlichen intelligenten Wesens) erhalten hatte, weichen die chinesischen Angaben sehr von einander ab. Nach einigen lebte er 300 Jahre, nach anderen 600 Jahre und nach anderen 800 Jahre nach Buddha. Açvaghosha war ein Reformator der buddhistischen Religion. Vasumitra oder Pusumi (der Leiter der vierten Synode unter Kanishka) verfasste einen Commentar zu Abhidharma-Kosha. Nagarguna (arguna ist der Name des Baumes Pentaptera arjuna) zog nach seinem Tode in das Paradies der Naga oder Schlangen (die sich der Selbstbeschauung widmeten) ein. Râhulata theilte (in der Stadt Çravasti oder Shillofa) seine Geheimlehre dem Königssohn Saughânandi mit, der sich mystischen Speculationen ergab. Bodhidhana (für den das Gesetz einen helleren Glanz verbreitete, als die kostbare Perle des Pragnâtara) nannte sich Bodhidharma, nachdem er die Würde eines Patriarchen erlangt hatte. Als Sohn des Königs von Mawar (im südlichen Indien) verliess er sein Vaterland und gelangte zur See nach Indien, wo er sich an dem Berge Sung, in der Nähe der Stadt Honan (in der Provinz Honan am Jantsekiang) niederliess. „Ich bin in dieses Land gekommen, um das Gesetz zu verbreiten und die Menschen von ihren Leidenschaften zu befreien. Jede Blume hat fünf Blumenblätter, welche Früchte ansetzen. Auf diese Weise ist es, dass ich meine Bestimmung erfüllt habe“

Unter den Mitteln der Befreiung (von dem aus der Materie wachsenden Leiden) nimmt die vollkommene Erkenntniss die höchste Stelle ein. Ausserdem gehört dazu das Vertrauen zu den drei Kleinodien und die feste Ueberzeugung, dass es ohne sie keine Hülfe aus den Bedrängnissen des Sansâra und keinen Schutz gegen die Wiedergeburten gebe. Nur wer mit voller Andacht und unerschütterlichem Vertrauen sich an Buddha wendet und vertrauensvoll seiner Lehre sich hingiebt, kann das Nirvâna oder die vollständige Vernichtung des Daseins gewinnen. Aus Buddha mit Dharma (Gesetz) und Sangha (Versammlung) bildet sich das Triratna. Die Allgewalt des Gesetzes, das (als Schicksal) über alle Geschöpfe waltet, spricht sich in dem Glaubensbekenntniss der Buddhisten aus: „Welche Gesetze des Daseins durch Ursachen entstehen, diese Ursachen hat Tathâgata verkündigt, und welche ihre Abwehr ist, auch diese sprach der grosse Çramana“ *)

---

*) Et memor fuit Schem testamenti patris sui de tollendo corpore Adami. Cumque praecepisset Melchisedecum, filius Phalegi, vir pius et Deo devotus, dixit ei: Nochus praecepit, ut acciperes corpus Adami, illudque sepelires in meditullio terrae. Abiit ergo Schemus et Melchisedecus, ut tollerent Adami corpus, et apparuit iis Angelus Domini, qui praeivit ipsis usque dum pervenerunt ad locum calvariae, ubi sepelierunt ipsum, quem ad modum praecepit eis Angelus Domini. Tum injunxit Schem Melchisedeco quicquid in mandatis accepit a Nocho, dixitque ei: Sede hic, et esto Sacerdos Dei. Deus enim te elegit et servias illi. Hic enim Angelus semper ad te descendit. Postea reversus et Schemus ad parentes suos dixitque ei Phalegus, ubi est filius meus Melchisedek? Respondit et Schem: mortuus est in itinere eumque sepelivit. Et planxerunt eum planctu magno (Patricides). Varro dicit, aras primum asas dictas, quod esset necessarium a sacrificantibus eas teneri, ansis autem teneri solere vasa quis dubitet (Macrob.). Veteres asas dicebant, postea immutata littera s in r aras dixerunt (Servius). Aesar etrusca lingua deus vocaretur (Suet.). De hujus nominis affinitate cum αἶσα (fatum, parca) et Αἴσοι (Dii apud Tyrrhenos) minime dubitandum (Fabretti). Ayas ist ferrum (Sanscrit). Mos est regibus, quoties in societatem coeant implicare dextras, pollicemque inter se vincire nodoque praestringere. Mox ubi sanguis in artus extremos se effuderit, levi ictu cruorem eliciunt atque invicem lambunt. Id foedus arcanum habetur, quasi mutuo cruore sanctum, erzählt Tacitus bei Gelegenheit des durch Rhadamist an Mithridat verübten Verraths. Die cruenta pocula hiess (bei den Römern) Assiratum oder früher (nach Festus) Assis, auch von Catilina bei dem Bunde (nach Sallust) verwendet. Sariaster adversus patrem suum Tigranem, Armeniae regem, ita cum amicis conjuravit, ut omnes dextris manibus sanguinem mitterent atque eum invicem biberent (s. Valerius). Die Hetu Moger (Sieben-Verbündeten) öffneten sich mit einem Dolche die Ader des linken Arms, um bei Erhebung des Almus (als Fürst der Magyaren) den Eid zu leisten. Die Numidier oder Libyer tranken gegenseitig zum Zeichen der Treue aus der hohlen Hand, oder leckten Flüssigkeiten aus dem Staube. Mit dem Becher in der Hand erwerben die Mongolen den Andeh (geschworenen Freund).

Die elf Rudras oder Formen Çiwas (Rudras, Adschaikapâdas, Ahiwradhnas, Wirûpâkschas, Sureçwaras, Dschajantas, Bahurûpas, Trjambakas, Aparâdschitas, Sâwitras und Haras), die aus Brahma's Haupt entsprungen waren, erhalten hauptsächlich Fleischopfer. Die acht Wasus sind Dhawas (Dharas), Dhruwas, Somas, Wischnus, Anilas, Analas, Prabhawas (Prabhâsas), Prabhûschas (Pratjûschas). Als Pâwakas oder Anilas ist Wajus oder Marut (der Gott des Windes) der Fürst der Wasus. Bhagawân schläft (am Ende einer Kalpa) unter der Gestalt Rudra's (Thränengott oder Thränenvertreiber) den Verzückungsschlaf (auf Çeschas). Die zwölf Aditjas (Söhne der Aditis) sind: Warunas, Sûrjas, Wedanâs, Bhânus, Indras, Rawis, Sabhastis, Jamas, Swarnaretâs, Diwâkaras, Mitras und Wischnus. Aditis oder Karawiri (Tochter des Dakschas) gehörte (wie Ditis oder Danus, die Mutter der Daitjas oder Dânawas) zu den dreizehn Gemahlinnen des Kaçjapas. Die Götter und (Dewajoni) Halbgötter werden in neun Klassen getheilt: 1) zwölf Aditjas, 2) zehn Wiçwadewas, 3) acht Wasus, 4) 36 Tuschitas, 5) 64 Abhâswaras, 6) 49 Anilas, 7) 220 Mahârâdschikas, 8) zwölf Sâdhja's, 9) elf Rudras.

Auf Buddha folgt:

Die Region des ersten Dhjâna (in vier Abtheilungen):
1) Naivasangnâsangnâjâtana (die Region des Denkens und Nichtdenkens).
2) Akinkanâjatana (die Region, in der gar nichts existirt).
3) Vignânânantjâjatana (die Region der grenzenlosen unterscheidenden Erkenntniss).
4) Akâçânantjâjatana (die Region des grenzenlosen Raumes, als Aether-Erfüllten).

Die Welt des zweiten Dhjâna enthält acht Abstufungen:
1) Akanishtha (die nicht kleinsten oder die Grössten).
2) Sudarçana oder Sumukha (die göttlichen Wesen mit schönem Antlitz).
3) Sudriç (die gut Sehenden).
4) Atapas (die Glanzlosen).
5) Avrish (die sich nicht zu denken Bestrebenden).
6) Brihatphala (die von grosser Belohnung).
7) Panjaprasava (die aus Reinheit Geborenen).
8) Anabhraka (die Wolkenlosen).

Das dritte Dhjâna zerfällt in drei Abtheilungen (jede mit drei Klassen).
1) Çubhakritsna (die ganz aus Reinheit Bestehenden).
2) Apramânaçubh (die eine unermessliche Reinheit Besitzenden).
3) Pramânaçubh (die mit gemessener Reinheit).
4) Abhâswara (die ganz aus Glanz Bestehenden).
5) Aparittâbha (die von ungemessenem Glanz).
6) Parittâbha (die von gemessenem Glanz).
7) Mahâbrâhmana (die grossen Brahmâ).
8) Brahmapurohita (die Hauspriester der Brahmâ).

9) Brahmakâjika (die zum Gefolge des Brahma Gehörenden) oder Brahmaparishadja (die zur Versammlung des Brahma Gehörenden).

In der Region der Wünsche und Gelüste (nahe der sinnlichen Welt) finden sich sechs Abtheilungen:

1) Paranirmitavaçavartin (diejenigen, die nach ihrem Willen die Gestalten anderer Wesen verändern und selbst beliebige Gestalten annehmen können).
2) Nirmânarati (Solche, die sich der Verwandlungen erfreuen).
3) Tushita (Zufriedene, die als Buddha auf Erden erscheinen und dann nicht wiedergeboren werden).
4) Jâma (Schutzgötter der Eintheilung des Tages).
5) Trajastrinça oder die 33 Götter, als die acht Vasu oder Glänzenden (die Götter freundlicher Naturerscheinungen, wie des Lichtes, des Tages u. s. w.), zu den heilsamen Gütern gehörig, die elf Rudra oder Sturmgötter (als die fünf Indrija oder Sinne, die fünf Prâna oder Functionen der Sinne, und das Manas oder der innere Sinn), die zwölf Aditja (Sonnengötter), die zwei Açvin (oder Indra, als Herr der Dewa, und Prajâpati, als Herr der Geschöpfe, nach den Brahmanen).
6) Chaturmahârâja oder die vier grossen Könige, die (nicht auf den vier Seiten, sondern) auf stets niedrigeren, den Meru im Kreise umgebenden Bergketten wohnen. In Khâmadhâtu (Welt der Lüste und Liebe) wohnen (als Gefolge der vier Könige) die Mahârâjakâjika oder die Kâmâvakara (göttlichen Wesen, die den Lüsten und der Liebe unterworfen sind) in der Atmosphäre, welche von den die Wohnsitze der Dewa erleuchtenden Strahlen erhellt wird. Der König der Dewa (Indra bei den Brahmanen) wird (bei den Buddhisten) als der Oberkönig der vier Grosskönige dargestellt, von denen Dhritarâshtra über die Gandharva, Virûpâxa über die Nâga, Dhanada oder Vaiçravana (als Kuvera, Gott des Reichthums) über die Jaxa (Geister der Luft), Virûdhaka über die Kumbhânda (böse Geister auf der niedrigsten Stufe des Meru unmittelbar über der Erde) herrscht.

So lange wir noch in der ptolemäischen Weltanschauung dachten, musste jedes Land seine Eingeborenen haben. Auch wenn man das erste Menschenpaar in einem, gleich den Abhassara-Himmeln der Buddhisten, überirdisch schwebendem Eden aufgab, so sprach man doch überall von Ureinwohnern, hinter denen die Welt mit Brettern vernagelt war. Jetzt wo wir im naturwissenschaftlichen Sinne das Bestehende aus seinen Verhältnisswerthen zu verstehen streben, und uns der Auflösung des unbekannten x im Absoluten als dem letzten Resultate aus unseren relativ gesicherten Rechnungsoperationen anzunähern streben, jetzt fällt jeder willkürlich aus subjectiven Werthbestimmungen fixirte Uranfang in sich zusammen, und bilden für uns nur diejenigen Bewohner eines Bodens die Eingeborenen desselben, über welche wir bei unseren Forschungen vorderhand nicht hinausgehen können, weil die für die Untersuchung gelieferten Materialien zu Ende gegangen sind und keine weiteren Daten vorliegen. Durch unrichtige Denkmethoden hat man sich unnöthiger Weise eine Menge Schwierigkeiten bereitet, die von selbst wegfallen, oder vielmehr deren Verschiebungen sich von selbst in der richtigen Perspective einstellen, wenn wir denjenigen Standpunkt der Mitte einnehmen, von dem aus, dem Gesetze psychischer Optik gemäss, die Verhältnisse der Umgebung allein betrachtet werden dürfen. Man hat die Berichte der Alten nicht vereinbaren können, wenn uns Pelasgus, von Hesiod und Asius, als der eingeborene König Arcadiens genannt wird, selbst (im Sinne amerikanischer Indier) als der erste Mensch bei Pausanias (obwohl, wie er meint, doch andere Menschen zugleich hätten geschaffen sein müssen, um überhaupt darüber herrschen zu können), während auf der andern Seite wieder die Pelasger als das weitest umherstreifende Wandervolk erscheinen, die Hitzig mit den verhältnissmässig jungen Philistern, Buttmann mit den Saken oder Scythen, schon Hellanicus mit (türkischen) Tyrrheniern, Andere mit anderen Nomaden in Beziehung setzen zu müssen geglaubt haben. Dann wird uns von Lelex erzählt, dass er der autochthone Herrscher im Lande Laconien gewesen, schon ehe Lacedämon (λέγεται κατὰ συγχορὴν Λάκων), der Eponymus Lacedämons (und durch seine Gemahlin Sparte auch Spartas) dem Zeus von der Atlantide Taygete geboren, und doch erscheint in Megara Lelex nur als Einwanderer, erst zwölf Generationen nach Car, während der Scharfblick Strabo's so viele fremdartige Elemente in den Lelegern erkannte, dass er sie geradezu ein Mischvolk nennt, ein im diametralen Gegensatz zu Eingeborenen stehender Name, der viel seltener angewandt wird, als es die Natur der Sache erheischen würde, da die meisten Mischvölker durch die äussere Politur eines einheitlichen Ganzen täuschen und erst durch umständliche Analysen wieder in ihre constituirenden Bruchtheile aufgelöst werden können. Auch wird die Bezeichnung Mischvolk nur so lange verwendet werden dürfen, als der neu angestrebte Typus noch nicht fertig gebildet dasteht. Ist der letzte Abschluss erreicht, so ist das aus einer Vielfachheit verschiedener Grundlagen hervorgewachsene Volk nicht mehr ein Mischvolk zu nennen, da es eben den Werth einer neuen, höher graduirten Race selbstständiger Existenz gewonnen hat. Die ethnologischen Wurzeln verschwinden dann im Dunkel der sie bergenden Muttererde, und im Sonnenlichte strahlt der von ihnen genährte, aus ihnen hervorgesprossene Blüthenstamm des Geschichtsvolkes. Wir haben also zunächst die ethnischen Grundstoffe zu sichten, aus denen beim ersten Bildungstrieb die Stämme der Aeolier, Achäer, Ionier und Dorier hervorkrystallisirten und diese dann in höheren Combinationszeugungen unter der Gemeinsamkeit des Hellenismus zusammentraten.

Um einen gesicherten Ausatzpunkt für unsere Forschungen zu gewinnen, müssen wir von diesem deutlich erkannten Bilde des Hellenismus aus weiter und weiter in die dunkelnden Nebel der Vorzeit zurückschreiten, die Stämme theilen, so lange sie sich theilen lassen, und schliesslich, wenn jeder Lichtschimmer erlöscht, wenn die Atome sich nicht weiter zerscheiden lassen, uns mit ihnen soweit begnügen und sie hypothetisch als die Eingeborenen setzen, um nun von ihnen in der Synthesis zu den Hellenen zurückzukehren. Pelasger und Leleger in den obigen Beispielen wären von vornherein zu verwerfen, als für eine autochthonische Werthbestimmung nicht geeignet. Was Leleger im Verständniss der Griechen waren, zeigt uns genügend der Ausspruch *τὸ συλλέκτους γεγονέναι*, und wenn wir auch später vielleicht finden werden, dass sich unter diesen Mischungen ein Zweig ohne abzureissen bis auf eine autochthonische Wurzel zurückverfolgen lässt unter demselben Namen der Leleger (dass also hier nicht die neue Bildung auch einen neuen Stamm schuf, wie in den aus Latinern, Sabinern, Etruskern zusammengearbeiteten Römern), so dürfen wir doch nicht diese lelegischen Eingeborenen in Griechenland suchen, da Alles, was uns von griechischen Lelegern berichtet wird, sich auf das Mischvolk bezieht und deshalb nur zur Aufhellung des ethnischen Charakters dieses verwandt werden darf. Dass in Lacedämon die Leleger für Eingeborene gelten, ist einfach genug, indem schon vor der dorischen Eroberung andere stattgefunden hatten und die aus der Ferne Zugewanderten stets die im Lande Angetroffenen als Eingeborene bezeichneten, soweit ihnen Kunde von denselben erhalten war. Als die Aegialeer und die Kaukonen des Teuthea in Achaia vergessen waren, galten (bei Dionys Hal.) die Achäer als Eingeborene, und Andere, denen die organische Umwandlung argivischer Danaer in Achäer entging, meinten aus der phthiotischen Einwanderung des Archander und Architeles den Namen entnehmen zu müssen. In Arcadien leitet sich, wie in Laconien, wie überall in Hellas, die Epoche des neu anbrechenden Hellenenthums mit *Ζεὺς πατήρ* ein, mit Zeus, der das ruchlose Geschlecht des auf Pelasgos folgenden Lycaon und seiner 50 Söhne (aber nur einen Theil der Stämme, deren Eponymen sie sind) vertilgt und dann unter künstlich verknüpften Wandlungen, wie sie in den Weihen der *ἄρκτοι* in attischen Brauronien (der Artemis Brauronia oder Tauropolos, besonders in Amphipolis am Strymon verehrt) erhalten waren, aus Callisto den Arcas (als Arctophylax) erweckt. Diese späteren Peloponnesier des Bärengeschlechtes bezeichneten dann die ihnen vorangegangenen vom Wolfsstamm als Eingeborene, obwohl eine Zeit lang der noch frühere Stamm mit dem Totem des Hundes im Gedächtniss geblieben zu sein scheint, indem Herodot neben den Arcadiern*) als Eingeborene des Peloponnes die Kynurier aufzählt.

*) Indem die zu den gleichfalls als Pelasger bezeichneten Cranai in Attika gehörigen Arcadier (die sich selbst als *προσέληνοι* bezeichneten) zu dem weiten Stamm thrakisch-dorischer

Ehe wir dem von den Kynuriern Kynuria's (bei Herodot) oder den durch Polybius als wilde Arcadier bezeichneten Kynäthiern zu den Kynesiern oder Kyneten im Westen Europas leitendem Wege folgen, ist ein anderer in's Auge zu fassen, der nach Osten führt, durch den unter Lycaon's erschlagenen Söhnen auftretenden Namen der Kaukonen (am Flusse Kaukon, der in den Teutheas Achaia's mündet), die als Eingeborene des Peloponnes besonders in Elis localisirt und schliesslich mit den Paroreatae auf Triphylia beschränkt werden, d. h. sich dort länger als in anderen Theilen des Peloponnes erhielten, da ihnen erst die aus Laconien vertriebenen Minyer in diesem letzten Versteckplatz den Garaus machten. Sie kehrten damit nach Stätten zurück, wo schon ihre durch Neleus aus Iolcos (eine Colonie der Minyier aus Orchomenos) herbeigeführten Verwandten einst ein blühendes Reich im hinsenreichen Pylos (thryoessa polis) gestiftet, aber, durch frühere Kriege mit Herakles und dann mit den Epeern geschwächt, wieder der älteren Bevölkerungsmasse hatten die Oberhand lassen müssen. In den Epeern dagegen hatte sich durch congruentere Kreuzung mit dem nahe gelegenen Aetoliern ein lebensfähiger Stamm herausgebildet, der nach der dorischen Eroberung in der elischen Nationalität, also in den uns historisch als solche bekannten Eliern, seinen krönenden Abschluss fand. Die Epeer bilden dabei eine ephemere Uebergangsstufe von der unteren Schichtung der Eingeborenen zu dem dominirend fortdauernden Geschichtsvolk, in welchem sie aufgehen, und stimmt dies genau mit Herodot's Angabe, der unter der Siebenzahl der peloponnesischen Völker die Dryoper unter die eingewanderten stellt, denn die Epeer bilden im Apia oder Peloponnes die Grundform für die Dryoper, Doloper, Meroper am Axostos, Almoper, von Asterope stammende Kelten am Ister und andere Stämme des Ostens, die in einer vorgeschichtlichen Zeitperiode vorübergehend weite Ausdehnung gewonnen hatten, und damals auch im nördlichen Elis die ursprünglichen

Alpenvölker der Carni ausschliessen, so vermittelt (bei der im Celtischen und Semitischen übereinstimmenden Bedeutung von Qarn) der phönicische Stapelplatz der Insel Cranae bei Laconien den Uebergang von Carna oder (bei Plinius) Cranon, der Hauptstadt der Minaei (in Yemen) zu dem Druidensitz der Carnuten, oder Sternkunde Beduinen, wie die den Minaei benachbarten Sabäer und frommen Sabiner (von σέβειν erklärt). Der die Pelasger in den Cyclopenbauten kennzeichnende Charakter als Architekten wird im Orient den Nabathäern beigelegt, die (nach Masudi) die Erde mit Städten bedeckten. Ce sont ceux qui les premiers se sont appliqués à l'architecture (Quatremère). Die Amalekitergräber Palästinas sind die der Eingeborenen. Die in Lacedämon zerstreuten Grabhügel bergen die mit Pelops gekommenen Phrygier. Die Reste der Cananiter wurden unter Salomo zu ewiger Leibeigenschaft verknechtet. Aus der Dienstbarkeit, Vermischung mit den Ankömmlingen und aus deren kirchlichen Einflüssen gingen die Indios mansos oder ladinos hervor, die einen nicht unbedeutenden Theil der niederen Volksklassen, zumal in dem atlantischen Küstengebiete Brasiliens bilden (s. Martius). Die übrigen Indianer zogen sich in die Wälder des Innern zurück. Die Descimentos wurden besonders aus Indios de resgate gebildet. Die gewöhnliche Art sich zu begrüssen besteht (bei den Tibetern in Sikkim) darin, dass sie die Zunge herausstrecken, die Zähne fletschen, mit dem Kopf nicken und sich an den Ohren kratzen (Hooker).

Kaukonen so völlig absorbirten, um später selbst wieder als Eingeborene gelten zu können.

Die Kaukonen*) stürzen uns jetzt in das Völkergewirre am Propontis, wo sich zwischen den beiden Continenten die Fäden hinüber und herüber schlingen, so dass die Alterthumsforscher meistens ungeduldig wurden, den gordischen Knoten zu entwirren, und ihn deshalb lieber in Fetzen zerhauten. Damit schien dann oftmals die Lösung gewonnen, aber die Bemühungen, die Fäden wieder fest aneinander zu knüpfen, mussten stets erfolglos bleiben, da der organische Zusammenhang zerrissen war. Es ist nöthig, allen Windungen und Drehungen bedächtig zu folgen. Wenn sie scheinbar auch noch so weit abführen, müssen sie schliesslich doch zurücklaufen, wenn man vermieden hat, sie durchzureissen.

Homer nennt die Kaukonen zusammen mit den Lelegern und Pelasgern unter den Bundestruppen Trojas, und Strabo weist ihnen neben den Mariandyni die bithynisch-paphlagonische Küste an mit der Stadt Ticium. Auf der andern Seite der Propontis scheint ihnen das einst weit verbreitete Volk der (*Κίκονες*) Kikones an der Mündung des Hebrus zu entsprechen, und der zu ihren Verwandten im Peloponnes zurückführende Anschluss an die Konii würde seine Analogie finden in der im Westen erhaltenen Völkerinsel der Bebryker in den Pyrenäen, während die Bebryker am Pontus von Eratosthenes zu den (neben den Kalykantiern, Tripsedern, Lelegern, Solymern) untergegangenen Völkern gerechnet werden. Das Wiedererscheinen georgischer oder jorjitischer Iberer in den hispanischen**) des Westens gewinnt seine Stützen durch die vielfach versuchte

*) *Καυκώνεια ἐπειδὴ ἀπὸ βασιλέως Καύκωνος ἢ ἀπὸ ποταμοῦ* (Steph. Byz.). Die Kaukonen an der triphylischen Grenze (oder Paroreaten am Gebirge Lapithos) geben die Erklärung zur Nachricht (des Dionysius), Atlas (Grossvater des Dardanos) habe am kaukasischen Gebirge (*Καυκάσιον ὄρος*) in Arcadien gewohnt (Klausen). Von Kentaurensagen ist die Umgegend voll. Die Griechen localisirten alle mythologischen Namen bei sich (besonders in Central-Arcadien), wie die Javaner die des Mahabharata auf ihrer Insel. Ticium war Hauptstadt der Kaukonen. Die Kiratas oder Kichak genannten Eingeborenen Nepals nahmen als Herrschende den Namen Varmah oder Brahmas an. Dem Saturn als Chon (Chewan oder Chijun) oder Kelwan (*Κίων* oder *Γήγνος*) wurden *Κίονες* (Säulen) errichtet (s. Movers). Orpheus war (nach Eustath.) ein Kikoner, deren Hauptstadt Maroneia oder Ortagurea durch den von Osiris zurückgelassenen Maron erbaut war.

**) Silius giebt dem hispanischen Volke der Concaner einen massagetischen Ursprung. Die bei den Cantabrern und Bewohnern Corsicas übliche Sitte der Couvade fand sich bei den Tibarenern in Asien. Unter den Belgae an der Küste Britanniens (im Gegensatz zu den das Innere bewohnenden Eingeborenen) werden durch Caesar qui Cantium incolunt hervorgehoben, und (bei Ptol.) gehört den *Κάντιοι* Londinium (Caer Lhud oder Dinas-Bella) oder (nach Müller) Isis am Isis-Strom oder der Themse. Nach Abbo (898 p. d.) war Lutetia (Paris) von Isis (Danaum) benannt, und bretagnische Denkmäler sollen von Paris als der der Isis gleichen (par) Stadt reden. Nach den Kymren gründete Brutus (Enkel des Ascanius) das neue Troja (Troeaff Newydd) oder Lhundain an der Themse. Strabo giebt Briga als das thracische Wort für Stadt und Larramendi sucht briga mit dem baskischen iria oder uria (für Stadt) zu vereinigen. Die bis Amerika umhergezerrte Sprache der Basken will Gröber zum Finnischen gerechnet wissen. The Moschi or Muskai were in all probability of the Tschud or Finnish family (Rawlinson). Der Eponymus

Identificirung der mit den Meschech oder Moschi (Moscheni oder Muskai) zusammengenannten Tibareni (oder am Amanus Cilicien's) Tibarani, die auf der Keilinschrift Tuplai heissen, mit Tubal, dem legendenhaften Culturheros Spaniens (auch von Jesaias im Westen gekannt, neben Griechen und Italiern), zunächst also wohl mit den zu den Asturern gehörigen Tiburer in Nemetobriga. Die von Tiburtus, Sohn des Catillus, genannte Stadt Tibur galt für siculische Gründung, die Tiberis des Königs Tiberinus hiess früher Albula, in Sardinien finden sich die Tibulatii und die Insel Tiparenus lag an der Küste Hermionis in Argolis.

Bleiben wir zunächst bei den Kaukones in Paphlagonien mit den Kikonen (vielleicht den Konii), so würde sich als gemeinsame Grundform Iconium in Lycaonien (durch Eusthatius mit Lycaon in Arcadien verbunden) ergeben, der uralte Sitz des antediluvianischen Nannakos oder Annakos, der Platz, wo auf Zeus' Geheiss die neuen Menschenbilder durch Prometheus und Athene geformt wurden, die Stätte zugleich, wo eine neue Geschichtsperiode durch den, Kephener oder Kophener in Perser

von Paphlagonien ist Paphlagon, Sohn des Φινεύς, der Andromeda (Tochter seines Bruders Kepheus) an Perseus abtreten musste. Spaniens Name Setubalia wird als Setubaleria (tierra de los hijos de Tubal) erklärt. Iria (Uria) son nombres antiquisimos de España y entraban en la composicion de muchisimos nombres de ciudades, como tambien la voz briga (ariga b junta de poblaciones). Ili (Iri) es pueblo (Larramendi) im Baskischen. Die Cantabrier sind die Bewohner der Mondstadt (wie der Chandrabagha-Fluss bei Plinius Cantabras heisst), und zu Ehren des Mondes wird in Iberien getanzt. Die Cantae wohnten nordöstlich vom caledonischen Walde. Zu Achilles, Hektor, hak (Hakelberg, von Ebersahn getödtet, oder Hakemann und Hexe), Hekate, Hekabe, Agdistis (als Riesenjäger bei Arnobius oder heuchlerischer Hagediese in Kybele), Akeles (Sohn der Omphale), Agelaos (Bruder des Meleager, im Kampf um den Eber getödtet), Hekaios oder Hekateios (als Zeus), Aigleios, Akko (schreckender Popanz), Akakallis (deren Sohn Milet von Wölfen gesäugt ward), Acca Larentia, Aglibol (mit Moloch zusammengestellt), Ahi (indischer Dämon der Sonnenhitze), Hekte oder Tacht bei Böhl), Akakos (Sohn des Lycaon), Aeakos, Ajax, Ixion, dann Aktäon, Aktaios (Zeus am Pelion), stellt Pidarit ferner zusammen: Akastus, Akestes, Aegisthus, Agamedes, Aktor, Aglauros, Aegolios, Aegobolos (böotischer Dionysos), Phalakos, Jakchos, Ikarios, Kekrops, Kaukon, Keyx, Kokalos (Mörder des Minos), und vergleicht ferner Chijun, Jachin oder Jakun, Gigon (als ein edonischer Dionysos, als von Dionysos überwundener Aethiopenkönig und Dämon der Aphrodite), sowie die Giganten und die Volksnamen der Kikonen, nebst Hyakinthos. „Der Stamm hak wird vorn ein Digamma gehabt haben, das sich bald zu h oder g verhärtete, bald als blosser Hauch erhielt, bald ganz wegfiel; Uebergang in den Labialis liesse sich annehmen bei Picus, Phokos, Bakchos, Pygmalion, Bagaios (phrygischer Zeus), Bog (slavisch), Pachis oder Pacht. Das Digamma wurde auch zu s, in Sichäus (Sicharbaal) oder (bei Justin) Acerbas, Siga (phönizische Athene), Sakkenfest, Sokles, Saja in Segetia und Segesta, Sachsnot, Sigi, Sigmund, Sigurd (Eckhart), Sigfrid, Segestes, dann Axt, ἀξίνη, ἀκινάκης, Hacke, Pickel (pioche), Sachs, Säge, Sägeur (Sense), ferner Sieg (wig). Es scheint, dass die auf ak zurückgehenden Benennungen den Gott mit der siegreichen Waffe bezeichneten (wie in den Volksnamen Saken, Sachsen, Sogdiana, Sikuler, Agathyrsen, Akarnanen, Achäer, Aquer), bald mit der Kriegswaffe, bald mit Ackergeräth" (s. Pidarit). Solche Aneinanderreihungen haben insofern ihren Werth, um zu zeigen, dass etymologisch aus Allem Alles werden kann. Es bedarf nun aber erst der mythologisch oder historisch zu entscheidenden Correlat-Beweise, um das in derartigem Wust Zusammengehörige verwerthen zu können und das Uebrige zu annulliren.

verwandelnden, Perseus symbolisirt wurde, der sein aus Ueberwindung medischer Dahaka im Westen zurückgebrachtes Medusa-Haupt an der fortan Gorgo (gleich der Hauptstadt der Hephthaliten) genannten Stätte aufpflanzte. Gog im Lande Magog (von man oder Erde, statt von maha, gross) beherrscht (bei Ezechiel) die Ros, das in Rhodos heliadische Strahlen hervorschiessende Mittelglied der Rutennu und Rutheni, verschwindet aber, durch eine ogygische Fluth (des Ogyges, Heros der Hecteni im boötischen Theben) aus dem Horizont, wie Calypso's Insel Ogygia am lacinischen Vorgebirge und das Grab des Königs Erythras auf der Insel Ogyris an der Küste Karmaniens.

Die Kaukonen oder die (nach Strabo) am Flusse Parthenius Paphlagoniens wohnenden Kaukonitae (Kaukoniatae) könnten, gleich dem Kaukasus oder (bei Mela) Graucasus (Khaokas der Armenier) auf Kaf oder Ko (Berg) führen, und würde sich dann mit dem von Athanarich besetzten Caucalandensis locus (hauhaland) oder Hochland (s. Zeus) ergänzen (wie auch der Name der Chaucen oder *Καυχοι* durch „hoch“ erklärt ist), findet aber einen näheren Anschluss in den Kaunii von Kaunus (mit der Festung Imbros), die zwar vielfach mit den Kariern*) verwechselt oder doch mit ihnen gleichgestellt werden, die indess jedenfalls einer älteren Schicht der Eingeborenen den zugewanderten Kariern gegenüber repräsentiren, wenn der letzte Name für das ganze Volk reservirt wird, welches den Kariern, als in Griechenland auftretenden Kariern, zukommenden Charakter kennzeichnen soll. Zur Entscheidung dieser Frage genügt die von den Kauniern erzählte Ceremonie der Teufelaustreibung, das Verjagen der fremden Götter über die Grenze hinaus, ein religiöser Act, wie er nur bei eingeborener oder doch einer durch längere Sitze schon ganz heimisch gewordenen Bevölkerung vorkommen wird. In ähnlicher Weise als abergläubisch und stumpfsinnig waren die Paphlagonier**) bekannt (besonders

---

*) Die Karier wurden den ungeschorenen Akarnanern entgegengesetzt, und daneben stellt man die *Καρηκομόωντας Ἀχαιούς*, während die Aegypter eine eng anliegende Mütze trugen. *Σισοη* (comam plexa) wurde durch Moses verboten, ebenso wie das Abrasiren der Haare. Die Männer Aegyptens schoren, Knaben trugen dagegen Haarbüschel, Prinzen lang geflochtenes Haar hinter das Ohr zurückfallend, als Zeichen der Jugend, wie bei Harpocrates. Nach Lucian war es ein Zeichen des Adels für freigeborene Jünglinge in Aegypten, das Haar bis zur Pubertät zu flechten, während es in Griechenland Zeichen der Unfreiheit war, das Haar aufzuwickeln und zu flechten. Die durch Fürsten getragenen Locken waren oft künstliche (s. Wilkinson). *Καλοῦνται οἱ μὲν κειρόμενοι Κουρῆτες, οἱ δὲ ἀκούρητοι Ἀκαρνᾶνες* (Steph. Byz.). Nach dem Verlust von Thyrea schnitten die Argiver ihr vorher langes Haar, wogegen die Lacedämonier, die geslegt, anfingen, es lang zu tragen. Der langhaarige Oberpriester des Swantowit residirte zu Arkona. Die Irokesen verehrten den Einsiedler Thomoukouischal (Langhaar). Der Khalif liess die Botschaft an Temudschin (für den Bund gegen das Geschlecht der Charismschahe) dem geschorenen Kopf eines Sklaven aufbrennen (wie der Milesier Histiäus). Beim Anrücken der Mongolen auf den Flecken Nur sah der Wächter zuerst das Heer (nach Umhauen der Bäume) einem Walde ähnlich heranrücken, wurde aber von den Einwohnern verlacht (wie in Yemen und Schottland).

**) Den Namen Paphlagoniens (an welches Landes treu ergebenen Statthalter Cottas beim

die des Innern mehr als an der Küste), d. h., im Gegensatz zu den gleichfalls Paphlagonier genannten Pylaemenen (der von Pylaemenes herbeigeführten Heneti oder paphlagonischen Eneti), der eingeborene Stamm der Paphlagonier, wahrscheinlich die Macrones (oder Sanni) der moschischen Berge. Aehnlich zusammengesetzte Namen hat man gewöhnlich mit dem griechischen *μακρος* in Beziehung gesetzt und die Makrobiol (oberhalb Phylae) als Langlebende oder (nach H. Müller) als Grossbogige, die Makropogones im Kaukasus als Langbärtige, die Sigunni oder Makrocephalen als Grossköpfige erklärt, u. s. w. Da indess der Stamm der von Forster auf Jowasser-Araber bezogenen *Μάκαι* (Macae) in den *Ἰχθυοφάγων κόλπος* gesetzt wird, als ein Zweig der weitverbreiteten Fischesser, so liegt ein Hinblick nahe auf Makara, den indischen Fabelfisch (Dschalarupas oder Kantakas), der das Reitthier des Warunas (des Zeus Urius oder Uranos in Kleinasien) bildet, indem Kama's Name als Makara-Ketu (der Rastlose oder Unkörperliche) wieder die Brücke zu dem von Perseus getödteten *Κῆτος* schlägt und Derketo oder Atergatis. Die bei den Alten so häufige Wiederkehr der Ichthyophagen als ethnischer Bezeichnung diente als religiöses Secten-Kennzeichen, einmal um die blutige Thiertödtung vermeidenden Fischesser hervorzuheben, und dann wieder innerhalb des Kreises der strengeren Vegetarier, um die durch Fischgenuss Unreinen zu brandmarken, wie die fischessenden Brahmanen des Dekkhan ihren

drohenden Untergange Niniveis Sardanapal seine Kinder sandte) hat man versucht semitisch zu erklären, und könnte in ihm, wie in Paphos auf Cypern, vielleicht ein Zusammenhang mit Attis oder Papas (sonst auch mit dem scythischen Papaeus) liegen. Nach Corn. Nepos waren die Dynasten Paphlagoniens Scythen. Die Bewaffnung durch Rohrschilde kam den Moschi und Tibareni gemeinsam mit den Mosyni und Mosynoeki zu, die (gleich manchen Negerstämmen) die Könige im Palast gefangen hielten, nach dem Brauche der Sabäer in Yemen. Von zwei Königen im arcadischen Orchomenos wird erzählt, dass sie das Volk gesteinigt habe, und auch die alten Schweden tyrannisirten über ihre Könige. Die von Polyaenus dem Sacas (zur Vernichtung von Darius' Heer) zugeschriebene Zopyrus-List (bei Herodot) wird von Cirus und dem Halatkriah erzählt, von Kanishka (bei Abu Rihan) oder von Lalitaditya und Chandir. Nach Athenaeus wurde Atergatis mit ihrem Sohne Ichtys in einem See bei Askalon ersäuft (wie Bochica bei Bogota). Gleich den Paphlagoniern (bei Herodot) übten die Makrones oder Sanni der Moschischen Berge, den angeblich durch Colchier vermittelten Brauch ägyptischer Beschneidung und (nach Josephus) wurden die Moschi später Kappadokier (Leuco-Syri) genannt, aus dem Pferde-Reichthum erklärt, und auch Paphlagonien, wo der Fluss Parthenius auf nomadische Einwanderung deutet, war durch seine Pferde berühmt. In Paphlagonien wurden, wie man erzählt, Fische aus der Erde gegraben. Von den Skuti in Sogdiane (mit den Städten Hermonassa, Gorgippia und Aboracei) berichtet Nicolaus Damascenus, dass sie nach der Zahl getödteter Feinde Fische auf das Grab eines Verstorbenen warfen, und Aldon (der Fabrik- oder Ausfuhrplatz sindonischer Gewänder) war (nach Justin) a piscium ubertate genannt. Der mesopotamische Mondgott oder Sin (in Hur oder Ur) führt durch [illegible] (bei Eupolemus) auf die (taurische) Mondgöttin der beiden Komana (mit dem Tempel des Zeus Abrettenus am Pontus). Im Dienst zu Mabug oder Hierapolis wehrte Here (Tirgata oder Atergatis) die Zerstörung der Fische durch Zeus (Cornutus) (s. Lucian). Aus der Herrschaft des Chalib (Zeitgenosse des Koreshi) wurde Sin von den Chatrael verehrt (Patriebles). Los comerciantes formaban como un gremio con cierta independencia, tenian una especie de fuero ó cortes peculiares, usaban ciertos distintivos y acompañaban al rey, á quien llamaban tio [illegible] (in Mexico).

heiligeren Brüdern gegenüber, oder die Fürsten des Delta auf ägyptischen Monumenten, wo der König von Theben ihren Fischgeruch verabscheut. Bei den Buddhisten dagegen sind es fromme Männer, die die (in Orfa selbst, und ebenso im Fluss *Χαλος* heiligen) Fische essen, und erhielt sich in dem Namen der macarischen Inseln jener Begriff der Heiligkeit,*) der dann besonders an Cyprus, Lesbos und Rhodus haften blieb. Mekka heisst Macoraba, und ehe die Ishmaeliten in der Familie Kedar (mit dem Stamme Koreish) sich des Beit Ullah bemächtigten, liessen die von dem Joctanidischen Patriarchen Sherah oder Jerah stammenden Jorhamiten die Opfer im Thale Mina durch die Minaei genannten Priester vollziehen. Die Milyai waren die Reste der alten Solymi in Milyas, dessen Name, wie so mancher andere, durch einen Lykos geändert wurde, und der den Kariern mit Lydiern und Mysiern gemeinsame Cult des karischen Zeus zu Mylasa zeigt in der (bei Homer) karischen Bevölkerung von Milet (Lelegeis oder Pityusa) oder Anactoria, einer Stadt der Leleger (bei Ephorus), die Möglichkeit, manche der milesischen Beziehungen zu erklären, die sich nicht in das junge Datum der Ionischen Colonie, die unter Neleus der von Sarpedon aus Creta herbeigeführten folgte, einzwängen lassen könnten.

Abgesehen von dem stets auf sich beschränkten Osten, werden im gegenwärtigen Asien drei Hauptvölkergruppen unterschieden, die turanische, semitische und arische, die durch ihre Namen: die indo-europäische, noch weiter nach Westen weist. Dem Turanischen gegenüber bilden das Arische und Semitische die Flexionssprachen oder die amalgamirende Sprachfamilie in der Eintheilung Max Müller's, der ausserdem eine agglutinirende oder (in Asien) turanische und eine isolirende Familie, die die monosyllabischen Idiome des östlichen Asien begreift, unterscheidet. Als Stufen der Entwickelungsgrade folgen die radicale, agglutinative und inflectionale. Friedrich Müller trennt die Sprachen der Süd-Asiaten (Dravida und Singhalesisch) von der weiteren Allgemeinheit der turanischen ab, fasst dann unter die Sprachen der Mittel- oder Hoch-

*) *Μακαρία, κατὰ δὲ Ῥωμαίους Beata.* Der Heliade Macar war Sohn des Helios und der Rhode. Die libyschen *Μάκαι* wohnten am Flusse Cinyps, der am Grazienhügel (*Χαρίτων λόφος*) entsprang (Herodot). Die Macedonier (Macedni) oder (bei Sil. It.) Maketae will O. Müller als die Schlanken erklären, von dem durch Herakles der Echidna zurückgelassenen Gürtel. *Μάκαι, μάκαρες, πόλις, ... καὶ Μακεδνός, μακεδνή πόλις* (Steph. Byz.). Die Epimaranitae (Naritae) oder Rhamanitae (Kinder des Raamah, Sohn des Kush) wohnten (westlich durch die Makai begrenzt) am Vorgebirge Maceta (*τὸ Ἀσαβῶν ἄκρον*). Les dieux sont appelés les Makares dans Homère et Hésiode (Eckstein). Herodot spricht von drei Stämmen der Babylonier, die nur Fische assen, getrocknet und durch Siebe gepresst (wie Sagu). Gesenius liest auf afrikanischen Inschriften Baal Makar, als libyschen Herakles oder (bei Pausanias) Makeris. Die Sauromaten berührten kein Lebendes, und die ebenso lebenden Abii werden als ein gerechtes Volk gerühmt (bei Homer), wie die Pferdekäse speisenden Scythen (bei Aeschylus). Nach Molina hatte das Essen des Menschenfleisches (bei den Mexicanern) nur heilige Zwecke (reliquias de Santos).

Asiaten die ural-altaischen, japanesischen, koreanischen und einsilbigen, unter die Sprachen der Kaukasier die kaukasischen, hamitischen (ägyptisch, libysch, äthiopisch), semitischen, indo-germanischen (und baskischen) zusammen, während unter die Rubrik Nord-Asiaten das Tschuktische (und Koryakische) Yukagirische, Kurlische (Kamtschatkische und Aino) und Kottische (Jenisei-Ostjakische) gestellt sind. Die Völker der letztern Gruppe würde physisch betrachtet die Repräsentanten des für Asien polaren Typus sein, die Semiten oder (bei der Mischung hamitischer und semitischer Genealogien) die Syro-Phönicier (bei Prichard) und Arier als Kaukasier sich neben einander reihen, während sich in den Turaniern derjenige Typus ausdrückte, für dessen Repräsentanten gewöhnlich die Mongolen genannt werden.

Wollten wir in der kaukasischen Physiognomie eine Veredelung der mongolischen sehen, wie sie bei Ansiedlung der Nomaden auf einem für Culturentwickelung günstigen Terrain einzutreten pflege, so würde der hier bemerkte Entwickelungsfortschritt mit dem Aufsteigen der Sprachen von der agglutinativen zur inflectionalen Stufe sich aussprechen. Wir würden dann auf das allgemeine Niveau eines ursprünglichen Σκυθισμος zurückgehen können, wie es sich in der Ansicht alter Schriftsteller (bei Epiphanius, Joh. Malala u. s. w.) bis zu Ninus' Zeit mit gleichartiger Indifferenz über Asien ausgebreitet habe, und wie es auch Rawlinson für den Ausgang der Sprachbildung nimmt, wenn er bemerkt: Turanian speech (allophylian) is rather a stage than a form of language, it seems to be the earliest mould into which human discourse naturally throws itself being simpler, ruder, coarser and far less elaborate, than the later developments of Semitism and Arianism.

Nach Castrèn gab es eine Zeit, wo sich die indo-europäischen Sprachen auf derselben niederen Bildungsstufe befanden, wie es jetzt mit dem Chinesischen der Fall ist, und haben sie nach und nach die Entwickelungsstadien durchlaufen, in welchen sich die mongolischen, türkischen und finnischen Sprachen gegenwärtig befinden. M. Müller unterscheidet die Juxtaposition im family stage, die Agglutination im nomadic stage und die Amalgamation im political stage. Im Mongolischen hat die Volkssprache bereits eine ordentliche Flexion bei den Zeitwörtern entwickelt, und innerhalb des finnischen Sprachstammes hat die Bildung von Präpositionen und präpositionalen Zusammensetzungen schon begonnen (s. Castrèn). The Ugrian dialects (especially the Hungarian and Finnic) are the highest in rank, being almost entitled to be reckoned as inflective. The eastern branches, the Mongolian and Tungusian, are poorer and scantier, and the Mauchu even verges upon a monosyllabic stiffness not having (for example) so much as a distinction of number and person in its predicative or verbally employed words. The Turkish holds a middle place (Whitney). Während das Mongolische keine Verbalendungen für Personen hat, sollen sich diese kürzlich (nach Castrèn) im buriätischen und tungusischen Idiom (bei Nertschinsk) gebildet haben. Von allen Agglutinationssprachen stehen die finnischen und samojedischen Sprachen den Flexionssprachen am nächsten, gleichsam als Uebergangsglied (Castrèn). Das Slovakische, das nie eine Schriftsprache erhielt, zeichnet sich durch seine Weichheit aus, gleich dem Serbischen, dem Italienischen und Slavischen, und ebenso bewahrt das Englische seines unvollkommenen Alphabets wegen eine grössere Menge modulirender Veränderungen, als solche Sprachen, die die ganze Fülle der Laute in den engen Rahmen einer bestimmten Buchstabenzahl zu zwängen suchen. The english alphabet would almost be without number, if all the three or four modes of pronunciation connected with one and the same letter in that language, were indicated by certain signes and these signes made three or four letters out of one (Talvj). In ihrem Stoffe sind die romanischen Sprachen (denen allen das Lateinische zu Grunde liegt) fast ganz gleich*) unter

*) En mis estado que es el primer paso que las naciones dan para mudar la lengua, estaba quarenta años ha la araucana en las islas de Chiloe, en donde los Araucanos apenas proferian palabra que no fuese española, mas la proferian con el artificio y órden de su lengua nativa, llamada auracana (Hervas). Ein bewunderungswürdiger Umstand ist es, dass kein Kaffir, selbst das kleinste Kind nicht, je einen Fehler im Sprechen macht; ein solcher ist für sie gänzlich ein Ding der Unmöglichkeit (Döhne). The language of the Indian, in its largest sense, is a matter both progressive as it were, of systematic acquirement, growing with his growth and reaching perfection only, as he arrives towards maturity, bemerkt Howse in seiner Grammar of the Cree language. Pott bekennt sich zu einer Mehrheit von einander unabhängigen und von Uebeginn her verschiedenen Sprachen. Nach Kort und Obidion giebt Sprachgleichheit (wegen möglichen Umtausches) keinen Beweis für Einheit der Abstammung. Les langues ne donnent pas des caractères sûrs de la véritable nationalité d'un peuple, car plusieurs ont totalement perdu leur langue originaire, p. ex. les Fellahs en Egypte, les Slaves en Grèce, les Slaves dans plusieurs contrées de l'Allemagne septentrionale, les Cimbres en Danemark et en Suède (Retzius). Castrèn spricht seinerseits ebenso wegwerfend von den Craniologen. Two persons may readily be culled from two diverse races, who shall be less unlike than two others that may be chosen from the same race. While on the contrary words and phrases taken down from the lips of an individual or written or engraved by one hand, can be no private possession, they must belong to a whole community (Whitney). Die Sprache der ansässigen Indianer in Amerika ist (nach du Ponceau) methodischer und künstlicher, als die der jagenden und fischenden Nomaden. Die Kreuzung der Cholos aus Weissen und Indianern heisst Mamalucos in Brasilien, wie Axibero (Zambo in Neu-Granada) die Kreuzung des Negers und Indianers. Nach Auguste de St. Hilaire fanden die Botocuden solche Aehnlichkeit mit den Chinesen, die sie in den Häfen sahen, dass sie dieselben ihre Onkel nannten. In den Maskeraden der Botocuden erkannte Siebold Japanische Zeichen des Zodiacus aus ihren alten Volksfesten. Barrow trouva chez les inhabitants de l'île de la Reine Charlotte l'habitude d'exécuter des figures sculptées, dont le style et le faire ont une telle ressemblance avec celles qu'on exécute au Japon, que les Japonais eux-mêmes prirent plusieurs de ces figures pour leur propre ouvrage. Nach Siebold erkannten seine Japanischen Freunde die Ornamente Mitla's (bei Humboldt) als solche, die in alten Zeiten bei ihnen und den Chinesen üblich gewesen. Die Schädelplattung bestand ausser bei den 1730 ausgerotteten Natchez, bei Choctaws, Waxsaws, Crihks oder Muscogis, Catawbas, Attacapas in Californien und auf den Inseln Quadra und Vancouver; in Yucatan fanden sich Spitzköpfe, in Peru ausgezogene Schädel. Die Adlernase tritt besonders bei Irokesen, Algonquin und Crihk hervor. Die dünne, trockene Luft der Gebirge gewöhnt den Alpenhirten an rauhere, mehr aspirirte Laute. Der Fischer, der seine Stimme durch das Brausen der Brandung hörbar

einander. Aber in jedem der ihnen zugehörigen Ländern bildeten sich unter dem Einfluss des Klima und anderer örtlicher Verhältnisse eigene Gesetze, diesen Stoff auszusprechen, zu behandeln und zu gestalten (Reimnitz).

Die ägyptischen Monumente bewahren ihren eigenthümlichen Charakter, wenn man ihn als hamitischen bezeichnen will, in der Hauptsache unverändert, während in den Keilinschriften ein Wechsel bemerkbar ist, dessen successive Phasen man in Uebereinstimmung mit den Dynastienfolgen zu arrangiren gesucht hat. Neben der arischen Columne der Achämeniden-Zeit steht eine semitische, die man in den assyrisch-babylonischen Inschriften Ninives wiederfand, und zahlreich wie Assurnipals († 923 a. d.) Inschriften in Kalah oder Nimrud sind im zweiten assyrischen Reich, das nach dem Falle Sardanapal's unter Tiglath-Pilesar II. seine Unabhängigkeit von Phul erkämpfte (769 a. d.), die Sargon's in Khorsabad († 702 a. d.). Die Erfindung der Keilinschriften, deren Symbole ihre phonetischen Werthe in tataro-finnischen Idiomen finden, wird von Oppert den turanischen Völkern (2200—2000 a. d.) zugeschrieben, die nach den unter Zoroaster eingefallenen Medern in Mesopotamien herrschten und den (in den Ziegeln der Könige Urukh und Ilgi oder in denen Kudur-mapula's ihre ältesten Monumente besitzenden) Chaldäern vorhergingen, deren casdo-scythische Schrift eine Mischung turanischer und semitischer Elemente enthalten soll oder als eine hamitische Uebergangsstufe des in der Bildung begriffenen Semitischen betrachtet wird. In dieser hamitischen Keilschrift findet Rawlinson Beimischung eines arischen*) Elementes unter dem Vocabularium der frühesten Periode

machen will und seine Töne langsam und kräftig hervorstösst, wird den Wohlklang, den geschmeidigen Uebergang der Laute weniger fühlen, als der Bewohner der Savanne oder des Waldes, der kein anderes Geräusch zu hören pflegt, als das Säuseln des Windes in den Blättern, der mit leiser Stimme reden kann und dem keine Modulation der Stimme entgeht (Frankenheim). Scopp (XVII. Jahrhdt.) bemerkt von dem bairischen Dialekt, wenn die Fremden ihn hören, müssten sie aus dem Ton und der schleppenden Aussprache die Menschen selbst für faul und stumpf halten. Ein Indianer in Sampaya hatte ohne die geringste Kenntniss von Lesen und Schreiben zu besitzen, sich gewisse symbolische Zeichen erfunden und mit denselben den Katechismus auf Felle oder Papier gemalt (s. Tschudi). Un Indio suele escribir los anales de su pueblo en una tabla ó un pedazo de caña por medio de varios signos, cuya inteligencia y manejo pide mucha combinacion y una memoria feliz (Viedma). Der Cherokee Guess erfand sein Silben-Alphabet 1824.

*) In der dem Dienst der Sonne (Surya) oder Shamas geweihten Stadt Sippara (Sivra) oder Sur (einem indischen Supara) vergrub (bei der Fluth) Xisuthrus die Bücher des Fischmenschen Oannes, und Vishnu in der Matsyavatara erkämpfte den Raub der Asuren Madhu (oder Meder) und Kaitabha (Kaia oder Riese) zurück (nach der Krijajogasara). In Indien spalteten sich die Interessen der Sonnen- und Mond-Dynastien, im Harran dagegen wurde noch 500 a. d. Sin und Bal-Shemin verehrt. Der dem assyrischen Mondgott (Sin oder Hurki) geheiligte Monat hiess Sivan, und Siva heisst Tschandraçekhara als den Halbmond tragend. Im Gegensatz zu Zoroaster's Medern (die, wenn nicht eine rein iranische, doch eine scytharische Mischrace darstellten) und der Elementarverehrung ihrer Magier führte (nach Rawlinson) die cushitische Race in Babylon (mit den Arabern und afrikanischen Aethiopern verwandt) den Cultus der Himmelskörper ein, als sie (2234 a. d.) selbstständig wurde. Dann folgt die Ein-

und glaubt also eine Art Embryonalzustand der Sprachbildung zu sehen, aus dem die arischen, semitischen und turanischen Dialekte sich noch nicht zu individuellen Geschiedenheiten durchgearbeitet hätten. Während sich nun (wie Rawlinson meint) auf den mesopotamischen Monumenten die Bildung des Semitischen durch das Mittelglied hamitischer Mischung aus der indifferenten Grundlage des Turanischen verfolgen liesse, sind wir für das Arische oder Indo-europäische schlechter bestellt, da es auf den asiatischen Denkmalen erst sehr spät erscheint und diejenigen Gegenden, wo es (nach Nachricht aus anderen Quellen) früher zur Geltung kam, der monumentalen Zeugen aus so hohem Alterthum entbehren. Es bleibt rathsam, den indischen Zweig vorläufig bei Seite zu lassen und uns dem europäischen zuzuwenden, wo aus den Ländern der Classicität kritisch durchforschte Berichte vorliegen.

Die grosse Zahl der in geschichtlicher Zeit verschwindenden Stämme, die Dryoper, Kaukoner, Leleger, Epeer, Hyanten und andere von Strabo zu den Barbaren gerechneten Eingeborenen, können über die hellenische Nationalität späterer Bildung keinen Aufschluss geben, ebensowenig die mythisch verarbeiteten Cureten oder die Karier barbarischer Sprache (bei Homer); aber selbst die vormondlichen Arcadier im eigentlich centralen Stammsitz Griechenlands heissen Pelasger, sind also allen zweifelhaften Deutungen dieser ausgesetzt, und auch in Aegialeia oder (nach der dorischen Besetzung von Argos) Achaia wohnten Pelasger, die erst bei der Ankunft der Ionier von Attica sich zurückzogen. So wäre es der Name der Ionier (angeblich der Jüngste), der zuerst als der Vertreter eines legitimen Hellenenstammes auftritt; aber wenn wir dem Ursprung der Hellenen nachzugehen suchen, verschwindet der Faden wieder aus den Händen, da sich, wie immer im geschichtlichen Geschehen, Knoten-ineinanderschlingungen zeigen. Die Ionier kommen von Attica, Attica ist jedoch von den Cranai bewohnt, die unter Erechtheus Pelasger genannt werden und sich dann (ausser einem später vertriebenen Rest) ionisiren. Die Bewohner des eigentlichen Ionien in Kleinasien waren nach Herodot aus vielfachster Mischung anderenamiger Stämme hervorgegangen, obwohl die von Attica zugeführten Ionier (oder besser Atticenser) sich für die vornehmsten hielten. Herodot's Bemerkung, dass das Feiern des

---

wanderung aus Elam oder Susiana, wodurch (1976 a. d.) das chaldäische Reich gestiftet wird, und Chedorlaomer, König der chaldäischen Elamiten, tritt als Feind Abraham's auf. It is at any rate certain, that the Cuneiform characters have usually one Arian power, that is, one power answering to the Arian name of the object represented. Die an die arischen in Indien anklingenden Namen Purna-puriya, Jurjana, Sinil, Namana u. s. w. sind beachtenswerth. Aus diesem Chaldäer-Reich zogen (wie die vedischen Hirtenstämme der Brahmanen in das Pendjab) die Anhänger des Patriarchen Abraham in das Niederland, und als Ursache der Auswanderung geben orientalische Ueberlieferungen religiöse Differenzen mit dem Herrscher oder, wenn mit den Priestern, mit den Chaldäern, indem die babylonisch-ägyptische Secte der Sonnenanbeter oder Ba von den Verehrern des Ambar (des A-uren) abfiel.

Bundesfestes Apaturia das entscheidende und einzige Kennzeichen für ionische Nationalität sei, beweist, dass mit diesem Namen ursprünglich ähnliche Wanderstämme bezeichnet wurden, wie sie im Orient Javanen oder Jaonen*) (von den Barbaren zur Bezeichnung aller Hellenen gebraucht, nach dem Scholiasten) hiessen, und Manche begannen sich deshalb dieses Namens (wie mit Ausnahme der Asinäer, die Dryoper der übrigen) zu schämen und mochten ihn, gleich den Milesiern, abgelegt haben. Die Bewohner von Styra in Euboea leugneten ihre Herkunft von den Dryopern und zogen den Demus Steiria in Attica vor.

Die durch Aeolos, den zweiten Sohn des Hellen, vertretenen Aeolier bleiben, als zunächst in Thessalien ansässig und erst spät nach Boötien geführt, vorläufig ohne Berücksichtigung.

Die Achäer zeigen gleichfalls diese beliebte Ziehbrücke eines Hin und Her, indem sie bald aus dem Peloponnes nach Thessalien, bald aus Thessalien nach dem Peloponnes kommen sollen. Im letztern sind sie natürlicher zu Hause und scheinen sich aus der Mischung der Eingeborenen mit den von Danaus gebrachten Danaern, sowie mit den phthiotischen Begleitern des Pelops, Sohn des Tantalus, Sohn des phrygischen (nach Pindar) oder (nach Ister) paphlagonischen Tantalus (Sohn des Timolus) aus Sipylus (von Hermus) oder Tantalis (Hauptstadt der Mäonier) gebildet zu haben, aus assyrischen oder (nach Xerxes' Ausdruck) persischen Vasallen. Sie traten in Folge dieser Cultur-Einflüsse als ein kunstfertiges Volk auf, ähnlich den Pelasgern, denen die Citadelle Larissa eignete, in Argos, dem Hauptsitz der Achaier, und als diese, von den Doriern vertrieben, nach der Küste ziehen mussten, bauten sie dort ihre Städte unter den in Dörfern zerstreut lebenden Ioniern.

In seine feste Form gegossen wurde der Hellenismus erst mit der dorischen Einwanderung, die, auf ihre ersten Anfänge zurückverfolgt, nach Epirus führt. So schlägt sich hier durch Phrygier und Bryger die Brücke von Armenien nach Thracien, und sie muss auch zur Aufklärung des Griechisch-Hellenischen auf der einen Seite, des Celtenthums auf der andern leiten.

Die Aeolier bewohnten (ehe die Boötier durch die Thessalier vertrieben wurden) Aeolis (in Thessalien) mit Arne als Hauptstadt, indem Hellen seinem ältesten Sohn (Aeolus) Thessalien überlassen. Die irländischen Sagen verknüpfen ihre Einwanderungen mit Boötien. Wie Cerne im Westen war Jerne der äusserste Punkt im Norden. Die Cureten sind (nach Strabo) zum Theil zu den Aetoliern zu rechnen. Bei der Bemerkung, dass Boötien von Aonern, Temmikern und Hyanten bewohnt gewesen, fügt Strabo hinzu, dass d eshalb die Boötier früher (nach Pindar)

*) Jasoni totus fere oriens, ut conditori, divinos honores templaque constituit (Justin.). Jason, Sohn des Hohenpriesters Simon II, heisst (bei Joseph.) Jesus, wie Janus, dessen Spuren (gleich dem von Parmenides zerstörten des Jason) sich am Pontus finden.

Schweine genannt wurden, und Irland heisst in einheimischen Sagen die Schweine-Insel. Die Aestyer trugen Eberbilder. Neben dem Höhlenorakel des Plutonium bei Acharaca lag die asische Ebene (mit den Heroen des Caystrus und Asius) bei Nysa (am Berg Messogis), wo drei lacedämonische Brüder eine Stadt gründeten, unter Athymbrus als Stifter (nach Strabo). Die Rhodier und Koer waren Dorier (nach Strabo). Zu Homer's Zeit ward Rhodus (Ophiussa oder Telchinis) von Herakliden bewohnt. Für Herodot sind die Dorier die eigentlichen Hellen, als die Hellenen unter Dorus' Führung. Den Athenern als Pelasgiern werden die Lacedämonier als Hellenen gegenübergestellt. Die hellenische Race hatte sich (nach Herodot) von dem pelasgischen Stamme abgezweigt (ἀποσχισθὲν) und sie wurde (wie Thucidides bemerkt) einig durch ihre gemeinsamen Interessen.

Die dorische Bewegung, wie sie bei den Historikern überliefert ist, wird im Zusammenhang mit einer grösseren Völkerverschiebung zu denken sein, die sich nur in jenem schwachen Nachzittern auf der abgelegenen Halbinsel bemerklich macht und von dort allein Berichte hinterlassen hat. Es muss stets im Auge behalten werden, dass die Kenntniss so vieler Epochen alter Geschichte einseitig auf Mittheilung griechischer Geschichtschreiber basirt, die uns das ihr Land Betreffende minutiös und ausführlich, das Entferntere oberflächlich oder verworren und kurz, also das Ganze in verzerrten Proportionen beschreiben, und dass eine weltgeschichtliche Behandlungsweise erst das, was durch Localisirung fremder Sagen auf dem engen Territorium Griechenlands zusammengedrängt und dort mikroscopisch genau beschrieben sein mag, erst wieder auf die Basis des ganzen Continentes projiciren muss, um die richtigen Verhältnisse herzustellen. Wie nahe der Auszug der Dorier*) aus dem ihnen von Herakles angewiesenen Lande der Dryoper mit der epirotischen Eroberung Thessaliens (1200 a. d.) von Thesprotia (dem Sitz der Graikoi bei Dodona) aus und der Vertreibung der Böotier aus Arne zusammenhängt, ist unverkennbar genug, aber wenn sich damals längs der Donau ähnliche Ereignisse wiederholten, wie bei der Völkerwanderung, wo wir Franken am schwarzen Meere, Sachsen ebendort und in Britannien, Heruler in Byzanz und in Thule, Langobarden an der Ostsee und in Pannonien, Gothen überall und auch im Peloponnes wiederfinden, so liegt nichts Ueberraschendes darin, wenn man auf hellenischer Erde und in damals hellenischen oder noch zu hellenisirenden Völkern Namen wiederfände, die an Karni, Taurini, Boli, die von Beda aus Scythien hergeleiteten Cale-

---

*) Dorienses antiquiorem secutos Herculem, oceani locos inhabitasse confines (Amm. Marc.). In universam Hispaniam Varro pervenisse Iberos et Persas et Phoenices Celtasque et Poenos tradit (Plinius). Das Nicht-Sanscritische des Celtischen stimmt (nach Ch. Meyer) mit dem Alt-Aegyptischen überein. Their skull shows (the inhabitants of the valley of the Nile) to have been of the Caucasian stock and distinct of the African tribes westward of the Nile (Wilkinson).

donier oder (bei Amm.) Dicaledones (des Ὠκεανὸς δουηκαληδόνιος) näher erinnerten. Man hat die Galen in Beziehung gebracht mit den „Gelonen“, die nach dem nordischen Striche entfliehen. Die Tuatha de Danaan (das Volk der Danaer) erweitern die Kreuzzüge der Böoter bis nach Hibernien, und mit Gaoidhal, der einheimischen Bezeichnung der Irländer, sowie mit hochschottischem Gael findet Zeus gleichen Namen im deutschen Vindili und Vindelici der Kelten. In der griechischen Vorgeschichte finden sich weit verbreitet an letztere anlautende Namen, in Doppelbeziehung zugleich zu οινος und vinum, als auf Wandervölker bezogen, die, aus Mittelasien oder aus Kolchien her den Dienst des Dionysos kennen lernten, die aber alle zurücktreten, als der neue Tag des echten Hellenenthums anbricht. Der Name selbst darf nur in der unbestimmten Allgemeinheit gefasst werden, wie der der Wenden und Wanen (Vanden und Pandionen oder Pandu) überhaupt, die unter adriatischen Enetern und in Armorica wiedergefunden, sich schliesslich besonders unter den Slaven fixiren, aber früher auf manchen Strichen bewegt haben mochten, die wenn sie nicht damals schon griechisch waren, doch es bald werden sollten.

Dem von Grimm festgehaltenen Zusammenhang zwischen Geten und Goten könnte Gypta (Gupta im Indischen) nahe stehen, da sich in Genealogien Gapt einreiht, als Ahn des Amala (bei Jorn.), und Gaupt oder Geata (der Angelsachsen). Nur muss die Täuschung vermieden werden, bei Völkern, deren Namen aus gleicher Quelle hervorgeleitet werden kann, deshalb schon ethnische Uebereinstimmung zu vermuthen, denn ein als Mexikaner Introducirter mag ein spanischer Creole sein und ein Cairo in der Union bewohnender Cairenser vielleicht ein Shawno. Wegen der starken Auswanderung aus der Rheinpfalz waren den Amerikanern die Worte Auswanderer oder Pfälzer gleichbedeutend und es wird z. B. von „a Palatine from Holsteyn“ gesprochen. Die keltischen Gallier sind keine germanischen Franken, obwohl sie als Franzosen neben den Ostfranken wohnen, und wenn die germanisch-scandinavisch gemischten Engländer als Briten bezeichnet werden, so fallen sie deshalb noch nicht mit den Briten in Wales zusammen. Die jetzigen Copten haben natürlich eben so wenig (oder vielmehr eben so viel) mit den Gothen zu thun, als die in Indien Roumi genannten Araber, ein Name, der eben so unzweifelhaft Römer meint, wie der der Geten oftmals Gothen bezeichnet hat, der aber in diesem Falle nur aussagt: dass diese Semiten von einem weder semitischen, noch römischen Volke beherrscht werden, dessen Hauptstadt indess in einem einst (gleich dem übrigen) von Römern beherrschten Lande liegt, wo die Eingebornen selbst wieder durchaus keine Römer sind (und eben so wenig Thracier aus der Stromstadt Στρύμη). Wären uns aus dem Alterthum alle Details in gleicher Genauigkeit bekannt, so würden wir die meisten ethnischen Räthsel desselben, an welchen wir der spärlich erhaltenen Berichte wegen allzu häufig spitzfindigste Deuteleien scheitern sehen, mit derselben Leichtigkeit auflösen können. Bei den Copten

in diesem Falle ist es möglich. Erhielt das Unterland des Nil seinen Namen von einem unter der Generalisation der Gothen (Scythen oder Saken) oder Gutthonen begriffenen Volke, das sich von einem (aus assyrischen sowohl wie ägyptischen Monumenten bekannten) Ahn Ai herleitete und deshalb Ai-Guptos (Bruder des Belus, als Patriarch der Legende) genannt wurde, so blieb dieser damals gerade (in Folge der Auswanderungen des Danaus und Anderer) den Griechen bekannt werdende Name des Landes fortan als der gültige im Westen, alle früheren Wechsel überdauernd, in derselben Weise, wie China seinen Namen noch heute von der Thsin-Dynastie führt, unter welcher Malayen (oder ihre damaligen Repräsentanten im seefahrenden Indien) zuerst mit demselben in Berührung kamen, obwohl seit fast 2000 Jahren kein Kaiser aus der Thsin-Dynastie mehr auf dem Throne sitzt. Diese nun einmal Aegypter genannten Nilbewohner, die ihren Namen unter dem Wechsel äthiopischer, persischer, macedonischer, römischer, byzantinischer, arabischer, turkmanischer Dynastien unverändert bewahrten, beschränkten denselben (nach der Religionsspaltung mit Einführung des Islam) in der gekürzten Form Copten auf die christlichen Reste der Eingeborenen, so dass damit auch der letzte ethnische Faden, der noch zu den Gothen*) hätte leiten können, gewaltsam abgeschnitten wurde, indem das Wort jetzt einen religiösen Begriff zu decken hat, oder vielmehr eine Nationalität, die (wie bei den Sikhs und anderen religiös-politischen Secten) ihre charakteristische Färbung vorwiegend von den religiösen Verhältnissen entnimmt und dadurch die Nachwirkung ethnischer Wurzelströmungen mehr und mehr abschwächt. Trotz des politisch-historischen Zusammenhanges der Copten mit den Gothen würde sich also, gerade aus der Richtung, der ethnische von selbst widerlegen. Zwischen Geten und Scythen ist schon zu Herodot's Zeit nur ein gradueller Unterschied, und wie oft bei der Völkerwanderung Gothen und verwandte Stämme als Scythen erscheinen, ist hinlänglich bekannt. Dass

*) One term (for horse) appears to have prevailed in all the South-Dravirian languages (Kadi, Kudu, Keda, Kudi). In Telugu it has been replaced by the North-Indian term but its earlier possession of the Tulava form Kuda or Karnataka Kudu is shown by the Indochinesian Kuda, Kudu, which must have been received from the Kalinga. The Yeniseian Kut and Audi Kuto, Kuta are the closest foreign terms to the Dravirian Kud, Kuda. Wie in asiatischen Titeln das Pferd als Asp (in ... oder Schlange in Aegypten) suffigirt wird, geht bei den indischen die Kuh (Gaie oder Kho) in Präfixen ein. Bei dem Tode einer Kuh körpert sich deren Seele in den Leib eines neugeborenen Bramanen ein (Rama Ayen). The Gond form (for cow) is identical with the Scythic terms for horse, which is also found in Aber Manyak and Gyarung (Logan). The Yeniseian term (Kut or horse) appears to be a native modification of the Ugrian Kus (cow), for Kus bears both meanings in Yeniseian. Der Name des Rosses (in mongolischen Sagen) ist gewöhnlich mit dem Namen des Helden in Alliteration. Ak Chan's Ross heisst Ag-al, das weisse Ross, Aidolei's Ross Ag-ol-al, das weisslichblaue Ross, Kök Mölei's Ross Kög-al, das blaue Ross u. s. w. (Schiefner). Καντογορος dictus a Luciano videri possit qui ab Aristoph. vocatus est equus Κανθαλιος. Οὐδὲ κάνθα (κάνθα) γινώσκων de indocto et stupido homine dixit Parmeno apud Athen. Καππαδοκίζω: Cappadocum partes sequor (App.) Tupa ist königlich (Quechua) und Tepeu Herrscher (Quiché).

es aber schon im Alterthum der Fall war, beweist die von Justinus erhaltene Tradition in Betreff der Scythen, die ebenso bei ihrem Angriff auf Aegypten durch die Sümpfe zurückgehalten wurden, wie die Gothen bei Jornandes. Die Parther sollten scythische Flüchtlinge sein, aber bei Procop stammen sie von den Gothen, die Asien als Eroberer durchzogen. Neuere Forschung sieht in den Persern die nächsten Verwandten der indo-germanischen Gothen, Ammian dagegen leitet die Perser von den Scythen ab, u. s. w.

Die Dacier plünderten und bezwangen auf ihren Streifzügen Hyrcanien, Parthien und Aria (nach Strabo), bis sie endlich unterjocht in die Reihe der Sclaven traten (wie Geta und Davus). Die leibeigenen Frohnbauern (Rab oder Chulop) Russlands würden als servi oder serfs zu bezeichnen sein (s. Erdmann), ebenso wie Schupan und Archischupan vom persischen Suban oder Hirten. Wie die Anhänger der Din Ibrahim den Schimpfnamen Hanef (Gottlose), adoptirten (s. Dozy) die Geusen den ihrigen. V. Hammer findet in alten Türkenschriften das deutsche Wort Sackmann (scythischer Saken) für plündernde Banden mit ihrem Beutesack, und Ascomannen verheerten als Nordmannen, wie samothracische Piraten auf Schläuchen schifften nach dem Lande Ascanien. Der Name Ismaeliter wurde zur allgemeinen Bezeichnung der arabischen Stämme, auch die Midianiter (von Abraham und Ketura stammend) begreifend, und ging später selbst auf die Türken über (s. Buxtorf). Hispanische Saracenen, durch Sturm an die Küste der Provence getrieben, setzten sich in Fraxinetum auf dem Berge Maurus fest, die umliegenden Gegenden durch ihre Streifzüge beunruhigend (dann bis nach der Schweiz und Burgund streifend). Bei den Albanesen heisst der thracische Vlach Hirt (Tschaban). Amlak und Melek kommen von derselben Wurzel (des Besitzes).

Die Gegensätze zwischen den einzelnen Völkerschaften der Burgunder und Westgothen, der Franken und Normannen treten (in Gallien) zurück gegen den viel stärker ausgeprägten Gegensatz zwischen Germanen und römischen Provinzialen. Neben dem Namen Neurom (*νέα Ῥώμη*), welchen Constantin der von ihm gegründeten Residenz zu Byzanz gab, bürgerte sich bald der Name *Ῥωμαῖοι* ein für die Bewohner des Ostreichs und die byzantinischen Griechen selbst pflegten sich *Ῥωμαῖοι* zu nennen im Gegensatz zu den *Ἕλληνες*, worunter man die Vorfahren der Heiden verstand (s. Mullach). Wie Aram zur Verhüllung von Roma, gebrauchte man Aramaha für Römer zur Vermeidung von Ramain. Es erweiterte sich dann der Gebrauch von Arami zu dem für Heiden überhaupt (s. Sachs). In dem zukünftigen Weltgericht (bei Daniel) wird Rom, das schuldbedeckte Reich Aram, zuerst zur Rechenschaft gezogen (nach dem Talmud). Fulin (Polis) oder (Hassi) die Assyrier (Nganaii) hinderte die Könige von Taçin oder Vighien am Seidenhandel mit China. Fulin (Polis) oder (Hassi oder Westmeer) Constantinopel der Tha-Thsin (Römer) hiess auch Hao-Lin (hao oder Blume) oder Hellas (bei den Chinesen), westlich an das Land der Unsterblichen (Sien oder Xan) grenzend. Nganeii war Hauptstadt des Königreichs Taçin oder Likien (zur Zeit der Vei). Ils ont commerce avec le Tumkim (s. Vadelon). Zur Zeit der Thang wurde Fulin von den Taxe (Arabern) unterworfen.

Bei den Wenden oder Venedi (in den Ländern der Burgunder, Sueven, Heruler und Hermunduren) ging der slavische Dialekt der Obotriten in den Polabae oder Linones zwischen Elbe und Leine (deren Dialekt Hennings neben seinen ursprünglichen Bestandtheilen dem Polnischen verwandt zeigt, sowie dem Böhmischen) 1151 zu Grunde, der der Wilzen (in Pommern) 1404, während Braunibor, die Stadt der Ukern oder Ukrainer (Grenz-Wenden) im deutschen Brandenburg Albrecht's des Bären (1184) verschwand. Der slavische Stamm der Sorben dagegen, der sich nach der Zerstörung des thüringischen Königreichs durch Franken und Sachsen in den Ländern der Hermunduren (528) festsetzte, verknechtete die deutschen Bewohner, die vorgefunden wurden, bis ihre Macht durch Karl M. gebrochen, gänzlich niedergeworfen wurde durch Heinrich I., der das nach deutschem Kriegsrechte vertheilte Land mit Deutschen bevölkerte, besonders in den gegründeten Städten, während die wendische Bevölkerung des platten Landes zur Leibeigenschaft erniedrigt wurde. Im Anhaltischen wurde die wendische Sprache 1293 und in Leipzig 1327 bei dem Gerichte abgeschafft. Mitte des XVI. Jahrh. starb der letzte, nur slavisch redende Greis auf Rügen.

Eine vielzüngige Bevölkerung wird unter dem gemeinsamen Namen der Uaupes oder Guaopes begriffen. Die Uebereinstimmung in der Lebensweise und im Verkehr unter sich, wie mit Anderen, drückt der körperlichen Erscheinung den Stempel einer gewissen Gleichförmigkeit auf, obwohl nicht alle Abkömmlinge von derselben Horde sind. Da sie ohnedem gern (über die nächsten Familien oder Banden hinaus) Ehen mit fernen Nachbarn eingehen, so hat der leibliche Typus eine gewisse Localfärbung erhalten, die einer allgemeinen Charakteristik fähig ist (s. v. Martius). Ein grosser Theil der Indios mansos oder da Costa ist das Resultat der vielfachen Wanderungen der Tupis, bald im Kampf mit anderen Indianern, bald mit ihnen verbündet und stetig mit anderen Horden und Rassen auf Kosten des ursprünglichen leiblichen Typus verschmelzend. The bulk of the gente de Razon of Alta California are of the mixed breed of spanish soldiers and Indians (Taylor). Bei ihrer höheren Bildungsstufe leichter den Einflüssen europäischer Cultur hingegeben, sind die Omaguas im Verlaufe einiger Jahrhunderte ihrer nationalen Selbstständigkeit verlustig, fast schon vollständig in der Völkermischung aufgegangen, die nicht als ein Vernichtungs-, sondern als ein Regenerationsprocess im Leben der Menschheit zu betrachten ist (Martius).

Zahlreiche Verbindungen des Indianers mit Weissen, Mulatten und Negern haben einen Theil der indianischen Rasse in einen Mittelzustand übergeführt, in Mischlinge, die an den Ufern des Oceans, am untern Amazonas und Tocantin ein harmloses Leben führen. Gesunde und glückliche Menschen wachsen heran, und besonders bei europäischer Mischung der Mutter wird eine schöne Descendenz beobachtet. In denjenigen Provinzen Brasiliens, wo die Horden vom Gés-Stamme in die Völkermischungen eingingen, stellt sich das Populationsverhältniss weniger günstig und wird in Leibesbeschaffenheit und Gemüthsart der indianische Typus (die Tapuyada) länger erhalten, der jedoch nur in den niedrigsten Schichten der Gesellschaft zu Tage tritt, während im Verhältniss, als die Racenmischung auf frühere Zeit zurückdatirt, die Abkömmlinge der europäischen Einwanderer in einem ausserordentlichen Reichthum schöner und geistig begabter Familien blühen. Im Süden und Westen Brasiliens, sowie in Paraguay, hat das gemeine Volk, oft mit äthiopischem Blute gemischt, Verbindungen mit den Urbewohnern geschlossen, die (begünstigt von einer thätigen Lebensweise und reichlicher animalischer Kost) eine sehr kräftige und fruchtbare Nachkommenschaft zur Folge hatte (Martius). La plupart des Guaranis, tous les Quichuas et quelques Auracaniens se sont fondus avec les Espagnols, et c'est ce mélange, qui a constitué la population argentine actuelle. Der Typus der chilenischen Rasse ist aus der europäischen (in den höhern Klassen) und dem indianischen (im Volk) gemischt. The Indians (in Amerika) expressed their belief (Elliot), that in forty years many of their people would be all one with the English, and that in a hundred years they would be so all (1640). Gleich den Tupis, Sorimaes und Yurimaguas fangen die sesshaften Manaos an sich in der Mischung mit weissem Blute zu verlieren (nach Martius).

Bei den brasilischen*) Indianern spielen somatische Verschiedenheiten bunt gemischt durch einander, und nur da, wo auf einen abgeschlossenen Stamm die Naturbeschaffenheit des längere Zeit behaupteten Wohnortes

---

*) Die musikalische Begabung des Indianers (in Brasilien) ist weniger entwickelt, als die des Negers, der auch ohne Gesellschaft aus seinen Instrumenten eine melodische Folge von Tönen hervorzubringen sucht. Am lebhaftesten tritt in der Musik des Indianers das Gefühl für den Rythmus hervor, dagegen bringt er es nur zu schwachen Bruchstücken von Melodien, und von der das Gemüth ergreifenden Kraft der Harmonie scheint er keine Ahnung zu haben (s. Martius). Beim Behagen an der Dominante und Terze stimmen sie darin am leichtesten im Gesange, und in der Herstellung ihrer musikalischen Instrumente suchen sie den Dreiklang zu erreichen. Die Tonweisen bewegen sich vorzugsweise in Dur. Mit den Prüfungen der Knaben in Ertragung von Peitschenhieben vollenden die Wilden Nordamerikas gleichsam die Erziehung (s. v. Martius), wie die Spartaner. Bei den Uaupes erhält das mannbare Mädchen zur Emancipationsprüfung von jedem Familiengliede oder Freunde mehrere Streiche mit biegsamen Ranken über den nackten Leib. „Diese Execution wird in [illegible]stündigen Zwischenpausen wiederholt, während sich die Angehörigen dem reichlichen Genusse von Speisen und Getränken überlassen, die Geprüfte aber nur an dem in die Schüssel getauchten Züchtigungsinstrumente lecken darf." Bei den Macusis wird das Mädchen bei der Pubertät von dem Paje entzaubert und muss sich dann, aus dem Bade zurückkehrend, auf einen Stein stellen, um von der Mutter während der Nacht mit dünnen Ruthen gegeisselt zu werden, ohne die Schlafenden durch Klagen erwecken zu dürfen. Τῷ δὲ προσελθόντι τὰ ὀπίσθεν πρῶτον ἀνασύρεσθαι μέχρι τῶν ὤμων, εἶτα τὰ πρόσθεν, erzählt Aristobulos bei der Brautschau in Taxila.

und andauernd fortgesetzte gleichmässige Lebensweise gewirkt haben, prägt er vielleicht seine Körperbeschaffenheit bis zu einem gewissen Grade erblich aus (s. Martins).

Das Charakterbild des malayischen Stammes ist entworfen nach jener flottirenden Rasse, die sich in der Seebevölkerung des Archipels herausgebildet hat und am directesten in den Orang Laut auftritt. Auf dem Länder verbindenden Ocean musste sie bald ihren Einfluss in weitere Entfernungen hintragen, so dass man jetzt die verschiedensten Küsten mit der malayischen Färbung tingirt sieht. Eine frühere Schicht der Eingeborenen repräsentirt die dunkle Menschenklasse der Papuas, die wie auf den Inseln auch zwischen der spätern Einwanderung des vorderen Indien in den Cheuchwar oder östlichen Ghaut, das hintere in den Kamenboran hervorblicken, während dann wieder über sie hinweg die auf dem Festlande in die Mischungen der Indo-Chinesen zersetzten Turanier sich bis zu den Inseln ausbreiteten und dort zugleich in die Bildung des malayischen Schiffergeschlechts eingingen. Die jetzt specifisch als malayisch bezeichnete Sprache ist eine lingua generalis, die in den Bedürfnissen des Verkehrs ihre Entstehung fand, sich unter den aufgenommenen Bausteinen verschiedenen Ursprungs aber besonders auf eine Grundlage stützte, die schon durch die polynesische*) Inselwelt verbreitet war, weshalb die dort geredeten Dialekte sich auch mit ihr zu einer Sprachfamilie verbinden lassen. Je weiter von den Grenzen des malayischen Archipelago entfernt, desto mehr tritt der Kanaka seinem eigenthümlichen Typus nach (besonders auf den Sandwich-Inseln) auf, während in Micronesien japanisch-tungusisches Element eingeflossen sein mag, zwischen Viti und Tonga die Kreuzungen mit Australien zur Geltung kommen und auf der Marquesas und Freundschaftsgruppe, sowie den Amerika nahen Inseln das Hinüberreichen dieses Continentes verspürt werden soll. Unter dem Zusammenwirken all' dieser fremdartigen Reize ist dann in Tahiti, dem Mittelpunkte Polynesiens, wieder ein selbstständiger Typus zum Durchbruche gekommen, der in vielen Punkten den kaukasischen auf der nördlichen Continental-Ausbreitung der östlichen Hemisphäre wiederholt, und es bleibt einer künftigen Völkerchemie vorbehalten, nach stöchiometrischen Gesetzen die Aequivalente zu berechnen, die hier als gleichwerthig in Substitutionen ergänzte Ursachen gleichen Wirkungen zu Grunde lagen und so gleiche Producte erzeugen mussten. Zur Constituirung einer zoologischen Provinz bedarf es einer bestimmten Continental-Masse, während die kleinen Insel-Oasen des stillen Oceans der

---

*) Logan unterscheidet in den Indo-pacifischen Sprachen das Polynesische (auf Tahiti, Neuseeland u. s. w.), das Papuanesische (auf den New-Hebriden, New-Caledonien u. s. w.), das Australische (in Australien und Tasmanien), das östlich Indonesische (von Aru bis Sumbawa u. s. w.), das westlich Indonesische (auf den Philippinen, Formosa u. s. w.), das Micronesische (auf Carolinen, Radak, Pelew u. s. w.).

grösseren Thierwelt entbehren, und nach gleicher Analogie wird auch der dortige Mensch als ein später dahin gelangter zu betrachten sein, in Uebereinstimmung mit den traditionellen Ueberlieferungen. Auf den grösseren Inselcontinenten des Archipelago treten überall markirt locale Schläge hervor, die mit den Eingeborenen der umliegenden Inseln zusammenhängen, Alfuren auf Celebes (neben den Bugis der Küstengegenden), die Dayak auf Borneo, die zwischen den Trümmern älterer Reste in eigner Existenz constituirten Battas Sumatras oder die Javanen, die unter den schweren Gewicht hochcivilisirter Zuwanderer ihre Eigenthümlichkeiten grösstentheils verloren haben. Als autochthon ist derjenige Volksstamm eines Landes zu betrachten, über dessen dortige Sitze unsere geschichtlichen Hülfsmittel bis jetzt nicht hinausreichen. Ihm, als primären gesetzt, gegenüber, müssen alle späteren Bewohner als componirte Bildungen secundärer, ternärer, quaternärer oder weiter zusammengesetzter Grade gelten, da bei der physisch und psychisch empfänglichen Natur des Menschenorganismus (einzelne besondere Ausnahmen abgerechnet) eine einwandernde Race mit der ursprünglichen eben so nothwendig Mischungen der einen oder andern Art eingehen muss, wie es einer chemischen Substanz unmöglich sein würde, wenn einer anschiessungsfähigen Mutterlauge zugefügt, dort nicht nach ihren Verwandtschaftsbeziehungen zu wirken. Wollten wir nun, um das Vorhandensein der Aborigines zu erklären, nicht eine einmalige Schöpfung des dann von seinem Centralpunkt strahlenförmig verbreiteten Menschen annehmen, sondern eine mehrfach gleichzeitige an verschiedenen Oertlichkeiten, so würde die historisch bekannte Unbewohnbarkeit vieler Gegenden, die erst später ihre Bewohner empfangen, an sich keine Widerlegung sein, da sich immer eine gewisse Summe terrestrischer Kräfte und also eine nach den geologischen Strata grössere oder geringere Ausdehnung der ihnen zur Grundlage dienenden Bodenmasse annehmen liesse, um den kosmischen Agentien eine genügende Spannungsthätigkeit zu organischer Zeugung zu bieten. Wir würden aber mit solchen Untersuchungen in die Metaphysik hinaustreten, d. h. in die Regionen der mit unendlichen Grössen rechnenden Gedankenschöpfungen, und also in den dort anzulegenden Denkgesetzen von der exacten Methode abstrahiren müssen, die sich in den festen Formeln von Raum und Zeit bewegt, so lange es sich nur darum handelt, im unveränderlichen Stoffwandel des Entstehens und Vergehens das Spätere aus dem Früheren und vice versa zu erklären. Die sonst für den Zweck der Speculation verwandte Dialektik hat indess bewiesen, dass die Deductionen nur als Ergänzung der Induction einen Werth haben, dass sie nur, soweit diese Material liefert, zur Aufklärung desselben von Nutzen sein kann und dass es dem Geist unmöglich sein würde, in sich aus dem Nichts eine neue Wahrheit zu schaffen, wenn er nicht die entsprechende Masse der Erfahrung (oft genug freilich seiner selbst unbewusst) schon assimilirt hat. Hieraus ergiebt sich als eine nothwendige

Schlussfolgerung, dass die über die Empirie hinausgehenden Untersuchungen erst dann wieder in die Hand genommen werden dürfen, wenn wir das Gesammtgebiet der Naturwissenschaften im abschliessenden Ueberblicke erforscht haben und die makrokosmischen Gesetze deutlich in denen der Psychologie, als im eigenen Bewusstsein, sich widerspiegeln sehen.

Man hat für lydische Sagen, die durch Herakles als Ahn, den Westen zum Ausgangspunkt für die weit älteren Reiche im Osten machten, keine vernünftige Erklärung finden können, weil man übersah, dass die geschichtlichen Strömungen, der Configuration ihrer geographisch geschlossenen Becken gemäss, sich in kreisförmigen Strudeln durcheinanderschlingen müssen und deshalb vielfach aus jüngeren Anschwemmungen nach ihrer Quelle zurückfliessen mögen, wenn historische Katastrophen die Umstandverhältnisse ändern. Wenn im Mittelalter Osmanen aus dem Westen herbeiziehen, um Länder Mesopotamiens zu erobern, die früher von Seldschukken beherrscht waren, so möchte ein derartig gegen den Wind gesteuerter Curs denjenigen in Verlegenheit setzen, der aus abgerissenen Notizen nur so viel erkennen konnte, dass die Seldschukken ebensowohl Türken seien, wie die Osmanen, und der nun, aus dem früheren Alterthum jener, vielmehr eine Bewegung von Osten nach Westen folgern sollte. Die scythischen Völkerstämme in geschichtlich düsterer Vorzeit sind häufig genug durch ebensoviel Jahrtausende getrennt, wie Seldschukken und Türken durch Jahrhunderte, aber dennoch wird es Manchem schwer zu glauben, dass auch gelegentlich eine Aenderung mit der Windrose eingetreten und die Brise mitunter von Osten nach Westen abgesprungen oder, sei es durch Nord, sei es durch Süd, umgegangen sei. Obwohl die unseren jetzigen Hülfsmitteln nach zuerst erkennbare Nomadenbewegung sich von den Kämpfen Chuandi's mit den Steppenbewohnern an (2700 a. d.) über Mesopotamien, als medischer Einfall Zoroaster's (2400 a. d.) bis nach Aegypten unter dem Namen der Hyksos oder Mene (2300–1700 a. d.) fortsetzte, also in deutlichen Etappen von Osten nach Westen ging, so war doch die Bahn weiteren Fortschrittes gehemmt, so bald man Libyen nördlich von der Sahara durchlaufen, unter Herakles Führung, oder wie es die Lieder von seinem asiatischen Heere besingen, von Hispanien herüber. Es lassen sich in den orientalischen Mythen vier Traditionen unterscheiden, von denen die semitische Version (augenscheinlich die jüngste) an die biblischen Patriarchen anknüpft, von den Söhnen Noah's Sem (oder antediluvianisch: Seth) als Ideal aufstellt, Japhet's Geschlecht eine indifferente Mittelstellung einräumt, aber die schwarzen Nachkommen des Cham und seines Sohnes Khus in den Abgrund des Bösen stürzt. Ihr gegenüber wird die ägyptische Version gestanden haben, von der nur wenige Bruchstücke erhalten sind, aber doch genug, um zu erkennen, dass der in Asien gefeierte Seth durch sie in den feindlichen Gegensatz des Typhon verkehrt wurde. Die durch Japetos und weiter durch Javan oder Ion repräsentirten Genealogien der Hellenen führen nach Europa hinüber. Die persische Tradition ist später durch die arabische influencirt worden und hat dann die semitische Scala zur Unterscheidung der Licht- und Dunkelgestalten angelegt, da sie die durch die Einschiebung der Fluth nöthig gewordene Wiederholung der adamitischen Dreitheilung in Noah vermeidet und durch den an der Spitze ihrer Reihe stehenden Kayomorth*) direct an die erste Schöpfung anknüpft, ohne weitere Unterbrechung. Von gleicher und wahrscheinlich noch weiter ausgezogener Länge wird die ägyptische Mythe gewesen sein, die in den Zeiten der Hor-Schesu auf die Schöpfungswesen eines dreifachen Kreisringes zurückgeht, wie die chinesische von den menschlichen Kaisern (Jin-hoang) auf die irdischen (Ti-hoang) und weiter auf die himmlischen (Tien-hoang). Die semitische Tradition zeigt sich eben darin als die jüngste, dass sie ihren eigentlichen Ansatzpunkt erst mit der Fluth erhält, und die Spiegelung des noachischen**) Stamm-

---

*) Bei der Theilung unter Tritan's oder (später) Feridun's Söhne repräsentirt der in der Zend-theilung Iran bevorzugte Irij die japetische Race, wogegen mit dem feindlichen Toranier (Turan) Selm zusammengestellt wird, der nicht, wie gewöhnlich dargestellt, die Türken vertritt, sondern die Semiten. Die Gegner sind nicht afrikanische, sondern scythisch-bactrische Kuschiten. Das Targum Jonathan hat zur Menschenschöpfung (in der Genesis) den Zusatz: Creavit hominem rufum, nigrum et album. Die Abkömmlinge von Negern und Indianern (Cafuzos in Brasilien) heissen (wenn schwarz) Cafuzo oder (bei den Indianern) Tapanhuna. Zak ist weiss (Quiché).

**) Nach der Landung des Xisuthrus in Armenien nennt die berosische Sibylle als Fürsten der Erde Zervan, Titan und Japhet, die Moses von Chorene mit Sem, Cham und Japhet zusammenstellt. Nach ihrer Theilung der Erde erhob sich als Herrscher über die Anderen Zervan, den der bactrische oder medische König Zoroaster den Anfang und Vater der Götter nennt. Beim Kriege des Titan und Japhet gegen Zervan vermittelte ihre Schwester Astghik den Frieden, so dass Zervan Herrscher blieb, doch kam man überein, damit die Macht nicht in seiner Nachkommenschaft fortgehe, dass kein Kind männlichen Geschlechts am Leben bleiben solle, und die furchtbaren Titanen erhielten den Auftrag, über die Entbindungen der Frauen Zervan's zu wachen. Nachdem schon zwei Knaben getödtet waren, gelang es Astghik die Titanen zu bewegen, die Uebrigen am Leben zu lassen, die nach Westen gebracht wurden, auf den Tutzmgoets (Aussehen der Götter) genannten Berg oder den Olymp (s. Moses Chor.). Nach Agathangelus war Astghik die Gattin des armenischen Gottes Vahakn. Nach Thomas Artzruni bemächtigte sich Titan (nachdem er Zervan besiegt) Babylons. Assur, der Ninive baute, war der dritte Nachkomme Sem's, wie Zervan der fünfte des Xisusthrus (Xisuthrus) und Ninus der zweite Sem's und Cham's. Ninive gehörte in Wirklichkeit zum Besitzthume Sem's. Nach dem Chaldäer Ariston stammte Ninus vom Sohne Cham's (s. Moses Chor.). Wie der Ammoniter Achior war Holofernes (Feldherr des Nebukadnezzar von Ninive, der den Meder Arphaxad von Ecbatana besiegt hat) aus Chaldäa über Mesopotamien nach dem Gebirge Harans gekommen, von wo sie nach Aegypten zogen und durch die Wüste zurückkamen. Als Judith in das fremde Lager ging, nahm sie Speise und Getränk mit, um sich rein und sündenlos zu halten. Og von Basan, der zu Astharoth und Edrei sass, war noch übrig von den Riesen, die Moses vertrieb. Agni (ignis) oder (slavisch) ogan entspricht dem ägyptischen Phtah, als δημιουργός (opifex mundi). Nach Moses von Chorene wird in der Bibel von den Titanen und Raphaim gesprochen. Die Inder nennen das Gold der im Boden grabenden Ameisen (nach Herodot), als Pippilika oder Ameisengold, wie (nach Wilson) das von Klein-Tibet kommende Gold heisst, weil durch die Ameisen bloss gelegt, wie (nach Tzschuk) auch die Araber glauben. Nearchus wollte ein Fell solcher Ameisen gesehen haben und der Usghbas (Priester Johannes) spricht (XII. Jahrhdt.) von den goldgrabenden Ameisen in seinem Lande (Manis Penta da Asia oder Pangolin). Nach de Thou wurde vom Shah von Persien als Geschenk

vaters in einer noch früheren ist nur ein Nachgedanke, denn im Grunde haben die durch die Fluth vertilgten Völker für die nach derselben auf den neuen Geschichtsschauplatz getretenen kein anderes Interesse, als das des Abscheues und der Verachtung (das ihnen deshalb in der arabischen Version auch reichlich gespendet wird). Wenn sich trotzdem auch in der semitischen Mythe der heilige Nachklang eines adamitischen Patriarchen erhalten hat, so lässt sich daraus folgern, dass die Semiten bei ihrem historischen Debut mit einem der älteren Völker, die sie antrafen, in freundschaftlicher Beziehung blieben und damals Namen aus den gefeierten Ahnen dieser in ihre eigenen Geschlechtsregister hinübernahmen. Als später politische Wechselfälle eine Erkaltung in dem Bundesverhältnisse oder confessionelle Streitigkeiten auch wohl einen völligen Bruch herbeiführten, so war doch das Andenken an die frühere Einigung mit den Söhnen Seth's auch später noch mächtig genug, um die Japhetischen Völker vor der Verfluchung zu retten, ja die Ueberlieferung bewahrte sogar den aus früheren Kämpfen natürlichen Hass gegen die Chamiten, während die Semiten, wenn sonst unbeeinflusst, sich eher in einer Verwandtschaft zu ihnen hätten fühlen sollen. Was sich sonst von Legenden aus jener dem Osten angehörenden Vorzeit erhielt, nahm bei den Semiten ein täuschendes Doppelgesicht an, so dass ihre Vorstellungen von den Weltreichen der Solimane, von den Eroberungen des Gian ben Gian, von den Peri und den bald mit ihnen kämpfenden, bald verbundenen Div immer zwischen staunender Bewunderung und den Zweifeln schwanken, wie es mit der Rechtgläubigkeit derselben eigentlich bestellt sein möchte.

Die Geschichte eines jeden Landes wird nun einen verschiedenen Ausdruck tragen, je nachdem sie uns von dem einheimischen und zeitweise unterworfenen Volke oder von den, vielleicht später wieder vertriebenen, Eroberern mitgetheilt wird. Den Aegyptern waren die (nach dem Nametallah) von Gian ben Gian aufgerichteten Pyramiden noch zu Herodot's Zeit so verhasst, dass sie die Namen ihrer Erbauer nicht aussprechen wollten, die Sabäer dagegen (und andere philitisch-philistinische oder falasthinische Fella-Stämme) verehrten sie als das Grabmal des Edris (Enoch) oder Seth (Hermes oder Urisi). Wie es den Aegyptern später gelang, das fremde Joch abzuwerfen und die Aussätzigen aus dem Lande zu jagen, so feierten die Perser ihren Sieg über Dahak (oder Dahac) oder Zohak, den Feridun oder Afridun überkam. Die Semiten dagegen hatten von ihren Freunden gehört, dass es Soliman ben Daoud gelungen sei, die Afrit oder Ifriet zu bezwingen. Als nun aber die Perser durch religiöse Gründe bewogen, die semitischen Traditionen annahmen, wurde

geschickt an Solyman II. (1559 p. d.) Simia Indica, canis mediocris magnitudine, animal mordax et saevum (s. G. Rawlinson). Ser Giovanni erzählt von einem Dogen Venedigs (wie Herodot vom ägyptischen König Rhampsinit und sonst von Trophonius), dass sein Schatz durch einen vom Baumeister beweglich eingefügten Stein beraubt sei. (Ogha ist Gott im Sinn.

es ihnen doch zu schwer, in allen Fällen mit ihrer dichterisch glänzenden Vergangenheit zu brechen, sie bewahrten für Feridun seinen Ruhm als Erlöser, wie sie auch Jamschid, trotz späteren Abfalles, als Sonne fortstrahlen liessen und die dunkle Wandlung des Jama den Indiern zuschoben, bei denen die Diva als Devas fortlebten.

Griechenlands Bronzealter oder seine chalcidische Vorzeit, die genealogisch hauptsächlich an den Flussgott Aesopus oder (nach Welcker) den Aethiopier*), sich anknüpft, ist mit den, später durch Apollo oder Herakles vertilgten, Schlangen und Drachen durchringelt, die auf den alt-asiatischen Cult der Naga (die Hüter der Weisheit) führen, in welchem auch der indische Baal-Rama als Schlange erscheint. Im babylonischen Belus-Tempel (mit silbernen Schlangen) trug die Himmelskönigin in der Rechten den Scepter, in der Linken eine Schlange (nach Diod.). Der Drache zu Babel wurde durch Lectisternia verehrt. Nach Sanchuniathon hatte Taaut in den heiligen Schriften die Natur des Drachen und der Schlangen vergöttert, und nach Pluto wurde der phönizische Agathodaemon bei den Aegyptern Kneph genannt, als Schlange mit dem Habichtskopf. Von den Phöniziern haben Pherecydes den Gott Ophioneus und die Ophioniden entlehnt und in serpente deus (Ovid). Die Belsschlange oder *Σαγμοσ-βηλός* (Schlange des Bel oder Saturn) heisst *Χρούσαρθις* (*Χούσαρθις*), und Hharmanu (die Schlange oder das Geringelte) ist (nach Movers) *Ἁρμονία* (neben Hharmobel oder Hermes-Kadmus) gleichbedeutend. *Πέπλοι* wurden von den sidonischen Frauen gewebt, und von dem *πέπλος* (der Harmonia) im Tempel der Doto wurde der Halsring (*ὅρμος* in den Schlangenreifen des Wurmes auf Bronzeschmuck) im Tempel der Aphrodite und des Adonis verwahrt. In Illyrien wurden Kadmus und Harmonia in Schlangen verwandelt. Azius, als Name (bei Sozom.) des Flusses Orontes (Typhon oder Ophites) findet sich in den mystischen Titeln samothrakischer Kabiren. Zipho (Typhon) ist (bei Jesaias) eine durch keine Kunst des Schlangenbeschwörers zu bändigende Natterart. Die Verjüngung der Schlangen (s. Plinius) machte sie zum Symbol der Ewigkeit. Moses richtete die eherne Schlange (*ὄφις χαλκοῦς*) als Heilzauber auf. Mit Typhon, dem Drachen, vermählt, zeugte die Otter (*Ἔχιδνα*) mit Herakles die Scythen, die das Drachenbanner trugen.

Movers erklärt Taaut**) (phönicisch) oder (ägyptisch) Thoyt (Thot),

*) *Αἰθιοπία, ἡ Σαμοθράκη* (Hesych.. So hiess Delos *Σκυθιάς*. Die Anwohner des Nils von Meroe bis Syene waren (nach Juba) nicht Aethiopier, sondern Araber (s. Plin.). *Αἰθίοψ* was a corruption of the Egyptian name of southern Ethiopia or Nubia, Ethaush or Ethosh (s. Wilkinson). Nach Strabo gelangte Sesostris und Tearcon (Tirhaka) bis Europa. Pluresque alienigenae in Aegypto regnaverunt (Schalsch. hakk.). Both these names (Alitta and Mylitta) are similar and are derived from weled, walada (to bear children). Mulaito is from the past participle of the same verb (Wilkinson).

**) Principes dii coelum et terra, qui et Aegyptus Serapis et Isis, Taautes et Astarte apud Phoenices. *Τάαυτος, ὃν Αἰγύπτιοι μὲν ἐκάλεσαν Θωύθ, Ἀλεξανδρεῖς δὲ Θὼθ*

als οὐρανός oder κόσμος (bei Varro) aus Tit (Tet oder Tut) oder Tot (Taut oder Schlange). Bei den Griechen heisst Thoud oder Thood (Taut) Hermes (nach Sanchuniathon), und fällt als Teut mit Tuiscon oder dem patriarchischen Mercur zusammen.

Ist Hor-em Hebi mit Epaphus zu identificiren, so würde die in den Mythen Aegyptens als der Widerstreit zwischen Osiris und Typhon, in den historischen Traditionen als die zwischen Sesosis (bei Diod.) oder Sesostris (Vater des Phero) und seinem Bruder in Daphnae (s. Herodot) bestehende Feindschaft der Spaltung entsprechen, in welcher sich Agenor (bei Diod.) von seinem Bruder Belus trennt und nach Phönizien zieht, um dann durch seine Kinder die Spuren des belischen Schlangen-Cultus im Westen auszustreuen, die sich auch nach der siegreichen Durchbildung des Apollo-Dienstes und des von Herakles geführten Vernichtungskrieges vielfach deutlich erkennen lassen. Mit Epaphus, Sohn der Io, kam in Aegypten die heilige Kuh*) zur Anerkennung und überhaupt die Verehrung der Thiere, in denen sich die Götter vor Typhon (dem Drachen) verbergen; in der phönizischen Auffassung der Kadmus-Mythe dagegen ist der Stier feindlich, da er die Europa entführt, wird aber den Griechen, denen er die Beute zuführt, zum gepriesenen Zeus. In der Art, wie die Sage verschiedene Persönlichkeiten zu verschmelzen pflegt, wie sie z. B. (bei Diod.) den Sesosis die Kolosse zum Andenken des Sieges über seine Gegner aufrichten lässt, während (bei Manetho) der der ihm folgenden Dynastie feindlich gegenüberstehende Amenophis als der Memnon bezeichnet wird, so wiederholt sie den schon zwischen Osiris und Typhon, Sesostris und den Daphnae-Fürsten Belus und Agenor versuchten Kampf nochmals zwischen den Söhnen des Belus (Aegyptus und Danaus), und weist nun bei der Rollenvertheilung, je nach dem eingenommenen Standpunkt, das

---

(Sanch.) oder Θωύθ und (bei Plato) Θεύθ. H. Müller erklärt die Trennungen von τήκω (schmelzen) und Wurzel τακ (wie ταύσω und τιταίνω von Wurzel τα). Benedixit Sem eiusque filiis, ut nigri ac pulchri essent, ac possiderent universam terram habitabilem. Benedixit Chamo eiusque filiis ut nigri instar corvi essent, ac possiderent littus maris. Benedixit Japhet atque illius filiis, ut omnes illi essent albi et formosi, atque possiderent desertum et campos (Pirk. Eliez.). Maui (Gott oder Herakles) hiess (als Sonnengigant) Sohn des Ra (in Aegypten). Maui war der Herkules der Maori. Beim Fest des Gottes Kemoum opfern die abyssinischen Neger im Lande Darbanja ihrem Gotte Mama Guma eine Kuh. Bei dem Pilgerfest der Norweger zum Tempel Hlade (bei Drontheim) wurde das Opferblut mit Milch und Bier vermischt. In den Höhlen Kaziboxagua und Amajauna am Berge Cauta auf Hayti waren die Urmenschen eingeschlossen. Clite, Tochter des Merops, war dem Cyzicus vermählt. Ercle ist Herakles (Herklo) bei den Etruskern, und Arcles (Archles) König der Hyksos (s. Africanus).

*) Die Pandu begaben sich auf den heiligen Berg Hermanischel. Als unter Samyaza (und 18 Führern) die Engelsöhne (200 an Zahl) auf Ardis, den Berg Hermon (Armon) herabstiegen, um mit den schönen Töchtern der Menschen Riesen zu zeugen, schrie die Erde über deren Unthaten zu Gott, der Enoch sandte, weil die im Himmel Geschaffenen sich durch Mischung mit den Sterblichen verunreinigt hatten. In der Vishnu-Purana begiebt sich die Erde zu den Göttern auf Berg Meru, überladen durch die Sünden Kansa's, in dem der Asura Kalanemi wieder aufgelebt war (bis durch Krishna's Incarnation erleichtert).

böse und das gute Princip der einen oder der andern Seite zu. Danaus,*) die Schlange Dan, heisst (bei Manetho) Armais, und Movers, der auch in Taaut oder (bei Plato) Theut (Tuiscon oder Teut) die Schlangenform (aus arab. Tit oder Tet) nachweist, sieht in Hermes (dem Patriarchen thracischer und celtisch-germanischer Fürsten) die Maskulinform von Harmonia (aus Hharmano als geringelte Schlange). Aus Aegypten als typhonischer Sectirer vertrieben, wurde Danaus unter den Danaern zum Ahn des edelsten Königshauses erhoben, das sich im gefeierten Namen der vom Flussgott Don stammenden Tanais-Fürsten in Perseus an den die Kephener in Perser verwandelnden Perses, Sohn der von der Danaë (der Thurm-Jungfrau in den Sagen der Kaotsche) wieder mit seinen in Asien nomadisirenden Brüdern verband. Vielleicht schon die durch Agenor allegorisirte Auswanderung brachte die Khetas nach dem Orontes oder Axius, im Lande der (von den Arimaspen früher mit der Aspis oder Schlange, als den Pferden verknüpften) Arimer, wo die Verehrung des Typhon, als Patriarche Seth, fortdauerte, bis er, durch Zeus' Blitze niedergeschmettert, in unterirdische Drachenhöhlen hinabgeworfen wurde. Vom Siege des Orus (Horus) mag dann die neue Bezeichnung des Flusses entnommen sein, und die jüdische Ueberlieferung, obwohl sie Seth für vorsündfluthliche Heiligkeit übrig lässt, verkehrt den alten Kadmos (den Gemahl der Harmonia) oder Surmubel (γερων Ὀφιων) in das satanisch Böse, aber weiter im Westen, wo die Secte des Danaus**) (auch nachdem sie ihre Schlangenungeheuer reinen Götterformen cedirt hatte) die herrschende blieb, spielen die mit

*) Nach Diod. Sicul. liessen sich die aus Aegypten vertriebenen Fremden zum Theil in Griechenland nieder, zum Theil in Judäa. Der Spartanerkönig erinnert die Maccabäer an die Verwandtschaft von Abraham her. Herodot will den Stammbaum der dorischen Fürsten nur bis Perseus zurückrechnen, der keinen sterblichen Vater hat, denn sonst käme man auf die Aegypter. Nach Movers weist Dia (Eurytia) oder Orithyia (die scythische Gattin des Phineus) auf den paphlagonischen Ort Tium oder Tius hin. Τιος ist eine andere Form von Τιτιος und Name des Zeus Τιος. Die phocische Stadt Kleon heisst Tithorea. Als Stifter von Tius galten die Kimmerier. Aus Tius stammten (in Bithynien) die Könige von Pergamum. Τιτάνη (bei Sicyon) lag auf dem Hügel, wo Titan (Bruder der Sonne) gewohnt hatte (s. Paus.), mit dem Τιτάνοιό τε λευκὰ κάρηνα oder Asterium (bei Homer). Berg Titarus lag in dem cambunischen Gebirge. Der Titaresius floss in den Peneios. Titanus bei Arne (nach Strabo).

**) Nach Berosus führte Artaxerxes Ochus den Dienst der Ἀφροδίτης Τανάιδος ein, die Neith des Ostens und die Hine im Lande des Westens (s. Champollion), wie Aphrodite in Sparta und Cythera die Waffenkleidung der Athene trug. Zu Thanith oder Tanai auf Cypern wurde Astarte verehrt. Der Planet Venus heisst (im Persischen) Anahid (Anahata) oder (im Babylonischen) Anahita (auf den Inschriften). Abd-Tanat (Artemidorus) ist ein Sklave oder Verehrer der Tanat (Tanit im Phönizischen). Artemis von Ecbatana hiess (nach Plutarch) Anitis oder Tanais, als Anaïs von Θάνατος (durch Land) hergeleitet. Strabo nennt Anaitis mit Omanus unter den persischen Gottheiten. In Egypt Anaitis was worshipped as Anat or Anta, the Goddess of War, armed with a spear and shield, and raising a pole-axe in the act of striking (s. Wilkinson). So geht Tanais (der Nomadenstämme) in die Anti (der Slaven) über. Astaroth-Karnaim (Carnaim) heisst Caervorran auf der Inschrift in Newcastle. Der Tempel der Atergatis (Derceto) fand sich in Carnaim oder Carnion, Festung Gilead's (Maccab.). Tanais und Nil galten für die Grenzen Asiens (s. Plinius), während Strabo den arabischen Golf substituirt.

Orus (oder Horus) in ihren Namen verwandten Persönlichkeiten, wie Orion, Orius (Sohn der Zauberin Mycale) u. A. m. eine zweideutige Rolle. Dem Hause des Agenor steht Zeus feindlich gegenüber, aber Kadmus, der sich aus seiner Verwandtschaft losgesagt und in Griechenland nationalisirt hat, wusste sich ein bleibendes Anrecht auf die Gunst des dortigen Götterherrn zu erwerben, indem er ihm gegen seinen eigenen Doppelgänger Typhon behülflich war, die zerschnittenen Sehnen wieder zu erlangen (s. Olympiod.).

Wenn wir von Ariern Mediens, Bactriens, Persiens u. s. w. reden, so sind diese Definitionen genauer zu präcisiren. Der als arisch charakteristische Typus unserer jetzigen Auffassung ist eine geschichtliche und verhältnissmässig späte Bildung, die nur nach dem Durchgange mancherlei Uebergangsstufen diejenige feste Gestaltungsform erlangt hat, die sich dann unter weiteren Wechselfällen unverändert zu bewahren vermochte. Die als geographische Provinzen umschriebenen Länder Bactrien, Medien und Persien müssen von ethnischen Repräsentanten bewohnt gedacht werden, die den Grundstamm der späteren Arier (wie die Aboriginer Mesopotamiens den der Semiten) abgaben, die aber selbst noch keine Arier waren und höchstens als Halb-Arier oder Vor-Arier bezeichnet werden könnten (ihre nähere oder engere Verwandtschaft untereinander vorläufig vorausgesetzt). Das gemeinsame Band, das sich später in weiterer Einigung um die grosse Familie der Arier schlang, weist auf ein bewegliches Reitervolk hin, das ferne Strecken durcheilte und mit homogener Färbung überzog. Wir finden nun die historischen Bewegungen Asiens stets von zwei Punkten aus dominirt in dem durch die Weite seiner Ausdehnung mächtigsten Areal ethnisch-geographischer Wirkung, wie sie durch das grosse Tiefland zwischen Altai und Thianschan, die Gobi im Osten und die Seenzone im Westen geboten wird. Die dortigen Nomaden sind von jeher das Ferment gewesen, um Neues schaffende Umwälzungen hervorzurufen und die an Ueberfeinerung des Luxus kränkelnden Culturstaate periodisch durch ihr frisches Wüstenblut wieder zu beleben. Die allgemeine Physiognomie dieser Nomaden ist eine so gleichartige, dass sie auch häufig unter den Generalisationen der Tataren, Saken u. s. w. in Eins gefasst worden sind; bei genauerer Betrachtung erkennt man indess zwei markirte Typen, die stets neben einander auftreten, obwohl unter verschiedenen Namen, und von denen sich der eine, jetzt als mongolisch bezeichnet, stets bis zu den (vor Fixirung durch die Mauer) wechselnden Grenzen Chinas erstreckte, der andere, polarisch tingirt, am Ili auftritt mit reinem Habitus, dann unter afrikanischen Nomaden Posto*) fassen und, von dem dort gegründeten Reiche

*) Von den Rybanlu-Turkmanen (bei Aleppo) leiten sich die Serigialar aus Maalen, die Cheuslu aus der Nachbarschaft von Badschazze, die Bahaderlo von den El Simonsbergen und die Helaila von Barak her (Burckhardt). Das Zelt oder die Hütte eines Turkmanen ist immer von drei bis vier anderen umgeben, von den Fellahs (Bauern, die in den verlassenen Dörfern

aus, neue Züge unternehmen. Wäre nun dies die Eroberung, die in Mesopotamien als Dynastie der arabischen Könige spielt, so fielen sie mit der Suprematie des oberen Aegypten über das von den Hyksos befreite Delta zusammen unter Thutmes III., von dem man deshalb jene als Satrapen eingesetzt annimmt. Ihr Sturz geschieht durch Ninus, während die armenische Sage unter der vorangehenden Dynastie des Belus den Stammvater Haig nach dem Ararat wandern lässt. Im südlichen Ural, wo die verschiedenen Wanderstämme zusammentreffen, tragen die Kirgisen am meisten den apathisch flachen Gesichtsausdruck*) der einförmigen Steppe, nur durch ihre blonde Färbung von den gebräunten Mongolen verschieden, wogegen die den letzteren philologisch und geschichtlich näherstehenden Kalmükken durch ihr längeres Verweilen in der Nachbarschaft kaukasischer Völkerschaften und in Folge der Mischungen mit denselben schon beginnen, die spitze Physiognomie anzunehmen, die sich bei den Baschkiren, als älteren Bewohnern desselben Bodens, noch schärfer geschnitten zeigt. Ein deutliches Anzeichen für die Herkunft von den Grenzen Chinas liegt in dem so häufig den Scythen zugeschriebenen Drachenbannern,**) und der Drache, das Wappen Chinas, das in den Grenzhütern der Hyperboräer schon zu Aristeas' Zeit die Monophthalmi schreckte, tritt als geflügelt besonders mit der Dynastie der Gin-hoang (der Menschenkaiser) hervor, die den schlangengestaltigen Kaisern der Erde und des Himmels folgen und als Leiter eines erobernden Volkes eindringen. Die Orientalen schliessen mit Gian-hen-Gian die Herrschaft der (später, wie der ruchlose Salmoneus, König von Salmone, mit bedenklichen Augen

---

zurückblieben, oder umherstreifende Kurden) bewohnt, die sein Land bebauen, seit Hayder Aga durch seine Verschwägerung mit den Kurden auf die Vortheile des Ackerbaues aufmerksam gemacht. Zu den turkomanischen Dscherid (zwischen Badschabe und Adana) gehören die Lek, die ausser dem Türkischen noch ihre eigene (vom Persischen und Kurdischen verschiedene) Sprache reden, die (nach den Turkmanen) dem Gezwitscher der Vögel gleicht. Die Tar oder Blutrache der Turkmanen haftet an den Gütern (wie es bei den Arabern nicht vorkommt). Der turkmanische Stamm der Pehlivanlu (theils Ackerbauer, theils Schäfer) wohnt von Bosruk bis Konstantinopel. Die (im Sommer bei Aleppo lebenden) Rischwan (turkmanischen Stammes) überwintern bei Haymani in Natolien. Die Karaschikaly (bei Aleppo) sind ein aus Turkmanen und Araber gemischter Stamm.

*) Le type antique empreint sur les médailles et les statues s'est bien conservé dans la classe inférieure qui habite le Transtevero à Rome, mais au caractère énergique et positif des anciens Latins a succédé la mollesse d'un peuple déjà vieux dans la civilisation, l'esprit fourbe et vindicatif a remplacé des passions d'un autre siècle. Dans les campagnes de la Toscane l'on reconnait çà et là les formes pleines, arrondies, un peu lourdes, que montrent les figures couchées sur les sarcophages étrusques. L'esprit d'indépendance et de lutte, qui ne trouvait plus de quoi s'exercer, s'est changé peu à peu, pour les classes ignorantes, en un esprit de brigandage et de revolte.

**) Der geflügelte Drache des im Lande der Scythen gelegenen Panticapaeum gleicht dem von Persepolis, der sich von dem assyrischen Embleme des Gottes Nergal oder Mars ableitet. Zur Zeit des Kaisers Chun bildeten die vier Barbarenstämme der Tu-dai die südliche Grenze des chinesischen Reiches (im Chuan). Der annamitische Riese Sfong-Trong kämpfte für den chinesischen Kaiser Tan (216 a. d.).

betrachteten) Solimane, als mit Adam's Schöpfung die ihnen bekannten Racen die Schaubühne betreten, und die mit den Suwati jetzt zu den Unterworfenen gerechneten Afghanen deuten auf frühere Namensähnlichkeit, die auch dem Eroberer verblieb, wenn die Pahtan von den Arabern als Solimani bezeichnet werden und für die Solymäer Lyciens sowohl, wie vielleicht für das epirotische Priestergeschlecht der Selli, das in graueste Vorzeit zurückreicht, nicht ausser Acht zu lassen ist. Dass eine derartige Namensform auch später den sakischen Nomaden nicht fremd gewesen sein mag, scheint aus dem Namen ihres in indischen Legenden hochberühmten Königs Salivahana hervorzugehen, dessen gewöhnliche Erklärung als Reisfuhrwerk auf die erste Nahrung der zur Erde gestiegenen Abhassara führt, den Sali oder Weizen. Salatis ist (bei Manetho) der von den Hyksos erwählte König (ein ἐν τοῖς ἱεροῖς βασιλεύς, wie Amyrtäus bei Thucydides), der Abaris oder Tanais*) baute, und der Fluss Tanais heisst Silis. Die Salier (die ναοὶ πατρῷοι) schützten das Ancile. Das Schlacht (Niti) bedeutende Wort ist auf den Keilinschriften Zalati oder Zalata gelesen (s. Brandis). Salamis auf Cypern, wo die Siromus (Hiram) genannten Könige herrschten, war von dem Aeaciden Teucer gegründet, und Salamis (der wegen ihrer Tannen Pityussa genannten Insel des Seiros und Cychreus) von Telamon (Sohn des Aeacus, Königs der Myrmidonen,**) auf der von seiner Mutter benannten Insel Aegina). Wie Aigyptos als das Land der Kopten, Aithiopia als das Land Tape oder (nach Chabas) Obe (Theben), könnte sich Aiolia als das Land der Oliner auflösen, und von Aia oder Kolchis kam Kytissorus, um den zum Opfer bestimmten Athamas, Sohn des Aiolus (Vater des Salmoneus) aus den Händen der Achäer zu befreien. Olmus***) der Olmoner in

*) Die Städte Iserdon scythica und Iserdon seriea lagen im Lande der Issedones. Die finnischen Isel-donen wohnen am Flusse Iset. In der Sprache der Alanen heisst Don Fluss oder Wasser. The city of Tanis (in Eg.) is the Zoan of scr. Scrpt. and the modern San or Zan, the Gani (Djani) or Athennes of the Copts (s. Wilkinson). Nach Knobel hiess Avaris oder Typhonis Ἥρων oder Hero. Die Griechen hatten Ἐβραῖος ausgesprochen als Hevraeos oder Hevraios, d'où dérivent les différentes formes Ἰβηρία, Iberia, Ibératel, Ivériatel, Vériatel, Viriatel, Vratel (Hrozný).

**) Die Zwerge der Edda entstehen als Gewürm aus dem Fleische der Riesen. Die Chinesen erklären die Jeujen als „Unordnung in einem Haufen kriechender Würmer." Onowei, König der Jeujen-Tataren, nahm (484 p. d.) den Titel So-lien-teu-pim-te-fa-Chan an, dem der des Djingis-khan oder Unerschütterlichen entspricht, dem (in Folge der Erscheinung eines Rothgesichtigen auf weissem Ross) Bat-Tengri dem Temudschin ertheilte (s. Erdmann). Dschimlischan wird von dem Geräusch der Pfauenfittige oder Dschingis (nach Sanang Setzen) von dem Ton einer Lerche abgeleitet.

***) Minya von Minyas (Ahn der Minyae) gegründet, hiess Halmonia (nach Steph. Byz.) oder Almon (bei Plinius). Carna oder Carana war (in Yemen) Hauptstadt der (an die Jahaal streifenden) Minaei, die (wie die Gerrhäer) mit den Nabathäern handelten in Sela (Petra oder Joktel) oder (nach Joseph.) Arcem (vom König Rekem oder Arecemas). Ger (in Gorham) bezeichnet (im Hebräischen) einen Fremdling (s. Dozy). Die Argos genannten Städte werden mit arx in Verbindung gesetzt (wie die Tyrrhener mit turris). Arcem ab Arcadibus esse ap-

Böotien war (als Holmgard) von Sisyphus, Bruder des Salmoneus, gegründet. Die unter König Berig aus Gothiscanzia auswandernden Gothen eroberten das Küstenland der Ulmerugen (neben den Vandalen). Die vielfach zerstreuten Aeneen*) wurden später in der gemeinsamen Gründung durch Aeneas vereinigt. Die Solymer führen (wie Elam auf Aram) auf die Arimer,**) bei denen (im Lande der Cilicier oder Hypachaei) Typhon (Seth) von Zeus' Donnerkeil erschlagen wurde. In dem bei der Einwanderung aus Susiana (1976 a. d.) begründeten Reiche der chaldäischen Dynastie (bei Berosus) gelangte (nach Rawlinson) der Semitismus (wie das Indo-Europäische unter der auf den Inschriften Vans turanischen Bevölkerung des durch Phrygien nach Europa führenden Armenien) zu seiner Durchbildung als ethnisches Element. Nach Zwischenschiebung der arabischen Usurpation (mit arabischem Dialekt) erwarb dann (1273) das (gleich dem spätern Babylonischen, Phönizischen und Sinaitischen) als semitisch erkannte Assyrische die Hegemonie. Für die auf den Zwischengebieten der Culturländer streifenden Nomaden (den Saka***) Humawarga und Saka Tigrakhuda) wurde von den Achämeniden eine turanische Columne neben der semitischen und arischen bewahrt. Das Vorwiegen des Letztern datirt nun seit den Eroberungen der Perser, die am erythräischen oder persischen Golf (nach Strabo) aus Farsistan und den Verbindungen mit den indischen Ariern unterhaltenden Grenzländern kamen und in den nördlich sich mit Armeniern berührenden Medern einen abgetrennten Zweig ihrer (nach Nearchus) gleichsprachigen Verwandten wiederfanden, weshalb sie (nach Herodot) viele der unter der Herrschaft dieser eingeführte Gebräuche adoptirten.

Hiernach würde es am nächsten liegen, die Entwickelung des Arischen (wie in dem Culturstaate Assyriens die des Semitischen) in Bactrien stattfinden zu lassen und seine Gründung (oder arische Gestaltung) mit den (bei Masudi) Arier genannten Königen des ersten assyrischen Reiches zu verknüpfen, mit dem Zoroaster in Bactrien bekämpfenden Ninus und seinen Nachfolgern, die (nach Abydenus) von den babylonischen Schrift-

---

pellatam, quod in editis montium jugis habitaverint, Sellanos dicit. Arcadia war (nach Ephorus) ältester Sitz der Pelasger. Als König von Argos herrschte Pelasgus über den Peloponnes (nach Aeschylus).

*) Avi proavus, fadir, afi, ai er hinn tridi: pater, avus, proavus tertius est (Egilsson). Wie Modir dem Fadir, Amma dem Afi, entspricht Edda dem Ai. Ait chez les Berbères signifie tribu (d'après Delaporte).

**) Nach Strabo wurden die Syrer für die Arimer gehalten, die Aramäer hiessen. Orminion oder Orminium lag am Pelion. Nach Krahner ist Pelops von Pelasgos etymologisch nicht verschieden.

***) Rawlinson bezieht Asparagan oder Shibbergan (nordwestlich vom Paropamisos) und die Festung Lasgird zwischen Parthien und Medien auf die Asa. Die Aswas (oder Yadavas) werden mit den Zidius (Strabo's) identificirt. Zu den Parthern (verbannten Scythen) rechnet Justin die Dahi, Arii, Sagartiei (Spartani) und Margier. Asagartiya (das Land der Sagartier) lag zwischen Medien und Parthien.

stellern nicht gekannt waren, indem ihre Berichte sich auf das spätere (semitische) Reich bezogen, aus dem (nach Rawlinson) kein Königsname vor dem des Bel-lusch aufgefunden ist. Die Arier hätten dann in Bactrien ebenso die Sprache ihrer Vorgänger in den Hintergrund geschoben, wie die Chaldäer (288 a. d.) die der Meder, die in Mesopotamien gleichfalls von Zoroaster (bei Berosus) geführt werden, und der Name der Meder würde hier eine unbestimmte Bezeichnung turanischer Nomaden (oder Scythen) vertreten, während die (mit Dejoces oder doch mit Cyaxares) geschichtlichen Meder ursprünglich (als den Eroberern Bactriens oder den Alt-Persern verwandt) Arier hiessen, da sie in Folge zeitweiser Unterjochung durch die von Zohak beherrschten Saken (Sythen) oder Mad (deren Joch in Bactrien durch Feridun oder Afridun, Repräsentant der seit Perseus als Perser bezeichneten Afarti, abgeworfen wurde) ihren Namen von dem herrschenden Stamme erhielten.*) Der Drachentitel Dahak der Saka oder Hakka kennzeichnete deshalb auch den Namen ihrer Könige, Dejoces sowohl, wie (nach Moses Chor.) Astyages (Aj-Dahak), während Phraortes (Frawartisch) und Cyaxares in Folge feindlicher Berührung mit den Scythen sich schon den persischen Ariern genähert hatten (und die Liste des Ktesias auch für die übrigen auf solche Beziehungen hindeutet). Bei Cyrus' Eroberung mögen Vor-Arier die grosse Masse des Volkes gebildet haben, während über sie (wie noch jetzt im persischen Teheran) eine turanische Dynastie herrschte, und Cyrus war dann im Lande der Anarier geboren, wie in altpersischer Sage Cai Chosru, Sohn der Frankis (Tochter des Afrasiab). Der durch die Kriegszüge des Ninus verbreitete Ruhm des altassyrischen Reiches strahlt bei den Bactriern in dem Glanz des Jemschid, der die sieben Provinzen Asiens von dem durch ihn (nach dem Jiameh-al-tavarikh) gegründeten Istakhar oder Persepolis aus unterwarf und durch seinen Namen an den frommen Jima anknüpft, der die Vorfahren aus Airyanem vaejo, die Quelle oder Heimath der Arier (gleichsam ihre vagina gentium), ausgeführt.

Hier sind indess zwei Legendenkreise über einander geschoben, die sich nur theilweise decken. Die ursprüngliche Mythe der Bactrier betrachtet die Arier als Autochthonen, deren Königreich (gleich dem nach dem Muster des Bienenkorbes geordneten Litthauens) aus heimischem Boden hervorwuchs, als Cajomarth seinen Thron auf den Bergen errichtete. Die heilige Sage von dem geschützten Paradiesberge und dem Exodus von dort wird den Ariern Mediens angehört haben und ihnen zugebracht sein durch ihre turanischen Eroberer (die Kiat und Derligbin), als an das ursprüngliche Gebirge Erkene-Koun geknüpft, wo Kian und Tegus einen lieblichen Aufenthaltsort fanden (s. Khondemir). Als später nach

*) Das Sakäenfest deutete auf Uebereinkunft, wie sich die Mariandyner den griechischen Colonisten vertragsgemäss zu eigen gaben, und so die Thessalier nach (malayischen) Adat (Scherz'reihalten der Saturnalien erlaubend).

Vereinigung mit dem medischen Reiche auch die Bactrier diese Sage adoptirten, versetzten sie dieselbe in die Heldenzeit Feridun's, indem der Sieg über Ilkhan dem Tur vindicirt wird. Die medischen Arier hingegen assimilirten ihrerseits eine der naturwüchsigen Staatenentstehung unter Cajomorth ähnliche Erzählung, in der des Richters Dejoces, der aber bald in die prächtige Residenz eines mit strenger Etiquette umgebenen Erobererkönigs hinübergeführt wird, den er schon durch seinen Namen bezeichnet hatte. Der Einfall des tyrannischen Zohak, Neffe des Schedad (Sohn des Ad), geht von Arabien aus, und Arabien genannte Länder zeigen sich auch später vielfach als secundärer Ausgangspunkt der östlichen Nomaden, die sich auf dort gegründete Herrschersitze stützen und Beziehungen mit Indien vermitteln.

Die alte Hauptstadt Japans.*)

Yeddo, die gegenwärtige Hauptstadt Japans, ist eine neue Schöpfung. Zur Zeit, als die Thaten Joritomo's das Inselreich mit ihrem Ruhme füllten, stand der Thron in Kamakura, und dort findet sich auch das Grabmal dieses ersten der weltlichen Kaiser.

Von Yokuhama, der europäischen Niederlassung, begiebt man sich dorthin über Kanasawa, ein an der Mississippibai gelegenen Städtchen, das zu Wasser erreicht werden kann. Vom Ufer aus führt ein Reitweg durch niedrige Gehölze, die sich kupplige Hügel hinanziehen und auf der Spitze derselben Durchblicke gestatten in angebaute Thäler ringsum, sowie eine freie Aussicht auf das Meer. Dort findet sich ein japanesisches Theehaus, zeltartig aufgeschlagen, um die Vorüberziehenden mit Erfrischungen zu versehen, und sie zum Ankauf eines Planes von Kamakura mit seinen Tempeln und heiligen Stätten zu überreden. Erfahrene Reisende lassen sich aber nicht mit solchen Zwischenhändlern ein, da sie sich in einem kleinen Stündchen in Kamakura befinden werden und dort das Benöthigte an Ort und Stelle verschaffen können. Ausser diesen gedruckten Wegweisern miethen sich die truppweise ankommenden Pilger auch gewöhnlich einen Cicerone, damit er ihnen die bequemsten Pfade in den Tempelanlagen zeige und bei der Ausdeutung der verschiedenen Merkwürdigkeiten die nöthigen Erklärungen, historischen oder mythologischen Inhaltes, beifüge. Von der Pracht der alten Residenzstadt, die Yoriyosi, das Prototyp des Kriegsgottes Fatzman (nach Unterdrückung der nördlichen Rebellen im Jahre 1050) gründete, ist nur wenig mehr er-

*) Illustrirte Deutsche Monatshefte XXIII, 133, Oct. 1867 (s. S. 497).

halten, doch deuten Ueberreste der Festungsmauer den weiten Umfang an, den sie früher einnahm, und auch die Fundamente der fürstlichen Paläste sind erhalten. Die Parkanlagen, in denen die Häuser jetzt dorfartig zerstreut liegen, ziehen sich in dichten Alleen hundertjähriger Bäume zum Fusse der Tempel hin, die in ausgedehnten Terrassen übereinander emporstreben und auf breiten Stufen erstiegen werden. Granitene Triumphbogen führen zu den Brücken, die den äusseren Graben überspannen und directen Zutritt zu dem Hauptgebäude des Centrums geben. Europäische Touristen finden indess dieses regelmässig geschlossen, da die Mönchspriester oder Kami-nusie (die Wirthe der Götter), sobald sie von Weitem die Ankunft dieser unerwünschten Besucher erspähen, Thüre und Fenster des Tempels verriegeln und sich in den Zellen ihrer Klöster einschliessen. Nur bei einer seitlichen Capelle konnte man in das Innere blicken, wo die Figur eines Riesenschimmels mit rothen Augen stand. Sie stellte das Lieblingspferd des Kubo Sama (des gebietenden Herrn) vor, dessen Waffen und Trophäen in dem obersten Tempel neben seinem Sarkophage aufbewahrt werden. In dem Tempel des Kriegsgottes Hatziman oder Fatsman soll sich eine Sammlung portugiesischer Rüstungen finden, die bei der Vertilgung der Europäer in Japan zur Zeit der Christenverfolgung erbeutet wurden. Die in den Heiligthümern umherwandernden Pilger schienen besonders einem Omanko-sama genannten Steine Aufmerksamkeit zu schenken, der wegen Kindersegen verehrt wird und die Symbole des Lingamdienstes auf seiner Oberfläche ausgehauen trug.

In den Theehäusern des Fleckens konnte man sich die gewöhnlichen Erfrischungen des Landes verschaffen und auf den weichen Matten des reinlichen Zimmers ausruhen. Der Japanese übertrifft fast noch den Chinesen in seiner Verehrung des „belebenden aber nicht berauschenden Tässchens," wie es der Engländer nennt (the cup which cheers, but dont inebriate), und Thee findet sich in allen Orten und bei jeder Gelegenheit angeboten. Bei Spaziergängen findet man die Theeverkäuferin am Wege hocken, mit den Tassen auf einem niedrigen Tischchen und dem Kohlenbecken daneben, auf der Reise begegnet man in der Thür des Gasthauses der Wirthin mit einer Tasse Thee in der Hand, und in den Städten besucht man die malerisch angelegten Theegärten, die stets im Schmucke der von der Jahreszeit gebotenen Blüthen prangen, um im Genusse einer reizenden Fernsicht eine Tasse des zugleich erheiternden und beruhigenden Getränkes zu schlürfen, das als eine Panacee für jede Art geistiger und körperlicher Verstimmung gilt. Der japanesische Thee hat angefangen, seinen Weg zum europäischen und besonders zum amerikanischen Markt zu finden, und obwohl auf eine solche Ausfuhr nicht vorbereitet, meinen die Japanesen doch leicht eine noch grössere versorgen zu können, da sie bisher immer nur einen Theil der Ernte gesammelt und die übrigen Blätter, als den Bedarf übersteigend, auf den Büschen zurückgelassen haben.

Die jugendlichen Aufwärterinnen der Theegärten gehören gewöhnlich einem jener Japan eigenthümlichen Mädchenpensionate an, die nach westlichen Begriffen ebenso unvereinbar mit Schicklichkeit und guten Sitten scheinen, wie die freie und ungenirte Manier, mit der die Badehäuser im Reiche des Sonnenaufgangs benutzt werden. Alcock sah in einem Tempel Yeddos eine Bildergallerie aufgeputzter Frauen und erfuhr von seinem Führer, dass sie die Porträts der berühmtesten Courtisanen Japans darstellten und dort für ihre ehrenvolle Erinnerung ausgehängt seien. Eine ähnliche Achtung genossen die durch Geist oder Körpervorzüge glänzenden Hetären im Reiche der Lichnavifürsten im alten Magadha, und in Aegypten verewigte eine Pyramide den Namen der schönen Rhodope.

Am andern Ende Kamakuras findet sich der in Japan weitberühmte Tempel des Daibot, bei dem die Toleranz der buddhistischen Weltreligion einen freundlicheren Empfang verspricht, als ihn die durch nationale Vorurtheile engherzigen Priester des Sintodienstes gewähren. Indess muss der Fremde auf den etwas öden Wegen, die über das Areal der jetzt vom Erdboden verschwundenen Stadt dorthin führen, auf seiner Hut sein und seine Waffen in Bereitschaft halten, da dort schon mehrfach Angriffe vorgekommen sind und noch kürzlich wieder zwei englische Officiere auf solchem Spaziergang hinterrücks niedergehauen wurden. Diese heimtückischen Meuchelmorde, die Japan so berüchtigt gemacht haben, gehen hauptsächlich von den Lonin aus, einer Klasse von Banditen, die sich selbst für Geächtete erklärt haben, um ihre gesetzwidrigen Unthaten desto rücksichtsloser verüben zu können. Die Verkleidungen der muthmasslich verschämten Bettler, die mit grossen Korbhüten das Gesicht verdecken und oft auf den Strassen angetroffen werden, geben den Lonin eine gute Gelegenheit, unerkannt das Land zu durchziehen, bis der richtige Augenblick ihres Endzweckes gekommen ist. In Japan ist jedes Familienhaupt für seine Verwandten, jeder Edelmann für seine Vasallen verantwortlich, und deshalb stösst man schon in der alten Geschichte des Landes auf die Sitte, dass solche, die zu einer verwegenen Unternehmung entschlossen waren, sich vorher aus diesem Verbande lossagten, um bei etwaigem Fehlschlagen nicht Unschuldige in ihre Bestrafung hineinzuziehen. Die Abneigung der Daimiofürsten gegen die fremden Niederlassungen kennend, sieht der Client einen sichern Weg, die Gunst seines Herrn zu gewinnen, wenn er heimlich einen der verhassten Barbaren umbringen sollte. Er lässt sich vorher als einen Lonin erklären, so dass die Regierung unter keinen Umständen das Recht hat, auf seinen Patron zurückzukommen, obwohl ihm dieser gern Obdach und Schutz gewähren wird. Wenn nach einiger Zeit die gerichtliche Untersuchung als fruchtlos eingestellt ist, tritt der wohlbeschenkte Lonin wieder in die bürgerliche Stellung ein, die er früher einnahm.

Die japanesischen Geschichtsbücher beschreiben in glühenden Farben die Macht des alten Kamakura, als der siegreiche Joritomo diesen Sitz seines Ahnherrn Yoriyosi, nach Beendigung des langjährigen Zwistes zwischen den Gensie und Feike, zur Residenz erwählte und durch den Statthalter seiner Zwingburg Rokfara den kirchlichen Hof des Miako in Unterwürfigkeit hielt. Als unter seinen Nachfolgern der Miako Go-Daijo Intriguen mit unzufriedenen Lehnsfürsten anknüpfte, wurde er von dem Regenten nach der Insel Oki verbannt und ein neuer Miako an seine Stelle gesetzt. Indess gelang es diesem nicht, sich in seiner Würde zu erhalten und den das Land durchwüthenden Sturm des Aufstandes zu beschwören. Mit Hülfe seiner Anhänger wurde Go-Daijo aus seinem Exil befreit; er zieht mit einem zahlreichen Heere gegen Miako, und der in der Citadelle Rokfara eingeschlossene Gegenpapst, der jede Hülfe auf Ersatz schwinden sieht, giebt sich selbst mit allen seinen Beamten den Tod. Durch den Abfall des Generals Minamoto-no-Taka Udsi verstärkt, belagert der Miako Kamakura, und die eroberte Stadt (1334) verfällt rachsüchtiger Zerstörung, aus der jetzt nur ihre wenigen Trümmer zurückgeblieben sind. Damit hat das Haus Fosio aufgehört zu regieren, und dann beginnt der Rivalenkrieg zwischen dem Miako des Nordens und dem des Südens, bis sich mit der Abdankung des letzteren und der Uebergabe der Reichsinsignien (1392) die Herrschaft des neuen Siogun befestigt.

Jenseits der Waldeinsamkeit auf der Ruinenstätte des alten Kamakura öffnet sich eine fruchtbare Ebene, aus der freundliche Dörfchen hervorblicken, jedes mit seiner Mia oder Capelle auf einer kleinen Erhöhung. Der Tempel Kwanon-Hasedera-Kaikoso schliesst die Figur der Göttin Kwanon-sama ein, und daneben findet sich, von den Bäumen des Aussenhofes umschattet, die gigantische Bronzefigur des Daibot, die, 50 Fuss hoch, in der Basis 120 Fuss im Umfange misst. Das Innere der Statue ist in eine Betnische ausgearbeitet, 30 Fuss lang und 20 Fuss breit, eine Statue des Amida (des Omito-Juh der Chinesen) enthaltend. Auf umhergestellten Kupferplatten waren Stellen der Religionsbücher eingravirt und die Priester zeigten auf Nachfragen verschiedene Bücher chinesischer und japanischer Schrift.

Im Tempel auf dem Hügel eines der nahegelegenen Dörfer fanden wir die Riesenstatue des Kwanon, als Oki-Kwanon, des grossen Kwanon, in seiner männlichen Wandlung, und in einer Seitencapelle das sechshändige Bild des Norin-Kwanon. In einem dunklen Recess, wozu der Weg durch künstliche Felsschluchten führte, lag aufgerollt die Steinfigur der Schlange Bentensama, der Schlange des dunklen Hauses, und kegelartig gewundene Steine, sowie verschiedene Arten von Versteinerungen waren vor derselben niedergelegt. In den anstossenden Gärten war eine Buchstabirschule eingerichtet, in der die Kinder vor niedrigen Tischen sassen und von einem Paar alter Bonzen unterrichtet wurden.

Die japanische Religion des Sintodienstes weist durch die Verehrung der Kami auf die Eingeborenen des Landes zurück, von einem verwandten Stamme der Ainos, die gleichfalls die Kamoi anrufen. Der von seinem Hofstaat oder den Dairi umgebene Miako repräsentirt den Archiereus, wie der Vorsteher des Priestercollegiums in Cypern, und auch auf dieser Insel des Aphrodite-Dienstes kannte man das japanische Institut der Spione in den Kolakes oder sogenannten Schmeichlern, die sich in Gerginen und Promalangen theilten. Das Geschlecht des Miako war ein unsterbliches, und so oft dem Sonnensohn leibliche Nachkommenschaft fehlte, wurde ihm von seinem himmlischen Ahnherrn ein Sohn gesandt, den man unter einem Baume, dem Palaste des Miako gegenüber, findet.

Die Einführung des Buddhismus in Japan ist eine verhältnissmässig neue. Von dem 34. Miako, der 645–650 regierte, wird erzählt, dass er eine 16 Fuss hohe Bildsäule Saka's aufrichten liess, nachdem das erste Bildniss unter dem 30. Miako durch eine Gesandtschaft des Königs von Korea nach Japan gelangt war. Man blieb anfangs zweifelhaft, ob diese ausländische Religion zuzulassen sei, indem die Japanesen solchen Neuerungen stets abgeneigt waren und sich hartnäckig genug gegen den jetzt vollzogenen Abschluss der Verträge gewehrt haben. Auf eine Zuschrift König Wilhelm's II. von Holland, der sie im Jahre 1844 aufforderte, den veränderten Zeitverhältnissen Rechnung zu tragen und sich durch das Beispiel der im Kriege mit England unterlegenen Chinesen warnen zu lassen, antworteten sie — nach Levissohn — dass die Vorfälle in China sie gegentheils nur in ihrem System der Absperrung bekräftigen würden. Die Holländer hätten sich freilich immer als Freunde gezeigt und könnten wie früher zum Handel in Desima zugelassen werden, aber — setzten sie hinzu — wir werden uns hüten, auch den anderen Völkern Zutritt zu gestatten. Leicht kann man einen Damm in gutem Stand erhalten, schwer ist es hingegen, die Erweiterung bestehender Risse zu verhindern. Das war der Regierungserlass vom Jahre 1845, aber schon zehn Jahre später kehrte Capitän Adams mit der vollzogenen Ratification des Vertrages von Amerika nach Japan zurück. In einem von Professor Neumann mitgetheilten Briefe schreibt ein japanischer Philosoph dem chinesischen Dolmetscher, dass Leidenschaften und böse Lüste schnell die Oberhand erhalten, wenn im Verkehr der Menschen untereinander nur Gewinn, einzig und allein Gewinn die Triebfeder ist. „Das Hauptübel eines solchen Reiches ist das allgemeine Laufen und Rennen nach Gewinn. Das Verlangen darnach ist jetzt bei allen Menschen gleich und ist die Ursache aller Uebel. Confucius sprach selten von Gewinnsten, weil er die Sucht in ihrem Ursprunge ersticken wollte. Aus demselben Grunde hinderten auch meine Vorfahren alle Verbindungen fremder Nationen mit Japan. Der Wunsch nach Gewinn ist freilich in der Bevölkerung allgemein, und wenn dann die Massen durch die wunderlichen Künste zur Erforschung der Grundursache in den Dingen getäuscht werden, so geschieht es, dass sie sich über das Suchen nach Gewinn, wie über die Fragen nach dem

Wunderbaren miteinander streiten, miteinander kämpfen, bis Kindespflicht, Bescheidenheit und jeder Sinn für Scham vergessen ist. Ein Mensch, welcher einmal auf diese Stufe herabgesunken ist, kümmert sich nicht mehr, weder um sein Vaterland, noch um seinen Fürsten." Auch die Lieder der Edda beschuldigen das Gold als das Grundübel, wodurch die Zwietracht in die Welt gekommen.

Bei der Rückkehr nach Kanasawa trafen wir auf einem der schmalen Dammwege, die durch die dortigen Salzsümpfe führen, mit einer jener feierlichen Processionen zusammen, wie sie bei den Matsuri genannten Volksfesten gewöhnlich sind, und hatten Mühe, eine Collision zu vermeiden. Eine lange Reihe kolossaler Wagen, von denen der erste einen hohen Baum trug, folgte hintereinander. Einer derselben, den vorne die Figur des Kriegsdämons schmückte, war in verschiedene Etagen abgetheilt, auf deren mittlerer die Festordner sassen. Dann folgte ein viereckiger Karren mit den Musikanten, ein anderer mit Kindern, ein verhängter mit den Priestern, und in der Mitte rollte der Wagen, der den Schrein des Gottes trug, den Mikosi oder die Sänfte des Kami, dessen Reliquien, Geräthe und Symbole in dieser mysteriösen Lade eingeschlossen waren. Wie von allen Häusern der Jackunin oder Edelleute längs des Weges, wehten bunte Flaggen an den Wagen, die ringsum mit Kränzen und Guirlanden verziert waren. Sie wurden, gleich dem Wagen Krishna's in Juggernauth, von frommen Verehrern gezogen und zwar an Strohseilen, da diesem reinen Naturproduct hier, wie anderswo, zauberkräftiger Schutz zugeschrieben wird. Die Japaner umziehen die Ceremonienhalle oder Oho-tabi-tokoro, in der der Gott seinen temporären Wohnsitz nimmt, mit Strohhalmen zur Abwehr der bösen Geister, und in der Lausitz werden in der Christnacht Felder und Gärten durch Strohseile gegen Behexung geschützt. Die Localfeste sind zahlreich in Japan, da hier jedes Dorf und jede Stadt seinen Patron feiert. Allgemein über das Land verbreitet ist dagegen das Fest des nationalen Sonnengottes Ten-sio-dai-zin, und ebenso die Jahresfeste des Neujahrs, der Pfirsichblüthen, der Goldblumen, der Fahnen u. s. w. Auch die Todtenbestattungen sind mit umständlichen Feierlichkeiten verbunden, deren Leitung aber in den grösseren Städten gewöhnlich den Mönchen aus Buddha's Religion überlassen wird.

www.ingramcontent.com/pod-product-compliance
Lightning Source LLC
Chambersburg PA
CBHW022124020426
42334CB00015B/754
* 9 7 8 3 7 4 1 1 5 8 5 2 0 *